Wilhelm Brinkmann (Hrsg.)

W0060815

Differentielle Pädagogik

Eine Einführung

Reihe Bildung und Erziehung

Herausgegeben von Jörg Petersen und
Gerd-Bodo Reinert

Ⓐ Auer Verlag GmbH

Autorenspiegel

Prof. Dr. Bijan Adl-Amini, Institut für Pädagogik der Universität Kiel

Prof. Dr. Georg Auernheimer, Seminar für Pädagogik der Universität Köln

Prof. Dr. Wilhelm Brinkmann, Institut für Pädagogik der Universität Kiel

Prof. Dr. Horst Dräger, Fachbereich I: Pädagogik der Universität Trier

Prof. Dr. Herbert Haag, Institut für Sport und Sportwissenschaften der Universität Kiel

Dr. Günter Henner, zunächst Leiter der Abteilung für Gesundheits- und Rehabilitationspädagogik, zur Zeit Leiter des Referates für Öffentlichkeitsarbeit am Mittelbayerischen Rehabilitationszentrum Kötzting

Prof. Dr. Michael-Sebastian Honig, Fachbereich I: Pädagogik der Universität Trier

Prof. Dr. Hans-Carl Jongebloed, Institut für Pädagogik der Universität Kiel

Prof. Dr. Baldur Kozdon, Institut für Schulpädagogik der Universität Flensburg

Dr. Boje Maaßen, Institut für Schulpädagogik der Universität Flensburg

Prof. Dr. Andreas Möckel, Institut für Sonderpädagogik der Universität Würzburg

Prof. Dr. Horst W. Opaschowski, Institut für Sozialpädagogik, Erwachsenenbildung und Freizeitpädagogik der Universität Hamburg

PD Dr. Bettina Paetzold, Mitarbeiterin am Lehrstuhl für Elementar- und Familienpädagogik der Universität Bamberg

Prof. Dr. Jörg Petersen, Institut für Pädagogik der Universität Kiel, Leiter des AV-Studios

OStD Dr. Hans-Uwe Rump, Leiter des Museumspädagogischen Zentrums Neue Pinakothek München

Prof. Dr. Uwe Sielert, Institut für Pädagogik der Universität Kiel

PD Dr. Edgar Weiß, Universität Vechta

Prof. Dr. Michael Winkler, Institut für Pädagogik der Universität Jena

Prof. Dr. Jörg Ziegenspeck, Institut für Erlebnispädagogik an der Universität Lüneburg

Gedruckt auf umweltbewusst gefertigtem, chlorfrei gebleichtem und alterungsbeständigem Papier

1. Auflage 2001
Nach der Neuregelung der deutschen Rechtschreibung
© by Auer Verlag GmbH, Donauwörth
Alle Rechte vorbehalten
Gesamtherstellung: Ludwig Auer GmbH, Donauwörth
ISBN 3-403-03577-8

Inhalt

3

WILHELM BRINKMANN

Einleitung: Allgemeine und Differentielle Pädagogik

I.

Als dauerhafte Instanz kritischer Reflexion und Reform der jeweiligen Erziehungswirklichkeit hat Pädagogik eine lange Tradition, die (mindestens) bis in die klassische Antike zurückreicht. Ausgearbeitet ist sie in verschiedenen Variationen: als Ideen- (vgl. zum Beispiel BALLAUFF/SCHALLER 1969–1973; REBLE 1999) und Personengeschichte (MÄRZ 1998), als Lehrplan- (DOLCH 1959) und Berufsgeschichte (PRINZ VON HOHENZOLLERN/LIEDTKE 1989), als Institutionen- (vgl. unter vielen anderen KRISS-RETTENBECK/LIEDTKE 1983; SCHIFFLER/WINKELER 1998) und mittlerweile auch als Sozialgeschichte der Erziehung (TENORTH 2000) und der Lebensverhältnisse, in denen die Menschen alltäglich gelebt, geliebt, gelitten und ihren Nachwuchs großgezogen haben.

Die längste Zeit über wurde Pädagogik – als Anhängsel teils der Philosophie, teils auch der Theologie und der Psychologie – in allgemeiner Form betrieben, als angewandte Ethik oder als Lehre des rechten Weges hin zu den pädagogischen Zielen. Mit Blick auf die allgegenwärtigen Schulverhältnisse – das älteste institutionalisierte pädagogische Handlungsfeld – war sie allenfalls thematisch spezialisiert und ausdifferenziert als Unterrichtslehre und Allgemeine Didaktik. In dem Wunsch nach einer Verbesserung der schulischen Angelegenheiten – für die gelehrte Bildung und für den Elementarunterricht – lag der Beweggrund für eine erste Spezialisierung des pädagogischen Denkens und pädagogischer Theorie. Schul-Pädagogik gewann als erste traditionelle Bindestrich-Pädagogik frühe Konturen in den Philanthropinen, den Musterschulen der Aufklärung, und deutlichere Umrisse dann im Zuge der sich nach und nach formierenden Interessenorganisationen der Lehrer insbesondere im historischen Umfeld der Ereignisse des Jahres 1848. Im weiteren Verlauf des 19. und 20. Jahrhunderts sollten dann nacheinander die Ausprägung der Sozialpädagogik und der Elementarpädagogik, der Erwachsenen- resp. Weiterbildung, der Sonder- oder Heilpädagogik sowie der Berufs- und Wirtschaftspädagogik folgen (vgl. im Überblick KRÜGER 1995, TENORTH 2000).

In der Erziehungswirklichkeit entstanden neue eigenständige Orte pädagogischen Handelns außerhalb von Schule und Familie (vgl. die frühen Formen der Rettungs- und Waisenhäuser, experimentelle Settings von Jugendhilfe, Jugendfürsorge und Jugendbildung, Kleinkinderbewahranstalten und Kindergärten, Volkshochschulen und andere Einrichtungen der Volksbildung, Schulen und Heime für Heranwachsende mit Behinderungen, schulische und betriebliche Ausbildungsstätten im dualen System beruflicher Bildung usf.), in der Erziehungswissenschaft entwickelten sich aus einer teils anregend-innovatorischen, teils kritisch korrigierenden, teils skeptisch-distanzierten Begleitung und Auswertung der Praxis neue Forschungsinteressen und Themenschwerpunkte. Diese frühe Differenzierung des Fachs in seiner thematischen Breite blieb auf der institutionellen Ebene der Organisation der Disziplin lange Zeit relativ folgenlos. Wenn man sich der neueren Diskussion über die notwendige Unterscheidung pädagogischer Wissensformen und, daraus resultierend, von Disziplin und Profession begrifflich anschließt (vgl. dazu OELKERS/TENORTH 1991), dann muss man in dieser Perspektive zunächst sagen: „Die Geschichte pädagogischen Wissens ist alt, die der Erziehungswissenschaft als Disziplin relativ jung" (TENORTH 1997, S. 113).

Die fachliche Differenzierung und Spezialisierung der (Erziehungs-) Wissenschaft spiegelt im Rückblick immer die Abhängigkeit der methodisch kontrollierten Reflexion von den gesellschaftlichen Lebensverhältnissen und ihrer unablässigen Veränderung, von sozialem Wandel und sozialen Problemen, nicht zuletzt auch von fachlich-systematischen, also wissenschaftsinternen und wissenschaftshistorischen Motiven: „Untergliederungen entstehen immer erst dann, wenn sie von der gesellschaftlichen Entwicklung her nötig und von der wissenschaftlichen Entwicklung her möglich geworden sind" (GROOTHOFF 1975, S. 3).

Bis in die späten 60er und 70er Jahre des 20. Jahrhunderts hinein blieb die Pädagogik thematisch breit, wenngleich noch überschaubar gefächert, institutionell hingegen wenig ausdifferenziert. Obwohl sie sich in den Jahren zwischen den beiden Weltkriegen insbesondere in Preußen und in Bayern endgültig als Universitätsdisziplin zu etablieren vermocht hatte, blieb diese Entwicklung zunächst ohne nennenswerte Konsequenzen für die innere Struktur des Fachs und für die fachliche Widmung der Lehrstühle, die häufig mit einer doppelten venia legendi für Philosophie und Pädagogik, eher selten jedoch mit einer fachlichen Spezialisierung für eine der pädagogischen Teildisziplinen verbunden war und deren Besetzung weitgehend von den Vertretern der Geisteswissenschaftlichen Pädagogik kontrolliert wurde.

Im letzten Drittel des 20. Jahrhunderts ging dann alles ganz schnell: Mehr Demokratie sollte gewagt, und mehr Bildung sollte riskiert werden. Überhaupt sollte Bildung reformiert und als ein Bürgerrecht für alle (heranwachsenden) Menschen nicht nur programmatisch wieder entdeckt, sondern durch innere und äußere Reformen des staatlichen Regelschulsystems auch praktisch eingelöst werden. Aufbruchstimmung und Reformeuphorie entzündeten und beschleunigten die Expansion des gesamten Erziehungs-, Bildungs- und

Wissenschaftssystems sowie des Dienstleistungssektors von Sozialpädagogik und Sozialarbeit. Der Abschluss der Akademisierung und Verwissenschaftlichung der Berufsausbildung der Lehrer aus allen Schulformen mit der Verlagerung der Studiengänge für das Lehramt an Grund- und Hauptschulen von den Pädagogischen Hochschulen an die Universitäten sowie die Einführung des erziehungswissenschaftlichen Diplomstudienganges als Ergänzung eigenständiger Magisterstudiengänge mit dem Hauptfach Pädagogik hatte nicht nur einen rapiden Veränderungsprozess im Selbstverständnis der Erziehungswissenschaft zur Folge, sondern führte rasch auch zu einer Vermehrung und einer substantiellen Veränderung des pädagogischen Berufswissens im Hinblick auf die pädagogischen Tätigkeitsfelder außerhalb der Schule sowie zu einer Expansion nicht nur des erziehungswissenschaftlichen Fachpersonals an den Universitäten und Fachhochschulen, sondern mehr noch der Studierenden mit den unterschiedlichsten pädagogischen Berufsinteressen und Arbeitsplatzphantasien. Neue erziehungswissenschaftliche Themen kamen in Mode, neue Teildisziplinen entstanden, alte wurden wieder entdeckt: Ausländer- und Dritte-Welt-Pädagogik, Friedens- und Umweltpädagogik, Verkehrs- und Kulturpädagogik, Eltern- und Altenbildung, Medienpädagogik und Hochschuldidaktik und andere mehr, die sich kaum alle aufzählen lassen.

Das Ergebnis dieses Differenzierungsprozesses der Erziehungswissenschaft in der zweiten Hälfte des 20. Jahrhunderts bringt MACKE (1990, S. 63) so auf den Begriff: „Der Formierungsprozess der Disziplin stellt sich also als ein Spezialisierungsprozess dar, der zu einer kontinuierlichen Verlagerung der Gewichte von der Allgemeinen Erziehungswissenschaft zu den spezialisierten Teildisziplinen führt" – Grund genug, als Gegengewicht zur Differenzierung an Integration zu erinnern und als Reaktion auf die fortschreitende Arbeitsteilung in der Zunft die Zusammenarbeit nicht zu vergessen.

Diese integrative Aufgabe hat zwei Richtungen: Sie richtet den Blick zum einen auf die Gemeinsamkeiten der zahlreichen Bindestrich-Pädagogiken, also auf die *Identität* der Disziplin, und nimmt sich der Sichtung und Klärung derjenigen Grundphänomene und Grundbegriffe an, die es den einzelnen Teildisziplinen allererst erlauben, sich als eine *Pädagogik* zu begreifen. Und zum anderen zielt sie auf den inneren Zusammenhang der Bindestrich-Pädagogiken, also auf die *Struktur* der Disziplin.

Zu den Elementen der Fachstruktur gehören grundlegend zunächst die unterschiedlichen Abstraktionsebenen der Praxis als Tätigkeit des Erziehens, der Theorie als Reflexion über die Tätigkeit des Erziehens und der Metatheorie als Reflexion über die Reflexion über die Tätigkeit des Erziehens, ferner die Kooperationsverhältnisse mit den Nachbarwissenschaften in Form der Pädagogischen Anthropologie, der Pädagogischen Psychologie, der Pädagogischen Soziologie resp. der Soziologie der Erziehung, der Philosophie der Erziehung, der Biologie der Erziehung usf., schließlich die auch institutionell bzw. in Lehrstuhlwidmungen ausdifferenzierten innerfachlichen Blickwinkel der historischen, der systematischen und der vergleichenden Fragerichtungen und Forschungsinteressen (vgl. dazu im Überblick unter vielen anderen beispielsweise BORELLI/RUHLOFF 1993–1998, ELLWEIN u. a. 1975, HOFFMANN 1996, PETERSEN/REINERT 1992).

Neben diese eher allgemeinen Elemente der inneren Struktur des Fachs treten nun auch die Speziellen oder Bindestrich-Pädagogiken als Teildisziplinen der Erziehungswissenschaft. HEINZ-HERMANN KRÜGER (1995, S. 309) beispielsweise unterscheidet zwischen *Subdisziplinen*, die historisch „relativ stabil" sind, und *Fachrichtungen*, „die eher auf aktuelle Fragestellungen reagieren" (ebd., S. 308). Unter die ersten rechnet er neben der Systematischen, der Historischen und der Vergleichenden Pädagogik als Elementen einer Allgemeinen Pädagogik – in Auswahl – auch die Schulpädagogik, die Berufs- und Wirtschaftspädagogik, die Sozialpädagogik, die Sonderpädagogik sowie die Erwachsenenbildung als Spezielle Pädagogiken. Zu den Fachrichtungen, „die als Spezialisierungsversuche noch nicht den Charakter einer Subdisziplin erreicht haben, aber doch über einen relativ klar abgrenzbaren Gegenstandsbereich verfügen" (ebd., S. 309), zählt er unter anderem die Frauenstudien, die Altenbildung sowie die Medien-, Verkehrs-, Betriebs-, Hochschul-, Vorschul-, Kultur- und Freizeitpädagogik.

Im Unterschied zu KRÜGER unterscheidet DIETER LENZEN (1994, S. 37–40) nicht zwei, sondern drei Ebenen: *Subdisziplinen* sind für ihn (hierin KRÜGER ähnlich) „die Fachelemente, die seit vielen Jahrzehnten bestehen, über eigene Institute verfügen, häufig über eigene Studiengänge, für die es eigene Lehrbefähigungen der Professoren gibt, zum Teil eigene wissenschaftliche Gesellschaften usw." (ebd., S. 38). Dazu gehören – ebenfalls in Auswahl und in sich jeweils weiter differenziert – die Allgemeine/Systematische Pädagogik, die Sozialpädagogik, die Berufs- und Wirtschaftspädagogik, die Historische Pädagogik, die Vergleichende Pädagogik (die beiden letzten also nicht mehr unter dem Dach einer Allgemeinen Pädagogik), die Schulpädagogik, die Erwachsenenpädagogik (für Puristen ein begriffliches Ungeheuer), die Sonder- und die Vorschulpädagogik. Unterhalb dieser ersten Ebene siedelt LENZEN *Fachrichtungen* an, „die jünger sind, mit deren Einhaltung auf länger anhaltende gesellschaftliche Probleme zu reagieren versucht wird und die teilweise auf dem Weg sind, sich zu eigenen Subdisziplinen zu entwickeln" (ebd., S. 38 f.). Verzeichnet in dieser zweiten Ebene sind beispielsweise die Ausländer-, Betriebs-, Freizeit-, Kultur-, Medien-, Museums-, Verkehrs-, Umwelt-, Friedens- und Sexualpädagogik. Der dritten Ebene weist LENZEN *Praxisfelder* zu, „*pädagogische Praxisfelder*, in denen professionelle Pädagogen tätig werden. Häufig sind diese Absolventen korrespondierender Fachrichtungen oder Subdisziplinen ..." (ebd., S. 40) – die Schule ist hier zu finden, Friedenserziehung, Gesundheits- und Verkehrserziehung, Management-Education, Sexual- und Umwelterziehung.

Anders als in diesen beiden hierarchisch strukturierten Modellen der inneren Gliederung der Erziehungswissenschaft stellen Herausgeber und Autoren des vorliegenden Bandes insgesamt 18 Spezielle Pädagogiken in horizontalem Verständnis und alphabetischer Reihenfolge vor.

1975 hatte HANS-HERMANN GROOTHOFF noch den Anspruch erhoben, dass eine Theorie der Differentiellen Pädagogik auf zwei Fundamenten aufzuruhen habe: auf einer „pädagogischen Anthropologie im erweiterten Verstande, einer erfahrungswissenschaftlich gefüllten Theorie der Möglichkeiten und Bedürfnisse des Menschen" (GROOTHOFF 1975, S. 6) einerseits und einer Theorie der Gesellschaft und ihrer Systeme andererseits. Ungeachtet der Frage, ob in Zeiten einer Pädagogisierung aller Lebensbereiche und einer „Entgrenzung des Pädagogischen" (KRÜGER 1995, S. 315, S. 323) sich dieser Anspruch überhaupt noch erfüllen und ein pädagogischer Grundgedankengang sich noch konsensfähig entwickeln lässt, kann und will diese Einführung in die Differentielle Pädagogik ein solches Desiderat nicht einlösen.

II.

Allgemeine Pädagogik – die spätestens seit HERBARTS gleichnamigem Entwurf von 1806 für knapp zwei Jahrhunderte unangefochten als Königsdisziplin der Erziehungswissenschaft fungierte – ist im Übergang ins dritte Jahrtausend also vor den Fall gekommen (so WINKLER 1994), in ihrer Bedeutung als Kernstück und Leitdisziplin der Erziehungswissenschaft relativiert und als eine (gleichwohl eigenständige) Teildisziplin neben den vielen anderen Spezialisierungen und Untergliederungen pädagogischen Denkens neu vermessen und in die innere Struktur des Faches eingeordnet worden (vgl. dazu im Überblick BRINKMANN/PETERSEN 1998). Wird die Diskussion um den Status der Allgemeinen Pädagogik als Restkategorie oder Kernstück (LENZEN 1980), als Teil- oder Leitdisziplin der Erziehungswissenschaft in der Zunft auch kontrovers geführt – und dies gilt insbesondere für die Suspendierung des Erziehungsbegriffs und für die Auflösung der Erziehungswissenschaft im Modell einer lebensbegleitenden Humanvitologie (LENZEN 1997), die von den pränatalen Aufmerksamkeiten bis zu peri- und postmortalen Dienstleistungen wie Sterbebegleitung und pädagogisch angeleiteter Trauerarbeit reicht –, besteht gleichwohl weitgehend Konsens über das Aufgabenspektrum der Allgemeinen Pädagogik, der es zunächst um die Erarbeitung und Überprüfung eines Koordinatensystems für die Zusammenschau und Verortung der disziplinspezifischen Thematik zu tun ist.

Die verschiedenen Entwürfe, Korrekturen und Revisionen einer solchen topographischen Landkarte der Pädagogik haben sich im Einzelnen auseinander zu setzen etwa mit den grundlegenden (geschichtlich-) gesellschaftlichen Bedingungen und den anthropologischen Voraussetzungen der Erziehung; mit dem Begriff und der Theorie von Erziehung, Bildung, Sozialisation, Lernen und Unterricht; mit den Zielen, Normen und Maximen pädagogischen Handelns; mit den verschiedenen Organisationsformen und Institutionen des Erziehungssystems, der Rationalität und der pädagogischen Vernunft ihrer Strukturen und Prozesse sowie den Folgen ihrer Bürokratisierung und Verrechtlichung; mit der Macht und den Grenzen der Erziehung, ihrer politischen und sozialen Disponibilität, Funktionalität und Dysfunktionalität; und schließlich auch mit allgemeinen menschlichen Grundphänomenen, die zugleich Maßgaben für Erziehung und Bildung darstellen: Arbeit und Spiel, Gewissen und Liebe, Dialog und Person usf. Diese Fragen, Aspekte und Forschungsaufgaben können in den einzelnen Spezialdisziplinen weiter analysiert und spezifiziert werden (vgl. BRINKMANN/RENNER 1982, S. 17).

Vor diesem Hintergrund wird dann auch die Tragweite der These von HERMANN RÖHRS deutlich (1998, S. 261), die Allgemeine Pädagogik (RÖHRS spricht synonym von Allgemeiner Erziehungswissenschaft) erhebe den „Anspruch, die Erziehungswissenschaft und ihre Disziplinen im Hinblick auf ihre gemeinsame wissenschaftliche Sinnmitte umgreifend darzustellen" und ein „Wächteramt" wahrzunehmen, dessen vornehmste Aufgabe es sei, „die Erziehungswissenschaft und ihre Disziplinen als Teile einer in sich geschlossenen Wissenschaft und der ihr zugeordneten Erziehungswirklichkeit zu deuten" (ebd.). Dabei besteht die außenpolitische Leistung der Allgemeinen Pädagogik darin, die Besonderheit und Eigentümlichkeit des pädagogischen Denkens zu klären und seine „Existenzberechtigung gegen die Ansprüche der benachbarten Wissenschaften" zu verteidigen, „von denen sie sich abgehoben hat und gleichwohl vielfältig abhängig bleibt (LOCH 1998, S. 308); ihre innenpolitische Leistung liegt im Zusammenhalt der Speziellen Pädagogiken unter dem gemeinsamen Dach der *Pädagogik*; sie lässt sich des Näheren nach ihrem konstitutiven, dogmatischen, apologetischen, integrativen und praktischen Erkenntnisinteresse und Anregungspotential phänomenologisch beschreiben und unterscheiden (ebd., S. 313).

Neben der Bewahrung der pädagogischen Ideengeschichte und der Pflege ihrer Klassiker weist HEINZ-HERMANN KRÜGER (1998, S. 107–112) der Allgemeinen Pädagogik – dem kollektiven „Gedächtnis der Disziplin" (TENORTH 1998, S. 89) – im Einzelnen die folgenden fünf Aufgabenbereiche zu:

1. die Definition des Gegenstandsbereichs der Erziehungswissenschaft angesichts der offensichtlichen Tatsache der Entgrenzung des Pädagogischen

und der Universalisierung pädagogischer Argumentationsfiguren vermittels der Klärung des Begriffs der Erziehung sowie den Entwurf eines pädagogischen Grundgedankengangs, der den Menschen der Gegenwart als homo paedagogicus auszuweisen habe;

2. die Beobachtung und Rezeption der Theoriediskurse in den Nachbarwissenschaften und den Entwurf von „Brückenkonzepten" zwischen den Nachbardisziplinen und der Erziehungswissenschaft sowie zwischen Theorie und Realität der Erziehung;

3. die Bestimmung zentraler Forschungsdesiderate und ihre Diskussion in der gesamten Disziplin;

4. die Wissenschaftsforschung als Selbstbeobachtung der Entwicklung der Disziplin, die Analyse der Orte, Formen und Verwendungszusammenhänge pädagogischen Wissens, die Bilanzierung der Paradigmen-Diskussion;

5. schließlich die Bearbeitung des Ausbildungsproblems qua Unterscheidung verschiedener Wissensformen und qua Bereitstellung unterschiedlicher Wissensbestände in der erziehungswissenschaftlichen Professionalisierungsdebatte, nämlich

- des Wissens der Disziplin Erziehungswissenschaft (Grundbegriffe, Geschichte, Richtungen, Forschungsmethoden),
- des adressaten- und situationsbezogenen Wissens (über die Klientel und die gesellschaftlichen Rahmenbedingungen von pädagogischen Situationen),
- pädagogischen Professionswissens (methodischen und didaktischen Wissens, von Kenntnissen der administrativen und rechtlichen Grundlagen pädagogischer Einrichtungen und ihrer institutionellen Strukturen) sowie
- des wissenschaftlichen Fachwissens (vor allem jener Inhalte, die später in der pädagogischen Tätigkeit vermittelt werden sollen).

III.

Die Entstehung, Entwicklung und zunehmende Ausdehnung der Differentiellen Pädagogik ist eine unvermeidbare Folge der Interdependenz von (erziehungs-) wissenschaftlichem Fortschritt und sozialem Wandel – einerseits eine Reaktion auf die Veränderung pädagogischer Themen, Probleme und Problembearbeitungsmuster im Zuge langfristig wirkender gesellschaftlicher Entwicklungsprozesse wie der industriellen und der informationstechnologischen Revolution oder der Urbanisierung, der Demokratisierung, der Modernisierung und Individualisierung der Gesellschaft, andererseits eine Reaktion auf die wissenschaftsinterne Dynamik: die Disjunktion von Pädagogik und Erziehungswissenschaft, die Etablierung und Formierung der Erziehungswissenschaft als Universitätsdisziplin, ihre unablässige Spezialisierung. Wenn man jedoch den Differenzierungsprozess des Faches nicht unter (wissenschafts-) historischen Aspekten, sondern in systematischer Perspektive betrachtet, dann lässt sich resümierend feststellen, dass Differentielle Pädagogik allgemeine pädagogische Fragen, Phänomene und Zusammenhänge in speziellen, je konkreten Handlungs- und Forschungsfeldern in den Blick nimmt und nach den Besonderheiten dieser Felder ausbuchstabiert, also an dem Wechselverkehr von Allgemeinem und Besonderem produktiv beteiligt ist. Der notwendige Pluralismus der Theorien und Forschungsmethoden und die interdisziplinären Kooperationsformen und Konkurrenzmechanismen schaffen dafür Rahmenbedingungen, die mitunter Zweifel an der Zurechenbarkeit der jeweiligen Spezialisierungen zur Pädagogik und an einer entsprechenden Heimatverbundenheit entstehen lassen.

Zum allgemeinen und konsensfähigen Kernbestand pädagogischen Denkens zählt zweifellos die Kategorie der Generation unter dem Aspekt der Erziehung, auf die SCHLEIERMACHER in Beantwortung seiner berühmten Frage: „Was will denn eigentlich die ältere Generation mit der jüngeren?" (1826/2000, S. 9) seine bis heute nachwirkende und inspirierende Theorie der Erziehung gegründet hat. Der Blick richtet sich gleichermaßen auf die Akteure (die Erzieher) wie auf die Adressaten der Aktion (die Zöglinge resp. die Zu-Erziehenden, Edukanden), die aufgrund pädagogischer Denkanstöße und Handreichungen, aufgrund intendierter Lern- und Lebenshilfen, aufgrund von Unterstützung und Gegenwirkung, von Gewährenlassen und Behütung ihr Entwicklungspotenzial entfalten und einen im Vergleich mit dem Ausgangszustand als wertvoller erachteten Endzustand erreichen sollen und damit in einen Prozess hin zur Mündigkeit eintreten, in dessen Verlauf Erziehung sich selbst überflüssig macht. Die Aufgabe des Erziehers liegt darin, Gegenwart und Zukunft des Zöglings, Sein und Sollen, den jeweils konkreten Entwicklungsstand und seine (noch) unausgeschöpften besseren Möglichkeiten miteinander zu vermitteln, indem er zwischen Empirie und Spekulation „oszilliert" (SCHLEIERMACHER 1826/2000, S. 21–24). In der Explikation der Art der Beziehung von Erzieher und Zögling will DILTHEY dann die charakteristischen Bausteine des spezifisch Pädagogischen in der erzieherischen Interaktion entziffern, kann doch in seinem und seiner Nachfolger Verständnis „die Wissenschaft der Pädagogik … nur beginnen mit der Deskription des Erziehers in seinem Verhältnis zum Zögling" (DILTHEY 1934, S. 190).

In den Theoriekonzepten unserer Tage gehören notwendig dazu die Sondierung des anthropologischen Fundaments der Erziehung (von Geschichte, Sprache, Sozialität, Personalität usf.), ihres teleologischen Horizontes (mit Leitbegriffen wie Mündigkeit, Emanzipation, Handlungsfähigkeit, Selbstverantwortung usf.), der methodischen Vermittlung erzieherischer Absichten (der Mittel und Stile der Erziehung) und ihrer methodologischen Reflexion sowie der pathologischen Fehlformen sei es missratener Erziehungspraxis, sei es falsch justierter Erziehungstheorie (vgl. dazu GERNER 1984, GÖPPEL 1989, RÜHLE 1999, STRÜMPELL 1890).

Die Differenzierungen und Spezialisierungen pädagogischer Praxis und Theorie, von Handlung und Reflexion können beispielsweise in den Unterschieden und Besonderheiten der pädagogischen Orte (Familie, Schule, Tagesstätte, Heim, Museum, Betrieb, Wirtschaft usf.) einschließlich des dort professionell handelnden und speziell ausgebildeten Fachpersonals ihren Ausgangspunkt und Kristallisationskern nehmen; oder in den persönlichen Merkmalen, der Gruppenzugehörigkeit oder der Lebenssituation der Heranwachsenden (Kinder im Vorschulalter, Kinder mit Behinderungen, Kinder von Migranten und aus anderen Kulturen); auch in pädagogisch relevanten Anlässen und Herausforderungen, die der gesellschaftliche Wandel mit sich bringt (zum Beispiel im Hinblick auf Frieden, Freizeit, Medien, Umwelt, Verkehr und ihre jeweilige Bedeutung im Alltagsleben), ferner in der vertieften Auseinandersetzung mit einzelnen anthropologischen Motiven (Gesundheit, Sexualität, Krisen, Spiel, Erlebnis), insoweit ihnen pädagogische Aufgaben innewohnen; in der pädagogischen, vor allem auch didaktischen und methodischen Grundlegung und Ausgestaltung spezieller Tätigkeiten (wie Sport, Kunst, Musik, Tanz, Theater); schließlich aus der historisch rekonstruierbaren Verselbständigung und sukzessiven Pädagogisierung sozialer Subsysteme, Berufsfelder und Lebensbereiche (Sozialpädagogik, Berufs- und Wirtschaftspädagogik, Betriebspädagogik, Erwachsenen- und Weiterbildung/Andragogik, Altenbildung/Gerontagogik usf.).

Bei manchen dieser Bindestrich-Pädagogiken (wie der Friedens-, der Gesundheits-, der Krisen- oder der Umweltpädagogik) lässt sich nach Auskunft ihrer Autoren trefflich darüber streiten, ob sie der Differentiellen oder nicht besser doch der Allgemeinen Pädagogik zugeordnet werden sollten (vgl. WEIß, HENNER, AMINI, MAASSEN in diesem Band), bei anderen (wie bei der Heimpädagogik) stellt sich die Frage, ob sie überhaupt sinnvoll als eine Spezielle Pädagogik ausgewiesen werden können (vgl. WINKLER in diesem Band). Dritte (wie die Interkulturelle, die Heil-, die Elementar- oder auch die Freizeitpädagogik) signalisieren durch programmatische Wechsel in der Denomination konzeptionelle Neu- oder Umorientierungen (vgl. AUERNHEIMER, MÖCKEL, PAETZOLD und OPASCHOWSKI in diesem Band). An den traditionsreichen Subdisziplinen der Schulpädagogik, der Sozialpädagogik, der Weiterbildung und der Wirtschaftspädagogik lässt sich ablesen, wie die Theoriebildung weiterentwickelt worden ist, um den sozialen Problemen und den fachlichen Ansprüchen der Gegenwart an die Professionalität pädagogischen Handelns gerecht zu werden (vgl. KOZDON, HONIG, DRÄGER und JONGEBLOED

in diesem Band), an den (hier zur Sprache gebrachten) speziellen Pädagogiken jüngeren Entstehungsdatums – der Erlebnis-, Medien-, Museums-, Sexu-
al- und Sportpädagogik beispielsweise – kann man besonders gut das wechselseitige Zusammenspiel von neuen gesellschaftlichen Anlässen und Herausforderungen und pädagogischen Bearbeitungsmustern sowie den Nutzen
kritischer historischer Selbstvergewisserung erkennen (vgl. ZIEGENSPECK,
PETERSEN, RUMP, SIELERT und HAAG in diesem Band).

IV.

In der thematischen Profilierung und der inhaltlichen Ausarbeitung ihrer Beiträge hatten die Autoren grundsätzlich freie Hand; sie waren allerdings gebe-
ten, ihren Beitrag als Einführung in die jeweils spezielle Pädagogik zu konzipieren. Außerdem sollten die einzelnen Teildisziplinen nicht nur in ihr spezielles Gebiet einführen, sondern darüber hinaus auch in ihrem jeweiligen Aufbau vergleichbare Informationsbausteine enthalten. Aus diesem Grund lag den
Autoren der folgende Strukturierungsvorschlag vor, der einerseits eine Verbindung von historischen Erläuterungen und systematischen Überlegungen empfahl, andererseits (in der systematischen Dimension) sowohl eine Erörterung
der Gegenstandsprobleme, also der Praxis, als auch eine Thematisierung des
jeweiligen Forschungsbereiches als einer speziellen Erziehungs*wissenschaft*,
also der Theorie. Von dieser Anregung haben alle Autoren je nach den Besonderheiten ihres Fachgebietes selbständig und produktiv Gebrauch gemacht.

1. Terminologische Fragen, Begriffsklärung
2. Historische Entwicklungen, pädagogische Phänomene im sozialen Wandel
3. Gegenstandsbereich, Handlungsfeld
    3.1 Hauptgebiete, zentrale Forschungsbereiche
    3.2 Aktuelle Aufgaben, Probleme, Bearbeitungsmuster
4. Berufsbilder
5. Theorien und Methoden
    5.1 Hauptforschungsbereiche
    5.2 Grundlagen und Konkurrenz der Theoriekonzepte
    5.3 bei Bedarf: Method(olog)ische Anmerkungen
6. Ausblick, Desiderata, Entwicklungsperspektiven
7. Literatur

Literatur

Ballauff, Theodor/Schaller, Klaus: Pädagogik. Eine Geschichte der Bildung und Er-
    ziehung. Freiburg im Breisgau/München, Band I: Von der Antike bis zum Huma-

nismus, 1969; Band II: Vom 16. bis zum 19. Jahrhundert, 1970; Band III: 19./20. Jahrhundert, 1973

Borelli, Michele/Ruhloff, Jörg (Hg.): Deutsche Gegenwartspädagogik. Baltmannsweiler, Band I: 1993; Band II: 1996; Band III: Interdisziplinäre Verflechtungen und intradisziplinäre Differenzierungen, 1998

Brinkmann, Wilhelm/Renner, Karl: Einleitung der Herausgeber oder Über die Schwierigkeiten, in die Pädagogik einzuführen. In: Wilhelm Brinkmann/Karl Renner (Hg.): Die Pädagogik und ihre Bereiche. Paderborn 1982, S. 11–26

Brinkmann, Wilhelm/Petersen, Jörg (Hg.): Theorien und Modelle der Allgemeinen Pädagogik. Eine Orientierungshilfe für Studierende der Pädagogik und in der pädagogischen Praxis Tätige. Donauwörth 1998

Dilthey, Wilhelm: Pädagogik. Geschichte und Grundlinien des Systems. In: Wilhelm Diltheys Gesammelte Schriften, IX. Band, Leipzig und Berlin 1934

Dolch, Josef: Lehrplan des Abendlandes. Zweieinhalb Jahrtausende seiner Geschichte. Ratingen 1959

Ellwein, Thomas/Groothoff, Hans-Hermann/Rauschenberger, Hans/ Roth, Heinrich (Hg.): Pädagogik als Wissenschaft. Theorien und Methoden. Erziehungswissenschaftliches Handbuch, Band IV. Berlin 1975

Gerner, Berthold: Pathologie der Erziehung. Eine Einführung. Darmstadt 1984

Göppel, Rolf: „Der Friederich, der Friederich …". Das Bild des „schwierigen Kindes" in der Pädagogik des 19. und 20. Jahrhunderts. Würzburg 1989

Groothoff, Hans-Hermann: Zur Einleitung. In: Hans-Hermann Groothoff (Hg.): Die Handlungs- und Forschungsfelder der Pädagogik. Differentielle Pädagogik, Teil 1. Königstein/Ts. 1979, S. 1–9

Harney, Klaus/Krüger, Heinz-Hermann (Hg.): Einführung in die Geschichte der Erziehungswissenschaft und der Erziehungswirklichkeit. Opladen 1997

Herbart, Johann Friedrich: Allgemeine Pädagogik aus dem Zweck der Erziehung abgeleitet. Göttingen 1806

Hoffmann, Dietrich (Hg.): Bilanz der Paradigmendiskussion in der Erziehungswissenschaft. Leistungen, Defizite, Grenzen. Weinheim [2]1996

Kriss-Rettenbeck, Lenz/Liedtke, Max (Hg.): Schulgeschichte im Zusammenhang der Kulturentwicklung. Bad Heilbrunn 1983

Krüger, Heinz-Hermann: Erziehungswissenschaft und ihre Teildisziplinen. In: Heinz-Hermann Krüger/Werner Helsper (Hg.): Einführung in Grundbegriffe und Grundfragen der Erziehungswissenschaft. Opladen 1995, S. 303–318

Krüger, Heinz-Hermann: Wozu noch Allgemeine Pädagogik? Notizen zur Entwicklung und Neuvermessung der Erziehungswissenschaft. In: Brinkmann/Petersen 1998, S. 101–116

Lenzen, Dieter: Allgemeine Erziehungswissenschaft. Restkategorie oder Kernstück? In: betrifft:erziehung, 13 (1980) 11, S. 58–66 und 13 (1980) 12, S. 42–49

Lenzen, Dieter: Erziehungswissenschaft – Pädagogik. Geschichte – Konzepte – Fachrichtungen. In: Dieter Lenzen (Hg.): Erziehungswissenschaft. Ein Grundkurs. Reinbek bei Hamburg 1994, S. 11–41

Lenzen, Dieter: Lebenslauf oder Humanontogenese? Vom Erziehungssystem zum kurativen System – Von der Erziehungswissenschaft zur Humanvitologie. In: Dieter Lenzen/Niklas Luhmann (Hg.): Bildung und Weiterbildung im Erziehungssystem. Lebenslauf und Humanontogenese als Medium und Form. Frankfurt am Main 1997, S. 228–247

Loch, Werner: Die Allgemeine Pädagogik in phänomenologischer Hinsicht. In: Brinkmann/Petersen 1998, S. 308–333

Macke, Gerd: Disziplinenformierung als Differenzierung und Spezialisierung. Entwicklung der Erziehungswissenschaft unter dem Aspekt der Ausbildung und Differenzierung von Teildisziplinen. In: Zeitschrift für Pädagogik, 36 (1990), S. 51–72

Macke, Gerd: Disziplinärer Wandel. Erziehungswissenschaft auf dem Wege zur Verselbständigung ihrer Teildisziplinen. In: Heinz-Hermann Krüger/Thomas Rauschenbach (Hg.): Erziehungswissenschaft. Die Disziplin am Beginn einer neuen Epoche. Weinheim und München 1994, S. 49–68

März, Fritz: Personengeschichte der Pädagogik. Ideen – Initiativen – Illusionen. Bad Heilbrunn 1998

Oelkers, Jürgen/Tenorth, Heinz-Elmar (Hg.): Pädagogisches Wissen. 27. Beiheft der Zeitschrift für Pädagogik. Weinheim und Basel 1991

Petersen, Jörg/Reinert, Gerd-Bodo (Hg.): Pädagogische Konzeptionen. Eine Orientierungshilfe für Studium und Beruf. Donauwörth 1992

Prinz von Hohenzollern, Johann Georg/Liedtke, Max (Hg.): Schreiber, Magister, Lehrer. Zur Geschichte und Funktion eines Berufsstandes. Bad Heilbrunn 1989

Reble, Albert: Geschichte der Pädagogik. Stuttgart [19]1999

Röhrs, Hermann: Allgemeine Erziehungswissenschaft. Weinheim (1969), Neudruck 1993

Röhrs, Hermann: Allgemeine Erziehungswissenschaft – eine Disziplin im Wandel. In: Brinkmann/Petersen 1998, S. 261–281

Rühle, Reiner: „Böse Kinder". Kommentierte Bibliographie von Struwwelpetriaden und Max- und Moritziaden mit biographischen Daten zu Verfassern und Illustratoren. Osnabrück 1999

Schiffler, Horst/Winkeler, Rolf: Tausend Jahre Schule. Eine Kulturgeschichte des Lehrens und Lernens in Bildern. Stuttgart und Zürich [5]1998

Schleiermacher, Friedrich: Grundzüge der Erziehungskunst (Vorlesungen 1826). In: Friedrich Schleiermacher: Texte zur Pädagogik. Kommentierte Studienausgabe, Band 2, hg. von Michael Winkler und Jens Brachmann. Frankfurt am Main 2000

Strümpell, Ludwig: Die Pädagogische Pathologie oder die Lehre von den Fehlern der Kinder. Versuch einer Grundlegung für gebildete Eltern, Studierende der Pädagogik, Lehrer sowie für Schulbehörden und Kinderärzte. Leipzig 1890

Tenorth, Heinz-Elmar: Erziehungswissenschaft in Deutschland – Skizze ihrer Geschichte von 1900 bis zur Wiedervereinigung 1990. In: Harney/Krüger 1997, S. 111–154

Tenorth, Heinz-Elmar: Theorie, nicht Moral ist das Defizit – Eine Randbemerkung zu den Debatten über das Allgemeine von Pädagogik und Erziehungswissenschaft. In: Brinkmann/ Petersen 1998, S. 87–100

Tenorth, Heinz-Elmar: Geschichte der Erziehung. Einführung in die Grundzüge ihrer neuzeitlichen Entwicklung. Weinheim und München [3]2000

Winkler, Michael: Wo bleibt das Allgemeine? Historisch-systematische Betrachtungen zum Aufstieg der allgemeinen Pädagogik und dem Fall der Allgemeinen Pädagogik. In: Heinz-Hermann Krüger/Thomas Rauschenbach (Hg.): Erziehungswissenschaft. Die Disziplin am Beginn einer neuen Epoche. Weinheim und München 1994, S. 93–114

BETTINA PAETZOLD

Elementarpädagogik – nur Kleinkinderkram?

Die Elementarpädagogik als universitäre Subdisziplin der Pädagogik muss in engem Zusammenhang mit der Bildungsreform Ende der 60er/ Anfang der 70er Jahre gesehen werden. Zu dieser Zeit war die Bildung von Kindern *vor* der Schule ins Blickfeld der Öffentlichkeit, der Politik und Wissenschaft gerückt und führte neben zahlreichen Modellversuchen zur vorschulischen Erziehung auch zur Einrichtung der Studienrichtung Elementarpädagogik im Rahmen des Diplomstudiengangs Pädagogik. Mit dem schwindenden öffentlichen Interesse an der Vorschulerziehung geriet auch die Elementarpädagogik in eine Abseitsstellung. Der folgende Beitrag soll aufzeigen, dass es sich bei dieser Subdisziplin um einen sehr spannenden Bereich der Pädagogik handelt, der gerade in letzter Zeit wieder große Aktualität bekommen hat.

1. Begriffsklärung

Der hier zu beschreibende Gegenstandsbereich wird in der Wissenschaft durch eine Vielzahl von Begriffen gekennzeichnet. So wird z. B. von Elementarerziehung, Kleinkindpädagogik, Frühpädagogik, frühkindlicher Erziehung, Vorschulerziehung oder Pädagogik der frühen Kindheit gesprochen. Bezugspunkt ist dabei ein bestimmter Altersbereich oder aber eine spezielle Institution (vgl. z. B. DOLLASE 1978). Aber es gibt nicht nur verschiedene Begriffe, derselbe Terminus wird zudem oft unterschiedlich definiert. Beispielsweise wird die ‚Früherziehung‘ von manchen AutorInnen auf den Altersbereich von 0 bis 3 Jahren festgelegt, von anderen auf den Altersbereich 0 bis 6 Jahre. Oder ein anderes Beispiel: Einige verstehen unter der ‚Vorschulerziehung‘ die institutionelle Betreuung von Kindern im Alter von 3 bis 6 Jahren, andere die pädagogische Tätigkeit im Zeitraum von der Geburt bis zum Schuleintritt. Wegen dieser begrifflichen Unschärfe heißt ein elementarpädagogisches Standardwerk der 70er Jahre auch „Handbuch der Früh- und Vorschulpädagogik" (DOLLASE 1978). Der Begriff ‚Elementarbereich‘ wurde Anfang der 70er Jahre von der Bund-Länder-Kommission für Bildungsplanung bei der Aufstellung des Strukturplans für das deutsche Bildungswesen in die Diskussion gebracht (siehe 2.2.2). Der Elementarbereich umfasste nach diesen Vorstellungen alle Einrichtungen zur Betreuung und Bildung von Kindern nach Vollendung des 3. Lebensjahres bis zum Beginn der Schule (Deutscher

Bildungsrat 1970). Dementsprechend konzentrierte sich die Elementarpädagogik auf Institutionen und diesen umgrenzten Altersbereich. Der Gegenstandsbereich der Elementarpädagogik ist also nicht eindeutig festgelegt. Es gibt viele miteinander konkurrierende Begriffe, wobei Unklarheiten bestehen im Hinblick auf die Altersgruppe und im Hinblick auf die Betreuungs- und Erziehungsinstanz. Ursprünglich als eine Institutionenpädagogik vorrangig im Kindergartenbereich konzipiert, muss dieses Verständnis aufgrund der zwischenzeitlichen gesellschaftlichen Veränderungen als viel zu eng angesehen werden. Es muss erweitert werden hinsichtlich des Altersbereichs und der Erziehungsinstitutionen. Heute gehören zur Elementarpädagogik alle Fragen und Aspekte im Zusammenhang mit der Erziehung, Bildung und Betreuung von Kindern von der Geburt mindestens bis zur Einschulung, im weitesten Verständnis bis zum Ende der Grundschulzeit. Das bedeutet, dass die untere Altersgrenze ausgedehnt werden muss, und zwar nicht nur bis zur Geburt, sondern sogar bis auf die Zeit vor der Geburt; denn der Übergang zur Elternschaft muss als zentraler Aspekt der familienvorbereitenden Elternbildung mit aufgenommen werden. Das bedeutet aber auch, dass nicht nur die institutionelle, sondern gleichberechtigt die familiale Erziehung zum Gegenstandsbereich der Elementarpädagogik gehört. Auch die Begrenzung auf die Institution Kindergarten ist viel zu eng geworden; denn es haben sich inzwischen Institutionsformen entwickelt, die die traditionellen Altersgrenzen sprengen, wie z.B. die altersgemischten Gruppen, in denen teilweise Kinder im Alter von 0 bis 12 Jahren betreut werden.

Die Beschreibung des Gegenstandsbereichs der Elementarpädagogik orientiert sich heute nicht mehr am Bildungswesen, sondern am Kinder- und Jugendhilfegesetz (KJHG). Dies erscheint auch und vor allem deshalb sinnvoll, weil die entsprechenden Institutionen der Kinderbetreuung ebenso wie Fragen der Familienerziehung juristisch in der Sozialgesetzgebung (z.B. im KJHG) verankert, damit dem Sozialbereich zugeordnet und verwaltungsmäßig durch die Sozialministerien der Länder erfasst sind.

Heute muss also von einer *Elementarpädagogik im engsten Sinne* gesprochen werden als einer Institutionenpädagogik für den Altersbereich 0 bis 6 Jahre und *im weitesten Sinne* als der Pädagogik, die sich mit Fragen der Erziehung, Betreuung und Bildung von Kindern in Familie und außerschulischen Institutionen von der Geburt bis zum Ende der Grundschulzeit befasst. Insofern erscheint der Begriff ,Elementarpädagogik' nicht mehr ausreichend zur Kennzeichnung der Breite der Disziplin. Der Terminus ,Pädagogik der frühen Kindheit' ist angemessener, weil er durch die Begrifflichkeit keine Einschränkung auf Institutionen vorgibt und den Altersbereich nicht so stark begrenzt. Eine andere Möglichkeit stellt der Terminus ,Elementar- und Familienpädagogik' dar, der den Einbezug der familialen neben der institutionellen

Erziehung erkennen lässt, aber auch eine deutliche Ausweitung der Disziplin bedeutet.

2. Der Blick zurück: die Entwicklung der Elementarpädagogik

Es wurde aus den bisherigen Ausführungen deutlich, dass ein zentraler Schwerpunkt der Elementarpädagogik bei der institutionellen Vorschulerziehung liegt. Öffentliche Einrichtungen zur Betreuung und Erziehung von Kindern im noch nicht schulpflichtigen Alter gibt es seit etwa 200 Jahren, und ihre Entwicklung muss immer im Kontext der jeweiligen gesellschaftlichen Bedingungen gesehen werden. Es kann hier keine ausführliche historische Darstellung erfolgen (vgl. dazu ERNING/NEUMANN/REYER 1987), aber für das Verständnis der Disziplin ‚Elementarpädagogik‘ ist der Blick zurück unbedingt erforderlich; denn das Spannungsverhältnis zwischen privater, das heißt familialer, und öffentlicher, das heißt institutioneller, Kleinkinderziehung, das sich im 19. Jahrhundert schon zeigte, ist bis heute erhalten geblieben.

2.1 Die Anfänge der öffentlichen Kleinkindererziehung

Die Anfänge der öffentlichen Kleinkindererziehung liegen am Anfang des 19. Jahrhunderts. Allerdings gab es damals noch nicht den heute so bekannten Kindergarten, sondern zunächst Kleinkinderbewahranstalten oder Kleinkinderschulen. Abgesehen von einigen Vorläufern wurden die ersten Einrichtungen in Deutschland um das Jahr 1826 eröffnet in der Folge der Arbeiten des englischen Pädagogen SAMUEL WILDERSPIN.

In dieser Zeit der vorindustriellen Massenarmut waren für die Gründungen vor allem zwei Motive zentral: Mütter, die zur Erwerbsarbeit gezwungen waren, sollten entlastet, und der Verwahrlosung der Kinder sollte vorgebeugt werden, aber sie sollten auch erzieherisch beeinflusst werden. Es waren also rein sozialfürsorgerische Aspekte für die Einrichtung von Betreuungsinstitutionen ausschlaggebend. Die anfänglichen Einrichtungen unter den Namen Kleinkinderbewahranstalt oder Kleinkinderschule wurden hauptsächlich von konfessionell gebundenen Trägervereinen betrieben. Schon die Namengebung macht deutlich, welche Ziele diese Einrichtungen hatten: Es ging um die schulmäßige Vermittlung von Tugenden wie Sauberkeit, Ordnung, Gehorsam, Fleiß und vor allem Stillsitzen. Zentral war daneben die religiös-sittliche Unterweisung. Da es aber viel zu wenig Institutionen gab, befanden sich oft 80 bis 100 Kinder in einem Raum, die von zwei, höchsten drei Personen betreut wurden. Insofern waren diese Institutionen nicht kindgemäß, denn sie boten keine für kleine Kinder angemessenen Beschäftigungen, sondern leisteten vorrangig Verwahrungsarbeit bzw. vorgezogene Schulbildung. Von staatlicher Seite bestand kein Interesse an einem Ausbau der öffentlichen Kleinkinderpflege; denn die Erziehung von Kindern wurde als Aufgabe der Mütter verstanden. Die damalige überlebenswichtige außerhäusliche Erwerbsarbeit von sehr vielen Müttern wurde als eine unerwünschte, zeitlich begrenzte Notwendigkeit gesehen, so dass eine öffentliche Kleinkindererziehung unter diesem sozialfürsorgerischen Motiv auch nicht dauerhaft erforderlich erschien (vgl. ERNING/NEUMANN/REYER 1987).

Erst Mitte des 19. Jahrhunderts, mit der Gründung des Kindergartens durch FRIEDRICH FRÖBEL, gab es eine andere Sichtweise. FRÖBELS Verständnis war nicht von sozialpolitischen Überlegungen, also dem Verwahrungsgedanken, geleitet, sondern von pädagogischen Gedanken; denn ihm ging es um die frühkindliche Bildung. Aufgrund seiner Theorie der Kleinkindpädagogik, in der dem Spiel und den von ihm entwickelten Spielgaben eine zentrale Bedeutung zukommen, verstand er den Kindergarten als eine Institution zur pädagogischen Förderung aller Kinder unabhängig von einer familialen Notlage. Dieser Richtungsstreit zwischen dem sozialfürsorgerischen Ansatz der konfessionellen Kleinkinderpflege und dem frühpädagogischen Kindergartenkonzept von FRÖBEL zog sich durch das ganze 19. Jahrhundert. Um die Jahrhundertwende begann dann auch der Staat, der sich bis dahin sehr zurückgehalten hatte, in die öffentliche Kinderbetreuung einzugreifen; denn nun zeigten sich nur allzu deutlich die Auswirkungen des kapitalistischen Systems und der Industrialisierung in einer massenhaften körperlichen und geistigen Verwahrlosung der Kinder und einem starken Geburtenrückgang. Nun kam es zu Bestrebungen, die Lebensbedingungen für Mütter und Kleinkinder unter anderem durch Kinderbetreuungseinrichtungen zu verbessern, wobei sozialhygienische, das heißt die Gesundheit betreffende, Aspekte neben pädagogischen und religiösen eine große Bedeutung bekamen (vgl. ERNING/NEUMANN/REYER 1987).

Zu Beginn des 20. Jahrhunderts war die öffentliche Kleinkindererziehung als sozialpädagogische Einrichtung fest etabliert, wobei weiterhin die verschiedenen Institutionsformen nebeneinander bestanden. Einen rechtlichen Rahmen gab das 1924 verabschiedete Reichsjugendwohlfahrtsgesetz, das die verwaltungsmäßige Zuordnung zur Jugendfürsorge und nicht zur Schule und dem Bildungswesen regelte. Zudem festigte dieses Gesetz für Jahrzehnte die Auffassung des Kindergartens als Bewahranstalt, die Vorbeugung vor Verwahrlosung war mehr im Blick als der Gedanke einer allgemeinen Kleinkindbildung. Diese Idee konnte sich erst in den 70er Jahren unseres Jahrhunderts durchsetzen.

2.2 Die späten 60er Jahre: Aufbruch

Der Kindergarten wurde mit der gesetzlichen Fixierung im Reichsjugend-
wohlfahrtsgesetz als fürsorgerische Einrichtung festgeschrieben, also als
Nothilfeeinrichtung für Familien, die ihre Erziehungsaufgaben nicht erfüllen
konnten. Nach 1945 entwickelten sich die Auffassungen über die öffentliche
Kindererziehung in Ost- und Westdeutschland völlig unterschiedlich. Während in der DDR die Berufstätigkeit der Mütter durch ein flächendeckendes
Netz an Kinderbetreuungsinstitutionen gefördert wurde (vgl. HÖLTERSHIN-
KEN/HOFFMANN/PRÜFER 1997), herrschte in der BRD weiterhin die Ideologie
von der Mutter als bester (und ausreichender) Erzieherin und Förderin ihrer
Kinder. Dementsprechend galt mütterliche Erwerbstätigkeit als unerwünscht,
und der Kindergarten und besonders die Krippe wurden weiterhin als Nothil-
femaßnahmen für den Bedarfsfall verstanden. „Im übrigen wurde vorschulische Erziehung im Kindergarten tendenziell als eine Bedrohung für die Familie angesehen, insofern als sie den Müttern die Aufnahme einer außerhäusli-
chen Erwerbstätigkeit erleichterte" (TIETZE 1993, S. 108). Erst in den 60er
Jahren entbrannte in Deutschland (West) infolge einer allgemeinen gesell-
schaftspolitischen Reformtendenz eine heftige Diskussion um den Kindergarten, und es gab Neuansätze in der Kindergartenpädagogik, die hier jedoch nur
angerissen werden können (ausführlicher z. B. ERNING/NEUMANN/REYER
1987, GROSSMANN 1994, HEBENSTREIT 1980, ZIMMER 1985).

2.2.1 Der gesellschaftskritische Ansatz: Die Kinderläden

Ende der 60er Jahre rollte eine massive Protestbewegung über die westdeut-
schen Universitäten, die auch bis dahin unpolitische Studierende aktivierte.
Die Proteste richteten sich gegen die jahrelange konservative, vorrangig auf
Bewahrung der wirtschaftlichen Errungenschaften ausgerichtete Politik der
Bundesregierung. Die Eltern in der sozial-revolutionären Studentenbewegung
suchten nach neuen pädagogischen Wegen und entwickelten das Konzept der
antiautoritären Erziehung, das eine auf Anpassung und Leistungssteigerung
gerichtete Erziehung ablehnte. Es waren die studierenden Mütter, die auf die
Idee kamen, zunächst in Berlin leer stehende Geschäfte (‚Läden') zu mieten,
in denen ihre Kinder während ihrer politischen Aktivitäten betreut werden
konnten. Verbunden war mit der Idee der Kinderläden auch ein neues Verständnis von Kindererziehung. „Antiautoritäre Erziehung lässt sich als Nega-
tion und praktische Gegenbewegung gegen ein erstarrtes und in eine innere
Krise geratenes Erziehungssystem begreifen" (RABE-KLEBERG 1985, S. 290).
Basis für die Überlegungen war eine radikale Veränderung in der Sichtweise
der kindlichen Entwicklung. Bis dahin dominierte ein Verständnis von einer

reifebedingten Entwicklung, was im Hinblick auf den Kindergarten bedeutete, dass er einen Schonraum für eine ungestörte Entwicklung bieten wollte und somit eine Bewahrpädagogik vorherrschend war. Die neuen entwicklungs- und lernpsychologischen Erkenntnisse von der Bedeutung der Umwelteinflüsse machten aber deutlich, dass die Familie als alleinige Sozialisationsinstanz für Kinder nur begrenzte Lernmöglichkeiten bieten kann und deshalb Kinderbetreuungsinstitutionen zur Förderung der kindlichen Entwicklung notwendig sind. Der antiautoritäre Erziehungsansatz ging von den Bedürfnissen der Kinder aus und wollte ihnen ein Heranwachsen ohne Zwänge mit vielen Lernchancen ermöglichen. Kinderläden wurden von Eltern in Eigeninitiative organisiert. Zentraler Bestandteil der Pädagogik war es, neben den Fachkräften die Eltern an der Arbeit im Kinderladen zu beteiligen, wobei die Betreuungspersonen möglichst nicht disziplinierend in das Geschehen eingreifen sollten; denn die kindliche Bedürfnisbefriedigung und Selbstregulation war ebenfalls ein zentrales Ziel der Erziehung. „Das pädagogische Programm resultiert aus einer unterschiedlichen Mischung psychoanalytischer und gesellschaftskritischer Begründungsargumente, die in der Betonung der freien Selbstentfaltung des Kindes ihren Schnittpunkt haben" (HEBENSTREIT 1980, S. 60). Wichtig war den Eltern auch die Integration von Umwelterfahrungen in den Kinderladenalltag; dies galt beispielsweise für den Umgang mit Hammer und Nägeln wie für das gemeinsame Kochen.

Die ursprünglich marxistisch-sozialistische Kinderladenidee wurde ziemlich schnell abgelöst von einer eher unpolitischen Eltern-Initiativ-Bewegung, bei der aber der Gedanke an eine förderliche, an den Bedürfnissen der Kinder ansetzende Erziehung beibehalten wurde. In einer Mitte der 70er Jahre durchgeführten Untersuchung zeigte sich eine breite Heterogenität in den Erziehungskonzepten und dem Erziehungsalltag in den Kinderläden. Neben Einrichtungen, die sich sehr dem Kindergarten angenähert hatten, fanden sich aber auch Einrichtungen mit vorteilhaften strukturellen Bedingungen (Raumangebot, Gruppengröße u. ä.), einem günstigen quantitativen und qualitativen Kind-Erzieherinnen-Verhältnis und einer aktiven Elternschaft, die „Modellfunktion für den gesamten Vorschulbereich übernehmen könnten" (NICKEL/SCHENK/UNGELENK 1980, S. 95). Die antiautoritäre Erziehungsbewegung hat dem Kindergarten eine Einrichtungsform entgegengesetzt, die viele Anstöße zum Nachdenken und für Veränderungen gegeben hat. Dies bezieht sich ebenso auf die methodische Arbeit im Kindergarten wie auf das Verhalten der Erzieherinnen (ausführlicher HEBENSTREIT 1980).

2.2.2 Der bildungspolitische Ansatz:
Der Strukturplan für das Bildungswesen

Der Kindergarten wurde also bis in die 60er Jahre als behütender Schonraum für Kinder gesehen. Die vorherrschende entwicklungspsychologische Auffassung war die der Reifung, das heißt ein Kind entwickelt sich entsprechend seinem genetischen Programm, das von außen kaum zu beeinflussen ist, außer durch Bereitstellen eines angemessenen Rahmens. Psychische und physische Reifung und nicht das Lernen wurden als Hauptträger der Entwicklung gesehen, wobei sich das genetische Begabungspotential von alleine zur Entfaltung bringt. Die in den 60er Jahren neuen Erkenntnisse zur Bedeutung des frühen Lernens und einer anregenden Umwelt sowie weitere Aspekte (Bildungswerbung, Chancengleichheit) führten dann zu einem Bildungsboom, von dem auch der Vorschulbereich profitierte. Es gab eine intensive fachliche, politische und gesellschaftliche Auseinandersetzung mit Fragen der Bildung. Eine bedeutsame Rolle spielte in diesem Zusammenhang der ‚Deutsche Bildungsrat‘. Die Bildungskommission des Deutschen Bildungsrates legte im Februar 1970 als Ergebnis ihrer Arbeit den ‚Strukturplan für das Bildungswesen‘ vor, mit dem eine systematische Neuordnung des Bildungswesens angeregt wurde. Dieses wurde vom Elementar- über den Primar- und den Sekundarbereich bis zur Weiterbildung in Stufen eingeteilt (vgl. Deutscher Bildungsrat 1970). Die theoretische Grundlegung basierte auf den damals neuen Forschungsergebnissen, wonach die Umwelt einen bedeutsamen Einfluss auf Entwicklung und Lernen hat. Intelligenz und Begabung wurden nun als das Ergebnis von Lern- und Erfahrungsprozessen neben den genetischen Anlagen verstanden. Reifen und Lernen stehen in Interaktion und sind damit beeinflussbar, weshalb das frühe Lernen besonders in den Blickpunkt geriet. Späteres Lernen wurde als von früherem Lernen abhängig gesehen, und insofern erstaunt es nicht, dass dem Kindergarten von da an eine hohe Bedeutung zugeschrieben wurde. Er wurde nun als erste Stufe des Bildungswesens verstanden, allerdings weiterhin als Wahlangebot, nicht verpflichtend wie der Schulbesuch. Dennoch wurde die Notwendigkeit einer erweiterten Erziehung außerhalb der Familie anerkannt, weshalb der Besuch des Kindergartens als förderlich für die Entwicklung von Kindern gesehen und empfohlen wurde. Der Elementarbereich umfasste nach diesen Vorstellungen „die Einrichtungen familienergänzender Bildung und Erziehung für Kinder im vorschulischen Alter nach Vollendung des 3. Lebensjahres" (Deutscher Bildungsrat 1970, S. 102). Dem Übergang in die Schule wurde ebenfalls besondere Beachtung geschenkt, weshalb eine Reform der Eingangsstufe vorgeschlagen wurde, wobei auch das Einschulungsalter herabgesetzt und bereits die Fünfjährigen dem Primarbereich zugeordnet werden sollten.

Durch die Empfehlungen des Bildungsrates wurde der Kindergarten aufgewertet als ein Ort des intellektuellen Lernens, wobei die Hauptaufgabe in der ganzheitlichen Förderung gesehen wurde, die die kognitiven, emotionalen, sozialen und physischen Bedürfnisse von Kindern zu berücksichtigen hat. Diese Empfehlungen wurden drei Jahre später in dem von der Bundesregierung vorgelegten ‚Bildungsgesamtplan' politisch umgesetzt (vgl. Bund-Länder-Kommission 1973). Verbunden war damit für den Elementarbereich das Ziel, den Kindern ab dem 3. Lebensjahr in Institutionen ein altersangemessenes pädagogisches Angebot zu machen, das ihre Entwicklung fördern und umweltbedingte Benachteiligungen frühzeitig ausgleichen, also kompensatorisch wirken sollte. Im Hinblick auf die unter dreijährigen Kinder und eventuelle Förderangebote für sie wurden keine Aussagen gemacht. Im Hinblick auf die Fünfjährigen sollte zunächst durch Modellversuche erforscht werden, in welcher Institutionenform sie am besten gefördert werden könnten und welchem Bereich sie letztlich zuzuordnen seien. Es entbrannte daraufhin ein „Streit um die Fünfjährigen", wobei die wissenschaftlichen Vergleichsuntersuchungen keine Fördervorteile in Abhängigkeit von der Institutionenform zeigten und deshalb diese Altersgruppe weiterhin dem Elementar- und nicht dem Primarbereich zugeordnet wurde. Nicht zuletzt war dies die kostengünstigere Lösung, denn der Kindergartenbesuch wurde als Wahl-, nicht als Pflichtangebot verstanden.

Zusammenfassend lässt sich festhalten: Nach den Vorschlägen des Bildungsgesamtplans wurde der Bildungscharakter des Kindergartens betont, indem der Elementarbereich als die erste Stufe des Bildungswesens definiert und der Kindergarten organisatorisch den Kultusministerien unterstellt wurde. Damit gewann der bildungspolitische Auftrag des Kindergartens Priorität vor der bis dahin gültigen sozialpädagogischen Bewahrfunktion. Um diese bildungspolitischen Ziele zu realisieren, war ein massiver Ausbau der Kindergärten notwendig, ebenso wie eine Verbesserung der Ausbildung des dort arbeitenden Personals, des pädagogischen Angebots und der Ausstattung der Kindergärten.

2.3 Die 70er Jahre: Aufschwung und Abbruch

Die 70er Jahre können als die Blütezeit der Vorschulerziehung in Deutschland (West) bezeichnet werden. Auf der wissenschaftlichen Ebene wurden außeruniversitäre Institute gegründet, und die Elementarpädagogik wurde als Teildisziplin der Erziehungswissenschaft an der Universität etabliert, so dass frühpädagogische Aspekte Gegenstand von Forschung und Lehre wurden, wobei Fragen der Erziehung im Kindergarten im Mittelpunkt standen. Auf der Praxisebene kam es zu einem erheblichen quantitativen Ausbau der Kindergärten, aber auch zu einer pädagogischen Neubewertung. In gemeinsamer Arbeit entwickelten und erprobten PraktikerInnen und WissenschaftlerInnen verschiedene curriculare Ansätze, wobei das situationsorientierte Curriculum sich letztlich durchsetzte und bis heute seine Bedeutung erhalten hat. Es wurde von der Arbeitsgruppe Vorschulerziehung am Deutschen Jugendinstitut (DJI) in München entwickelt und bundesweit erprobt.

Kennzeichen des Situationsansatzes ist die Orientierung des Lernens an Lebenssituationen von Kindern – auch außerhalb des Kindergartens –, wobei dem sozialen Lernen besondere Bedeutung zukommt. „Die pädagogische Arbeit steht unter dem Ziel, Kinder verschiedener sozialer Herkunft und mit unterschiedlicher Lerngeschichte zu befähigen, in Situationen ihres gegenwärtigen und zukünftigen Lebens möglichst autonom und kompetent denken und handeln zu können" (Arbeitsgruppe Vorschulerziehung, zitiert bei GROSSMANN 1994, S. 117). Der Alltag im Kindergarten ist nicht mehr wie vorher stark ritualisiert, sondern offener, so dass sich die Tageseinteilung nicht mehr an starren Mustern orientiert. Die Gruppenräume sollen differenzierte Erfahrungen und kindliche Eigeninitiativen ermöglichen und weniger nach festen Funktionen aufgeteilt sein. Erzieherinnen sind nicht mehr unangreifbare Autoritätspersonen, sondern stehen mit den Kindern in einem gemeinsamen Erfahrungsprozess (ausführlicher ZIMMER 1985). Genauso bedeutsam wie die pädagogischen Entwicklungen war aber auch die gesellschaftliche Anerkennung, die dem Kindergarten nun zuteil wurde; denn er wurde erstmals in der Geschichte als eine Institution mit einem klar definierten Erziehungs- und Bildungsauftrag verstanden. Der Kindergartenbesuch hatte sich zu einem allgemein akzeptierten, familienergänzenden Erziehungsangebot entwickelt.

Spätestens in den 80er Jahren, nach der politischen Wende und bei anhaltender wirtschaftlicher Rezession, verlagerte sich die öffentliche Aufmerksamkeit, und der Elementarbereich geriet in den Hintergrund. „Schon in der zweiten Hälfte der 70er Jahre verlor der Kindergarten im Kontext einer allgemeinen bildungspolitischen Reformmüdigkeit an bildungspolitischer Priorität und öffentlichem Interesse" (TIETZE 1993, S. 112). Erst in den 90er Jahren rückte der Elementarbereich wieder in den Blick der fachwissenschaftlichen, politischen und öffentlichen Aufmerksamkeit. Mit der Wiedervereinigung der beiden deutschen Staaten mit unterschiedlichen Betreuungssystemen für Kinder begann zunächst die Diskussion um quantitative, zunehmend aber auch qualitative Fragen der institutionellen Kindererziehung. Besonders machte sich dies an der Krippenerziehung fest, also der Institution für Kinder vor dem Kindergartenalter. Die Kinderkrippe war in der DDR selbstverständlicher Bestandteil des Früherziehungssystems, in der BRD galt sie weiterhin als Nothilfeeinrichtung, und dementsprechend niedrig war die Versorgungsquote.

Und durch einen weiteren Anlass wurde die allgemeine Aufmerksamkeit wieder auf den Elementarbereich gelenkt. Mit Wirkung ab 1996 hat die Bundesregierung den Rechtsanspruch auf einen Kindergartenplatz für Kinder ab dem 3. Lebensjahr gesetzlich verankert, was einen massiven Ausbau der Plätze erforderlich machte. Da die Gemeinden dabei finanziell gefordert sind, ist der Kindergarten erneut von politischem Interesse. Aber auch die Fachwissenschaft wendet sich wieder verstärkt dem Kindergarten zu; denn im Rahmen der allgemeinen Diskussion um Qualitätssicherung geht es auch um eine Qualitätsmessung der pädagogischen Arbeit im Kindergarten.

3. Der Gegenstandsbereich der Elementarpädagogik: Institutionelle und familiale Kindererziehung

Familie als der Ort der privaten Erziehung und Kinderbetreuungsinstitutionen als der Ort der öffentlichen Erziehung befinden sich in einem Spannungsverhältnis, das eine juristische Grundlage hat. Ehe und Familie stehen in der Bundesrepublik Deutschland unter verfassungsrechtlich verankertem Schutz (Art. 6 des Grundgesetzes). Diese juristische Festlegung stellt sicher, dass Eltern das Recht, aber auch die Pflicht zur Erziehung ihrer Kinder haben und der Staat in dieses Recht nur eingreift, wenn Eltern ihre Pflichten vernachlässigen (‚Wächteramt‘). Kinder werden also zuallererst im Kontext der Familie gesehen. Die Orientierung am Kind ist geprägt durch die Nachrangigkeit des staatlichen Erziehungsauftrages gegenüber dem elterlichen Erziehungsauftrag. Damit ist festgelegt, dass eine institutionelle Erziehung von Kindern immer nur familienergänzend, nicht familienersetzend verstanden werden kann, außer in dem Fall, dass Eltern ihre Erziehungsaufgabe nicht zum Wohle des Kindes wahrnehmen. Damit ist auch gewährleistet, dass Kinder und Eltern hinsichtlich des Besuchs vorschulischer Einrichtungen keinen staatlichen Zwängen und Zugriffsmöglichkeiten ausgesetzt sind.

In dem Grundgesetzartikel ist allerdings der Blick nur auf die Eltern gerichtet, nicht auf das Kind. Diese Perspektive finden wir jedoch im KJHG, das ein Teil der Sozialgesetzgebung ist. Hier lautet der § 1: „Jeder junge Mensch hat ein Recht auf Förderung seiner Entwicklung und auf Erziehung zu einer eigenverantwortlichen und gemeinschaftsfähigen Persönlichkeit." Bei der Verwirklichung dieses Rechts soll die Jugendhilfe unterstützend eingreifen. Die Förderung und Unterstützung von Kind und Familie ist das durchgängige Prinzip im KJHG, das insbesondere präventive Maßnahmen und Angebote betont und damit auch vorausschauend und problemvermeidend ausgerichtet ist. Die elterliche Erziehungsverantwortung soll gefördert und günstige Rahmenbedingungen für eine positive kindliche Entwicklung sollen unterstützt werden (KJHG §§ 16–21). Neben Angeboten zur Förderung der Erziehung in der Familie zählen zu den Aufgaben der Jugendhilfe nach dem KJHG aber ebenso Angebote zur Förderung von Kindern in Tageseinrichtungen (KJHG §§ 22–26). Die Aufgaben in diesen Einrichtungen umfassen die Betreuung, Bildung und Erziehung der Kinder.

In diesem Spannungsfeld liegt der Gegenstandsbereich der Elementarpädagogik. Wie ausgeführt, wurde die Disziplin ursprünglich als eine Institutionenpädagogik definiert, sie unterscheidet sich damit nicht von anderen erziehungswissenschaftlichen Teildisziplinen. Daher konzentriert sich das Interesse besonders auf die öffentliche Erziehung, also die Institutionen der Kinderbetreuung.

3.1 Tageseinrichtungen für Kinder

Dieser Teilbereich der Elementarpädagogik befasst sich mit Fragen der Betreuung, Erziehung und Bildung von Kindern in familienergänzenden bzw. familienunterstützenden Institutionen. Der Altersbereich der Kinder erstreckt sich von der Geburt bis zum Ende der Grundschulzeit. Der Besuch der verschiedenen Institutionen ist freiwillig, und deshalb fallen für Eltern auch Kosten an, die je nach Institutionentyp und Bundesland unterschiedlich hoch sind. Träger der Einrichtungen sind vorrangig die freien und kirchlichen Wohlfahrtsorganisationen, die Kirchengemeinden oder die Jugendämter.

Die bekannteste Einrichtung zur außerfamilialen Kinderbetreuung ist der Kindergarten, heute auch häufig als Kindertagesstätte bezeichnet. Der Kindergarten ist ein Wahlangebot und wird von Kindern im Alter von drei Jahren bis zum Schuleintritt tagsüber oder für einen Teil des Tages regelmäßig besucht. Während in den 60er Jahren der Versorgungsgrad mit Kindergartenplätzen bundesweit noch bei etwa 30 % lag, wird die Versorgungsquote für Mitte der 90er Jahre mit 77 % angegeben (DJI 1998, S. 71). Das macht deutlich, dass nicht alle Kinder der entsprechenden Altersgruppe einen Kindergarten besuchen können, weil es an Plätzen fehlt. Diese Durchschnittszahl ist jedoch wenig aussagekräftig, denn das Platzangebot schwankt in den Bundesländern und außerdem regional sehr stark. Zudem sagt das Platzangebot noch nichts über die zeitlichen Nutzungsmöglichkeiten aus. Während in den neuen Bundesländern fast nur Ganztagsplätze zur Verfügung stehen, gibt es in den alten Bundesländern vorrangig die Vor- und Nachmittagsbetreuung mit einer Unterbrechung über Mittag.

Auch wenn in den letzten Jahren vielfältige Aktivitäten zum Platzausbau unternommen wurden, so ist es doch schwierig, den genauen Bedarf zu ermitteln, da nicht von einer hundertprozentigen Nachfrage ausgegangen werden kann. Viele Eltern wollen ihr Kind noch nicht mit Vollendung des dritten Lebensjahres in einen Kindergarten geben. Auch lässt sich die Zahl der früh bzw. spät eingeschulten Kinder nicht im Voraus planen, so dass der Bedarf bei den um die sechs Jahre alten Kindern schwer kalkulierbar ist. Zwar besteht heute ein Rechtsanspruch auf einen Kindergartenplatz, aber die meisten Bundesländer haben sich nicht auf ein bedarfsangemessenes Angebot verpflichtet, so dass ein Ganztagsplatz, aber auch ein Halbtagsplatz als Erfüllung des Rechts gewertet werden kann (DJI 1998, S. 83).

Neben den strukturellen sind pädagogische Aspekte von großer Bedeutung in der Elementarpädagogik. Zwar gibt es keine Theorie der Kindergartenpädagogik, aber doch pädagogische Konzepte, nach denen Kindergärten arbeiten. Für die Kindergärten der DDR gab es staatlich vorgegebene einheitliche Erziehungs- und Bildungspläne, die den Alltag im Kindergarten sehr genau regelten (vgl. HÖLTERSHINKEN/HOFFMANN/PRÜFER 1997). In der Bundesrepublik lässt sich eine Vielfalt an pädagogischen Programmen und Konzeptionen aufweisen, das Spektrum reicht von Fröbel- über Waldorf- und Montessori-Kindergärten zu Kindergärten, die nach dem Situationsansatz arbeiten, um nur einige bekannte Ansätze zu nennen (z. B. BÜTTNER/DITTMANN 1995, ZIMMER 1985). Insgesamt scheint aber eine Unzufriedenheit mit den traditionellen Konzepten zu bestehen, denn in den letzten Jahren werden immer neue Ansätze vorgelegt wie beispielsweise der spielzeugfreie Kindergarten oder der Waldkindergarten.

Möglicherweise hängt das auch mit dem geringen Wissen über den Alltag im Kindergarten zusammen; denn die wissenschaftliche Erforschung des Sozialisationsfeldes Kindergarten ist als sehr schlecht zu bezeichnen. „Bei vielen für die vorschulische Erziehung in ihren verschiedenen Formen wichtigen Fragen gibt es gegenwärtig kaum oder keine wissenschaftlich gesicherten Informationen in Deutschland" (TIETZE/ROSSBACH 1993, S. 161). Dies ist auch darauf zurückzuführen, dass seit den 80er Jahren das staatliche Interesse am Kindergarten und damit die Forschungsförderung massiv zurückgegangen sind. Ein von einer Forschergruppe (FRIED u. a. 1992) vorgelegter Überblick über die empirisch-pädagogische Forschung im Elementarbereich zeigt, dass die meisten Studien in den 70er Jahren infolge der Bildungsreform durchgeführt wurden, in denen vor allem verschiedene Formen von Kinderbetreuungsinstitutionen sowie Curriculumentwürfe untersucht wurden. Das normale Alltagsgeschehen im Kindergarten wurde dagegen bislang nur in wenigen Studien thematisiert. Immerhin kann als belegt gelten, dass der Besuch eines Kindergartens förderliche Auswirkungen auf die kindliche Entwicklung hat (z. B. TIETZE/ROSSBACH 1996).

Die Institution, die traditionell die Kleinkinder von der Geburt bis zum 3. Lebensjahr betreut, ist die Kinderkrippe, die wie der Kindergarten im letzten Jahrhundert entstanden ist. Während sich jedoch der Kindergarten inzwischen zu einem allgemein akzeptierten Erziehungsangebot entwickelt hat, wird in Westdeutschland die Betreuung von Kindern in einer Krippe sehr emotional diskutiert und von der Mehrheit der Bevölkerung abgelehnt, wie eine in den 90er Jahren durchgeführte repräsentative Befragung ergab. In den neuen Bundesländern, wo die Betreuung in Kinderkrippen zum Familienalltag gehörte, war die Mehrheit der Auffassung, dass diese Form der institutionellen Betreuung der Entwicklung von Kindern nicht schade (TIETZE/ROSSBACH 1996, S. 247). In Westdeutschland dagegen wird die Fremdbetreuung von Kleinkindern noch immer als pädagogisch bedenklich betrachtet und die Erziehung in erster Linie als Aufgabe der Mütter gesehen (siehe auch PAETZOLD 1996). Das familienpolitische Leitbild, wonach die Mutter für die Erziehung eines Kleinkindes am besten geeignet sei, wurde jahrzehntelang von Kinderärzten massiv unterstützt und von der Bevölkerung übernommen. Die institutionelle Kleinkindbetreuung wird als Nothilfe für die Fälle verstanden, in denen eine Notlage die Mütter an der Betreuung hindert. Aufgrund dieses Verständnisses wurde auch der Ausbau des Krippenwesens als nicht notwendig erachtet, und entsprechend niedrig ist der Versorgungsgrad. Dem Zahlenspiegel des Deutschen Jugendinstituts (1998, S. 50 ff.) lässt sich entnehmen, dass sich das Platzangebot in den letzten 30 Jahren nur unwesentlich erweitert hat (von 0,6 % 1965 auf 2,2 % 1994) und dieser minimale Versorgungsgrad auch noch starken regionalen Schwankungen unterliegt. Allerdings kann bei den Krippen im Gegensatz zu den Kindergärten in der Regel von einem Ganztagsangebot ausgegangen werden. Die vorliegenden internationalen Studien zur Auswirkung des Krippenbesuchs zeigen keine negativen Effekte auf die kindliche Entwicklung, sondern, im Gegenteil, eher förderliche Auswirkungen, wenn die Qualität der Krippe gewährleistet ist (z. B. TIETZE/ROSSBACH 1996).

Die letzte traditionelle Institution zur Tagesbetreuung im Elementarbereich ist der Kinderhort, dessen Wurzeln ebenfalls im letzten Jahrhundert zu finden sind. Der Hort ist eine Einrichtung, in der Schulkinder, vorrangig im Grundschulalter, außerhalb der Schulzeit betreut werden. Der Hort hat keineswegs nur die Aufgabe der Hausaufgabenbetreuung, sondern er stellt eine familienergänzende Betreuungsform dar, die die Persönlichkeitsbildung der Kinder fördert. Ursprünglich auch als Notbehelf für Familien konzipiert, befindet sich die Versorgung mit Hortplätzen in Westdeutschland auf einem sehr niedrigen Niveau; denn es stehen nur für 5 % der 6- bis unter 10-jährigen Schulkinder Plätze zur Verfügung (DJI 1998, S. 84).

Neben diesen traditionellen Institutionen zur Tagesbetreuung von Kindern gibt es weniger bekannte wie beispielsweise Betriebskindergärten, die von gewerblichen oder Dienstleistungsunternehmen getragen werden, oder integrative Einrichtungen, in denen behinderte und nichtbehinderte Kinder gemeinsam betreut werden. Eine besonders interessante neue Form stellen die Einrichtungen dar, die versuchen, die traditionellen Altersgrenzen und damit die Verteilung von Kindern auf verschiedene Institutionsformen zu brechen. In den letzten Jahren gibt es Versuche mit altersgemischten Gruppen, wobei entweder die 0- bis 6-jährigen Kinder in einer Gruppe betreut werden (kleine Altersmischung) oder Kinder von der Geburt bis zum Ende der Grundschulzeit (große Altersmischung). Die Vorteile werden neben Auswirkungen auf das Sozialverhalten u. a. in der größeren Familiennähe gesehen; denn Geschwisterkinder können gemeinsam für viele Jahre dieselbe Einrichtung besuchen.

Ein letzter Aspekt der institutionellen Elementarpädagogik soll noch thematisiert werden, nämlich die in den Institutionen tätigen Fachkräfte. Im Arbeitsfeld Kindertageseinrichtungen arbeiten neben anderen Berufsgruppen überwiegend Erzieherinnen, männliche Betreuungspersonen sind kaum zu finden. Mitte der 90er Jahre sind dies über 200.000 (DJI 1998, S. 152), wobei seit der Bildungsreform eine deutliche pädagogische Professionalisierung festzustellen ist. Allerdings wird in den letzten Jahren mehrheitlich Unzufriedenheit mit der Ausbildung, den Arbeitsbedingungen und der gesellschaftlichen Anerkennung geäußert, was sich u. a. in einer hohen Fluktuation äußert (z. B. RAUSCHENBACH/BEHER/KNAUER 1995). Im Hinblick auf das Geschehen in den Institutionen ist zwar davon auszugehen, dass Erzieherinnen einen Einfluss auf die kindliche Entwicklung haben, aber auch hier fehlt es im deutschsprachigen Raum an Untersuchungen (z. B. FRIED u. a. 1992). Gerade in Anbetracht der künftigen Herausforderungen stellen sich hier wichtige elementarpädagogische Aufgaben (siehe 4.).

3.2 Familiale Erziehung

Das zweite Hauptgebiet der Elementarpädagogik, die Familienerziehung, hat bislang weniger Aufmerksamkeit erhalten. Es sind eher die Nachbardisziplinen, die sich mit der Familie beschäftigen. So liegen neben Veröffentlichungen aus der Theologie, Politik und Jurisprudenz zahlreiche Publikationen zur Sozialgeschichte der Familie (z. B. SIEDER 1987), zur Familienpsychologie (z. B. HOFER/KLEIN-ALLERMANN/NOACK 1992) oder zur Familiensoziologie (z. B. VASKOVICS 1995) vor, eher weniger zur Familienpädagogik (z. B. PAETZOLD/FRIED 1989). Familienforschung ist in Deutschland vorrangig soziologisch definiert, da in der Soziologie die Teildisziplin Familiensoziologie schon lange etabliert ist. Die familiensoziologischen Forschungen sind in ihrer Vielfalt kaum mehr überschaubar, wobei deutliche Schwerpunkte beim Wandel der Familie und der Pluralisierung der Lebensformen sowie dem Einfluss der Arbeitswelt auf die Familie liegen. Eine pädagogische Sicht der Familie muss gleichwohl auf die Forschungsergebnisse der Nachbardisziplinen

Bezug nehmen, da Familie nicht losgelöst aus ihren sozialen Bezügen gesehen werden kann.

Ab Mitte der 70er Jahre stieg aufgrund des von der Soziologie dokumentierten tief greifenden technologischen und gesellschaftlichen Wandels das Interesse der Öffentlichkeit und Wissenschaft an familienrelevanten Forschungsergebnissen. Immer deutlicher zeigte sich die zunehmende Veränderung der Entwicklungs- und Erziehungsbedingungen von Kindern, und die Familie als der primäre Ort kindlichen Aufwachsens geriet in den Blick. Zwar hat sich das Verständnis von der Notwendigkeit einer Familienpädagogik (PAETZOLD 1999) auch heute noch nicht allgemein durchgesetzt, aber die Auswirkungen des gesellschaftlichen Wandels auf die Familienerziehung und das Erfordernis einer Stützung der Familie sind als elementarpädagogische Aufgabengebiete nicht mehr wegzudenken, zumal die Familienerziehung auch auf die institutionelle Erziehung zurückwirkt.

Auch wenn die Kindererziehung zuerst einmal als Privatsache von Eltern angesehen wird, so besteht doch auch ein öffentliches Interesse daran. Kinder sind für den Bestand einer Gesellschaft von fundamentaler Bedeutung, und deshalb kann die familiale und kindliche Entwicklung nicht unbeachtet bleiben. Eltern übernehmen, wie Befragungen zeigen, auch heute gerne die Erziehung ihrer Kinder, aber sie können und wollen die Verantwortung für die nachwachsende Generation nicht mehr nur als private Aufgabe verstehen. Deshalb sind ergänzende Hilfestellungen durch Kinderbetreuungsinstitutionen notwendig; denn der Erfahrungsbereich Familie ist für Kinder zu begrenzt geworden. Daneben ist aber auch eine allgemeine Förderung und Unterstützung der Erziehung in der Familie erforderlich. Dem hat die Familienpolitik durch die rechtliche Verankerung der Familienbildung und Familienberatung im KJHG Rechnung getragen.

„Die Familie ist und bleibt der Ort der personalen Entfaltung des Menschen. Eine gesicherte Beständigkeit innerfamiliärer Beziehungen, die auch Belastungen durchsteht, gibt Kindern das notwendige Vertrauen in den Wert der eigenen Person wie in die Zukunft. (…) Im Erleben individueller Geborgenheit werden Kinder gleichzeitig hingeführt zu Toleranz, Verantwortungsbewusstsein und Rücksichtnahme" – so die Auffassung der Bundesregierung im letzten Familienbericht (BMFuS 1994, S. IV). Die Familie gibt also den notwendigen Beziehungsrahmen, der die Bedürfnisse des Kindes nach Schutz, Pflege und Versorgung, nach positiver emotionaler Zuwendung und Geborgenheit sowie nach Hilfestellung bei der Entwicklung der eigenen Persönlichkeit abdeckt. Somit dürfte der pädagogische Auftrag der Familie in unserer Gesellschaft unbestritten sein.

Dennoch sind in den letzten Jahrzehnten Änderungen im familialen Leben eingetreten, wobei es falsch wäre, von einer Krise der Familie zu sprechen.

Eher geht es um ein neues Verständnis von Familie mit einer Vielfalt gelebter familialer Wirklichkeit, d. h. es gibt heute viele verschiedene Familienformen. Die Familie entzieht sich einer begrifflichen Festlegung, weder in den Wissenschaften noch im Alltagsverständnis gibt es heute noch eine einheitliche Definition. Eine moderne Sicht von Familie beruht auf einem Familienbegriff, der verschiedenartige Lebensformen umfasst, von denen die Kernfamilie (Zweigenerationenfamilie mit in Erstehe verheirateten Eltern und gemeinsamen Kindern) nur eine, wenn auch überaus verbreitete Variante darstellt. Daneben gibt es andere Formen, wie beispielsweise Einelternteilfamilien, Stiefelternfamilien, Familien ohne Trauschein, wobei zu bedenken ist, dass Familie nicht statisch gesehen werden darf. Familienleben ist gekennzeichnet durch ständige Entwicklungen und verschiedene Phasen, was auch bedeuten kann, dass sich eine Kernfamilie in einen anderen Familientypus verwandelt.

Familien haben eine Vielzahl von Aufgaben zu meistern und Schwierigkeiten zu bewältigen, die der pädagogischen Hilfestellung bedürfen. Der gesellschaftliche Wandel und die Individualisierung der Lebensführung haben auch zu einer verminderten Bedeutung traditioneller Werte geführt. Gerade bei der Gestaltung des Familienlebens lässt sich nur noch bedingt auf die eigenen Erfahrungen zurückgreifen; es bestehen Unsicherheiten über Maßstäbe für eine gelingende Kindererziehung. Insofern kommt der Elternbildung eine große Bedeutung zu, ganz besonders bei der Familiengründung. Eine Vorbereitung auf ein Leben mit Kindern findet in der schulischen Ausbildung kaum statt, deshalb stellt gerade der Übergang zur Elternschaft eine große Herausforderung dar. Besonders die weibliche Rolle ändert sich dann; denn noch immer tragen in unserer Gesellschaft die Frauen vorrangig die Verantwortung für die Kinder, was häufig die Aufgabe der Erwerbstätigkeit, den Verlust sozialer Kontakte und eine veränderte häusliche Arbeitsteilung nach sich zieht. Für die meisten Frauen kommen Veränderungen in der Partnerbeziehung und dem sozialen Netz hinzu, auf die sie oft genug nicht ausreichend vorbereitet sind. Das macht deutlich, wie wichtig eine umfassende Unterstützung in dieser Lebensphase ist (vgl. z. B. BMFSFJ 1996a). Gerade die präventive Familienbildungsarbeit kann als ein typisches Aufgabenfeld der Elementarpädagogik verstanden werden; denn sie erfordert neben erwachsenenpädagogischen Kompetenzen ein fundiertes frühpädagogisches Wissen. Die Erprobung entsprechender Konzepte steht aber in Deutschland im Gegensatz zu den USA noch ziemlich am Anfang. Hier ist besonders der Modellversuch des Staatsinstituts für Frühpädagogik in München zu nennen, in dem ein präventiver Bildungsansatz für den Übergang zur Elternschaft entwickelt und erprobt wird.

Die Auswirkungen des gesellschaftlichen Wandels auf die Familienerziehung lassen sich beispielhaft noch an einem anderen Aspekt der individuellen Lebensführung verdeutlichen, nämlich den veränderten weiblichen Rollenvorstellungen. Frauen haben heute selbstverständlich eine Berufsausbildung und sind mindestens bis zur Eheschließung, meistens bis zur Geburt des ersten Kindes berufstätig (vgl. PAETZOLD 1996). Aber auch Mütter wollen oder müssen zunehmend die Familienaufgaben mit einer Berufstätigkeit verknüpfen. Dies aber erfordert von den Frauen ein Ausbalancieren der verschiedenen Anforderungen durch Beruf, Ehemann, Haushalt und Kinder. Entscheidend für eine befriedigende Lösung sind die beruflichen Rahmenbedingungen, wie z. B. flexible Arbeitszeiten, die Kinderbetreuungsmöglichkeiten, z. B. institutionelle Ganztagsbetreuung, und die Unterstützung durch den Ehemann. Aber gerade dieser letzte Aspekt scheint am schwierigsten einzulösen zu sein. Zwar wird das Modell der partnerschaftlichen Ehe allseits proklamiert, aber Ehemännern fällt es nach den vorliegenden Studien außerordentlich schwer, sich an der Familienarbeit zu beteiligen. Zwar kümmern sich Väter verstärkt um ihre Kinder, aber die Hausarbeit bleibt in vielen Familien die Aufgabe der Frau. Hier scheint das traditionelle Modell der ‚Hausfrauenehe‘ weiter zu wirken, obwohl dieses Familienleitbild, das auch jahrzehntelang durch Familienpolitik und Kirche unterstützt wurde, für junge Frauen kein akzeptables Lebensmodell mehr ist. Der Mythos von der guten Mutter, die sich 24 Stunden um ihre Kinder kümmert, belastet Frauen und erschwert die mütterliche Erwerbstätigkeit. Allerdings gibt es auch Familien, in denen eine partnerschaftliche Teilung der Familien- und der Berufsarbeit gelingt. Diese Lösung entlastet Frauen und bietet für Mütter und Väter eine Bereicherung ihres Lebens (ausf. PAETZOLD 1996). Die wirtschaftliche Lage wird in Zukunft dazu führen, dass die Erwerbstätigkeit beider Elternteile zur Selbstverständlichkeit wird. Daher ist die Erforschung der Bedingungen für eine gelungene Elternschaft bzw. der diesem Modell entgegenstehenden Belastungen ein wichtiges Thema der Elementarpädagogik.

Zusammenfassend: Die Veränderungen im Erziehungsbereich (z. B. Probleme mit der Wertepluraliät, mit den gewandelten Geschlechtsrollen, mit der Vorbereitung auf ein Leben mit Kindern oder mit der Aufgabenverteilung in der Familie) zeigen einen Bedarf an Unterstützung deutlich an. Wichtig ist auch die Auseinandersetzung mit der ideologischen Fixierung auf das Mutter-Kind-Verhältnis, die den Vater in seiner Bedeutung für die kindliche Entwicklung vernachlässigt und den Blick auf die komplexen Erziehungsbedingungen in Familien verstellt. Die Entwicklung und der Einsatz von Maßnahmen, die die Familienfähigkeit fördern, d. h. Männern, Frauen und Kindern Kompetenzen für ein gelingendes Familienleben vermitteln, sind eine zentrale Aufgabe der Elementarpädagogik. Die Betonung liegt dabei auf der Prävention durch Beratung oder auch der Einübung von Problemlösungsstrategien, weniger auf der therapeutischen Handlungsebene.

3.3 Familiale und öffentliche Kindererziehung: alternative Lösungswege

Neben den schon angesprochenen Institutionen haben sich seit den 70er Jahren besonders für die Zeit der frühen Kindheit neue Betreuungsformen herausgebildet, die hier noch kurz angesprochen werden sollen. Sie haben sich inzwischen zu flächendeckenden Angeboten zumindest in den alten Bundesländern entwickelt.

Mitte der 70er Jahre löste ein Beitrag über schwedische Tagesmütter in der Zeitschrift „Brigitte" eine heftige Diskussion über die Vor- und Nachteile der Fremdbetreuung aus. Im Hinblick auf die Betreuung von Kindern unter drei Jahren bestand in weiten Kreisen der Bevölkerung und auf politischer Ebene die Meinung, dass Kleinstkinder am besten in der Familie durch die Mutter gefördert werden könnten. Aufgrund des öffentlichen Drucks, besonders von Müttern, führte das Familienministerium dann einen bundesweiten Modellversuch durch. Während SozialwissenschaftlerInnen dem Projekt positiv gegenüberstanden, warnten vor allem Kinderärzte vor den Gefahren einer Mehrfachbemutterung, da sie bei den Kindern durch die Trennung von der Mutter Entwicklungsschäden befürchteten. Die positiven Ergebnisse widerlegten die Bedenken der KritikerInnen. Die Fremdbetreuung durch eine Tagesmutter führte nach diesen Ergebnissen zu keinem erhöhten Maß an Verhaltensauffälligkeiten. Es zeigte sich sogar, dass die Betreuung allein durch die Mutter nicht unbedingt die günstigste Lösung war, sondern dass die Kinder aus der Tagesbetreuung einen Gewinn gezogen hatten (siehe auch PAETZOLD 1996).

In der Folgezeit hat sich die Tagespflege als eine mögliche Form der familienergänzenden Kinderbetreuung durchgesetzt und ist inzwischen auch im KJHG als eigenständige Betreuungsform anerkannt. Viele Mütter bevorzugen diese Lösung, weil sie individueller und familiennäher ist als die Krippe: Eine Tagesmutter betreut wenige Kinder in unterschiedlichem Alter, was auch für Geschwisterkinder und für Schulkinder günstig ist. Der Kontakt zwischen den Eltern und der Tagesmutter ist persönlicher; Absprachen von Betreuungszeiten können flexibler getroffen werden. Allerdings lassen sich auch Nachteile benennen, wobei besonders problematisch eine Erkrankung der Tagesmutter ist, da dann kein Ersatz zur Verfügung steht; denn leider gibt es in Deutschland, anders als in den skandinavischen Ländern, keine staatliche finanzielle Unterstützung und Förderung (ausführlicher BMFSFJ 1996b). Die vorbereitende und berufsbegleitende Ausbildung, die fachpädagogische Beratung und Unterstützung sowie die sozialversicherungsrechtliche Absicherung von Tagesmüttern, also die Professionalisierung ihrer Arbeit, ist ein wichtiges Ziel, das der Unterstützung durch die Elementarpädagogik bedarf.

In den 70er Jahren hat sich noch eine weitere Betreuungsform herausgebildet, die Eltern-Kind-Gruppen. Sie sind auch unter den Bezeichnungen Mutter-Kind-Treff, Krabbelgruppe, Spielgruppe, Miniclub u. a. bekannt. Es handelt sich dabei um eine Betreuungsform, die nicht so fest institutionell verankert ist wie die Krippe, aber dieselbe Altersgruppe betrifft. Dominant ist hier der Aspekt der Eigenbeteiligung. Es handelt sich um Gruppen, in denen sich Mütter (seltener Väter) mit ihren Kindern regelmäßig, meist einmal pro Woche für ein bis zwei Stunden, zum gemeinsamen Spiel und Gespräch treffen. Die Kinder sind im Alter von wenigen Monaten bis zum Eintritt in den Kindergarten, wobei heute meist altersgleiche Kinder in einer Gruppe sind. Inzwischen haben sich Eltern-Kind-Gruppen zum Standardangebot von Familienbildungsstätten entwickelt, sie werden aber auch von anderen Bildungseinrichtungen oder Kirchengemeinden angeboten.

Die Gruppen haben eine doppelte Funktion: Sie ermöglichen Kindern Kontakte mit Gleichaltrigen, lassen sie in der Gemeinschaft Geborgenheit erfahren, fördern sie durch das vielfältige Angebot ganzheitlich. Aber sie ermöglichen auch Frauen in ähnlichen Lebenssituationen den gegenseitigen Erfahrungsaustausch über ihre Mutterrolle und das Zusammenleben mit dem Kind. Mütter, die in eine Eltern-Kind-Gruppe kommen, haben meistens wegen der Kinderbetreuung ihre Erwerbstätigkeit unterbrochen und möchten nun aus dem Dasein als Nur-Hausfrau herauskommen und Kontakte mit anderen Müttern knüpfen, auch um sich über Erziehungsfragen auszutauschen. Insofern versuchen Eltern-Kind-Gruppen außerhalb des nur privaten Mutter-Kind-Zusammenhangs einen größeren sozialen Bezug herzustellen. Sie sind keine Notlösung für eine unzureichende institutionelle Kinderbetreuung, sondern sie bilden eine eigene soziale Infrastruktur (GILLES-BACCIU 1993). Leiterinnen von Eltern-Kind-Gruppen müssen kindgemäß und erwachsenengemäß handeln, was eine hohe pädagogische Kompetenz erfordert. Dazu reicht es nicht aus, selber Mutter zu sein, sondern eine qualifizierte elementarpädagogische Ausbildung sollte gewährleistet sein.

4. Ausblick: Was bringt die Zukunft?

Das elterliche Recht auf Erziehung ist im Grundgesetz festgeschrieben. Allerdings kann dies nicht bedeuten, dass Eltern die Alleinverantwortung für die Erziehung tragen müssen, sondern die Gesellschaft muss eine Mitverantwortung übernehmen. Im Hinblick auf das Kindergartenalter besteht heute ein allseits akzeptiertes Verständnis der Teilung der Erziehungsverantwortung. Neben der Betreuungsfunktion, also dem sozialfürsorgerischem Aspekt, ist der Bildungsauftrag des Kindergartens allgemein anerkannt, auch wenn er verwaltungsmäßig nicht dem Kultusministerium, also dem Bildungsbereich, sondern dem Sozialministerium unterstellt ist. Anders schaut es noch mit den anderen Institutionen im Elementarbereich aus. Zwar ist mit dem seit den 90er Jahren gültigen KJHG eine deutliche Änderung im politischen Verständnis der öffentlichen Kindererziehung eingetreten; denn Tageseinrichtungen für Kinder werden nun als notwendige Ergänzung und Unterstützung der familialen Erziehung bewertet. Aber im Verständnis vieler BürgerInnen sind Krippen und Horte weiterhin lediglich Nothilfeinstitutionen ohne eigenständigen Bildungsauftrag. Hier hat die Elementarpädagogik noch wichtige Aufklärungsarbeit zu leisten.

Kinderbetreuungseinrichtungen werden sich wie in der Vergangenheit auch zukünftig ändern und entsprechend den gesellschaftlichen Anforderungen weiterentwickeln. Es können abschließend nur einige wenige Perspektiven kurz angesprochen werden. Da hierbei neue Wege beschritten werden, erscheint eine fachwissenschaftliche Begleitung, wie sie ja schon teilweise realisiert wird, weiterhin dringend angeraten.

- Bisher standen Kindergarten und Familie eher unverbindlich nebeneinander; denn die Möglichkeiten der aktiven Elternmitarbeit waren sehr eingeschränkt. Hier öffnet das KJHG neue Möglichkeiten zur Zusammenarbeit, indem es diese ausdrücklich fordert. Wünschenswert erscheint eine Erziehungspartnerschaft zwischen Eltern und Erzieherinnen; denn nur durch den Austausch von Erfahrungen mit dem Kind zuhause und in der Tagesbetreuung kann es zu einer Kontinuität zwischen privater und öffentlicher Erziehung kommen. Die Elternmitwirkung, die bislang fast nur in Elterninitiativen möglich war, erfordert von beiden Seiten Offenheit und Mut zum Experimentieren, aber sie führt zu einer für alle Beteiligten, auch für die Kinder, befriedigenderen Situation.
- Eines der aktuellsten Themen der Kindergartenpädagogik ist die Öffnung des Kindergartens. Die angesprochene Elternmitwirkung ist eine Möglichkeit. Öffnung betrifft aber sehr viel mehr Aspekte, z. B. die Arbeit mit offenen Gruppen, d. h. die Kinder einer Gruppe halten sich nicht mehr vorrangig in ihrem Gruppenraum auf, sondern allen Kindern steht immer der ganze Kindergarten zur Verfügung. Weitere Beispiele wären die Aufhebung der traditionellen Altersgrenzen, indem jüngere und ältere Kinder gemeinsam betreut werden, oder die Öffnung des Kindergartens zum Umfeld und dem Gemeinwesen (ausführlicher dazu BECKER-TEXTOR/TEXTOR 1997).
- Kindergärten werden sich zunehmend profilieren müssen. Spätestens dann, wenn ein flächendeckendes Netz an Kinderbetreuungsinstitutionen besteht, wird dies zu stärkerer Konkurrenz führen. Das betrifft die Frage

der Qualität in der jeweiligen Einrichtung. Mit der von einer Forschergruppe um Tietze entwickelten und erprobten Kindergarten-Einschätz-Skala (Tietze/Schuster/Rossbach 1997) ist eine heftige Diskussion entbrannt, die mit zustimmenden und ablehnenden Argumenten in allen Kindergartenzeitschriften geführt wird. Sicherlich ist die Qualität einer Kindertageseinrichtung nicht leicht zu bestimmen, auch weil ganz unterschiedliche Vorstellungen darüber bestehen, wie sie zu definieren ist. Aber deswegen darf sich die pädagogische Arbeit nicht der Qualitätsfrage entziehen.

- Die Tageseinrichtungen werden sich künftig mehr an den realen Lebenswirklichkeiten von Familien zu orientieren haben, um erfolgreicher ihre familienentlastende Funktion zu verwirklichen. Familien brauchen zunehmend bedarfsgerechte, flexible Betreuungsinstitutionen. Das bedeutet, dass die Öffnungszeiten der Einrichtungen an die Arbeitszeiten der Eltern angepasst werden. Mit einer Erweiterung der Öffnungszeiten ist ja nicht zwangsläufig eine längere Anwesenheit jedes Kindes verbunden. Das bedeutet für Eltern aber auch, eine Wahlmöglichkeit bei der Tagesbetreuung zu haben, z. B. zwischen Tagesmutter, traditionellen Institutionsformen oder altersgemischten Gruppen oder im Hinblick auf eine kirchliche oder nichtkirchliche Trägerschaft.

- Der Aspekt der Europäisierung wird zunehmend Bedeutung erhalten. Wir werden in Europa immer näher zusammenwachsen, und die unterschiedlichen Früherziehungssysteme werden auch in Deutschland nicht unbeachtet bleiben können. Das betrifft quantitative und qualitative Aspekte der Tagespflege für Kinder, aber auch die Ausbildung der in den Tageseinrichtungen arbeitenden Fachkräfte, die in fast allen anderen Ländern deutlich besser qualifiziert sind, weil die Ausbildung auf einem höheren Niveau angesiedelt ist. Nicht zuletzt deshalb erhält in den europäischen Nachbarländern die elementarpädagogische Forschung größere staatliche und wissenschaftliche Beachtung.

Trotz dieser außerordentlich wichtigen Aufgaben, von denen hier nur einige angeführt wurden, droht die Elementarpädagogik als wissenschaftliche Disziplin zu verschwinden und in die Sozialpädagogik integriert zu werden. Dies wäre um so bedauerlicher, weil bei einer lediglich sozialpädagogischen Sicht der elementarpädagogische Ansatz verloren zu gehen droht.

5. Literatur

Becker-Textor, I./Textor, M.: Der offene Kindergarten – Vielfalt der Formen. Freiburg 1997.

Bundesministerium für Familie und Senioren (BMFuS) (Hg.): Familien und Familienpolitik im geeinten Deutschland. Fünfter Familienbericht. Bonn 1994.

Bundesministerium für Familie, Senioren, Frauen und Jugend (BMFSFJ) (Hg.): Familienbildung als Angebot der Jugendhilfe. Stuttgart 1996a.

Bundesministerium für Familie, Senioren, Frauen und Jugend (BMFSFJ) (Hg.): Kinderbetreuung in Tagespflege: Tagesmütter-Handbuch. Stuttgart 1996b.

Bund-Länder-Kommission für Bildungsplanung: Bildungsgesamtplan. Stuttgart 1973.

Büttner, Ch./Dittmann, M. (Hg.): Elternhandbuch Kindergarten: Von der Krippe bis zum Hort. Weinheim 1995.

Deutscher Bildungsrat: Strukturplan für das Bildungswesen. Stuttgart 1970.

Deutsches Jugendinstitut (DJI) (Hg.): Tageseinrichtungen für Kinder – Zahlenspiegel. München 1998.

Dollase, R. (Hg.): Handbuch der Früh- und Vorschulpädagogik. Bd. 1 und 2. Düsseldorf 1978.

Erning, G./Neumann, K./Reyer, J. (Hg.): Geschichte des Kindergartens. Bd. I und II. Freiburg 1987.

Fein, R.: Der erste Streit um die Fünfjährigen. In: Theorie und Praxis der Sozialpädagogik, Heft 1, 1999, S. 8–12.

Fried, L./Roßbach, H.-G./Tietze, W./Wolf, B.: Elementarbereich. In: K. Ingenkamp/ R. Jäger/H. Petillon/B. Wolf (Hg.): Empirische Pädagogik 1970 bis 1990. Eine Bestandsaufnahme der Forschung in der Bundesrepublik Deutschland. Weinheim 1992, S. 197–263.

Gilles-Bacciu, A.: Eltern-Kind-Gruppen. In: Handbuch der Elementarerziehung, 2.31/2.32. Seelze-Velber 1993.

Großmann, W.: KinderGarten. Weinheim 1994[2].

Hebenstreit, S.: Einführung in die Kindergartenpädagogik. Stuttgart 1980.

Höltershinken, D./Hoffmann, H./Prüfer, G.: Kindergarten und Kindergärtnerin in der DDR. Neuwied 1997.

Hofer, M./Klein-Allermann, E./Noack, P.: Familienbeziehungen. Eltern und Kinder in der Entwicklung. Göttingen 1992.

Nickel, H./Schenk, M./Ungelenk, B.: Erzieher- und Elternverhalten im Vorschulbereich. München 1980.

Paetzold, B.: „Eines ist zu wenig, beides macht zufrieden." Die Vereinbarkeit von Mutterschaft und Berufstätigkeit. Bielefeld 1996.

Paetzold, B.: Familienpädagogik. In: G. Reinhold/G. Pollak/H. Heim (Hg.): Pädagogik-Lexikon. München 1999, S. 198–200.

Paetzold, B./Fried, L. (Hg.): Einführung in die Familienpädagogik. Weinheim 1989.

Rabe-Kleberg, U.: Antiautoritäre Erziehung. In: J. Zimmer (Hg.): Erziehung in früher Kindheit. (Enzyklopädie Erziehungswissenschaft, Bd.6). Stuttgart 1985, S. 290–292.

Rauschenbach, Th./Beher, K./Knauer, D.: Die Erzieherin. Weinheim 1995.

Sieder, R.: Sozialgeschichte der Familie. Frankfurt am Main 1987.

Tietze, W.: Institutionelle Erfahrungsfelder für Kinder im Vorschulalter. Zur Entwicklung vorschulischer Erziehung in Deutschland. In: W. Tietze/H.-G. Roßbach (Hg.): Erfahrungsfelder in der frühen Kindheit. Freiburg 1993, S. 98 – 125.

Tietze, W./Roßbach, H.-G.: Familie und familienergänzende Infrastruktur für Kinder im Vorschulalter. In: L. Vaskovics/ H. Lipinski (Hg.): Familiale Lebenswelten und Bildungsarbeit Bd. 1. Opladen 1996, S. 227–266.

Tietze, W./Roßbach, H.-G.: Das Früherziehungssystem in der Bundesrepublik Deutschland (alte Bundesländer). In: W. Tietze/H.-G. Roßbach (Hg.): Erfahrungsfelder in der frühen Kindheit. Freiburg 1993, S. 126–167.

Tietze, W./Schuster, K.-M./Roßbach, H.-G.: Kindergarteneinschätzskala. Neuwied 1997.

Vaskovics, L. (Hg.): Soziologie familialer Lebenswelten. München 1995.

Zimmer, J. (Hg.): Erziehung in früher Kindheit. (Enzyklopädie Erziehungswissenschaft, Bd.6). Stuttgart 1985.

JÖRG ZIEGENSPECK

Erlebnispädagogik. Ein Klärungsversuch aus erziehungswissenschaftlicher Sicht

1. Das Erlebnis – eine semantische Betrachtung

Es gibt in der deutschen Sprache eine sehr interessante semantische Begründung: Die Vorsilbe „*er*" weist auf innere (Verarbeitungs- und Aneignungs-) Prozesse hin, so dass man sagen kann, das Leben (außen) wird erst dann zum individuellen (inneren) Besitz, wenn die jeweilige Situation wahrgenommen, verarbeitet und – bewusst oder unbewusst – für bedeutsam erklärt, also gespeichert und damit verinnerlicht wird.

Viele *Erlebnisse* mit ihrer subjektiven und dadurch höchst differenzierten Qualität führen zu *Erfahrungen* (auch hier weist die Vorsilbe „*er*" darauf hin, dass die Dynamik des Wortes „fahren" im Sinne der Bewegung innerlich an- und festgehalten und als statischer Wert auf Dauer biographisch bedeutsam wird). *Erfahrungen* sind zwar immer noch individueller Besitz, aber bereits intersubjektiv verhandlungsfähig und damit diskursiv austauschbar, haben also einen höheren Objektivitätswert als das Erlebnis. Viele *Erfahrungen* führen zu *Erkenntnissen*. Hier wird die höchste Objektivationsform – je nach individuellem Vermögen und als kultureller Besitz – kognitiv bedeutsam. Die höchste *Erkenntnis* – das wussten bereits die alten Griechen – lässt sich in dem Lehrsatz komprimieren: „Ich weiß, dass ich nichts weiß!" Das macht deutlich, dass es sich beim Erkenntniserwerb um einen in höchstem Maße differenzierten und dynamischen Prozess handelt, wozu das „Immer-wieder-von-vorne-Anfangen" notwendigerweise dazugehört.

Fazit: Wer keine *Erlebnisse* hat(te), kommt zu keinen *Erfahrungen*. Und wer keine *Erfahrungen* sammeln konnte, dem dürfte es auch an *Erkenntnissen* mangeln. – Oder: vom Bauch zum Kopf – das ist ein langer Weg. Pädagogisch gewendet, meint dies: Wer Kindern und Jugendlichen keine Erlebnisanlässe verschafft, handelt erzieherisch fragwürdig, fahrlässig und gibt sich zudem als kultureller Banause und entwicklungspsychologischer Ignorant zu erkennen.

2. Das Erlebnis – Bindeglied zwischen „Natur" und „Umwelt"

Diese semantische Sichtweise wird durch die Aussagen von WILFRIED JAN-SSEN[1] und GERHARD TROMMER[2] unter spezifischem Blickwinkel unterstrichen, wie das in den „10 Komponenten des Naturerlebens" zum Tragen kommt. Dort heißt es, dass Naturerleben nicht determinierbar ist, dass Naturerleben emotional, individuell, Phantasie und Kreativität anregend ist und stets origi-nale Begegnung mit der Natur bedeutet, die jedem Menschen aufgrund sinn-licher Wahrnehmung derselben möglich ist.

Naturerleben setzt jedoch nach beider Einschätzung eine innere Gestimmt-heit voraus und kann zu widerstreitenden Gefühlen führen, je nach der emo-tionalen und/oder psychischen Verfassung der Person. Daher erfordere das Erlebnis von Natur eine sensibel anleitende Didaktik. Außerdem stehe es in enger Verbindung mit Naturerkenntnis und Naturverständnis. Naturerleben liefere gewissermaßen die Basis für selbstbestimmtes Handeln für Natur und Umwelt. W. JANSSEN beschreibt den Prozess des Naturerlebens, die Verbin-dung von Naturbeschreibung und Naturerleben, anhand eines „Zwiebelmo-dells":

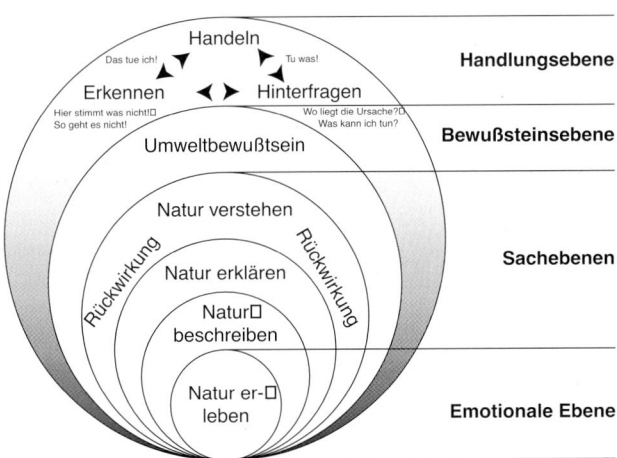

In: BOJE MAASSEN: Naturerleben oder Der andere Zugang zur Natur. Baltmannswei-ler 1994, S. 79.

---

[1] Vgl. JANSSEN, WILFRIED: Naturerleben. Unterricht Biologie, 137 (1988) S. 2–7, Ab-bildung S. 6. Hier zitiert nach MAASSEN, BOJE: Naturerleben oder Der andere Zu-gang zur Natur. Baltmannsweiler 1994, S. 79.

[2] Vgl. TROMMER, GERHARD: Natur im Kopf. Die Geschichte ökologisch bedeutsamer Naturvorstellungen in deutschen Bildungskonzepten. Weinheim 1990.

„Das Naturerleben ist der ‚emotionale Kern‘, der sich über die Phasen des Naturbeschreibens, des Naturerklärens und des Naturverstehens zu Umweltbewusstsein und Handlungsbereitschaft weitet. In umgekehrter Blickrichtung wirken alle aktionalen und rationalen Bereiche auf die emotionalen Fähigkeiten, auf die Qualität und Spontaneität des Erlebens, auf den Reichtum des Erlebens zurück"[3].

Während seiner Untersuchung zur Geschichte ökologisch bedeutsamer Naturvorstellungen in deutschen Bildungskonzepten stieß GERHARD TROMMER auf eine relativ scharfe Trennung der Begriffe „Mensch" und „Natur" im Sprachgebrauch, die ihn veranlasste, sich diesem Begriffspaar näher zu widmen. Deshalb führte er eine assoziative Zuordnungsstudie zu den Begriffen „Natur" und „Umwelt" durch.

Der Begriff „Natur" wurde am häufigsten mit „nicht-menschlicher Natur" verknüpft, vornehmlich mit Pflanzen und Tieren. Ferner wurden ästhetische Kategorien relativ oft genannt, wie „Schönheit", „Weite" und „Harmonie" sowie erholungsbezogene Assoziationen. Die Bedrohung und Zerstörung der Umwelt rangierte auf der Liste der am häufigsten genannten Begriffe ebenfalls sehr weit oben. Besonders auffällig erschien es TROMMER, dass der Begriff „Mensch" bzw. „menschliche Natur" kaum Erwähnung fand. Aus den erhobenen Daten folgerte er, dass mit „Natur" vorwiegend „außermenschliche Natur" verbunden werde. In unserem Kulturkreis herrsche die allgemeine Meinung vor, dass „Natur" etwas sei, das draußen vorkomme, mit Lebewesen und/oder Landschaft zu tun habe, vor allem außermenschlich existiere und angenehm sei.

Um dieses Phänomen näher zu erforschen, führte TROMMER eine vergleichbare Assoziationsstudie zum Begriff „Umwelt" durch. Im Gegensatz zur ersten brachte die Befragung überwiegend urbane, industrielle, technische und negativ-gefühlsbetonte Zuordnungen wie „Umweltverschmutzung" zutage. Ich denke, dass in dieser semantischen und ökologischen Vorklärung auch eine Begründung für notwendige erlebnispädagogische Aktivitäten verankert liegt.

3. Was gehört zur Erlebnispädagogik?

Zur Erlebnispädagogik gehört

• die Bereitschaft, sich zu neuen Horizonten aufzumachen, also Neugierde und das Suchen nach dem bisher Unbekannten;

---

[3] JANSSEN 1988, S. 6.

- der Mut, sich herausfordern zu lassen, Herausforderungen anzunehmen und sich selbst herauszufordern;
- der Reiz, Neues in Erfahrung bringen zu wollen sowie Altes neu zu sehen und zu verstehen;
- die Wahrnehmungsleistung, Chancen zu erkennen und gebotene Möglichkeiten zu nutzen;
- das Hineinhören in sich selbst und das Zuhörenkönnen, weil eins das andere bedingt;
- die Sensibilität, mit den eigenen Gefühlen angemessen umzugehen, und die rücksichtsvolle Aufmerksamkeit gegenüber der psychischen Befindlichkeit des Nächsten (ganz im Sinne von Martin BUBER: „Alles wirkliche Leben ist Begegnung".);
- das Bewusstsein von der Zerbrechlichkeit und Schutzbedürftigkeit unserer (individuellen, emotionalen, sozialen und materiellen) Welt und daraus resultierender Denk- und Handlungsmuster (im Sinne von ERICH FROMM: „Was du nicht willst, was man dir tu, das füg auch keinem anderen zu, lautet eines der grundlegenden Prinzipien der Ethik. Aber mit gleicher Berechtigung kann man sagen: Was du anderen antust, das tust du auch dir selber an".).

Erlebnispädagogik sollte immer in einem Atemzug zu nennen sein

- mit Freude, Spaß und Lust,
- mit Schönheit allemal,
- auch mit Lernen, Leisten und Erfolg nach Überwindung und bei Überwindung von Widerständen,
- mit Selbstbestimmung und kritischer Überprüfung von Fremdbestimmung,
- mit neuen Erkenntnissen durch selbst gewonnene Erfahrungen,
- letztlich mit der Durchsetzung vitaler Interessen (wo das „Ja zum Leben" in seiner Grenzen überschreitenden Bedeutung nicht – wie so oft – verbal und folgenlos bleibt),
- mit dem Ernst nehmen natürlicher Bedürfnisse (in denen die Einheit von Körper und Erde in jedem Menschen spürbar wird)[4] und

---

[4] YANG DSCHU (ca. 450–380 v. Chr. Geburt): „Die Ohren verlangt es nach Klängen und Tönen; wenn man sie ihnen nicht zu hören gibt, so unterdrückt man die Ausbildung des Gehörs. Die Augen verlangt es nach Schönheit und Farben; wenn man sie ihnen nicht zu sehen gibt, so unterdrückt man die Ausbildung des Sehvermögens. Die Nase verlangt nach Düften und Wohlgerüchen; wenn man sie ihr nicht zu riechen gibt, so unterdrückt man die Ausbildung des Riechvermögens. Den Mund verlangt, über Recht und Unrecht zu reden; wenn man ihn nicht darüber sprechen lässt, so unterdrückt man die Ausbildung von Klugheit. Den Leib verlangt, die Pracht und Fülle zu genießen; wenn man ihn nicht gewähren lässt, so unterdrückt man sein

- mit menschlicher Herzlichkeit (die – wenn sie denn Ausdruck findet – das bisherige Denken und Handeln in einer doch so ganz anders strukturierten Welt wohltuend verändert).

Damit gehören zur Erlebnispädagogik ebenfalls Wunsch und Wille,

- nicht mehr alles laufen zu lassen, wie es läuft;
- nicht mehr anderen zu überlassen, das eigene Glück zu definieren;
- sich kritisch und engagiert dort einzubringen und einzulassen, wo diese fragile Welt gefährdet, gestört und krank ist oder gar zerstört wird (im Sinne von HANNAH ARENDT: „Nicht der Mensch bewohnt diesen Planeten, sondern Menschen. Die Mehrzahl ist das Gesetz der Erde.")[5].

Erlebnispädagogik macht also Umdenken notwendig, so dass ich 1986 bei einer Studie zu Leben und Werk des Reformpädagogen KURT HAHN[6] von der notwendigen *„kopernikanischen Wende" des Lernprozesses* sprach. Im Gegensatz zu theoriebildenden Lernsituationen dominieren bei erlebnispädagogisch akzentuierten Programmen nämlich Vermittlungsstrategien, bei denen es um Fertigkeiten und Kenntnisse geht, die vorrangig praktisch erfahrbar gemacht werden. Oder etwas anschaulicher: „Nicht das Lernen über den Kopf ist Trumpf (und wie viele Jugendliche haben durch ein solches verschultes Lernen das Lernen verlernt?), sondern das Lernen über die Hand und die unmittelbare Beobachtung und Erfahrung wird angebahnt (und steigt dann manchem auch wohl zu Kopfe!). ... Wer etwas ,behandelt', wer sich mit etwas ,befasst', wer etwas ,begreifen' will, der muss dazu auch Chancen erhalten – im wahrsten Sinne des Wortes. Wann werden wir endlich erfassen, dass der ,Nürnberger Trichter', der nach wie vor hohen Stellenwert besitzt, das falsche Instrument ist, unser Verhalten zukunftsorientiert zu verändern?"

Wohlbefinden. Den Willen verlangt danach, sich unbehindert auszuwirken; wenn man ihn nicht handeln lässt, so unterdrückt man seine Natur." Zitiert nach FERNANDO SALVATER: Tu was du willst. Ethik für die Erwachsenen von morgen. Frankfurt/New York 1993, S. 126.

[5] Bei dem französischen Schriftsteller, Politiker und Philosophen MONTESQUIEU heißt es in der Schrift „Vom glücklichen und weisen Leben": „Wenn mir etwas bekannt wäre, das mir nützen, meiner Familie aber schaden würde, so verbannte ich es aus meinen Gedanken. Wenn mir etwas bekannt wäre, das meiner Familie, aber nicht meinem Vaterlande nützen würde, so würde ich es vergessen wollen. Wenn mir etwas bekannt wäre, das meinem Vaterland nützen, Europa aber schaden würde, so sähe ich das Betreffende wie ein Verbrechen an, weil ich notwendig Mensch bin und Franzose nur durch Zufall."

[6] ZIEGENSPECK, JÖRG: Lernen für's Leben – Lernen mit Herz und Hand. Ein Vortrag zum 100. Geburtstag von KURT HAHN (1886 – 1974). Reihe: Wegbereiter der modernen Erlebnispädagogik – Heft 1. Lüneburg 1986, Zitat S. 19.

„Hirn, Herz und Hand" gehören zusammen, machen die Ganzheitlichkeit menschlichen Lebens und sozialer Bezüge aus. – Gewiss, aber auf die Reihenfolge kommt es eben an. Deshalb spreche ich von *„Herz, Hand und Verstand"*, wobei das *Herz für Leben und Lieben* steht, die *Hand für Handeln und Leisten*, der *Verstand für Lernen und Lenken* – und mit allem soll der Welt *Sinn*, dem einzelnen Menschen *Bewusstsein* gegeben und *Emanzipation* für alle ermöglicht werden.

In der nachfolgenden Darstellung werden erlebnispädagogisch bedeutsame Begriffe in Beziehung gesetzt, ein erster Versuch, der zu eigenen und weiteren anregen möchte:

Menschlicher Erfahrungszirkel

Individuelle Ebene

Fühlen	Handeln	Wollen
Neugier	Mut	Interesse
Freude	Kreativität	Verantwortung
Lieben	Leisten	Lenken
Selbstwahrnehmung	Selbstständigkeit	Emanzipation
Identität	Bewältigung	Integration
Herz	**Hand**	**Verstand**
Emotionalität	**Psychomotorik**	**Kognition**
Seele	**Körper**	**Geist**
Leben	Handeln	Lernen
Beziehung	Arbeit	Bildung
Humanität	Individualität	Aufklärung
Sein	Werden	Sollen

Sozio-kulturelle Ebene

Die Erlebnispädagogik ist in aller Munde und ist gleichwohl – jedenfalls wissenschaftlich gesehen – ein so „zartes Pflänzchen", dass man sehr behutsam mit diesem umgehen muss, um es nicht, ehe es sich noch richtig entwickeln konnte, bereits – aufgrund *vielfältiger Erwartungen, übertriebener Hoffnungen* und *unangemessener Forderungen* – dem Erstickungstod preiszugeben.

Zur Verdeutlichung: Einerseits gerät die Erlebnispädagogik in die Schlagzeilen, wird das, was sich mit dem Wort „Erlebnis" verbinden lässt, sogartig in die Nähe eines beliebig machbaren und verfügbaren (kulturellen) „Discount-Angebots" gerückt bzw. sind marktschreierische Anbiederung und geschäftstüchtige Ausbeutung kaum mehr zu übersehen[7], andererseits wird aus gebotener wissenschaftlicher Distanz und Vorsicht heraus festgestellt, dass es *die* Erlebnispädagogik „als klar definiertes oder definierbares Gebilde (im Sinne etwa einer Theorie oder einer relativ eindeutig umreißbaren Form von Praxis) weder gegeben hat noch gibt"[8]. Einerseits müssen wir also eine unübersehbare Virulenz feststellen, andererseits wird deutlich, dass es da etwas gibt, was es eigentlich (noch) gar nicht geben kann. Da finde sich einer durch. Das Dickicht ein wenig zu lichten und begehbare Schneisen freizulegen, ist die Absicht meiner weiteren Ausführungen.

4. Versuch einer Standortbestimmung der Erlebnispädagogik

Bei dem Versuch einer *Standortbestimmung der Erlebnispädagogik* gibt es zwei Zugänge: einen historischen und einen phänomenologischen.

4.1 Geschichtlicher Rückblick

Die Erlebnispädagogik stellt sich heute aspektreich und differenziert dar; vom zaghaften (Neu-)Anfang vor über zehn Jahren (der durch meine kontinuierlichen Anstrengungen an der Universität Lüneburg wesentlich begründet

---

[7] HANS-GÜNTHER HOMFELDT hat das in seinem „Ein Wort vorweg" im erlebnispädagogischen Themenheft der Zeitschrift „Pädagogisches Forum" (4/1992, 159) in Fragen gekleidet und damit absichtsvoll und markant folgendermaßen pointiert: „Erlebnisangebote als kommerzialisierte Dienstleistungen in einer postindustriellen Gesellschaft? Vorzugsweise geeignet zur privaten Nutzung und zum Auftanken für den Einsatz im öffentlichen Leben, in dem es zunehmend mehr einzig um den Abruf von Fertigkeiten und den Verkauf von Informationen geht? Ist Erleben ein Rettungsanker zum Überleben in einer sinnlich dürftigen Zeit? Oder aber ein verführender, die Ratio suspendierender modisch werbewirksamer Spot der Warenwelt? So bietet der Möbelmarkt das Sparerlebnis an; Kaufhof und Horten werden zu Erlebnishäusern, ihre Geschäftsführer zu Empfangsherren für Kunden, die nichts mehr brauchen. Es werden Erlebnisplätze von den politischen Fraktionen für städtische Regionen gefordert, die über Jahrzehnte fürs Kinderleben unwirtlich geworden sind. Es ist zu lesen, dass Erlebnisschwimmbäder klassischen Schwimmhallen die Besucher wegschnappen.

[8] BAUER, H.G.: Erlebnis- und Abenteuerpädagogik. Eine Literaturstudie. München 1984, S. 4, auch in der 4. überarb. Auflage 1993, S. 7.

und gelenkt wurde) bis heute ist ein quantitativer und qualitativer Fortschritt der weitgehend praxisorientierten bundesrepublikanischen Diskussion festzustellen. Blickt man weiter zurück, dann handelte es sich bei dem Begriff Erlebnispädagogik um eine „Protestformel gegen die Verschulung" (J. OELKERS). Und das Ergebnis dieses Protests ist nicht schwer auszumachen: Die Verschulung war stärker als der Protest und wirkt bis heute fort.

Die Erlebnispädagogik hatte um 1930 ihren *(ersten) Höhepunkt.* In der Dissertation von WALTRAUT NEUBERT, einer akademischen Schülerin HERMAN NOHLS (Universität Göttingen), dürfte das transparent werden[9] (wenngleich auch hier bereits von der „Protestformel" nichts und vom innovativen Akzent kaum mehr etwas zu spüren ist, eine affirmative Rückbesinnung also bereits abzulesen ist). Die Erlebnispädagogik geriet dann in den braunen Sog schlimmer pädagogischer Verirrungen und politischer Manipulationen (1933–1945). Durch die Vereinnahmung durch Organe der NSDAP (z. B. HJ und BDM) und die Nutzbarmachung wichtiger erzieherischer Elemente (z. B. Feste und Feiern, Fahrten und Lager) für partei- und machtpolitische Ziele wurde die Erlebnispädagogik ihres ursprünglichen, geisteswissenschaftlich fundierten Sinns beraubt.

Nach dem Zweiten Weltkrieg versuchte man lückenlos dort anzuknüpfen, wo das Dritte Reich mit seiner Gewalt- und Schreckensherrschaft die Kontinuität von Entwicklungen unterbrochen hatte. Bildungspolitisch geschah das allerdings „mit halbem Herzen", war die Gruppe der politisch Belasteten doch – zumindest in Westdeutschland – unter den Erziehern und Lehrern besonders groß. Von einer „pädagogischen Aufbruchstimmung" (vergleichbar zu jener nach dem Ersten Weltkrieg) konnte deswegen nicht die Rede sein, zumal es zunächst auch um den Wiederaufbau des zerstörten Deutschlands ging, also andere Probleme vorrangig zu lösen waren. Die ökonomischen Erfolge („Wirtschaftswunder") waren dann auch kein Anlass, an der Güte des tradierten Bildungssystems zu zweifeln.

Zur „verdrängten Vergangenheit" gehörte in dieser Nachkriegszeit wohl auch, dass weder die Ideologie und die bildungspolitischen Leitlinien des Dritten Reichs, noch die daraus resultierenden Entwicklungen, geschweige denn ihre Ursachen gründlich und (selbst)kritisch durchdrungen wurden, waren die handelnden Personen doch in ihrer Mehrheit selbst zu eng und vielfältig mit den Problemen dieser jüngsten Vergangenheit verflochten und verstrickt. So erlebte beispielsweise das so genannte dreigliedrige Schulwesen seine Wiederauferstehung, ohne dass danach gefragt wurde, ob ein solches Bildungssystem mit seinen frühkapitalistischen Wurzeln und Strukturmerkmalen, das

---

[9] NEUBERT, W.: Das Erlebnis in der Pädagogik. Lüneburg 1990 (Nachdruck der 3. Auflage 1932).

zudem eher einer Stände- bzw. Klassengesellschaft entsprechen mochte, für einen zweiten Anlauf der Demokratieentwicklung in Deutschland adäquat und geeignet sein würde.

Und auch aus dem Personenkreis, aus dem sich Lehrer und Erzieher in der Nachkriegszeit zusammensetzten, erwuchsen kaum Hoffnungen für einen chancenreichen Neubeginn. Gerade ehemalige Unteroffiziere und Offiziere der Wehrmacht, die nun ohne brauchbaren Berufsabschluss nach Beschäftigung suchten, drängten in Erziehungs- und Ausbildungsstätten, wo erheblicher Personalbedarf aufgrund von sozialen Notlagen (das Waisen- und Flüchtlingselend) und Verlusten (verursacht insbesondere durch die im Krieg gefallenen Lehrer und Erzieher) bestand. Dadurch wirkte letztlich derselbe Geist fort, der mitgeholfen hatte, das Dritte Reich in seinen Machtstrukturen zu begründen und zu festigen[10].

Mit anderen Worten: Nach dem Zweiten Weltkrieg begegnete man von Seiten der Erziehungswissenschaft der Erlebnispädagogik (die durch die Staatsideologie des Dritten Reiches sowohl wissenschaftlich ad absurdum geführt als auch praktisch so verformt worden war, dass ein direkter Rückbezug auf die ideengeschichtlichen Wurzeln verstellt war und die Erinnerung an die viel zu kurze Phase reformpädagogischer Praxis deutlich verdrängt wurde) mit skeptischer Zurückhaltung.

Mit dem Wiederaufbau der Wirtschaft und der staatlichen Konstituierung der Bundesrepublik Deutschland, insbesondere aber unter dem Eindruck der machtpolitischen Blockbildung in Europa und in der Welt, ging es mehr und mehr um den „Wettlauf der Systeme", dem sich das Bildungs- und Ausbildungswesen zuzuordnen hatte. Der so genannte „Sputnik-Schock" führte zu curricularen Anstrengungen, bei denen die Optimierung von Lernleistungen als zentrales Ziel vor Augen stand. Die Ganzheitlichkeit eines abendländischen Bildungsdenkens blieb dabei weitgehend auf der Strecke; im kritischen Rückblick spricht man vom „ver-kopften" Denken und vom „ver-schulten" Lernen als Folge solcher bildungspolitischen Vorgaben und Leitlinien. Es darf wohl getrost festgestellt werden, dass sich in der Bundesrepublik sehr früh etwas gesellschaftspolitisch verfestigte und auch institutionalisieren ließ, was auf ideologischen Fixierungen basierte und – aus heutiger Sicht – als Mangel

---

[10] Als Beispiele können Biographien herangezogen werden, in denen von Erlebnissen mit Lehrern und Erziehern in der Nachkriegszeit berichtet wird. Die hier angedeuteten Denk- und Verhaltensmuster dürften wesentlich auch zu einem Vorwurf beigetragen haben, in den Kursen paramilitärische Ausbildung zu betreiben, den sich die „Kurzschule Weißenhaus" (Ostsee) des Vereins „Deutsche Gesellschaft für Europäische Erziehung e. V." einst zuzog. Vgl. dazu O. A.: Wenn Du eingezogen wirst. In: Der Spiegel (Hamburg), 1. September 1954.

an globalem Weitblick zu deuten ist. Beide Tatbestände ließen sich historisch zudem als entscheidende Hemmschwellen für die notwendige Entwicklung von allgemeinen Denkmustern eines ökologischen Humanismus darstellen. Erst in der jüngeren Zeit bahnen neue (ökologische) Erkenntnisse sich ihren Weg durch alte Bewusstseins- und Handlungsmuster. Damit brechen alte (politische) Strukturen auf – im Osten und im Westen. Menschsein und Menschwerden erhalten einen differenzierten Begründungsrahmen; äußere und innere Grenzen und Barrieren können so erstmals abgebaut werden. In der Folge wird über vieles neu nachgedacht – auch über Erziehung und Bildung. Wer von alten Bildern Abschied nimmt (oder nehmen muss), gewinnt neue Perspektiven. War der aus heutiger Sicht zu kennzeichnende *erste Höhepunkt* in der Geschichte der Erlebnispädagogik konzentriert auf den Raum der *Schule*, so steuert die Erlebnispädagogik gegenwärtig ihrem *zweiten Höhepunkt* auf der Skala erzieherischer Wertschätzung entgegen. Auffällig ist dabei aber, dass nun eher *außerschulische Wirkungsfelder* entdeckt werden[11], der Erlebnispädagogik also eine sozialtherapeutische Aufgabe zuwächst[12]. Vielleicht erfährt – so reflektiert – der von KURT HAHN[13] geprägte Begriff *„Erlebnistherapie"* pädagogisch seine neue Bewertung und wird von der Psychologie in entsprechende Behandlungskonzepte integriert und therapeutisch genutzt. Eine vorübergehende Modeerscheinung – wie von einigen Kritikern voreilig prophezeit[14] – ist die Erlebnispädagogik jedenfalls nicht.

4.2 Zum aktuellen Erscheinungsbild

Ohne einer intensiven wissenschaftlichen Weiterentwicklung vorgreifen zu wollen, sei folgendes Zwischenergebnis formuliert; durchaus noch bruchstückhaft, mag es gleichwohl zum problemorientierten Nachdenken anregen

---

[11] Insbesondere sind es sozialpädagogische Interessen, die sich mit der Erlebnispädagogik verknüpfen, wie der entsprechenden Fachliteratur unschwer zu entnehmen ist: Vgl. z. B. BAUER, H. G./NICKOLAI, W. (Hg.): Erlebnispädagogik in der sozialen Arbeit. Lüneburg 1989. Dies. (Hg.): Erlebnispädagogik mit sozial Benachteiligten. Lüneburg 1993.

[12] Vgl. z. B. KUPKO, ST.: Entstehung und Bewältigung jugendlicher Dissozialität. Lüneburg 1985 (Bde. I u. II); hier insbesondere Band II: Sozialtherapie auf dem Jugendschiff ‚Outlaw' als Alternative zur geschlossenen Unterbringung in Heimen und Jugendstrafanstalten.

[13] ZIEGENSPECK, JÖRG (Hg.): KURT HAHN. Erinnerungen – Gedanken – Aufforderungen. Lüneburg 1987.

[14] Vgl. einzelne Beiträge im nachfolgend genannten Tagungsbericht: BEDACHT, A. u. a. (Hg.): Erlebnispädagogik: Mode, Methode oder mehr? München (Fachhochschule München – Fachbereich 11: Sozialwesen) 1992.

und dazu geeignet sein, der Intensivierung einer *„Standortbestimmung der Erlebnispädagogik"* zu dienen: Die Erlebnispädagogik versteht sich als *Alternative* und *Ergänzung* tradierter und etablierter Erziehungs- und Bildungseinrichtungen. Sie ist in der Reformpädagogik verwurzelt, geriet nach dem Zweiten Weltkrieg fast völlig in Vergessenheit und gewinnt in dem Maße neuerlich an Bedeutung, je mehr sich Schul- und Sozialpädagogik kreativen Problemlösungsstrategien verschließen. Als *Alternative* sucht die Erlebnispädagogik neue Wege *außerhalb* bestehender Institutionen, als *Ergänzung* wird das Bemühen erkennbar, neue Ansätze *innerhalb* alter Strukturzusammenhänge zu finden.

Hört man in unseren Tagen das Wort „Erlebnispädagogik", so kann davon ausgegangen werden, dass primär *natursportlich orientierte Unternehmungen* – zu Wasser oder zu Lande, auch in der Luft – gemeint sind. Diese einseitige Ausrichtung auf *„Outdoor"-Aktivitäten* (Outdoor-Pädagogik) ist derzeit Faktum, muss aber in Zukunft zugunsten von *„Indoor"-Aktivitäten* (Indoor-Pädagogik) abgebaut werden, denn gerade auch in künstlerischen, musischen, kulturellen und auch technischen Bereichen gibt es vielfältige erlebnispädagogische Entwicklungs- und Gestaltungsmöglichkeiten.

Unter Berücksichtigung des aktuellen und vorwiegend natursportlich orientierten und akzentuierten Diskussionsstands kann Folgendes gesagt werden: Erlebnispädagogische Programme – orientiert man sich an den vielfältigen vorfindbaren Angeboten – beziehen die natürliche Umwelt mit ein und verfolgen damit meist zugleich einen ökologischen Bildungsanspruch. Dabei scheinen terminologische Abgrenzungen notwendig zu sein:

Erlebnispädagogik ist weder *Überlebenstraining (survival)* noch *Ranger-Ausbildung* und hat auch nichts mit dem verhängnisvollen Slogan zu tun „Gelobt sei, was hart macht!" *Erlebnispädagogik ist Erziehung* : die jugend- und sozialerzieherische Potenz muss bei allen Vorhaben und unter allen Umständen definiert sein und sichtbar bleiben, also die jeweilige Praxis begründbar und transparent machen. Auch der Begriff *„Abenteuer-Pädagogik"* ist kein erzieherisch sinnvoller Terminus, denn das Abenteuer ist nicht planbar; wirkliche Abenteuer treten überraschend auf, sind meist unvorhersehbar und risikoreich. Daraus folgt: Wer mit dem Abenteuer pädagogisch jongliert, wird möglicherweise erst dann merken, dass es ein gefährlicher „Hochseil-Akt" war, auf den er sich einließ, wenn es zu spät ist. Gleichwohl tragen erlebnispädagogische *Outdoor-Programme* immer auch ein gewisses *Rest-Risiko* in sich, das allerdings nach bestem Wissen und Gewissen kontrolliert und eingegrenzt werden muss.

Der Hamburger Erziehungswissenschaftler JÜRGEN FUNKE hat einige Kriterien, die für die *natursportlich akzentuierte Erlebnispädagogik* bedeutsam sind, folgendermaßen zusammengefasst:

„Die Arbeit muss
- Erlebnis und Erfahrung der Natur beinhalten;
- auf der Mitverantwortung jedes Teilnehmers für das Gelingen des Unternehmens beruhen;
- die Kenntnisse und das Handeln ausdrücklich lehren, die für das Bestehen des Unternehmens gebraucht werden;
- soziale Beziehungen aus der Unternehmung heraus stiften;
- sich an Jugendliche an der Schwelle des Erwachsenseins wenden;
- zum Personal nicht nur Pädagogen, sondern vor allem auch Fachleute der Sache (Seeleute, Bergsteiger u. ä.) zählen, die sich sachlich und nicht pädagogisch vermitteln;
- ein gewisses Risiko beinhalten, das nach bestem Wissen und Gewissen kontrolliert und begrenzt, aber nicht völlig ausgeschaltet werden kann;
- erzieherisch gemeint sein"[15].

Als Medien werden *draußen* vor allem und hauptsächlich eingesetzt: Segelschiffe, Kajaks, Schlauchboote, Flöße, Mountainbikes, Gleitschirme, Pferde usf., wobei die beiden großen Naturräume – See und Berge – einen besonderen Herausforderungscharakter besitzen: In der Bergwelt kann man u. a. wandern, klettern, skifahren, rodeln und Höhlenbegehungen veranstalten, während man an bzw. auf der See u. a. segeln, surfen, Drachen fliegen, paddeln, schwimmen kann. Das Biwakieren unter Berücksichtigung entsprechender ökologischer Sensibilitäten und persönlicher Einschränkungen übt dabei einen besonderen Reiz aus. Dem Herausforderungscharakter kann sich kaum einer entziehen, so dass solchen Unternehmungen/Projekten eine hohe gruppendynamische Bedeutung beigemessen werden sollte, wie das in der Outward Bound-Idee KURT HAHNS[16] zentral gemeint und beabsichtigt ist.
Aber auch *drinnen* werden erlebnispädagogische Elemente (wieder) mehr und mehr angewandt: insbesondere in der Schule[17] und im Internat[18], aber auch in der Jugendgruppenarbeit, schließlich im Museum (Museumspädago-

---

[15] FUNKE, J.: Gutachterliche Stellungnahme zum Begriff „Outward Bound" aus erziehungswissenschaftlicher Sicht. In: ZIEGENSPECK, JÖRG (Hg.): Outward Bound – Geschütztes Warenzeichen oder offener pädagogischer Begriff? Stellungnahmen und Dokumente zu einem Streitfall. Reihe: Schriften – Studien – Dokumente zur Erlebnispädagogik – Bd. 1. Lüneburg 1986, S. 48–52; hier: S. 50.

[16] Vgl. ZIEGENSPECK, JÖRG: KURT HAHN und die internationale Kurzschulbewegung. In: Zeitschrift für internationale erziehungs- und sozialwissenschaftliche Forschung, 3 (1986) 1, S. 41–56.

[17] Vgl. BALZ, E.: Erlebnispädagogik in der Schule. Lüneburg 1993.

[18] Vgl. FISCHER, T.: Schule als sozialer Körper – Schule ein sozialer Erfahrungsraum. Lüneburg 1992.

gik) und unter Berücksichtigung kultureller Betätigungsfelder (Kunst, Technik, Handwerk usf.) sind vielfältige Möglichkeiten zu nutzen.

Sowohl zu den *Outdoor-Anwendungs-* wie auch zu den *Indoor-Praxisfeldern* liegen zahlreiche Berichte und Studien vor[19], wobei es allerdings an empirisch abgesicherten Ergebnissen leider eher noch mangelt[20]. Wer berichtet schon gerne über Aktivitäten, die erfolgreich und mit (sozialem) Lustgewinn stattfanden, wer über praktische Unternehmungen, bei denen sich der Erfolg nicht so recht einstellen wollte? Den einen gilt das Ergebnis und seine positiven erzieherischen Auswirkungen als Beleg für die Güte der Unternehmung selbst (und warum sollte man darüber dann noch schreiben?), die anderen sind eher frustriert und kaum dazu zu motivieren, selbstkritisch zu dem gescheiterten Projekt Stellung zu beziehen (für wen auch?).

Ein *ganzheitlicher Ansatz* kennzeichnet erlebnispädagogisch definierte bzw. begleitete Maßnahmen und Programme – zu Wasser, auf dem Land oder in der Luft – allgemein: *Unmittelbares Lernen mit Herz, Hand und Verstand in Ernstsituationen und mit kreativen Problemlösungsansätzen und sozialem Aufforderungscharakter bilden den Anspruchsrahmen erzieherisch definierter, verantwortbarer und auf eine praktische Umsetzung ausgerichteter Überlegungen, die auf individuelle und gruppenbezogene Veränderungen von Haltungen und Wertmaßstäben ausgerichtet sind und durch sie veranlasst und begründet werden.*

5. Abschließende Bemerkungen

Zum Schluss möchte ich noch auf drei Aspekte aufmerksam machen, die m.E. bedacht werden wollen und das bisher Dargelegte ergänzen, vertiefen und abrunden:

1. Das Anbahnen und die Inszenierung von Erlebnissen hat *mediale* Funktion. Tritt das Erlebnis – wie auch immer – ein, so dient es der Verinnerli-

---

[19] Verwiesen wird insbesondere auf die kontinuierliche Berichterstattung in der *„Zeitschrift für Erlebnispädagogik"* (Lüneburg), die 1996 im 16. Jahrgang monatlich erscheint und dem gegenseitigen Meinungs- und Gedankenaustausch im deutschsprachigen Raum gewidmet ist.

[20] Exemplarisch sei auf folgende Studien hingewiesen: ANDORFF, J.: Segelschoner ‚Jachara'. Eine psychologische Studie über einen therapeutischen Segeltörn mit verhaltensauffälligen Jugendlichen. Lüneburg 1988. SOMMERFELD, P.: Erlebnispädagogisches Handeln. Ein Beitrag zur Erforschung konkreter pädagogischer Felder und ihrer Dynamik. Weinheim 1993. BRÜNGER, M.: Dissoziale Jugendliche nach sozialtherapeutischer Intervention. Lüneburg 1993.

chung und Bereicherung, also der persönlichen Vertiefung des Menschen; ob jung oder alt, es dient dem Sich-Finden und dem Sich-Darstellen des Menschen (FRITZ KARSEN), macht damit Suchen und Gestalten notwendig. Pädagogisch gewendet heißt das, dass man erst dann von einer erlebnispädagogischen Maßnahme sprechen sollte, wenn intensive Reflexionsphasen bewusst und zeitlich kontinuierlich eingeplant werden. Jeder Mensch braucht *Erlebnisse*, um *Erfahrungen* sammeln zu können, und aus beidem nähren sich *Erkenntnisse*.

2. Die Erlebnispädagogik kann sowohl für andere Disziplinen der Erziehungswissenschaft als auch für andere Sozialwissenschaften als *Modell* dienen: Die Erlebnispädagogik ist eine junge Wissenschaft, deren Suchprozess anhält und relativ offen ist. Keine andere Wissenschaft wird derzeit so dynamisch durch die enge Verflechtung und projektorientierte Kooperation zwischen Vertretern aus diversen Praxisfeldern und multidisziplinären Wissenschaftsbereichen geprägt, wie das derzeit in der Erlebnispädagogik zu beobachten ist. „Im Erlebnis liegt eine erneuernde Kraft" (WALTRAUT NEUBERT) – Das ist nicht nur das Motto für erlebnispädagogische Programme selbst, das ist gleichzeitig das Programm für die Erziehungswissenschaft schlechthin, die durch die Erlebnispädagogik wichtige Anstöße erhält.

3. Zum *Transfer* erlebnispädagogisch erzielter und gewonnener (Teil-)Ergebnisse lässt sich gegenwärtig und über einen allgemeinen Plausibilitätsrahmen hinaus noch wenig sagen. Zwar wurden erste Versuche einer wissenschaftlichen Objektivierung in Teilbereichen der breiten erlebnispädagogischen Praxis unternommen, die aber bei kritischer Nachfrage ihre Schwächen (leider) nicht verleugnen können[21]. Hier bedarf es zusätzlicher *Anstrengungen* und *Flankierungen*:
Anstrengungen, um den richtigen Fragen mit den richtigen Forschungsmethoden und durch Wissenschaftler nachzugehen, die sich gleichermaßen durch ihre Fachlichkeit wie durch ihre Neutralität gegenüber dem jeweili-

---

[21] So z. B. auch jene Studie nicht, die mit großem Aufwand durchgeführt, aber noch nicht zu Ende gebracht wurde, so dass nur auf eine schmale Zusammenfassung öffentlich und allgemein Bezug genommen werden kann: JAGENLAUF, M./BRESS, H.: Wirkungsanalyse Outward Bound. Kurzbericht 1990. Reihe: Deutsche Gesellschaft für Europäische Erziehung (Hg.): Erlebnispädagogik – Berichte und Materialien, 8/90. München (Selbstverlag) 1990. Zur Kritik an dieser „Wirkungsanalyse" vgl. HERMANN, J.: Probleme empirischer Forschung in der Erlebnispädagogik. Kritische Anmerkungen zur „Wirkungsanalyse ‚Outward Bound'. In: Zeitschrift für Erlebnispädagogik, 10 (1990) 11, S. 23–41. HERMANN, J.: Noch mehr Probleme empirischer Forschung in der Erlebnispädagogik. Kritische Anmerkungen zur „Wirkungsanalyse ‚Outward Bound'. In: Zeitschrift für Erlebnispädagogik, 11 (1991) 5/6, S. 83–96.

gen Träger ausweisen. Flankierungen sollten auch bildungspolitisch mit dem Ziel erfolgen, der Prävention stärkere Aufmerksamkeit zu schenken und damit entsprechende erlebnispädagogische Programme mit Breitenwirkung zu ermöglichen. Die Erlebnispädagogik würde in ihrem Spektrum der Möglichkeiten begrenzt, wenn man sie nur dort bemüht, wo die Sozialpädagogik zur Nachsorge aufgefordert und benutzt wird, um Kindern, Jugendlichen und jungen Erwachsenen aus sozialen Brennpunkten zu helfen, die in Not geraten sind und damit auch die Gesellschaft selbst in Not bringen. Ein solcher bildungspolitischer Mut dürfte längst angezeigt sein und zudem lohnen.

Erlebnispädagogische Erziehungsprinzipien – das kann zum Schluss zusammenfassend gesagt werden – zeichnen sich dadurch aus, dass sie in bestehenden und neuen Einrichtungen zu institutionalisieren sind, nicht auf eine bestimmte Altersgruppe begrenzt zu werden brauchen (wenngleich im Jugendalter wohl die Erfolge besonders nachhaltig sind und lebenslang sichtbare Spuren hinterlassen) und pädagogische Akzente mit gesellschaftspolitischer Breiten- und Tiefenwirkung zu setzen in der Lage sind. Die „Welt der Erziehung" muss verändert werden – meine Anmerkungen wollten dazu einige Hinweise geben, warum und dass solchen Veränderungen Aufmerksamkeit und Raum gegeben werden muss.

Horst W. Opaschowski

Freizeitpädagogik und Pädagogische Freizeitforschung

1. Ausgangssituation

Immer mehr Menschen wachsen in eine Zeit hinein, in der das Leben genauso stark von der freien Zeit wie von der Arbeitszeit geprägt wird. Sie müssen lernen, sich rechtzeitig darauf einzurichten. Auch weiße Wolken werfen Schatten. Den Sonnenseiten einer Verkürzung der Lebensarbeitszeit stehen zunehmend Schattenseiten gegenüber, die von Gesellschaft und Politik bisher kaum wahrgenommen wurden. Das pädagogische Nachdenken in der Öffentlichkeit muss verstärkt und in der bildungspolitischen Fachdiskussion verankert werden. Wie sich Arbeitszeitverkürzung und Wertewandel auf unser Menschenbild und den mitmenschlichen Umgang, auf die Erziehung und Bildung der jüngeren Generation, auf Lebenssinn und außerberufliche Lebensziele auswirken, sind fundamentale Problem- und Aufgabenstellungen für die Gesellschafts- und Bildungspolitik von heute und morgen.

Auch und gerade vor dem Hintergrund einer zunehmend kürzer werdenden Lebensarbeitszeit bekommt der arbeitsfreie Teil des Lebens eine immer größere Bedeutung für Erziehung, Bildung und Weiterbildung. Dabei werden in der Fachdiskussion begriffliche Umschreibungen wie *„Pädagogik der freien Lebenszeit"*, *„Pädagogik der Freizeit"* oder kurz *„Freizeitpädagogik"* weitgehend synonym verwendet. Immer ist die positive Wortbedeutung von Freizeit im Sinne von frei verfügbarer Zeit bzw. freier Lebenszeit anzunehmen. Dies gilt auch für das erweiterte Selbstverständnis der *„Pädagogischen Freizeitforschung"*.

2. Von der Freizeitpädagogik zur Pädagogischen Freizeitforschung

Die Mitglieder der Kommission Freizeitpädagogik der Deutschen Gesellschaft für Erziehungswissenschaft haben 1998 eine Umbenennung von „Freizeitpädagogik" in „Pädagogische Freizeitforschung" beschlossen. Der neue Begriff soll offener für ein breites Spektrum von Forschungsschwerpunkten sein, auf eine deutlichere empirische Ausrichtung verweisen und mehr interdisziplinäres und internationales Profil zeigen: *Die Pädagogische Freizeitfor-*

schung soll eine Querschnittdisziplin und integrative Lebenswissenschaft sein.
Die Begründung auf den Punkt gebracht: Die „Freizeitpädagogik" ist heute nicht mehr das, was sie einmal war. Die Zweifel an der Kluft zwischen Anspruch und Wirklichkeit verstärken sich. So ist von „Perspektivenwechsel" (GIESECKE 1983), von „Kurskorrekturen" (PÖGGELER 1995) sowie von der „Metamorphose der Freizeitpädagogik" (NAHRSTEDT 1995) die Rede. „Vernetzt angelegte freizeitwissenschaftliche Argumentationen" (POPP 1995) werden angemahnt, die Öffnung „für andere notwendige Forschungsbereiche (Psychologie, Soziologie, Ökonomie, Ökologie, Tourismus, Ethik ...") (ZELLMANN 1995) wird gefordert. Das freizeitpädagogische Handeln soll nicht mehr von der Arbeit, sondern „vom Lernen her" (FROMME 1985) begründet werden. Und weil das Leben heute und in Zukunft *nicht mehr unter dem Diktat der Erwerbsarbeit* steht, müssen auch *neue Bildungsziele jenseits des Erwerbs* stärker im Blickpunkt stehen: Eine „Pädagogik der freien Lebenszeit" (OPASCHOWSKI 1996) soll mehr Fähigkeiten zur Gestaltung des eigenen Lebens entwickeln helfen.

Der von FRITZ KLATT zur Zeit der Jugendbewegung geprägte Begriff „Freizeitpädagogik" (1927 und 1929) kann den Struktur- und Wertewandel von Arbeit und Freizeit an der Schwelle zum 21. Jahrhundert nicht mehr ausreichend widerspiegeln. Genauso wie andere Begriffe aus der Zeit der Jugendbewegung heute überholt erscheinen (z. B. wird „musische Bildung" durch „sozial-kulturelle Bildung" ersetzt), müssen auch freizeitpädagogische Ziele und Konzepte überdacht werden.

Die Krise kann zur Chance werden: Freizeit, Pädagogik und Wissenschaft repräsentieren *drei große Lebens-, Handlungs- und Forschungsbereiche,* die sich mit dem aus den zwanziger Jahren stammenden Begriff „Freizeitpädagogik" nur unzureichend umschreiben lassen. Frei-Zeit wie auch Frei-Zeit-Pädagogik sind heute zu einer „Semantischen Falle" (OPASCHOWSKI 1976) geworden. Ihre Wortbedeutungen und möglichen Assoziationen verleiten einerseits zu einem übersteigerten Freiheitsanspruch und legen andererseits eine Betrachtungsweise nahe, die „Freizeitpädagogik" nur noch als Methodenrepertoire der Praktiker sieht. Eine semantische Entflechtung ist daher unverzichtbar geworden.

Der neue Begriff „Pädagogische Freizeitforschung" zielt einerseits auf *wissenschaftlich-reflektierende* Vorgehens- und Betrachtungsweisen der vielfältigen Beziehungen und Verknüpfungen zwischen Freizeit und Pädagogik und hat andererseits die *praktisch-methodischen* Aspekte einer stärkeren Freizeitorientierung aller pädagogischen Handlungsfelder im Blick. Freizeitpädagogik bleibt weiterhin ein praxisrelevanter Begriff, der allerdings um die Ansprüche pädagogischer Forschung erweitert werden muss. Auch die pragmatische Schrägstrich-Lösung „Freizeitpädagogik/Pädagogische Freizeitforschung" bleibt sinnvoll.

3. Zum Selbstverständnis Pädagogischer Freizeitforschung heute

Pädagogische Freizeitforschung ist ein programmatischer Signalbegriff, der sich gegen die Verengung auf Handlungsfelder und Berufsbilder wendet und mögliche Reduktionen auf „Schrebergarten" und „Hobbyecke" aufhebt. Zum Selbstverständnis einer Pädagogischen Freizeitforschung gehören insbesondere Querschnittaufgaben der Pädagogik/Erziehungswissenschaft.

Die Pädagogische Freizeitforschung versteht sich nach wie vor als eine Disziplin mit zwei Bezugspunkten: Sie ist einmal in der *mitteleuropäischen Wissenschaftstradition* der Pädagogik/Erziehungswissenschaft verankert. Und sie hat zum anderen ihren Bezug im *angloamerikanischen Wissenschaftssystem* und in einer weltweit expandierenden interdisziplinären Freizeitforschung („leisure studies"). Pädagogische Freizeitforschung ist eine moderne wissenschaftliche Disziplin, deren Erkenntnisse in einer wachsenden Zahl von Handlungsfeldern und Handlungssituationen gezielt angewandt werden (Medien, Kultur, Sport, Spiel, Unterhaltung, Tourismus). Sie setzt sich mit pädagogischen Implikationen des gesellschaftlichen Wandels, insbesondere der Arbeits- und Freizeitentwicklung auseinander.

Die Pädagogische Freizeitforschung entspricht einem dringenden gesellschaftlichen Bedarf nach einer Pädagogik, in der Spiel, Spaß, Geselligkeit und Erlebnisorientierung eine anregende, genussvolle und produktive Verbindung mit Wissenserwerb, sozialem Engagement, kultureller Entfaltung und kritischer Reflexion eingehen. Im Übrigen versteht sich Pädagogische Freizeitforschung auch als Einladung an die übrigen Teildisziplinen der Erziehungswissenschaft, der Erforschung der komplexen Bezüge zwischen Freizeit und Pädagogik mehr Beachtung zu schenken. Sie wird damit auch zu einem wichtigen Bestandteil allgemeiner Politikberatung. Besonders aktuell ist in diesem Zusammenhang ihre bildungspolitische Relevanz.

4. Paradigmenwechsel vom Arbeitskonzept zum Lebenskonzept

Alte Paradigmen sind nur schwer außer Kraft zu setzen, weil meist massive Interessen im Spiel sind – ganz im Sinne NICCOLO MACHIAVELLIS, wonach es nichts Gefahrvolleres gibt als das Herbeiführen einer neuen Ordnung. Die alte „Freizeitpädagogik" war auf dem Konzept der Lebensarbeit aufgebaut. Teilzeitarbeiten, Mobilarbeiten, Telearbeiten, Zeitarbeiten, Gelegenheitsarbeiten und so genannte „Mc Jobs" breiten sich inzwischen aus und erschüttern dieses eindimensionale Konzept.

Das traditionelle Arbeitsethos (der so genannte „Produktivismus") gerät immer mehr unter Druck. Mit Produktivismus meint der amerikanische Sozialforscher ANTHONY GIDDENS ein Ethos, in dem die Arbeit eine zentrale Rolle im Leben spielt und im Sinne bezahlter Berufstätigkeit deutlich von anderen Lebensbereichen abgetrennt ist. Hier ist die Arbeitsmotivation etwas Autonomes, ja gilt als eine „Bannerträgerin des moralischen Sinns" (GIDDENS 1997, S. 237). Von ihr hängt es ab, ob sich der Einzelne als nützlich oder sozial geschätzt empfindet.

In den letzten Jahren zeichnet sich ein deutlicher *Wandel vom alten Produktivismus zur neuen Produktivität* ab: Die mit Berufsarbeit verbrachte Zeit wird zunehmend geringer bei gleichzeitig wachsenden Möglichkeiten außerberuflicher Produktivität (nicht nur im ökonomischen Sinne!). Zum *Wert des Geldes* gesellt sich der *Wert der Zeit*. Die neue Produktivität verliert ihren Charakter des Zwanghaften und Abhängigen und breitet sich in fast allen Bereichen des persönlichen Lebens aus. Glücklich kann sich schätzen, wer in der Lage ist, ein produktives Leben zu führen.

Es bewahrheitet sich eine Prognose aus den 80er Jahren: „Das ökonomische Leistungsprinzip wird erweitert durch neue immaterielle Leistungsqualitäten im persönlichen, sozialen und kulturellen Bereich ... . Die Entdeckung und Verwirklichung der ‚neuen Produktivität' in der Freizeit wird nicht ohne Einfluss auf das Produktionsverhalten in der Arbeit bleiben. Die Wechselwirkung von freizeitbezogener Produktivität und berufsbezogener Produktion wird langfristig auch das Leistungsbewußtsein der Gesellschaft verändern" (OPASCHOWSKI 1980, S. 26). Arbeit bedeutet daher immer öfter, auch an sich selbst zu arbeiten. Arbeiten in diesem umfassenden Sinn wird zur Lebenstätigkeit und Lebenskunst, von Gelderwerb und ökonomischen Zwängen zeitweilig entkoppelt. Freizeit ist so von der Arbeitszeit kaum noch zu unterscheiden, weil die „Aufladung von Freizeit mit sinnstiftenden Tätigkeiten" längst begonnen hat. Die räumlichen und inhaltlichen Grenzen von Arbeit und Freizeit lösen sich zusehends auf: Telearbeit findet auch zu Hause statt, und Privates kann ebenso produktiv wie politisch sein. Und im globalen Dorf lassen sich Privates und Öffentliches ohnehin nicht mehr voneinander trennen.

5. Neues Verhältnis von Arbeit und Freizeit

Für die Zukunft zeichnet sich als Tendenz ab: *Arbeit und Freizeit tauschen fast ihre Rollen.* Arbeit kann Spaß machen, und Karrieren sind auch in der

Freizeit möglich. Es kommt zu einem neuen „*Existenzmix*" (GOEBEL/CLER-MONT 1998) aus Arbeit und Freizeit, Bildung und freiwilligem Engagement. Und vor dem Hintergrund einer expandierenden Erlebnisindustrie muss auch über eine *Freizeitethik* (FROMME/FREERICKS 1997) neu nachgedacht werden. Eine Frage ist offener denn je: Wie sieht die Innovationsfigur des 21. Jahrhunderts aus? Wird nicht „*ein neuer Menschen-Typus*" (GRONEMEYER 1996) gebraucht? Wie wird er sich, wie muss er sich bilden?

Freizeit, Pädagogik und Wissenschaft stehen auf dem Prüfstand. Das bisher in der Schule und im außerschulischen Bereich vermittelte „Grundwissen" (einschließlich der Kulturtechniken) bedarf einer Erneuerung und Erweiterung. *Bildung wird zum lebensbegleitenden Lernen.* Wer nicht weiterlernt, kommt auch im Leben nicht weiter – oder gibt gar sein Leben auf. Bildhaft gilt das, was Wirtschaftsexperten künftigen Technikern empfehlen: „In Eurer Karriere ist Wissen wie Milch. Das Ablaufdatum ist schon aufgedruckt. Ein Technikstudium ist heute durchschnittlich drei Jahre lang haltbar. Wenn Ihr innerhalb dieser Zeit nicht Euer gesamtes Wissen auf den neuesten Stand gebracht habt, wird Eure Karriere bald sauer" (TAPSCOTT 1997, S. 236). Arbeit bedeutet in Zukunft auch Lernarbeit. Lernziele müssen mehr als bisher auf Lebensziele und Lebensstile bezogen sein. Antworten auf die Frage „Was tun – mit den neuen Freiheiten und Freizeiten des 21. Jahrhunderts?" (OPASCHOWSKI) müssen gefunden werden. Und die *Erziehung zur Selbstständigkeit und selbständigen Lebensführung* wird zur wichtigsten Aufgabe der Pädagogik.

6. Ziele, Aufgaben und Probleme

In der öffentlichen Diskussion müssen Freizeitpädagogik und Pädagogische Freizeitforschung in Zukunft eine streitbare Rolle übernehmen und den individuellen „Zeitwohlstand" (OPASCHOWSKI 1987, S. 39) verteidigen und erhalten helfen. Dabei muss freizeitpädagogisches Nachdenken vorrangig die *sozialen Risiken* im Blick haben, die mit der modernen Freizeitentwicklung und der Entstehung neuer Freizeitwerte verbunden sind *(Freizeitfolgen-Abschätzung)*. Vier Freizeitwerte zeichnen sich ab:

1. Freizeitwert *Freisein*
   Chance: „Sich wie ein freier Mensch fühlen können".
   Problem: „Alles tun können, aber nichts mehr tun müssen".
2. Freizeitwert *Mobilität*
   Chance: „Mobilität ist die populärste Form von Glück".
   Problem: „Rast- und ruhelos: Heute hier – morgen fort".

3. Freizeitwert *Konsum*
   Chance: „Angenehmer und schöner leben können".
   Problem: „Alles haben wollen, weil alles käuflich erscheint".
4. Freizeitwert *Lebensfreude*
   Chance: „Mehr Zeit und Freude am Leben haben".
   Problem: „Hauptsache Spaß: Ohne Spaß ist alles nichts".

Die Neigung wächst, die Freizeit ohne Einschränkung zu genießen. Die Bereitschaft sinkt, soziale Verantwortung zu übernehmen. *Die Menschen machen sich zunehmend von gegenseitiger Hilfeleistung unabhängig:* Der Zusammenhalt in der Familie geht zurück, die Beziehungen zur Verwandtschaft werden weniger intensiv, echte Freundschaften seltener und Partnerschaftsbeziehungen weniger stabil und dauerhaft sein. Aus dem „Bund für's Leben" wird immer mehr ein Zusammenleben auf Zeit. Der „Freizeitmensch" negiert immer mehr den Sozialcharakter von Pflichten. Soziale Verpflichtungen werden einfach „wegindividualisiert": Es gibt nur mehr die Pflicht gegenüber sich selbst – alles andere gilt als Rücksichtnahme im Sinne von lästiger Pflicht, der man sich möglichst schnell entledigen will.

Mitmenschlicher Kontakt wird immer mehr gesucht und immer weniger gefunden. Die *Gefahr einer Entpolitisierung der Freizeit* zeichnet sich für die Zukunft ab. Wer angesichts dieser Probleme und Perspektiven die Freizeit weiterhin zur ausschließlichen Privatsache erklärt, die soziale Brisanz der Freizeitentwicklung negiert und die politische Relevanz einer Pädagogik der freien Lebenszeit verkennt, plant mit Sicherheit an der Zukunft vorbei. Mit der Entwicklung und Expansion der Freizeit sind neue Möglichkeiten einer Intensivierung des Gemeinschaftslebens verbunden, aber auch neue psychische und soziale Probleme.

Die erziehungswissenschaftliche Freizeitforschung muss in Zukunft die Gesellschafts- und Bildungspolitik davon überzeugen, dass die freie Zeit nicht nur individualistische Privatsphäre und beliebige Konsumzeit bleiben kann, weil sie sonst Kontaktarmut und Vereinsamung, Passivität und Langeweile weiter fördert. Zum gesellschaftlichen Auftrag einer Pädagogischen Freizeitforschung gehört auch, auf die öffentliche, insbesondere soziale und kulturelle Dimension der Freizeit hinzuweisen, über Chancen für das Gemeinschaftsleben zu informieren und über Möglichkeiten für mehr Eigeninitiative jedes Einzelnen aufzuklären.

Pädagogische Freizeitforschung muss sich als *Querdenker und mahnendes Gewissen* in das öffentliche Bewusstsein bringen – als ebenso reflektierende wie anwendungsbezogene Wissenschaft, die nicht nur den Struktur- und Wertewandel analysiert und problematisiert (wie viele andere Gesellschaftswissenschaften auch). Sie muss sich in erster Linie mit den *Folgen und Folgerun-*

gen auseinander setzen, die sich aus der Bedeutungsveränderung der Erwerbsarbeit für den Einzelnen, das Gemeinwesen und die Gesellschaft ergeben. Der Paradigmenwechsel von einer Arbeitsgesellschaft (die lebte, um zu arbeiten) zu einer Lebensgesellschaft (die arbeitet, um zu leben) stellt alle Gesellschafts- und Bildungstheorien infrage, die seit MARX um den Begriff der Arbeit zentriert waren.

Dieser Wandel kann auch eine Chance für die Zukunft sein. Eine angewandte Freizeitpädagogik lässt die Menschen mit ihrem wachsenden *Wunsch nach Lebensoptimierung* nicht allein. Freizeitpädagogik muss die Weichen dafür stellen, dass aus der Freizeitorientierung des Lebens auch eine Freizeitorientierung des Lernens wird. Wie viele Chancen birgt eine Freizeitorientierung der Weiterbildung, der beruflichen und politischen Bildung in Zukunft? Wer die Menschen zum freiwilligen Weiterlernen motivieren will, kann dies in Zukunft nur mit der Freizeit (nie gegen sie) tun.

In den 70er und 80er Jahren hat sich die Freizeitpädagogik „das politische Leitbild der entfalteten Persönlichkeit zu eigen gemacht" (CHR. MÜLLER-WICHMANN). In konsequenter Fortführung dieses Theorie- und Handlungsansatzes kommt einer Pädagogik der freien Lebenszeit an der Schwelle zum 21. Jahrhundert eine *Bildungsmanagement-Aufgabe ersten Ranges* zu. Denn der Zugang zur Bildung von der Freizeitmotivation her wird nahezu der einzige Weg sein, der den Menschen keine Überwindung abverlangt. Wenn der Freizeitpädagogik in den nächsten Jahren die überzeugende *Entdeckung von Kultur, Bildung und sozialem Engagement als Freizeiterlebnis* gelingt, stellt sich die Frage gesellschaftlicher Relevanz oder Akzeptanz nicht mehr.

Zu Recht hat WOLFGANG NAHRSTEDT sein freizeitpädagogisches Konzept unter das Leitthema „Leben in freier Zeit" (1990) gestellt. Die neuartigen Zeitformen wie z. B. die Wochenfreizeit (langes Wochenende) oder die Jahresfreizeit (Urlaub) nimmt er zum Ausgangspunkt für freizeitpädagogische Überlegungen, wobei auch aktuelle Entwicklungen (z. B. Dienstleistungsabend, Samstags- und Sonntagsarbeit, Aufhebung des Ladenschlussgesetzes) eine Rolle spielen. Mit einer *Neuordnung der Zeit* (DE CHALENDAR 1972) verändert sich das Verständnis von Arbeitszeit und Freizeit, ja der gesamten Lebenszeit. Im gleichen Maße, wie ein Mehr an freier Lebenszeit für viele Menschen möglich wird, wird auch ein *Mehr an Freizeitkompetenz* (als Teil einer umfassenden Zeitsouveränität) nötig.

Für viele Menschen steht das Leben nicht mehr unter dem Diktat der Erwerbsarbeit. Und mit der zunehmenden Flexibilisierung der Arbeitszeit gerät auch die alte Zeitordnung ins Wanken. Arbeitnehmer können, ja müssen ihre Arbeitszeit individuell festlegen, weil das Leben immer weniger durch betrieblich festgelegte Arbeitszeiten determiniert oder diszipliniert wird. Viele entdecken das *Leben nach der Arbeit* neu, d. h. sie sind „frei für neue Möglichkeiten: für Vergnügen, für politische Tätigkeit, für Bildung" (GIESECKE 1983, S. 9). Für den Erziehungswissenschaftler HERMANN GIESECKE ist dies der eigentliche Ursprung für eine spezielle Freizeitpädagogik, die einen *Perspektivenwechsel in Pädagogik und Bildungspolitik* ermöglicht. Durch eine Rekonstruktion des Bildungsbegriffs wird die enge Bindung des Bildungswesens an die von der Erwerbsarbeit ausgehenden Kategorien gelockert zugunsten eines Erziehungs- und Bildungskonzepts, das „möglichst viele Fähigkeiten und Fertigkeiten fördert – gerade auch solche, die für die Erwerbsarbeit gar nicht benötigt werden" (GIESECKE 1983, S. 12).

Eine Erziehungswissenschaft, die sich auch als Pädagogik der freien Lebenszeit versteht, wird sich mehr Gedanken um *Bildungsziele jenseits der Arbeits- und Leistungsorientierung* machen müssen. Die Vorbereitung auf einen immer größer und bedeutender werdenden Teil des arbeitsfreien Lebens mit Medien und Konsum, Unterhaltung und Geselligkeit, Politik und sozialem Engagement zwingt zu Neuorientierungen in Schulpädagogik und Bildungspolitik. Die dafür nötige Bildungsreform steht noch aus. Die gesamte Erziehungswissenschaft tut also gut daran, die Arbeitszentrierung ihrer Theorien und Konzepte zu überdenken und freizeitwissenschaftliche Überlegungen in ihr Selbstverständnis mit einzubeziehen. Andernfalls drängt sie die Pädagogik der freien Lebenszeit in die Rolle einer interdisziplinären Freizeitwissenschaft, die dann nur mehr gelegentlich oder „am Rande" pädagogische Bezüge im Blick hat. Was die freizeitpädagogische Diskussion in den letzten dreißig Jahren in der Öffentlichkeit bewegt und geleistet hat, macht sie für das 21. Jahrhundert kompetent und zukunftsrelevant – als erziehungs- *und* freizeitwissenschaftliche Disziplin.

7. Bildungsfaktor Freizeit

Bildung und Ausbildung werden immer wichtiger. Die schnellen Veränderungen in der Arbeitswelt und in der *nicht auf Erwerb gerichteten freien Lebenszeit* verstärken die Bedeutung des Lernens und der Weiterbildung in jeder Lebensphase. Lern- und Bildungszeiten verteilen sich über das ganze Leben. Pädagogik und Bildungspolitik stehen vor einem notwendigen *Perspektivenwechsel*. Zu den traditionellen Arbeitstugenden (den so genannten „Pflicht- und Akzeptanzwerten") gesellen sich neue Werte von Selbstentfaltung und Selbstbestimmung, von Spontaneität und Flexibilität, von Kommunikationsfähigkeit und Selbstständigkeit.

Die *Fähigkeit zur Gestaltung des eigenen Lebens*, das in der Geschichte der Menschheit noch nie so lange dauerte (Lebenserwartung 1871: 37 Jahre –

2000: 79 Jahre – 2050: 90 Jahre), zwingt geradezu zum Umdenken (vgl. Enquête-Kommission 1990, S. 5):

- Weg von einer *zu einseitigen Ausrichtung* der Bildungspolitik an der Wirtschaft;
- weg von einer *zu engen Orientierung* der Erziehung und Bildung am Berufs- und Beschäftigungssystem;
- weg von einer *zu starken Fixierung* der Weiterbildung an einer nur ökonomisch orientierten Leistungsgesellschaft;
- hin zur Motivierung und Erhöhung der Handlungskompetenz in allen Lebensbereichen;
- hin zu einer aktiven Mitgestaltung der zukünftigen Gesellschaft;
- hin zu einer wirklichen Gleichwertigkeit allgemeiner und beruflicher Bildung.

Im Hinblick auf die *zunehmende Verkürzung der Lebensarbeitszeit* kann der Gewinn an arbeitsfreier Zeit eine Chance sein, ein selbstbestimmtes Leben zu führen, das auch positiv auf die Arbeit im Beruf zurückwirkt. Lernen findet auch und gerade im arbeitsfreien Teil des Lebens statt. Der Hinterhof, das Wohngebiet, die Straße und das Fernsehen stellen ein der Schule vielfach überlegenes Lernfeld dar. Selbstbestimmung und Eigeninitiative aber lassen sich nicht nur auf diesen Zeitraum beschränken. Handeln und Lernen vollziehen sich im Lebenszusammenhang von Familie, Schule (Betrieb) und Freizeit. Daher muss auch das schulische Lernen auf die Sozialisationserfahrungen in Familie und Freizeit bezogen sein und darf kein Eigenleben als isolierte „Schul"-Pädagogik führen, wenn eine Entfremdung des schulischen Lernens vom außerschulischen Handeln vermieden werden soll. Umgekehrt muss auch eine in der Freizeit ansetzende Pädagogik verstärkt in das Schul- und Bildungssystem einbezogen werden.

Die Entdeckung der Freizeit als eines Feldes schulischen und außerschulischen Lernens steht noch aus. Meist außerhalb von Institutionen und in unorganisierter, auf dem Prinzip der Freiwilligkeit basierender Form stellt die Freizeit derzeit ein vielfältiges Erfahrungsfeld dar. Die Vielfalt des Freizeitverhaltens erklärt sich durch das Vorhandensein größerer Dispositions- und Freiräume, die in Schule, Ausbildung und Beruf in aller Regel nicht gegeben sind, weil diese Bereiche zum Teil unter massiven Erfolgs- und Leistungszwängen stehen. Die Freizeit kann ein bedeutsamer *Ansatzpunkt für soziales und kulturelles Lernen* im Sinne „aktiven Lernens" werden. Aktives Lernen heißt „selber sprechen, selber experimentieren, selber erkunden, selber Situationen realisieren, selber tätig sein" (KRINGS 1974, S. A 54). Aktives Lernen eröffnet Raum für eigenes Handeln, ersetzt die traditionelle Verpflichtung zum Leistungsergebnis durch das selbstinitiierte Lernerlebnis.

Der Erziehungswissenschaftler JOHANNES FROMME stellte die These auf, dass Freizeit nicht von der Arbeit, sondern vom Lernen her zu definieren sei. Freizeit biete die *Chance des umfassenden, sinnlichen Lernens*. Dieses Lernen werde nicht der Arbeit untergeordnet. Die Freizeit, die ja selbst ein Zeichen von Reichtum und Überfluss sei, ermögliche ein „überflüssiges Lernen" (FROMME 1985, S. 151) wie z. B. eine Erweiterung der Sinnlichkeit des Menschen oder die Erschließung freier, d. h. über das Notwendige hinausgehender Beschäftigungen. „Freizeitlernen" in diesem Sinne kann fast grenzenlos sein, weil es nicht an Verwertbares gebunden ist. Es ist mehr ein Aneignungsprozess, der neue Möglichkeiten der individuellen Lebenserfüllung erschließt. Bildung wird immer wichtiger. Gemeint ist *Bildung für sich selbst, Persönlichkeitsbildung, Bildung als Lebensqualität*. 46 Prozent der Bevölkerung sind der Auffassung, dass Kultur und Bildung wichtige Voraussetzungen dafür sind, dass man glücklich und zufrieden leben kann. Die mittlere Generation der 30- bis 49jährigen schätzt die Wichtigkeit von Kultur und Bildung am höchsten (49 Prozent) ein. Mit dem Lebenszyklus der Generationen verändern sich die Ansprüche an das Leben und damit auch die unterschiedlichen Gewichtungen von Arbeit, Freizeit und Bildung. Für die jüngere Generation geht zunächst einmal Freizeit über alles: Arbeit/Beruf und Bildung/Kultur sind ihr in der persönlichen Lebensbedeutung nachgeordnet. Im Alter zwischen 30 und 64 Jahren (= Haupterwerbsphase) bewegen sich Arbeit und Freizeit aufeinander zu. Hier erreichen viele Arbeitnehmer den Höhepunkt ihres Berufslebens. Nur in dieser Lebensphase schätzen sie Arbeit vorübergehend höher als Freizeit oder Bildung ein. Ab 50 beginnt der heimliche Ausstieg aus dem Arbeitsleben. Bildung wird plötzlich wichtiger als Arbeit. Bildung bekommt wieder Eigenwert – als Persönlichkeitsbildung (OPASCHOWSKI 1993).

8. Neue Spektrumswissenschaft

Pragmatismus, Ernüchterung und neue Bescheidenheit kennzeichnen die freizeitpädagogische Fachdiskussion an der Schwelle zum 21. Jahrhundert. Die Zeit von Programmatiken und Mega-Konzeptionen im deutschsprachigen Raum ist vorbei. Statt grandioser Erziehungs-, Bildungs- und Animationskonzepte sind realistische und vernetzt angelegte freizeitwissenschaftliche Argumentationen gefragt. Nach der teilweise idealistisch anmutenden *Pionier- und Projektphase der Freizeitpädagogik* ist die Zeit jetzt reif für eine neue wissenschaftstheoretische Standortbestimmung und Begründung der Freizeitpädagogik als pädagogischer Freizeitforschung und Freizeitwissenschaft.

Für den österreichischen Erziehungswissenschaftler REINHOLD POPP kann die Freizeitpädagogik nicht mehr länger eine Marktlückenpädagogik sein. Mit ihrem Wandel zu einer *Spezialdisziplin der Freizeitwissenschaft* kommen *umfassende Querschnittaufgaben* auf sie zu. Eine pädagogische Freizeitwissenschaft muss vor allem kritisch analysieren, „welche Auswirkungen das in quantitativer und qualitativer Hinsicht zunehmend bedeutender werdende gesellschaftliche Phänomen Freizeit für pädagogisches Handeln in allen pädagogischen Handlungsfeldern hat und welche handlungstheoretischen und methodischen Konsequenzen sich daraus für die pädagogischen Infrastruktureinrichtungen und die in diesen Einrichtungen tätigen Pädagog/inn/en ergeben" (POPP 1995, S. 44).

Mit der Ausweitung auf die freizeitwissenschaftliche Perspektive sollen nicht etwa pädagogische Fragestellungen ausgeblendet, sondern soll ganz im Gegenteil gezielt und offensiv die Diskussion mit Schulpädagogen, Sozialpädagogen, Sportpädagogen und Erwachsenenbildnern neu belebt werden. In einem solchen Diskurs geht es dann nicht um Zuständigkeiten oder Abgrenzungen, sondern ganz zentral um die Frage, wie freizeitpädagogisch relevante Elemente in andere pädagogisch orientierte Handlungs- und Argumentationszusammenhänge integriert werden können.

Bereits in den siebziger Jahren wurden alle wesentlichen Merkmale einer wissenschaftstheoretischen Standortbestimmung fixiert (OPASCHOWSKI 1976, S. 122). Freizeitpädagogik vereinigt in sich Teilaspekte einer

- *Querschnittwissenschaft,* die eine Vielzahl von Bereichen, zwischen denen die Grenzen fließend sind, berührt;
- *Integrationswissenschaft,* die auf Interdisziplinarität und die Kooperation mit Basiswissenschaften (Soziologie, Psychologie, Ökonomie, Planung, Politik) angewiesen ist;
- *Gesellschaftswissenschaft,* die kritisch die ökonomischen, soziokulturellen, technologischen und ideologischen Voraussetzungen von Zwang, Fremdbestimmung und struktureller Herrschaft reflektiert;
- *Handlungswissenschaft,* die praktikable Handlungsstrategien zur Verbesserung der Lebensbedingungen und zur Lösung gesellschaftlicher und individueller Freizeitprobleme erstellt;
- *Erziehungswissenschaft,* die methodisch-didaktische Konzepte zur Wahrnehmung der individuellen und gesellschaftlichen Möglichkeiten der freien Zeit entwickelt.

Die Entstehung einer pädagogischen Freizeitwissenschaft ist in den allgemeinen Differenzierungsprozess innerhalb der Freizeit- und Erziehungswissenschaft einzuordnen, in dessen Verlauf sich die verschiedenen Teildisziplinen (z. B. Freizeitsoziologie, -psychologie, -ökonomie bzw. Vorschul-, Schul-,

Berufspädagogik) herausgebildet haben. Dieser Differenzierungsprozess verhindert dilettantische Ganzheitslösungen und ermöglicht die Analyse und Reflexion pädagogisch bedeutsamer Einzelaspekte und -probleme der freien Zeit. Dies gilt vor allem für freizeitpädagogische Zielbestimmungen und Methodenansätze.

Die Entwicklung zu einer bereichsübergreifend strukturierten Teildisziplin mit spezifisch pädagogischer Fragestellung hatte zunächst zu einer erheblichen wissenschaftstheoretischen und -praktischen Verunsicherung geführt und bewirkt, dass sie den verschiedensten Bereichen (Kindererziehung, Jugendarbeit, Arbeiterbildung Sozialpädagogik usf.) zugeordnet wurde. Darüber hinaus wurden freizeitpädagogische Grundprobleme in zahlreichen Fachwissenschaften und -didaktiken gesehen (Sport, Musik, Kunst, Geographie, Germanistik, Geschichte, Gesellschaftskunde, Politik, Kulturwissenschaft usf.). Der kaum mehr abgrenzbare Gegenstandsbereich hatte zur Folge, dass in den 60er und 70er Jahren die neu entstehende Freizeitpädagogik Gefahr lief, sich zu einer umfassenden „Lebensführungslehre" (BÖTTCHER 1969) im Sinne einer modernen Lebenskunst des Alltags zu entwickeln.

Die heutige gesellschaftliche Funktion einer Freizeitpädagogik als pädagogischer Freizeitforschung zwingt zum Umdenken. Als erziehungswissenschaftliche Teildisziplin zielt Freizeitpädagogik auf die *Entwicklung eines bewussten und kritischen Freizeitverhaltens* durch den Erwerb von Kenntnissen und Erkenntnissen, die Entfaltung von Einstellungen und Interessen sowie die Erlernung von Fähigkeiten und Fertigkeiten. Eine Pädagogik der freien Lebenszeit reflektiert und verändert die intentionale, planmäßige, (in der Regel) professionalisierte und/oder institutionalisierte Sozialisationsförderung im Freizeitbereich (vgl. SCHULZ 1973, S. 157) unter dem besonderen Aspekt der Erziehung und Bildung zu sozial-kulturellem und kreativ-kommunikativem Handeln.

Die Pädagogik der freien Lebenszeit aktiviert Lernmöglichkeiten, die durch einseitige schulisch-berufliche Anforderungen nicht mehr voll ausgeschöpft werden (können) und zu den besonders am Arbeitsplatz „unterqualifizierten" Fähigkeiten gehören. Mit der wachsenden Technisierung und Rationalisierung des modernen Arbeitslebens wächst das Bedürfnis nach spontaner und kreativer Entfaltung in anderen Lebensbereichen, insbesondere in den Bereichen von Geselligkeit, Spiel, Sport, Kultur und Politik. Zu diesen nicht vorrangig unter dem Vorzeichen beruflicher Verwertbarkeit stehenden Erlebnisweisen und Fähigkeiten gehören zum Beispiel

- Kommunikations- und Kontaktfähigkeit,
- Kooperationsfähigkeit,
- Konfliktfähigkeit,

- Sensibilität,
- Phantasie/Kreativität,
- Nachsicht/Rücksicht/Toleranz.

Diese lebenspraktischen Grundqualitäten müssen – ebenso wie berufliche Fertigkeiten – erlernt und eingeübt werden. Eine Pädagogik der freien Lebenszeit stellt daher keine „Und-auch-Erziehung" dar, sondern *„einen* der fundamentalen und leitenden Gesichtspunkte jeglicher Enkulturationshilfe" (DOMKE 1970, S. 300). Freie Zeit ist hierzu Voraussetzung, Inhalt und Ziel zugleich. Freizeitpädagogische Orientierungen und Lernhilfen müssen

- in der freien Zeit (zeitorientierte Dimension),
- durch die freie Zeit (inhaltsorientierte Dimension) und
- für die freie Zeit (zielorientierte Dimension) und darüber hinaus vermittelt werden.

In den vergangenen zwei Jahrzehnten war die freizeitpädagogische Diskussion nie einem engen Pädagogikbegriff verhaftet. Sie plädierte für ein erweitertes Verständnis von Bildung und Lernen. In den Gründungsdokumenten der Kommission Freizeitpädagogik der Deutschen Gesellschaft für Erziehungswissenschaft (vgl. z. B. die Zeitschrift Freizeitpädagogik 1/1979) wurde die Freizeitpädagogik von WOLFGANG NAHRSTEDT sowohl als *Bereichs-* wie als *Aspektpädagogik* definiert und von FRANZ PÖGGELER als *Kontrast-* bzw. *Ganzheitsdisziplin* charakterisiert. HANS RÜDIGER hob insbesondere die *Querlage* der Freizeitpädagogik hervor und brachte damit zum Ausdruck, dass die Freizeitpädagogik mehr ist als ein an die Erziehungswissenschaft „angehängter" Spezialbereich. Und der Autor wies frühzeitig auf die *Komplementär- und Integrationsfunktion* hin und nannte die Freizeitpädagogik eine *Querschnittwissenschaft.* Konkret: „Die Freizeitpädagogik ist eine selbständige Disziplin zwischen Freizeitwissenschaft und Erziehungswissenschaft" (vgl. OPASCHOWSKI 1976, S. 122).
Dieses freizeitpädagogische Grundverständnis hat seine Gültigkeit bis heute bewahrt, erklärt einerseits die Faszination dieses Forschungsfeldes, macht aber andererseits die Schwierigkeit einer disziplinären Einordnung verständlich. Unser Wissenschaftssystem tut sich nach wie vor schwer bei Querschnittaufgaben und komplexen Gegenstandsbereichen. Interdisziplinarität wird forschungspolitisch und wissenschaftstheoretisch gerne postuliert, ist aber wissenschaftssystematisch und in der Wissenschaftspraxis ebenso unbequem wie unbeliebt.
Dennoch muss die systematische Verankerung einer Pädagogik der freien Lebenszeit umgehend geleistet werden, weil sonst die Gefahr besteht, dass sie sich immer mehr *als interdisziplinäre Freizeitwissenschaft verselbständigt*

statt sich als erziehungswissenschaftliche Teildisziplin zu etablieren. Letzteres ist unverzichtbar, aber nur schwer realisierbar, weil die Pädagogik der freien Lebenszeit eine Spektrumspädagogik darstellt, die *das traditionelle Disziplindenken sprengt*. Sie lebt in einem ständigen Spannungsfeld zwischen Disziplinen und Teildisziplinen.

Die pädagogische Freizeitwissenschaft ist eine Spektrumswissenschaft, in der die Hauptbereiche der Freizeit

- Tourismus/Mobilität,
- Medien/Kommunikation,
- Kultur/Kulturelle Bildung,
- Sport/Spiel,
- Konsum/Unterhaltung

wie bei einem Farbspektrum fließend ineinander übergehen, sich überschneiden und vermischen.

Und was in der Physik das Prisma leistet, nämlich das „weiße" Licht in verschiedene Spektralfarben zu zerlegen, das stellt in der Forschung die Freizeitwissenschaft dar, die den Freizeitbereich (der auch „weiße" Industrie genannt wird) in so unterschiedliche Farbbereiche wie Tourismus, Medien, Kultur, Sport, Spiel, Konsum und Unterhaltung aufspaltet. Auch die Freizeitwissenschaft leistet eine Art Spektralanalyse, ist aber ebenso in der Lage, die unterschiedlichen Aspekte wie in einem Brennglas zu einem „Phänomen Freizeit" zu vereinen. Am Ende eines solchen spektralwissenschaftlichen *Analyse- und Syntheseprozesses* steht eine neue Sicht: Ein facettenreiches Freizeitspektrum mit vielfältigen individuellen und gesellschaftlichen Bezügen, eine systematische Herausforderung für die Sozialforschung und eine neue umfassende Aufgabe für die Erziehungswissenschaft.

Resümee: Probleme der Menschen und der Gesellschaft sind schon immer Anlass zur Entwicklung neuer Wissenschaften mit disziplinübergreifenden Fragestellungen und Perspektiven gewesen. Insofern ist die Zeit heute reif für die Begründung einer Pädagogik der freien Lebenszeit als Spektralwissenschaft, die zur Lösung sozialer und individueller Probleme beiträgt, die sich aus dem Struktur- und Wertewandel von Arbeit und Freizeit ergeben. *Gesellschaftsrelevanz, Problembezug, Anwendungsorientierung und Zukunftsperspektiven* sind dabei leitende Kriterien.

9. Freizeitpädagogische Kompetenzen

Wer freizeitpädagogisch handelt oder lehrt, muss für Freizeitwissenschaft genauso kompetent wie für Erziehungswissenschaft sein. Die Entwicklung des

Lebensbereichs Freizeit gehört (neben Arbeit, Umwelt, Frieden u. a.) zu den zentralen gesellschaftlichen Problemen und Aufgaben der Zukunft.

(1) Interdisziplinäre Kompetenz

Die Behandlung von Fragen und Problemen der Freizeitentwicklung ist eine gleichermaßen disziplinäre (erziehungswissenschaftliche) wie disziplinübergreifende Aufgabe. Freizeitpädagogik ist auf Interdisziplinarität angewiesen. Die pädagogische Freizeitwissenschaft ist eine Integrationswissenschaft und der Freizeitpädagoge ein Integrationswissenschaftler. Wer Freizeitpädagogik lehrt, muss auch für Psychologie und Soziologie der Freizeit, Ökonomie und Ökologie der Freizeit, Urlaubs- und Tourismusforschung kompetent und ausgewiesen sein.

(2) Prospektivische Kompetenz

Kompetenz in freizeitpädagogischen Fragen heißt auch, Vor- und Querdenker in gesellschaftlich zentralen Fragen zu sein und vorauszuschauen, also perspektivisch und prospektivisch denken und handeln zu können. Freizeit braucht Visionen, und Freizeitpädagogik braucht Visionäre. Das Nachdenken über die Frage, wie wir heute, morgen und übermorgen leben, ist ein Grundanliegen der Freizeitpädagogik. Dazu gehört die Fähigkeit, sich die Welt anders vorstellen zu können als sie heute ist. Die gesellschaftliche Diskussion über die Zukunftsentwicklung von Arbeit und Freizeit wird wesentlich von den Ergebnissen der pädagogischen Freizeitforschung beeinflusst und geprägt.

(3) Holistische Kompetenz

Mit der Freizeitpädagogik ist die Hoffnung, vielleicht sogar die „Revolution der Hoffnung" (FROMM 1974) verbunden, die Spaltung der menschlichen Existenz in Arbeit und Freizeit tendenziell aufzuheben und zu einem ganzheitlichen Lebenskonzept zurückzufinden. Jahrhundertelang stellte der homo faber die solide psychische und soziale Grundlage unserer Existenz dar. Jetzt, wo die Erwerbsarbeit knapp wird, ist der homo faber in uns nicht mehr ausgelastet. Freizeitpädagogik muss sich um holistische Lebenskonzepte bemühen, die den „Mitmenschen dazu verhelfen können, ihre körperlichen, intellektuellen und geistigen Fähigkeiten zu entwickeln, ohne von Arbeit abhängig zu sein" (Bericht an den Club of Rome 1984, S. 13 f.). Freizeitpädagogik sieht den Menschen als frei handelndes Wesen, das sich in sozialen Beiträgen weiterentwickeln, ja in der Tradition ROUSSEAUS und CONDORCETS weiter vervollkommnen kann. Im Mittelpunkt stehen immer der ganze Mensch und seine lebenslange Vervollkommnungsfähigkeit.

(4) Didaktische Kompetenz

Freizeitpädagogisches Handeln findet zumeist in offenen Situationen statt. Schul- und unterrichtsbezogene Didaktiken müssen um einen eigenen freizeitdidaktischen Ansatz erweitert werden. Freizeitpädagogik hat mit der „animativen Didaktik" ein spezifisches Methodenkonzept der Animation entwickelt (OPASCHOWSKI 1976), das inzwischen auch für die Erwachsenenbildung (SIEBERT 1979), Altenbildung (KNOPF 1981), Sozialpädagogik (KRÜGER 1982) und Kulturpädagogik (GRÜNEISL/ZACHARIAS 1977) relevant geworden ist. Die didaktische Kompetenz der Freizeitpädagogik hat Grundlagencharakter und ist richtungweisend für pädagogisches Handeln in offenen Situationen und bei neuen Formen der Bildungsarbeit, die frei bleiben von Verwertungsabsichten, verbindlichen Leistungsansprüchen und Sanktionen. Mit Hilfe der didaktischen Kompetenz der Freizeitpädagogik kann außerschulische Bildung zur lustvollen Freizeitarbeit werden.

10. Berufsfelder

Freizeitpädagogische Praxis entfaltet sich sowohl in klassischen Einrichtungen der angewandten Pädagogik als auch in Form von pädagogischem Handeln in spezifischen Handlungsfeldern der angewandten Freizeitwissenschaft. Infolgedessen arbeiten pädagogische Freizeitberufe in den verschiedensten Ausprägungsformen

*   der schulischen Freizeitbildung und -betreuung,
*   der offenen und verbandlichen Jugendarbeit,
*   der außerschulischen bzw. außerbetrieblichen Kultur- und Bildungsarbeit,
*   der Freizeitsportpädagogik und Bewegungsanimation,
*   der Kurpädagogik und freizeitpädagogischen Gesundheitsberatung und -animation,
*   der freizeitkulturellen Sozialarbeit und soziokulturellen Gemeinwesenarbeit sowie
*   der Tourismus- und Reisepädagogik.

Pädagogische Freizeitberufe bieten ihr differenziertes und vielfach erprobtes methodisches Repertoire sowie ihre berufsfeldspezifischen organisatorischen, kommunikativen und animativen Kompetenzen sowohl staatlichen Instanzen als auch privaten Auftraggebern an:

- *Staatliche Auftraggeber* werden durch die konsequente Dienstleistungs- und Aktivierungsphilosophie der Freizeitpädagogik zur Relativierung von behördlichen Handlungsmustern sowie zur stärkeren Berücksichtigung der Nutzerbedürfnisse und umfangreicheren Beteiligung der Bürger an der Gestaltung und Verwaltung von öffentlichen Einrichtungen und Angeboten angeregt. Dies gilt in ähnlicher Weise für *Non-Profit-Organisationen* (z. B. Genossenschaften, Wohlfahrtsverbände, gemeinnützige Vereine), die staatliche Aufgaben in privater Trägerschaft erfüllen.

- *Privatwirtschaftlich orientierte Auftraggeber* wiederum werden von den Freizeitpädagogen mit einem ethisch fundierten, wissenschaftlich angeleiteten und professionell pädagogischen Qualitätsanspruch konfrontiert, der – jedenfalls in mittel- bis langfristiger Perspektive – als Garant eines tragfähigen betriebswirtschaftlichen Erfolges gelten kann. Freizeitpädagogen entziehen sich aber bewusst der Instrumentalisierung für vordergründiges Gewinnstreben auf Kosten der Konsumenten.

Kein Freizeitberuf kommt künftig ohne pädagogische Qualifikationen aus. Die Begründung liegt auf der Hand:

- Mit der expansiven Freizeitentwicklung unmittelbar verbunden ist eine *wachsende Kommerzialisierung und Vermarktung der Freizeit*, von der einerseits finanziell schwache Gruppen weitgehend ausgeschlossen werden und andererseits sozial orientierte Freizeitinhalte einschließlich Kulturarbeit, Weiterbildung und politischer Bildung auf der Strecke zu bleiben drohen.
- An alle im Freizeitbereich Tätigen werden in Zukunft *erhöhte Anforderungen hinsichtlich Berufsethik und beruflicher Kompetenz* zu stellen sein. Kein Freizeitberuf kommt künftig ohne Grundkenntnisse der Pädagogik und Didaktik, der Psychologie und Soziologie aus.
- Die sich expansiv entwickelnden Dienstleistungen im Freizeitbereich gehen mit einem *wachsenden Bedarf an qualifizierten Fachkräften* einher, vor allem in den Bereichen Tourismus und Mobilität, Kur und Rehabilitation, Sport und Kultur, aber auch in Problembereichen wie Erwerbslosigkeit, Frühpensionierung oder Umweltschutz.

Traditionelle pädagogische Berufe wie z. B. Erzieher, Sozialpädagogen oder Lehrer können in diesen Bereichen ein neues Tätigkeitsfeld finden, wenn sie sich die notwendigen Zusatzqualifikationen in den freizeitpädagogischen Methoden der Beratung, Animation und Planung aneignen und freizeitwissenschaftliche Grundkenntnisse erwerben. Pädagogische Freizeitberufe müssen kompetent und in der Lage sein,

- Beratungsaufgaben wahrzunehmen und Aufklärungsarbeit zu leisten,
- praktisch anzuleiten und zu betreuen,
- organisatorisch und koordinierend tätig zu werden sowie
- Fort- und Weiterbildungsaufgaben im Freizeitbereich zu übernehmen – mit Einfühlungsvermögen und Menschenkenntnis, Überzeugungskraft und pädagogischen Fähigkeiten.

Die künftig im Freizeitbereich Tätigen werden nur zu einem geringen Teil selbst „Pädagogen" sein, aber sie werden pädagogisch-didaktische Grundkenntnisse besitzen müssen, wenn sie erfolgreich sein wollen. Auch Betriebswirte, Manager oder Marketingleiter werden diese Teilkompetenzen erwerben müssen.

11. Ausblick

In einer Zeit, in der die materiellen Güter mit immer geringerem Aufwand produziert und die immateriellen Ansprüche an die Lebensqualität immer größer werden, entwickelt sich der Dienstleistungssektor zu einem Wachstumssektor. Wer wirklich und wirksam etwas gegen die Massenarbeitslosigkeit tun und den Menschen Arbeit geben will, muss erst einmal Arbeitsplätze schaffen, also neue Märkte erschließen. Mehr Arbeit und neue Arbeitsplätze gibt es in Zukunft mehr im Dienstleistungs- als im Produktionsbereich.
Aus dem Produktionsstandort Deutschland kann im 21. Jahrhundert ein europa- und weltweit bedeutsames Dienstleistungszentrum werden, in dem vor allem *Kernkompetenzen* gefragt und gefordert sind wie

- Forschung und Entwicklung,
- Planung und Konzeption,
- Beratung und Betreuung sowie
- Marketing und Vertrieb.

Immer weniger Menschen in der Produktion genügen, um die übrige Mehrheit zu versorgen. Mit dem schrittweisen Ausstieg aus der Produktionsgesellschaft ist zugleich der kontinuierliche *Einstieg in neue Tätigkeitsfelder der Dienstleistungsgesellschaft* verbunden. Nur mehr ein Drittel aller Erwerbstätigen ist mit der Herstellung von Gütern, der Bedienung und Wartung von Maschinen und der Ausführung von Reparaturen beschäftigt. Alle übrigen leisten Dienste. Die neuen Dienstleistungsmärkte bieten zukunftsorientierte Arbeitsplätze in Freizeit und Fremdenverkehr, im Medienbereich, im Messe- und Ausstellungswesen, in der Sportorganisation oder in der Seniorenbetreuung. Mit dem Wandel zur Dienstleistungsgesellschaft bieten sich auch neue Arbeitsplätze und Ausbildungsmöglichkeiten an.

Für die Zukunft gilt: Die *Freizeitmärkte* im Umfeld von Tourismus, Medien, Kultur, Sport und Unterhaltung werden sicher *„die"* *Wachstumsindustrien des 21. Jahrhunderts* sein. Und für Pädagogen wird es dabei mehr als genug zu tun geben. Im Konzert der kommerziellen Anbieter kommt ihnen allerdings nur eine *Nischenfunktion* zu. Noch hat die These HERMANN GIESECKES Gültigkeit: Eine Pädagogik, die sich als „diesseits oder jenseits des Marktes stehend" verstünde, müsste über kurz oder lang „zur Sektiererei verkommen" (GIESECKE 1990, S. 13). Ob es gefällt oder nicht – auch pädagogische Freizeitberufe sind ein Teil des Freizeitmarktes. Sie tun das, was kommerzielle Freizeitanbieter für nicht so wichtig oder gewinnträchtig halten. Nicht selten erweisen sich fortschrittliche Pädagogen als Gehilfen des Marktes.

Dennoch haben *Erziehungs-, Sozial- und Kulturberufe im Freizeitbereich eine große Zukunft vor sich* – von der Freizeiterziehung über die Medien- und Verbraucherberatung bis zu Sportorganisation, Kulturplanung oder Bildungsreiseangeboten. Pädagogische, soziale und kulturelle Freizeitberufe haben die Chance und Aufgabe, Bedürfnisse nach Identität und sinnvollem Leben zu befriedigen, die für den Markt nicht interessant genug sind, weil sie keinen kommerziellen Gewinn versprechen.

Gesünder, geselliger und genussorientierter leben: Diese neuen Lebensziele gewinnen zunehmend an individueller und auch ökonomischer Bedeutung. Neue Sehnsüchte prägen neue Werte und neue Märkte in freizeitorientierten Wachstumsfeldern wie Tourismus und Freizeitmobilität, Medien und Kultur, Sport, Spiel und Unterhaltung. Die Freizeit der Bürger ist und bleibt in ihrer inhaltlichen Gestaltung unbestritten Privatsache. Der *Wirtschaftsfaktor Freizeit* als Motor für neue Märkte und der *Sozialwert Freizeit* als Impuls für neue Werte in Familie, Nachbarschaft und Gemeinwesen, in sozialen Organisationen und Vereinen stellen aber eine neue Gestaltungsaufgabe für die Zukunft dar. Damit verbunden ist die Tatsache, dass *wichtige Impulse für neue technische Entwicklungen zunehmend vom Freizeitbereich ausgehen* und veränderte Qualitätsanforderungen im Hinblick auf Technikentwicklung (z. B. „Design") und Technikeinsatz (z. B. „Bedienerfreundlichkeit") nach sich ziehen. Innovationen in der Automobil-, in der Medien-, in der Bekleidungs- oder Möbelindustrie werden immer mehr von Freizeitinteressen wie Spaß-, Erlebnis- und Unterhaltungsorientierung beeinflusst. Und auch die Planung und Gestaltung von Einkaufszentren und Warenhäusern nimmt deutliche Züge einer „Freizeitwelt Shopping" an, die mehr Erlebniskonsumenten als Versorgungskonsumenten anzieht. Die von dem Amerikaner RONALD INGLEHART vor einem Vierteljahrhundert prognostizierten *postmaterialistischen Ansprüche der Bürger in westlichen Wohlstandsgesellschaften* nehmen stetig zu. Von einem gewissen Wohlstandsniveau an werden andere Dinge im Leben wichtiger wie z. B. größere Frei- und Gestaltungsräume in den sozialen Beziehungen oder mehr Zeit zum und mehr Freude am Leben. Dies ist eine Chance für neue soziale Dienstleistungen und für die Schaffung von Lebensqualität als Voraussetzung für Lebensglück. Auch und gerade an der Schwelle zum 21. Jahrhundert gilt: Der Mensch lebt nicht vom Brot allein.

Literatur

Bericht des Club of Rome (D. Meadows u. a.): Die Grenzen des Wachstums („The Limits to Growth". 1972). Reinbek bei Hamburg 1973

Böttcher, H.: Erholung in der industriellen Gesellschaft als sozialerzieherisches Problem. Wuppertal 1969

Chalendar, J. de: Die Neuordnung der Zeit. Aldingen 1972

Domke, H.: Die Freizeit der Berufsschuljugend. Diss. Erlangen/Nürnberg 1970

Fromm, E.: Die Revolution der Hoffnung. Hamburg 1974

Fromme, J.: Freizeit als Lernzeit. Lernen durch Arbeit in und an der Freizeit. Köln 1985

Fromme, J./R. Freericks (Hg.): Freizeit zwischen Ethik und Ästhetik: Herausforderungen für Pädagogik, Ökonomie und Politik. Neuwied – Kriftel – Berlin 1997

Giddens, A.: Jenseits von Links und Rechts. 2. Aufl., Frankfurt/M. 1997

Giesecke, H.: Leben nach der Arbeit. Ursprünge und Perspektiven der Freizeitpädagogik. München 1983

Goebel, J./Chr. Clermont: Die Tugend der Orientierungslosigkeit. 3. Aufl., Berlin 1998

Gronemeyer, R.: Alle Menschen bleiben Kinder. Düsseldorf – München 1996

Grüneisl, G./W. Zacharias: Kinder spielen Geschichte. 2 Bände. Nürnberg – München 1977

Klatt, F.: Freizeitgestaltung. Grundsätze und Erfahrungen zur Erziehung des berufsgebundenen Menschen. Stuttgart 1929

Knopf, D.: Animation als Leitkonzept im Modellprogramm „Weiterbildung älterer Menschen". In: H. W. Opaschowski (Hg.): Methoden der Animation. Bad Heilbrunn 1981, S. 192–203

Krings, H.: Der Lernort Studio und der Lernbereich Spiel und Gestalten. In: Deutscher Bildungsrat. Empfehlungen der Bildungskommission: Zur Neuordnung der Sekundarstufe II. Bonn 1974

Krüger, G.: Offene Sozialpädagogik und freizeit-kulturelle Animation. Frankfurt/M. 1982

Nahrstedt, W. (Hg.): Freizeitdidaktik. Theoretische Grundlagen der Freizeitdidaktik, Teil 1. Bielefeld 1984

Nahrstedt, W.: Leben in freier Zeit. Grundlagen und Aufgaben der Freizeitpädagogik. Darmstadt 1990

Nahrstedt, W.: Freizeitpädagogik – Kulturarbeit – Reisepädagogik. Zur Metamorphose einer neuen erziehungswissenschaftlichen Teildisziplin. In: Freizeitpädagogik 17/1 (1995), S. 8–23

Opaschowski, H. W.: Freie Zeit ist Bürgerrecht. Plädoyer für eine Neubewertung von Arbeit und Freizeit. In: Aus Politik und Zeitgeschichte. Beilage zur Wochenzeitung „Das Parlament" Nr. B 40/74 vom 5. Okt. 1974, S. 18–38

Opaschowski, H. W.: Pädagogik der Freizeit. Grundlegung für Wissenschaft und Praxis. Bad Heilbrunn 1976

Opaschowski, H. W.: Freizeitpädagogik in der Schule. Bad Heilbrunn 1977

Opaschowski, H. W.: Probleme im Umgang mit der Freizeit (B.A.T Schriftenreihe zur Freizeitforschung). Hamburg 1980

Opaschowski, H. W.: Konsum in der Freizeit (B.A.T Schriftenreihe zur Freizeitforschung, Bd. 7). Hamburg 1987

Opaschowski, H. W.: Freizeit und Lebensqualität (B.A.T Schriftenreihe zur Freizeitforschung). Hamburg 1993

Opaschowski, H. W.: Pädagogik der freien Lebenszeit. 3. Aufl., Opladen 1996

Pöggeler F.: Entwurf einer Freizeitpädagogik. In: Jahrbuch der Caritaswissenschaft 1965. Freiburg/Br. 1965, S. 39–75

Pöggeler, F. (Hg.): Modelle der Freizeiterziehung. Düsseldorf 1978

Pöggeler, F.: Warum überhaupt Freizeitpädagogik? Antworten als Resultat von drei Jahrzehnten. In: Freizeitpädagogik 17/1 (1995), S. 33–40

Popp, R.: Freizeitpädagogik – vom „Mega-Konzept" zur „neuen Bescheidenheit". In: Freizeitpädagogik 17/1 (1995), S. 41–47

Popp, R./P. Zellmann (Hg.): Qualifizierung für Freizeitpädagogik und soziokulturelle Animation. Salzburg/Wien 1995

Popp, R./P. Zellmann (Hg.): Jahrbuch Freizeitwissenschaft 1998. Baltmannsweiler 1998

Schulz, W.: Unterricht zwischen Funktionalisierung und Emanzipationshilfe. In: Ruprecht (u. a.): Modelle grundlegender didaktischer Theorien. Hannover 1973

Siebert, H.: Animation in der Weiterbildung. In: Opaschowski, H. W. (Hg.): Qualifizierung der Animateure. Düsseldorf 1979, S. 77–79

Tapscott, D.: Die digitale Revolution: Verheißungen einer vernetzten Welt – die Folgen für Wirtschaft, Management und Gesellschaft. Wiesbaden 1997

Weber, E.: Das Freizeitproblem. Anthropologisch-pädagogische Untersuchung. Basel 1963

Zellmann, P./Chr. Wagner: Freizeitwissenschaft an der Pädagogischen Akademie Wien. Wien 1995

EDGAR WEISS

Friedenspädagogik – eine differentielle Pädagogik auf Zeit

1. Terminologische Fragen, einleitende Aspekte

Eindeutigkeit weist der Terminus „Friedenspädagogik" (bzw. „Friedenserziehung")[1] nur insofern auf, als er den mit der „Arbeit am Frieden" (HENTIG 1987) verbundenen pädagogischen Forschungs-, Aufgaben- und Handlungskomplex bezeichnet. Damit bleibt er freilich äußerst allgemein, als solcher also offenkundig nahezu ohne Aussagekraft im Hinblick auf die unter ihn subsumierbaren Gehalte. Denn nicht nur die Begriffe „Pädagogik" und „Erziehung" sind bekanntlich immer wieder recht verschieden definiert, auch unter „Frieden" sind immer wieder überaus unterschiedliche Bedeutungsgehalte verstanden worden. Zu ihnen gehören – so der vielleicht geläufigste Verwendungsmodus – die Abwesenheit kriegerischer Gewalt, sodann die Existenz einer ungebrochenen Rechtsordnung, das Nichtvorhandensein von Konflikt und Streit, innere Seelenruhe und sogar die Totenstille der Friedhöfe („requiescat in pace!"), jedoch auch der Zustand inter- und intranationaler sozialer Gerechtigkeit sowie konsequent-demokratische Streitkultur und Konfliktbewältigung bzw. die Institutionalisierung kommunikativ-gewaltfreier Problemlösungsprozeduren.
Es ist offensichtlich, dass damit z. T. geradezu inkompatible, jeweils der rationalen Überprüfung bedürftig bleibende Zielvorstellungen benannt sind, so dass schon der Blick auf die für Friedenspädagogik allemal konstitutiven Grundbegriffe die faktische Heterogenität und historische Vielfältigkeit der mit friedenspädagogischen Ansprüchen verbundenen Konzeptionen erkennbar werden lässt. *Die* Friedenspädagogik im Sinne einer homogenen Theorie und Praxis gibt es dementsprechend nicht, sondern lediglich mehr oder minder miteinander konkurrierende friedenspädagogische Ansätze. Allerdings lassen sich – worauf zurückzukommen sein wird – für verschiedene Zeiten immerhin jeweils dominierende, wenngleich innerhalb der Disziplin keines-

---

[1] Die Begriffe „Friedenspädagogik" und „Friedenserziehung" werden von den meisten Autorinnen und Autoren mehr oder weniger synonym gebraucht, zumindest aber nicht strikt definitorisch gegeneinander abgegrenzt. Eine Ausnahme bildet RÖHRS (1971, S. 39; 1987, S. 608), der die Friedenspädagogik als „wissenschaftliche Reflexionsinstanz" streng von der Friedenserziehung als „Aktionsbereich" unterschieden wissen will.

wegs je unisono akzeptierte Grundvorstellungen ausmachen, deren Aufeinanderfolge durchaus Reflexionsfortschritte und Erkenntniszuwächse, aber auch kurzschlüssige und einseitige Fokussierungen aufweist.

Wie immer aber die Daseinsform „Frieden" und die zu seiner Herstellung und Wahrung adäquaten Mittel und pädagogischen bzw. erzieherischen Bemühungen gedacht wurden – prinzipielle Einigkeit besteht trotz betreffender Reflexionsdefizite (vgl. dazu BERNHARD 1988b) letztlich seit jeher darüber, dass Friedenspädagogik zumindest in einem tieferen Sinne *nicht* als differentielle Pädagogik zu begreifen ist; bereits die frühesten friedenspädagogischen Vorstöße (vgl. Abschnitt 2) waren nicht als isolierte Spezialpädagogiken konzipiert, sondern wurden als *integrale Bestandteile genereller pädagogischer Theorien* verstanden. Während differentielle Pädagogiken partikuläre Interessen ins Zentrum ihrer Aufmerksamkeit rücken und auf jeweils bestimmte Personenkreise, Institutionen oder Lebensbereiche zugeschnitten sind, ist aus friedenspädagogischer Perspektive nachdrücklich gefordert worden, dass letztlich „*alle* Pädagogik Friedenspädagogik sein sollte" (VILMAR 1973b, S. 67 f.). Friedenspädagogik beginge dementsprechend einen „grundsätzlichen Fehler, wenn sie meint, mittels der Herausbildung einer speziellen Friedenserziehung Widerstand gegen die gesamtgesellschaftlichen Gewaltverhältnisse formieren zu helfen; die Thematisierung der Friedensproblematik kann nur im Rahmen allgemeinpädagogischer Fragestellungen und unter Hinzuziehung bildungstheoretischer Kriterien fundamental abgeleitet werden" (BERNHARD 1988b, S. 17). Insbesondere ein Friedensverständnis, das auf mehr als bloße Kriegsvermeidung und erfolgreiches Konfliktmanagement gerichtet ist, erfordert eine Pädagogik, die zur Realisierung der sozialen und individuellen Voraussetzungen einer vernunftgemäßen Streitkultur bzw. repressionsfrei-kommunikativen Konflikt- und Problembewältigung beitragen will. Eine solche verlangt unterdessen die Herausbildung umfassender Kompetenzen (vgl. WEISS 1998), deren Förderung allenfalls von einer Friedenspädagogik zu erwarten sein dürfte, die sich eben nicht als „Bindestrich-", sondern als „Fundamentalpädagogik" versteht (vgl. HEITKÄMPER 1984b, S. 35), d. h. eine prinzipielle Trennbarkeit spezifisch friedenspädagogischer von anderen unverzichtbaren Erziehungs- und Bildungs-Aufgaben bestreitet.

Wenn pädagogische Konzepte sich unterdessen dennoch nicht damit begnügt haben, eine irenische Dimension als eines ihrer impliziten Wesensmerkmale deutlich zu machen, sondern stattdessen seit Jahrzehnten immer wieder explizit als *Friedens-* und insofern doch als „Bindestrich-" bzw. differentielle Pädagogik in Erscheinung getreten sind, so scheint dabei gewöhnlich eine Effizienzhoffnung handlungsleitend gewesen zu sein: Die Kennzeichnung „Friedenspädagogik" sollte die Aufmerksamkeit gezielt auf das als vernachlässigt wahrgenommene Anliegen „Frieden" lenken, sie sollte dessen Bedeutung unterstreichen, vermeinte diesbezügliche Defizienzen erkennbar werden lassen und deren Überwindung dienlich sein. Erst wenn das Anliegen „Frieden" als selbstverständliche allgemein-pädagogische Dimension adäquat zur Geltung gebracht würde, erwiese sich – was wohl letztlich als implizites Ziel aller friedenspädagogischen Bemühungen betrachtet werden kann – das apostrophierende Etikett „*Frieden*spädagogik" als überflüssig.

2. Historische Entwicklung

Der erst seit den 70er Jahren des 20. Jahrhunderts allenthalben in die pädagogischen Lexika und Handbücher aufgenommene Begriff „Friedenspädagogik" – erstmals wohl im Kontext des Ersten Weltkrieges und im Gegenzug gegen eine seinerzeit überaus verbreitete „Kriegspädagogik" von FRIEDRICH WILHELM FOERSTER verwendet (FOERSTER 1918, S. 460 ff.; Arbeitsgruppe „Lehrer und Krieg" 1987) – ist weitaus jünger als die Geschichte des durch ihn bezeichneten Phänomens (vgl. KEIM 1987; ROTHERMEL 1988a). Schon dem humanistischen Bildungsverständnis des ERASMUS VON ROTTERDAM wohnte eine tiefe, nachdrücklich artikulierte Abneigung gegen gewaltsame Auseinandersetzungen inne, und COMENIUS, maßgeblich durch die eigenen leidvollen Erfahrungen des Dreißigjährigen Krieges geprägt, verstand seine gesamte Pädagogik als einen Beitrag zur „Allbefriedung" (ERASMUS 1945; COMENIUS 1665; 1667). Auch zur Zeit der Aufklärung, Klassik und Romantik wurde eine Reihe pädagogischer Ansätze vertreten, die ohne weiteres als friedenspädagogisch charakterisiert werden können. KANTS Pädagogik z. B. galt einer Moralisierung der Menschheit, deren Idee mit Überlegungen zur Ermöglichung „ewigen Friedens" verbunden war, HERDERS Humanitätsideal verkörperte implizit eine irenische Utopie, JEAN PAUL geißelte im Rahmen seiner Pädagogik wie in seinen Friedenspredigten den Krieg als Wahnsinn (KANT 1803; 1795; HERDER 1795, bes. S. 267 ff.; JEAN PAUL 1948, S. 55, 184; 1946).
In der Bismarck-Ära und zur Zeit des Ersten Weltkrieges, später als emigrierter Verfolgter der Nationalsozialisten und schließlich als Kritiker des atomaren Wettrüstens engagierte sich der bereits erwähnte FRIEDRICH WILHELM FOERSTER im Rahmen eines christlichen Pazifismus gegen Militarismus, Nationalismus, Rassismus und Gewalt. MARIA MONTESSORI warb auf ihren vielen Weltreisen in zahlreichen, letztlich ebenfalls religiös motivierten Appellen für eine Erziehung zum Frieden (FOERSTER 1918; 1953; MONTESSORI 1973)[2].

---

[2] Im Rahmen dieses Beitrages sind lediglich einige allgemeine Hinweise, nicht aber eingehende Würdigungen und systematische Auseinandersetzungen mit den erwähnten Ansätzen möglich. Dass deren kritische Reflexion für eine angemessene

Andere Vertreterinnen und Vertreter der „Reformpädagogischen Bewegung", insbesondere aus den Reihen der demokratisch-sozialistischen „Kinderfreunde" und des „Bundes Entschiedener Schulreformer" wie OTTO RÜHLE und ALICE RÜHLE-GERSTEL, KURT LÖWENSTEIN, ANNA und AUGUST SIEMSEN, OTTO FELIX KANITZ, PAUL OESTREICH, SIEGFRIED KAWERAU und ELISABETH ROTTEN, verbanden mit ihren pädagogischen Vorstellungen aus anderen weltanschaulichen Perspektiven heraus den Einsatz für Frieden, Völkerverständigung und Gewaltlosigkeit. Gerade die von der Reichsarbeitsgemeinschaft der sozialdemokratischen „Kinderfreunde" seit 1927 alljährlich durchgeführten „Kinderrepubliken", d. h. weitestgehend selbstverwaltete Ferien-Großzeltlager mit Kindern und Jugendlichen aus verschiedenen Nationen, standen explizit im Zeichen des Pazifismus und boten mannigfache Gelegenheiten für die faktische Erprobung und Förderung von Friedenskompetenz (vgl. RICHARTZ 1981; LÖWENSTEIN o.J., bes. S.94 ff.; OESTREICH 1920; BERNHARD 1988b, S.23 ff.; ELLERBROCK 1992, S.54 ff., 259 ff.). Der Hamburger Reformpädagoge WILHELM LAMSZUS warnte als sozialistischer Pazifist 1913 in einer seinerzeit Aufsehen erregenden Schreckensvision vor dem kommenden Krieg, die von dem liberalen Landerziehungsheimgründer Paul Geheeb gegründete interkulturelle „Ecole d'Humanité" in Goldern war als Modell einer internationalen und friedensfördernden Schule konzipiert (LAMSZUS 1913; FEIDEL-MERTZ 1983, S.115 ff.).

Verstanden die erwähnten Pädagoginnen und Pädagogen ihre Ansätze durchaus als pädagogische Beiträge zur „Arbeit am Frieden", so verwendeten sie den Friedenspädagogik-Begriff gleichwohl noch nicht ostentativ zur Selbstetikettierung. Explizit als „Friedenspädagogik" gekennzeichnete und gewöhnlich ihre weit reichende Eigenständigkeit als „Bindestrich-Pädagogik" suggerierende Konzepte wurden erst nach dem Zweiten Weltkrieg entwickelt, als unter dem Eindruck der nationalsozialistischen Vergangenheit und der Kriegsereignisse, nuklearer Vernichtungsmittel und der ideologisch bestimmten Verfeindung der Supermächte auch die ersten Bemühungen um eine systematische Friedensforschung aufgenommen wurden (vgl. GALTUNG 1972; CZEMPIEL 1972; SENGHAAS 1973; KRIPPENDORFF 1974; DOMINIKOWSKI 1991, S.7 ff.)[3]. Dominierten dabei zunächst – in gewisser Entsprechung zur anfangs

---

Einschätzung allemal unabdingbar bleibt, mag exemplarisch daran abgelesen werden, dass man FOERSTER trotz seines beeindruckenden Engagements im Detail fragwürdige Positionen und die weitgehende Ignoranz der gesellschaftlichen Bedingungsfaktoren unfriedlicher Verhältnisse hat attestieren können oder dass MONTESSORI infolge politischer Naivität nicht vor einer mehrjährigen Kollaboration mit Mussolini bewahrt blieb (vgl. etwa ROTHERMEL 1994; KRAMER 1977, S.294 ff.).

[3] Zur partiell recht kontroversen Phasendifferenzierung der jüngeren Friedenspädagogik vgl. z.B. BOSSE/HAMBURGER (1973), S.17 ff.; SPEICHERT (1975); PFISTER

überwiegend systemtheoretisch ausgerichteten, primär am Prinzip des Konfliktmanagements orientierten und politisch-sozial im wesentlichen konservativ bleibenden Konfliktforschung – individualistisch gerichtete Gesinnungs-Appelle im Interesse von Völkerverständigung, Vorurteilsbekämpfung, Aggressionsbewältigung und Konfliktreduktion (vgl. etwa HEYMANN 1945; BOLLNOW 1964; ROTH 1967; ASSEL 1971)[4], so wurden zunehmend sozialtheoretisch fundierte Konzepte entwickelt. Ein einschneidender Perspektivenwechsel erfolgte – unter dem Eindruck der Entwicklung einer „Kritischen Friedensforschung" (SENGHAAS 1971; 1973) – seit etwa Ende der 60er Jahre unter dem Titel einer „Kritischen Friedenspädagogik" (WULF, 1973a; 1973b), die an kritisch-theoretische Überzeugungen und verwandte Positionen anknüpfte. Von herausragender Bedeutung für diese Sichtweise, deren zentrale Theoreme spätestens seit dem für die weitere Entwicklung wichtigen internationalen Kongress „Erziehung zu Frieden und sozialer Gerechtigkeit" in Bad Nauheim 1972 (vgl. STAEHR 1973) zum Elementarbestand friedenspädagogischer Verlautbarungen avancierten, wurden insbesondere Überlegungen des norwegischen Friedensforschers JOHAN GALTUNG (1975)[5]. Im Anschluss an seine Terminologie sollte sich Friedenspädagogik fortan in den Dienst nicht nur des „negativen Friedens" – d. h. der Kriegsvermeidung –, sondern zudem des „positiven Friedens" – d. h. der sozialen Gerechtigkeit bzw. der Überwindung „struktureller Gewalt" – stellen; sie sollte auf individuelle und soziale Emanzipation, rationale Konfliktbearbeitung, den Einsatz für Verbesserungen der allgemeinen Partizipation an sozialen Entscheidungsprozessen und konsequentes Engagement für die Unterdrückten der Welt schlechthin verpflichtet sein.

(1980), für diesbezüglich informative Textsammlungen vgl. RÖHRS (1970); HECK/SCHURIG (1991).

[4] Allerdings gab es bereits in der frühen Nachkriegszeit vereinzelt Bestrebungen, die in wesentlichen Punkten anders gerichtet waren. Der Schwelmer Kreis z. B., eine 1952 auf Initiative von FRITZ HELLING gegründete lockere Verbindung west- und ostdeutscher Pädagoginnen und Pädagogen, die zumeist in der Weimarer Republik dem Bund Entschiedener Schulreformer und dann dem Widerstand gegen den Nationalsozialismus angehört hatten, versuchte, die Tradition des Bundes Entschiedener Schulreformer fortzusetzen. Seine Mitglieder bemühten sich um eine Verständigung zwischen Ost- und Westdeutschland und engagierten sich gegen Wiederbewaffnung und Kalten Krieg (vgl. Arbeitsausschuss des Schwelmer Kreises 1962; KLUTHE/HIMMELSTEIN 1977).

[5] Hier können wiederum nur skizzenartig grobe Entwicklungslinien und jeweils vorherrschende Selbstverständnisse rekonstruiert werden. Fragen der jeweiligen Angemessenheit von Eigenzuordnungen können an dieser Stelle ebenso wenig diskutiert werden wie eine detaillierte Würdigung von Ansätzen unterbleiben muss, die wesentliche Aspekte späterer „Paradigmata" zu antizipieren wussten.

In den 80er Jahren – mit der politischen Kontroverse um die Stationierung neuer amerikanischer Mittelstreckenraketen in Europa sowie unter dem Einfluss der „Neuen Sozialen Bewegungen" und öko-philosophischer Vorstellungen, wie sie etwa von JONAS (1984) und MEYER-ABICH (1979; 1986) entwickelt wurden – begann sich die Friedenspädagogik zunehmend als „Ökopax"-Pädagogik zu begreifen, für die mitunter der Anspruch eines friedenspädagogischen Paradigmenwechsels geltend gemacht wurde und die in der 1982 entstandenen Arbeitsgruppe „Friedenspädagogik" der Deutschen Gesellschaft für Erziehungswissenschaft eine organisatorische Basis fand; eine trennscharfe Differenzierung zwischen Friedenspädagogik einerseits und Umwelt- und Ökopädagogik andererseits ist seither – durchaus in Analogie zu den traditionellen Zusammenhängen von Friedens- und Ökologiebewegung – kaum mehr möglich (vgl. KERN/WITTIG 1982; BEER/HAAN 1984; DICK 1984; HEITKÄMPER 1984a; 1990; HEITKÄMPER/HUSCHKE-RHEIN 1986; CALLIESS/LOB 1987/88; BUDDRUS/BÖVERSEN 1987; BUDDRUS/SCHNAITMANN 1991). Auf die neuen „öko-irenischen" Pädagogiken Bezug nehmende Kontroversen stellten nicht die Notwendigkeit, von Seiten der Friedenspädagogik auf die ökologische Krise zu reagieren, wohl aber die Angemessenheit der vorgelegten Reaktionen in Frage – entsprechende Diskussionen werden bis heute geführt (vgl. BERNHARD/ROTHERMEL 1995; CLAUSSEN/WELLIE 1996; BERNHARD 1998).

Unterdessen haben sich infolge des Nord-Süd-Gefälles, des Wegfalls des Ost-West-Konfliktes und der unter dem Stichwort „Globalisierung" diskutierten Phänomene in den letzten Jahren in rasantem Tempo weit greifende Veränderungen vollzogen, die großenteils noch unabgeschlossen und hinsichtlich ihrer Auswirkungen kaum schon hinlänglich abschätzbar sind (vgl. GALTUNG 1992; CZEMPIEL 1991; ROBERTSON 1992; ALTVATER/MAHNKOPF 1996; BECK 1997; 1998; HABERMAS 1998). Dass sich die ihrem Fokus nach mit Menschen betreffender Gewalt befasste Friedenspädagogik durch die Folgen dieser Veränderung in vieler Hinsicht herausgefordert sehen muss, ist indessen längst deutlich geworden: neue Nationalitätenkonflikte, sozio-ökonomisch und politisch verursachte Migrationsbewegungen, eine zunehmend rauere Durchsetzung neoliberalistischer Wirtschaftspraktiken, in den Wohlstandsgesellschaften konstatierbare „Individualisierungsschübe" usw. korrelieren mit einer Zunahme ethnischer Konflikte, rechtsextremistischer Orientierungen und jugendlicher Gewalt (vgl. BECK 1986; HEITMEYER u.a. 1996; HEITMEYER/DOLLASE 1996; HEITMEYER 1997), die inzwischen zum Thema auch der Friedenspädagogik, insbesondere der ihr subsumierbaren (wenngleich vielfach bereits als wiederum eigenständige „Bindestrich-Pädagogik" wahrgenommenen) Interkulturellen Pädagogik geworden sind (NICKLAS/OSTERMANN 1994; BORRELLI 1986; AUERNHEIMER 1990; AUERNHEIMER/GSTETTNER 1996).

3. Arbeitsbereiche

Friedenspädagogik weist – insbesondere seitdem sich in ihr ein die Teilziele „negativer" und „positiver" Frieden umfassender sowie schließlich auch ökologische Aspekte einschließender Friedensbegriff durchgesetzt hat – zahlreiche Arbeitsbereiche auf. Sie steht in einem Interdependenzverhältnis zur ihrerseits facettenreichen Friedensforschung (vgl. WASMUHT 1991) und ist um deren Vermittlung mit pädagogischen Überlegungen bemüht. Dementsprechend erörtert sie verschiedene friedenstheoretische Grundverständnisse und benennt und konkretisiert entsprechende Lernziele, wobei sie – als Pädagogik – ihr Hauptanliegen in der Generierung von Friedens*fähigkeit* bzw. Friedens*kompetenz* findet, die dem Subjekt die aktive Teilnahme an der Hervorbringung und Wahrung friedlicher Realverhältnisse ermöglichen soll (vgl. NICKLAS/OSTERMANN, 1976; OSTERMANN/NICKLAS, 1991; WEISS, 1998). Bezüglich dieser Lernziele ist – bei allen Differenzen in der Akzentuierung und Konkretisierung – Einigkeit insofern zu konstatieren, als alle Konzepte die Vermeidung direkter Gewalt und die Überwindung von Rassismus und Nationalismus, den Aufbau politischen Interesses, sozialen Verantwortungsbewusstseins, kritischen Urteilsvermögens sowie die Sensibilisierung für Unrecht und menschliches Leid anstreben.

Ihrem Wesen nach Konfliktpädagogik (vgl. MERTENS 1974; PETRI 1985, S. 46, 55 f.), thematisiert Friedenspädagogik angemessene und unangemessene Formen der Interaktion und der Frustrationsverarbeitung, die Genese gewaltsamen Verhaltens, stereotyper Denkmuster und Feindbilder sowie den Aufbau kommunikativer Kompetenz; sie rezipiert und diskutiert Untersuchungen aus der Aggressions-, Vorurteils-, Autoritäts- und Gehorsamsforschung und greift für ihre Anliegen signifikante Befunde der Systemforschung, Gruppendynamik, Trieb- und Lerntheorien auf; sie entwickelt als Teilnehmerin am interdisziplinären Diskurs der Friedensforschung eigene integrative Theoriekonzepte und führt – unter Verwendung quantitativer wie qualitativer Methoden – auch selbst Forschungsprojekte durch, etwa Einstellungserhebungen und Untersuchungen über Gewalt-, Angst- und Ohnmachtserfahrungen, über entsprechende Verarbeitungsmuster sowie Zukunftserwartungen angesichts konkreter Friedlosigkeit und Friedensbedrohung bei Kindern und Jugendlichen (vgl. z. B. GAMM 1968; WINTSCH 1973; OSTERMANN/NICKLAS 1976; BÜTTNER 1982; BÜTTNER/NICKLAS u. a. 1984; psychosozial 1985; RUSCH 1989; KORTE 1994).

Vor dem Hintergrund pädagogischer Fragestellungen versucht Friedenspädagogik, zur Aufklärung personaler und struktureller Gewalt beizutragen, wobei ihrer Aufmerksamkeit prinzipiell keine Einflussebene entzogen bleiben muss. So sind globale Probleme (Ost-West- und Nord-Süd-Konflikt, Welter-

nährungsproblem, weltweite Herrschaftsverhältnisse und Verteilungsdiskre-
panzen, Menschenrechtsmissachtungen, Ökologieproblematik usw.), inner-
gesellschaftliche Probleme (klassen- und schichtbedingte Benachteiligungen
bestimmter Bevölkerungsgruppen, offene oder verdeckte sexistische Gewalt,
Minoritäten-Unterdrückung usw.) sowie die Gewalt sozialer Institutionen und
gewaltbegünstigende Sozialisationsbedingungen (innerfamiliäre Gewalt,
schulische Konkurrenz-, Repressions-, Selektionsmechanismen etc.) gleich-
chermaßen Gegenstand friedenspädagogischer Auseinandersetzungen geworden. Friedenspädagogik erörtert die Eignung bestimmter Schulstrukturen,
Unterrichtsstile und Curricula zur Hervorbringung und Förderung friedensre-
levanter Einstellungen, sie hinterfragt amtliche und heimliche Lehrpläne, offeriert kritische Stellungnahmen zu bildungspolitischen Entscheidungen, erarbeitet Analysen von Lehrmitteln sowie didaktische und fachdidaktische
Rahmenempfehlungen und vielfältige fächerübergreifende wie je fachspezi-
fische Unterrichtsmaterialien und Orientierungshilfen (vgl. z. B. DÜRR 1971;
KUHN u. a. 1972; WULF 1973b; HEITKÄMPER 1976; LUTZ 1984; MALLÉE u. a.
1982; REICH/WEBER 1984; STEINWEG 1984; CALLIESS/LOB 1987/88; GUGEL
1995).
Friedenspädagogik thematisiert die Geschichte von Krieg und Frieden und
deren etwaige Entsprechung zu gesellschaftsspezifisch jeweils dominanten
Erziehungsverständnissen und -praktiken, sie widmet sich in aufklärerischer
Absicht beispielsweise einzelnen kriegerischen Ereignissen, sicherheitspoli-
tischen Entscheidungen und der Geschichte und den Möglichkeiten zivilen
Widerstands, versucht aber auch, auf den verschiedenen pädagogischen
Handlungsfeldern erzieherisch und bildnerisch zur Verwirklichung ihrer Ziele beizutragen und die entsprechenden Erfahrungen zu reflektieren, sei es im
Schul- und Hochschulbereich, in der pädagogischen Fortbildung, in muse-
ums- und freizeitpädagogischen Projekten, „Friedenswerkstätten", im Rahmen der Friedensbewegung oder in der Öffentlichkeitsarbeit (vgl. ESSER
1985; JÄGER 1991; EBERT 1970; „Frieden" 1983; DICK 1984; GSCHWANDT-
NER/MEYER 1977; HÄSSLER/HEUSINGER 1989; NOLZ/WEISS 1991). Schließlich
gehören die Reflexion ihrer eigenen Geschichte sowie fortwährende Diskussionen um die tragfähigsten Konzepte und die angemessenste Bestimmung
konkreter erzieherischer Handlungsformen zum friedenspädagogischen Ar-
beitskomplex. Dabei hat sich bei aller prinzipiellen Bedeutung friedenspädagogischer Bemühungen gezeigt, dass die Verfolgung grundsätzlich gleich
oder ähnlich lautender Zielsetzungen zu verschiedenen Zeiten zu recht großen Unterschieden in den konkreten Schlussfolgerungen führen konnten,
dass gerade die Bekenntnisformel „Friedenspädagogik" instrumentalistisch
missbrauchbar, nämlich geeignet war, mit ihr verbundene Praktiken von
vornherein mit dem Anschein von Humanität und Redlichkeit auszustatten

und dass die unreflektierte Verwendung der Kategorie eine überaus problematische – eine herrschaftsaffirmative – Funktion zu haben vermochte (vgl.
BERNHARD 1988a).

4. Positionen, Entwicklungen, Aktualität

Mit der angesprochenen Etablierung neuer friedenspädagogischer „Paradigmata" Anfang der 70er und Anfang der 80er Jahre waren mehr oder weniger
tief greifende Wandlungen des Problembewusstseins und des Selbstverständnisses verbunden, die zumindest partiell als Ausdruck argumentativer Folge-
richtigkeit zu würdigen sind. Die zumeist geisteswissenschaftlich-pädago-
gisch, religiös und einseitig individualistisch orientierten friedenspädagogischen Ansätze der ersten Nachkriegsjahrzehnte mussten ihre Überzeugungskraft in dem Maße einbüßen, in dem die sozialen Bedingungen individuellen
Verhaltens und die Vielschichtigkeit der Gewaltproblematik systematischen
Untersuchungen unterzogen und demzufolge transparenter wurden. Das Festhalten an einem auf die bloße absentia belli reduzierten Friedensbegriff verlor vor dem Hintergrund der Einsicht, dass strukturelle Gewaltverhältnisse
gleiche und ähnliche Folgen wie direkte Gewaltausübungen zu haben vermochten, an Plausibilität. Insbesondere der Umstand, dass die Formeln „kal-
ter Krieg" oder „organisierte Friedlosigkeit" (SENGHAAS 1969) das die welt-
politische Situation seinerzeit maßgeblich bestimmende spannungsreiche
Ost-West-Verhältnis treffender zu kennzeichnen schienen als das Wort „Frieden", musste in dieser Richtung wirken. So folgerichtig die Entwicklung *kritisch*-friedenspädagogischer Positionen somit war, so unbefriedigend blieben
letztlich die von ihnen zunächst offerierten Konkretisierungsversuche des
neuen Friedensverständnisses. Hatten sich interdependente Begriffe wie Frieden, Krieg, Gewalt schon immer als schwer definierbar erwiesen, so wurden
auch jetzt eindeutig bestimmte und überprüfbare Friedens-Kriterien, insbesondere entsprechende Kriterien für das Vorliegen „sozialer Gerechtigkeit",
nicht offeriert[6]; sie blieben Gegenstand interner Auseinandersetzungen (vgl.
VILMAR 1973a; NARR 1987; WEISS 1998, S. 73 ff.).

---

[6] GALTUNG definiert „Frieden" als Abwesenheit von Gewalt, „Gewalt" wiederum als
Diskrepanz zwischen „aktueller" und „potentieller" somatischer und geistiger Verwirklichung (GALTUNG 1975, S. 9), womit „Frieden" die Realisierung der auf einem
jeweiligen historischen und gesellschaftlich-konkreten Niveau möglichen menschlichen Selbstverwirklichung meint. So bedeutsam die Bezugsgröße „Selbstverwirklichung" für die Feststellung von Gewaltfreiheit zweifellos ist, – ein trennscharfes
und „operationalisierbares" Kriterium bezeichnet sie offenkundig nicht.

Im Hinblick auf die Frage, ob die unter dem Eindruck der ökologischen Krise erfolgte Hinwendung der Friedenspädagogik zu ökologisch orientierten Konzepten einen neuerlichen Paradigmenwechsel erfordert hat oder lediglich eine – unbestritten wichtige – situationsgemäße perspektivische Erweiterung kritischer Friedenspädagogik, gibt es innerhalb der Friedenspädagogik keinen Konsens. Wurde unter Hinweisen auf eine vermeintliche „Apokalypse-Blindheit" kritischer Friedenspädagogik und im Kontext der Anknüpfung an neue Naturmythen, Spiritualitätspostulate und esoterische Elemente irrationalistischer „New-Age-Lehren" einerseits ein solcher Paradigmenwechsel beansprucht (vgl. KERN/WITTIG 1982, S. 22 ff.; HEITKÄMPER 1984a; BUDDRUS/SCHNAITMANN 1991), so wurden andererseits im Kontext eines entschieden beibehaltenen kritisch-friedenspädagogischen Selbstverständnisses die ökologische als gesellschaftlich erzeugte Problematik transparent gemacht und die irrationalistischen Implikationen der prinzipielle Innovationsansprüche erhebenden „Ökopax"-Pädagogik der Kritik unterzogen (ROTHERMEL 1988b; BERNHARD 1988b, Kap. 3; BERNHARD/ROTHERMEL 1995). Neben und zum Teil im Zusammenhang mit den Debatten um die grundlegenden Prinzipien und das maßgebliche Selbstverständnis der Friedenspädagogik weist deren Geschichte eine Reihe von Diskussionen einzelner Probleme, von Aufforderungen zur selbstkritischen Effizienzanalyse und von jeweils aktualitätsbezogenen thematischen Neuakzentuierungen auf. So traten z. B. mit der zwischenzeitlichen Dominanz ideologiekritisch orientierter Friedenspädagogik umfassendere und interdisziplinäre Sichtweisen an die Stelle einzelne Facetten des friedenspädagogisch relevanten Forschungskomplexes isolierender Zugänge; so trat die Hinwendung zur Thematisierung des Zusammenhanges von gesamtgesellschaftlichen und schulischen Gewaltverhältnissen (hierarchische Strukturen, Selektionsprinzipien etc.) und zur Erörterung alternativer Möglichkeiten (Demokratisierungsprozesse, offene Unterrichtsformen etc.) an die Stelle einer vornehmlichen Konzentration auf Unterrichtsinhalte und fachdidaktische Überlegungen. Später, in den 80er Jahren, wurde diese Entwicklung wiederum weitgehend zurückgenommen (vgl. BERNHARD 1988b, S. 18).
Andererseits wurden in den 80er Jahren in verstärktem Maße lange tradierte, schon in den 20er, aber auch noch in den 70er Jahren mit Nachdruck vertretene Postulate hinterfragt wie etwa das des Verzichts auf Kriegsspiele und Kriegsspielzeug. War eine solche Forderung einst eine kritische Reaktion auf die systematische Kriegspädagogik des chauvinistisch-militaristischen, an imperialistischen Zielen orientierten Kaiserreichs, so wurde es unter veränderten politisch-sozialen Bedingungen fraglich, inwieweit ihr diese Funktion noch zukam. Schließlich konnte man in ihr gerade die – eben schwerlich friedensfördernde – Verdrängung aggressiver Strebungen sehen, die durch eine

weiterreichende Tolerierung und kommunikative Einholung kindlicher Expressivität überwunden werden sollte (vgl. z. B. „Frieden" 1983; HUISKEN 1987).

Unzufriedenheit mit dem Stand der Theoriediskussionen und verschiedenen Praxiserfahrungen sowie wachsende Skepsis gegenüber der Effizienz friedenspädagogischer Bemühungen überhaupt führten zu kritischen und selbstkritischen Reflexionen, mitunter auch zu gezielten Überspitzungen in provokativer Absicht sowie zu resignativen und zynischen Stellungnahmen. Kritiken richteten sich gegen dogmatische Positionen und Offenbarungsansprüche, gegen gemutmaßte Indoktrinationsambitionen und Kompetenzüberschreitungen bzw. gegen die Übermittlung konkreter politischer Empfehlungen und einen tagespolitisch umstandslos Partei ergreifenden Aktionismus, gegen die gut gemeinte, aber ineffiziente Erzeugung von Fluten vermeintlich sensibilisierender „Handreichungen", gegen Versuche der Betroffenheitserzeugung, die sich dem Verdacht aussetzten, eher der Selbstgefälligkeit der Initiatorinnen und Initiatoren als den Opfern realer Friedlosigkeit dienen zu sollen. Materialistisch orientierte Vorstöße gingen der ernst zu nehmenden Frage nach, inwieweit Friedenspädagogik infolge einer unzureichenden Reflexion sozio-ökonomischer Verhältnisse ihrerseits im Dienste einer Stabilisierung unfriedlicher Strukturen vereinnahmt und zum herrschaftsaffirmativen Mythos umfunktionalisiert werden kann (vgl. zum Ganzen: MOLLENHAUER 1986; HUISKEN 1987; GRONEMEYER 1988; BERNHARD 1988a; 1988b).

Es ist verschiedentlich darauf hingewiesen worden, dass Friedenspädagogik – so gewiss sie sich letztlich an den gleichen Grundüberzeugungen wie rationale, humanen Anliegen verpflichtete und ihnen ernsthaft entsprechende Politik zu orientieren hätte – Politik nicht zu ersetzen vermag und sich dementsprechend anderen genuinen Aufgaben – vor allem der theoretischen Erschließung und praktischen Förderung von Friedenskompetenz – zu widmen hat. Demgemäß hat Friedenspädagogik keineswegs, wie in ihren Reihen hier und da zwischenzeitlich angenommen worden ist, durch die seit dem Ende des Ost-West-Konfliktes erhöhte Unwahrscheinlichkeit eines Dritten Weltkrieges einen Substanzverlust erlitten. Dass die von der Friedenspädagogik übernommenen Aufgaben von unverminderter Aktualität sind, bezeugt schon der Umstand, dass nach wie vor Kriege geführt, Menschenrechte missachtet, erhebliche, ungeachtet der angesprochenen Präzisionsproblematik zweifellos als „strukturelle Gewalt" begreifbare soziale Diskrepanzen und die existentiellen Grundlagen der menschlichen Spezies in Frage stellende ökologische Rücksichtslosigkeiten perpetuiert werden. Aber selbst für den bis auf weiteres utopischen Fall, dass Gewaltlosigkeit eines Tages weitestmöglich realisiert würde, bliebe deren Wahrung an den durch Erziehungs- und Bildungsprozesse fortwährend erfolgenden Aufbau von Friedenskompetenz gebunden, so

dass ein künftiger Bedeutungsschwund der Wahrnehmung des friedenspädagogischen Aufgabenkomplexes vernunftgemäß nicht gedacht werden kann.
Mithin lassen die neue Entfesselung der Märkte sowie die Desolidarisie-
rungs- und Desintegrationstendenzen im Zuge der Globalisierung erwarten,
dass das traditionelle friedenspädagogische Arbeitsfeld infolge neuer Herausforderungen der Erweiterung bedarf. Das zunehmende Versagen natio-
nalstaatlicher Politik (vgl. ALBROW 1998; HABERMAS 1998) wirft eine Reihe
von Fragen auf, deren Lösung einstweilen keineswegs schon absehbar ist.
Auf jeden Fall dürfte den Herausforderungen der Globalisierung auf angemessene Weise nur zu begegnen sein, „wenn es gelingt, in der postnationalen
Konstellation neue Formen einer demokratischen Selbststeuerung der Gesellschaft zu entwickeln" (HABERMAS 1998, S. 134). Dies jedoch dürfte wiederum schwerlich ohne in umfassendem Sinne friedensorientierte Erziehungs-
und Bildungsanstrengungen zu realisieren sein. Ob diese allerdings auch
künftig ostentativ als *friedens*pädagogisch ausgewiesen werden sollten oder
aber effizienter verfolgt werden können, sofern sie als notwendige Ingredien-
zien allgemeiner Pädagogik transparent gemacht werden, bleibt fraglich:
Friedenspädagogik mag sich, wie eingangs angesprochen, von Zeit zu Zeit
aus „vermittlungsstrategischen" Gründen als differentielle Pädagogik gebär-
den, – ihrer Substanz nach ist sie, konsequent betrachtet, „Fundamentalpädagogik".

Literatur

Albrow, Martin (1998): Abschied vom Nationalstaat. Staat und Gesellschaft im Glo-
balen Zeitalter, Frankfurt a. M.
Altvater, Elmar/Mahnkopf, Birgit (1996): Grenzen der Globalisierung. Ökonomie,
Ökologie und Politik der Weltgesellschaft, Münster
Arbeitsausschuss des Schwelmer Kreises (Hg.) (1962): 10 Jahre Schwelmer Kreis,
Schwelm
Arbeitsgruppe „Lehrer und Krieg" (Hg.) (1987): Lehrer helfen siegen. Kriegspädago-
gik im Kaiserreich mit Beiträgen zur NS-Kriegspädagogik, Berlin
Assel, Hans-Günther (1971): Friedenspädagogik als Problem politischer Bildung,
Bonn
Auernheimer, Georg (1990): Einführung in die interkulturelle Erziehung, Darmstadt
Auernheimer, Georg/Gstettner, Peter (Red.) (1996): Pädagogik in multikulturellen
Gesellschaften. Jahrbuch für Pädagogik 1996, Frankfurt a. M.
Beck, Ulrich (1986): Risikogesellschaft. auf dem Weg in eine andere Moderne, Frank-
furt a. M.
Beck, Ulrich (1997): Was ist Globalisierung? Irrtümer des Globalismus. Antworten
auf Globalisierung, Frankfurt a. M. 1997, 3. Aufl.
Beck, Ulrich (Hg.) (1998): Politik der Globalisierung, Frankfurt a. M.

Beer, Wolfgang/Haan, Gerhard de (Hg.) (1984): Ökopädagogik. Aufstehen gegen den Untergang der Natur, Weinheim

Bernhard, Armin (1988a): Friedenserziehung als Legitimation von Herrschaft. Eine ideologiekritische Untersuchung über den Zusammenhang von etablierter Sicherheitspolitik und affirmativer Pädagogik, Köln

Bernhard, Armin (1988b): Mythos Friedenserziehung. Zur Kritik der Friedenspädagogik in der Geschichte der bürgerlichen Gesellschaft, Gießen

Bernhard, Armin (1998): Regionalismus – Ganzheitlichkeit – Spiritualismus: Neue Kristallisationspunkte in der umweltpädagogischen Debatte, forthcoming

Bernhard, Armin/Rothermel, Lutz (Hg.) (1995): Überleben durch Bildung. Vorarbeiten zu einer ökologischen Fundamentaldidaktik, Weinheim

Bollnow, Otto Friedrich (1964): Sicherheit und Frieden als Aufgabe der Erziehung, in: ders., Krise und neuer Anfang. Beiträge zur pädagogischen Anthropologie, Heidelberg 1966, 70–87

Borrelli, Michele (Hg.) (1986): Interkulturelle Pädagogik. Positionen – Kontroversen – Perspektiven, Baltmannsweiler

Bosse, Hans/Hamburger, Franz (1973): Friedenspädagogik und Dritte Welt. Voraussetzungen einer Didaktik des Konflikts, Stuttgart/Berlin/Köln/Mainz

Buddrus, Volker/Böversen, Friedhelm (Hg.) (1987): Auf dem Wege zu einer neuen Lernkultur. Ansätze für Friedenspädagogik, Baltmannsweiler

Buddrus, Volker/Schnaitmann, Gerhard (Hg.) (1991): Friedenspädagogik im Paradigmenwechsel. Allgemeinbildung im Atomzeitalter: Empirie und Praxis, Weinheim

Büttner, Christian (1982): Kriegsangst bei Kindern, München

Büttner, Christian/Nicklas, Hans u. a. (1984): Wenn Liebe zuschlägt. Gewalt in der Familie, München

Calließ, Jörg/Lob, Reinhold E. (Hg.) (1987/88): Handbuch Praxis der Umwelt- und Friedenserziehung, Düsseldorf, 3 Bde.

Claußen, Bernhard/Wellie, Birgit (Hg.) (1996): Umweltpolitische Diskurse. Sozialwissenschaftliche, politische und didaktische Aspekte ökologiezentrierter Bildungsarbeit, Frankfurt a. M.

Comenius, Johann Amos (1665): Die Mahnrufe des Elias, in: K. Schaller, Die Pädagogik der „Mahnrufe des Elias". Das Lebenswerk des J. A. Comenius zwischen Politik und Pädagogik, Kastellaun 1978, 71–125

Comenius, Johann Amos (1667): Der Engel des Friedens, in: ders., Ausgewählte Werke III (hg. von K. Schaller), Hildesheim/New York 1977, 339–373

Czempiel, Ernst-Otto (1972): Schwerpunkte und Ziele der Friedensforschung, München

Czempiel, Ernst-Otto (1991): Weltpolitik im Umbruch. Das internationale System nach dem Ende des Ost-West-Konflikts, München

Dick, Lutz van (Hg.) (1984): Lernen in der Friedensbewegung. Verantwortung von Pädagogen, Weinheim/Basel

Dominikowski, Thomas (1991): Frieden lehren?! Über Friedenslehre und Curricula der Friedenswissenschaft an Hochschulen, Bonn (AFB-Texte Nr. 2)

Dürr, Otto (1971): Frieden – Herausforderung an die Erziehung. Probleme, Orientierungshilfen, Unterrichtsmaterialien, Stuttgart

Ebert, Theodor (Hg.) (1970): Ziviler Widerstand. Fallstudien zur gewaltfreien, direkten Aktion aus der innenpolitischen Friedens- und Konfliktforschung, Düsseldorf

Ellerbrock, Wolfgang (1992): Paul Oestreich. Porträt eines politischen Pädagogen, Weinheim/München

Erasmus von Rotterdam (1945): Klage des Friedens, Basel (hg. von A. Arx)

Esser, Johannes (Hg.) (1985): Friedensarbeit nach der Raketen-Stationierung, Braunschweig

Feidel-Mertz, Hildegard (Hg.) (1983): Schulen im Exil. Die verdrängte Pädagogik nach 1933, Reinbek

Foerster, Friedrich Wilhelm (1918): Politische Ethik und Politische Pädagogik. Mit besonderer Berücksichtigung der kommenden deutschen Aufgaben, Berlin

Foerster, Friedrich Wilhelm (1953): Erlebte Weltgeschichte 1869–1953. Memoiren, Nürnberg

„Frieden" (1983): Frieden. Anregungen für den Ernstfall. Sonderheft der pädagogischen Zeitschriften des Friedrich-Verlages, Seelze

Galtung, Johan (1972): Modelle zum Frieden. Methoden und Ziele der Friedensforschung, Wuppertal

Galtung, Johan (1975): Strukturelle Gewalt. Beiträge zur Friedens- und Konfliktforschung, Reinbek

Galtung, Johan (1992): Grenzen öffnen, Armut bekämpfen oder massenhafter Tod? Die Perspektiven weltweiter Migration, in: H.-M. Birckenbach u. a. (Hg.), Jahrbuch Frieden. Konflikte – Abrüstung – Friedensarbeit, München, 91–102

Gamm, Hans-Jochen (1968): Aggression und Friedensfähigkeit in Deutschland, München

Gronemeyer, Marianne (1988): Von der Schwierigkeit, zum Frieden zu erziehen, in: Calließ/Lob (1987/88), Bd. III, 41–46

Gschwandtner, Ute/Meyer, Berthold (1977): „Es ist so schön, Soldat zu sein" 1976 in Tübingen. Erfahrungen mit einer Ausstellung, Waldkirch

Gugel, Günther (1995): Friedenserziehung. Einführende Literatur und Materialien, Tübingen

Habermas, Jürgen (1998): Die postnationale Konstellation, Frankfurt a. M.

Hässler, Hans-Jürgen/Heusinger, Christian von (Hg.) (1989): Kultur gegen Krieg – Wissenschaft für den Frieden, Würzburg

Heck, Gerhard/Schurig, Manfred (Hg.) (1991): Friedenspädagogik. Theorien, Ansätze und bildungspolitische Vorgaben einer Erziehung zum Frieden (1945–1985), Darmstadt

Heitkämper, Peter (1976): Friedenserziehung als Lernprozess. Zur Theorie einer politischen Erziehungspraxis, Bad Heilbrunn

Heitkämper, Peter (Hg.) (1984a): Neue Akzente der Friedenspädagogik, Münster

Heitkämper, Peter (1984b): Zur Begründung der Friedenspädagogik, in: ders. (1984a), 31–40

Heitkämper, Peter (Hg.) (1990): Friedenspädagogik. Arbeitsgruppe in der Deutschen Gesellschaft für Erziehungswissenschaft (DGfE) von 1982–1990. Eine Dokumentation, Münster

Heitkämper, Peter/Huschke-Rhein, Rolf (Hg.) (1986): Allgemeinbildung im Atomzeitalter, Weinheim/Basel

Heitmeyer, Wilhelm (Hg.) (1997): Was treibt die Gesellschaft auseinander? Bundesrepublik Deutschland: Auf dem Weg von der Konsens- zur Konfliktgesellschaft, Bd. 1, Frankfurt a. M.

Heitmeyer, Wilhelm/Dollase, Rainer (Hg.) (1996): Die bedrängte Toleranz. Ethnisch-kulturelle Konflikte, religiöse Differenzen und die Gefahren politisierter Gewalt, Frankfurt a. M.

Heitmeyer, Wilhelm u. a. (1996): Gewalt. Schattenseiten der Individualisierung bei Jugendlichen aus unterschiedlichen Milieus, Weinheim/München, 2. Aufl.

Hentig, Hartmut von (1987): Arbeit am Frieden. Übungen im Überwinden der Resignation, München/Wien

Herder, Johann Gottlieb (1795): Briefe zu Beförderung der Humanität. Fünfte Sammlung. Herders Sämmtliche Werke, Bd. 18, Berlin 1881/83 (hg. von B. Suphan)

Heymann, Karl (1945): Erziehung als Friedensweg. Psychologische Voraussetzungen eines pädagogischen Wiederaufbaus, Zürich/New York

Huisken, Freerk (1987): Anstiftung zum Unfrieden. Ein destruktives Lesebuch mit konstruktivem Anhang, Berlin, 2. Aufl.

Jäger, Uli (1991): Dimensionen des Golfkrieges. Materialien für den Unterricht, Tübingen

Jean Paul (1946): Friedenspredigten, Frankfurt a. M. (hg. von W. Franke)

Jean Paul (1948): Levana oder Erzieh-Lehre, Stuttgart (hg. von F. Seitz)

Jonas, Hans (1984): Das Prinzip Verantwortung. Versuch einer Ethik für die technologische Zivilisation, Frankfurt a. M.

Kant, Immanuel (1795): Zum ewigen Frieden, in: ders. (1968), Bd. XI, 195–251

Kant, Immanuel (1803): Über Pädagogik, in: ders. (1968), Bd. XII, 693–761

Kant, Immanuel (1968): Werkausgabe, Frankfurt a. M. (hg. von W. Weischedel)

Keim, Wolfgang (1987): Die Geschichte friedenspädagogischer Diskussionen und Bemühungen, in: Calließ/Lob (1987/88), Bd. I, 557–596

Kern, Peter/Wittig, Hans-Georg (1982): Pädagogik im Atomzeitalter. Wege zum Frieden, Freiburg

Kluthe, Walter/Himmelstein, Klaus (1977): Vor 25 Jahren: Schwelmer Kreis, in: Demokratische Erziehung, 3. Jg., 245–249

Korte, Jochen (1994): Lernziel Friedfertigkeit. Vorschläge zur Gewaltreduktion in Schulen, Weinheim/Basel

Kramer, Rita (1977): Maria Montessori. Leben und Werk einer großen Frau, München

Krippendorff, Ekkehart (Hg.) (1974): Friedensforschung, Köln

Kuhn, Annette u. a. (1972): Historisch-politische Friedenserziehung, München

Lamszus, Wilhelm (1913): Das Menschenschlachthaus. Bilder vom kommenden Krieg, Hamburg/Berlin

Löwenstein, Kurt (o. J.): Das Kind als Träger der werdenden Gesellschaft, Wien

Lutz, Dieter S. (Hg.) (1984): Weder Wehrkunde noch Friedenserziehung? Der Streit in der Kultusministerkonferenz 1980/83 – Arbeitsmaterialien zum Thema Frieden im Unterricht und Politische Bildung, Baden-Baden

Mallée, Rainer u. a. (1982): Lernziel Frieden. Eine Orientierungshilfe für die schulische und außerschulische Bildungsarbeit, Berlin

Mertens, Wolfgang (1974): Erziehung zur Konfliktfähigkeit. Vernachlässigte Dimensionen der Sozialisationsforschung, München, 2. Aufl.

Meyer-Abich, Klaus Michael (Hg.) (1979): Frieden mit der Natur, Freiburg/Basel/Wien

Meyer-Abich, Klaus Michael (1986): Wege zum Frieden mit der Natur. Praktische Naturphilosophie für die Umweltpolitik, München

Mollenhauer, Klaus (1986): Anmerkungen zur Möglichkeit von Friedenserziehung, in: Die Deutsche Schule (Hg.): Auswahlband: Friedensfähigkeit statt Friedlichkeit. Positionen zur Friedenserziehung, Frankfurt a. M., 53–64

Montessori, Maria (1973): Frieden und Erziehung, Freiburg/Basel/Wien (hg. von P. Oswald/G. Schulz-Benesch)

Narr, Wolf-Dieter (1987): Gesellschaftliche Konflikte: Ungerechtigkeit, Ausbeutung, Unterdrückung, in: Calließ/Lob (1987/88), Bd. I, 364–373

Nicklas, Hans/Ostermann, Änne (1976): Zur Friedensfähigkeit erziehen. Soziales und politisches Lernen als Unterrichtsthema, München/Berlin/Wien

Nicklas, Hans/Ostermann, Änne (1994): Rechtsextremismus und Jugendgewalt. Analysen und Präventionsstrategien. Report der Hessischen Stiftung Friedens- und Konfliktforschung, Nr. 7, Frankfurt a. M.

Nolz, Bernd/Weiß, Edgar (Hg.) (1991): Bedrohung – Bilder – Bildung. Atomfotografie und Friedenspädagogik, Hamburg

Oestreich, Paul (Hg.) (1920): Entschiedene Schulreform, Berlin

Ostermann, Änne/Nicklas, Hans (1976): Vorurteile und Feindbilder, München

Ostermann, Änne/Nicklas, Hans (1991): Erziehung zur Friedensfähigkeit, in: Wasmuth (1991), 164–178

Petri, Horst (1985): Kriegsangst bei Kindern – Atomkrieg und Erziehung, in: psychosozial (1985), 46–60

Pfister, Hermann (Hg.) (1980): Friedenspädagogik heute. Theorie und Praxis: ein Handbuch für den Lehrer, Waldkirch, 3. Aufl.

psychosozial (1985): psychosozial, 8. Jg., Nr. 26: Friedenspädagogik, Reinbek

Reich, Brigitte/Weber, Norbert H. (Hg.) (1984): Unterricht im Dienste des Friedens. Bedingungen und Möglichkeiten einzelner Unterrichtsfächer zur Friedenserziehung in der Sekundarstufe I, Düsseldorf

Richartz, Nikolaus (1981): Die Pädagogik der „Kinderfreunde". Theorie und Praxis sozialdemokratischer Erziehungsarbeit in Österreich und in der Weimarer Republik, Weinheim/Basel

Robertson, Roland (1992): Globalization. Social Theory and Global Culture, London/Newbury Park/New Delhi

Röhrs, Hermann (Hg.) (1970): Friedenspädagogik, Frankfurt a. M.

Röhrs, Hermann (1971): Erziehung zum Frieden. Ein Beitrag der Friedenspädagogik zur Friedensforschung, Stuttgart/Berlin/Köln/Mainz

Röhrs, Hermann (1987): Friedenspädagogik – eine fragwürdige Disziplin und ihr umstrittenes Bewährungsfeld, in: Calließ/Lob (1987/88), Bd. I, 607–620

Roth, Karl Friedrich (1967): Erziehung zur Völkerverständigung und zum Friedensdenken, Donauwörth

Rothermel, Lutz (1988a): Frieden als Gegenstand erziehungswissenschaftlicher Erkenntnis, Frankfurt a. M./Bern/New York

Rothermel, Lutz (1988b): Friedenspädagogik und Paradigmenwechsel. Zur Kritik des Konservatismus ökologischer Friedenspädagogik, in: antimilitarismus information, XVIII. Jg., 207–215

Rothermel, Lutz (1994): Der „Friedenspädagoge" Friedrich Wilhelm Foerster und der erste Weltkrieg, in: Pädagogik und Schulalltag, 49. Jg., 39–46

Rusch, Regina (Hg.) (1989): So soll die Welt nicht werden. Kinder schreiben über ihre Zukunft, Kevelaer

Senghaas, Dieter (1969): Abschreckung und Frieden. Studien zur Kritik organisierter Friedlosigkeit, Frankfurt a. M.

Senghaas, Dieter (Hg.) (1971): Kritische Friedensforschung, Frankfurt a. M.

Senghaas, Dieter (Hg.) (1973): Friedensforschung und Gesellschaftskritik, Frankfurt a. M.

Speichert, Horst (1975): Friedenspädagogik, in: Heck/Schurig (1991), 194–195.

Staehr, Gerda von (1973): Erziehung zu Frieden und sozialer Gerechtigkeit. Bericht über die internationale Konferenz vom 1. bis 4. November 1972 in Bad Nauheim, in: Zeitschrift für Pädagogik, 19. Jg., 255–267.

Steinweg, Reiner (Red.) (1984): Vom Krieg der Erwachsenen gegen die Kinder. Möglichkeiten der Friedenserziehung. Friedensanalysen 19, Frankfurt a. M.

Vilmar, Fritz (1973a): Friedenserziehung und soziale Gerechtigkeit, in: Wulf (1973a), 30–33.

Vilmar, Fritz (1973b): Friedensforschung und Friedenserziehung als politische Bewusstseinsbildung, in: Wulf (1973b), 65–73.

Wasmuht, Ulrike C. (Hg.) (1991): Friedensforschung. Eine Handlungsorientierung zwischen Politik und Wissenschaft, Darmstadt.

Weiß, Edgar (1998): Diskurs – Frieden – Pädagogik. Reflexionen zur Friedenserziehung und Politischen Bildung, Kiel/Köln.

Wintsch, Hans-Ulrich (1973): Erziehung zur Friedfertigkeit, in: A. Plack (Hg.), Der Mythos vom Aggressionstrieb, München 1973, 285–310.

Wulf, Christoph (Hg.) (1973a): Friedenserziehung in der Diskussion, München.

Wulf, Christoph (Hg.) (1973b): Kritische Friedenserziehung, Frankfurt a. M.

Günter Henner

Gesundheitspädagogik

Die Gesundheitspädagogik ist ein Teilbereich pädagogischer Theorie und Praxis, der in Deutschland bis vor wenigen Jahren kaum als genuine Aufgabe der Pädagogik begriffen wurde. Mit Gesundheit scheint der Mensch von Natur ausgestattet zu sein, ihr Fehlen bei einer Erkrankung lässt den Betroffenen zu einem Fall für die Medizin werden. Erst in jüngster Zeit wird der Gedanke verstärkt aufgegriffen, dass die Gesundheit durch Erziehung und Bildung gefördert werden könnte, ja dass eine solche Erziehung – wenn auch weitgehend unreflektiert – bereits tagtäglich stattfindet.

In dieser Situation soll zunächst einleitend der Begriff ‚Gesundheitspädagogik' untersucht werden, um in einem zweiten Teil sein Gegenstandsfeld inhaltlich abzustecken. Ein dritter Teil geht auf die Geschichte der Gesundheitspädagogik ein, die auf eine lange, aber fast vollständig vergessene Tradition zurückblicken kann. Die der Gesundheitserziehung immer wieder nachgesagte geringe Wirkung gibt Anlass, in einem vierten Teil nach gesundheitspädagogischen Theorien zu fragen. Ausgehend von den dabei deutlich werdenden Lücken in der pädagogischen Grundlagenforschung versucht ein fünfter Teil am Beispiel der Osteoporose einige Konturen des Berufsbildes ‚Gesundheitspädagoge' zu entwerfen und herauszuarbeiten, vor welche Aufgaben das Phänomen Gesundheit die ‚Allgemeine Pädagogik' stellt.

1. Zum Begriff ‚Gesundheitspädagogik'

Das Kompositum ‚Gesundheitspädagogik' bedarf, sofern es Gegenstand einer wissenschaftlichen Erörterung sein soll, einleitend einer dreifachen Erläuterung: zunächst der Überlegung, was der Begriff ‚Gesundheit' meint, sodann einer Erklärung, was unter Pädagogik verstanden wird, schließlich der Frage, wie Gesundheit und Pädagogik miteinander in Verbindung stehen.

Die Beschäftigung mit der Gesundheitspädagogik setzt eine Vorstellung von dem voraus, was mit ‚Gesundheit' gemeint ist. Entsprechende Versuche einer Definition haben eine ähnliche sokratische Verwirrung hinterlassen wie die Suche nach einem umfassenden Begriff von Tugend in PLATONS Dialog Menon. Gesundheit lässt sich nicht einfach in einem griffigen Ausdruck umschreiben, sie bedarf als ein von anderen Bereichen unableitbares Grundphänomen der menschlichen Daseinswirklichkeit wie ‚Zeit', ‚Liebe' oder ‚Spiel' einer phänomenologischen Interpretation. Eine solche ist bis jetzt nicht geleistet worden. So bleibt nichts anderes, als an den Anfang ganz im Sinne SCHLEIERMACHERS einen hermeneutischen Zirkel zu setzen: „Was man im allgemeinen unter Gesundheit versteht, ist als bekannt vorauszusetzen" (SCHLEIERMACHER 1983, S. 1). Das schlichte Alltagsverständnis: „Sich wohl fühlen", „In seinen Vorhaben und Aufgaben nicht durch körperliche Einschränkungen beeinträchtigt sein", soll den Ausgangshorizont bilden für das, was sich möglicherweise während und zum Schluss des weiteren Gedankenganges vertieft und erweitert als Gesundheit zeigen wird. Dieses Vorgehen erscheint auch deshalb zulässig, weil sich der umfassende Begriff Gesundheit untergliedert in verschiedene Einzelbereiche wie ‚Ernährung' oder ‚Endoprothesenschule' (JEROSCH 1996), damit eine Stufe konkreter und anschaulicher wird und von der Schwierigkeit der Definition abrückt.

Nicht minder schwierig gestaltet sich die Frage nach der Pädagogik. Herrscht doch spätestens seit den sechziger Jahren Unklarheit darüber, ob die Pädagogik nicht längst von der Erziehungswissenschaft hätte abgelöst werden müssen. Heute dagegen wird die damals eingeleitete Wende eher als Holzweg betrachtet (HEID 1994; BRINKMANN 1997; BÖHM/WENGER-HADWIG 1998). Ohne hier auf den im Hintergrund schwelenden Streit um die geistes-, sozial- oder naturwissenschaftliche Grundlegung einzugehen, sei an dieser Stelle soviel vorausgeschickt: Pädagogik in Zusammenhang mit Gesundheit bedeutet das Nachdenken über die Erziehung, die Bildung, das Lehren und Lernen. Die Erziehung umfasst die Einwirkungen, die Eltern, aber auch Institutionen wie Kindergärten oder Schulen, auf die Kinder ausüben mit der Absicht, eine spätere selbstbestimmte Unabhängigkeit des Denkens, Urteilens und Handelns herbeizuführen. Bildung hingegen beschreibt das, was der Einzelne aus sich in Auseinandersetzung mit der Welt und der dem Menschen eigenen Freiheit und Verantwortung macht. Wie der Begriff ‚Erwachsenen-Bildung' nahe legt (niemand würde von Erwachsenen-‚Erziehung' sprechen), handelt es sich um eine eigenständige pädagogische Kategorie. Das Lehren und Lernen schließlich wird zur Pädagogik gezählt, weil es nicht deckungsgleich ist mit Erziehung oder Bildung. Wenn jemand erfährt, dass Fluor die Zähne schützt, und sich daraufhin eine fluorhaltige Zahnpasta kauft, hat er etwas gelernt. Der Erwerb der Zahnpasta hat aber nichts mit Erziehung zu tun. Die würde man daran erkennen, dass von Kindesbeinen an mehrmals am Tag die Zähne geputzt werden. Von Bildung dürfte man erst dann sprechen, wenn die Zähne nicht nur wild geschrubbt, sondern zahnfleischschonend und eventuell die Zwischenräume mit Zahnseide gereinigt werden.

Wie hängen nun die beiden Bereiche Gesundheit und Pädagogik zusammen? Liefert das Phänomen Gesundheit die Ziele und Inhalte (Rauchen, Rückenschule usw.), die mit der bestmöglichen Technik zu vermitteln sind? Die auf den ersten Blick selbstverständliche Antwort „Ja!" muss notwendig zu einer

Rückfrage führen: Wenn sich das Thema Gesundheit in einzelne Bereiche aufgliedert, wer gibt diese Inhalte vor? Die Medizin? Die Statistiken des Gesundheitsministeriums? Man ahnt die verborgenen Abgründe, wenn man sich die gar nicht lange zurückliegende Umwandlung der Sozialhygiene als gerechtfertigtes in die Rassenhygiene als nicht hinnehmbares Ziel der Gesundheitserziehung in Erinnerung ruft. So selbstverständlich das Verhältnis von Gesundheit und Pädagogik auf den ersten Blick aussehen mag – hier die Ziele, dort die Methoden –, es entpuppt sich bei näherem Hinsehen als weitaus schwieriger als zunächst angenommen und verweist auf grundlegende Fragestellungen der Allgemeinen Pädagogik. Für das Verhältnis von Gesundheit und Pädagogik folgt daraus, dass mögliche Ziele der Pädagogik zwar in anderen Wissenschaften oder im Alltag deutlich werden. Ihre Begründung und Ausweisung als Gegenstand der Erziehung, der Bildung und des Lehrens und Lernens ist aber je erst – und in dieser Tatsache liegt die hinreichende Rechtfertigung für das Bestehen der eigenständigen akademischen Disziplin ‚Pädagogik‘ – von der für diesen Ausschnitt der Lebenswirklichkeit zuständigen Wissenschaft, der Pädagogik, zu leisten.

2. Gegenstandsfelder der Gesundheitspädagogik

Die derzeitige Situation der Gesundheitspädagogik ist gekennzeichnet von Fehlschlägen, Erfolgen und Ungereimtheiten, die bereits in der Diskussion um die Gegenstandsfelder zu Tage treten.
Auf der Seite der Erfolge steht die in den Industrieländern gestiegene Lebenserwartung, die um 1900 bei unter 50 Lebensjahren lag, heute bei fast 80 Jahren angelangt ist. Dieser Anstieg hat seine Ursachen in medizinisch-pharmakologischen Errungenschaften, im technischen Fortschritt (Beispiel Lebensmittelhygiene) und in sozialpolitischen Entscheidungen (Arbeitsbedingungen), erlaubt aber auch den Rückschluss auf pädagogische Leistungen. In aller Deutlichkeit wird dies durch die Tuberkulose belegt. Um die Jahrhundertwende noch Todesursache Nummer Eins, war die Sterblichkeit schon vor der Einführung der ersten wirksamen Medikamente (Chemotherapie 1947, BCG-Schutzimpfung 1953) bei fast Null angelangt (McKEOWN 1982, S. 136 ff.), so dass nicht allein die Medizin für diesen Rückgang verantwortlich sein kann. Der pädagogische Beitrag reicht von Schulbüchern und Handbüchern für Lehrer, die das Thema Tuberkulose aufgegriffen und sogar zum Gegenstand des Rechenunterrichts gemacht haben, bis zu Merkblättern, mit denen Krankenkassen oder Gesundheitsämter versucht haben, auf die Einhaltung gesundheitlicher Grundregeln hinzuwirken (z. B. „Beim Husten Hand vor den Mund halten") (HENNER 1999, S. 255–261).

Ein Blick auf die derzeit praktizierte Gesundheitserziehung fördert ein breites inhaltliches Spektrum mehr oder weniger erfolgreich behandelter Wirkungsfelder zutage: Von den Volkshochschulen angeboten werden meist vier Themenbereiche: Ernährung, Nichtraucher-Training, Stress und Bewegung. Die Bundeszentrale für gesundheitliche Aufklärung nennt darüber hinaus die Themen: Schwangerschaft und Kleinkinder, Rauchen, Drogen, Ernährung, Krebs und AIDS. Weitere Schwerpunkte hat die „Lehrplananalyse Gesundheitserziehung" (JÜDES 1987, S. 77) herausgearbeitet: Sexualität, Kleidung, Wohnen, Arbeit, Freizeit, Hygiene, Sicherheitserziehung, Drogen, Verbrauchererziehung. Vorstöße seitens der Medizin zu der Frage „Kann man Gesundsein lernen?" werfen ein Licht auf wieder andere Inhalte: Herz-Kreislauf-Erkrankungen, Krebs, Rheuma oder Bronchitis werden hier als Aufgaben einer verstärkt zu betreibenden Prävention angegeben (JACOB 1981).

Dass Gesundheitserziehung bei gezieltem Einsatz der Mittel tatsächlich erfolgreich möglich ist, zeigt die Kariesprophylaxe in der Schweiz: Eine an der Lebensweise von Kindern orientierte Gesundheitserziehung in den Kindergärten und Schulen Basels hat dazu geführt, dass 68 % der 10jährigen ein kariesfreies Dauergebiss haben. Dass in Berlin West der Prozentsatz bei nur 18 % liegt (ROSENBROCK 1993, S. 328), ändert nichts an der Möglichkeit einer erfolgreichen Gesundheitserziehung, unterstreicht aber, dass Deutschland bei der Gesundheitspädagogik ein Entwicklungsland ist.

Diesen Erfolgen – lässt man die Zahngesundheit, Angebote unterschiedlicher Institutionen und die durchschnittliche Lebenserwartung als Indizien für das Bestehen und die Wirksamkeit von Ansätzen der Gesundheitsförderung gelten –, stehen auf der anderen Seite erhebliche Lücken gegenüber. Ein Beispiel:

Die Notwendigkeit einer Diabetikerschulung war gegeben, als 1922 erhöhte Blutzuckerwerte mit Insulin gesenkt und seit den fünfziger Jahren mit blutzuckersenkenden Tabletten behandelt werden konnten. Diabetiker haben heutzutage eine fast durchschnittliche Lebenserwartung, solange sie ihre Blutzuckerwerte nahe am Normalbereich halten. Anderenfalls drohen Spätschäden, zu denen Nierenversagen, Sehschwäche bis zur Erblindung, Nervenschäden und Beinamputationen zählen. Derzeit liegt die Amputationsrate von Diabetikern in Deutschland mit rund 28000 Fällen jährlich um das 20fache über der von Nicht-Diabetikern. Nach Ergebnissen verschiedener amerikanischer Studien könnten zwischen 50 % und 85 % aller Amputationen durch eine entsprechende Schulung der Diabetiker vermieden werden (STIEGLER 1995). Die Aufgabe einer effektiven Diabetikerschulung ist in Deutschland bis heute nicht zufrieden stellend gelöst. Denn die Medizin hat bis jetzt nicht eingestehen wollen, dass sich die ‚Schulung' jenseits ihrer Kompetenzen bewegt, während die Pädagogik bis heute nicht erkannt hat, dass ihr mit der

‚Diabetikerschulung' eine neue Aufgabe zugewachsen ist, die mitten in ihrem angestammten Forschungs- und Handlungsbereich liegt.

Die Einführung der ‚Gesundheitswissenschaften' in Deutschland als eines eigenständigen Studienganges neben der Medizin ist als erster Schritt zur Behebung dieser Mängel zu werten. Das Fach Gesundheitspädagogik, das in den bisher vorliegenden Lehrplänen kaum berücksichtigt ist (LAASER 1990, S. 137–150; SCHWARTZ 1990, S. 69–76), müsste dabei allerdings eine erhebliche Aufwertung erfahren. Voraussetzung dafür wäre, dass die Pädagogik selbst erst einmal das Phänomen Gesundheit in seiner Bedeutung für pädagogisches Denken und Handeln erkennt, was sie bis jetzt nicht einmal im Hinblick auf die Geschichte der Gesundheitspädagogik in ausreichendem Maß getan hat.

3. Geschichte der Gesundheitspädagogik

Vor rund 2500 Jahren nahm in der griechischen Antike erstmals ein neuer Gedanke Gestalt an: Wenn ein Kranker durch seine Lebensweise, zum Beispiel durch eine bestimmte Ernährung oder ausreichend Schlaf, zur Wiedergesundung beiträgt, so müsste es möglich sein, Erkrankungen zu verhindern, wenn das Leben von vornherein unter dem leitenden Gesichtspunkt der ‚Gesundheit' gestaltet würde. HIPPOKRATES (um 460–377) untersucht in den vier Büchern der ‚Diätetik' diese Zusammenhänge (HIPPOKRATES 1934) und räumt der Pädagogik bei der Gestaltung einer gesundheitsbedachten Lebensordnung einen großen Stellenwert ein. Seine medizinische Lehre eines gesundheitsbewussten und die pädagogische Idee eines durch Bildung geformten Lebens waren in der Antike aufs Engste miteinander verflochten (JÄGER 1954, S. 11–58).

GALEN (129–199) schließlich, Höhepunkt und Endpunkt der antiken Diätetik, nennt als wichtigste Aufgabe der Medizin die theoretische Erforschung einer mit der Gesundheit zu vereinbarenden Lebensweise und ihre lebenspraktische Umsetzung. „Da der Zeit wie der Wertschätzung nach die Gesundheit vor der Krankheit kommt, müssen auch wir doch wohl zuerst darauf schauen, wie man sie bewahren kann, und erst in zweiter Linie, wie man die Krankheit am besten ausheilen kann" (GALEN 1939, S. 15). Unter Rückgriff auf hippokratische Vorgaben entwickelte er eine Theorie der Medizin, die bis ins 19. Jahrhundert hinein von größter Tragweite bleiben sollte: Im Mittelpunkt stehen dabei die ‚sex causae non naturales', die ‚Sechs-nicht-natürlichen-Grundlagen' der Gesundheit mit den Bereichen: Klima und Umwelt, Essen und Trinken, Ruhe und Bewegung, Schlafen und Wachen, Füllung und Entleerung sowie den Gemütsbewegungen. Gesundsein wird verstanden als ein durch die entsprechende Lebensweise zu erhaltendes und stets neu zu findendes Gleichgewicht dieser sechs Bereiche, das sich nicht von selbst (auf natürlichem Weg) einstellt, sondern Ergebnis lebenslanger Bildungsbestrebungen ist.

Nach dem Bekanntwerden der antiken Schriften entstand im Hochmittelalter die breite Strömung der Gesundheitsregimina. Mit dem ‚Lehrgedicht der Schule von Salerno' aus dem 12. Jahrhundert fanden die antiken Ansätze zur Gesundheitsbildung eine weite Verbreitung und zählten zu den wirkmächtigsten Schriften des gesamten Mittelalters (BRAUN 1981). Die bis heute geläufige Verszeile: „Nach dem Essen sollst du ruhn' oder tausend Schritte tun", hat ihren Ursprung im ‚Regimen sanitatis salernitanum'[1].

Mit der Aufklärung setzt ein umfangreiches Schrifttum zur Gesundheitserziehung ein. Der Pädagoge und Arzt JOHN LOCKE stellt sie an den Anfang seiner „Gedanken über Erziehung" (LOCKE 1966). ROUSSEAUS ‚Emil' trägt den von Seneca entlehnten Untertitel: „Die Übel, an denen wir leiden, sind heilbar; wenn wir uns davon befreien wollen, hilft uns die Natur selbst, denn wir sind zum Gesundsein geboren". Nicht umsonst nehmen gesundheitspädagogische Fragen über das Stillen, das Wickeln, die Ernährung der Kleinkinder, den geregelten Schlaf oder die Bewegungserziehung in seinem Werk einen breiten Raum ein. Der ‚Gesundheits-Katechismus' FAUSTS aus dem Jahr 1794 und in Auseinandersetzung damit entstandene Monographien sind für die Schulkinder gedacht (FAUST (Entwurf 1792) 1794; SCHMERLER 1793; MÜLLER, A.C. 1795/96)[2]. HUFELAND wünscht sich in seiner weltweit bekannt gewordenen und bis heute gedruckten ‚Makrobiotik' den Jugendlichen als Leser. Gesundheitsbelehrende Texte finden Eingang in die Lesebücher (ROCHOW 1776, 1779; SEILER 1790). Von BASEDOW zu GUTSMUTHS gewinnt die Pädagogik der Philanthropen eine immer größere gesundheitliche Bedeutung und führt insbesondere zu einer nachhaltigen Wiederbelebung der Gymnastik und des Turnens nach griechischem Vorbild. Bei SALZMANN und PESTALOZZI werden Anleitungen zur Gesundheitserziehung Bestandteil der Lehrerbildung.

---

[1] Der besseren Einprägsamkeit halber wurde die Schrift in Versen verfasst. Ihre große Beliebtheit und volkstümliche Verbreitung zeigt sich daran, dass die ursprünglich rund 360 Verse im Laufe der Jahrhunderte auf 3526 Verse anwuchsen.

[2] Bei aller aufklärerischen Begeisterung für die Gesundheitsbildung dürfen manche ihrer Übertreibungen nicht übersehen werden. Wenn ein Arzt wie FAUST als einziges Getränk für Kinder das Wasser gelten lässt und als Allheilmittel anpreist; wenn er das Tragen von Beinkleidern verbietet, da es seiner Meinung nach die Geschlechtslust frühzeitig anregt, und dieses Verbot in seinem Wirkungskreis tatsächlich durchsetzt, so entbehren solche Forderungen jeder nachvollziehbaren Grundlage (BRINKMANN 1998). HELLER und IMHOF gehen sogar noch einen Schritt weiter und sprechen von einer Erhöhung der Sterblichkeit bei Frauen im 19. Jahrhundert durch die Mehrbelastung mit hygienischen Aufgaben (HELLER/IMHOF 1983, S. 137–156).

Zielen diese Ansätze auf die Verantwortung des Einzelnen, so entstand in der Aufklärung noch eine zweite Strömung zur Erhaltung der Gesundheit: Die ‚Medizinische Polizei' (FRANK 1779–1788). Die Gesundheit wird dabei zur Aufgabe politischen Gestaltungswillens. Die Überlegungen reichen von Maßnahmen bei unehelicher Schwangerschaft bis zur Freizeitgestaltung, zum Beispiel Vorschriften über das Tanzen. Neben der Vorbeugung durch den mündigen Bürger steht damit die Überwachung durch den Staat, neben der Verinnerlichung die Außensteuerung. Diese zwei Ebenen der Gesundheits-Vorsorge und Gesundheits-Förderung sind bis heute in den Begriffen Verhältnis- und Verhaltens-Prävention erhalten geblieben.

Die in der Antike eingeleitete, durch das Mittelalter fortgesetzte und in der Aufklärung weiterentwickelte Gesundheitspädagogik geriet ab der Mitte des 19. Jahrhunderts zunehmend in Vergessenheit. In dem Maße, wie die Medizin aufgrund der naturwissenschaftlichen Erkenntnisse Krankheiten wirkungsvoll behandeln konnte und die Kosten der Krankenbehandlung durch die Einführung der gesetzlichen Krankenversicherung gedeckt waren, wurde die Prävention Schritt für Schritt zurückgedrängt. Gegen diese Zeitströmung konnten auch die entstehende moderne Sozialmedizin und der Aufruf VIRCHOWS, der angesichts der Typhus-Epidemie in Oberschlesien im Winter 1847/48 nicht Medikamente fordert, sondern „Bildung mit ihren Töchtern Freiheit und Wohlstand" (VIRCHOW 1968, S. 223), nichts ausrichten. Die großen Fortschritte der Weimarer Zeit bei der Hygiene in der Schule (z. B. SELTER 1914) und die Ergebnisse der Reichsschul-Konferenz von 1920, die sich erstmals in aller Deutlichkeit für den Lehrer (und gegen den Arzt) als die zuständige Berufsgruppe bei der Gesundheitserziehung ausgesprochen hat (Ministerium des Inneren 1921, S. 809–812), wurden durch den Nationalsozialismus zunichte gemacht[3].

Trotz der fast 2.500 Jahre vorherrschenden Erkenntnis, dass Gesundheit nichts Selbstverständliches ist, sondern durch Erziehung, durch Bildung, durch das Lehren und Lernen in weiten Grenzen gestaltet werden kann, finden die zahlreichen Ideen und Ansätze aus der Geschichte in der Pädagogik kaum Erwähnung. Dass ROUSSEAU weite Teile seines Emil gesundheitlichen Fragen widmet, ist der pädagogischen Rezeption bis heute verborgen geblieben. Ein pädagogischer ‚Bestseller' wie der Gesundheits-Katechismus von FAUST, der innerhalb kürzester Zeit hohe Auflagen erreichte und in zwölf Sprachen übersetzt wurde, kommt in der heutigen pädagogischen Geschichtsschreibung so gut wie nicht vor. Auch der Aufsatz von LORINSER aus dem Jahr

---

[3] Einen Überblick über die neuere Entwicklung der Geschichte der Gesundheitserziehung in Deutschland geben die Sammelbände der Bundesvereinigung für Gesundheitserziehung (1989) und ELKELES (1991).

1836 über die von der Schule verursachten Gesundheitsschäden, der zur längsten und hitzigsten Auseinandersetzung in der Geschichte der Pädagogik geführt hat, wird – wenn überhaupt – nur am Rande gestreift (LORINSER 1984). Nicht einmal das Standardwerk, ALBERT REBLES ‚Geschichte der Pädagogik', verzeichnet das Stichwort ‚Gesundheit‘[4]. Ebenso gering ist die Resonanz in den meisten pädagogischen Fachlexika[5]. Die einschlägigen gesundheitspädagogischen Werke werden vor allem in der medizinhistorischen Forschung behandelt, in der Pädagogik sind sie trotz ihres auf Belehrung ausgerichteten Inhalts weitgehend unbekannt geblieben. Erst neuerdings wird dieser Geschichte der Gesundheitspädagogik verstärkt Beachtung geschenkt (HENNER 1999).

4. Gesundheitspädagogische Theorien

Die Welt-Gesundheits-Organisation hat mit ihrer Definition aus dem Jahr 1947 die Gesundheit aus dem verengenden medizinischen Horizont herausgehoben und ihre physische, soziale und geistige Dimension betont, seit den 80er Jahren wird verstärkt die ökologische Seite berücksichtigt. Damit wurde deutlich gemacht, dass die Verantwortung für die Gesundheit auch außerhalb der Medizin bei einer Vielzahl von Berufsgruppen des Gesundheits-, Sozial- und Bildungswesens zu suchen ist. Die Bedeutung der Gesundheitspädagogik wurde mit der Ottawa-Charta (TROSCHKE 1996) von 1986 noch unterstrichen: Neben einer gesundheitsfördernden Gesamtpolitik und der Neuordnung der Gesundheitsdienste werden die Schaffung gesunder Lebenswelten, gesundheitsbezogene Gemeinschaftsaktionen und die Entwicklung der persönlichen Kompetenzen jedes Einzelnen gefordert. Gerade die letztgenannten Ziele sind nur mit pädagogischen Maßnahmen zu verwirklichen. Von einer gesundheitspädagogischen Theorie werden deshalb Antworten auf die Frage erwartet, unter welchen Bedingungen ein gesundheitsbewussteres Handeln von Einzelnen oder von Gruppen durch Erziehung, Bildung und das Lernen erreicht werden kann.

---

[4] Berührungspunkte zum Thema sind aber durchaus zu finden, zum Beispiel: Gymnastik in der Antike, S. 20–26 und S. 42–43, Medizin an den mittelalterlichen Universitäten, S. 63, JOHN LOCKE, S. 145, ROUSSEAU, S. 156, PHILANTHROPEN, S. 160–170, einmal fällt sogar das Wort Gesundheit, S. 164 f., Aufklärung, S. 171, Turnen als Unterrichtsfach, S. 249, Überlastung der Schüler durch die Schule, S. 256, Jugendbewegung, S. 285 f. und Nationalsozialismus, S. 327.
[5] Eine Ausnahme bildet das Böhm'sche Wörterbuch der Pädagogik, das ab seiner 14. Aufl. 1994 das Stichwort Gesundheitspädagogik einschließlich der geschichtlichen Dimension darstellt.

Der klassisch pädagogische Ansatz geht von der Annahme aus, dass das Gesundheitsverhalten durch Wissen und Überzeugungen beeinflusst wird. Die Verwandtschaft zwischen diesem als „Health-belief-Modell" bezeichneten Denken und der Medizin mit der Identifikation von Risikofaktoren wie Bluthochdruck, Übergewicht oder Stress haben dazu geführt, den Schwerpunkt des Gesundheit-Lernens auf die Wissensvermittlung zu legen, vor Erkrankungen zu warnen und von „Du sollst nicht"-Botschaften eine Änderung des individuellen Verhaltens zu erwarten. Die unzureichende Wirkung dieses methodischen Vorgehens mit der zugrunde liegenden Annahme, dass das Gesundheitshandeln rational gesteuert ist und kognitiv vermittelte Informationen handlungsleitend wirken, hat zu einer Fülle von weiteren Annahmen und Theorien geführt, die vor allem in der Medizin, der Psychologie und der Soziologie entwickelt wurden.

Medizinische Denkmodelle zur Gesundheitsförderung gehen meist davon aus, dass die Information über auslösende Faktoren (z. B. Sonnenstrahlung auf der Haut und die Entstehung von Hautkrebs) zu einer Änderung gesundheitsschädigender Lebensgewohnheiten führt. Unter einem anderen Blickwinkel geht ANTONOWSKY der Frage nach, wie es Menschen schaffen, trotz äußerer Belastungen ihre Gesundheit zu bewahren. Die drei Komponenten „Verstehbarkeit der Welt (comprehensibility)", „Handhabbarkeit der Ressourcen (manageability)" und „Sinnhaftigkeit der Welt (meaningfulness)" sind Voraussetzung für die „Salutogenese" (ANTONOWSKY 1979).

Die Mehrzahl der psychologischen Erklärungsmodelle zum Gesundheitsverhalten ist auf dem Hintergrund der verschiedenen psychologischen Richtungen entstanden. Tiefenpsychologische Modelle gehen von frühkindlich erworbenen Störungen in der Bedürfnisbefriedigung aus, die im weiteren Lebenslauf zu Fehlsteuerungen im Gesundheitsverhalten führen. Von lernpsychologischer Seite werden besonders Faktoren untersucht, die zu einer unzureichenden Umsetzung von Maßgaben zur Gesundheitsförderung führen. Die Bedeutung subjektiver Theorien von Gesundheit und die Diskrepanz von Laien- und Expertenwissen bilden einen weiteren Schwerpunkt psychologischer Gesundheitsforschung (FALTERMAIER 1994).

Soziologische Erklärungsansätze stellen die Einflüsse gesellschaftlicher, kultureller und politischer Faktoren auf die Gesundheit in den Mittelpunkt. Sozialisationstheoretische Modelle untersuchen dabei lebensweltliche und lebensgeschichtliche Faktoren, die zu Beeinträchtigungen der Gesundheit führen können. Belastungen aus der Arbeitswelt bilden einen weiteren Schwerpunkt soziologischer Gesundheitstheorien, wobei sich die Forschung zunächst Themen wie der Arbeitsplatz-Unsicherheit und dem Leistungsdruck zugewandt, später auch Fragen monotoner Arbeitsinhalte und geringer Handlungsspielräume aufgegriffen hat (HURRELMANN 1991, S. 121–165).

Den medizinischen, psychologischen und soziologischen Ansätzen ist gemeinsam, dass sie ihre impliziten pädagogischen Anforderungen meist nicht weiter reflektieren. Ihre Integration in eine umfassende Theorie der Gesundheitspädagogik steht bis heute aus. Dabei haben diese Theorien zu Ergebnissen geführt, die für eine verbesserte Wirkung von Erziehungs-, Bildungs- und Lernprozessen durchaus von Interesse sind[6].

Wegen der unbefriedigenden praktischen Wirkung und der unzureichenden theoretischen Durchdringung dieser individuumbezogenen Ansätze wurde in den 80er Jahren von der WHO der Setting-Ansatz in die Gesundheitsförderung eingeführt. Unter Setting – wörtlich übersetzt Schauplatz –, werden soziale Systeme oder Lebensbereiche verstanden, in denen Menschen die meiste Zeit ihres Lebens verbringen: Das Wohnen in einer Region oder Stadt, der Arbeitsplatz, die Schule. Ziel des Setting-Ansatzes ist es, die in den Lebensbereichen, Institutionen oder auch Organisationen wie Selbsthilfegruppen, Sportvereinen, Gesundheitsämtern liegenden Gesundheitspotentiale durch aktive Beteiligung der Betroffenen, durch Partizipation und Empowerment zu entfalten. Entstanden sind dabei zum Beispiel das Netzwerk „Gesunde Städte" (CONRAD 1992; HILDEBRANDT/TROJAN 1992) oder die Bewegung „Gesunde Schule". Gerade das Schulsystem einschließlich beruflicher Bildung, Hochschulen und Erwachsenenbildung birgt „große Potentiale für einen wirksamen Beitrag zur gesamtgesellschaftlichen Aufgabe der Gesundheitsförderung. Sie sind in Deutschland jedoch erst zu einem geringen Teil entwickelt" (BRÖSSKAMP-STONE 1998a, S. 195).

Auch wenn mit dem Setting-Ansatz versucht wird, die pädagogischen Schwierigkeiten einer individuellen Gesundheitsbildung zu umgehen, ist

---

[6] Während die Einhaltung gesundheitsrelevanter Handlungen oft mit dem Wissen um die Bedrohlichkeit einer zu verhindernden Erkrankung verknüpft wird, muss davon ausgegangen werden, dass subjektive Krankheitsvorstellungen in Verbindung mit einem übertriebenen Glauben an die eigene Unverletzlichkeit dazu führen, dass solche Informationen verzerrt wahrgenommen werden und deshalb nicht zu einer Lebensstiländerung führen (FILIPP/AYMANNS 1997, S. 12). Die Möglichkeiten, präventive Handlungsmuster aufzubauen, erweisen sich als abhängig vom Geschlecht und vom Lebensalter (SCHULZE/WELTERS 1991; ALLMER 1997, S. 70; BENGEL/BELZ-MERK 1997). Mindestens ebenso wichtig wie die kognitiven Inhalte ist die Vermittlung der Überzeugung, dass es Handlungen gibt, die tatsächlich vorbeugend wirken (Konsequenzerwartung). Die Ausübung einer präventiven Handlung erfolgt nur dann, wenn der Aufwand im Vergleich zum Nutzen gering ist. Besser als wissenschaftlich genaue Empfehlungen, z. B. zu einer bestimmten Diät, sind deshalb einfache Orientierungshilfen, die den Bezug zum Alltag sichtbar werden lassen und auf deren Grundlage sich individuelle Handlungskompetenz entwickeln lässt, die begleitet sein muss von der Überzeugung, dass man das gesundheitsfördernde Handeln selbständig und langfristig ausüben kann (Kompetenzerwartung) (SCHWARTZ 1998, S. 162).

nicht zu übersehen, dass die damit initiierte Entwicklung „immer ein doppelter Prozess ist: des Lernens von Personen (d. h. der Veränderung von Kompetenzen, Einstellungen und Orientierungen) sowie der Entwicklung und Veränderung von Strukturen (insbesondere von Kommunikationsstrukturen wie Entscheidungswegen und Regeln)" (BRÖSSKAMP-STONE 1998b, S. 148). Damit enthält auch der Setting-Ansatz implizite pädagogische Aufgaben. Der Versuch, Lebenswelten oder einzelne Organisationen gesundheitsbewusster zu gestalten, kommt um Fragen des Lehrens und Lernens nicht herum. In Bezug auf die medizinischen, psychologischen und sozialen Konstrukte kommt VERRES zu dem Schluss, dass es sich dabei um „verschiedene Spielarten der Anthropologie" (VERRES 1991, S. 307) handelt, so dass alle derzeit diskutierten Strömungen zur Gesundheitsförderung letztendlich in die Grundfragen der Pädagogik einmünden.

5. Die Gesundheit und zukünftige Aufgaben der Pädagogik

Dieser Mangel an einer konsensfähigen pädagogischen Theorie bildet den Anlass, um abschließend am Beispiel der Osteoporose einige Konturen des Berufsbildes ‚Gesundheitspädagoge' zu zeichnen und um nach den zukünftigen Aufgaben der Gesundheitspädagogik und ihren Auswirkungen auf die Allgemeine Pädagogik zu fragen.

Der Abbau von Knochensubstanz betrifft vor allem Frauen nach dem 60sten Lebensjahr. Auf der Grundlage der derzeitigen statistischen Daten ergibt sich folgendes Bild: Die durch Osteoporose verursachten Oberschenkelhalsbrüche werden bis zum Jahr 2030 um ca. 30 % auf 95.148 Fälle jährlich ansteigen. Bis zu 20 % der Betroffenen werden innerhalb eines halben Jahres an den Folgen des Oberschenkelhalsbruches sterben, ebenso viele können sich danach nicht mehr selbständig versorgen und bleiben pflegebedürftig. „Diese Daten verdeutlichen die Dringlichkeit der Osteoporoseprävention" (RINGE 1995, S. 122 ff.).

Die Medizin wird mit entsprechenden Krankheitsfällen Tag für Tag konfrontiert und kann daraus epidemiologische Daten ableiten. Abwenden aber kann sie diese Entwicklung nicht. Denn in der Regel erreicht sie gar nicht die entsprechende Zielgruppe, die noch Gesunden und vor Osteoporose zu Bewahrenden. Da die größte Knochenmasse zwischen dem dreißigsten und vierzigsten Lebensjahr aufgebaut wird und das Eintreten der Osteoporose durch eine gezielte Kräftigung des Knochens in der Jugend und im frühen Erwachsenenalter um Jahre verzögert werden kann, müsste die Gesundheitspädagogik in den Schulen beginnen. Und zwar mit ‚Freude an der Bewegung', damit der Gesundheitssport nach der Schulzeit aufrecht erhalten wird. Und der richtigen, calziumreichen und phosphatarmen Ernährung. Da im Jahr 2030 die jetzt 30jährigen von der hochgerechneten Entwicklung betroffen sein werden, müsste diese Zielgruppe der jungen Erwachsenen ebenfalls angesprochen werden.

Während angesichts der epidemiologischen Daten der Handlungsbedarf keiner weiteren Begründung bedarf, fängt das pädagogische Fragen an diesem Punkt erst an: Lässt sich das Auftreten der Osteoporose mit pädagogischen Maßnahmen tatsächlich hinauszögern oder verhindern? Ist es sinnvoll, mit allen Menschen eines Jahrganges entsprechende Lebensweisen einzuüben, wenn 50 Jahre später nur ein Teil dieser Gruppe betroffen sein würde? Lassen sich Gesundheitswissen und Gesundheitshandeln durch Unterricht genauso vermitteln, lernen und abfragen wie Lesen oder Rechnen? Wie lassen sich Zielgruppen jenseits des schulpflichtigen Alters ansprechen und erreichen? Darf ein Lehrer zum Verzehr von Milch und Milchprodukten raten, wenn man um Milchzucker-Unverträglichkeiten und Milcheiweiß-Allergien weiß (KASPER 1996, S. 53–54, S. 151–152, S. 158, S. 248, S. 353–358)? Haben Eltern, Erzieher, Lehrer, hat der Gesundheitspädagoge das Recht, den Einzelnen in seiner Freiheit zu beeinflussen oder gar einzuschränken? Wenn jemand keine Milchprodukte mag oder verträgt, wenn jemand – ein anderes Beispiel – ,gerne' raucht – darf die Gesundheitspädagogik daran etwas zu ändern versuchen?

Oder mehr im Hinblick auf die Praxis gefragt: Sind die am Beispiel Osteoporose grob angedeuteten Lernziele Bewegung und Ernährung tatsächlich von einem Lehrer so zu vermitteln, dass sie zu lebenslangem Handeln führen? Wer koordiniert einzelne Ansätze, damit sie ihre Zielgruppen erreichen? In welchen Institutionen kann die Prävention der Osteoporose oder anderer Inhalte eingebettet werden? Wer ist für die Evaluation zuständig? Wer erstellt Unterrichtsmaterial (Folien, Dias, Arbeitsblätter)? Der Arzt mit seinem Fachwissen über Krankheiten? Der Lernpsychologe mit seiner Fachkompetenz? Die Bundeszentrale für gesundheitliche Aufklärung? Der Lehrer aufgrund seiner fachwissenschaftlichen Ausbildung und seiner praktischen Erfahrung? Oder wäre es Aufgabe der wissenschaftlichen Pädagogik, der Lehre an Universitäten, auf diese Fragen einzugehen und sie bis hin zur Ausarbeitung und Erprobung entsprechender Lehrpläne zum Anlass für pädagogisches Forschen werden zu lassen?

Am Beispiel der Osteoporose zeichnen sich erste Umrisse eines zukünftig möglichen Berufsbildes Gesundheitspädagoge ab (vgl. DIERKS 1998; FLOTO/WUNDERLICH/HETTWER 1989; HOMFELDT 1988). Allein schon die Vielzahl möglicher gesundheitspädagogischer Themenstellungen (Zähneputzen, Krebs, Schutz vor Sonnenstrahlen, Rücken-, Rheumatiker- oder Diabetikerschulung) macht deutlich, dass dazu eine universitäre Ausbildung erforderlich ist. Wenn für die Behandlung von Krankheiten die akademische Qualifikation zu Recht erwartet wird, sollte es selbstverständlich sein, dass die gesundheitserzieherische berufliche Tätigkeit eine adäquate Qualifikation verlangt, zumal von juristischer Seite eine Zusammenarbeit von Ärzten und (Sozial-) Pädagogen ermöglicht und die Abrechnung mit den Kassen genehmigt wurde (SPIELBERG 1995).

Unterstützt werden müssten diese möglichen präventiven pädagogischen Berufsfelder durch stringente gesundheitspolitische Entscheidungen, die den Namen „Gesundheits"-Politik tatsächlich verdienen (ROSENBROCK/KÜHN/KÖHLER 1994; KIRSCHNER/RADOSCHEWSKI/KIRSCHNER 1995)[7]. Wenn nach Berechnungen der Krankenkassen ein unzureichend geschulter Diabetiker jährlich rund 15.000 DM Behandlungskosten verursacht, ein gut unterrichteter dagegen nur 3.000 DM (ROHDE 1994), so sollte das für Politiker aller Parteien Anlass genug sein, die Prävention und die Gesundheitspädagogik auf eine verlässliche gesetzliche und finanzielle Grundlage zu stellen. Dass die bisherigen Vorstöße zur Einrichtung einer wirkungsvollen, alle Themenbereiche umfassenden und alle Altersgruppen erreichenden Prävention im Sand verlaufen sind, hat seine Gründe zum Teil im Konkurrenzkampf von Ärzten, Psychologen, Sporttherapeuten, Ökotrophologen, Diätassistenten, Physiotherapeuten und Pflegekräften, die sich selbst zu Fachleuten für die Prävention erklären, um die knappen Ressourcen nicht mit neuen, besser qualifizierten Berufsgruppen teilen zu müssen. Es liegt aber auch an der wissenschaftlichen Pädagogik, die die Gesundheitsförderung – verstanden als Erziehung, Bildung und lebenslanges Lernen im Gesundheitsbereich – als Forschungs-, Ausbildungs- und Handlungsbereich in seiner Tragweite nicht annähernd erkannt hat und noch weit davon entfernt ist, ihren gewichtigen Beitrag im Gesundheitswesen auf einem entsprechenden Qualitätsniveau leisten zu können. Die Grundfragen der Allgemeinen Pädagogik können nicht von der Medizin oder einer anderen Wissenschaft, sondern nur von der Pädagogik selbst hinreichend beantwortet werden. Unbestritten bleibt, dass zusätzlich zur Pädagogik andere Wissenschaften und Instanzen gefordert sind: Die Politik mit zukunftsweisenden gesundheitspolitischen Entscheidungen, die Medizin mit Vorsorgeprogrammen und Schutzimpfungen, die Epidemiologie mit entsprechenden Statistiken, die Ernährungs- und Sportwissenschaft mit ihren Forschungsergebnissen im Gesundheitsbereich, die Soziologie mit der Berücksichtigung gesellschaftlicher oder gruppenspezifischer Bedingungen von Ge-

---

[7] Die Einführung präventiver Maßnahmen als Leistung der Krankenkassen im Jahre 1993 und ihre Abschaffung im Jahre 1996 zeigen, dass auf der politischen Ebene weniger auf der Grundlage argumentativer Vernunft gehandelt wird als unter dem Druck der Lobbyisten.

sundsein, die Psychologie mit der Erforschung von Selbstkonzepten oder Abwehrmechanismen, die Philosophie mit einer phänomenologischen Analyse des Gesundheitsbegriffs, die Theologie mit den Fragen nach den ‚letzten Dingen'. Die erforderliche interdisziplinäre Zusammenarbeit ändert aber nichts an der Tatsache, dass die Prävention ohne Erziehung, ohne Bildung, ohne das Lehren und Lernen und ohne eine die Praxis aufgreifende, durchdenkende und anleitende pädagogische Theorie ein bruchstückhaftes ‚Herumdoktern' an der Gesundheit bleiben muss, das den im Phänomen gelegenen Anforderungen und seinem Stellenwert im Leben des Menschen nicht im Mindesten gerecht wird.

Die Gesundheitspädagogik als ein Aufgabenbereich der Differentiellen Pädagogik entfaltet damit aus sich heraus die Grundfragen der Allgemeinen Pädagogik. Sie ist nicht ein bruchstückhafter Ausschnitt der Pädagogik, der bestimmte Ergebnisse, zum Beispiel aus der Anthropologie oder der Methodenlehre, einfach übernimmt. Vielmehr stellt sie die wissenschaftliche Aufarbeitung eines Teilbereichs der menschlichen Lebenswirklichkeit dar, der aus sich heraus pädagogisches Fragen vorantreibt.

Die dabei deutlich gewordenen Lücken führen zu der kritischen Rückfrage an die Pädagogik, warum ein so gewichtiges Gegenstandsfeld derart vernachlässigt werden kann. Ja man könnte in dieser Kritik sogar noch einen Schritt weiter gehen und sagen: Das Ausmaß des pädagogischen Bedenkens und Behandelns der Gesundheit kann als Maßstab für die Qualität der wissenschaftlichen pädagogischen Forschung überhaupt gelten. Einen erkrankten Menschen zu erziehen oder zu unterrichten, fällt schwer oder muss an Kopfschmerzen oder schlimmeren Gebrechen scheitern. Die Gesundheit als ein Grundphänomen der menschlichen Lebenswirklichkeit liegt damit der Erziehung in der Familie und im Kindergarten, dem Lernen in der Schule, der beruflichen Fort- und Weiterbildung, der Altenbildung voraus. Gesundheit ist die notwendige Grundlage, auf der pädagogisches Handeln erst sinnvoll möglich wird. Eine Pädagogik, die diese schlichte Tatsache übersieht, geht an ihren eigenen Aufgaben ein Stück weit vorbei. Das Phänomen Gesundheit könnte damit nicht nur zur Ausarbeitung einer neuen zukunftsweisenden Form Differentieller Pädagogik führen, sondern Anstoß geben zu einer kritischen Besinnung über Aufgaben und Grenzen einer zukünftig möglichen besseren Allgemeinen Pädagogik überhaupt.

Literatur

Allmer, H.: Intention und Volition, aus: Schwarzer, R. (Hg.): Gesundheitspsychologie; Ein Lehrbuch, 2. Aufl. Göttingen u. a. 1997, S. 67–89

Antonowsky, A.: Health, Stress and Coping; New Perspectives on Mental and Physical Well-being, London 1979

Basedow, J. B.: J. B. Basedows Elementarwerk mit den Kupfertafeln Chodowieckis u. a. (1774), hg. v. T. Fritzsch 3 Bde. Leipzig 1909

Bengel, J./Belz-Merk, M.: Subjektive Gesundheitsvorstellungen, aus: Schwarzer, R. (Hg.): Gesundheitspsychologie; Ein Lehrbuch, 2. Aufl. Göttingen u. a. 1997, S. 23–41

Böhm, W.: Wörterbuch der Pädagogik, 14. Aufl. Stuttgart 1994

Böhm, W./Wenger-Hadwig, A. (Hg.): Erziehungswissenschaft oder Pädagogik?, Würzburg 1998

Braun, E. (Hg.): Regimen Sanitatis Salernitanum; Gesundheitsregeln der Schule von Salerno, dt. v. I. Düntzer (1841) Basel 1981

Brinkmann, W.: Das ‚Pädagogische Jahrhundert‘ oder: ‚Dialektik der Aufklärung‘, aus: Böhm, W./Wenger-Hadwig, A. (Hg.): Erziehungswissenschaft oder Pädagogik?, Würzburg 1998

Brinkmann, W./Harth-Peter, W. (Hg.): Freiheit – Geschichte – Vernunft; Grundlinien geisteswissenschaftlicher Pädagogik, Würzburg 1997

Brösskamp-Stone, U. u. a.: Gesundheitsförderung, aus: Schwartz, F. W. (Hg.): Das Public Health Buch, München 1998b, S. 141–150

Brösskamp-Stone, U. u. a.: Strukturen der Gesundheitsförderung, aus: Schwartz, F. W. (Hg.): Das Public Health Buch, München 1998a, S. 189–199

Bundesvereinigung für Gesundheitserziehung (Hg.): 40 Jahre Gesundheitserziehung in der Bundesrepublik Deutschland, Bonn 1989

Conrad, G. (Hg.): Gesunde Städte; Ein Projekt wird zur Bewegung, Hamburg 1992

Dierks, M.-L.: Postgraduierte Public-Health-Ausbildung und Berufsfelder im Bereich von Public Health, aus: Schwartz, F. W. (Hg.): Das Public Health Buch, München 1998, S. 609–620

Elkeles, T. u. a. (Hg.): Prävention und Prophylaxe, Berlin 1991

Faltermaier, T.: Gesundheitsbewußtsein und Gesundheitshandeln; Über den Umgang mit Gesundheit im Alltag, Weinheim 1994

Faust, B. C.: Gesundheits-Katechismus zum Gebrauche in den Schulen und beym häuslichen Unterrichte, ((Entwurf 1792) Bückeburg 1794) hg. v. M. Vogel, Stuttgart 1954

Filipp, S.H./Aymanns, P.: Subjektive Krankheitstheorien, aus: Schwarzer, R. (Hg.): Gesundheitspsychologie; Ein Lehrbuch, 2. Aufl. Göttingen u. a. 1997, S. 3–21

Floto, C./Wunderlich, K./Hettwer, H.: Tätigkeitsfeld Gesundheitserziehung: eine Analyse von Aus-, Weiter- und Fortbildungsmaßnahmen in der Bundesrepublik Deutschland, Frankfurt am Main 1989

Frank, J. P.: System einer vollständigen medicinischen Polizey, Bd. 1 Mannheim 1779, Bd. 2 Mannheim 1780, Bd. 3 Mannheim 1783, Bd. 4 Mannheim 1788

Galen von Pergamon: De sanitate tuenda, dt. Die Werke des Galenos, übersetzt von E. Beintker, Bd. 1 Stuttgart 1939

Gutsmuths, J.C.: Gymnastik für die Jugend, Schnepfenthal 1793, verb. Neuausg. 1804

Heid, H./Pollak, G. (Hg.): Von der Erziehungswissenschaft zur Pädagogik?, Weinheim 1994

Heller, G./Imhof, A. E.: Körperliche Überlastung von Frauen im 19. Jahrhundert, aus: Imhof, A. E. (Hg.): Der Mensch und sein Körper; Von der Antike bis heute, München 1983

Henner, G.: Quellen zur Geschichte der Gesundheitspädagogik. 2500 Jahre Gesundheitsförderung in Texten und Bildern. Ein wissenschaftliches Lesebuch, Würzburg
1999

Hildebrandt, H./Trojan, A.: Auf dem Weg zu ,gesünderen Städten' – Vom Programm
zur Praxis vor Ort, aus: Trojan, A./Stumm, B. (Hg.): Gesundheit fördern statt kon-
trollieren, Frankfurt am Main 1992, S. 117–140

Hippokrates: Die Werke des Hippokrates, hg. v. R. Kapferer, Teile 3, 4, 6, Stutt-
gart/Leipzig 1934

Homfeldt, H.G. (Hg.): Berufsfeld Gesundheit – ein Tätigkeitsbereich für Pädagogen?,
Flensburg 1988

Hufeland, C.W: Die Kunst, das menschliche Leben zu verlängern (1. Aufl. Berlin
1796), Titel ab der 3. Aufl.: Makrobiotik oder die Kunst, das menschliche Leben zu
verlängern

Hurrelmann, K.: Sozialisation und Gesundheit; Somatische, psychische und soziale
Risikofaktoren im Lebenslauf, 2. Aufl. Weinheim 1991

Jacob, W./Schipperges, H. (Hg.): Kann man Gesundsein lernen?, Stuttgart 1981

Jäger, W.: Paideia. Die Formung des griechischen Menschen, Bd. 2, Berlin 1954

Jerosch, J./Heisel, J.: Endoprothesenschule; Rehabilitations- und Betreuungskonzep-
te für die ärztliche Praxis, Köln 1996

Jüdes, U./Jutzi, K.G./Rohde, R.: Lehrplananalyse Gesundheitserziehung; Theoretisches Konzept, Methoden, Kategorien, Zusammenfassung der Ergebnisse, Kiel 1987

Kasper, H.: Ernährungsmedizin und Diätetik, 8. Aufl. München 1996

Kirschner, W./Radoschewski, R./Kirschner, R.: § 20 SGB V Gesundheitsförderung,
Krankheitsverhütung; Untersuchungen zur Umsetzung durch die Krankenkassen,
St. Augustin 1995

Laaser, U./Wolters, P.: Grundsätze eines Public-Health-Studiums in Bielefeld, aus:
Laaser, U./Wolters, P./Kaufmann, F. X. (Hg.): Gesundheitswissenschaften und öffentliche Gesundheitsförderung, Berlin 1990, S. 137–150

Locke, J.: Some thoughts concerning Education (1693), dt. (erstmals 1710) u. d. T.
Gedanken über Erziehung, hg. v. H. Wohlers, 2. Aufl. Bad Heilbrunn 1966

Lorinser, K. I.: Zum Schutz der Gesundheit in den Schulen (1836), wiederabgedruckt
in: Kronen, J.; Kronen, H.: Lorinser und die Anfänge der Schulhygiene, aus: Klein,
K/Zepp, J. (Hg.): 2000 Jahre Gesundheitssicherung, Mainz 1984, S. 407–435

McKeown, T.: The Role of Medicine; Dream, Mirage or Nemesis?, dt. Die Bedeutung
der Medizin; Traum, Trugbild oder Nemesis?, Frankfurt am Main 1982

Ministerium des Inneren (Hg.): Die Reichsschulkonferenz 1920; Ihre Vorgeschichte
und Vorbereitung und ihre Verhandlungen; Amtlicher Bericht, erstattet vom Ministerium des Inneren, Leipzig 1921 (Nachdruck Glashütten 1972)

Müller, A. C.: Exempelbuch zum Gesundheitskatechismus; Ein Lesebuch für niedere
Schulen, Aeltern, Lehrer und Kinder, die sich des Guten befleißigen wollen, Hannover erste Hälfte 1795/zweite Hälfte 1796

Pestalozzi, J.H.: Über Körperbildung als Einleitung auf den Versuch einer Elementar-
gymnastik, in einer Reihe körperlicher Übungen (1807), wiederabgedruckt in: Pestalozzi; Sämtliche Werke, bearb. v. E. Dejung, 20. Bd., Zürich 1963, S. 45–68

Reble, A.: Geschichte der Pädagogik (1951), 18. Aufl. Stuttgart 1995

Ringe, J. D.: Osteoporose, Stuttgart 1995

Rochow, F. E. v.: Der Kinderfreund, Brandenburg und Leipzig 1. Teil 1776/2. Teil
1779

Rohde, M.: Gut eingestellte Diabetiker verursachen weniger Kosten!, in: Der Allgemeinarzt 12 (1994), S. 926–927

Rosenbrock, R.: Gesundheitspolitik, aus: Hurrelmann, K./Laaser, U. (Hg.): Gesundheitswissenschaften; Handbuch für Lehre, Forschung und Praxis, Weinheim 1993, S. 317–346

Rosenbrock, R./Kühn, H./Köhler, B. M. (Hg.): Präventionspolitik; Gesellschaftliche Strategien der Gesundheitssicherung, Berlin 1994

Rousseau, J. J.: Émile ou de l'Éducation (Amsterdam 1762), dt. Emil oder über die Erziehung, hg. v. T. Rutt, 2. Aufl. Paderborn 1962

Salzmann, C. G.: Ameisenbüchlein oder Anweisungen zu einer vernünftigen Erziehung der Erzieher (Schnepfenthal 1806), hg. v. T. Dietrich, Bad Heilbrunn 1960

Schleiermacher, F.: Die Vorlesungen über Pädagogik aus dem Jahre 1826, in: Friedrich Schleiermacher; Pädagogische Schriften, Bd. 1 hg. v. E. Weniger, Frankfurt am Main 1983

Schmerler, J. A.: Gesundheitslehre für Kinder, Nürnberg 1793

Schulze, C./Welters, L.: Geschlechts- und altersspezifisches Gesundheitsverständnis, in: Flick, U. (Hg.): Alltagswissen über Gesundheit und Krankheit; Subjektive Theorien und soziale Repräsentation, Heidelberg 1991, S. 70–86

Schwartz, F. W.: Die Medizinische Hochschule Hannover als ein Standort der Public-Health-Idee in der Bundesrepublik, aus: Laaser, U./Wolters, P./Kaufmann F. X. (Hg.): Gesundheitswissenschaften und öffentliche Gesundheitsförderung, Berlin 1990, S. 69–76

Schwartz, F. W./Walter, U.: Prävention, aus: Schwartz, F. W. (Hg.): Das Public Health Buch, München 1998, S. 151–170

Seiler, G. F.: Allgemeines Lesebuch für den Bürger und Landmann vornehmlich zum Gebrauch in Stadt- und Landschulen, Erlang 1790

Selter, H. (Hg.): Handbuch der deutschen Schulhygiene, Dresden/Leipzig 1914

Spielberg, P.: Änderung in der (Muster-)Berufsordnung. Kooperation mit anderen freien Berufen möglich, in: Deutsches Ärzteblatt, 1995; 92: C-1068–1069 [Heft 23]

Stiegler, H.: Der diabetische Fuß; Die wesentliche Rolle spielt die Prävention, in: Deutsches Ärzteblatt 1995; 92: A-591–595 [Heft 9]

Troschke, J. v./Reschauer, G./Hoffmann-Markwald, A. (Hg.): Die Bedeutung der Ottawa-Charta für die Entwicklung einer New Public Health in Deutschland, Freiburg 1996

Verres, R.: Gesundheitsforschung und Verantwortung; Gedanken zur Differenzierung und Vertiefung der Rekonstruktion subjektiver Gesundheits- und Krankheitstheorien, aus: Flick, U. (Hg.): Alltagswissen über Gesundheit und Krankheit; Subjektive Theorien und soziale Repräsentation, Heidelberg 1991, S. 305–317

Virchow, R.: Mitteilungen über die in Oberschlesien herrschende Typhus-Epidemie (1849), Reprint Darmstadt 1968, S. 57–236

ANDREAS MÖCKEL

Heilpädagogik

1. Vorbemerkung

Heilerziehung bezeichnet ein praktisches pädagogisches Arbeitsgebiet, *Heilpädagogik* das entsprechende Wissenschaftsgebiet innerhalb der Erziehungswissenschaft. Heilpädagogik ist darüber hinaus ein allgemeiner Aspekt jeglicher Erziehung und daher nur bedingt als Regionalpädagogik zu bezeichnen[1]. Der nicht eindeutig geklärte Begriff *pädagogischer Heilung* und die *Verbindung von Besonderem und Allgemeinem* machen die Heilerziehung für Nachbarwissenschaften der Pädagogik, wie Medizin und Psychologie, anziehend und interessant, für die Allgemeine Pädagogik dagegen eher zu einer Verlegenheit[2]. Das liegt in der Sache selbst. Es ist schwer, den universellen Aspekt der Heilerziehung gegen einen medizinischen oder psychologischen Begriff der Heilung abzusetzen. *Heilerziehung* begann im 18. Jahrhundert mit speziellen pädagogischen Anstalten[3]. *Heilpädagogik* mit allgemeinem Anspruch erschien zuerst im Titel eines Werks von JAN DANIEL GEORGENS und HEINRICH MARIANUS DEINHARDT (1861; dazu SELBMANN 1982). Bis dahin behalfen sich Pädagogen mit Aufzählungen (Erziehung Taubstummer, Blinder, Verwahrlos-

---

[1] Siehe die Einleitung zu „Theorien und Modelle der Allgemeinen Pädagogik" (BRINKMANN/PETERSEN 1998, S. 8): Regionalpädagogiken sind zum Beispiel Blindenpädagogik, Gehörlosenpädagogik, Lernbehindertenpädagogik usw. Jede einzelne Fachrichtung müsste als Sonderpädagogik vorgestellt werden. Mit *Heilpädagogik* begibt man sich auf eine abstraktere Ebene mit dem Anspruch, die Fachrichtungen in einem neuen Modell aufzuheben. Für die Allgemeine Pädagogik stellt sich hierbei die Frage, ob sie, bildlich gesprochen, innerhalb ihres Wissenschaftsgebietes Heilpädagogik als eine Art pädagogisches Bezirksparlament oder als eine separatistische Bestrebung oder als eine pädagogische Irredenta oder, was in diesem Aufsatz vertreten wird, als das Inkognito ihrer eigenen Zukunft ansehen will.

[2] Siehe dazu die Einleitung des Aufsatzes von WINFRIED BÖHM (1998). Diesem geschätzten Kollegen habe ich keinen „Gegenartikel" angedroht". Im übrigen gibt es, wenn wirklich eine Absprache in Vergessenheit geraten sein sollte, was mir leid täte, Telefon, Telefax, E-Mail und, nicht zu vergessen, die schönen Würzburger kleinen Feste, bei denen man mit einem Glas Frankenwein in der Hand semantische Fragen zum Wortfeld „sonder" erörtern kann, sofern die Würzburger Allgemeine Pädagogik bereit ist, sich gemein zu machen.

[3] Siehe im einzelnen das Handbuch der Sonderpädagogik, hg. von HEINZ BACH, ULRICH BLEIDICK u. a., Berlin seit 1974 in 12 Bänden.

ter u. a.) oder sprachen, wie JEAN PAUL FRIEDRICH RICHTER (1806), unspezifisch von *heilender Erziehung* oder, wie VINCENZ EDUARD MILDE (1811), von *Heilkunde der Erziehung*. LUDWIG VON STRÜMPELL untersuchte *Kinderfehler* und führte die Bezeichnung *pädagogische Pathologie* ein (1890). Er regte damit den Titel der bedeutenden Zeitschrift *Die Kinderfehler – Zeitschrift für Pädagogische Pathologie und Therapie*, ab 1900 *Zeitschrift für Kinderforschung* an. Gründer dieser Zeitschrift (1896) war der Direktor des Erziehungsheimes Sophienhöhe bei Jena, JOHANNES TRÜPER, ein Schüler WILHELM REINS. *Pädagogische Pathologie und Therapie* war ein wissenschaftliches Programm, das in der Pädagogik zwar Beachtung fand, aber die Psychopathologie des Kindes- und Jugendalters und die Entwicklungspsychologie mehr befruchtete als die Pädagogik[4]. Heute konkurriert *Heilpädagogik* mit den Begriffen Sonderpädagogik, Behindertenpädagogik, Rehabilitationspädagogik und Orthopädagogik, die unterschiedliche Aspekte der gleichen, komplexen heilpädagogischen Aufgabe sind. Dazu einige Bemerkungen, die direkt zum pädagogischen Problem der Heilerziehung hinführen.

2. Zum Namen des Fachgebietes

Die nähere Bestimmung „*Sonder…*" gibt es in der Pädagogik schon lange (BLEIDICK 1999), als Zusammenfassung der *jüngeren Sonderschulen* taucht sie erst seit den 20er Jahren auf[5]. HEINRICH HANSELMANN sprach sich für die Bezeichnung *Sondererziehung* statt Heilerziehung aus (HANSELMANN 1941)[6]. *Sonder…* bezeichnet Differenzen, die Institutionen begründen, wie Schulen und Sonderschulen, Kindergärten und Sonderkindergärten, Berufsschulen

---

[4] *Pädagogische Pathologie* ist nicht gleichzusetzen mit der *Psychopathologie des Kindesalters*. HANS MIESKES, der Nachfolger von PETER PETERSEN in Jena, später Professor in Giessen, nahm STRÜMPELLS Begriff auf und sprach von Pädopathologie (MIESKES o. J., S. 373–399).

[5] Ältere Sonderschulen sind die Heimsonderschulen für Taubstumme und Blinde, zur Erziehungshilfe (Rettungshäuser), für geistig Behinderte (früher für *blödsinnige* oder imbezille Kinder, Heilerziehungsanstalten) und für Körperbehinderte (früher Krüppelschulen). Jüngere Sonderschulen (meist Tagesschulen) sind Förderschulen (früher Hilfsschulen, Schulen für Lernbehinderte), Sprachheilschulen, Schwerhörigenschulen, Sehbehindertenschulen (Sehschwachenschulen), zur Erziehungshilfe (Beobachtungsklassen, Schulen für Verhaltensgestörte), Schulen im Justizvollzug und Krankenhausschulen.

[6] HANSELMANN war der Verfasser einer *Einführung in die Heilpädagogik* (1930). Seinem Votum für *Sonderpädagogik* kam nach dem Krieg eine hohe Bedeutung zu.

und Sonderberufsschulen für gehörlose, blinde, geistig behinderte Kinder usw.[7].

Behinderung und *Behindertenpädagogik*, seit den 60er Jahren dieses Jahrhunderts im Vordringen[8], schließen an das Bundessozialhilfegesetz (1962) an, das *Behinderung* in einer erweiterten Bedeutung einführte[9]. Behinderung fand besonders durch ULRICH BLEIDICK (*Pädagogik der Behinderten* 1972) eine bis heute anhaltende Verbreitung. Die bildhafte Bezeichnung begünstigt leider das Missverständnis, wonach das Spezifische der Heilerziehung ausschließlich in Beeinträchtigungen der Kinder und Jugendlichen gesehen wird, was BLEIDICK mit der Unterscheidung von Schädigung und Behinderung gerade vermeiden wollte. Heilerziehung bezieht sich nicht auf *organische Schädigungen*, für die Ärzte zuständig sind, sondern auf *behinderte Erziehung*. *Behinderung* ist ein relativer und relationaler Begriff und bezeichnet, streng genommen, Situationen und Momente in der Zeit, nicht Personen. Er weist auf ein komplexes Bedingungsgefüge hin, nicht auf eine einfache Kausalität[10].

Der Niederländer WILHELM TER HORST stellte in seiner *Orthopädagogik* (1983) die „Erziehungssituation, die von den Beteiligten als so gut wie aussichtslos erfahren wird und in der es ohne sachkundige Hilfe von außen nicht gelingt, das Ganze so zu verändern" in den Mittelpunkt. Er nannte sie *Problematische Erziehungssituation* (TER HORST 1983, S. 136). Der Begriff *Special Education* erinnert daran, dass Heilerziehung mit der Differenzierung der Erziehungs- und Unterrichtsmethoden begann. *Special Educational Needs* wird im Warnock-Report (1978) gebraucht und rückt Erziehung und Unter-

---

[7] Für das Schwanken zwei Belege: Im Jahre 1969 erschien das *Enzyklopädische Handbuch der Sonderpädagogik und ihrer Grenzgebiete* (hrsg. von GERHARD HEESE und HERMANN WEGENER) als dritte Auflage des *Enzyklopädischen Handbuchs der Heilpädagogik*. Der *Verband Deutscher Sonderschulen* führt als zweite Bezeichnung den Namen *Fachverband für Behindertenpädagogik*, sein Verbandsorgan jedoch heißt *Zeitschrift für Heilpädagogik*.

[8] Dr. med. KONRAD BIESALSKI, Leiter des Oskar-Helenenheims in Berlin, gebrauchte zwar schon den Ausdruck *behindert* in der Fürsorge physisch beeinträchtigter Kinder, aber eher beiläufig (BIESALSKI 1926).

[9] Das BSHG nennt in § 39 „Personenkreis und Aufgabe": (1) Körperbehinderte, (2) Blinde, (3) in der Hörfähigkeit und (4) in der Sprachfähigkeit Beeinträchtigte, (5) durch Schwäche ihrer geistigen Kräfte Behinderte und (6) seelisch wesentlich Behinderte.

[10] Auch WOLFGANG JANTZEN entschied sich für *Behindertenpädagogik* (1987 und 1990). CHRISTIAN LINDMEIER unterzog die Begriffe Behinderung und Förderung einer gründlichen struktur-phänomenologischen Untersuchung und wies unter Einbeziehung des zeitlichen Moments nach, dass *fördern* und *behindern* sich auch sprachgeschichtlich entsprechen (1993).

richt an die erste, Schädigungen an die zweite Stelle[11]. *Spezialpädagogik* betont weniger die Besonderheiten der Kinder, sondern mehr die besonderen Aufgaben der Erzieher und Lehrer. *Rehabilitation* wird in einem erweiterten Sinn auch als erstmaliger Erwerb von Fähigkeiten mit Hilfe besonderer Maßnahmen gebraucht[12]. Der ursprünglich medizinische Begriff zeigt die Zusammenarbeit von medizinischer Versorgung und Erziehung in öffentlichen Einrichtungen (zum Beispiel für körperbehinderte oder epileptische Kinder) an und ist besonders in den neuen Bundesländern verbreitet. *Heilpädagogik* ist der älteste Name. Wer ihn ersetzen will, hat die Aufgabe der Begründung. Nach dem Tode von GEORGENS und DEINHARDT erfuhr er eine Einengung, verlor aber seine umfassende auf das ganze Erziehungs- und Schulwesen gerichtete Bedeutung nie ganz[13], so dass CLEMENS HILLENBRAND die Entstehung der Heilpädagogik „als Versuch zur Reform der Volksschule verstehen" konnte (HILLENBRAND 1994, S. 313). Für *Heilpädagogik* entschieden sich Pädagogen wie HEINRICH HANSELMANN (1930), PAUL MOOR (1965), ALOYS LEBER (1980), EMIL E. KOBI (1983), OTTO SPECK (1988/1998), URS HAEBERLIN (1996) u.a., ferner der Theologe LINUS BOPP (1930) und die Mediziner ERNST VON DÜRING (1925), HANS ASPERGER (1952) und FRIEDRICH MEINERTZ (1961).

3. Heilpädagogik in der Geschichte der Erziehung

Der Beitrag der *Heilerziehung* zur Pädagogik lässt sich an der Geschichte der Erziehung aufzeigen. Die Geschichte der *behinderten Kinder* reicht bis ins Altertum zurück (LIEDTKE 1996), die *Geschichte der Heilerziehung in Schulen und Heimen* begann dagegen erst im Zeitalter der Aufklärung (PRITCHARD 1963, SOLAROVA 1983, MÖCKEL 1988). *Taubstummenanstalten* entstanden in Frankreich, Sachsen und England fast gleichzeitig noch vor und während der Zeit der Französischen Revolution. Wenig später folgten wiederum fast gleichzeitig Gründungen von *Blindenschulen* in Frankreich, England, Öster-

---

[11] Am Anfang standen Unterrichtsmethoden (Taubstummen- und Blindenunterricht). Darauf basierten neue Institutionen (Taubstummen- und Blindeninstitute) und neue pädagogische Berufe (Taubstummen- und Blindenlehrer).

[12] In der DDR erschien die Reihe *Beiträge zum Sonderschulwesen und zur Rehabilitationspädagogik* (hrsg. von KLAUS-PETER BECKER und PETER VOIGT). GERHARD HEESE gab eine Reihe mit dem Titel *Die Rehabilitation der Entwicklungsgehemmten* heraus.

[13] THEODOR HELLER fand, anders als GEORGENS und DEINHARDT, es gebe nur zu Missverständnissen Anlass, wenn man die sonderpädagogischen Fachrichtungen unter einem Begriff zusammenfasse (HELLER 1904, S. 2/3).

reich und Preußen[14]. Das Neue war die Entdeckung, dass Menschen auch dann erzogen, gebildet und ausgebildet werden können, wenn sie nicht im Vollbesitz aller Sinne sind. Heilerziehung vermag trotz der Schädigung der Hör- oder der Sehorgane, die Erziehung und Unterricht nach damaligem Verständnis unmöglich machten, zu einer Lebensführung in eigener Verantwortung im Rahmen der vorhandenen Begabung zu führen. Heilerziehung führt, wenn sie gelingt, aus problematischen Erziehungssituationen heraus, indem sie gar nicht erst begonnene oder zum Erliegen gekommene Lernprozesse wieder in Gang setzt und damit die Folgen von Schädigungen überwindet oder mildert und vollständige oder wenigstens relative Selbstständigkeit nach der Schulzeit ermöglicht.

Rettungshäuser und Erziehungskolonien entstanden nach den Napoleonischen Kriegen. In Deutschland folgten sie dem Impuls der *Inneren Mission* und richteten sich gegen Verfallserscheinungen in einer damals noch christlich verstandenen Gesellschaft[15]. Die Rettungshausbewegung verdankt dem berühmten Erziehungsversuch von JOHANN HEINRICH PESTALOZZI auf dem Neuhof (1775) wichtige Anstöße[16]. Ihr Beitrag zur Heilpädagogik besteht in der Neubewertung kindlicher Vergehen. Hatten Kinder gestohlen, galten sie als Diebe, hatten sie gezündelt, als Brandstifter und mussten die verhängten Strafen wie erwachsene Straftäter in Zuchthäusern verbüßen. Die Rettungshausbewegung sah die Kinder zwar auch als verantwortlich an, aber nicht strafrechtlich. Das Neue der heilenden Erziehung bei PESTALOZZI und in der Rettungshausbewegung wirft daher ein Licht auf jede Erziehung; denn allen Kindern droht ohne Erziehung und ohne Unterricht Verwahrlosung. Es gibt drastische Schilderungen von besonderer Verwahrlosung, die im 18. Jahrhundert fälschlich als Merkmal der Taubstummheit oder Blindheit galt. Die Folgen hilfloser Erziehung und eines verwahrlosenden Umgangs wurden naiv als angeborene kindliche Eigenschaften gedeutet. Heilerziehung hielt die sich selbst überlassene Verwahrlosung in *Problematischen Erziehungssituationen und im Unterricht* an und kehrte negative Erziehungs- und Unterrichtsprozes-

---

[14] Die ersten Taubstummenschulen: Abbé de l'Épee in Paris 1770, SAMUEL HEINICKE in Leipzig 1777, THOMAS BRAIDWOOD in Liverpool 1766. Die ersten Schulen für Blinde folgten wenig später: VALENTIN HAÜY in Paris 1784, HENRY DANNETT in Liverpool 1793, WILHELM KLEIN in Wien 1804, JOHANN AUGUST ZEUNE in Berlin 1806.

[15] Frühe Beispiele sind JOHANNES FALK in Weimar 1816, JOHANN CHRISTIAN ZELLER in Beuggen 1820, JOHANN HINRICH WICHERN in Hamburg 1832 (BETTINA LINDMEIER 1998).

[16] Pestalozzi unterrichtete auch zwei blödsinnige Kinder (PESTALOZZI 1788). „Gesetzgebung und Kindermord" (1783) ist eine sozialpädagogische und zugleich heilpädagogische Untersuchung.

se ins Positive. Selbstverständlich hat Heilerziehung Grenzen, genau so wie auch medizinische Maßnahmen nur im Rahmen bestimmter Bedingungen zur Heilung oder Besserung führen.

Die ersten *Heilerziehungsanstalten* trennten sich im Vormärz von der Irrenpflege und behauptete sich seither neben der Medizin[17]. Der französische Psychiater JEAN ETIENNE DOMINIQUE ESQUIROL hatte *Idiotie* als *Zustand* bezeichnet und von *Krankheit* unterschieden und damit den Weg für eine pädagogische Betrachtung des Problems frei gemacht (ESQUIROL 1838). Der Unterricht EDOUARD SÉGUINS war eine Konsequenz aus der Einsicht, dass *geistige Behinderung*, wie wir heute sagen würden, keine Krankheit, sondern ein *Dauerzustand* ist. Das Paradoxe hierbei ist, dass dieser Zustand nicht gleich bleibt, sondern sich mit der Schulerziehung bessert, ohne Schulerziehung dagegen verschlechtert. Medizinisch gesehen ist geistige Behinderung ein gleich bleibender Zustand, pädagogisch gerade nicht. *Geistige Behinderung* bezeichnet demgemäß ein Bedingungsgefüge, das durch pädagogische Vernachlässigung negativ, durch Heilerziehung positiv verändert werden kann[18].

Die *Hilfsschule* ist ein Kind der stürmischen Industrialisierung und der konsequenten Alphabetisierung im 19. Jahrhundert. An ihrer Entstehung lässt sich eine weitere Funktion der Sonderschulen ablesen: die Differenzierung der öffentlichen Erziehung. Erkennt man ein *angeborenes Menschenrecht auf Erziehung und Bildung* an, ist die Gesellschaft verpflichtet, wirklich alle Kinder in öffentlichen Einrichtungen zu erziehen. Sonderschulen sind daher auch eine Hilfe für das Schulwesen und keine zwangsläufige Auswirkung spezifischer Behinderungen, wie man zunächst annehmen könnte. Ob die Unterrichtsorganisation wirklich nur über Sonderschulen die speziellen Erziehungsbedürfnisse, zum Beispiel der im Lernen zurückgebliebenen Kinder, erfüllen kann, ist eine offene Frage. Der reifizierende Begriff *Lern-Behinderter* ist daher eine unzulässige Zuschreibung. *Lernbehinderung* gibt es. Aber sie darf nicht allein aus der Person des Kindes hergeleitet werden; denn es waren nicht nur die Kinder, die versagten, sondern auch das Schulwesen. *Lernbehinderter* ist der Ausdruck für das von der Pädagogik nicht bewältigte Theorieproblem der *Lernbehinderung*. Das Hauptmerkmal der Kinder, die Förderschulen besuchen, liegt gerade darin, dass sie in kleinen Klassen und bei einem sorgfältig aufgebauten Unterricht die Unterrichtsinhalte der Grund- und Hauptschulen lernen, und zwar ebenso gut oder besser als viele

---

[17] Am Anfang der Erziehung geistig behinderter Kinder in selbständigen Anstalten stehen der Taubstummenlehrer und Arzt EDOUARD SÉGUIN in Paris 1838, der Schweizer Arzt JOHANN JAKOB GUGGENBÜHL in Luzern 1841, der Berliner Direktor der Taubstummenanstalt CARL WILHELM SAEGERT 1845 u. a.

[18] SAEGERT verstand *Idiotie* als vernachlässigten *Blödsinn* (SAEGERT 1845).

Jugendliche, die die Hauptschule ohne Abschluss verlassen. Heilpädagogik reagierte auch auf Krisensituationen und Missstände in Erziehung und Schulunterricht[19].

Die Frage der *Schulpflicht* ist für das Verständnis des Verhältnisses von Pädagogik und Heilpädagogik wichtig[20]. Die Schulpflicht der Hilfsschulkinder stand nie in Zweifel, wohl aber war unklar, ob man die Eltern zwingen konnte, ihre Kinder in eine Hilfsschule zu schicken. Ein preußisches Kammergericht entschied zu Beginn des Jahrhunderts, dass der Schulbehörde das Recht zustehe, den Schulort für die Erfüllung der Schulpflicht zu bestimmen[21]. Diese Regelung übernahmen alle deutschen Länder. Sie beruhte auf zwei Überlegungen, die heute nicht mehr zutreffen. Erstens stimmt die Vorstellung nicht mehr, Schulbehörden wüssten im Streitfall generell besser als die Eltern, welche Schule für deren Kinder die beste sei. Die zwangsweise Umschulung von Kindern in Sonderschulen ist daher eine Ausnahme geworden, auch wenn in manchen Bundesländern immer noch vor Gericht erbittert gestritten wird, wenn Schulbehörden geistig behinderte Kinder gegen den Willen ihrer Eltern aus der Grundschule kategorisch ausschließen. Zweitens stimmt die Vorstellung nicht, medizinisch zu diagnostizierende Schädigungen seien für pädagogische Entscheidungen eine sichere Grundlage. Die Allgemeine Pädagogik hat einen in der Sache liegenden *allgemeinen heilpädagogischen Auftrag,* wenn dieser Ausdruck einmal erlaubt ist. Besonders bei so genannten Grenzfällen kann sie schematischen Entscheidungen entgegenwirken und im Einzelfall helfen, kreative Lösungen zu suchen.

Die ersten *Tagesschulen* für Kinder mit *geistiger Behinderung* entstanden nach der Gründung der Bundesvereinigung Lebenshilfe (1958) und auf ihre Initiative hin. Erziehung und Unterricht bedeuteten für die Kinder in den älteren Sonderschulen, wie wir sahen, eine tief greifende Verbesserung der Lebens- und Überlebenschancen. Das wurde in der ersten Hälfte des 20. Jahrhunderts in der Öffentlichkeit nicht mehr uneingeschränkt als große, humane Leistung des 19. Jahrhunderts anerkannt. Hilfe für behinderte Kinder galt unter utilitaristischen Gesichtspunkten manchen als volkswirtschaftlicher Nachteil. Behinderte Kinder und Erwachsene und psychisch Kranke gerieten in die Kritik eines entschlossenen, medizinisch verbrämten Sozialdarwinismus

---

[19] Die ersten Städte, die Hilfsklassen zu Hilfsschulen ausbauten, waren Elberfeld (seit 1879), Braunschweig und Leipzig (beide seit 1881). Hilfsschulen setzten sich gegen konkurrierende Systeme (*Mannheimer Schulsystem* von ANTON SICKINGER, *Charlottenburger System, Berliner Nebenklassen)* durch.

[20] Als erster deutscher Staat verkündete Sachsen 1874 die Schulpflicht für taubstumme, blinde und verstandesschwache Kinder.

[21] Centralblatt für die gesammte Unterrichtsverwaltung in Preußen 1906, S. 445–446.

(MÖCKEL 1976, HÖCK 1979, KLEE 1983, GAMM 1983, MÜLLER-HILL 1984, ELLGER-RÜTTGARDT 1987/97, 1996, BERG und ELLGER-RÜTTGARDT 1991, RUDNICK 1990). Die Verfechter einer biologistischen Anthropologie gaben den Rassenpolitikern die Stichworte, die Rassenpolitiker erließen, als sie 1933 an die Macht kamen, Gesetze zur medizinisch kontrollierten und gesetzlich befohlenen Zwangssterilisation, der Tausende zum Opfer fielen. Später machten die Nationalsozialisten den Weg für die Ermordung von psychisch kranken und behinderten Menschen frei. Zwar entschied das Votum der Ärzte grundsätzlich und im Einzelnen, wer sterilisiert werden sollte und wer sterben musste. Insofern hatten Pädagogen damit nichts zu tun, aber sie setzten den wissenschaftlichen Argumentationen der Erbbiologen und Gesundheitspolitiker, als es noch Zeit war, wenig Widerstand entgegen[22]. Die geistige und moralische Katastrophe auch der Pädagogik kündigte sich schon zu Beginn des Jahrhunderts im berühmten Buch *Das Jahrhundert des Kindes* an. ELLEN KEY empfahl die Tötung behinderter Kinder (KEY 1911)[23], ohne dass in der Pädagogik ein Aufschrei laut wurde. In heilpädagogischen Zeitschriften erschienen Aufsätze, in denen schon vor 1933 die Zwangssterilisation ernsthaft erörtert wurde (BRILL 1994). Im März 1933 distanzierte sich der Verband der Hilfsschulen Deutschlands, um die Organisation zu retten, in einem eilig angefertigten *Hilfsschulprogramm* von den *psychopathisch Minderwertigen*[24]. Diesen Terminus hatte JULIUS AUGUST LUDWIG KOCH 1891 eingeführt, unter anderem um straffällig gewordene Jugendliche vor voreiligen moralischen Vorwürfen zu schützen. Der missverständliche Begriff *Minderwertigkeit*, den KOCH (1891, S. VI) nach seinen eigenen Worten nur benützte, weil er keinen besseren fand, und mit dem er *anfällige, gefährdete Konstitution* meinte, nahm später die gegenteilige Bedeutung („minderwertiges Mitglied des Volkes") an.

Das Gesetz zur Verhütung erbkranken Nachwuchses vom Juli 1933 betraf u. a. Absolventinnen und Absolventen der Gehörlosen- und Blindenschulen, der Hilfsschulen und der Heimschulen für geistig Behinderte. Sonderschulbesuch führte zwar nicht automatisch zur Zwangssterilisation. Aber als das Gesetz am 1. Januar 1934 in Kraft trat, verschärfte der Kommentar unter Be-

---

[22] Die Ermordungen behinderter Kinder und Erwachsener fanden während des Krieges statt. Die Öffentlichkeit wurde getäuscht, die Leitungen der Heilerziehungsanstalten isoliert und unter Druck gesetzt, sofern sie nicht bereit waren mitzumachen.

[23] ELLEN KEY spricht von der „Entwicklung neuer Rechtsbegriffe" und kritisiert die christliche Gesellschaft in ihrer „Milde" (KEY 1911, S. 43); Siehe auch A. MÖCKEL, G. ADAM, H. ADAM (Hrsg.) 1999, S. 38–42.

[24] Erfolg, Niedergang, Neuanfang. 100 Jahre Verband Deutscher Sonderschulen – Fachverband für Behindertenpädagogik – hrsg. von A. MÖCKEL. München 1998, S. 300.

rufung auf eine einzige, wissenschaftlich fragwürdige Untersuchung aus den frühen 20er Jahren die Situation leichtfertig (GÜTT, RÜDIN und RUTTKE 1934, S. 92).

Die „Allgemeine Anordnung" für die Hilfsschulen in Preußen und im Deutschen Reich (1938) hob die Sammelklassen für geistig behinderte Kinder auf. Damit widerrief das Deutsche Reich rund hundert Jahre nach der Einrichtung der ersten Anstalten diesen erfolgreichen Zweig der Heilerziehung. Die Übertragung naturwissenschaftlichen Denkens auf gesellschaftliche Verhältnisse hatte erst zu gravierenden Fehlschlüssen und dann zu mörderischen Konsequenzen geführt. Bildungsrecht und Lebensrecht, zwei Aspekte der gleichen Sache, wurden den Kindern zugleich entzogen (ANTOR/BLEIDICK 1995). Die Gefahren, die durch die naive Analogie von biologischer Züchtung und menschlicher Erziehung herauf beschworen werden, bestehen auch heute noch (SINGER 1984). Das geistig humane Moment der Erziehung reicht bis in den biologischen Bereich. Die Geschichte der Erziehung geistig behinderter Kinder lehrt, dass Erziehung mit der Annahme eines Kindes beginnt, die meistens sogar noch der Geburt voraus geht, spätestens aber durch die Namengebung ausdrücklich bestätigt wird. Pädagogik muss alle Kinder, auch behinderte, gegen ein inhumanes genetisches Nützlichkeitsdenken verteidigen.

Die Bezeichnung *geistige Behinderung* geht auf die Bundesvereinigung Lebenshilfe zurück, die 1958 gegründet wurde und eine außerordentlich erfolgreiche Elternbewegung ist. Die Schule für geistig behinderte Kinder ist eine neue Art der Grundschule, die sich aus der Forderung einer demokratischen Allgemeinen Volksschule (1848/49) ableiten lässt[25]. Auf die Initiative der Bundesvereinigung Lebenshilfe stellten die Bundesländer zum ersten Mal in der deutschen Schulgeschichte wirklich für alle Kinder Schulplätze bereit und sorgten für die Spezialausbildung von Lehrern, um die Schulpflicht konsequent zu verwirklichen. Geistig behinderte Kinder sind allerdings gegenüber Kindern mit anderen Behinderungen bei der Lehrerzuteilung auch heute noch benachteiligt. Bildungsgerechtigkeit ist mehr als Chancengleichheit und hat für Eltern und Kinder einen existentiellen Aspekt, den Heilpädagogik und Allgemeine Pädagogik in gleicher Weise erschließen sollten.

---

[25] Auch GEORGENS und DEINHARDT setzen die Heilpädagogik in Beziehung zur Allgemeinen Volksschule.

4. Aufgabengebiete der Heilpädagogik

4.1 Das Sonderschulwesen

Sonderschulen sind, wie wir sahen, das älteste heilpädagogische Aufgabenfeld. Nach der bundeseinheitlichen Schulstatistik gab es im Schuljahr 1997/98 im Sonderschulwesen der deutschen Bundesländer 39.500 Klassen, 405.400 Schülerinnen und Schüler und 59.100 Lehrerinnen und Lehrer. Die folgenden Sonderschulbesuchsquoten und absoluten Schülerzahlen entsprechen den Behinderungsarten, wie sie die Ständige Konferenz der Kultusminister im Jahre 1972 festgelegt hat. Nicht einbezogen in die Statistik sind die behinderten Kinder, die in Regelschulen in Integrationsklassen unterrichtet werden[26].

Mehr als die Hälfte aller behinderten Kinder besuchen die Förderschule (früher Hilfsschule, später Schule für Lernbehinderte). Bemerkenswert ist es, dass bundesweit in Förderschulen nur etwa die Hälfte der Stellen mit ausgebildeten Sonderschullehrern besetzt ist. Den heilpädagogischen Schulen folgten Kindergärten und andere Einrichtungen der Vorschulerziehung, Horte, Tagesstätten, Heime, Beratungsstellen, berufsvorbereitende Maßnahmen, spezielle Formen der Berufsausbildung und spezifische Erwachsenenbildung, außerschulische Einrichtungen, beschützende Werkstätten und spezielle Angebote für die Freizeit. Versucht man aus der Fülle der Aufgaben die zu bestimmen, welche in allen heilpädagogischen Fachrichtungen besonders wichtig sind, lassen sich neben dem Schulunterricht Frühförderung, Integration und Berufsbildung nennen.

Behinderung	Sonderschulbesuchsquote in Prozent	absolute Zahlen
Alle Behinderungsarten	4,353	405.381
Lernbehinderte	2,366	220.396
Sonstige Behinderte	1,987	184.985
– Blinde	0,020	1.850
– Sehbehinderte	0,026	2.450
– Gehörlose	0,041	3.828
– Schwerhörige	0,067	6.236
– Sprachbehinderte	0,346	32.195
– Körperbehinderte	0,222	20.701
– Geistigbehinderte	0,652	60.735
– Verhaltensgestörte	0,242	22.515
– Kranke	0,086	7.965
– Sonstige	0,285	26.510

---

[26] Statistische Veröffentlichungen der Kultusministerkonferenz. Die Sonderschulen in der bundeseinheitlichen Statistik. Hrsg. vom Sekretariat der Ständigen Konferenz der Kultusminister der Länder in der Bundesrepublik Deutschland. Heft 148, Januar 1999, S. 5.

4.2 Frühförderung

Die Bedeutung einer möglichst früh einsetzenden heilpädagogischen Hilfe war in der Heilpädagogik schon lange bekannt[27]. In den 20er Jahren dieses Jahrhunderts gab es schon hoffnungsvolle Ansätze, die jedoch in Deutschland 1933 zum Stillstand kamen, während andere Länder in der Frühförderung von gehörlosen und blinden Kindern Fortschritte erzielten (SPECK 1977, 1998b, S. 241). In der Bundesrepublik begann die Früherfassung und Frühförderung zuerst bei gehörlosen Kindern (LÖWE 1970 und 1974). Einen starken Impuls erhielt die pädagogische Frühförderung durch die Empfehlungen des Deutschen Bildungsrates (1973). Heilerziehung konnte zum Beispiel bei Gehörlosigkeit schon im Kleinkindalter beginnen, da sich diagnostische Verfahren schon bei Kindern im Alter von einem halben Jahr anwenden ließen. Der Deutsche Bildungsrat empfahl 1973, pädagogische Frühförderstellen mit einem Einzugsbereich von 200.000 Einwohnern einzurichten. In den Frühförderstellen werden behinderte Kinder untersucht und gefördert und Eltern beraten (WEISS 1989). Heilpädagogen, Ärzte, Psychologen, Kindergärtnerinnen, Logopäden, Ergotherapeuten arbeiten zusammen. Behinderte Kinder werden in Gruppen- oder Einzelstunden oder im Hausunterricht regelmäßig gefördert. Ziel der Frühförderung ist es, Verzögerungen im Lernen abzumildern oder zu beheben und die Kinder so weit als möglich für den Eintritt in einen Kindergarten und für die Grundschule vorzubereiten oder dem Unterricht in einer Sonderschule vorzuarbeiten.

4.3 Integration

Ein wichtiges Ziel der Heilerziehung ist seit ihrem Bestehen die gesellschaftliche Integration von Kindern mit Behinderungen. Alle Sonderschulen unterstellten ihre Arbeit diesem Ziel. Absonderung war kein primäres Motiv für heilpädagogische Einrichtungen, wie gelegentlich fälschlich behauptet wird, sondern immer nur Mittel zum Zweck der Erziehung. Nach dem Zweiten Weltkrieg kam ausgehend von den nordischen Ländern die Forderung nach einer Integration im engeren Sinne auf (EBERWEIN 1988/1997). Die gesellschaftliche Integration nach der Schulpflichtzeit sollte schon in der Schulzeit beginnen. Integration im engeren Sinne meint den gemeinsamen Unterricht von behinderten und nicht behinderten Kindern im regulären Klassenverband der Grundschulen und, so weit möglich, auch in der Sekundarstufe. Die Probleme in den einzelnen sonderpädagogischen Fachrichtungen unterscheiden

---

[27] GEORGENS und DEINHARDT widmeten den ersten Teil des 11. Vortrags fast vollständig der Frühförderung.

sich beträchtlich. Wo die Unterrichtsziele behinderter Kinder mit denen aller anderen übereinstimmen, ist die Integration unumstritten. Sie wird von vielen Eltern gewünscht und auch von den Schulbehörden, allerdings unter dem so genannten Haushaltsvorbehalt, befürwortet. Die Integration eines gut begabten körperbehinderten Kindes in einer Klasse des Gymnasiums zum Beispiel setzt zwar bauliche Bedingungen voraus, stellt aber den üblichen Unterricht kaum in Frage. Die Teilnahme eines blinden oder gehörlosen oder eines geistig behinderten Kindes stellt dagegen erhebliche Anforderungen an die Unterrichtsorganisation. Sind ständig zwei Lehr- oder Erziehungspersonen anwesend (Zweilehrersystem), ist nach Bedarf gemeinsamer, Gruppen- und Einzelunterricht möglich. Viele Eltern, besonders geistig behinderter Kinder, befürworten die Integration im Grundschulalter. Es gibt aber auch Eltern, zum Beispiel von blinden und gehörlosen Kindern, die sich Vorteile von heilpädagogischen Heimschulen versprechen, die spezielle berufliche Lehrgänge anbieten, so wie das allgemeine Schulen von ihrer Ausstattung her gar nicht können.

Die folgende Übersicht zeigt, wie weit die Integration 1996/97 in Nordrhein-Westfalen fortgeschritten ist[28]. Aus der Tabelle ist ersichtlich, dass verhältnismäßig wenige Kinder in integrativen Klassen unterrichtet werden. Man muss bedenken, dass der Ausbau der jüngeren Sonderschulen vier Generationen lang dauerte. Es ist nicht verwunderlich, dass die Integration behinderter Kinder in Grundschulen nach einer Generation noch nicht abgeschlossen ist. Von den Grundschulen ist bisher keine breite Bewegung für die Integration ausgegangen. Am wirkungsvollsten setzte sich JAKOB MUTH (1988, 1991, 1992) für die Öffnung der Grundschulen ein. Die Integration stellt große Ansprüche an alle Beteiligten. Grundschullehrer und -lehrerinnen müssen bereit sein, sich der Teamarbeit zu öffnen und möglichst konsequent von der Perspektive des Lebenslaufs her das Schulcurriculum zu interpretieren. Integration auf freiwilliger Basis hat sich bewährt. Wenn Behörden auf Integration bestehen, finden sie bei Lehrerinnen und Lehrern nicht nur Zustimmung.

Elterninitiativen für geistig behinderte Kinder treten Schulbehörden gegenüber und in der Öffentlichkeit gut organisiert auf, während die Eltern lernbehinderter Kinder keinen vergleichbaren Druck auf die Schulbehörden ausüben und auch einen viel geringeren Organisationsgrad aufweisen. Wo die Integration gesetzlich vorgeschrieben ist, wie im Saarland, stößt sie an finanzielle Grenzen. Am weitesten ist sie in den Schulen der Stadtstaaten fortgeschritten. Im Rahmen der Schulversuche zur Integration sehbehinderter Kin-

---

[28] Nach: HEINRICH-WILHELM STOCK: Nordrhein-Westfalen. In: Z. f. Heilpäd. 50 (1999), S. 206–210, Tabelle Seite 209.

Organisationsformen sonderpädagogischer Förderung in Schulen in Nordrhein-Westfalen

Allgemeine Schulen

Gemeinsamer Unterricht in der Grundschule
- zielgleich und zieldifferent
- 691 Schulen
- 3477 Schüler
- 342 Mehrbedarfsstellen

Gemeinsamer Unterricht in Schulen der Sekundarstufe I
- zielgleich
- ca. 750 Schüler
- Einzelintegration

Sonderpädagogische Fördergruppe
Kann als Teil der Allgemeinen Schule geführt werden
- wohnortnahe Förderung
- 15 Schulen
- 24 Gruppen
- 175 Schüler

Schulversuche

Gemeinsamer Unterricht in der Gesamtschule und in der Hauptschule
– zieldifferent –
- 11 Hauptschulen
- 19 Gesamtschulen
- 550 Schüler

Förderschule
Gemeinsame Förderung von Schülern mit Lernbehinderung, Erziehungsschwierigkeit und Sprachbehinderung
- 30 Schulen
- 3600 Schüler

Integrative Grundschule
Integration aller Kinder mit Lernbehinderung, Erziehungsschwierigkeit und Sprachbehinderung in die Grundschule ihres Wohnbezirks
- Genehmigung durch Einzelerlasse
- an fünf Standorten
- 28 Schulen
- 328 Schüler

Sonderschulen

Zehn Sonderschultypen
- für Lernbehinderte 46779 Schüler
- für Geistigbehinderte 12128 Schüler
- für Erziehungshilfe 7422 Schüler
- für Körperbehinderte 7709 Schüler
- für Gehörlose 2095 Schüler
- für Schwerhörige 2033 Schüler
- für Sprachbehinderte 8605 Schüler
- für Blinde 953 Schüler
- für Sehbehinderte 1270 Schüler
- Schule für Kranke 2652 Schüler

Schule im organisatorischen und personellen Verbund
Sonderschulen unterschiedlicher Typen können im Verbund als eine Schule geführt werden
- sechs Schulen
- 1047 Schüler

Sonderschulklasse
In Ausnahmefällen können an Allgemeinen Schulen Sonderschulklassen als Teil einer Sonderschule in kooperativer Form eingerichtet werden
- wohnortnahe Förderung
- eine Schule
- 45 Schüler

der hat sich eine neue Form der heilpädagogischen Schulberatung herausgebildet (DRAVE 1990)[29].

4.4 Berufsvorbereitung und Berufserziehung

Nach dem Zweiten Weltkrieg fand eine Diskussion zum Verhältnis von grundlegender, beruflicher und allgemeiner Bildung statt. Rousseau hatte in

---

[29] Siehe auch das *Handbuch Integrationspädagogik* (hg. von HANS EBERWEIN).

seinem Erziehungsroman Emile die berufliche Bildung gegen die Menschenbildung gestellt. Diese Unterscheidung hatte für die Heilpädagogik nur eine geringe Bedeutung; denn die sonderpädagogischen Fachrichtungen entstanden mit dem erklärten Ziel, von den öffentlichen Schulen abgewiesene, vernachlässigte gehörlose, blinde, verwahrloste, gebrechliche und verstandesschwache Kinder zu einem beruflichen Auskommen und zu einer bescheidenen Selbstständigkeit zu führen. Die elementaren Schulfächer waren für die spätere Berufstätigkeit genau so wichtig wie die berufliche Ausbildung für die menschliche Reife. Diese Verschränkung von Berufsbildung und allgemeiner Menschenbildung gilt für alle Sonderschulen. Die Heimsonderschulen suchten ihre Absolventen in spezifischen Berufen unterzubringen oder schufen in den Heimen Arbeitsplätze für sie. Die Hilfsschulen waren den schon vorher bestehenden Hilfsklassen unter anderem auch dadurch überlegen, dass sie die berufliche Unterbringung der Jugendlichen nach der Konfirmation mit bedachten. Das war auch der Grund, weswegen einige Hilfsschulen vor der Volksschule Handarbeit und Arbeiten der älteren Sonderschulen (Stuhl- und Korbflechten oder Charpiezupfen) einführten. Die Teilung in sonderpädagogische Fachrichtungen ist unter anderem auch darin begründet, dass diese spezielle Berufszugänge ermöglichen. Für die Absolventen der Förderschule sind nach dem Zweiten Weltkrieg *Berufsbildungswerke* entstanden, in denen Jugendliche in systematischen Lehrgängen Holz, Textilien, Metall, Farbe oder andere Materialien zunächst probeweise kennen lernen und dann in einer Sparte eine Berufsausbildung auf einem anspruchsvollen handwerklichen Niveau erhalten. Vom *Berufsbildungswerk* unterscheidet sich das *Berufsausbildungswerk* dadurch, dass die Jugendlichen nicht in einem Internat, sondern zu Hause wohnen und nicht im Berufsausbildungswerk selbst, sondern in der freien Wirtschaft praktizieren (SCHARFF 1983, BAIER, PRÄNDL, RUMPLER 1998). Auf diese Weise gelingen Berufseinstiege in der freien Wirtschaft, die sonst für ehemalige Förderschülerinnen und -schüler wesentlich schwerer sind. Nischen in der freien Wirtschaft für Jugendliche, deren praktische Fähigkeiten ihre theoretischen Leistungen übersteigen, werden mit zunehmenden Rationalisierungen immer seltener. Das macht die Erziehung zur sinnvollen Lebensgestaltung auch ohne bezahlte Arbeit in der freien Wirtschaft in der Zukunft dringlich. Behinderte Jugendliche haben es schon bisher schwer, Anstellungen zu finden.

Für die Absolventen der Schulen für geistig behinderte Kinder und Jugendliche entstanden nach dem Zweiten Weltkrieg nach dem Muster der Niederlande zunächst beschützende Werkstätten. Sie wurden nach dem Inkrafttreten des Schwerbehindertengesetzes im Jahre 1986 in Werkstätten für Behinderte umgewandelt. Diese führen Aufträge aus der freien Wirtschaft aus und werden zugleich aus öffentlichen Mitteln subventioniert. Eines der Ziele ist die

Wiedereingliederung von Behinderten in die freie Wirtschaft. Die Bedeutung der Arbeit für die Persönlichkeit, ein pädagogischer Gesichtspunkt der beschützenden Werkstätten, der auch schwer behinderten Erwachsenen zugute kam, tritt in der stärker wirtschaftlich orientierten Werkstatt für Behinderte leider zurück.

5. Berufsbilder in der Heilpädagogik

Der historisch älteste heilpädagogische Beruf ist der des Lehrers. Heilpädagogische Schulen und daran anschließende neue Einrichtungen zogen oft auch weitere entsprechende berufliche Spezialisierungen nach sich. Es gibt in der Bundesrepublik Lehramtsstudiengänge für die Lehrämter an Schulen für Gehörlose und Schwerhörige, für Blinde und Sehbehinderte, für Sprachbehinderte, für Körperbehinderte und Krankenhausschulen, für Geistigbehinderte (zur individuellen Lebensbewältigung), für Lernbehinderte (Förderschulen), zur Erziehungshilfe und im Justizvollzug sowie an Sonderberufsschulen. Das Studium findet an Pädagogischen Hochschulen und an Universitäten statt und dauert acht Semester (Mindeststudiendauer). In den meisten Ländern wird der Abschluss in zwei sonderpädagogischen Fachrichtungen gefordert, in Bayern nur in einer, diese wird aber vertieft studiert. Außerdem kann dort nach insgesamt zehn Semestern eine Zusatzqualifikation in einem zweiten sonderpädagogischen Fach erworben werden. Das Referendariat dauert zwei Jahre. Sonderpädagogen arbeiten in Schulen und in neuen, nach dem Zweiten Weltkrieg entstanden Einrichtungen, wie Zentren für Frühförderung, Schulvorbereitende Einrichtungen, Sonderkindergärten, Schulkindergärten, Diagnose- und Förderklassen, Förderzentren, Einrichtungen zur Förderung der Berufsreife (zum Beispiel das *Stuttgarter Anlernjahr*).
In vielen Sonderschulen und Schulvorbereitenden Einrichtungen arbeiten Heilpädagogische Assistentinnen und Assistenten (Heilpädagogische Unterrichtshilfen). In manchen Ländern sind sie auch mit der Klassenführung betraut. Ihre Ausbildung findet berufsbegleitend statt. Eingangsvoraussetzung ist eine abgeschlossene Ausbildung als Erzieherin und mehrjährige Berufserfahrung.
Mit der Einführung von Diplomstudiengängen kam zum Lehrberuf ein neues Berufsbild hinzu: Diplompädagogin oder Diplompädagoge mit dem Schwerpunkt Heilpädagogik oder Sonderpädagogik. Aufgabenfelder der Diplompädagogen sind zum Beispiel Beratung, Jugendwohl, Berufserziehung, Erwachsenenbildung und Fortbildung, Heime, Werkstätten für Behinderte, Förderungsmaßnahmen der Arbeitsämter. Nur wenige Diplompädagogen oder Sonderschullehrerinnen sind selbständig, wie zum Beispiel Sprachheil-

therapeutinnen mit Kassenzulassung oder Leiter von privaten Therapiezentren für Legasthenie oder Diskalkulie.

An Fachhochschulen bestehen Studiengänge mit den Schwerpunkten Sozialpädagogik und Heilpädagogik. Die Absolventen dieser Fachrichtungen arbeiten meistens in außerschulischen Berufsfeldern, seltener in Schulen, da diese kaum Stellen für Sozialpädagogen bereit halten. Aufgaben für Sozialpädagogen gibt es in Schulen zur individuellen Lernförderung in großer Zahl. Diese Schulen werden mehr und mehr zu heilpädagogischen Einrichtungen allgemeiner Art, in denen sich Kinder nicht nur mit Lernschwierigkeiten, sondern auch mit Sprachstörungen und mit Verhaltensauffälligkeiten befinden. Gegen eine Ausdehnung der öffentlichen Erziehung, zum Beispiel durch einen großzügigen Ausbau der Erziehungsbeistandschaft, sprechen nur finanzielle Gründe. Eine Schwächung der Familienerziehung wäre nicht zu befürchten, ganz im Gegenteil, Verwahrlosung in früher Kindheit würde stärker in das Blickfeld der Öffentlichkeit rücken.

6. Methode der Heilpädagogik

Den folgenden Abschnitt bitte ich als eine Problemanzeige zu lesen. Die Heilpädagogik hat gegenüber der Pädagogik keine eigenen wissenschaftlichen Forschungsmethoden ausgearbeitet, sondern mehr oder weniger das Spektrum übernommen, das auch in der Pädagogik anzutreffen ist. Insofern verbietet es sich, von einer Methode *der* Heilpädagogik zu sprechen. Nun ist jedoch die Heilerziehung selbst ein pädagogisches Verfahren, so dass es sich lohnt, danach zu fragen, welches die immanente, unausgesprochene Theorie dieses Verfahrens ist. Damit ist weder die Verallgemeinerungsbewegung in der ersten Hälfte des 19. Jahrhunderts gemeint, die danach strebte, aus jedem Volksschullehrer einen Taubstummen- und Blindenlehrer zu machen, noch die heute von manchen Autoren befürwortete Umwandlung aller Grundschullehrerinnen in Sonderschullehrerinnen – zwei unrealistische Versuche. Es geht um einen spezifischen Zugang zum Problem der Hilfe in der Erziehung, die gegenüber einer medizinischen oder psychologischen Hilfe abgehoben werden muss.

Alle sonderpädagogischen Fachrichtungen haben eigene Fachkongresse, in denen Richtungen miteinander konkurrieren, so dass die sonderpädagogischen Binnendiskussionen kaum noch zu überblicken sind. Innerhalb der sonderpädagogischen Fachrichtungen gibt es außerdem Arbeitsschwerpunkte, wie zum Beispiel Frühförderung, Integration, Fachgeschichte, schwere geistige Behinderung, unterstützte und gestützte Kommunikation, was nicht dasselbe meint, betreutes Wohnen, Erwachsenenbildung bei geistiger Behinderung, Bewegungserziehung und -therapie, Malen, Musik, Förderung autistischer Kinder u. a. Sowohl praktische Verfahren als auch theoretische Annahmen liegen im Wettstreit, wie zum Beispiel die Frage, ob die Verbalsprache oder die Gestensprache in der Gehörlosenpädagogik angestrebt werden soll, welche Vorgehensweise bei autistischen Kindern ethisch zu vertreten und welche am wirksamsten ist. Im Einzelnen muss auf das *Handbuch der Sonderpädagogik* und auf die einschlägigen Zeitschriften verwiesen werden. Es gibt allein im deutschsprachigen Raum etwa zehn heilpädagogische Fachzeitschriften, die sowohl Themen zur Heilpädagogik allgemein als auch zu Spezialgebieten veröffentlichen. Hinzu kommen die Zeitschriften der überkommenen heilpädagogischen Fachrichtungen. Die starke Differenzierung scheint dagegen zu sprechen, dass es ein eigenes Forschungsgebiet der Heilpädagogik gibt, die Geschichte der Heilpädagogik spricht jedoch dafür; denn sie hat zu einer in der Pädagogik einhellig hingenommenen Zusammenfassung der sonderpädagogischen Fachrichtungen geführt.

Spezielle Förderung wird in der Pädagogik immer ihre Bedeutung behalten, sie ist jedoch bisher noch nicht in einem Gesamtkonzept dargestellt worden. Sehr nahe kommt einem solchen Konzept WERNER LOCH (1998, S. 323). Im Mittelpunkt stehen *Lernmisserfolge* und *Lernerfolge*. Damit lassen sich die unvermeidlichen Krisen, Brüche, ungewollten Umwege und Versäumnisse in der Erziehung und im Unterricht beschreiben, und Heilpädagogik lässt sich mit der Allgemeinen Pädagogik begrifflich vermitteln. Die praktische Aufteilung der Aufgaben für Erziehung und Unterricht in den sonderpädagogischen Fachrichtungen und die Schwerpunktbildungen in der Erziehungswissenschaft sind demgegenüber keine grundsätzlichen, sondern Fragen der Zweckmäßigkeit. In der Tat kann man das beim Lesenlernen feststellen. Die sonderpädagogischen Fachrichtungen unterscheiden sich nicht zuletzt darin, dass die Hilfsmittel und die Verfahren beim Schriftspracherwerb sich unterscheiden. Die Kenntnis der Schrift kann für das Lernen in der Schule kaum hoch genug eingeschätzt werden. In der Gehörlosenschule geht es um „Sprachanbildung" und um ein zunächst ganzheitliches Lesen der konventionellen Schrift. Die Blindenschule ist einen völlig anderen Weg gegangen. Die Braille-Schrift ist eine spezielle Schrift, die nicht einmal alle Blindenlehrer so gut beherrschen, wie blinde, erwachsene gute Leser das tun. Es liegt auf der Hand, dass sich die Lernschwierigkeiten hierbei von anderen sonderpädagogischen Fachrichtungen unterscheiden, jedoch nicht so stark, dass nicht auch kognitive Schwierigkeiten wie bei langsam lernenden Grundschülern auftreten könnten. Die Schule für Sehschwache setzt verstärkt starke Lichtquellen und Vergrößerungen mit Hilfe besonderer Apparaturen ein. Sie entsprechen den Hörgeräten in der Schwerhörigenschule. Die Schule für Schwerhörige und die für Sehschwache stehen sich hinsichtlich des Schriftspracherwerbs näher als Blinden- und Sehschwachenschule oder Gehörlosen- und Schwerhörigenschule. Die Schule für Körperbehinderte kennt spezielle, individuell angepasste Schreibhilfen. In der Schule für geistig behinderte Kinder werden Signalsysteme und Bildkarten verwendet, und es wird unterschieden zwischen einem Lesenlernen von einfachen Informationen im Alltag und dem Lesen der Lautschrift, das auch in diesem Schultyp einigen Kindern gelingt. Für die Hilfsschule ist eine Reihe von so genannten phonomimischen Systemen ausgearbeitet worden. Wie in der Sprachheilschule, allerdings weniger intensiv, gab es in der Hilfsschule immer auch begleitenden Sprachheilunterricht (zum Beispiel gute Artikulation). Was heute in der Psychologie und in der Legasthenieforschung als phonemische Bewusstheit diskutiert wird, war in der Sprachheilschule immer klar. Es liegt auf der Hand, dass ein multipler Stammler beim Schriftspracherwerb Schwierigkeiten haben wird, wenn er mehrere Laute nicht aussprechen kann oder ständig verwechselt. Eine heilpädagogische Didaktik kann bei diesen Unterschieden ansetzen und wird daher, wenn sie die Grundschule mit einbezieht, notwendigerweise immer eine vergleichende Didaktik sein. Auch hier kommt es nicht auf den Namen, sondern auf die Sache an. Heilpädagogische Didaktik ist immer „klinische" Didaktik. Psychologie sowie Kinder- und Jugendpsychiatrie bedienen sich dieser Methode. Es kann kaum bezweifelt werden, dass es eine Entsprechung auch in der Pädagogik geben sollte. Auch hier sei betont, dass sich dahinter ein Theorieproblem verbirgt. Alle hier genannten Hilfen im Schriftspracherwerb müssen sich mit jeweils anderen, jedoch bezeichnenden Missverständnissen der Kinder auseinander setzen. Diese wiederum verdichten sich zu spezifischen, je nach sonderpädagogischer Fachrichtung unterschiedlichen Reaktionsweisen, die oft auch noch zusätzlich durch individuelle Besonderheiten eingefärbt sind, so dass man von *Idiosynkrasien* sprechen kann, die der Beschreibung zugänglich sind. Sie sind ein wichtiges didaktisches Problem; denn der Anteil nur didaktisch zureichend zu beschreibender Schwierigkeiten bei der Entstehung von Legasthenie wird leicht unterschätzt. Legasthenie beginnt in den meisten Fällen während der ersten Schuljahre unter den Augen der Lehrerinnen und Lehrer, ohne dass diese sagen könnten, wie das geschieht (MÖCKEL 1997). Hier erhebt sich die Frage, ob es eine pädagogische Therapie geben kann – eine Frage, die das professionelle Selbstverständnis von Pädagogen und Heilpädagogen berührt[30]. Ein Beispiel: Eine Sprachheillehrerin in einer staatlichen Sprachheilschule *unterrichtet*, auch wenn sie ein Kind von seinem Sigmatismus befreit, bei einer Angestellten in der Praxis eines Kinderarztes gilt die gleiche Arbeit als *Therapie*. Ähnlich sieht es bei Legasthe-

---

[30] Siehe dazu insbesondere EMIL E. KOBI (1979), MARIAN HEITGER (1984) und WINFRIED BÖHM (1992).

nie und bei Diskalkulie aus. Dieses Problem hat auch eine standespolitische Seite. Aber nicht darauf soll hier abgehoben werden, sondern auf den theoretischen Aspekt.

Zur Beschreibung und Erklärung von Verwerfungen, die im Zusammenleben der Generationen durch die Gleichzeitigkeit des Ungleichzeitigen notwendigerweise entstehen und durch unvorhergesehene andere Hindernisse, wie Behinderungen, noch verschärft werden können, brauchen Erzieherinnen und Erzieher Theorie. Was sind Abweichungen? Welche Abweichungen gibt es? Welche Abweichungen sind zu tolerieren? Welche Abweichungen sind Alarmsignale? Worin liegt die Abweichung? Und wer weicht ab, wenn Erziehung und Unterricht immer in einer Relation stattfinden? Zur Zeit entscheidet allein die wuchernde, aber nicht ungefährliche Fruchtbarkeit der Institutionen auf dem Markt der Kinderängste und der Elternsorgen, ob Hilfen pädagogische Förderung oder psychologische oder medizinische Therapie sind.

Bisher wird dieses Gebiet hauptsächlich von der Psychologie, der Psychiatrie, der Kriminalistik oder, wenn sich die Pädagogik beteiligte, fast ausschließlich von der Heilpädagogik bestellt. Gastvorträge Allgemeiner Pädagogen auf heilpädagogischen Kongressen sind Zeugnisse einer erstaunlichen Sprachlosigkeit unter Verwandten. Nach der Verfolgung der behinderten Kindern in der NS-Zeit und im Zweiten Weltkrieg ist diese Sprachlosigkeit bedrückend. Es ist zunächst nicht entscheidend, wie die Aufgabe genannt wird und welche zentralen Begriffe sich durchsetzen. Das Problem sollte nur überhaupt im Rahmen der Erziehungswissenschaft in seinem theoretischen Stellenwert gesehen und angesprochen werden. Nach dem Zweiten Weltkrieg überwand die Heilpädagogik Schritt für Schritt die Sichtweise, wonach Behinderung allein den behinderten Kindern zugeschrieben wird. Die meisten Heilpädagogen erkannten die Gefahr einer rein medizinischen Fassung pädagogischer Probleme, benützten jedoch notgedrungen aus der Medizin stammende Begriffe immer noch mit, so wie das auch Psychologen tun: Ursache, Symptom, Syndrom, Diagnostik, Behandlung, Therapie, Nachuntersuchung, Vorbeugen u. a. Die erfolgreiche Suche der Medizin nach physiologischen Erklärungen von Schädigungen in den sonderpädagogischen Fachrichtungen darf nicht dazu verführen, Heilpädagogik nur unter dem so genannten „medizinischen Paradigma" zu sehen. Bis zu einem gewissen Maß wird es auch für Pädagogik seine Geltung behalten. Es gibt nun einmal die zehn verschiedenen Fachrichtungen der Heilpädagogik, die alle elaborierte Spezialbegriffe haben. Der Wandel zu einer pädagogischen und differenzierteren Sichtweise ist jedoch in vollem Gange und erstreckt sich auch auf eine pädagogische Reformulierung heilpädagogischer Probleme. Es gibt seit dem Zweiten Weltkrieg mindestens zehn Versuche, den heilpädagogischen Ansatz neu zu fassen. Das ist keineswegs so selbstverständlich, wie es zunächst klingt[31]. Wichtig für den Wandel war die Schweizer heilpädagogische Schule, besonders PAUL MOOR, der nachdrücklich betonte, dass Heilpädagogik Pädagogik ist. Die damit zusammenhängenden theoretischen und praktischen Aufgaben sind noch nicht alle gelöst. Die auch für die Praxis relevante Vermittlung von Allgemeiner Pädagogik und Heilpädagogik könnte es erleichtern, die mit jeder Erziehung mitgegebenen Schattenseiten in Familie und Schule besser zu erkennen und zu beschreiben als bisher, also das, was in diesem Aufsatz als *ungewollte Verwahrlosung in Erziehung und Unterricht* bezeichnet worden ist[32]. Vieles spricht dafür, dass sich auch in der Allgemeinen Pädagogik mehr und mehr ein Verständnis für diese Aufgabe durchsetzt. MICHAEL WINKLER nennt die Zeitlichkeit im Verhältnis der Generationen „das *Problem der Erziehung*". „In diesem generativen Verhältnis müssen ein Geburts- und ein Todesproblem bewältigt werden. Einerseits bedarf es einer kulturellen Leistung, mit der die menschliche Gattung sich in ihrer sozialen, kulturellen und psychischen Verfasstheit über den physischen Tod ihrer Mitglieder hinaus reproduziert; andererseits müssen neue Mitglieder der Gattung in eine stets schon sozial bedeutsam gemachte Welt geführt werden" (WINKLER 1998, S. 71). Das ist ein Anknüpfungspunkt; denn die Heilpädagogik kann hinzufügen, dass es Sterbe- und Geburtsprozesse auf dem Gebiete Erziehung täglich gibt. „Quot aetates, tot mortes" (AUGUSTIN) gilt auch für die Zeiten im individuellen Leben und für das Lehr-Lernen. Es kann und muss scharf unterschieden werden zwischen solchen Sterbe- und Geburtsprozessen in der Erziehung, die zwingend nötig sind, wie zum Beispiel die Ablösung vom Elternhaus, und anderen, die krank machen, wie zum Beispiel Kindesmisshandlung aus Ratlosigkeit und hilfloser Erziehung. Das ist eine gemeinsame Aufgabe der Allgemeinen Pädagogik und der Heilpädagogik, die in die Zukunft gerichtet ist.

---

[31] Einige Beispiele: MOOR verallgemeinerte die Begriffe *Halt und Haltlosigkeit* (MOOR 1951 und 1958). BLEIDICK sprach von *Behinderung der Erziehung*, von *intervenierenden Variablen* und *Krisen* (BLEIDICK 1972, S. 199). HILLER und SCHÖNBERGER verallgemeinerten den juristischen Begriff *Vertrag* (1977). SPECK (1988 und 1998) überwand mit dem Begriff *besondere Erziehungsbedürfnisse* die Enge einer nur auf das Individuum bezogenen Sichtweise. JANTZEN verstand Behinderung *als Isolation von der Aneignung des gesellschaftlichen Erbes* (JANTZEN 1978, S. 40). Ich beschrieb Behinderung als *Sprachzerfall pädagogischer Felder* (MÖCKEL 1982).

[32] BOLLNOW (1959) untersuchte *unstetige Erziehungsformen*. SPRANGER (1962) zeigte *ungewollte Nebenwirkungen* der Erziehung. MARIA MONTESSORI erkannte das Problem (1985, S. 19), war aber auf den Idealtypus „das Kind" fixiert. Ich schlage den moralisch neutralen und weit gefassten Begriff *Verwahrlosung von Erziehung und Unterricht* vor (MÖCKEL 1995, 1997).

Literatur

Antor, G./U. Bleidick: Recht auf Leben – Recht auf Bildung. Heidelberg 1995

Asperger, H.: Heilpädagogik. Wien 1952

Baier, H./B. Prändl/F. Rumpler: Der Verband und der Ausbau der beruflichen Bildung behinderter Jugendlicher. In: Möckel 1998, S. 231–239

Berg, Chr./S. Ellger-Rüttgardt (Hg.): „Du bist nichts, Dein Volk ist alles". Forschungen zum Verhältnis von Pädagogik und Nationalsozialismus. Weinheim 1991

Biesalski, K.: Grundriss der Krüppelfürsorge. Dritte Auflage des „Leitfaden für Krüppelfürsorge". Leipzig 1926

Binding, K./A. Hoche: Die Freigabe der Vernichtung lebensunwerten Lebens. Leipzig 2. Aufl. 1922

Bleidick, U.: Pädagogik der Behinderten. Grundzüge einer Theorie der Erziehung behinderter Kinder und Jugendlicher. Berlin 1972

Bleidick, U.: Auf der Suche nach dem Besonderen. Allgemeines und Spezielles zur Theorie der Behindertenpädagogik. In: G. Sturny-Bossart, A. Fröhlich, Chr. Büchner (Hg.): Zukunft Heilpädagogik. Luzern 1999, S. 19–27

Böhm, W.: Über die Unvereinbarkeit von Erziehung und Therapie. In: Vierteljahrsschrift für wissenschaftliche Pädagogik 68 (1992), S. 129–151

Böhm, W.: Über das Gemeine der Allgemeinen Pädagogik. Eine personalistische Grundlegung. In: Brinkmann/Petersen 1998, S. 137–152

Bollnow, O. Fr.: Existenzphilosophie und Pädagogik. Versuch über unstetige Formen der Erziehung. Stuttgart 1959

Bopp, L.: Allgemeine Heilpädagogik in systematischer Grundlegung und mit erziehungspraktischer Einstellung. Freiburg i. Br. 1930

Brill, W.: Pädagogik im Spannungsfeld von Eugenik und Euthanasie. St. Ingbert 1994

Brinkmann, W./J. Petersen (Hg.): Theorien und Modelle der Allgemeinen Pädagogik. Eine Orientierungshilfe für Studierende der Pädagogik und in der pädagogischen Praxis Tätige. Donauwörth 1998

Deutscher Bildungsrat: Zur pädagogischen Förderung behinderter und von Behinderung bedrohter Kinder und Jugendlicher. Bonn 1973

Drave, W.: Lehrer beraten Lehrer. Beratung bei der Integration von sehbehinderten Schülern. Würzburg 1990

Düring, E. v.: Grundlagen und Grundsätze der Heilpädagogik. Erlenbach-Zürich 1925

Eberwein, H. (Hg.): Handbuch Integrationspädagogik. Kinder mit und ohne Behinderung lernen gemeinsam. Weinheim 1988, 4. Aufl. 1997

Ellger-Rüttgardt, S.: Frieda Stoppenbrink-Buchholz (1897–1993). Hilfsschulpädagogin, Anwältin der Schwachen, soziale Demokratin. Weinheim 1987, 2. Aufl. 1997

Ellger-Rüttgardt, S. (Hg.): Verloren und Unvergessen. Jüdische Heilpädagogik in Deutschland. Weinheim 1996

Esquirol, J. E. D.: Die Geisteskrankheiten in Beziehung zur Medizin und Staatsarzneikunde. Berlin 1838

Gamm, H.-J.: Der Faschismuskomplex und die Sonderpädagogik. In: Z. f. Heilpäd. 34 (1983), S. 789–797. Dazu: Möckel, A.: Zuschrift „Der Faschismuskomplex und die Sonderpädagogik. In: Z. f. Heilpäd. 35 (1984), S. 304–309 und (Antwort Gamms) S. 309–311. Schließlich Möckel in Z. f. Heilpäd. 36 (1985), S. 48–49 und Antwort Gamms S. 49–50

Georgens, J. D./H.M. Deinhardt: Die Heilpädagogik mit besonderer Berücksichtigung der Idiotie und der Idiotenanstalten. Zwei Bände. Leipzig 1861 und 1863

Gütt, A./E. Rüdin/F. Ruttke: Gesetz zur Verhütung erbkranken Nachwuchses vom 14. Juli 1933. München 1934

Haeberlin, U.: Heilpädagogik als wertgeleitete Wissenschaft. Ein propädeutisches Einführungsbuch in Grundfragen einer Pädagogik für Benachteiligte und Ausgegrenzte. Bern/Stuttgart/Wien 1996

Hanselmann, H.: Einführung in die Heilpädagogik. Erlenbach/Zürich 1930

Hanselmann, H.: Über heilpädagogische Behandlung geistesschwacher und psychopathischer Kinder. Nebst Anhang: Heilpädagogische Behandlung Mindersinniger und Sinnesschwacher. In: Lehrbuch der Psychopathologie des Kindesalters für Ärzte und Lehrer von E. Benjamin/H. Hanselmann/M. Isserlin/J. Lutz/A. Ronald. Erlenbach/Zürich 1938, S. 309–375

Hanselmann, H.: Grundlinien einer Theorie der Sondererziehung (Heilpädagogik). Ein Versuch. Erlenbach/Zürich 1941

Heitger, M.: Zur Notwendigkeit der interdisziplinären Zusammenarbeit von Pädagogik und Medizin in der Sonder- und Heilpädagogik. In: E. E. Kobi/A. Bürli/E. Broch (Hg.): Zum Verhältnis von Pädagogik und Sonderpädagogik. Referate der 20. Arbeitstagung der Dozenten für Sonderpädagogik in deutschsprachigen Ländern in Basel. Luzern 1984, S. 88–92

Heller, Th.: Grundriss der Heilpädagogik. Leipzig 1904

Hiller, G. G./F. Schönberger: Erziehung zur Geschäftsfähigkeit. Entwurf einer handlungsorientierten Sonderpädagogik. Essen 1977

Hillenbrand, C.: Reformpädagogik und Heilpädagogik unter besonderer Berücksichtigung der Hilfsschule. Bad Heilbrunn 1994

ter Horst, W.: Einführung in die Orthopädagogik. Stuttgart 1983

Höck, M.: Die Hilfsschule im Dritten Reich. Berlin 1979

Jantzen, W.: Behindertenpädagogik, Persönlichkeitstheorie, Therapie. Vorbereitende Arbeiten zu einer materialistischen Behindertenpädagogik. Köln 1978

Jantzen, W.: Allgemeine Behindertenpädagogik. Zwei Bände. Band 1: Sozialwissenschaftliche und psychologische Grundlagen Weinheim 1987, Band 2: Neurowissenschaftliche Grundlagen, Diagnostik, Pädagogik und Therapie. Weinheim 1990

Jean Paul (siehe J. P. F. Richter)

Key, E.: Das Jahrhundert des Kindes. Leipzig 15. Aufl. 1911

Klee, E.: „Euthanasie" im NS-Staat. Die „Vernichtung lebensunwerten Lebens". Frankfurt a. M. 1983

Kobi, E. E.: Therapie aus heilpädagogischer Sicht. Zum Horizont ärztlich-pädagogischer Kooperation. In: E. E. Kobi: Heilpädagogik als Herausforderung. Luzern 1979, S. 91–102

Kobi, E. E.: Grundfragen der Heilpädagogik und der Heilerziehung. Bern/Stuttgart 4. Aufl. 1983

Koch, J. L. A.: Die psychopathischen Minderwertigkeiten. Band 1. Ravensburg 1891

Leber, A. (Hg.): Heilpädagogik. Darmstadt 1980

Liedtke, M. (Hg.): Behinderung als pädagogische und politische Herausforderung. Historische und systematische Aspekte. Bad Heilbrunn 1996

Lindmeier, B.: Die Pädagogik des Rauen Hauses. Zu den Anfängen der Erziehung schwieriger Kinder bei Johann Hinrich Wichern. Bad Heilbrunn 1998

Lindmeier, Chr.: Behinderung – Phänomen oder Faktum? Bad Heilbrunn 1993

Loch, W.: Die Allgemeine Pädagogik in phänomenologischer Hinsicht. In: Brinkmann/Petersen 1998, S. 308–333

Löwe, A.: Früherfassung, Früherkennung, Frühbetreuung hörgeschädigter Kinder. Berlin 1970

Löwe, A.: Gehörlose, ihre Bildung und Rehabilitation. In: Deutscher Bildungsrat. Gutachten und Studien der Bildungskommission 30. Sonderpädagogik 2. Mit einer Einführung von Jakob Muth. Stuttgart 1974, S. 15–183

Meinertz, F.: Heilpädagogik. 3. Aufl., neu bearb. und erweitert von R. Kausen. Bad Heilbrunn 1972, 1. Aufl. 1961

Mieskes, H.: Das pädagogische Problem in Forschung, Schulalltag und Lebenswirklichkeit. Oberursel/Taunus o. J., 1. Aufl. 1973

Milde, V. E.: Lehrbuch der allgemeinen Erziehungskunde (1811). I. und II. Teil in einem Band. Besorgt von K. G. Fischer. Paderborn 1965

Möckel, A.: Die besondere Grund- und Hauptschule. Rheinstetten 1976

Möckel, A.: Die Zusammenbrüche pädagogischer Felder und die Ursprünge der Heilpädagogik. In: Zeitschr. f. Heilpäd. 33 (1982), S. 77–86

Möckel, A.: Geschichte der Heilpädagogik. Stuttgart 1988

Möckel, A.: Verwahrlosen, lossagen, verstehen und heilen. In: Vierteljahreszeitschrift für Heilpädagogik und ihre Nachbargebiete (VHN) 64 (1995), S. 261–272

Möckel, A. (Hg.): Erfolg, Niedergang, Neuanfang. 100 Jahre Verband Deutscher Sonderschulen. München 1998

Möckel, A./A. Gottfried/H. Adam: Quellen zur Erziehung von Kindern mit geistiger Behinderung. Zwei Bände. Würzburg 1997 und 1999

Moor, P.: Heilpädagogik. Ein pädagogisches Lehrbuch. Bern/Stuttgart 1965

Müller-Hill, B.: Tödliche Wissenschaft. Die Aussonderung von Juden, Zigeunern und Geisteskranken 1933–1945. Reinbek bei Hamburg 1984

Muth, J.: Wege zur Gemeinsamkeit. Modelle integrativer Schulen in Nordrhein-Westfalen. Essen 1988

Muth, J.: Tines Odyssee zur Grundschule. Behinderte Kinder im allgemeinen Unterricht. Unter Mitarbeit von Birgit Hüwe. Essen 1991

Muth, J.: Schule als Leben. Prinzipien, Empfehlungen, Reflexionen. Eine pädagogische Anthologie. Hohengehren 1992

Pestalozzi, J. H.: Über Gesetzgebung und Kindermord. Wahrheiten und Träume, Nachforschungen und Bilder (1783). In: Werke Band 2, hg. von G. Cepl-Kaufmann und M. Windfuhr. Zürich 1986, S. 309–471

Pestalozzi, J. H.: Bruchstücke aus der Geschichte der niedrigsten Menschheit. Anrufung der Menschlichkeit zum Besten derselben (1788). In: Werke Band 2, hg. von G. Cepl-Kaufmann und M. Windfuhr. Zürich 1986, S. 23–28

Pritchard, D. G.: Education and the Handicapped 1760–1960. London 1963

Richter, J. P. F.: Levana oder Erziehlehre (1806). Hg. von Theo Dietrich. Bad Heilbrunn 1963

Rudnick, M. (Hg.): Aussondern – Sterilisieren – Liquidieren. Verfolgung Behinderter im Nationalsozialismus. Berlin 1990

Saegert, C. W.: Über die Heilung des Blödsinns auf intellectuellem Wege. Berlin. Band 1: 1845, Band 2: Psychische Anthropologie mit Beispielen, 1846

Scharff, G.: Berufsbildung bei Jugendlichen mit Lernbehinderungen. In: H. Baier/ U. Bleidick (Hg.): Handbuch der Lernbehindertendidaktik. Stuttgart 1983, S. 56–55

Selbmann, F.: Jan Daniel Georgens – Leben und Werk. Giessen 1982

Singer, P.: Praktische Ethik. Stuttgart 1984

Solarova, S. (Hg.): Geschichte der Sonderpädagogik. Stuttgart 1983

Speck, O. (Hg.): Frühförderung entwicklungsgefährdeter Kinder. München 1977

Speck, O.: System Heilpädagogik. Eine ökologisch reflexive Grundlegung. München 1988, 4. Aufl. 1998 (a)

Speck, O.: Der Verband und der Aufbau der Früherziehung. In: Möckel 1998, S. 240–248 (1998b)

Spranger, E.: Das Gesetz der ungewollten Nebenwirkungen in der Erziehung. Heidelberg 1962

Strümpell, L. v.: Die Pädagogische Pathologie oder Die Lehre von den Fehlern der Kinder. Eine Grundlegung. Leipzig 1890

Warnock, M. (Hg.): Special Educational Needs. Report of the Committee of Enquiry into the Education of Handicapped Children and Young People (= Warnock-Report). London 1978

Weiß, H.: Familie und Frühförderung. Analysen und Perspektiven der Zusammenarbeit mit Eltern entwicklungsgefährdeter Kinder. München/Basel 1989

Winkler, M.: Maria und die positive Haltung – auch ein Zugang zur Allgemeinen Pädagogik. In: Brinkmann/Petersen 1998. S. 55–86

MICHAEL WINKLER

Heimpädagogik. Oder: Von den Schwierigkeiten, einen pädagogischen Sachverhalt in eine pädagogische Theorie zu fassen

1. Vorahnungen

„Wenn Kinder spinnen" lautet die Schlagzeile. Über ihr steht: „Manchmal kann Eltern nur noch das Jugendamt helfen", während der Untertitel ergänzt: „Einweisung ins Heim ist oft der letzte Ausweg – Drei Schicksale" (KRÜGER 1999, S. 16). Der Bericht einer Tageszeitung. Engagiert angelegt möchte er weder skandalisieren noch dramatisieren. Der Hinweis auf *Schicksale* wirbt um Verständnis für existentielle Probleme: „Wenn Eltern merken, dass sie mit ihren Kindern nicht mehr allein zurechtkommen, deshalb das Jugendamt einschalten und ihre Sprösslinge gar in ein Heim geben, muss in der Familie einiges passiert sein. Die Scham ist groß und über die Vorfälle redet niemand gern": Kinder sind weggelaufen, haben in der Schule versagt, sich „grell und schrill" gekleidet, endlich „gesoffen, gehascht und grausig gestunken"; sie irritieren, stören, handeln aggressiv. Ihre Eltern „haben mit ihrem ,Wildfang' einen langen Leidensweg hinter sich". Sie wirken überfordert, aber einsichtig; von Vernachlässigung, fehlender Erziehung, gar von „Verwahrlosung" ist keine Rede. Im Unterschied zur Berichterstattung in Boulevardpresse und Magazinen entsteht nicht der Eindruck von jugendlichen Monstern. Sie „spinnen" eben, doch kann dies, wie ein Unglück, jedem widerfahren. „Der Schock kam kurz vor Weihnachten" über die Mittelschichtfamilie in der „gepflegten Wohngegend".

Der Beitrag weckt Mitgefühl für die Eltern und die Jugendlichen. Zwar erfährt man wenig von ihren Lebensverhältnissen, gar nichts von ihrer biographischen Entwicklung; sie sind eben aus dem Gleis geraten und, wie der Volksmund deftig sagt, ticken nicht mehr ganz richtig. Noch weniger entsteht ein Bild davon, was mit ihnen im Heim passiert, warum also ein Jugendlicher „nach drei Jahren immer noch schwierig" sei, sie dort aber dennoch „schon viel erreicht" haben. Gleichwohl will der Bericht die Bilder missratener Kinder und die Vorurteile zurechtrücken, die gegenüber Heimerziehung bestehen. Seine Botschaft lautet: Heime geben professionelle Hilfe.

Aber warum soll man sich mit einer Reportage befassen, die fachlicher Prüfung nicht standzuhalten braucht? Tatsächlich verrät der Blick in die Tageszeitung erste, vorgängige und zugleich grundlegende Elemente einer Heimpädagogik: Der Bericht spielt nämlich mit vertrauten Stereotypen, erinnert an den Schrecken, den das Wort *Heim* auslöst. Einiges muss eben passiert sein, die Scham ist groß, wenn das Heim als „letzter Ausweg" bleibt. Wohin dieser dann führt, bleibt eigentümlich offen und den literarisch hergestellten Ahnungen vom „Weinen in der Dunkelheit" (EVA BURKOWSKI) auf dem Weg zwischen „Lebenshilfe oder Beugehaft" (ALEXANDER HOMES) überlassen, der vom „Waisenhaus ins Zuchthaus" (WOLFGANG WERNER) führt. Sie begründen ein unausgesprochenes Vorwissen von dem, was Heim bedeutet. „Sie nannten es nicht ein Waisenhaus, sondern ein Heim. Dadurch wurde es aber noch lange kein Heim", bekennt der Zeuge in Ross MacDonalds Kriminalroman *Der Fall Galton*. Erklärungen sind nicht nötig, wo eine Ahnung für sicher gehalten wird.

Wo über Heime gesprochen wird, stehen tiefwurzelnde Mentalitäten und öffentlich kommunizierte Bilder im Hintergrund. Sie bedienen Ressentiments, die sich noch vorweihnachtlich zugunsten armer Heimkinder mobilisieren lassen. Vorstellungen vom Heim sind affektiv besetzt. Vielleicht wehren wir uns gegen eine Verletzung jener romantischen *Heimeligkeit*, die vom *Heimchen* als *Trautes Heim – Glück allein* gestickt wurde und bis zum schuhplattelnden Lederhosenträger des *Heimat*vereins reicht. Von Heimen wird daher kaum unbefangen, sondern meist moralisch, aber wenig informiert gesprochen. Selbst wenn sie gut gemeint sind, erzeugen Vorurteile jedoch Gedankengefängnisse: Bilder von Großheimen und vom Kinderknast mit Schlafsaal und Gitterfenster einerseits, die spendenwirksam eingesetzten Aufnahmen der fröhlichen Kinderdorffamilien andererseits, Bilder von verlorenen, misshandelten armen und benachteiligten Kindern einerseits, von bösartigen, gewalttätigen, unkontrollierten *Horror-Kids* andererseits; Bilder von jungen Frauen, die sich für die ihnen anvertrauten Kinder aufopfern, von brutalen Erziehern und Zöglingen, die im Heim kriminelle Subkulturen bilden, welche ins Aus der Gesellschaft führen. Bilder endlich von Kindern, denen im Heim nur das Allernötigste zukommt, die unserer Spenden bedürfen, deren Unterbringung und Betreuung aber zugleich doch zu viel kostet.

Solche Bilder bestehen nicht grundlos, allzumal wenn der Blick über die Grenzen eines Wohlfahrtsstaates hinausreicht. Heime in Rumänien und Russland würden in Deutschland kaum den Ansprüchen für Tierhaltung genügen. Im historischen Rückblick wiederum gehört die Fürsorgeerziehung im Heim regelmäßig zu den schwarzen Seiten der Pädagogik – wenn es denn überhaupt um solche ging. Kritik an Heimen wird deshalb seit Jahrhunderten notorisch geübt – und ist notorisch berechtigt; Skandale und Heimrevolten gehören nicht minder zur Geschichte der Heimerziehung.

Dennoch erfüllen die öffentlich verbreiteten Bilder eine besondere Funktion in der sozialen Kommunikation: Der Diskurs um Heimerziehung findet nämlich in einer schwer zu beschreibenden Zone gesellschaftlicher Selbstverständigung statt, in der es um den Umgang mit der jungen Generation schlechthin, um Normen, Abweichung und Kontrolle geht. Das lässt sich schon daran erkennen, dass im Diskurs subtil unterschieden wird zwischen den gefährlichen, den schwierigen Kindern und denen, die der Prominenz angehören, deren Eltern die bestmögliche Erziehung sicherstellen wollen – auch die kommen ins Heim, das aber Internat heißt. Prinz Charles etwa war im Internat untergebracht, ein Heimkind also, das nach eigenem Bekunden unter dieser Erziehung gelitten hat, auch wenn (oder gerade weil) sie in der Tradition des berühmten Landerziehungsheims Gordonstown steht. Abgesehen von der englischen Boulevardpresse würde keiner die Aussage wagen, dass der englische Thronfolger spinnt. Heime und ihre vermeintliche wie auch reale Klientel haben somit mit den Grenzen zu tun, die in einer Gesellschaft markieren, was als richtiges Verhalten gebilligt wird. Damit erfüllt der Heimdiskurs eine normative, volkspädagogische und generalpräventive Aufgabe. Die Drohung mit dem Heim soll abschrecken. Der in jüngerer Zeit laut gewordene Ruf nach „geschlossener Unterbringung" belegt dies. Dabei weiß niemand so recht, was die ins Visier genommenen minderjährigen „Mehrfach- und Intensivtäter" auszeichnet, noch lässt sich belegen, ob Formen geschlossener Unterbringung ihnen helfen und pädagogisch nützen – was übrigens nicht ausschließt, dass eine vorübergehende „deutliche Betreuung" wichtige Entwicklungsprozesse initiieren kann.

Wer also über Pädagogik im Zusammenhang von Heimen redet, bewegt sich im Kontext öffentlicher Auseinandersetzungen, im Rahmen von Mediendebatten und politischen Kontroversen. Sie befassen sich nur bedingt mit den sozialen und pädagogischen Problemen sowie mit den Aufgaben und Leistungen, den Strukturen und Entwicklungen, die eine Heimpädagogik theoretisch und praktisch zu bewältigen hat. Gleichwohl können sie von dieser nicht getrennt werden: Erziehung im Heim stellt ein öffentliches Ereignis dar, weil sie eingebunden ist in die konkreten politischen Entscheidungsprozesse, welche die sozialstaatliche Ordnung bestimmen und als *Feldbedingungen* pädagogischen Handelns darüber entscheiden, ob dieses überhaupt möglich wird. Erziehung im Heim hängt also von politischer Willensbildung und Gesetzen ab. Sie ist an diese gebunden, bis in die von ihr selbst auszuhaltende Spannung zwischen einer Verwirklichung von rechtsstaatlichen Normen und fachlichem Selbstverständnis – möglicherweise auch gegenüber Ansprüchen, die in öffentlichen Debatten geltend gemacht werden und gegen die aus den fachlichen Gründen pädagogischer Einsicht Einspruch erhoben werden muss. Aber wie kann solcher Einspruch gelingen?

2. Vorklärung

Unter dieser Bedingung eines immer schon vorhandenen Vorverständnisses unternehmen die hier angestellten Überlegungen ein riskantes Experiment, das einige Umständlichkeit in der Darstellung verlangt. Sie wollen in ein pädagogisches Thema einführen, das auf den ersten Blick deutlich wirkt, in Wirklichkeit aber höchst diffus ist, nicht zuletzt, weil es in unterschiedlichen pädagogischen Ressorts auftritt. Deshalb soll zugleich ein Plädoyer vorgetragen werden, dieses Thema zum Gegenstand einer differentiellen Pädagogik zu machen, welche die bislang üblichen disziplinären und fachlichen Zuordnungen der Erziehung im Heim hinter sich lässt.

Zur Bezeichnung dieser Teilpädagogik wird der Begriff der *Heimpädagogik* vorgeschlagen. Dieser ist ungewöhnlich und findet üblicherweise keine Verwendung. Gleichwohl wird er hier benutzt, um auf ein Dilemma in der Organisation des Wissens und der Reflexion in der Pädagogik schlechthin aufmerksam zu machen. Dieses besteht darin, dass in der Pädagogik zuweilen systematisch und gegenständlich sinnvolle Begriffe sich weder in der Gliederung der Teildisziplinen und Professionen noch in deren fachlichem Sprachgebrauch durchsetzen. Paradoxerweise bezieht sich das pädagogische Fachwissen zwar auf reale Entwicklungen in Handlungsfeldern, ohne diese jedoch in einer einem eigenen Problembewusstsein und genuin pädagogischen Gegenstandsverständnis folgenden Logik in „einheimischen Begriffen" abzubilden. Probleme und Sachverhalte der Heimerziehung werden dann vorrangig etwa unter der Maßgabe gesetzlicher Vorschriften diskutiert, nicht aber als pädagogische Fragen. Dies ist keineswegs trivial, weil so – etwa aufgrund sozialpolitischer und rechtlicher Vorgaben – die möglicherweise *einheitliche* Aufgabe einer Pädagogik im Heim *different* behandelt wird. Mehr noch: Die oben geforderten Einsprüche aus fachlichen Gründen bereiten Schwierigkeiten, weil ein pädagogisch sachlich gebotener Begriff nicht zur Verfügung steht, mithin die „Sache" der Heimpädagogik gar nicht benannt werden kann.

Gibt es aber überhaupt eine solche Sache der Heimpädagogik? Geht man von der sozialen Wirklichkeit pädagogischer Handlungsfelder und dem in diesen vorzufindenden fachlichen Selbstverständnis aus, so liegt allerdings kein eigener Bereich pädagogischer Praxis und Theorie vor, welcher eine „differentielle" *Heimpädagogik* begründet. Meint man *Heimerziehung*, so wird diese allgemein disziplinär der *Sozialpädagogik* zugeordnet, konkret als Aufgabe und Leistung der *Jugendhilfe* begriffen. Faktischer Sprachgebrauch wie auch die eigene Theorie in diesem Handlungsfeld orientieren sich an den einschlägigen gesetzlichen Regelungen, wie sie im Sozialrecht, im 8. Buch des Sozialgesetzbuches, dem KJHG, festgelegt sind. Heimerziehung galt (und gilt) zwar häufig als „ultima ratio", als letzter Ausweg, beherrschte aber historisch das Feld der Jugendfürsorge; sie steht seit Jahrhunderten allein in Konkurrenz zu einer Fremdplazierung in Ersatzfamilien. Spätestens seit den achtziger Jahren des 20. Jahrhunderts hat sich diese Monopolstellung der Fremdplazierung jedoch aufgelöst. Sozialpädagogik sichert nun in Verbindung mit der Sozialpolitik „normale" Rahmenbedingungen für das Aufwachsen aller junger Menschen und bemüht sich um nicht diskriminierende Hilfen in belasteten Lebenslagen und Entwicklungssituationen. Jugendhilfe steht dabei mit einem breiten Spektrum von Leistungen Kindern, Jugendlichen und deren Familien zur Seite, versteht sich heute nicht mehr als behördlicher Eingriff oder Maßnahme, sondern advokatorisch und kooperativ. Ihr geht es um eine Vielfalt von *Hilfen zur Erziehung*, wobei Fremdplatzierungen sowohl in den fachlich bevorzugten Pflegefamilien wie in Heimen nur *Möglichkeiten* der Hilfe darstellen und prinzipiell weitgehend vermieden werden sollen. Fremdunterbringung in Familie und Heim, auch die geschlossene Unterbringung gehören daher zu einem weiten Spektrum von Angeboten, die von der Hilfe in der Familie, der Tagesbetreuung im „zweiten Zuhause nebenan", über individuelle Arrangements und Settings für Familien wie auch im Rahmen der intensiven sozialpädagogischen Einzelhilfe bis hin zu kurz- und mittelfristigen erlebnispädagogischen Maßnahmen reichen.

Zudem wird inzwischen der Ausdruck *Heimerziehung* mit Skepsis betrachtet, weil die mit ihm verbundene Stigmatisierung vermieden werden soll; das KJHG spricht beispielsweise von der Unterbringung in einer „Einrichtung über Tag und Nacht". Andererseits erfasst der Ausdruck gar nicht mehr angemessen die Vielfalt von unterschiedlichen Betreuungsformen, die inzwischen für stationäre Unterbringungen entwickelt worden sind; wenn überhaupt, dann müsste also von vielen Heimpädagogiken gesprochen werden (vgl. zum Folgenden TREDE/WINKLER 1995): Zwar finden sich noch klassische Großeinrichtungen mit vielen Plätzen, doch sind auch diese meist in *Wohngruppen* organisiert, die dem Prinzip der Familienähnlichkeit gehorchen; oftmals sind nach einem Differenzierungsprozess der großen Heime „Außenwohngruppen" entstanden. Sie ähneln den *Jugendwohngemeinschaften*, die lange als ideale Betreuungsform angesehen wurden, sich aber weniger als erhofft durchgesetzt haben. *Kinderhäuser* und *Kleinstheime*, in der Regel als Eingruppeneinrichtungen geführt, haben lange Zeit als besonders innovativ gegolten. Eher defizitorientiert und therapeutisch arbeiten *heilpädagogisch-therapeutische Intensivstationen*. Heimerziehung findet auch als *Familienerziehung* oder in sozialpädagogischen *Erziehungsstellen* statt, die familiäre Lebensformen und Fachlichkeit miteinander verbinden. Endlich wohnen Jugendliche *weitgehend selbständig* allein oder zu zweit in einer vom Träger angemieteten Wohnung und werden mobil oder ambulant betreut. Schließlich fallen unter den Begriff der Heimerziehung (erlebnis- und abenteuerpädagogische) *Einzelbetreuungsmaßnahmen,* zudem lassen sich noch *niedrigschwel-lige Schlafplätze und Krisenbetten,* endlich auch die zwischen Heimerziehung und Streetwork angesiedelte *flexible Betreuung* hinzurechnen. Ein striktes Gegenbild zu dieser stellt die „geschlossene Unterbringung" dar, die in der öffentlichen Debatte neuerdings wieder gefordert wird. Sie ist fachlich umstritten, wird aber zunehmend nüchtern bewertet. Geschlossene Unterbringung bedeutet, dass junge, in ihrem Handeln sich selbst oder andere massiv gefährdende Menschen für einen klar definierten, meist kurzen Zeitraum in einer besonders gesicherten Einrichtung leben und betreut werden, die sie auch nur in Begleitung verlassen können; sie werden aber auch nicht „weggesperrt". Dazu zählen beispielsweise die Pädagogisch-Therapeutische Intensivstation Rummelsberg bei Nürnberg, eine Einrichtung für Mädchen in Gauting oder das Jugendheim Schönbühl. Unbestritten sind die Ambivalenzen solcher Unterbringung: Einer Chance zu alternativen Verhaltensmustern und neuen Formen der Selbstständigkeit steht die Gefährdung durch Häufung und Zementierung von Problemlagen entgegen.

Gegen die Verwendung des Begriffs *Heimpädagogik* spricht jedoch auch ein systematischer Einwand: Bei Heimerziehung handelt es sich zwar häufig um einen radikalen Ernstfall von Erziehung. Denn diese Hilfeform wird erforderlich, weil Kinder oder Jugendliche in eine mit solchen Schwierigkeiten belastete Situation geraten sind, dass sie für die erfolgreiche Bewältigung ihrer Entwicklungsprozesse auf professionelle Unterstützung außerhalb ihres familiären Lebenskontexts angewiesen sind. Die Herausnahme eines Kinder aus einer Familie, gleich ob sie von den Eltern und den Minderjährigen selbst gewünscht wird oder gerichtlich angeordnet und behördlicherseits vorgenommen wird, stellt deshalb für die Beteiligten und Betroffenen immer ein dramatisches Ereignis dar, das die pädagogische Arbeit mit ihnen überschattet. Sieht man von diesen Anfangsbedingungen ab, fällt es gleichwohl schwer, eine pädagogische Eigenart der Heimerziehung als solche selbst dort zu erkennen, wo diese mit therapeutischen Angeboten verbunden wird. Auch wenn dies ein wenig zynisch angesichts der Schwierigkeiten klingt, mit denen Kinder und Jugendliche im Heim meist hadern: Es geht doch „nur" um ihre Erziehung.

Erziehung im Heim unterscheidet sich von anderen Formen der Erziehung also höchstens darin, dass sie unter geradezu idealtypischen Bedingungen stattfindet – was nicht heißt, dass sie als ideal anzusehen wäre. Die besondere Organisationsform des Heimes kommt einem Labor nahe, in welchem sich die Grundmerkmale von Erziehung besonders deutlich ausprägen. Heimerziehung wäre eher als der praktische Fall von Pädagogik schlechthin zu thematisieren. Das könnte der Grund dafür sein, dass eine Reihe von pädagogisch klassisch gewordenen Einsichten und Überlegungen zur Erziehung in fingierten Situationen oder Erfahrungskontexten gewonnen wurden, die sich als Heimerziehung beschreiben lassen; in dieser scheinbar „reinen" Experimentalsituation werden die pädagogischen Grundsachverhalte sichtbar und damit auch die zentralen Kategorien pädagogischer Reflexion greifbar.

Was aber würde angesichts all dieser Vorbehalte dazu berechtigen, gleichwohl den Begriff der *Heimpädagogik* zu verwenden? Überraschenderweise lassen sich wiederum empirische Befunde für die Wahl des Begriffs anführen. Sie verweisen nämlich auf eine sachliche Fragestellung, welche die professionell vertraute Ressortierung übergreift, die übrigens in anderen Ländern so auch gar nicht besteht: Überspitzt formuliert lässt sich nämlich fragen, was die Mitglieder des Leipziger Thomanerchors und die Kinder des Jenaer Heimes am Friedensberg gemeinsam haben. Sie alle leben im Heim, das bei den Leipzigern nach alter Tradition „Alumnat" heißt. An die Internate für den Nachwuchs vermögender Eltern wurde schon erinnert. Endlich fällt selbst beim Umgang mit schwierigen Jugendlichen die Unterbringung im Heim nicht allein in den Zuständigkeit der Jugendhilfe. Wieder kann das Beispiel der „geschlossenen Unterbringung" als Beleg herangezogen werden: Unter dem Druck von Politik und Öffentlichkeit haben nämlich in jüngerer Zeit die Justizbehörden geschlossene Heimplätze eingerichtet, die jedoch nicht unter die Regelungen der Jugendhilfe fallen. Ähnliches gilt auch für den jugendpsychiatrischen Bereich, der schon immer auf der anderen Seite einer Drehtüre zur Jugendhilfe stand; viele junge Menschen bewegten sich im Laufe ihrer Unterbringungskarrieren zwischen Jugendhilfe und Psychiatrie. Hier wie dort sind wir also mit dem Phänomen einer Unterbringung und Betreuung im Heimsetting konfrontiert, das jedoch nicht als Heimerziehung im Sinne der Jugendhilfe verstanden wird.

Eine Verwendung des Begriffes *Heimpädagogik* wird aber auch dadurch nahe gelegt, dass Fremdplatzierung in der Sonder- oder Behindertenpädagogik, endlich in der schulischen Ausbildung, im Kontext der Gesundheitsversorgung, aber auch in Ferienaufenthalten geschieht; möglicherweise müssten sogar noch sportpädagogische Kontexte in Rechnung gestellt werden, wie sie sich beispielsweise in Trainingslagern und Sportschulen zeigen: Im sonderpädagogischen Bereich wird die Unterbringung eines Kindes wichtig, um ihm Schutzmöglichkeiten und besondere Unterstützungsformen zu geben, vor allem seinen individuellen Leistungspotentialen einen förderlichen Raum zu geben; in der damit angedeuteten Entwicklung von einem defizit- zu einem fähigkeitsorientierten Ansatz zeigt sich eine grundlegende pädagogische, auf Bildung zielende Ausrichtung. Mehr noch gilt dies für scholare Zusammenhänge. Kein disziplinierender Eingriff in eine Familie, weder die Kontrolle von Abweichung noch die Hilfe spielen hier eine Rolle, sondern eine pädagogische Absicht, die auf eine bessere, den sozialen und politischen

Eliten angemessene Erziehung zielt. Endlich: Selbst die Beschränkung auf Kinder und Jugendliche könnte sich als falsch erweisen: immerhin werden ältere Menschen in Heimen nicht nur versorgt, sondern vielmehr in einer Weise begleitet, die es ihnen ermöglichen soll, zu einem selbständigen und selbstbewussten Umgang mit der eigenen Altersentwicklung zu finden. Sogar die Auseinandersetzung mit dem Tod lässt sich als ein pädagogischer Prozess am anderen Ort, etwa in den Hospizen, interpretieren (vgl. MENNEMANN 1997).

Einiges spricht also dafür, eine besondere Problemstellung, einen Sachverhalt und eine Logik von Pädagogik als Organisation von Entwicklungsprozessen an einem anderen Ort anzunehmen, den die übliche, sozialpolitisch und legislativ überlagerte Vorstellung von Heimerziehung weder erfasst, noch angemessener fachlicher Debatte zugänglich macht. Die Problematik der Erziehung im Heim liegt quer zu den etablierten professionellen und disziplinären Zuordnungen. Wenn es also auch verfehlt wäre, eine begriffliche Neuschöpfung durchsetzen zu wollen, macht der Begriff der Heimpädagogik auf eine Fragestellung sui generis aufmerksam, um sie theoretischer Analyse zugänglich zu machen und möglicherweise in fachlichen Konturen umreißen zu können, die in den üblichen Ressortierungen unbeachtet bleiben, welche oft auch kritisch mit dem Ausdruck „Versäulung" bezeichnet werden. Danach gibt es unterschiedliche „Säulen" der Zuständigkeit und Betreuung von Kindern und Jugendlichen mit dem Effekt, dass deren Lebenssituation von den Zufällen abhängig zerlegt wird, nach welchen eine Zuordnung des Kindes zu einem Kompetenzbereich erfolgt. Ein Begriff der Heimpädagogik fasst demgegenüber die institutionelle Betreuung und Erziehung eines Kindes weniger von den faktisch ausdifferenzierten Feldern auf, sondern zielt auf den grundlegenden Sachverhalt der Erziehung außerhalb der Familie in einem institutionellen Zusammenhang. Er nähert sich damit zugleich dem an, was etwa der englische Ausdruck „residential care" erfasst. Dieser legt zwar kein klassisch pädagogisches Verständnis zugrunde, zielt aber auf Vorgänge der Sozialisation, der Betreuung und Pflege in organisierten Kontexten und institutionellen Zusammenhängen, bezieht sich dabei durchaus auf sozialpolitische, insbesondere sozialversicherungsrechtliche wie individuelle Problemstellungen, die auch in einer Theorie der Heimpädagogik nicht vergessen werden dürfen.

3. Vorbestimmung

Wie könnte also ein Sachbegriff von Heimpädagogik aussehen? Heimpädagogik hat prima facie mit der „Fremdplatzierung" junger Menschen, mit Unterbringung, Betreuung, Begleitung von Kindern und Jugendlichen außerhalb ihrer Herkunftsfamilie an einem „fremden Ort" zu tun. Sie setzt voraus, dass Erziehung nicht (mehr) selbstverständlich geschieht, so dass ein Bruch in der Kontinuität des Sozialisationsgeschehens oder in der Tradition der für dieses gesellschaftlich verfügbaren Leitvorstellungen eingetreten ist. Das kann mit einer gesellschaftlichen Umbruchsituation zu tun haben, die etwa – an PESTA-LOZZI und MAKARENKO wäre zu denken – als Folge politischer Auseinandersetzungen eingetreten oder bewusst inszeniert worden ist – so etwa bei ROUSSEAU als Kritik an einer gegebenen gesellschaftlichen Ordnung. Ebenso könnte ein Bruch in der individuellen Lebenssituation eines Kindes oder Jugendlichen als entscheidend angesehen werden, der ihm seine Entwicklungsmöglichkeiten nimmt oder zumindest diese einschränkt. Endlich aber könnte die Fremdplatzierung pädagogisch gewünscht werden, um einem jungen Menschen Erfahrungen zu ermöglichen und Lernchancen zu eröffnen, die er in den „normalen" Sozialisationskontexten nicht finden würde. So könnte der Bruch mit dem Herkunftsmilieu herbeigeführt werden, um Gruppenerlebnisse zu ermöglichen, von welchen man sich erhofft, dass eine besonders prosoziale Haltung entsteht; die Landschulheime fanden und finden hier eine wichtige Rechtfertigung.

Eine Besonderheit der Heimpädagogik liegt darin, dass sie systematisch die *Voraussetzungen* des pädagogischen Geschehens zum Thema pädagogischer Reflexion und zur Aufgabe pädagogischer Gestaltung macht. Unvermeidlich hebt sie insofern *kritisch* auf die Lebenslagen von Kindern und Jugendlichen, ihre sozialen und psychischen Probleme ab; obwohl dies längst noch nicht realisiert ist, bewegt sich eine so gefasste Heimpädagogik in der Spannung zwischen einer engagierten, auf Prävention zielenden Kritik an gesellschaftlichen Verhältnissen, der von Kinder- und Jugendforschung beeindruckten Sichtung von – möglicherweise in ihrer Pluralität – normalen Lebensverhältnissen und endlich einer diagnostischen Vergewisserung über die biographisch entstandenen Fähigkeiten und Leistungen von jungen Menschen, die möglicherweise als abweichend und defizitär beurteilt wurden. Während nun alle Erziehung gewöhnlicherweise mit einiger Selbstverständlichkeit ihre Rahmenbedingungen – etwa das familiäre Wohnumfeld, den Kindergarten und die Schule – sowie die beteiligten Personen – Eltern, Verwandte, Lehrer – stillschweigend als gegeben hinnimmt, gehören diese *konstruktiv* zum Arrangement der Verhältnisse, dem Heimpädagogik ihre Aufmerksamkeit schenkt. Sie findet also ihre eigentlich pädagogische Aufgabe darin, dass sie zunächst den pädagogischen Ort sowohl im Blick auf die Biographie des Kindes wie auch hinsichtlich der durch seinen Kontext gegebenen Möglichkeiten bewusst wählt und gestaltet; sodann denkt sie über die beteiligten Personen nach, welche die weitere Erziehungsarbeit bestimmen. Endlich fragt sie sich stets, welche Bedeutung dieses pädagogisch ambitionierte Geschehen am anderen Ort aktuell und in der Lebensgeschichte eines betroffenen Kindes oder Jugendlichen hat – bis zum radikalen Zweifel an ihr selbst, wenn sie einsehen muss, wie eine solche Erziehung pädagogisch verfehlt sein kann. Indes: zwar geht es darum, die Voraussetzungen des Erziehens sicherzustellen, doch hat diese Reflexion paradoxerweise für die Ausgestaltung des pädagogischen Handelns selbst kaum inhaltliche Konsequenzen. In heimpädagogischer Vergewisserung ist jedenfalls – auch in Abgrenzung gegenüber einem therapeutischen Zugang – immer wieder auf die Irrelevanz der individuellen Geschichte hingewiesen worden, wenn es um die Bestimmung des erzieherischen Handelns geht; MAKARENKO spricht beispielsweise von der „verbrannten Biographie", weil das Geschehen mit den Kindern und Jugendlichen im Heim aus einer für diese antizipierten Zukunft oder wenigstens als die Öffnung einer festgefahrenen und verengten Lebenssituation zu begreifen ist. Der neue Ort bietet Möglichkeiten für bislang unbekannte Perspektiven – am Ende auch für einen veränderten Blick auf die eigene Lebensgeschichte.

Heimpädagogik macht also zum Thema, dass in einer reflektierten gesellschaftlichen Reaktion auf die Entwicklungstatsache Orte bereitgestellt und auf die an diesen möglichen sozialen Beziehungen Einfluss genommen wird, um entwicklungsfähigen Subjekten Ruheräume und Schutzzonen anzubieten sowie individualisiert oder im kollektiven Zusammenhang Lernmöglichkeiten zu eröffnen, welche die Annahme der eigenen Person, eine selbständige Weltaneignung und endlich die Entwicklung von Perspektiven ermöglichen, die über den jeweils gegenwärtig gegebenen Zustand hinausreichen und ein sanktionsfreies, selbständiges Leben aufzeigen. Dieses pädagogische *Ortshandeln* (WINKLER 1999) stellt mithin einerseits einen *Ort zum Leben* (MAUD MANNONI) zur Verfügung, an welchem durchaus pseudokonkrete (HANS THIERSCH), unverstellte und unreflektierte soziale Beziehungen möglich sind, die eine „alltägliche Lebensführung" (KLAUS HOLZKAMP) erlauben und begründen; es geht um Sicherheit und Vertrautheit, auch um exklusive Beziehungen zu bedeutungsvollen anderen Personen. Andererseits soll pädagogisches Ortshandeln *Orte zum Lernen* bereitstellen, welche Entwicklungsprozesse ermöglichen und initiieren, oft schon durch den Unterschied zu den bisher vertrauten Erfahrungskontexten, dann durch ein neuartiges, ungewohntes, entlastendes wie aber auch anregendes Arrangement von Lebensbedingungen und Beziehungsmöglichkeiten, das für die Beteiligten eine neue Perspektive auf das vertraute Herkunftsmilieu eröffnet. Dabei muss dieser Anstoß für Entwicklungsprozesse keineswegs vorrangig der psychisch-seelischen oder der emotionalen Verfasstheit seiner Adressaten gelten. Heimpädagogik kann – in den Internaten – als ein Nebeneffekt von vorrangig kognitiv definierten Lernprozessen bedeutsam werden; sie kann auch eine Rolle im Zusammenhang physischer Veränderungen spielen: Der Aufenthalt eines Kindes in einem Sanatorium folgt zwar vordergründig einer ärztlichen Entscheidung und dient der Heilung oder einer Kur. Gleichwohl entsteht dabei ein heimpädagogischer Zusammenhang, der einer einschlägig fachlichen Beurteilung bedarf. Auch dies kann man als ein Argument für den Begriff der *Heimpädagogik* sehen: Er macht eine pädagogische Problematik in Zusammenhängen geltend und reklamiert pädagogische Fachlichkeit für diese, obwohl vorrangig andere Professionen tätig sind, objektiv dabei als Laien, wenn nicht sogar als Dilettanten wirken. Ob der ärztliche Leiter eines Lungensanatoriums für Kinder und die dort beschäftigten Krankenschwestern die Implikationen eines heimpädagogischen Settings begreifen, bleibt nämlich durchaus dahingestellt.

4. Vorgeschichten

Ein Vorzug des eben angedeuteten, auf den Problemgehalt und Sachverhalt der Erziehung am anderen Ort abhebenden Begriffs der *Heimpädagogik* liegt darin, dass er den Blick öffnet auf die *ganze Geschichte* der Fremdplazierung von Kindern. Diese zeigt allerdings ein kaum zu entwirrendes Geflecht von sozialen und kulturellen Bedingungen und Beziehungen, von ökonomischen Zwängen und politischer Raison, von kollektiv erworbenen mentalen Mustern, Gesundheits- und Therapievorstellungen, von Ideologien und religiösen Motiven, von Altruismus, Fürsorge und Disziplinierung, endlich auch von pädagogisch utopischen Vorstellungen. Historisch spielt in der Heimpädagogik eine Vielzahl von Motiven und sozialen Funktionen eine Rolle; überlagert von öffentlichen Auseinandersetzungen begründen sie das *Feld der Heimpädagogik*. Dem wäre eine Geschichte der *sozialen Praktiken und Institutionen* zur Seite zu stellen, in welchen sich die Erziehung am anderen Ort realisiert. Zudem müsste eine *Geschichte der fachlichen Entwicklung* geschrieben werden, in welcher die Konzepte der Heimpädagogik, die Einsichten über sie und die faktischen Entwicklungen in ihrem Feld darzustellen wären.
Zuerst muss man sich allerdings von der heute vertrauten Vorstellung freimachen, nach welcher Fremdplazierung den Ausnahmefall darstellt, der möglichst zu vermeiden wäre. Diese Vorstellung hängt mit dem Bild von kleinfamilialer Intimität und der emphatischen, in den westlichen Gesellschaften verbreiteten Vorstellung vom „heiligen Kind" zusammen. Eine Geschichte der Heimpädagogik kommt demgegenüber zu dem ernüchternden Befund einer sozialen Normalität von Fremdplatzierung. Zwar werden verwaiste Kinder meist in Verwandtschaftspflege genommen. Dass jedoch Kinder in ihrer eigenen Familie aufwachsen, versorgt von liebevollen Eltern, die ihnen Sicherheit geben und Zukunft durch Erziehung und Bildung verschaffen wollen, gehört wohl eher zu den Ausnahmen; obwohl Kinder in den meisten

Gesellschaften wichtig sind für Lebensunterhalt und Alterssicherung, werden sie oft nachlässig und ignorant, dann rational und wenig emotional behandelt. Sie übernehmen soziale Funktionen, werden aber kaum nach ihren eigenen Bedürfnissen gefragt. Historisch gesehen hat Heimpädagogik daher mit gesellschaftlichen Problemen zu tun, weniger hingegen mit der Frage danach, wie einem Individuum gute Voraussetzungen für die eigene Entwicklung verschafft werden könnten. Eine solche, im strengen Sinne pädagogische Perspektive entwickelt sich erst spät – und realistisch bleibt durchaus die Frage, ob sie jemals eine große Bedeutung gehabt hat.

Heimpädagogik erwächst als Antwort auf soziale Notstände, aber auch im Kontext der Entwicklung einer Krankenversorgung, die schwankt zwischen der Aussonderung und der Zurschaustellung von körperlich behinderten oder seelisch erkrankten Menschen. Am Thema der Heimpädagogik brechen geradezu die Ambivalenzen, Spannungen und Widersprüche von Neuzeit und Moderne auf, wie sie auf das Kind projiziert werden: Hier verbinden sich die Diskurse, in welchen die Gesellschaften um ihr Selbstbild ringen, zerrissen zwischen einem als Bildung und Aufklärung verstandenen Fortschritt zur Humanität, der mit Sozialkontrolle, Disziplinierung und Unterdrückung einhergeht. Im Gegenbild der als „sittlich verwildert" wahrgenommenen armen, verwaisten und obdachlosen Kindern und Jugendlichen werden soziale und kulturelle Verhaltensnormen entworfen, um die Abweichler und Außenseiter zu zähmen, welche in zunehmend offenen, pluralen, riskanten Gesellschaften notorisch auftreten. Viele dieser Entwicklungslinien der Heimpädagogik verlaufen parallel, zuweilen verkehren sie sich sogar in ihr Gegenteil. Manches, das als Fortschritt zur Humanität erscheint, erweist sich bei späterer Betrachtung als Barbarei; und was als pädagogisch wünschenswert proklamiert wird, dient oft genug nur einer Beruhigung aller Beteiligten. Zugleich werden eine eigentümliche Willkür und Zufälligkeit deutlich, wo es um die Definition von Problemlagen geht, die einer Erziehung im Heim bedürfen. Nicht nur, dass Gesellschaften objektiv ihre sozialisatorische Kraft verlieren, vielmehr definieren sie den Hilfebedarf ohne Systematik. Deshalb ist es stets mehrdeutig, wenn Kinder fremdplatziert werden, weil sie in schwierige, für sie belastende Lebenssituationen geraten sind, besonderer Betreuung bedürfen.

Bei der Entwicklung des *Feldes der Heimpädagogik* lassen sich mehrere Entwicklungslinien erkennen, wobei diese keineswegs chronologisch aufeinander folgen, sondern eher im Sinne einer Gleichzeitigkeit des Ungleichzeitigen gesehen werden müssen. Systematisch lassen sich dabei vielleicht Akzentsetzungen erkennen, die von stärkerer gesellschaftlicher Funktionalität, Hilfe in Mangelsituationen über Dimensionen der Kontrolle und Sanktion hin zu explizit pädagogischen Ambitionen reichen, denen es um Bildungsmöglichkeiten geht:

- Kinder werden schon in archaischen Gesellschaften fremdplatziert, um soziale Kontakte mit Nachbarvölkern und damit friedliche Verhältnisse sicher zustellen (NIEDERBERGER 1997). Solche Praktiken reichen weit in die Neuzeit bis zu strategischen Ehebündnissen des Hochadels hinein.
- Heimpädagogik hat mit der Betreuung und Unterbringung von Kindern zu tun, die ihre Eltern verloren haben. Vorrangig gilt dies von Kindern, deren Eltern Opfer kriegerischer Auseinandersetzungen wurden, die selbst vertrieben wurden oder fliehen mussten. In Europa zeigt sich diese historische Linie der Heimpädagogik spätestens seit dem Dreißigjährigen Krieg – AUGUST HERMANN FRANCKE begründet seine Anstalten in Halle angesichts der immensen Not –, die revolutionären Auseinandersetzungen nach der Begründung der Sowjetunion geben Anstoß zur Entwicklung der Kollektiverziehung bei MAKARENKO, und zuletzt stellt sich als noch ungelöstes sozialpädagogisches Problem, wie junge Flüchtlinge aus dem Kosovo betreut werden.
- Kinder müssen den heimatlichen, familiären Zusammenhang verlassen, weil andernfalls weder ihr eigenes Überleben noch das der Gemeinschaft sichergestellt werden kann. Auch dies gehört zu den normalen Erscheinungen sowohl der agrarischen wie später der industriellen Gesellschaft. Noch bis in unser Jahrhundert werden „Kinderkreuzzüge" beobachtet, bei denen Hunderte von Kindern lange Wege zurücklegen; diese Wanderungen dienen als „Entspannungsventil" für Armutsregionen und zugleich als „Arbeitskraftventil" für bevölkerungsarme Gebiete.
- Kinder werden fremdplatziert, weil sie unerwünscht sind. Dass sie sich selbst überlassen oder gar bewusst dem Tod preisgegeben wurden, dient zunächst als – heute barbarisch anmutende – Form der Geburtenkontrolle. Meist werden sie ausgesetzt, weil sie aus verbotenen oder aus unehelichen Verbindungen stammen, ihre Mütter an den Rand ihrer gesellschaftlichen Existenz bringen. Große Teile der Bevölkerung sind bis in unser Jahrhundert in feudalen Abhängigkeitsverhältnissen gefangen, die ihnen keine freie Ehewahl erlauben; die Ausübung von Sexualität ist verboten und zieht den Verlust der Arbeitsstelle und damit der Existenz nach sich. Schon PESTALOZZI beschreibt in „Gesetzgebung und Kindermord" das Dilemma von Mädchen, die den Nachstellungen ihrer Herrschaft zum Opfer fallen. Um lebensgefährliche Abtreibungen oder die Ermordung der Neugeborenen zu verhindern, werden bis in das 18. Jahrhundert Drehladen an den Klosterpforten angebracht, über welche man sich anonym des ungewollten Nachwuchses entledigt. So werden die Kirchen zu einer der entscheidenden Institutionen der Heimpädagogik, die deren Praxis in vielen Ländern Europas bis heute maßgeblich bestimmt.
- Kinder werden fremdplatziert, weil ihre Familien oder sie selbst gegen

Normen verstoßen, die eine Gesellschaft für verbindlich hält und durchsetzen will. Heimpädagogik konstituiert sich dabei in einem Bereich zwischen der Ausgrenzung und Zähmung von Armut und Abweichung einerseits, andererseits einer Disziplinierung, mit der die Subjekte zu jenen Einstellungen und Verhaltensweisen finden, welche den wirtschaftlichen Ansprüchen einer zunächst nur protokapitalistischen Ökonomie genügen. Waisenhäuser, Hospize, das Hospital, aber auch die Armen- und Arbeitshäuser haben ihren Ort und ihre Funktion bei der Bewältigung und Kontrolle der „fragilen Existenz", in der große Teile der Bevölkerung ihr Leben zwischen Normalität und Marginalisierung fristen. So lässt sich ein Anfang von Heimpädagogik situieren, wo Armut ihre soziale Anerkennung und ihren gottgefälligen Zug verliert; Kinder werden nun ihren Eltern sogar genommen, um zu den neuen, frühbürgerlichen Tugend erzogen zu werden. In England entstehen seit Mitte des 16. Jahrhunderts aus Armenhäusern Zwangsarbeitsanstalten mit Armenschulen, in welchen auch Kinder und Jugendliche gezwungen werden, durch Arbeit einen Lebensunterhalt zu erwirtschaften. Das 1596 gegründete Amsterdamer Tuchthuis verfolgt ebenfalls solche Arbeitserziehung von Armen, zielt sogleich auf moralische Erziehung (vgl. Scherpner 1979). Umgekehrt zeichnet sich hier ab, wie Heimpädagogik zu einer Instanz der Strafe wird: Als Zwangs- und Fürsorgeerziehung dienen sie der Drohung und der Sanktion: „Wenn du nicht spurst, dann kommst du ins Heim".

- Kinder werden fremdplatziert, weil Gesellschaften kollektive Erziehungsformen vorziehen, um soziale Homogenität zu erzeugen, am Ende auch kriegerische Kasten auszubilden. Neben dem antiken Sparta wären hierfür besonders die utopischen Gesellschaftsentwürfe der europäischen Aufklärung anzuführen, welche häufig vorsehen, Kinder außerhalb des – häufig als rückständig behaupteten familiären Zusammenhangs – unterzubringen; Kollektiverziehung, möglichst als Selbsterziehung angelegt, weist dabei einen Ausweg aus dem Dilemma, wie eine fortschrittliche Erziehung gelingen soll, wenn die Eltern noch der alten Gesellschaft verhaftet sind. Gemeinschaftserziehung verspricht dann, dass die jungen Menschen für eine fortschrittliche Gesellschaft erzogen werden, zugleich Gemeinschaftssinn und republikanische Tugenden erwerben. Auch diese Linie reicht weit in unser Jahrhundert hinein und hat eine institutionelle Gestalt in der Kibbuzerziehung gefunden.

- Damit gewinnt die Erziehung am anderen Ort auch eine modellhafte Funktion für Erziehung schlechthin, nicht nur um diese zu verstehen, sondern auch idealtypisch zu gestalten: Kinder werden nämlich an eigenen Orten platziert, um den Übergang in den Erwachsenenstatus vorzubereiten und symbolisch darzustellen. Dies begegnet in archaischen Gesellschaften, in welchen in Verbindung mit den Pubertätsriten der Initiationsritus den vorübergehenden Aufenthalt außerhalb der Gemeinschaft in einem Männer oder Frauenhaus obligatorisch verlangt. Selbst die für adlige und später für bürgerliche Kreise übliche Form der „Bildungsreise" könnte als Lebensform mit heimpädagogischer Relevanz interpretiert werden. Immerhin geht es auch hier um ein systematisch arrangiertes Setting am anderen Ort, vergleichbar den erlebnis- und abenteuerpädagogischen Unternehmungen der Gegenwart.

- Kinder werden fremdplatziert, um ihre Erziehung, dann vor allem ihre Ausbildung überhaupt zu ermöglichen oder pädagogische Vorteile für sie zu erreichen. Die älteste Form einer solchen pädagogisch intendierten Heimerziehung stellt die Unterbringung von Kindern in Klöstern dar. Sie reagiert auf Erbregelungen, verschafft aber Zugang zu Bildungsgütern, die anders verschlossen blieben; in einer statischen Gesellschaft entsteht so Mobilität. Gleichzeitig lassen sich in den weltlichen Führungsschichten Formen der Fremdbetreuung als verbindlich beobachten. Dies gilt zunächst in der Erziehung des Adels, dann auch in den frühbürgerlichen Schichten der Renaissance und des Humanismus. Hier spannt sich ein weiter Bogen der scholar bedingten Entwicklung von Heimpädagogik auf, der von den Internaten, gleich ob sie religiös oder weltlich begründet sind, bis hin zu den Landerziehungsheimen und Schullandheimen des 20. Jahrhunderts reicht. Dabei kreuzen sich auch hier unterschiedliche Entwicklungslinien. Insofern überrascht es nicht, wenn im angelsächsischen Bereich sozialpädagogisch motivierte Unterbringungsformen für Kinder und Jugendliche bis heute den Namen „reform schools" tragen.
- Kinder werden an anderen Orten betreut und erzogen, weil dies ein Element der pädagogischen Infrastruktur bildet, die Gesellschaften bereitstellen, um grundlegende Voraussetzungen für alle ihre Mitglieder zu schaffen. Sozialisation am anderen Ort dient der Inklusion aller Beteiligten und so der Reproduktion von Gesellschaft. Dabei kann die Unterbringung am anderen Ort präventiv gesundheitliche Absichten verfolgen – etwa bei Ferienaufenthalten von Kindern, aber sie kann auch darauf abzielen, Gemeinschaftserfahrungen zu ermöglichen, die angesichts zurückgehender Kinderzahlen spontan und informell zunehmend weniger möglich sind.

5. Vorgänger

Implizit hat sich die *fachliche Geschichte* der Heimpädagogik – die hier nur durch die Nennung von Namen angerissen wird – schon angedeutet (vgl. ausführlich: WINKLER 1999): Sieht man von ihren Anfängen etwa in der Casa jo-

cosa des Renaissance-Pädagogen VITTORINO DA FELTRE ab, setzt sie mit AU-
GUST HERMANN FRANCKE (1663–1727) ein. Seinem in Halle verwirklichten
Modell folgen viele Waisenhäuser, die jedoch bald zu profitablen, protoin-
dustriellen Betrieben pervertieren. Am Ausgang des 18. Jahrhunderts geraten
sie im „Waisenhausstreit" in massive öffentliche Kritik, die angesichts der
Erkrankungs- und Todesraten in den hygienisch katastrophalen Einrichtungen eine Unterbringung der Kinder in bäuerlichen Familien fordert – freilich
auch aus dem weniger edlen Motiv, billige Arbeitskräfte nicht allzu früh zu
verschleissen. JOHANN HEINRICH PESTALOZZI (1746–1827) ahnt diese gesellschaftlichen Bedingungszusammenhänge und entwirft pädagogische Strukturen wie bildungstheoretische Fundamentalkategorien einer Heimpädagogik
insbesondere in seinem „Brief aus Stans". Eine Bewältigung dieser Situation
sieht er nur in einem kollektiven Zusammenhang, in dem jedoch gleichzeitig
die familiäre Atmosphäre der „Wohnstube" verwirklicht werden soll. Beein-
druckt von PESTALOZZI gründet JOHANNES DANIEL FALK (1768–1826) im
kriegsverwüsteten Thüringen den „Lutherhof". JOHANN HINRICH WICHERN
(1808–1881) nimmt diesen in Hamburg als Vorbild für das bis heute bestehende „Raue Haus". DON GIOVANNI BOSCO (1815–1880) steht für die Vielzahl
katholischer Initiativen, die auf Folgen von Industrialisierung und Verstädte-
rung für die junge Generation reagierten. Er gibt – nicht zuletzt in Südameri-
ka – den Anstoß für die Entwicklung von Kinderkolonien, die auf Selbstregierung der Kinder und Jugendlichen setzten.
Wenn auch historisch in der Realität der Heimerziehung drastische Formen
einer disziplinierenden Fürsorgeerziehung vorherrschen, zeichnet sich hier
die *eine Linie* in der fachlichen Entwicklung der modernen Heimpädagogik
ab: Sie setzt auf *Gruppenpädagogik*, radikaler aber auf Modelle einer kollektiven Erziehung, bei der sich die Kinder und Jugendlichen selbst regieren und
in ihrer Entwicklung steuern. FATHER EDWARD JOSEPH FLANAGAN
(1886–1948) gründet bei Omaha (Nebraska) „Boys Town", das Vorbild einer
Vielzahl von vergleichbaren Versuchen, verwaisten und verelendeten, als kri-
minell ausgegrenzten jungen Menschen in einer selbstverwalteten Gemeinschaft einen eigenen, Entwicklung und Bildung sichernden Lebenszusammenhang zu geben (vgl. KAMP 1995). Aus der Settlement-Bewegung in den
USA ging schließlich die von WILLIAM REUBEN GEORGE gegründete „George
Junior Republic" hervor. Erziehung geschieht in solchen Formen der Kollektiverziehung als „Selbstregierung" im Sinne einer „geteilten Verantwortlich-
keit", bei der die Gruppe der Kinder und Jugendlichen, angestoßen durch Erwachsene, oftmals sogar als Notbehelf angesichts bedrückender Bedingungen, ihre Verhältnisse weitgehend selbst gestalten.
Vergleichbare Versuche unternimmt HOMER LANE zunächst in Detroit und
später mit dem „Little Commonwealth" im englischen Dorset. In Deutsch-

land übernimmt der von der Reformpädagogik inspirierte KARL WILKER (1885–1980) 1918 die Leitung der bald Lindenhof genannten, ursprünglich gefängnisähnlichen Fürsorgeerziehungsanstalt Berlin Lichtenberg. Drei Jahre lang verwirklicht er dort das Konzept einer „Öffnung der Anstalt". Die Kinder können sich das Heim als ihren Lebensort aneignen, organisieren sich ebenfalls als Gruppe und erhalten die Chance zur Ausbildung. ANTON MAKARENKO (1888–1939) wird mit seiner unmittelbar nach der Entstehung der Sowjetunion begründeten Gorki-Kolonie zum eigentlichen Begründer der Kollektivpädagogik; JANUSZ KORCZAK (1878–1942) verwirklicht ein vergleichbares Modell im Waisenhaus des Warschauer Ghettos; 1942 wird er mit seinen Kindern im KZ Treblinka von den Nazis ermordet. Parallelen finden sich auch in den im angelsächsischen Bereich entstandenen „progressive schools": ALEXANDER S. NEILLS (1883–1973) „Summerhill" wird zum Vorbild einer antiautoritären Erziehung, welche auf Selbststeuerung der Kinder im kollektiven Zusammenhang setzt. Fachlich werden allerdings die pädagogischen Wirkungen von Gruppenzusammenhängen zunehmend mit den Begriffen „Milieu" und „therapeutische Gemeinschaft" diskutiert, die MAXWELL JONES Ende der vierziger Jahre gegenüber einem bloßen Versorgungs- und Gewahrsamsdenken eingeführt hatte.

Beide Begriffe weisen auf die *andere Linie* der Heimpädagogik des 20. Jahrhunderts. Sie folgt einem stärker individualistischen Ansatz, der auf die Psychoanalyse Sigmund Freuds zurückgeht. Entwickelt wird sie zunächst von AUGUST AICHHORN (1878–1949), der mit der Vorstellung eines pädagogischen Milieus und dem Konzept der Übertragung arbeitet, um Dissozialität und Verwahrlosung auszuheilen. SIEGFRIED BERNFELD erprobt in Wien eine psychoanalytische Sozialpädagogik, bei der Selbsterziehung und Gruppenerziehung in einer als Lebensgemeinschaft gestalteten Schule möglich werden sollen. Er empfiehlt die Einführung von „Schulgemeinden", wie sie später im Kibbuz versucht werden. Angeregt durch AUGUST AICHHORN gründen FRITZ REDL (1902–1991) und DAVID WINEMAN (1916) Mitte der vierziger Jahre in Chicago das Pioneer House für extrem verhaltensauffällige und aggressive Kinder. BRUNO BETTELHEIM (1903–1990) entfaltet seit 1944 in der „Orthogenic School" an der Universität Chicago die fundamentalen Prinzipien des therapeutischen Milieus. Für die jüngere Entwicklung einer psychoanalytischen Heimerziehung steht MAUD MANNONI, die mit dem Prinzip der „gesprengten Institution" den totalen Charakter von Erziehungsanstalten auflöst. Alle psychoanalytisch angeregten Konzepte gehen dabei von einer elementaren Bedürfnisstruktur der Kinder aus, sehen ihre Aufgabe darin, den Kindern zu ermöglichen, ein diese Struktur integrierendes Ich zu entdecken und als Identität auszubilden.

Auf Einsichten der Psychoanalyse stützt sich zunehmend auch die Heimkritik. ANNA FREUD und DOROTHY BURLINGHAM kommen zu dem ernüchternden

Befund, dass Heime weit hinter den Leistungen der familiären Erziehung zurückbleiben. RENÉ SPITZ beschreibt nach Untersuchungen an Säuglingen in Kinderklinken das Syndrom „Hospitalismus"; JOHN BOWLBY weist auf negative Folgen der durch Anstaltsunterbringung ausgelösten Bindungsverluste für die Persönlichkeitsentwicklung hin. Insofern ist es konsequent, wenn die Heimpädagogik prinzipiell das Konzept der Familienähnlichkeit favorisiert, wie es nach dem Zweiten Weltkrieg ANDREAS MEHRINGER in München entwickelt hat, dieses dann in alters- und geschlechtsheterogenen Gruppen zu verwirklichen sucht; vergleichbare Ansätze haben auch die Kinderdörfer zugrunde gelegt.

In Deutschland führt allerdings wie in allen Lebensbereichen auch in der Heimpädagogik der Nationalsozialismus zu einer deutlichen Zäsur, wobei die dabei verfolgten Strategien der „Sozialdisziplinierung" sich schon in der Weimarer Republik abzeichneten – vielleicht sollte zur Heimpädagogik auch eine besondere Sensibilität gegenüber jenen subtilen politischen Veränderungen gehören, in welchen der Umgang mit der „Differenz" thematisch wird. Die Insassen von Heimen wurden systematisch verfolgt und einer Politik der Ausmerze unterworfen. Zugleich lässt sich bis heute nicht abschätzen, wie viele bedeutende Sozialpädagoginnen und -pädagogen ermordet oder zur Emigration gezwungen waren. Zu den fatalen Seiten der Bewältigung des Nationalsozialismus gehört allerdings, dass nach dem Zweiten Weltkrieg Heime und ihre Insassen geradezu systematisch vernachlässigt wurden, die Pädagogik in diesen auf Unterbringung und Versorgung einerseits, Disziplinierung durch ein fachlich wenig geschultes Personal andererseits beschränkt blieb.

Während die Internate in Deutschland – im Unterschied zur angelsächsischen Tradition – weiterhin randständig blieben, kam es Ende der sechziger Jahre zu mehreren Verfachlichungsschüben im Bereich der Heime, die der Jugendwohlfahrt dienten; der sonderpädagogische Bereich folgte erst später: Die Differenzierung nach Geschlecht und Alter (mithin in Beobachtungs-, Säuglings-, Kinder- und Jugendheime) wurde aufgehoben, weil sie eine biographisch kontinuierliche Betreuung verhinderten. Allerdings setzte sich zunächst ein eher medizinisch-therapeutisches Denken durch, das zu einer deutlichen Spezialisierung der Heime führte; diese Tendenz zur Entwicklung von problembezogenen Sonderheimen war insbesondere in der DDR und in Osteuropa gegeben, die dem Muster der so genannten „Defektologie" folgten. Stärker wirkte sich die so genannte Heimkampagne aus. Inspiriert wurde diese Reformbewegung durch Motive radikaler Gesellschaftskritik, etwa durch HERBERT MARCUSES „Randgruppenstrategie". Theoretische Grundlagen lieferten dann ERVING GOFFMANS Einsichten in die Sozialisationseffekte *totaler Institutionen* sowie der „labelling approach" (Stigmaansatz), der die Aufmerksamkeit auf die institutionellen Karrieren richtete. Wenn auch nicht frei von Idealisierungen seitens ihrer studentischen Träger zielte die Heimkampagne praktisch auf eine Auflösung von Heimen, zunehmend dann auf die Unterbringung von Kindern in Ersatzfamilien. Tatsächlich nahmen seit 1970 in der Jugendhilfe die Heimplätze und die Zahl der Unterbringungen um fast 40 Prozent ab, wobei sich allerdings auch der Rückgang an Kinderzahlen auswirkte.

Kritik und Reform der Heimerziehung stehen im Kontext der Entwicklung einer „offensiven Sozialpädagogik", die auf Prävention statt Intervention, auf Erziehung und Hilfe statt Disziplinierung, auf Anerkennung lebensweltlicher Erfahrungszusammenhänge anstelle von Diskriminierung zielt. Dokumentiert wird diese Entwicklung im „*Zwischenbericht Kommission Heimerziehung*" von 1977, der die Handschrift von *Martin Bonhoeffer* und *Hans Thiersch* trägt. Er markiert den Anfang jener großen Linien *Dezentralisierung, Entinstitutionalisierung, Entspezialisierung, Regionalisierung, Professionalisierung* und *Individualisierung*, welche die Entwicklung der Heimerziehung seitdem prägten (vgl. WOLF 1993). Er hält auch die maßgebenden inhaltlichen Kriterien fest, nämlich die Suche nach der „am wenigsten schädlichen Alternative" bei Unterbringungen, nach Sicherheit und Kontinuität, nach Alltags- und Milieunähe.

Insbesondere in Deutschland und in der Schweiz hat diese Entwicklung dazu geführt, dass zunehmend besser, häufig sogar akademisch ausgebildetes Personal in Heimen zumindest der Jugendhilfe tätig wird; in anderen Ländern, etwa in Österreich, werden häufig noch kirchliches Personal ohne besondere Ausbildung oder Erzieherinnen mit relativ kurzer Ausbildung beschäftigt. Im sonderpädagogischen Bereich wirken Fachkräfte mit Pflegeausbildung, in den Internaten sind meistens Lehrer ohne spezifisch sozialpädagogische Kenntnisse tätig. Tatsächlich zeigt sich hier eine Grauzone, die erneut dafür spricht, eine explizit heimpädagogische Ausbildung und entsprechende Standards für alle verbindlich zu machen, die mit – in welcher Weise auch immer – fremdplazierten Kindern und Jugendlichen zu tun haben, allzumal im Pflegebereich beobachtet werden kann, wie verstärkter Kostendruck und Privatisierung zu einer für die Betroffenen katastrophalen Betreuungssituation führen. Soll dies für den Umgang mit Kindern und Jugendlichen vermieden werden, müssen dringendst fachliche Kriterien formuliert werden, die etwa auch im Rahmen von Zertifizierungsverfahren zur Anwendung kommen.

Die jüngste Entwicklung der Heimpädagogik irritiert ohnedies, zumal sie überlagert wird von einer intensiven Debatte um die – außerordentlich hohen – Kosten der Heimerziehung: Ähnlich wie in der Psychiatrie hat sich zunächst im sonderpädagogischen Bereich, dann auch in der Jugendhilfe einige Ernüchterung über die Möglichkeiten breitgemacht, auf Heimerziehung zu

verzichten. Auf die Alternative der Pflegefamilie kann nur eingeschränkt zu-
rückgegriffen werden; selbst Pflege- und Erziehungsstellen mit hinreichender
fachlicher Ausbildung reichen jedoch nicht hin, um eine wachsende Nachfrage nach Heimplätzen befriedigen zu können. Insbesondere der angesichts des
Aufbaus alternativer Hilfen überraschende Anstieg von Fremdplatzierung in
den Neuen Bundesländern lässt vermuten, dass diese Nachfrage mit den
Schwierigkeiten zu tun hat, mit welchen eine sich modernisierende Gesellschaft junge Menschen und deren Familien konfrontiert. Entgegen aller Erwartungen und – fiskalpolitisch genährten – Hoffnungen können daher auch
ambulante Angebote und Hilfen „im Vorfeld" der Heimerziehung diese nicht
verhindern. Vieles deutet sogar darauf hin, dass Heime von Eltern und Kindern durchaus als eine „weitere" sinnvolle pädagogische Möglichkeit gesehen werden. Fest steht in jedem Fall, dass stationäre Unterbringung ein Element in einem breiten Kontinuum von Hilfen bildet. Daneben steigt auch die
Nachfrage nach Internatsplätzen. Beruflich zur Mobilität gezwungene, freilich auch pädagogisch ambitionierte Eltern wählen diese Form einer Erziehung am anderen Ort. Möglicherweise gewinnt diese auch an Bedeutung für
junge Menschen, die in einem Schulsystem scheitern, das sie mit ihren Lern-
und Entwicklungsproblemen alleine lässt. Endlich wirkt sich eine massive
politische Umorientierung aus, in der man dann aus ordnungspolitischen Ambitionen heraus für die geschlossene Unterbringung von schwierigen Kindern
eintritt. Dabei ist durchaus unklar, welchem Vorurteil solche Erwartungen
folgen: Sollen Kinder einfach aus einer Gesellschaft ausgeschlossen und
weggesperrt werden oder erhofft man sich von der Heimpädagogik im Sinne
einer Reparaturanstalt die effektvolle Beseitigung auffälliger oder abwei-
chender Verhaltensweisen?

6. Vorkommnisse

Dass eine empirisch gehaltvolle Theorie der *Heimpädagogik* fehlt, kann angesichts der ungeklärten Gegenstandsproblematik nicht überraschen. Ihre Re-
ferenzpunkte stehen nicht fest, wobei sich zwei – einander nicht ausschlie-
ßende – Möglichkeiten ergeben:
Erstens: Um Forschung durch ihre Hypothesen zu ermöglichen oder sich auf
einschlägige Daten zu stützen, legt eine Theorie der Heimpädagogik integra-
tiv Annahmen und Untersuchungen aus den unterschiedlichsten professionellen und disziplinären Kontexten zugrunde, die mit der Fremdplatzierung von
Kindern und ihrer Unterbringung am anderen Ort zu tun haben; pragmatisch
bezieht sie sich ohnedies unvermeidlich auf disziplinär und professionell
gleichsam schon ressortierte empirische Untersuchungen. Dabei kann aller-

dings – insbesondere wenn das Ganze einer Heimpädagogik ins Auge gefasst wird – die Forschungslage kaum befriedigen: Denn die heimpädagogisch relevante Literatur ist in hohem Maße programmatisch und konzeptionell, dann eher reflexiv angelegt; sie beschreibt häufig Erfahrungen, die nur bedingt als verlässlich gelten und zu verallgemeinern wären. Höchst unterschiedlich fällt zudem der Beitrag der einzelnen Disziplinen aus: Trotz des großen Ausmaßes an stationären Unterbringungen spielen heimpädagogische Fragestellungen etwa innerhalb der Sonderpädagogik nur eine geringe Rolle, obwohl gerade hier die Kritik an der totalen Institution hohe Relevanz hätte. Sieht man von Kalthoffs „Wohlerzogenheit. Eine Ethnografie deutscher Internatsschulen" ab (KALTHOFF 1997), fehlen Untersuchungen zum Internat. Nur für die innerhalb von Jugendhilfe geleistete stationäre Unterbringung hat sich die Forschungslage in den letzten Jahrzehnten verbessert, so dass sich eine Theorie der Heimpädagogik wesentlich auf diese stützen muss.

Aber auch hier zeigen sich gravierende Probleme: Zunächst gilt für das gesamte Feld, dass es von einer Komplexität geprägt ist, die methodisch kaum mehr einzuholen ist; theoretische wie empirische Forschung ist zu Reduktionen gezwungen, die am Ende das Ganze einer Heimpädagogik verfehlen. Eine unübersehbare Vielfalt von Faktoren, die sich zudem auch noch im historischen und gesellschaftlichen Prozess ändern, bestimmen die Rahmen- und Feldbedingungen wie auch die Situationen und Prozesse im Heim; soziologische, psychologische und pädagogische Zusammenhänge spielen in Interaktionen mit, die von Subjekten mit höchst individuellen Lebensgeschichten getragen werden. Verstärkend wirkt sich hier die Ausdifferenzierung des Feldes aus. So gründet beispielsweise das – durchaus fatale – Dilemma der jüngeren Qualitätsdebatte in der Jugendhilfe darin, dass viele Einrichtungen als besondere angelegt, daher in ihren Leistungen nur bedingt mit anderen verglichen oder an allgemeinen Maßstäben gemessen werden können.

Insbesondere die an URIE BRONFENBRENNER anknüpfenden ökologisch-systemischen Theoriekonstruktionen versuchen dem zwar gerecht zu werden (vgl. etwa HANSEN 1994, LAMBERS 1996), können aber ebenso wenig das Problem der Kontingenzen bewältigen. Dieses zeigt sich allzumal dort, wo das Leben in einem Heim dem Prinzip der Alltagsnähe folgt und somit auf die Konstitution einer „alltäglichen Lebensführung" abhebt. Der Alltag entzieht sich offensichtlich jedoch einer theoretischen Beschreibung und Analyse, die über abstrakte Gemeinplätze hinausgeht; und dies gilt wohl noch mehr, wenn dieser Alltag in der für Heim konstitutiven Paradoxie, nämlich als künstlich intendierter und angelegter Raum einer alltäglichen Normalität gestaltet ist, die durch beruflich professionelles Handeln verwirklicht wird, alle Beteiligten – in freilich unterschiedlicher Weise – affektiv-emotional berührt. Immerhin geht es im Heim um die Herstellung von Beziehungen, die aber auf eigentümliche Weise vertraglicher Regelung unterliegen – also weder wie Beziehungen zu den eigenen Eltern und Geschwistern unausweichlich sind, noch aber wie Freundschaften völlig frei auszuhandeln wären.

In der Jugendhilfeforschung besteht deshalb Zurückhaltung gegenüber Ansprüchen auf Verallgemeinerung. Aufzeigen lassen sich jedoch Problemfelder und Problemstrukturen (vgl. Planungsgruppe PETRA 1988). Neben die eher quantitativ verfahrenden Arbeiten treten zudem Fallstudien, die entweder ethnologisch und dann theoretisch typisierend verfahren, vor allem aber mit biographischen Zugängen die subjektive Perspektive der Beteiligten aufzeigen: Sie fragen danach, was die Unterbringung im Heim für die Beteiligten bedeutet, wie sie diese lebensgeschichtlich wahrnehmen und bewerten.

Zweitens: Gegenüber dem Rückgriff auf die in den einzelnen Bereichen der Heimpädagogik verfügbaren Untersuchungen wäre als Alternative denkbar und in systematischer Hinsicht sogar sinnvoller, Heimpädagogik stärker grundlagentheoretisch anzulegen und im Bereich der Allgemeinen Pädagogik zu situieren. Sie würde so als eine Theorie der pädagogisch reflektierten und organisierten institutionellen Sozialisation nicht nur von jungen Menschen entwickelt werden. Vorrangig hebt sie auf pädagogische Problem- und Sachstrukturen ab, versucht ihre Feldbedingungen, ihrer situativen Strukturen und prozessualen Dimensionen zu klären. Mit einem solchen explizit pädagogisch gegenständlichen Interesse wählt sie die für Forschung und Theorie bislang etwa maßgebenden Gesichtspunkte von Hilfe oder – bei Internaten – besonderer scholarer Lernformen nicht als Ausgangspunkte der Forschung und Vergewisserung, sondern stellt diese als feldtheoretisch zu klärende Modifikationen zur Debatte. Zudem erlaubt ein solches Vorgehen, *einerseits* die Tradition pädagogischer Theoriebildung aufzunehmen und einige ihrer Grundtexte heimpädagogisch zu rekonstruieren: Gleich ob man nämlich ROUSSEAUS „Emile", PESTALOZZIS „Stanser Brief" oder MAKARENKOS „pädagogisches Poem" heranzieht, sie alle geben Einblick in pädagogische Grundsachverhalte, die sie jedoch an heimpädagogischen Grundkonstellationen enthüllen. Einiges spricht also dafür, dass wesentliche, mithin allgemeine pädagogische Bestimmungen am Sachverhalt des „Heimes" wenigstens zu erkennen sind. Allerdings kann man hier festhalten, dass häufig die Darstellung heimpädagogisch relevanter Probleme und Sachverhalte weniger in strikt szientifisch-systematischer, sondern in eher literarischer Form erfolgt. Insofern muss man erst lernen, pädagogische Texte auf den in ihnen mitgeteilten Sachgehalt hin zu lesen und zu entschlüsseln. *Andererseits* schließt eine in diesem Sinne allgemeinpädagogisch und grundlagentheoretisch angelegte Heimpädagogik unvermeidlich an Überlegungen zur Situation von Kindheit und Jugend insbesondere in modernen Gesellschaften an und versucht, die „Kultur des Aufwachsens" zu beschreiben, die sich in jenem spannungsreichen Feld ergibt, das sich zwischen familialer Privatheit, öffentlichen, sozialstaatlich garantierten Rahmenbedingungen, individuell persönlichem Engagement und professionellem Handeln aufspannt, welches moderne Gesellschaften figurieren, wenn sie auf die Entwicklungstatsache reagieren. Die Frage nach der Heimpädagogik stellt sich dann im Kontext von Veränderungsprozessen, in welchen zu Lasten privater Erziehung die Bedeutung einer öffentlich getragenen zunimmt; die Frage nach einer Institutionalisierung von Sozialisation, ihren Möglichkeiten und ihrer Leistungsfähigkeit verweist somit auf die Entwicklung sozialstaatlicher Systeme einerseits, dann aber auf die Verberuflichung und Professionalisierung pädagogischen Handelns andererseits. Nüchtern muss allerdings hier eine Tendenz zur politisch erzwungenen Rücknahme von Erziehung zumindest in private Verantwortung konstatiert werden. Insbesondere die internationale Literatur lässt eine starke Orientierung an einem (programmatischen) Primat der Familie erkennen, der Heime nur subsidiär und höchstens kompensatorisch zur Seite treten sollen; diese Favorisierung von Familie lässt sich allerdings nur bedingt mit der wachsenden Skepsis gegenüber der Kontinuität von Familienstrukturen und den familiären Leistungspotentialen vereinbaren. Dies weist auf die Ambivalenz der Heimpädagogik hin, die angesichts materieller Belastungen von Familien, wachsender Prekarität von elterlichen Beschäftigungs- und Lebensverhältnissen zunehmend kompensatorische Aufgaben wahrzunehmen hat. Hier zeichnet sich eine schlechte Normalität der Heimpädagogik als Reaktion auf Notlagen ab.

Themen einer solchen Theorie der Heimpädagogik wären somit die Möglichkeiten, die Anforderungen und Belastungen, die mit dem Aufwachsen in diesen einhergehen, dann die institutionellen Angebote, welche Gesellschaften für dieses Aufwachsen im Verhältnis von Familie und öffentlicher Erziehung bereitstellen. Die Frage nach der Heimpädagogik in diesem Sinne einer Theorie gesellschaftlicher Institutionalisierung von Erziehung stellt sich dabei angesichts einer mehrdeutigen, widersprüchlichen Problemlage: Zum einen zeichnen sich zunehmend Belastungssituationen für Familien, Kinder und Jugendliche ab, die sich zunächst aus der Dynamik der modernen Kulturentwicklung, insbesondere aus solchen Beschleunigungseffekten ergeben, die zur Unsicherheit und Instabilität lebensweltlicher Verhältnisse und Institutionen – etwa auch der Familie selbst – führen; nicht übersehen lässt sich hier ein Widerspruch zwischen Pluralität und Liberalität, damit verbundene Anforderungen an Individualitätsentwicklung einerseits und zunehmender Normenrigidität und latenten, oft im Ressentiment verborgenen Fundamentalismen andererseits. Dieser Widerspruch lässt sich von Kindern und Jugendlichen spontan kaum ausgleichen. Um die dafür erforderlichen Kompetenzen zu entwickeln, benötigen sie „fehlerfreundliche Übungsräume". Hinzu kommen auch demographische Effekte wie der Rückgang von Kinderzahlen: In einer Gesellschaft, in der die sozialen und kulturellen Veränderungen in das Generationenverhältnis formativ eingelagerte Traditionsstrukturen auflösen, in der Erfahrungswirklichkeiten inkonsistent und in ihrer normativen Bedeutung bis zur Unkenntlichkeit flüssig werden, entwickeln die in ihrer Anzahl weniger gewordenen Kinder offensichtlich ein größeres Bedürfnis nach sicheren Peergrouperfahrungen. Sie benötigen dafür sozialisatorisch relevante Arrangements, eigene Orte, die ihnen – emphatisch gesprochen – Heimat bieten, zugleich auch die Chance für moralkonstitutive Erlebnisse bieten; die Forschungen etwa von JEAN PIAGET und LAWRENCE KOHLBERG zur Entwicklung moralischer Vorstellungen in Gruppenzusammenhängen wären hier zumindest zu bedenken. Einer Vergewisserung über die gesellschaftlichen Bedingungen von Sozialisation kommt endlich Gewicht auch unter der Fragestellung zu, wie weit eine pädagogische Organisation der Entwicklung von Kindern und Jugendlichen gesellschaftliche Tendenzen nur zu reproduzieren oder die Erfahrung von Alternativen zu diesen zu ermöglichen hat. Strittig ist hier beispielsweise, ob Heimpädagogik die deutlichen Individualisierungsprozesse in modernen Gesellschaften aufnehmen und bestärken soll oder – etwa durch gruppenpädagogische Arrangements – Erfahrungsräume zu gestalten hat, welche nicht zuletzt für die Ausbildung moralischer Kompetenzen von Bedeutung sein könnten. Sie könnte damit anknüpfen an die entwicklungspsychologische Forschung, welche die wachsende Bedeutung von Gleichaltrigenkontakten festhält.

Damit verlässt eine Theorie der Heimpädagogik allerdings schon den Bereich beschreibender und analysierender Zugänge und berührt normative Fragestellungen. Was soll über die Platzierung eines Kindes außerhalb seiner Familie für dieses erreicht werden? Was wären die dafür geltenden Bezugspunkte? Geht es beispielsweise um mehr Selbstständigkeit oder um eine Anpassung an gegebene soziale und kulturelle Normen? Und konkreter: Sollen junge Menschen, die in einem Heim der Erziehungshilfe aufwachsen, auf Berufstätigkeit vorbereitet werden, obwohl es unwahrscheinlich erscheint, dass sie aufgrund ihres individuellen Leistungspotenzials, fehlender Qualifikation und eines eng gewordenen Arbeitsmarkts jemals einer bezahlten regelmäßigen Tätigkeit nachgehen werden? Wäre es nicht sinnvoller, sie mit der alltäglichen Lebensführung des Sozialhilfeempfängers vertraut zu machen? Dabei berühren solche normativen Fragen noch den Alltag im Heim selbst. So stellt sich die Frage, ob und inwiefern die jungen Menschen nach der Entlassung aus den inzwischen meist gut, dem Niveau einer Mittelschichtfamilie vergleichbar ausgestatteten Heimen eine eher karge Existenz bewältigen können. Freilich wäre es zynisch, eine Wiederkehr jener alten Praxis mancher Heimträger zu verlangen, bei der die ausgedienten Gebrauchsgegenstände der

Altenheime zur „Resteverwertung" in die Heime für Kinder und Jugendliche verlagert wurden. Eher deutet sich hier die Aufgabe auch einer Theorie der Heimpädagogik an, sich mit politischer Relevanz für hinreichende Lebensbedingungen von Kindern und Jugendlichen einzusetzen, indem – wie beispielsweise in den skandinavischen Ländern – Programme und Projekte aufgelegt werden, die die Errichtung von preisgünstigem Wohnraum für junge Menschen verfolgen.

Unterhalb dieser Grundprobleme einer pädagogischen Theorie der Heimpädagogik lassen sich zumindest einige *Untersuchungsebenen und Spannungsverhältnisse* bestimmen, welche in der vorliegenden empirischer Forschung Beachtung finden und von einer Heimpädagogik zu berücksichtigen sind: Erstens: Grundlagentheoretisch und kategorial macht eine Theorie der Heimpädagogik die Vergesellschaftung des Subjekts zum Thema, sowohl in ihren funktionalen Dimensionen, in ihrer zivilisierenden wie aber auch in ihrer disziplinierend-kontrollierenden Bedeutung, dann im Blick auf die damit eröffneten Möglichkeiten des Individuums, zur Kontrolle über seine Lebensbedingungen zu gelangen. Das leisten Untersuchungen, welche einerseits die Effekte einer Heimpädagogik an *objektivierenden* Indikatoren für soziale Teilnahmechancen – etwa Schulerfolg, Legalbewährung – bestimmen, dabei die Ausgangslage der Beteiligten berücksichtigt (vgl. BÜRGER 1990). Wenn nämlich, wie bei der Heimerziehung im Kontext der Jugendhilfe, die überwiegende Mehrzahl von Kindern und Jugendlichen aus deutlich belasteten Lebensverhältnissen stammt, müssen ihre Entwicklungsprozesse, mithin die Leistungen der Heime auch an diesen Voraussetzungen und nicht nur an den Ansprüchen der Heime gemessen werden. Obwohl es deutliche Hinweise auf prognostisch starke Faktoren für die Inanspruchnahme von Erziehungshilfe und damit auch der Heimerziehung gibt, nämlich Armut, hohe Kinderzahl, Wohnungsnot und belastete Lebensverhältnisse von Eltern (vgl. AMES/BÜRGER 1996), dann wohl auch Krankheit, Drogenabhängigkeit, endlich aber auch junge Mutterschaft von Alleinerziehenden, bleibt allerdings die Ausgangslage von Kindern und Jugendlichen in der Heimerziehung extrem heterogen. Gleiches gilt auch für die von ihnen eingeschlagenen Lebenswege (vgl. GEHRES 1997). Eine Theorie der Heimpädagogik bewegt sich mithin in der Spannung zwischen der Analyse allgemeiner Bedingungen des Aufwachsens von Kindern und Jugendlichen, möglicher Problemlagen und der Thematisierung höchst individueller Bewältigungsstrategien. Sie darf nicht einem fatalen Defizitansatz verfallen, sondern hat die Kompetenzen zu suchen und zu thematisieren, welche Familien und junge Menschen auch und besonders dann entwickeln, wenn sie mit belastenden Verhältnissen zu tun haben. Insbesondere stehen hier auch protektive Faktoren zur Debatte, welche vor der heimpädagogischen Praxis und in dieser geschützt und gepflegt werden können.

Andererseits muss nach der *subjektiven* Bedeutung gefragt werden, welche das Aufwachsen in einem Heim für junge Menschen aktuell und lebensgeschichtlich hat. Vorliegende Befunde sind mehrdeutig: Heimunterbringungen werden meist als kritisches Lebensereignis wahrgenommen (LAMBERS 1996). Biographisch bleiben Heimerfahrungen den Betroffenen häufig in guter Erinnerung. Sie werten diese als Verbesserung ihrer Lebenschancen gegenüber jenen, die sie in ihrem Herkunftsmilieu fanden. Gleichwohl besteht eine Traumatisierung darin, dass sie im Heim keine Heimat, kein Zuhause gefunden haben, zu dem sie faktisch oder wenigstens ideell-imaginativ zurückkehren könnten (vgl. WIELAND u. a. 1992). Anders als die Personen der Familie lassen sich Heime und deren Akteure in der Lebensgeschichte von Subjekten offensichtlich kaum symbolisch verankern. Dass Heime gut erinnert werden, hängt dabei wesentlich davon ab, ob und inwieweit Kinder und Jugendliche Erzieherinnen und Erzieher nicht nur kontiniuerlich, sondern als exklusiv erleben konnten.

Zweitens: Einen Schwerpunkt finden die jüngeren Untersuchungen bei der Analyse der Platzierungsprozesse. Die Forschungsergebnisse ernüchtern einigermaßen, da sie eine bemerkenswerte Zufälligkeit belegen; es gibt offensichtlich keine Systematik, nach der in der Jugendhilfe über Heimunterbringungen entschieden wird. Dies hängt zunächst mit der weitgehend ungeklärten Problematik der Diagnose zusammen: Da Kinder und Jugendliche in der Heimerziehung in der Regel mit so genannten „Multiproblemlagen" belastet sind, lassen sich eindeutige Symptombilder und Syndrome nicht feststellen, die im Heim zu „behandeln" wären. Gegen die im Ausland durchaus übliche vorübergehende Unterbringung in Beobachtungsheimen spricht der Grundsatz der für die kindliche Entwicklung erforderlichen Kontinuität; Beziehungsabbrüche sollen möglichst vermieden werden. Zudem erfolgen Unterbringungen im Heim zuweilen kurzfristig, als Reaktion auf Notlagen insbesondere aber auch unmittelbar nach dramatischen Erlebnissen der Kinder, etwa nach Missbrauchs- und Gewalterfahrungen. Endlich spricht gegen ein solches kausal und technologisch angelegtes Verfahren einer Ursachen- oder auch einer Symptombearbeitung der alltagsorientierte Ansatz der Heimerziehung, der auf die Erfahrung „normaler" Lebensverhältnisse abhebt, um die Lebensbewältigung zu ermöglichen.

Fatalerweise liegt in dieser ungeklärten Diagnoseproblematik allerdings schon der Keim für Heimkarrieren, die vom „Verlegen und Abschieben" bestimmt werden (FREIGANG 1986). Nicht minder ist der Zeitpunkt von Unterbringungen umstritten. Angesichts der Belastungssituationen von Kindern wird häufig geklagt, dass Kinder zu spät Platz in einem Heim finden, oftmals sogar nach einer allzu langen Phase der Begleitung im Kontext anderer Hilfeformen. Umgekehrt versucht man möglichst lange, die familiären Beziehungen im Lebensmilieu der jungen Menschen zu stabilisieren oder zu stärken. Allerdings verlangt dies eine deutliche Mitwirkung der Eltern. Auch hier scheint die Sachlage unentschieden: Zuweilen werden Kinder innerhalb ihrer Familie in solchem Ausmaß Opfer von Gewalt und Missbrauch, dass sie nicht einmal dem Setting einer Pflegefamilie ausgesetzt werden sollten (NIEN-STEDT/WESTERMANN 1990). Der nüchtern institutionelle Raum eines Heimes und dessen organisatorische Formalität nützen ihnen zumindest in der ersten Bewältigungsphase mehr, die zudem auch eine Trauerphase über eine Art Elternverlust darstellt – gleichwohl bleibt generell festzuhalten, dass nahezu alle Kinder in irgendeiner, zuweilen auch dramatischen Weise an ihre Eltern gebunden bleiben, diese auch noch nach langer Unterbringung in einem Heim suchen. Während deshalb in der internationalen Literatur eine deutliche Priorität den Eltern zugesprochen und vom Konzept „families first" ausgegangen wird, macht man in der Praxis der Heimerziehung zumindest bei Jugendlichen häufig die Erfahrung, dass Eltern nur noch wenig Interesse an ihren Kindern haben. Freilich kann dies durch fehlende Elternarbeit der Heime selbst bewirkt sein. Im Grundsatz spricht jedenfalls viel dafür, Eltern und Kinder selbst in die Platzierungsprozesse einzubeziehen, Heimunterbringungen dabei weitgehend von deren eigener Entscheidung abhängig zu machen. Für Internate ist dies weitgehend selbstverständlich, für die Jugendhilfe wird es durch den § 36 KJHG vorgeschrieben, ohne dass jedoch hinreichende Verfahren für die Beteiligung von Kindern entwickelt worden sind. Auch hier bleiben Spannungen ungelöst: Die Erwartungen und Hoffnungen der Eltern müssen keineswegs konform mit den fachlichen Vorstellungen von Sozialpädagogen gehen; beide konfligieren möglicherweise auf verletzende Weise mit den Ambitionen der Kinder und Jugendlichen. Deren Mitwirkung überschatten zudem die Belastungserfahrungen, allzu mal wenn diese chaotisierend auf die psychische Verfasstheit wirkten.

Drittens: Ein weiterer, für eine Heimpädagogik im strikten Sinne bedeutender Schwerpunkt liegt in der Untersuchung der Binnenstrukturen von Heimen, wie sie sich organisatorisch-institutionell, dann aber auch in den Interaktionen der Beteiligten und den damit gegebenen Möglichkeiten zur Beziehungsarbeit (vgl. WEDEKIND 1986) zeigen. Heime zeichnen sich dabei durch eine eigentümliche Spannung zwischen institutioneller Härte, einem hochgradig ritualisierten Alltag mit deutlichen Versorgungsstrukturen einerseits und andererseits einer eigentümlichen Diffusität aus, die das Geschehen für alle Beteiligten undurchschaubar werden lässt. Die schon von SIEGFRIED BERNFELD kritisierte, durch den Versorgungsapparat der Heime provozierte Rentnermentalität steht einer Verselbständigung durchaus entgegen, während zugleich die Beteiligten in einer zum Teil nur schwer nachvollziehbaren Rollenvielfalt miteinander agieren. Die institutionelle Subkultur des Heimes wirkt sich dabei durchaus bedrohlich für die Identität der Beteiligten auch und besonders dann aus, wenn die Kinder und Jugendlichen das Leben im Heimkontext subjektiv positiv zu bewältigen versuchen (LANDENBERGER/TROST 1986). Gleichwohl reichen die auf GOFFMAN zurückgehenden Beschreibungen und Analysen von totalen Institutionen für das Verständnis von Heimkulturen nicht aus. Sie sind geprägt von einem zuweilen verschleierten, faktisch aber doch institutionellen Logiken gehorchenden Charakter der Heimerziehung (vgl. BÜHLER-NIEDERBERGER/NIEDERBERGER 1988). Endlich wirken sich subtile Machtprozesse aus, die tief in die Interaktionen und Kommunikationsprozesse der Beteiligten eingewoben sind und ihre emotionale Situation bestimmen; bei aller vordergründigen Harmonie und Zustimmung der Kinder zu ihrem Heim sind ihre Machtchancen doch so gering, dass sie doch faktisch zur Resignation gezwungen sind (vgl. WOLF 1999).

Viertens: Zumindest für den Bereich der öffentlich getragenen Heimerziehung wurden unter dem Druck leerer Haushaltskassen in den letzten Jahren eine Reihe von umfangreichen Forschungsprojekten in Gang gesetzt, die auf eine Evaluation ihrer Leistungen zielen; damit verbunden stellt sich auch die Frage nach einer Überprüfung der Qualität sozialpädagogischer Leistungen. Deren Ergebnisse können zwar nicht unbedingt beruhigen, belegen aber zumindest eine soziale Funktionalität der stationären Jugendhilfe (vgl. zuletzt Bundesministerium für Familie, Senioren, Frauen und Jugend 1998). Heimunterbringungen lassen sich – im Blick auf ihre gesellschaftliche Wirkung – als sinnvoll und – im Blick auf die Kinder und Jugendlichen – als hilfreich beurteilen.

Festzuhalten ist allerdings, dass eher quantitativ angelegte, mit klar operationalisierten Fragestellungen arbeitende Erhebungen zu einem deutlich positiveren Bild kommen als Untersuchungen mit einem qualitativen Forschungsdesign: Institutionenbezogene Untersuchungen zeigen einerseits zwar auf, dass Kinder von formalisierten Regelungen in Heimen profitieren können; der Erziehungserfolg hängt wohl davon ab, dass sie eine für sie selbst sinnvolle Ordnung erkennen können, die ihren Alltag strukturiert (HANSEN 1994, S. 229). Allerdings muss dieser Befund angesichts der Rigidität alter Heimordnungen wohl in zweierlei Hinsicht relativiert werden: Strukturen müssen nachvollziehbar und sinnhaft sein, so dass junge Menschen eine Chance haben, an der Entwicklung der Ordnungen mitzuwirken; zumindest die jüngere Diskussion hat hier wieder Modelle der Heimräte ins Gespräch gebracht, während individuell wohl Formen des „contracting", der Vereinbarung über gemeinsam verfolgte Vorhaben in der individuellen Entwicklung wichtig sind. Zudem müssen sich Ordnungen altersgerecht entwickeln; ein grundsätzliches Problem in allen Heimen scheint darin zu liegen, dass ihre Strukturen sich so weit verhärten, dass sie sich am Ende noch gegen jenen Erfolg von Erziehungsarbeit stellen, der sich als Selbstständigkeit zeigt. Andererseits ist jedoch Skepsis angebracht. Qualitativ verfahrende Untersuchungen von Einrichtungen decken beispielsweise subtile Strukturen in diesen auf, enthüllen Machtunterschiede, die nicht nur eine deutliche Unterlegenheit der Kinder und Jugendlichen gegenüber der „Anstalt" und ihrem Personal belegen; vielmehr zeichnen sich hier massive Dysfunktionalitäten ab, wenn die Erziehung am anderen Ort zur Selbstständigkeit der jungen Menschen führen soll: Sie geraten in eine von ihnen kaum zu beherrschende Abhängigkeit, in der sich lebensgeschichtlich erfahrene Mangelsituationen zu einem Gefühl der Ohnmacht verdichten (vgl. WOLF 1999). Biographische Erhebungen konstatieren zudem ein erhebliches Gefühl von Beeinträchtigung der Kinder und Jugendlichen, die in institutioneller Erziehung aufgewachsen sind. Angesichts ihrer offensichtlichen Ersetzbarkeit durch andere „Klienten" empfinden sie insbesondere familienähnliche Betreuungsverhältnisse als Täuschung und fühlen sich von dem Personal und seinen Beziehungsversprechen enttäuscht (vgl. BÜHLER-NIEDERBERGER/NIEDERBERGER 1988). Das ihnen gesellschaftlich zugewiesene Zuhause zeigt sich als „kein Zuhause", zu welchem man lebensgeschichtlich zurückkehren könnte. Anders formuliert: Der Erfolg einer Erziehung im Heim hängt offensichtlich in hohem Maße davon ab, ob und inwieweit Kinder die Betreuungspersonen als relevante Andere, als bedeutungsvoll und ihnen eindeutig zugewandt erleben können. Sie müssen Erzieherinnen und Erzieher erfahren, von welchen sie sich als einzigartig und bedingungslos angenommen und noch dort unterstützt fühlen, wo sie in ihrem Handeln kritisiert werden. Aber: kann dies überhaupt gelingen, wenn die Fachkräfte ihre Zuwendung verteilen müssen, am Ende neben ihrer professionell zugeordneten auch eine eigene Familie haben.

Fest steht inzwischen jedoch, dass es keinen Mechanismus gibt, der junge Menschen vom Heim in den Knast führt. In der überwiegenden Mehrzahl führen „Heimkinder" offensichtlich ein unauffälliges Leben; freilich bewegt sich dieses an den Rändern der Gesellschaft, häufig genug in Abhängigkeit von öffentlicher Unterstützung. Die meist ungünstige Ausgangslage der Kinder und Jugendlichen wird in der Heimerziehung kaum so weit kompensiert, dass ihnen ein sozialer Aufstieg möglich werden könnte. Im Gegenteil: die in modernen Gesellschaften wachsenden Anforderungen an Ausbildung und Kompetenz führen eher dazu, dass Heimjugendliche lebensgeschichtlich ins Abseits geraten. So bleibt eine entscheidende Aufgabe der Heimpädagogik, objektive und subjektive Ausgrenzung zu verhindern. Dem Befund sozialer Unauffälligkeit widerspricht auch nicht, dass immer wieder in den Medien auf die Jugendhilfevergangenheit von Kriminellen hingewiesen wird – zuweilen entsteht sogar der Eindruck, dass hier für die Beteiligten selbst eine medienwirksame Exkulpationsformel entstanden ist – über die Absolventen von Internaten und deren Lebenschancen fehlt übrigens jedes Wissen.

„Ich wünsche Dir", so gibt eine Erzieherin einem Jungen, der das Heim aus vorgeblich konzeptionellen Gründen wechseln muss, zum Abschied auf den Weg, „alles Gute. Aber ich glaube nicht, dass Du es schaffst". Mehr noch als die methodisch durchgeführte Forschung zur stationären Unterbringung im Rahmen von Jugendhilfe legen Beobachtungen Vorbehalte für eine Theorie der Heimpädagogik nahe. Es geht um eine kritische Theorie, denn Erziehung am anderen Ort geschieht nicht ohne Ambivalenzen; sie birgt Chancen und Möglichkeiten, wird von den Beteiligten aber doch oft als belastend und bedrückend erlebt und erinnert – übrigens auch in Internaten. Insofern wird eine Theorie der Heimpädagogik darum ringen, den anderen Ort als einen lohnenswerten Ort zu bestimmen, als einen Platz, der für junge Menschen zumindest vorübergehend als gut und nützlich, als Möglichkeit für einen Aufenthalt begriffen wird, der lebensgeschichtlich Bedeutung gewinnt. Ob das gelingt, hängt freilich wohl weniger von der Theorie, sondern vom Engagement der Beteiligten, am Ende von dem Ausmaß jener hinreichenden Verrücktheit ab, das immer erforderlich ist, um junge Menschen auf ihrem Lebensweg zu begleiten. Denn: der andere Ort, der pädagogische Ort ist unvermeidlich *verrückt* gegenüber den Koordinaten einer historisch schon gefügten gesellschaftlichen Welt, in welche Kinder und Jugendliche eintreten; wer solche Verrücktheit diesen gegenüber zu bewahren versteht, hat gute Aussichten, einen wichtigen Ort für sie zu schaffen.

Literatur

Ames, Anna/Bürger, Ulrich: Untersuchung der Ursachen der unterschiedlichen Inanspruchnahme vollstationärer Heimerziehung im Verbandsgebiet (Eckwertuntersuchung). Hg. v. Landeswohlfahrtsverband Württemberg-Hohenzollern. Stuttgart 1996

Bühler-Niederberger, Doris/Niederberger, Martin: Formenvielfalt in der Fremderziehung. zwischen Anlehnung und Konstruktion. Stuttgart 1988

Bürger, Ulrich: Heimerziehung und soziale Teilnahmechancen. Pfaffenweiler 1990

Bundesministerium für Familie, Senioren, Frauen und Jugend (Hg): Leistungen und Grenzen von Heimerziehung. Stuttgart 1998

Freigang, Werner: Verlegen und Abschieben. Zur Erziehungspraxis im Heim. Weinheim und München 1986

Gehres, Walter: Das zweite Zuhause. Lebensgeschichte und Persönlichkeitsentwicklung von Heimkindern. Opladen 1997

Hansen, Gerd: Die Pesönlichkeitsentwicklung von Kindern in Erziehungsheimen. Ein empirischer Beitrag zur Sozialisation durch Institutionen der öffentlichen Erziehungshilfe. Weinheim 1994

Kalthoff, Herbert: Wohlerzogenheit. Eine Ethnografie deutscher Internatsschulen. Frankfurt am Main 1997

Kamp, Johannes Martin: Kinderrepubliken. Geschichte, Praxis und Theorie radikaler Selbstregierung in Kinder- und Jugendheimen. Opladen 1995

Krüger, Reinhard: Wenn Kinder spinnen. In: Nürnberger Nachrichten 20. Jan. 1999, S. 16

Lambers, Helmut: Heimerziehung als kritisches Lebensereignis. Eine empirische Längsschnittuntersuchung über Hilfeverläufe im Heim aus systemischer Sicht. Münster 1996

Landenberger, Georg/Trost, Rainer: Lebenserfahrungen im Erziehungsheim. Identität und Kultur im institutionellen Alltag. Frankfurt am Main 1988

Mennemann, Hugo: Sterben lernen heißt leben lernen. Sterbebegleitung aus sozialpädagogischer Perspektive. Münster 1998

Niederberger, Josef Martin: Kinder in Heimen und Pflegefamilien. Fremdplazierung in Geschichte und Gesellschaft. Bielefeld 1997

Nienstedt, Monika/Westermann, Arnim: Pflegekinder. Psychologische Beiträge zur Sozialisation von Kindern in Pflegefamilien. Münster [2]1990

Planungsgruppe PETRA: Analyse von Leistungsfeldern der Heimerziehung. Ein empirischer Beitrag zur Indikation. Frankfurt am Main u. a. [2]1988

Scherpner, Hans: Geschichte der Jugendfürsorge. Göttingen [2]1979

Trede, Wolfgang/Winkler, Michael: Stationäre Erziehungshilfen: Heim, Wohngruppe, Pflegefamilie. In: H.-H. Krüger, T. Rauschenbach (Hg.): Einführung in die Arbeitsfelder der Erziehungswissenschaft. Einführungskurs Erziehungswissenschaft. Bd. IV. Opladen 1995, S. 219–234

Wedekind, Erhard: Beziehungsarbeit. Zur Sozialpsychologie pädagogischer und therapeutischer Institutionen. Frankfurt am Main 1986

Wieland, Norbert/Marquardt, Uschi/Panhorst, Hermann/Schlotmann, Hans-Otto: Ein Zuhause – kein Zuhause. Lebenserfahrungen und -entwürfe heimentlassener junger Erwachsener. Freiburg 1992

Winkler, Michael: Das Problem mit den Klassikern. In: H. E. Colla, S. Milham u. a.: Handbuch der Heimerziehung und des Pflegekinderwesens in Europa. Neuwied, Darmstadt und Kriftel 1999, S. 191–219

Winkler, Michael: Ortshandeln – die Pädagogik der Heimerziehung. In: H. E. Colla, S. Milham u. a.: Handbuch der Heimerziehung und des Pflegekinderwesens in Europa. Neuwied, Darmstadt und Kriftel 1999, S. 307–323

Wolf, Klaus: Veränderungen der Heimerziehungspraxis: Die großen Linien. In: K. Wolf (Hg.): Entwicklungen in der Heimerziehung. Münster 1993, S. 12–64

Wolf, Klaus: Machtprozesse in der Heimerziehung: eine qualitative Studie über ein Setting klassischer Heimerziehung. Münster 1999

Georg Auernheimer

Interkulturelle Pädagogik

1. Terminologische Fragen

Innerhalb der Interkulturellen Pädagogik zieht man es inzwischen vor, von „interkultureller Bildung" anstatt von „interkultureller Erziehung" zu sprechen, um damit zu verdeutlichen, dass die dafür notwendigen Haltungen oder Einstellungen sich nicht durch aufdringliche pädagogische Maßnahmen „beibringen" lassen. Sie können – so die Botschaft – nur das Ergebnis eines selbstbestimmten, wenngleich pädagogisch angeleiteten Bildungsprozesses sein. Signalfunktion hatte in dieser Hinsicht die Benennung der Arbeitsgemeinschaft „Interkulturelle Bildung" der Deutschen Gesellschaft für Erziehungswissenschaft. Eine unproblematische Verwendung findet der Begriff Erziehung nur noch in der Elementar- oder Vorschulpädagogik. Einige Autor/inn/en sprechen auch gern von „interkulturellem Lernen", und zwar vor allem dort, wo – wie beim Jugendaustausch – weniger auf das absichtsvolle Handeln einer pädagogischen Bezugsperson als vielmehr auf die Herstellung günstiger Lernarrangements vertraut wird. Zum Teil wird jener Begriff auch verwendet, wenn auf nicht intendierte Sozialisationseffekte von sozialen Kontexten verwiesen werden soll.

Mit zunehmender institutioneller Verankerung im Wissenschaftsbetrieb setzt sich seit Beginn der 90er Jahre die Bezeichnung Interkulturelle Pädagogik durch. Dies lässt sich an der Benennung von Studiengängen, Instituten usw. sowie an der Terminologie in der wissenschaftlichen Literatur, zum Teil schon an Buchtiteln, ablesen. Aus der Arbeit mit Migranten hervorgegangene Zeitschriften haben sich in den 90er Jahren umbenannt (so die Zeitschrift „Ausländerkinder"/Freiburg in „Interkulturell", der „Informationsdienst zur Ausländerarbeit" in „Migration und Soziale Arbeit"). Der schon in den frühen 80er Jahren in Verruf geratene und von Eingeweihten abgelehnte Name „Ausländerpädagogik" hat sich zwar bis in die jüngste Zeit noch in institutionellen Bezeichnungen gehalten, weil Institutionen langsam auf einen Wandel des Problembewusstseins reagieren, wird aber inzwischen auch dort abgelöst. Der Wandel des Problembewusstseins bestand darin, dass die in dem Feld Engagierten erkannten, dass eine „Sonderpädagogik für Ausländerkinder" (NIEKE) der gesellschaftlichen Problematik nicht gerecht wurde, ja sogar dazu tendierte, das Problem fortzuschreiben. Auch der Vorschlag „Migrantenkinder-Pädagogik" konnte nicht überzeugen und sich daher nicht durchsetzen. Denn hinter den terminologischen Fragen verbarg sich auch eine Ausweitung der Aufgabenstellung, zunächst einmal der Adressatengruppen, und nicht nur – wenngleich auch – Rücksichtnahme auf Political Correctness. Neben der Förderung der Kinder und Jugendlichen aus zugewanderten Familien wurde die Vermittlung neuer Sichtweisen bei den Einheimischen, und zwar nicht nur den Heranwachsenden im Horizont einer multikulturellen Gesellschaft als Aufgabe erkannt. In dieser Perspektive musste auch die Benennung als „Integrationspädagogik" als ungenügend erscheinen, die vereinzelt ins Gespräch gebracht worden war. Im Bereich der Sozialarbeit besteht noch immer eine terminologische Unsicherheit, da faktisch die institutionelle Arbeitsteilung zwischen dem Allgemeinen Sozialen Dienst und der „Ausländerarbeit" trotz wissenschaftlicher Kritik noch nicht ganz überwunden ist. Auf programmatischer Ebene sind sich die Fachleute jedoch einig in der Forderung nach „interkultureller Öffnung" der sozialen Dienste und nach entsprechender „interkultureller Kompetenz" des Personals. Teilweise ist von „Interkultureller", teilweise aber auch von „Multikultureller Sozialarbeit" die Rede, sofern auf die Berücksichtigung sprachlicher und sonstiger kultureller Vielfalt bei den Klienten abgehoben wird.

Zeitweise konkurrierte das Konzept der „antirassistischen Erziehung" mit dem der „interkulturellen Erziehung", und einige Autor/inn/en, welche die Implikationen des Begriffs „interkulturell" nicht teilen, verwenden nach wie vor ausschließlich das Attribut „antirassistisch". Mehrheitlich ist man jedoch heute der Auffassung, dass beide Zielsetzungen sich unter dem Titel einer Interkulturellen Pädagogik miteinander vereinbaren lassen. Die im Angelsächsischen teilweise bevorzugte Doppelbezeichnung „Antiracist Multicultural Education" deutet ebenfalls auf die Aussöhnung der Gegensätze hin. Der Terminus „multikulturelle Erziehung", der als wortwörtliche Übersetzung des englischen Begriffs „multicultural Education" anfangs auch einbürgerungsfähig schien, ist übrigens nicht mehr gebräuchlich. Im Französischen ist der Terminus „Education interculturelle" geläufig. REICH (1994) meint, dass in der Differenz der Bezeichnungen (multi- versus interkulturell) auch Unterschiede der politischen und pädagogischen Philosophie zum Ausdruck kämen (vgl. NIEKE 1995, S. 25).

Im deutschsprachigen Raum kennzeichnet das Adjektiv „inter-kulturell" die Beziehung zwischen Individuen oder Gruppen und hat insoweit eine normative Komponente, als es auf besseren Kontakt, bessere Verständigung zielt. Das Adjektiv „multi-kulturell" dient dagegen zur Charakterisierung einer gesellschaftlichen Situation, die durch Vielfalt der Lebensformen und Orientierungssysteme gekennzeichnet ist. Die Rede von der multikulturellen Gesellschaft beinhaltet allerdings, normativ gewendet, ebenfalls politische Konzepte für das Funktionieren oder die Integration einer solchen Gesellschaft (z. B. OBERNDÖRFER 1996). Die Programmatik interkultureller Bildung nimmt dabei – ausdrücklich oder nicht – immer Bezug auf die Idee der multikulturellen Gesellschaft, so weit sie sich nicht auf die Weltgesellschaft bezieht.

2. Historische Entwicklung

Die Etablierung der Interkulturellen Pädagogik verdankt sich der durch die Einwanderung bedingten, unübersehbar gewordenen und neuartigen Multikulturalität. Es gab aber schon vorher pädagogische Initiativen und Praxisfelder mit interkultureller Zielsetzung, wenngleich damals der Aspekt und Begriff der „Völkerverständigung" dominant war. Angeführt werden können beispielsweise die Bemühungen der Deutsch-Polnischen Schulbuchkommission um die beiderseitige Berücksichtigung der Fremdperspektive in Schulbuchdarstellungen, die in den 50er Jahren einsetzenden Städtepartnerschaften und vor allem die Aktivitäten des Deutsch-Französischen Jugendwerks. Die Evaluation von Jugendaustauschprogrammen hat für die interkulturelle Erziehung die wichtige Einsicht beigesteuert, dass der bloße Kontakt nicht zum Abbau von Vorurteilen führt. Die von der sozialpsychologischen Forschung falsifizierte Kulturkontakt-Hypothese (dazu MILLER/BREWER 1984) war lange Zeit für die Partnerschaftsbewegung und den Jugendaustausch leitend. Die Ziele dieser Aktivitäten lassen sich aus heutiger Sicht als interkulturelle Lernziele reinterpretieren. Auch mit der Friedenspädagogik gibt es eine frappierende Übereinstimmung der Zielsetzungen (vgl. z. B. WULF 1973). Der Begriff „interkulturell" taucht, nach den einschlägigen Bibliografien zu urteilen, erstmals Ende der 70er Jahre in Publikationen auf.

Versucht man die von der Arbeitsmigration veranlasste Diskussion zu rekonstruieren, so lassen sich Phasen der Theoriebildung unterscheiden. Die Praxis eilte zunächst der wissenschaftlichen Diskussion voraus, hielt später aber nicht mehr mit der Theoriebildung Schritt. Denn Anfang der 70er Jahre begannen Initiativgruppen spontan mit Integrationshilfen für „Gastarbeiterkinder" und -familien. Sie mussten sich erst ein theoretisches Rüstzeug dafür erarbeiten. Publikationen wie die „Materialien für den Projektbereich ‚Ausländische Arbeiter'" dienten der Vernetzung und Verständigung. Hohem Engagement stand anfangs geringe Professionalität gegenüber. Letzteres galt auch für die Sozialberatung der Wohlfahrtsverbände. Die Schulen wurden vom Familiennachzug überrascht, was verständlich macht, dass wissenschaftliche Beiträge und Initiativen zur Lehrerfortbildung in erster Linie auf die Sprachförderung abzielten. Sprachliche und dann auch angebliche kulturelle Defizite im allgemeinen rückten in den Brennpunkt der Aufmerksamkeit. Neben dieser Defizitorientierung war vor allem die besondere Beschulung der Migrantenkinder in Vorbereitungsklassen problematisch. Was als Übergangsmaßnahme geplant war, wurde zur Dauereinrichtung – eine recht aufschluss-reiche Reaktion der Institution Schule. Der Segregation entsprach die He-rausbildung einer „Ausländerpädagogik" als Sonderpädagogik für Auslän-derkinder. Diese erste Phase überschreibt NIEKE (1995), der vier Phasen un-terscheidet, mit „'Ausländerpädagogik' als Nothilfe".

Diese geriet dann Anfang der 80er Jahre stark in die Kritik, und zwar von Sei-ten der in diesem Feld Engagierten. Wichtigste Kritikpunkte waren der Defi-zitansatz und die damit verbundene Stigmatisierung, die assimilatorische Tendenz bei gleichzeitiger Segregation und besonders die Überbeanspru-chung der Pädagogik angesichts der sich damals abzeichnenden gesellschaft-lichen Marginalisierung von Arbeitsmigranten. Schon 1979 hatte das Memo-randum des ersten Ausländerbeauftragten der Bundesregierung (das sog. „Kühn-Memorandum") auf die Notwendigkeit politischer Maßnahmen auf-merksam gemacht. Auch die Rezeption der Migrationsforschung aus klassi-schen Einwanderungsländern wie den USA, die um diese Zeit einsetzte, brachte zum Bewusstsein, dass die von allen Seiten – auch von den Migran-ten – geteilte Erwartung eines vorübergehenden Aufenthalts korrekturbedürf-tig war. Die in der Wirtschaftskrise sichtbar werdende Benachteiligung der Migrantenfamilien führte zur Ernüchterung der Pädagogen und einerseits zur Betonung der politischen Dimension, andererseits zur Erweiterung des päda-gogischen Auftrags im Sinne der interkulturellen Pädagogik. Die einen setz-ten – ähnlich den Vertretern der antiracist Education in Großbritannien – auf politische Aufklärung im Kampf gegen Ungleichheit, die anderen mehr auf interkulturelles Lernen zur besseren Verständigung, wobei die Ziele anfangs weitgehend mit den allgemeinen Zielen sozialen Lernens wie Empathie usw. identisch waren. Wenngleich es sich teilweise nur um unterschiedliche Ak-zentsetzungen handelte, wurde den Befürwortern der interkulturellen Erzie-hung bald Blindheit für strukturelle gesellschaftliche Probleme vorgeworfen. Mit der Hervorhebung der kulturellen Dimension begünstigten sie, so die Kritik, eine Problemverschiebung von rechts- und sozialpolitischen Fragen hin zu kulturellen. Einige frühe Beiträge zur interkulturellen Erziehung sind in der Tat noch von einem etwas naiv erscheinenden, im schlechten Sinne idealistischen Duktus bestimmt, weil die Auseinandersetzung mit theoreti-schen Grundfragen noch nicht weit genug gediehen war.

Aus der Phase der Kritik an der Ausländerpädagogik gingen zwei Positionen hervor. HOHMANN unterschied 1983 in einer „Bestandsaufnahme" zwischen einem „Bereicherungs-" und einem „Konfliktansatz" in der pädagogischen Diskussion. Eine weitere Kontroverse entzündete sich dann Mitte der 80er Jahre an der Frage, ob eine bilingual-bikulturelle Bildung vorzuziehen sei, wie sie von Immigrantenverbänden favorisiert wurde, die mit Unterstützung einiger Wissenschaftler/innen 1985 ein entsprechendes Memorandum verabschiedeten. Diese Streitfrage erledigte sich aber bald mangels Realisierungschancen für einen zweisprachigen Unterricht im großen Maßstab. Ab Ende der 80er und verstärkt Anfang der 90er Jahre beherrschte die Auseinandersetzung mit dem jugendlichen Rechtsextremismus die Diskussion, ohne allerdings an die Debatte über interkulturelle Erziehung anzuschließen. Nur zögerlich wurden die beiden Diskurse miteinander verknüpft, wobei die Rezeption der internationalen Diskussion über antirassistische Erziehung bedeutsam war. Bis heute stützen sich aber die pädagogischen Konzepte für die Arbeit mit rechten Jugendlichen stärker auf die einheimische Rechtsextremismus-Forschung (z. B. HEITMEYER 1987). Völlig neue Ideen mussten angesichts des teilweise die Jugendszene beherrschenden Rechtsextremismus in den neuen Bundesländern entwickelt werden.

In der Forschung ist an der Wende von den 80er zu den 90er Jahren ein bedeutsamer Perspektivenwechsel zu verzeichnen. Nun begann man nämlich, die pädagogischen und sozialen Institutionen kritisch unter der Leitfrage zu analysieren, wie sie sich den migrationsbedingten Herausforderungen stellten. War zuerst die Integrationsfähigkeit der Migrantenkinder und -familien im Brennpunkt der Aufmerksamkeit gestanden und dann die interkulturelle Lernfähigkeit der pädagogischen Adressaten generell, so gerieten nun die Bildungseinrichtungen und sozialen Dienste selbst hinsichtlich ihrer Innovationsfähigkeit auf den Prüfstand.

Die Institutionalisierung als erziehungswissenschaftliches Fachgebiet begann in den 70er Jahren und setzte sich verstärkt in den 80er Jahren mit der Einrichtung von Studiengängen – meist Aufbau- oder Zusatzstudiengängen – fort. In den 90er Jahren ist die zunehmende Einrichtung von eigenen, meist interdisziplinär ausgerichteten Forschungsstellen zu verzeichnen. Bedeutende Drittmittelgeber wie die Deutsche Forschungsgemeinschaft legten Schwerpunktprogramme zur Förderung einschlägiger Forschungsvorhaben auf. Die Gründung der „Arbeitsgemeinschaft Interkulturelle Bildung" der Deutschen Gesellschaft für Erziehungswissenschaft im Jahr 1994 ist ein Indiz für die Etablierung des Arbeitsgebiets innerhalb der Erziehungswissenschaft.

Die Fluchtmigration und die Zuwanderung der Aussiedler aus Osteuropa brachten in den 80er und 90er Jahren neue Problemkonstellationen mit sich, denen bisher noch unzureichend Rechnung getragen worden ist. Das Spektrum der Herkunftssprachen in den Schulen hat sich zum Beispiel beträchtlich erweitert. Der Stand der Forschung über die Situation der beiden Migrantengruppen ist ebenso unterschiedlich wie das Ausmaß der Integrationshilfen, weil an der Integration der Aussiedler – anders als bei den Flüchtlingen – ein staatliches Interesse besteht.

Die Entwicklung der Interkulturellen Pädagogik ist eng mit gesamtgesellschaftlichen Entwicklungen verknüpft. Das gilt nicht nur für die schon angedeutete Abhängigkeit von der Migrationsgeschichte mit ihren verschiedenen Phasen, die nie von politischen Entscheidungen unbeeinflusst gewesen sind. Ein Beispiel dafür ist der Anwerbestopp für ausländische Arbeiter im Jahr 1973 mit dem nachfolgenden verstärkten Familiennachzug. Darüber hinaus stellen Trends im nationalen Selbstverständnis, sozioökonomische Strukturveränderungen und veränderte rechtliche Rahmenbedingungen wichtige Voraussetzungen dar, weil Ausschließungsprozesse, seien sie ideologisch, ökonomisch oder rechtlich bedingt, die Alltagswahrnehmung beeinflussen. Sozialisationsprozesse können die intentionale Erziehung unterlaufen oder konterkarieren. Unter diesen Aspekten sind beispielsweise die neoliberale Wirtschaftspolitik, die Abschottung Europas gegenüber Flüchtlingen oder die deutsche Vereinigung ebenso bedeutsam wie die zunehmende europäische Integration. Ein wichtiges Datum stellte die Novellierung des Staatsbürgerschaftsrechts im Jahr 1999 dar, mit der das für die Entstehung des deutschen Nationalstaats maßgebliche Abstammungsprinzip um das Territorialprinzip ergänzt wurde. Die Gewährung staatsbürgerlicher Rechte für die Einwanderer verbessert nicht nur deren Situation, sondern fördert das Bewusstsein der Inklusion, d. h. der Zugehörigkeit der bisher als „Ausländer" definierten Mitbürger. Ein Problem besteht nach wie vor in den in Deutschland traditionell stark verankerten Homogenitätsvorstellungen, die sich historisch am Umgang mit der jüdischen Minderheit im 19. Jahrhundert und am Umgang mit den Sprachminderheiten nachweisen lassen (hierzu KRÜGER-POTRATZ u. a. 1998). Die Alternative beschränkte und beschränkt sich auf die Wahl zwischen Assimilation und Segregation. Zumindest wird von Minderheiten Unauffälligkeit im öffentlichen Raum erwartet, wie sich an lokalen Konflikten um den Bau von Moscheen etc. zeigt.

3. Zentrale Motive und Themen interkultureller Pädagogik

Wenn man die internationale Diskussion über interkulturelle Bildung und Erziehung – auch unter Berücksichtigung der antirassistischen Erziehung – verfolgt, so kann man vier zentrale Motive identifizieren:

- erstens das Engagement für *Gleichheit*, gegen Diskriminierung und Ausgrenzung aufgrund von Ethnisierung oder Rassen-Konstrukten,
- zweitens das Motiv der *Anerkennung*, das auf die Identitätsproblematik verweist,
- drittens das Motiv der Fremdheit oder die *Verstehensproblematik*,
- viertens das Motiv interkultureller *Verständigung*.

Die vier Motive stehen in einem Bedingungszusammenhang miteinander. – Die Gleichheit ist eine entscheidende Voraussetzung des Verstehens. Zumindest muss ich, wenn ich den anderen verstehen will, mögliche Asymmetrien in unserer Beziehung beachten – ungleiche Macht, ungleichen Zugang zu Ressourcen, Diskriminierungserfahrungen. Je mehr ich den anderen verstehe, desto eher wiederum werde ich mich für seine Rechte engagieren. Die Anerkennung dessen, was dem anderen bedeutsam ist, weil es Teil seines Selbstverständnisses ist, veranlasst dazu, ihm gleiche Rechte zum Beispiel für die Ausübung seiner Religion zuzugestehen. Die Anerkennung ist eine Prämisse des Verstehens; denn Verstehen gründet auf der Annahme, dass die fremde Kultur ihre eigene Logik und Würde hat, was mich nicht daran zu hindern braucht, mich mit ihren Normen auseinander zu setzen. Täte ich es nicht, würde ich sie gar nicht ernst nehmen. Das Verstehen vertieft aber in der Regel die Anerkennung, wenngleich es auch ein rein instrumentelles Verstehen gibt (vgl. die Beziehung Kolonialherren – „Eingeborene"). Die Zuerkennung gleicher Rechte, die Anerkennung von Differenzen und das Verstehen bilden schließlich die Basis für den interkulturellen Dialog, speziell verstanden als Abklären und Aushandeln von Werten und Normen. Selbstverständlich gehen sie dem Dialog nicht zeitlich voraus, denn nur im Dialog kann das Verstehen vertieft, die Anerkennung bestätigt und Gleichheit hergestellt werden.

Das Motiv der Gleichheit ist vor allem von der Antirassistischen Erziehung fokussiert worden, die heute – anders als in den 80er Jahren – nicht mehr als Gegenkonzept zur Interkulturellen Erziehung, sondern als ein Teil von ihr begriffen wird. Dass die Anerkennung von Andersheit der Beachtung des Gleichheitsgrundsatzes nicht entgegensteht, wie vielfach angenommen, ist eine von der Feministischen Pädagogik übernommene Einsicht. Insbesondere PRENGEL (1993) hat zum Transfer dieser Einsicht – auch aus der Integrativen Pädagogik – beigetragen und sich bemüht, einem „demokratischen Differenzbegriff" Geltung zu verschaffen. Sie argumentiert, dass gerade das universalistische Prinzip, allen Menschen gleichen Wert und gleiche Würde zuzusprechen, die Anerkennung anderer Selbst- und Weltentwürfe verlange. Dabei ist sich Prengel ebenso wie andere Autor/inn/en, die ihre Position teilen, dessen bewusst, dass im gesellschaftlichen Diskurs Differenzvorstellungen in der Regel mit der Vorstellung einer Rangordnung und der Legitimation von Ungleichheit verbunden sind. Vertreter/innen eines „demokratischen Differenzbegriffs" halten diese Verknüpfung aber nicht für zwingend und sehen die Aufgabe einer „Pädagogik der Vielfalt" (PRENGEL 1993) gerade darin, sie aufzulösen.

Gleichheit und Anerkennung sind die Basis interkultureller Kommunikation und die Prinzipien pädagogischen Handelns, aber selbstverständlich stellen das Bewusstsein von Ungleichheit und das Engagement für Gleichheit sowie die Haltung der Anerkennung zugleich Bildungsziele dar. Die Anerkennung impliziert die *Dezentrierung* (PIAGET), d. h. die Übernahme anderer Perspektiven – ein allen Konzepten interkultureller Pädagogik gemeinsames Ziel. Umgangssprachlich ausgedrückt, geht es darum, den eigenen Kirchturmhorizont überschreiten zu können. Nichts anderes ist gemeint, wenn die Überwindung von Ethnozentrismus und speziell des Eurozentrismus intendiert wird. Dies impliziert die Überprüfung der eigenen Denkvoraussetzungen und die zumindest vorläufige Relativierung eigener Wert- und Normvorstellungen, um in den Dialog eintreten zu können.

Die zentralen Themen Interkultureller Pädagogik gründen sich auf die vier genannten Motive: Gleichheit erfordert die Auseinandersetzung mit Rassismus, die Erforschung von Formen und Funktionen des Rassismus, aber auch, wie schon angedeutet, die theoretische Klärung unserer Vorstellung von Gleichheit und Differenz. Das Prinzip der Anerkennung nimmt Bezug auf Konzepte von Identität und speziell „kultureller Identität". Die Förderung des Verstehens setzt die Beschäftigung mit Phänomenen der Fremdheit voraus und verweist auf Theorien und Forschungen zur interkulturellen Kommunikation. Der interkulturelle Dialog wirft die Frage der Universalität und kulturellen Kontextualität von Werten und Normen auf. Hier werden wir also unvermeidlich in die Kontroverse zwischen Universalismus und Kulturrelativismus verwickelt.

Den vier Grundmotiven lassen sich also zentrale wissenschaftliche Arbeitsbereiche, aber auch pädagogische Ansätze zuordnen:

	Gleichheit	Anerkennung	Verstehen	Dialog
Themen, Forschungsfelder	Rassismusforschung, Gleichheit/Differenz	Identitätstheorien	Forschung über interkulturelle Kommunikation	Universalismus – Kulturrelativismus
Pädagogische Ansätze	Antirassistische Erziehung	Bikulturelle Bildung, multiperspektivische Bildung	Befähigung zum Umgang mit Differenz, multiperspektivische B.	

Über die genannten Thematiken gewinnt die Interkulturelle Pädagogik teilweise Anschluss an den aktuellen Diskussionsstand in der Erziehungswissenschaft. Das gilt speziell für das Problem der Fremderfahrung und des Verstehens, das von den konstruktivistischen Ansätzen, die seit einiger Zeit in der Erziehungswissenschaft von sich reden machen, pointiert zum Thema gemacht wird. Das Problem wird dort einerseits radikalisiert und andererseits universalisiert, weil davon ausgegangen wird, dass ich nur über meine Kon-

strukte von der Welt und von den anderen, und zwar über sehr unvollkomme-
ne Konstrukte verfüge, nicht aber über die Wirklichkeit selbst. Das Problem
der Fremdheit wird damit zum universellen Problem. Dennoch stößt die
„konfliktträchtige Zeitgenossenschaft von unterschiedlichen (kulturellen)
Bedeutungszusammenhängen" bei einigen Konstruktivisten auf besonderes
Interesse. So sind Kulturen nach SCHÄFFTER „Ausdruck eigentümlicher Sinn-
kontexte mit einer für sie spezifischen Geschichte und Entwicklungslogik"
(1997, S. 53). Fremdheit wird von SCHÄFFTER nicht als Eigenschaft, sondern
als „Beziehungsmodus" begriffen. Er unterscheidet daher verschiedene Formen des Fremderlebens, die von der je eigenen inneren Struktur und „Leit-
differenz" abhängig sind. Ist zum Beispiel Eindeutigkeit und Kohärenz maßgebend, so wird das Fremde als bedrohlich erlebt. Bei Kulturen ist die Art der
Grenzziehung ebenso wie bei Personen selbst Bestandteil des Systems. Differenzen sind das Ergebnis eigener Selektion (S. 91). Damit wird eine essen-
tialistische Auffassung von Differenz, die ‚Wesensunterschiede' unterstellt,
überwunden.

SCHÄFFTER hält jedoch nichts von der „Auflösung der Sinngrenzen" durch
Leugnung von Differenzen (1997, S. 73). Die „Normalisierungsstrategie"
verhindere Lernen; denn sie vermeide die Irritation, die ein ausgezeichneter
Lernanlass sei. Schäffter gibt zu verstehen, dass auch Versuche des Übersetz-
ens, des Einverleibens des Fremden und das Bestimmenwollen darüber nicht
weiterführen. Er plädiert für die „Anerkennung einer Grenzerfahrung", das
„Offenhalten interner Perspektiven". Auf dem konstruktivistischen Ansatz
aufbauend, hat HOLZBRECHER (1997) eine „Didaktik interkulturellen Lernens" entwickelt, deren zentrales Ziel die Reflexion der Selbst- und Fremdwahrnehmung ist. Die Lernenden sollen vor allem auf die von ihnen entwor-
fenen Selbst- und Fremdbilder aufmerksam werden und die Grenzen des
Verstehens erkennen.

Die spezifischen Schwierigkeiten interkulturellen Verstehens sind mehrfach
begründet: Zuallererst sind die Verzerrungen der Wahrnehmung durch
Fremd- und Selbstbilder in Rechnung zu stellen. Diese Bilder bestimmen unsere Erwartungen und Erwartungserwartungen in der Kommunikation. Zweitens sind die Schwierigkeiten durch die Differenz der kulturellen „Codes",
„Scripts", „Kulturstandards" oder „Deutungsmuster" bedingt, an denen sich
jede Gruppe selbstverständlich orientiert. – Je nach wissenschaftlicher Disziplin sind unterschiedliche Bezeichnungen für die in der Regel nicht themati-
sierten Orientierungsmuster gebräuchlich. Diese Sonderbedingung interkultureller Kommunikation wird meist eher wahrgenommen als die Störung
durch Stereotypen. Noch weniger aber wird die in der Mehrzahl der Fälle mit
interkulturellen Beziehungen verbunde Asymmetrie (Ungleichheit von
Macht, Privilegien) berücksichtigt. Die Ethnopsychoanalyse macht außerdem

auf unbewusste Prozesse der Projektion, Übertragung und Gegenübertragung in interkulturellen Begegnungen aufmerksam.

Die Interkulturelle Pädagogik als eine „Pädagogik der Anerkennung" (KIESEL 1996) nimmt begrifflich Bezug auf das Programm einer Politik der Anerkennung, englisch „Politics of Recognition", wie es vor allem in den USA formuliert worden ist, und zwar erstens wohl als Antwort auf die Identitätspolitik (Identity Politics) der Frauenbewegung und der Minderheiten, speziell der Afroamerikaner. Identity Politics basiert auf der Erfahrung von Frauen und Minderheiten, dass die formale Gleichbehandlung unzureichend ist. Sie entdeckten, dass die ganze Lebensweise, Selbst- und Fremdbilder „in Kategorien der Über- und Unterordnung gefasst" sind (ROMMELSPACHER 1995, S. 22) und lehnen sich gegen die dominierende Kultur auf. Die Forderungen von Frauen und Minderheiten zielen ab auf die Anerkennung ihrer Geschichte und Kultur. Die Ausgangsposition einer Politik der Anerkennung ist nach dem Sozialphilosophen CHARLES TAYLOR, „dass ein Mensch oder eine Gruppe von Menschen wirklichen Schaden nehmen … kann, wenn die Umgebung oder die Gesellschaft ein einschränkendes, herabwürdigendes oder verächtliches Bild ihrer selbst zurückspiegelt" (TAYLOR 1993, S. 13). TAYLOR analysiert kritisch den Gleichheitsgrundsatz der Aufklärung, der die unterschiedlichen, historisch konkreten Realisierungsformen der menschlichen Vernunft vernachlässige.

Mit der Auflösung der traditionellen Gemeinwesen entstehen neue Anforderungen an den Einzelnen, aber auch neue Ansprüche. Moderne Individuen müssen ihre Identität selbst herstellen oder sichern. Das heißt, sie müssen ihr Verhältnis zu sich selbst und zur Gesellschaft klären. In der biografischen Dimension bedeutet das: Stellungnehmen zur eigenen Lebensgeschichte und Zukunftsentwürfe machen, in der anderen, sozialen: sich sozial verorten. Und dabei kommt man nicht darum herum zu entscheiden: Was aus den mir verfügbaren kulturellen Symbolwelten ist mir für mein Selbstverständnis und meine Selbstdarstellung wichtig? Aufgrund solcher Identitätsarbeit werden Entwertungen der Biografie ebenso wie die Nichtbeachtung der eigenen Kollektiverfahrungen oder Missachtung eigener Wertvorstellungen, wie sie Migranten erleben, als Kränkung empfunden.

Das Konzept bikultureller Bildung, das zeitweise von Migrantenverbänden und Wissenschaftlern propagiert worden ist (dazu AUERNHEIMER 1995), lässt sich als schüchterner Ansatz einer Identitätspolitik in der Bundesrepublik interpretieren. Diese war allerdings teilweise noch starren Vorstellungen von Kultur und kultureller Identität verhaftet. Für die Forderung nach zweisprachigem Unterricht, d. h. für die teilweise Verwendung der Herkunftssprache als Unterrichtssprache, wurden nicht nur sprachwissenschaftliche Argumente angeführt. – Eine befriedigende Sprachbildung sei nur möglich, wenn die

Erstsprache bis zum schriftsprachlichen Niveau gefördert werde. Vielmehr wurde auch identitätstheoretisch argumentiert, dass nur eine bikulturelle Bildung die Migrantenjugendlichen zu der ihnen abverlangten Synthese befähigen könne. Heute dagegen stützt sich das Votum für zweisprachige Erziehung, meist beschränkt auf die Vorschule, in der Regel nur noch auf Gesichtspunkte der Sprachentwicklung.

Die Anerkennung ist auch ein Motiv der „multiperspektivischen Bildung", wie sie zunächst im Rückgriff auf die Geschichtsdidaktik vor allem für den Geschichtsunterricht gefordert wurde (GOEPFERT 1985). Geschichtliche Entwicklungen, Ereignisse und insbesondere Konflikte sollten, so das Postulat, auch aus der jeweils anderen Perspektive behandelt werden. Die Erfahrungen anderer Nationen und vor allem auch außereuropäischer Völker oder Gesellschaften und deren Beiträge zur Kulturentwicklung sollten zum Bewusstsein gebracht werden. Anders als bei der Nationalgeschichte oder auch im Horizont abendländischer Geschichtsschreibung sollen andere Völker als historische Subjekte Anerkennung finden. Das Prinzip der Multiperspektivität ist zudem maßgebend geworden für Konzepte der interreligiösen Unterweisung, des interkulturellen Kunst- und Musikunterrichts oder für das Programm der „Begegnung mit Sprachen" (AUERNHEIMER 1995). In der englischen Bezeichnung des Programms „language awareness" kommt das Motiv der Anerkennung eher zum Ausdruck. Multiperspektivische Bildung lässt den Gedanken der „Bereicherung" durch interkulturelle Begegnung hinter sich oder schließt, besser gesagt, das mögliche Missverständnis, es ginge um das Aufgreifen attraktiver Elemente der Fremdkultur, deutlicher aus. Intendiert wird vielmehr die intellektuelle Auseinandersetzung, der freilich ohne emotionale Anmutung, ohne Sympathie und Begeisterung das Motiv fehlen würde. Selbstverständlich soll multiperspektivische Bildung, indem sie die Fähigkeit zur Perspektivenübernahme erweitert, auch das Verstehen fördern.

Anerkennung ist mehr als Toleranz, aber sie darf auch nicht mit schwärmerischer Begeisterung bei Verachtung des Eigenen verwechselt werden – eine problematische Haltung, die allzu leicht ins Gegenteil umschlagen kann, weil die Motivlage psychisch unkontrolliert ist. Vor allem aber würde damit das Prinzip der Anerkennung verletzt; denn, so TAYLOR (1993), wenn ich mich nicht mit den mir fremden kulturellen Werten und Schöpfungen auseinander setze, dann nehme ich die anderen nicht ernst. Anerkennung heißt, den anderen gerade auch dadurch ernst zu nehmen, dass man sich mit ihm auseinander setzt. Die Bereitschaft dazu hat freilich eine kritische Haltung gegenüber dem eigenen Orientierungssystem, einen geschärften Blick für Rationalitätsdefizite und Widersprüche in der eigenen Kultur und Gesellschaft zur Voraussetzung. Verlangt ist Wachsamkeit gegenüber den eigenen Wahrnehmungsgewohnheiten. Solche Dispositionen stehen inzwischen bei vielen Vertretern Interkultureller Pädagogik im Zentrum interkulturellen Lernens.

Das Konzept der Antirassistischen Erziehung will die Heranwachsenden erstens für alltägliche Diskriminierungen sensibilisieren und zweitens über Formen des institutionellen Rassismus aufklären (dazu AUERNHEIMER 1995). Statt kulturelle Eigenheiten zum Thema zu machen – eine Schwäche der frühen Konzepte interkultureller Erziehung –, sollen Benachteiligungen aufgrund rassistischer bzw. ethnischer Zuschreibungen aufgedeckt oder auch problematische Fremdbilder der kritischen Reflexion zugänglich gemacht werden. COHEN (1994) macht das Konstruieren von Bildern in unserer Alltagswahrnehmung zum Generalthema von Unterrichtsprojekten. – Die Berührungspunkte mit dem konstruktivistischen Ansatz sind nicht zu übersehen. – In Korrespondenz mit der Identitätspolitik (siehe oben) erhielt das Problem der Differenz auch für die antirassistische Erziehung einen neuen Stellenwert, indem man auf die Differenz der Kollektiverfahrungen aufmerksam wurde.

ROMMELSPACHER fordert, dass wir, die Angehörigen der „Dominanzkultur", „die Geschichte der Beziehung" zu den Einwanderern, zu Juden, zu Orientalen, zu Afrikanern zum Thema machen (1995, S. 147), um dem spezifischen Charakter der Fremdheit in der Beziehung zu ihnen auf die Spur zu kommen. Sie hält eine historische „Re-Konkretisierung" für nötig. „Was passiert zum Beispiel in der Begegnung zwischen jüdischen und nicht-jüdischen Deutschen? Was geht in uns weißen Deutschen vor, wenn wir schwarzen Deutschen begegnen? Denn die Geschichte westlicher Vorherrschaft, und insbesondere die deutsche Geschichte, hat sich in unsere Psyche eingegraben und äußert sich in Sympathie und Antipathie, in Interesse und Ignoranz. Wir müssen erkennen, dass es eine Hierarchie in unserem Kopf wie in unseren Gefühlen gibt" (S. 154). Auch für Holzbrecher ist die „historisch belastete Beziehungsgeschichte Europas zu den Ländern Afrikas, Asiens und Südamerikas" eine wichtige Dimension interkultureller Wahrnehmung (1997, S. 175 f.).

Die Befähigung zum interkulturellen Dialog ist sicher das anspruchsvollste Ziel interkultureller Bildung. Es wird zum Beispiel im Konzept von NIEKE (1995) sehr herausgehoben. Der Dialog setzt sowohl die Anerkenntnis der Differenzen wie auch gemeinsame Bezugspunkte voraus. Das können, wenn man einmal von den Grundvoraussetzungen eines Gesprächs absieht, wie sie in der Universalpragmatik von HABERMAS formuliert werden, gemeinsame Werte, aber auch gemeinsame Perspektiven und Aufgaben sein. Der Prozess der Globalisierung mit seinen sozialen und ökologischen Folgen stellt die Weltgesellschaft vor gemeinsame Aufgaben, die sich nur in interkultureller Kooperation lösen lassen. Aber auch innerhalb unserer Gesellschaften sind „Selbstverständigungsdiskurse" zum Beispiel über die rechtliche Stellung der

Religionsgemeinschaften gefordert, wenn die eingewanderten Minderheiten nicht auf Dauer ausgegrenzt werden sollen.

Interkulturelle Dialoge werfen das Problem von Universalität und kultureller Kontextualität auf. Der Dialog wird nämlich erst möglich, wenn eingeräumt wird, dass die – in der zukünftigen Weltgesellschaft unverzichtbaren – gemeinsamen Normen aus unterschiedlichen Traditionen heraus begründbar sind. Das verlangt allerdings die Überwindung von Geschichtsauffassungen, nach denen sich aus dem je eigenen Wesenskern heraus die je einzigartige Kultur entwickelt hat. Einem solchen Denken ist der Dialog fremd oder verdächtig. Am Beispiel der Menschenrechtsdebatte lässt sich zeigen, wie das Problem von der abstrakten Ebene heruntergeholt werden kann. BIELEFELDT (1998) weist darauf hin, dass der Anschluss an außereuropäische, nicht-westliche Kulturtraditionen unmöglich ist, solange die Menschenrechte als Folge einer teleologischen Entwicklung gesehen werden, die in der europäischen Aufklärung gipfelt, und damit als exklusives Erbe der abendländischen Tradition betrachtet werden. Ganz anders bei einer historischen Rekonstruktion, bei der Menschenrechte als Antwort auf historische Konflikte, speziell auf die gesellschaftlichen Umwälzungen der Neuzeit gesehen werden. Dabei griff man auf die verfügbaren Traditionen zurück und gab ihnen eine neue Bedeutung, um für die freigesetzten Individuen Schutzgarantien zu begründen. Bei einer solchen Rekonstruktion ergibt sich die Möglichkeit und Notwendigkeit zur Weiterentwicklung universeller Grundrechte im interkulturellen Dialog: denn die außereuropäischen Religionen und Weltanschauungen bieten ebenfalls Anknüpfungsmöglichkeiten für die Begründung von Menschenrechten.

4. Kontroverse und Konsens in der Interkulturellen Pädagogik

Interkulturelle Bildung lässt sich als Befähigung zum adäquaten Umgang mit kulturellen Differenzen mit dem Ziel besseren Verstehens definieren – zum einen um einer effektiveren Kommunikation willen, zum anderen um des Dialogs willen. Die Relevanz von Kulturunterschieden ist jedoch innerhalb der Interkulturellen Pädagogik keineswegs unumstritten. Zum Teil wird auf die intrakulturelle Vielfalt verwiesen, die jedes Festhalten von Differenzen beispielsweise zwischen der deutschen und der französischen Kultur unsinnig erscheinen lässt. Dies sei unvermeidlich mit Stereotypisierungen verbunden. Die Komplexität von Sozialisationseinflüssen, sozialen Rollen und Identitätsentwürfen werde eindimensional verkürzt (HAMBURGER 1994). Zum Teil werden Differenzen als Konstrukte betrachtet, die Ergebnis von Machtstrategien sind. Sie verdankten sich Ethnisierungsprozessen, also sozialen Zuschreibungen, die dann häufig mit Selbstethnisierung beantwortet würden (BUKOW/LLARYORA 1988). Der pädagogische Diskurs leiste, sofern er Kulturunterschiede unterstellt, einer Problemverschiebung Vorschub, nämlich der Vernachlässigung sozialstruktureller Probleme (HAMBURGER 1994). Er diene der Entlastung der pädagogischen Institutionen und der Rechtfertigung von segregativen Praktiken (RADTKE 1995). Eine vermittelnde Position, allerdings mit starker Relativierung des Stellenwerts kultureller Differenzen, ergibt sich aus der soziologischen Unterscheidung zwischen System und Lebenswelt (BUKOW 1996). Während zum Beispiel im Wirtschaftsleben kulturelle Besonderheiten „konstitutiv belanglos" seien, könnten entsprechende Identifikationen in lebensweltlichen Kontexten bedeutsam sein. Dabei bleibt fraglich, inwiefern diese in pädagogischen Institutionen als öffentlichen Einrichtungen Beachtung verdienen. Bei der Diskussion über effektive pädagogische Strategien zum Abbau von Vorurteilen wird das sozialpsychologische Dekategorisierungsmodell von MILLER/BREWER ins Feld geführt, die aufgrund von Experimenten auf Personalisierung und Relativierung von Gruppenzuordnungen setzen.

Diejenigen, die kulturelle Differenzen für pädagogisch relevant halten, können zunächst identitätstheoretisch argumentieren (zum Motiv der Anerkennung siehe oben). Kulturelle Bezüge können gerade in den modernen Gesellschaften für die Identitätsarbeit bedeutsam werden. Will man die Relevanz von kulturellen Symbolen in Zweifel ziehen, so bleiben zumindest Unterschiede der Kollektiverfahrungen, deren Missachtung vielen Gruppen gegenüber unsensibel und fahrlässig wäre. Schließlich müssten Unterschiede selbst da, wo sie sozial konstruiert sind, pädagogisch bearbeitet werden. Die Vertreter dieser Position können zweitens auf die Forschung über interkulturelle Kommunikation verweisen. Die für die Interaktionsteilnehmer selbstverständlichen Codes, Skripts oder Kulturstandards (siehe oben) sind nicht selten in tieferliegenden Wertdifferenzen und Weltbildern verankert. Die wissenschaftlich reflektierten Erfahrungen mit Austauschprogrammen zeigen, dass die Leugnung von Differenzen keineswegs zum Abbau von gegenseitigen Stereotypisierungen beiträgt. Nur indem Unterschiede oder vermeintliche Unterschiede zur Sprache gebracht werden, können sie relativiert, auf ihren realen Kern reduziert und teilweise verständlich gemacht werden. Diese Auffassung wird auch durch die Forschung zu Intergruppenbeziehungen gestützt, die zeigt, dass die Individualisierung gerade Gruppenstereotype unangefochten lässt. Die sozialpsychologische Diskussion über Pro und Contra sozialer Kategorisierung referieren KLINK u. a. (1998). Bei der Thematisierung kultureller Differenzen können auch die Grenzen interkulturellen Verstehens bewusst werden (DIBIE/WULF 1999). Damit wird nicht nur vermieden, dass die Interaktionspartner sich durch überhöhte Ansprüche überfordern, was Angst auslösen und Vereinfachungen begünstigen kann. Vielmehr wird auch ein totalisierendes Verstehen vermieden, das die anderen festlegt und in ihrer Subjekthaftigkeit beschneidet, weil es die Vieldeutigkeit, Variabilität und Widersprüchlichkeit von Persönlichkeiten und Kulturen nicht in Rechnung stellt. Die Frage nach dem Für und Wider der Thematisierung ist nicht neu (vgl. ALLPORT 1954). Zu vermuten ist, dass sich die Beunruhigung oder Verunsicherung, welche die Konfrontation mit fremden Kulturmustern je nach Situation begleiten kann, am ehesten durch deren Artikulation überwinden lässt.

Vergleicht man die pädagogischen Diskurse über Kulturdifferenz auf internationaler Ebene, so lässt sich feststellen, dass in Frankreich mit seiner universalistischen Tradition und laizistischen Verfassung kulturelle Unterschiede kaum ein Thema sind, während sie in den angelsächsischen Ländern und auch in den Niederlanden in Theorie und Praxis Berücksichtigung finden, wenn dies auch zu unterschiedlichen Lösungsversuchen geführt hat. Die Realität von kulturellen Differenzen scheint dort weniger strittig zu sein, ist jedenfalls nicht Gegenstand von Kontroversen wie in Deutschland. Die Situation hierzulande dürfte mit der deutschen Vergangenheit erklärbar sein. Die Erfahrung mit der Stigmatisierung von Minderheiten und dem Genozid als Folge von Rassekonstrukten macht die Vorsicht verständlich. Außerdem verhindert die Rechtlosigkeit von Minderheiten bislang eine Identitätspolitik wie in angelsächsischen Ländern, so dass die Pädagogik nicht mit Ansprüchen von Minderheiten konfrontiert wird.

Konsens besteht innerhalb der Interkulturellen Pädagogik darüber, dass kulturelle Differenzen zumindest *auch* das Ergebnis von Fremdbildern und Identitätskonstrukten sind, wobei dieser Konstruktcharakter nicht ihre soziale Realität beeinträchtigt. Einigkeit dürfte sich auch darüber herstellen lassen, dass Identitäten mehrdimensional sind und „kulturelle Identität" nur eine – meist nur situationsspezifisch relevante – Dimension unter anderen ist. Übereinstimmung besteht außerdem über den Vorrang des Gleichheitsgrundsatzes vor der Berücksichtigung von Differenzen sowie über den dynamischen, synkretistischen Charakter von Kulturen, die wegen ihrer Orientierungsfunktion für Transformationen offen sein müssen.

5. Ziele, Methoden, institutionelle Voraussetzungen interkultureller Bildung

Ziel interkultureller Bildung sind vor allem Haltungen, die allerdings inhaltlich begründet und in Überzeugungen verankert sein müssen: Sensibilität für strukturelle Benachteiligung, Reflexion stereotyper Fremdbilder, Unvoreingenommenheit, Offenheit für andere Orientierungssysteme und Prüfung eigener kultureller Befangenheiten („Dezentrierung"), speziell die Erschütterung des evolutionistischen und eurozentrischen Weltbilds, der Respekt für andere Identitätsentwürfe, die Fähigkeit zur Perspektivenübernahme, keine falsche Sicherheit des Verstehens, Dialogfähigkeit. Solche Haltungen können teilweise exemplarisch in Situationen, die es im pädagogischen Alltag nur aufzugreifen gilt, vermittelt werden. Teilweise bedarf es der gezielten Auswahl geeigneter Themen oder pädagogischer Arrangements, die Lernanlässe bieten (vgl. HOLZBRECHER 1997). ALLEMANN-GHIONDA unterscheidet neben den „zielgruppenorientierten" Zugängen, die noch der „Ausländerpädagogik" verhaftet sind, zwischen „beziehungsorientierten" und „inhaltsorientierten" Zugängen in der Interkulturellen Pädagogik (1999, S. 512). Erstere stellen, gestützt auf Kommunikationsforschung, Sozialpsychologie und interaktionistische Theorieansätze, die Bearbeitung interkultureller Beziehungen, Begegnungen oder Kontaktsituationen ins Zentrum, wobei sie Konfliktpotentialen besondere Aufmerksamkeit schenken. Angestrebt wird die Einübung metakommunikativer Fähigkeiten. Letztere bauen auf curriculare Revisionen zur multiperspektivischen Bildung und politischen Aufklärung. Ihre Schwäche liegt in der Beschränkung auf die kognitive Dimension. In Vorschlägen und Empfehlungen für interkulturelle Bildung und Erziehung werden Formen erfahrungs- und handlungsorientierten Lernens favorisiert. Der in der Vorschulpädagogik dominante Situationsansatz wird auch in dieser Hinsicht für besonders geeignet gehalten. Zugänge über die musisch-ästhetische Bildung oder Kulturarbeit sind beliebt, wobei nicht die teilweise noch folkloristische Komponente Aufmerksamkeit verdient. Von Interesse ist vielmehr die Möglichkeit der Verfremdung bei einer Thematik, wo es Selbstverständlichkeiten aufzubrechen, neue Wahrnehmungsweisen zu lernen und teilweise Tabus zu brechen gilt. Gefühle der Beunruhigung können so am ehesten zum Ausdruck gebracht werden. Vorgeschlagen werden unter anderem Theaterarbeit, Medienarbeit, Schreibwerkstatt oder literarische Zugänge.

Pädagoginnen und Pädagogen müssen positive Modelle für den Umgang mit Differenzen abgeben. Dass es in dieser Richtung noch einiger Anstrengungen bedarf, belegen Untersuchungen aus verschiedenen Praxisfeldern. In Schulfallstudien hat sich gezeigt, dass unter Lehrer/inne/n, darunter gerade auch engagierten Lehrer/inne/n, Differenzblindheit überwiegt (AUERNHEIMER u. a. 1996). Die Thematisierung von Differenzen wird, unabhängig von der Situation, für kontraproduktiv gehalten. BENDER-SZYMANSKI unterscheidet, gestützt auf eine umfangreiche Untersuchung an Referendaren, zwei Verarbeitungsmodi von interkulturellen Situationen in der pädagogischen Praxis: die „synergie"- und die „ethnoorientierte" Verarbeitungsweise (BENDER-SZYMANSKI 1999). Für erstere ist unter anderem charakteristisch, dass der eigene

Anteil an der Interaktion erkannt wird und die fremde Perspektive eingenommen werden kann. Die mit Beispielen illustrierte Gegenüberstellung ist insofern pädagogisch hilfreich, als sie verdeutlicht, wie ein positiver Umgang mit Differenzen gestaltet werden müsste.

Interkulturelles Lernen kann nur von pädagogischen Fachkräften erfolgreich initiiert werden, die selbst „interkulturelle Kompetenz" für sich in Anspruch nehmen können. Solche Kompetenz umfasst dieselben Haltungen und Fähigkeiten, die als Ziele interkultureller Bildung gelten können. Dabei ist zu berücksichtigen, dass interkulturelle Kompetenz je nach der praktischen Verwendungssituation unterschiedlich zu bestimmen ist. In der anschwellenden, vor allem englischsprachigen Literatur darüber wird zum Teil den Kenntnissen über eine spezielle Kultur hohe Aufmerksamkeit geschenkt, was darauf zurückzuführen ist, dass man ursprünglich vorwiegend Berufsgruppen, die jeweils in ein bestimmtes Land entsandt werden (z. B. Entwicklungshelfer), als Adressaten im Auge hatte. Sieht man einmal von der Problematik vieler dafür entwickelter Cultural-Assimilator-Programme ab (Stereotypisierungstendenz), so ist diese Art von Kompetenz sicher für Pädagog/inn/en in der multikulturellen Einwanderungsgesellschaft wenig hilfreich. Hier kommt es entscheidend auf die oben genannten Haltungen wie Offenheit etc. an, die in einem „synenergieorientierten Verarbeitungsmodus" (BENDER-SZYMANSKI 1999) wirksam werden.

Neben der entsprechenden Aus- und Fortbildung der pädagogischen Fachkräfte sind die institutionellen Voraussetzungen entscheidend. Was den Schulbereich betrifft, so verdienen auf der Makroebene Struktureigenschaften des jeweiligen Bildungssystems wie die Art der Selektion, der Umgang mit Heterogenität, d. h. der Rückgriff auf Segregation und Spezialisierung, die Beschränkung auf Unterrichtsaufgaben Beachtung (vgl. ALLEMANN-GHIONDA 1999, AUERNHEIMER u. a. 1994). Die Einzelschule wird sich zunächst in ihrem Schulprofil vergewissern müssen, welchen Stellenwert die multikulturelle Situation für ihre Arbeit hat bzw. haben soll, um dies in ihrem Schulprogramm umzusetzen. Eine Gruppe, die über die Umsetzung wacht, wird hilfreich sein. Starre Arbeitsteilung zwischen Förderunterricht, Muttersprachunterricht und sonstigem Unterricht sollte durch Kooperation ersetzt werden. Teamarbeit ist wünschenswert. Fördermaßnahmen und Übergangsempfehlungen sind kritisch zu überprüfen. Generell empfohlene Reformen wie Elternarbeit, Öffnung bzw. Gemeindenähe der Schule, Vernetzung mit anderen pädagogischen Institutionen, speziell der Jugendarbeit, sind für interkulturelle Bildung besonders relevant. Für Einrichtungen der Jugendarbeit und für Jugendverbände ist es ebenso wichtig, die multikulturelle Situation im Leitbild der Institution oder Organisation zu berücksichtigen, damit Initiativen zur interkulturellen Bildungsarbeit nicht Eintagsfliegen bleiben. Das gleiche gilt für Einrichtungen der Erwachsenenbildung und – mit anderer Zwecksetzung – für Soziale Dienste. Die Art der Arbeitsteilung zwischen der seit Beginn der Arbeitsmigration bestehenden Ausländersozialberatung und dem Allgemeinen Sozialen Dienst wird inzwischen in Frage gestellt. In allen pädagogischen Institutionen vom Kindergarten bis zur Erwachsenenbildung ist die Zusammensetzung des Personals unter dem Aspekt der Mehrsprachigkeit veränderungsbedürftig. Das kann zwar in Deutschland unter den gegebenen Bedingungen nur eine Langzeitperspektive sein, darf aber als Ziel nicht aus dem Auge verloren werden.

Literatur

Allemann-Ghionda, Ch.: Schule, Bildung und Pluralität. Sechs Fallstudien im europäischen Vergleich. Bern u. a. 1999

Allport, G. W.: The Nature of Prejudice. New York 1954

Auernheimer, G.: Einführung in die interkulturelle Erziehung. 2., überarb. u. erg. Aufl. Darmstadt 1995

Auernheimer, G./v. Blumenthal, V./Stübig, H./Willmann, B.: Zur Offenheit von Schulsystemen für kulturelle Vielfalt. Gesichtspunkte für einen internationalen Vergleich. In: Gogolin, I. (Hg.): Das nationale Selbstverständnis der Bildung. Münster 1994

Auernheimer, G./v. Blumenthal, V./Stübig, H./Willmann, B.: Interkulturelle Erziehung im Schulalltag. Fallstudien zum Umgang von Schulen mit der multikulturellen Situation. Münster 1996

Bender-Szymanski, D.: Wie lernen Lehrer von Migrantenkindern? Eine Prozessanalyse interkulturellen Lernens bei deutschen StudienreferendarInnen in multikulturellen Schulen. In: Zschr. f. Soziologie der Erziehung und Sozialisation (ZSE) 1999, S. 52–71

Bielefeldt, H.: Philosophie der Menschenrechte. Grundlagen eines weltweiten Freiheitsethos. Darmstadt 1998

Bukow, W.-D./Llaryora, R.: Mitbürger aus der Fremde. Soziogenese ethnischer Minderheiten. Opladen 1988

Bukow, W.-D.: Feindbild: Minderheit. Zur Funktion von Ethnisierung. Opladen 1996

Cohen, P.: Verbotene Spiele. Theorie und Praxis antirassistischer Erziehung. Hamburg 1994

Dibie, P./Wulf, Ch. (Hg.): Vom Verstehen des Nichtverstehens. Ethnosoziologie interkultureller Begegnungen. Frankfurt/Main und New York 1999

Goepfert, H.: Geschichtsunterricht als didaktischer Ort der Erziehung zur Völkerverständigung. In: Geschichtsdidaktik, H. 1, 1985, S. 33–46

Hamburger, F.: Pädagogik in der Einwanderungsgesellschaft. Frankfurt/Main 1994

Heitmeyer, W.: Rechtsextremistische Orientierungen bei Jugendlichen. Empirische Ergebnisse und Erklärungsmuster einer Untersuchung zur Politischen Sozialisation. Weinheim und Münster 1987

Hohmann, M.: Interkulturelle Erziehung – eine Bestandsaufnahme. In: Ausländerkinder in Schule und Kindergarten, H.4, 1983, S. 4 ff.

Holzbrecher, A.: Wahrnehmung des Anderen. Zur Didaktik interkulturellen Lernens. Opladen 1997

Kiesel, D.: Das Dilemma der Differenz. Frankfurt/Main 1996

Klink, A. u. a.: Kontakte zwischen sozialen Gruppen als Mittel zur Reduktion von Aggression und Gewalt: Sozialpsychologische Theorien und ihre Anwendung in der Schule. In: Bierhoff, H. W./Wagner, U. (Hg.): Aggression und Gewalt. Stuttgart 1998, S. 280–299

Krüger-Potratz, M./Jasper, D./Knabe, F.: „Fremdsprachige Volksteile" und deutsche Schule. Schulpolitik für die Kinder der autochthonen Minderheiten in der Weimarer Republik. Münster 1998

Miller, N./Brewer, M. B. (Eds.): Groups in contact. The psychology of desegregation. Orlando, FL (Academic Press) 1984

Nieke, W.: Interkulturelle Erziehung und Bildung. Wertorientierungen im Alltag. Opladen 1995

Oberndörfer, D.: Die politische Gemeinschaft und ihre Kultur. Zum Gegensatz zwischen kulturellem Pluralismus und Multikulturalismus. Bonn 1996

Prengel, A.: Pädagogik der Vielfalt. Verschiedenheit und Gleichberechtigung in Interkultureller, Feministischer und Integrativer Pädagogik. Opladen 1993

Radtke, F.-O.: Interkulturelle Erziehung. Über die Gefahren eines pädagogisch halbierten Anti-Rassismus. In: Zeitschr. f. Pädagogik 1995, S. 853–864

Reich, H.-H.: Interkulturelle Pädagogik. – eine Zwischenbilanz. In: Zeitschr. f. Päd., S. 9 ff

Rommelspacher, B.: Dominanzkultur. Texte zu Fremdheit und Macht. Berlin 1995

Schäffter, O.: Das Eigene und das Fremde. Lernen zwischen Erfahrungswelten. Aufsätze zu einer Theorie der Fremderfahrung. Berlin 1997

Taylor, C.: Multikulturalismus und die Politik der Anerkennung. Frankfurt/Main 1993

Wulf, Ch. (Hg.): Kritische Friedenserziehung. Frankfurt/Main 1973

Bijan Adl-Amini

Krisenpädagogik. Eine neue Subdisziplin in der Erziehungswissenschaft

„Der Geist braucht den Sinn – der Nous den Logos – und die noo-gene Erkrankung ihre logo-therapeutische Behandlung" (Frankl 1983, S. 81).

„Bewusstsein ist ... Quelle aller Vernunft und Unvernunft, alles Rechtes und Unrechts, aller Realität und Fiktion, alles Wertes und Unwertes, aller Tat und Untat" (Husserl 1950, S. 213).

1. Erziehungswissenschaft und Logotherapie

Es gibt eine große Berührungsfläche zwischen der Erziehungswissenschaft und der Logotherapie. Wenn ich recht sehe, ergänzen sich die beiden wissenschaftlichen Disziplinen in einer äußerst glücklichen Weise. Vollzieht sich doch Erziehung immer unter der Sinnperspektive. Sie hat zu tun mit dem Werden und Leben des Menschen, und zwar von der Geburt an bis zum Tode. Und Logotherapie ist nötig, weil der Entwicklungsprozess im menschlichen Leben nie geradlinig verläuft, sondern in natürlichen oder schicksalhaften Brüchen. Es gilt, diese Brüche, diese Krisen in das Leben und Werden zu integrieren, und dies geht nicht, ohne dass der Mensch lernt, in ihnen einen Sinn zu sehen.

Was mich als Erziehungswissenschaftler besonders interessiert, ist die mentale Entwicklung, die im Prozess der Sinnfindung stattfindet. Sie ist nämlich identisch mit *Bewusstseinsentwicklung*. Die Analyse und Förderung der Sinnfindungsprozesse gewährt daher Einblick in die Gesetzmäßigkeiten der Bewusstseinsentwicklung. Sie ist aus lebensphilosophischer, kognitionspsychologischer, logotherapeutischer und pädagogischer Sicht hochbedeutsam, und zwar sowohl im Kindes- als auch im Erwachsenenalter.

Die Welt der Kinder hat dabei eine besondere Faszination. Wir beachten sie zu wenig und meinen, Erziehung habe die Aufgabe, Kindern unsere Welt sinnhaft überzustülpen. Die Klassiker der Pädagogik – Rousseau, Pestalozzi, Montessori, Steiner bis hin zu Piaget und vielen anderen – haben aber nachgewiesen, wie viel *wir* von der Kinderwelt lernen können.

Erstes Beispiel: Ein zweijähriges Mädchen soll zum Hautarzt. Sie ist auffallend zögerlich und will nicht so recht mit. Von der Mutter eingehend befragt,

gibt sie endlich zur Antwort: „Wenn der mich haut, dann haue ich zurück!"
Wir mögen darüber lächeln, das aber ist die Sorge eines Kindes, das uns die
Idee vermittelt, „Hautarzt" könnte auch ein Prügelspezialist sein. In dieser
Lesart steckt verfremdende Kreativität. Künstler verfahren ähnlich, wenn sie
bewusst Verfremdungseffekte erzeugen, in der Absicht, uns die Augen für eine Welt zu öffnen, die auch anders sein könnte. Logotherapeuten verfahren
so, um neurotische Fixierungen aufzulösen. Die logotherapeutische Sinndeu-
tung will das subjektive Gefühl des Sinnvakuums als nur *eine* mögliche Sicht
der Dinge oder nur *eine* festgefahrene Ansicht der Person entlarven. Sicht der
Dinge und Ansicht der Person hängen aber zusammen, und die Einsicht in ihre wechselseitige Bestätigung und Bekräftigung löst den Knoten, öffnet neue
Aussichten, wirkt potentiell sinnstiftend und also logotherapeutisch heilsam.
Zweites Beispiel: PAUL WATZLAWICK berichtet in einem seiner Bücher über
einen kleinen Jungen, der mit seinen Bauklötzen Eisenbahn spielt. Sein Vater
betritt das Zimmer und tritt unachtsam gegen einen der Klötze, und der fliegt
aus der Reihe. Der Junge mahnt ihn ernsthaft: „Papi, pass doch auf! Sonst
denken die Eisenbahnen, sie wären nicht echt."
Drittes Beispiel: Es geht um eine Krise, um ein Verlusterlebnis. Doris W.,
56 Jahre alt, erinnert sich an ihren verlorenen Teddy: „Mein größter Kinder-
wunsch war ein Teddybär. Als ich vier Jahre alt war, schenkte mir eine Nach-
barin, die in einer Spielzeugwerkstatt arbeitete, einen kleinen braunen Teddy-
bären mit weißer Nase. Ich war überglücklich und spielte den ganzen Tag mit
diesem Teddy. Am Abend gab es, wie üblich, Fliegeralarm. Wir mussten aus
der Wohnung zum Bunker, der unter dem U-Bahnschacht lag. Ich nahm meinen Teddy in den Arm, dazu einen kleinen Koffer, den ich immer selbst zum
Bunker tragen musste. Was darin war, weiß ich nicht. Wir mussten uns beei-
len, es waren ein paar Straßen zu überqueren, und auf den Treppen, die zum
Bunker hinabführten, herrschte ein großes Gedränge. Endlich waren wir in
dem Raum, den man uns zugewiesen hatte. Auf einem Feldbett verstaute meine Mutter unsere Sachen. Als sie mir den kleinen Koffer abnahm, bemerkte
ich, dass der kleine Teddy nicht mehr unter meinem Arm klemmte. Ich hatte
ihn im Gewühl verloren. Ich wollte gleich zurück, um ihn zu suchen, aber es
war nicht erlaubt, die Schutzräume vor der Entwarnung zu verlassen. Als
endlich der Angriff vorüber war, ging ich mit meiner Mutter alle Wege ab, die
wir gekommen waren. Wieder herrschte ein schreckliches Gedränge, und es
war völlig aussichtslos, meinen Teddy jemals wiederzufinden. Ich war tage-
lang sehr unglücklich, verfluchte meine Unachtsamkeit, weinte über den
Krieg und über alles. Ich habe nie wieder einen Teddy besessen und wollte
auch keinen anderen als den verlorenen. Das war mein erstes bewusstes Erlebnis von Verlust und Trauer. Es war eine echte Krise, denn ich wagte eine
Zeit lang nicht, mein Herz an irgend etwas zu hängen, aus Furcht, es könnte

mir wieder verloren gehen, und ich müsste diese schmerzhafte Trauer und ohnmächtige Wut wieder empfinden" (In: ADL-AMINI 1992, S. 32f.).

Dieses Erlebnis ist dem Kind ein halbes Jahrhundert in Erinnerung geblieben. Es hat ihr Bindungs- und Beziehungsverhalten nachhaltig beeinträchtigt, weil die Mutter nicht in der Lage war, dem Verlust einen Sinn abzugewinnen. Es blieb bei der einen aktuellen Ansicht des Kindes und der einen Hinsicht des Geschehens. Was der Verlust potentiell noch bedeuten könnte, wurde interpretativ nicht ermittelt. Deshalb blieb auch der mit dem Verlust verbundene Schmerz unabgegolten. So ist denn diese Geschichte eigentlich unvollendet. Der Schmerz wäre annehmbar und erträglich gewesen, wenn die Seele des Kindes im Verlust einen Sinn hätte sehen können. Verlust ist ja nicht Zweck eines Geschehens, doch er kann einen Zweck haben, wenn wir ihm Sinn abgewinnen.

Erziehung zum Sinn will Kinder und Jugendliche, Erwachsene und Eltern für solche Krisensituationen sensibilisieren. Denn es handelt sich um unvermeidliche Lebensereignisse. Wir alle kennen den Verlustschmerz. Jeder Mensch hat einen „Teddy" verloren. Teddy steht hier symbolisch und exemplarisch für Verlust schlechthin.

Was mich an solchen Geschichten berührt, ist der Spiegel, den uns Kinder vorhalten, und vor allem, wie sie sich in solchen Situationen verhalten. Kinder rationalisieren und intellektualisieren nicht ihre Gefühle, wie Erwachsene das in ähnlichen Lebenssituationen gewöhnlich tun. Ich möchte behaupten, viele Erwachsene wären froh und erleichtert, wenn sie sich entkrampfen könnten, wenn sie sich wie Kinder spontan und natürlich zu ihrer Trauer bekennen würden. Männer etwa, die ihre Fähigkeit zu weinen noch bewahrt haben, müssen nicht so hart zu sich und zu anderen sein. *Leiden ist prinzipiell ein Leisten, und diese Leistung kann sogar den Menschen in seiner Menschlichkeit veredeln.*

In seinem Hauptwerk „Das Prinzip Hoffnung" schreibt ERNST BLOCH, er versuche, „an die Hoffnung, als eine Weltstelle, die bewohnt ist wie das beste Kulturland und unerforscht wie die Antarktis, Philosophie zu bringen" (BLOCH 1973, S. 5). Dem schließe ich mich dahingehend an, dass ich an die Erziehung, die so einfach ist wie Fahrradfahren und so schwierig wie Gleichgewichthalten (vgl. ADL-AMINI 1990), Sinn zu bringen versuche. Daher halte ich es für konstruktiv und sinnvoll, Erziehungswissenschaft und Logotherapie zusammenzuführen. *Dort, wo einer leidet, kann auch nur einer geheilt werden. Dort aber, wo die Leidensfähigkeit zum Thema erhoben wird, können alle für den Sinn des Leidens sensibilisiert werden.* Darin liegt der Unterschied zwischen Therapie und Pädagogik. Die Therapie löst ein Problem für eine Person, die Pädagogik sucht an einem Problem exemplarische Lösungsmuster für viele.

2. Erziehung zum Sinn

Das Thema „Erziehung zum Sinn" beschäftigt mich seit etwa fünfzehn Jahren. Es ist mir biographisch zugefallen. Das Leben machte etwas mit mir, und ich wollte daraus etwas machen. Wie üblich fragte auch ich zuerst „Warum gerade ich?". Dann aber stieß ich auf das Werk von VIKTOR E. FRANKL. Dort las ich: *Das Leben selbst ist es, das dem Menschen Fragen stellt.* Er hat nichts zu fragen, er ist vielmehr der vom Leben her Befragte, der *dem Leben zu antworten – das Leben zu ver-antworten* hat" (FRANKL 1983, S. 72). Ich vollzog den Schritt von der rückwärtsgerichteten Warumfrage zum vorausschauenden Wozu (vgl. LUKAS 1991). Einer der Kernsätze der Krisenpädagogik lautet: *Das Leben wird vorwärts gelebt und rückwärts verstanden.* Lebenskrisen sind hervorragende Auslöser der Frage nach dem Sinn (vgl. FILIPP 1981; ULICH 1987; ROSCH-INGLEHART 1988; ZWINGMANN 1962). Sie werfen den Menschen auf sich selbst zurück und zwingen ihn zur Selbstbesinnung. Jede Krise hält dem Menschen gleichsam einen Spiegel vor, in dem er sein ungeschminktes Gesicht, d. h. seinen bisherigen Lebensweg, erblickt. Insofern ist jede Krise ein Bruch in der Normalität und Kontinuität des Lebensverlaufs. Zugleich bietet aber jede Krise auch eine Chance zum Neubeginn und Aufbruch, zur Veränderung und Verjüngung. Die eine Hälfte ist „Schick"-sal, die andere „Mach"-sal. FRANKL schreibt (1959, S. 686): „Während ich das Schicksal gestalte, gestaltet die Person, die ich bin, den Charakter, den ich habe – gestaltet ‚sich' die Persönlichkeit, die ich werde".

So steckt in jeder Krise eine Polarität, das unabänderlich schicksalhafte Ereignis auf der einen Seite und unsere offene Gestaltungsmöglichkeit auf der anderen. Beide Seiten gehören wie zwei Kugelhälften zusammen und runden sich ab zu einer Einheit. Im Chinesischen heißt das Wort für Krise „wei-ji"; „wei" heißt Gefahr, „ji" Chance. Gefahr und Chance, Krise und Entwicklung sind miteinander derart verflochten, dass es die eine nicht geben kann ohne die andere.

Ich schlage vor, Lebenskrisen vor dem Hintergrund der Polarität Krise und Entwicklung bzw. Bewusstsein und Sinn zu betrachten und aus ihnen pädagogisch Wertvolles zu lernen. Deutung und Bedeutung sollen sich ergänzen zu einer Hermeneutik der Lebensgestaltung. Aus pädagogischer Sicht interessiert mich insbesondere die Wandlung, die der Mensch in und durch Lebenskrisen erlebt. Wandlung ist ein seltener und daher wertvoller Lernprozess; sie ist immer mit Einkehr und Umkehr verbunden. Als Pädagoge will ich begreifen, was den Menschen in der Krise ergreift, erschüttert und bisweilen auch verwandelt. Hier finde ich biographisch wertvolles Material und anschaulichen Lernstoff. Wir lernen viel und vieles im Elternhaus und in der Schule.

Aber haben wir auch gelernt, mit Lebenskrisen umzugehen – mit Verlust und Trennung, mit Misserfolg und Versagen, mit Krankheit und Tod? Hier stelle ich ein Defizit in der Pädagogik fest. Daher die Forderung nach der Erziehung zum Sinn. *Erziehung zum Sinn will Menschen für die Deutung und mögliche Bedeutung von schwierigen Lebenssituationen sensibilisieren.* Ich stimme FRANKL zu, der gesagt hat:

„In diesem unserem Zeitalter muss es sich die Erziehung angelegen sein lassen, nicht nur Wissen zu vermitteln, sondern auch das Gewissen zu verfeinern, so dass der Mensch hellhörig genug ist, um die jeder einzelnen Situation innewohnende Forderung herauszuhören. In einem Zeitalter, in dem die Zehn Gebote für so viele ihre Geltung zu verlieren scheinen, muss der Mensch instand gesetzt werden, die 10.000 Gebote zu vernehmen, die in den 10.000 Situationen verschlüsselt sind, mit denen ihn sein Leben konfrontiert" (FRANKL 1980, S. 157).

Erziehung zum Sinn ist eine so fundamentale und umfassende Aufgabe, dass die Grundlegung einer eigenen Subdisziplin mit der Bezeichnung „Krisenpädagogik" dringend erforderlich ist.

3. Krisenpädagogik

Die wissenschaftliche Pädagogik verfügt über eine Reihe von Subdisziplinen wie Schulpädagogik, Sozialpädagogik, Medienpädagogik, Sportpädagogik, Friedenspädagogik, Museumspädagogik usw. Ich möchte die Option anmelden für eine neue Subdisziplin mit dem Namen *Krisenpädagogik* (vgl. ADL-AMINI 1992; 1995; 1996; 1997, 1998). Zunächst ist festzustellen, dass es der Pädagogik keineswegs an einem Interesse für das Thema „Krise" mangelt (BOLLNOW 1966; SCHUCHARDT 1980; 1984; 1987; MEUELER 1987; BURGHEIM 1994; MENNEMANN 1998). Aber dieses Interesse ist bislang über ein punktuelles Engagement nicht hinausgekommen. Wenn ich recht sehe, fehlt es erstens an der *wissenschaftstheoretischen* und zweitens an der *methodologischen* Fundierung der Krisenpädagogik. Ich versuche, diese Lücke zu schließen und die neue Subdisziplin auf zwei großartige Theorien zu stellen: auf Bewusstseinstheorie und auf Sinntheorie.

Im Kern der Krisenpädagogik steht die These, dass Bewusstsein und Sinn eine Polarität bilden, die tragend genug ist, um eine Subdisziplin wissenschaftstheoretisch und methodologisch zu fundieren. Der Terminus „Bewusstsein" umfasst dabei alles, was wir körperlich, seelisch und geistig tun oder erleiden, erkennen oder empfinden. Im Bewusstsein baut sich also die Welt auf. Deshalb verändert die Welt auch ihr Gesicht, wenn sich unser Bewusstsein von ihr verändert.

Unser Bewusstsein produziert unentwegt Sinn, und zwar unabhängig davon, ob wir es wissen oder nicht. Mit jedem produzierten Sinnbaustein baut sich das Bewusstsein selbst auf, so dass der Prozess der Sinnproduktion mit dem der Selbstproduktion des Bewusstseins identisch ist. Dieser *erste* Argumentationsstrang stützt sich auf die Autopoiesis des Bewusstseins (MATURANA/VARELA 1987; LUHMANN 1987). Das polare Zusammenspiel von Bewusstsein und Sinn bildet so den Motor der Bewusstseinsentwicklung. Nun zeigt sich aber, dass die Entwicklung unseres Bewusstseins eine innere Tendenz aufweist, also von sich aus über eine Sinnrichtung verfügt. Dieser *zweite* Argumentationsstrang stützt sich auf HEGELS Philosophie und auf PIAGETS Äquilibrationstheorie. Wenn wir nun die *Sinnrichtung* unseres Bewusstseins klar erkennen, dann sehen wir in ihr auch einen *Richtungssinn*. Mit anderen Worten: Die Tendenz der Bewusstseinsentwicklung (HEGEL, PIAGET, MATURANA) und der mögliche Sinn dieser Tendenz (FRANKL) ergänzen sich polar. Krisenpädagogik will nun diese Analyse in ein pädagogisches Lernprogramm gießen, so dass Menschen, ob jung oder alt, dafür sensibilisiert werden, im Leben und Leiden generell Sinn zu sehen und Sinn zu suchen.

Ziel der Krisenpädagogik ist die Erziehung des Menschen zum Sinn, d. h., die Sensibilisierung für den Sinn von schicksalhaften Lebensereignissen. Wenn RUTH COHN Recht hat, dass Pädagogik die Kunst ist, „Therapien antizipierend zu ersetzen" (COHN 1980, S. 176), dann ist Krisenpädagogik die Kunst, Menschen antizipierend auf den Sinn von Lebenskrisen vorzubereiten.

Mir scheint, dass der Mensch sich in besonderem Maße für den Sinn von Lebensereignissen meist erst dann öffnet, wenn er durch eine schwere Krise existentiell erschüttert worden ist. Gerät er ungeschult und unvorbereitet in eine Lebenskrise, dann ist die Gefahr der Hilflosigkeit, Verzweiflung, ja sogar einer suizidalen Handlung nicht zu unterschätzen. Ist er hingegen krisenpädagogisch für die Sinnbotschaft von Lebenskrisen sensibilisiert, dann leistet er ganz bewusst Entwicklungsarbeit an seinem eigenen Bewusstsein. Statt in depressive Passivität zurückzufallen, nimmt er die Krise zum Anlass für längst fällige Veränderungen in seinem Leben, „erinnert" sich an das eine oder andere: „Wohlan denn, Herz, nimm Abschied und gesunde!" (HESSE 1986, S. 198).

3.1 Polarität als Grundstruktur

Es gilt nun deutlich zu machen, dass eine Sinntheorie ohne Bewusstseinstheorie unvollständig bleiben muss und dass Sinn und Bewusstsein eine Polarität bilden. Die Idee der Polarität möchte ich zunächst an einem Zitat von THOMAS MANN verdeutlichen: In dem Roman „Joseph und seine Brüder" erklärt Joseph seine Philosophie so: „Bedenke aber, dass alles zu zweien ist in der Welt, Stück und Gegenstück, damit man es unterscheide, und wenn neben dem einen das andere nicht wäre, so wären sie beide nicht. Ohne Leben wäre kein Tod, ohne Reichtum die Armut nicht, und käme die Dummheit abhanden, wer wollte von Klugheit reden?" (MANN 1974, S. 542). Dies ist die Einstellung, die Joseph hilft, alle Krisensituationen zu überwinden, aus dem Brunnen und dem Kerker herauszukommen und zum Ernährer des Volkes aufzusteigen.

Alle Polarität offenbart dieselbe Grundstruktur, die ich als „Zweiheit" bezeichne. Zweiheit verweist auf eine Zwei, die nicht durch „eins plus eins" zustandekommt, sondern durch die Halbierung einer Einheit. Jede Einheit, die als Zweiheit oder Zweihälftigkeit erscheint, nenne ich polar. Alle polaren Erscheinungen bestehen somit aus zwei Hälften, die sich zu einer Einheit ergänzen. Das Besondere an dieser Ganz-werdung liegt darin, dass die zwei Hälften sich wechselseitig bedingen und erzeugen. Aus der einen Hälfte geht die andere hervor, und umgekehrt. Wir haben es hier mit einer kreisförmigen Bewegung zu tun, bei der kein Anfang und kein Ende auszumachen ist. Es ist aber anzunehmen, dass zu Beginn die Ur-Einheit gestanden haben muss und dass am Ende eine Ganzheit entstehen wird. Ur-Einheit war einst die noch ungespaltene Eins, die anfangs alles war. Ganzheit wird einst die Vollendung und Wiedervereinigung der zwei Hälften sein. Beide aber, die Einheit wie die Ganzheit, liegen außerhalb unseres Erkenntnisvermögens. Über sie müssen wir spekulieren, und das tut HEGEL in seiner Philosophie des Geistes.

Auch die Thanatologie tut das, indem sie den Zusammenhang von Leben und Tod zu ergründen sucht[1]. Ist das Leben mit dem Tode zu Ende, oder geht es irgendwie weiter? Solche Fragen beziehen sich auf das Davor und Danach der Polarität. Und jede mögliche Antwort darauf wird letztlich spekulativ bleiben, denn unser Bewusstsein ist polar beschaffen und kann nur polare Strukturen erkennen.

Wichtig ist zu begreifen, dass Polarität den ständigen Übergang der beiden Pole ineinander bedeutet, die sich im Wechselprozess gegenseitig hervorbringen. Über Leben und Tod reflektiert HEGEL einmal folgendermaßen: „So sagt man, der Mensch ist sterblich, und betrachtet dann das Sterben als etwas, das nur in äußeren Umständen seinen Grund hat, nach welcher Betrachtungsweise es zwei besondere Eigenschaften des Menschen sind, lebendig und auch sterblich zu sein. Die wahre Auffassung aber ist diese, dass das Leben als solches den Keim des Todes in sich trägt ..." (HEGEL: Werke 8, S. 173).

---

[1] Ich möchte an dieser Stelle wenigstens nur angedeutet haben, dass es Grenzsituationen gibt, in denen das Erlebnis der Ur-Einheit bzw. der finalen Ganzheit offenbar möglich ist, z. B. in der so genannten Nahtoderfahrung (vgl. MOODY 1977).

HEGEL macht mich nachdenklich. Ich frage mich: Lebe oder sterbe ich eigentlich täglich ein Stück? Es ist die Frage nach dem Huhn und dem Ei. Welches war zuerst da? In diesem „Zuerst" wird ja ein Anfang und implizit auch ein Ende unterstellt, also eine lineare Bewegung vollzogen. Aber gerade dadurch entsteht das Problem, d.h. die logische Falle, in die wir hineingelockt werden. Die Wahrheit ist, dass wir es mit einer Kreisbewegung zu tun haben. Huhn und Ei entstehen gleichursprünglich, und zwar durch die Spaltung einer Ur-Einheit. Sie sind polar und bringen sich wechselseitig hervor.

Man sieht, dass es häufig leichter ist, eine falsche Antwort zu durchschauen, als eine falsche Frage zu entlarven. Die Frage nach dem Ursprung von Huhn und Ei ist eine falsche, weil sie Polarität in Linearität übersetzt. Man braucht Originalität, um die in der Frage unterstellte falsche Voraussetzung zu erkennen.

Übertragen wir die zirkuläre Struktur auf Leben und Tod, so löst sich der scheinbare Widerspruch von selbst auf. Die Frage „Lebe oder sterbe ich täglich ein Stück?" entpuppt sich als eine falsch gestellte. In Wahrheit lebe *und* sterbe ich täglich ein Stück – beides in einem, eben polar. Und so verhält es sich auch mit der Krise. Wer sie polar begreift, entdeckt in jeder Krise eine Aufgabe zur Entwicklung und Reifung, eine Chance zur Bewusstseinsentwicklung. Krise und Entwicklung sind also der Rhythmus des Werdens. Wer die eine Hälfte nicht erträgt, wird die andere nicht erleben. Wer die Sinnbotschaft seiner Krise nicht versteht, wird die Entwicklungschance versäumen.

Das wechselseitige polare Hervorbringen endet aber keineswegs in einem Nullsummenspiel. Vielmehr findet dadurch eine Entwicklung statt, und Entwicklung bedeutet immer eine Tendenz zur Steigerung, zur Verbesserung. Diese Einsicht verdanken wir JEAN PIAGET. Das Faszinierende an seiner Theorie der Äquilibration liegt gerade im Nachweis, dass Entwicklung insgesamt die vollbrachten Stufen der Gleichgewichte bedeutet, die ein Mensch im Verlaufe seines Lebens erklommen hat (vgl. PIAGET 1976). Alles Lebendige, so PIAGET, entwickelt sich im polaren Zusammenspiel von Assimilation und Akkommodation. Zwischen diesen polaren Kräften kommt es zu einem vorübergehenden Gleichgewicht, zu einer Äquilibration, aber dieses Gleichgewicht hält nicht an, sondern wird alsbald von innen oder von außen gestört, so dass es zu einer neuen Dynamik zwischen Assimilation und Akkommodation kommen muss. Und so entsteht das nächste, wiederum nur vorübergehende Gleichgewicht (Reäquilibration). Entwicklung bedeutet also die Reihe der Äquilibrationsstufen, auf die ein Mensch zurückblickt. *Bahnbrechend daran ist nun PIAGETS Entdeckung, dass jedes neue Gleichgewicht in der Regel auch ein höheres Gleichgewicht bedeutet*: „Die für die Entwicklung grundlegendsten Reäquilibrationen bestehen jedoch in der Ausformung nicht nur eines neuen, sondern im allgemeinen auch eines besseren Gleichgewichts" (PIAGET 1976, S. 11).

Das nennt PIAGET „majorierende Äquilibration", wörtlich: das sich selbst überbietende Gleichgewicht (vgl. ebd., S. 16). Störungen also – wir können sagen: Brüche und Krisen – gehören unabdingbar zur Entwicklung; ohne sie würden wir auf einer Gleichgewichtsstufe stehen bleiben und erstarren. Wir müssen also begreifen, dass Krisen für unsere Entwicklung notwendig sind. Das Hauptproblem dabei liegt nun darin, dass jede polare Hälfte so aussieht, als stünde sie für sich da und wäre ganz. Wer in eine Krise geraten ist, sieht die Welt nur grau und schwarz, das ist seine Wirklichkeit, die wir ernst nehmen und respektieren müssen. Hier steht die Krisenpädagogik vor ihrer Hauptaufgabe, die sie ja mit der Logotherapie teilt: Wie machen wir einem Krisengeschüttelten verständlich, dass er erneut vor einer *Wende* in seinem Leben steht, und nicht vor dem *Ende* des Lebens? Von alleine kommt wohl niemand auf die Idee, in einem schmerzlichen Verlusterlebnis den möglichen Beginn eines besseren Lebens zu sehen. Wer kommt auch auf die Idee, die Nacht für die Hälfte zu nehmen, der dann der helle Tag folgt? Wer macht sich bewusst, dass sein Einatmen aus dem Ausatmen hervorgeht und dass der Atmungsvorgang insgesamt ein ständiges Ineinanderfließen zweier Teilprozesse darstellt? Und wer mag schon daran denken, dass er oder sie als Person nur ein halbes Wesen ist, ständig auf der Suche nach seiner Ergänzung? Nun: HERAKLIT, PLATON, HEGEL, GOETHE, THOMAS MANN, FRANKL, PIAGET und viele andere herausragende Dichter, Denker und Philosophen. An ihre Gedanken, und das heißt, an die Philosophie der Polarität, knüpft die Krisenpädagogik dankbar an. Sie macht die Menschen rechtzeitig mit solchen Gedanken vertraut und kultiviert in ihnen eine Einstellung zum Sinn, die in späteren Krisensituationen hilfreich, heilsam, vielleicht sogar lebensrettend sein kann. Ich ordne das Phänomen „Krise" in das universale Lebensgesetz der Polarität ein und betrachte es als einen hervorragenden Auslöser der Frage nach dem Sinn und damit auch als einen entscheidenden Motor der Bewusstseinsentwicklung.

Jede Krise ist lediglich der eine Pol in einem ganzheitlichen Geschehen. Der andere Pol ist Entwicklung. Das Phänomen ist der Krisenforschung einhellig bekannt (vgl. FILIPP 1981; ULICH 1987; MEUELER 1987). Sie bestätigt im Grunde, was wir alle erlebt haben, nämlich dass wir durch das Überstehen einer Lebenskrise reifen und mental wachsen. *Wie der Körper nur im Durchgang durch eine Krankheit Immunkräfte entwickelt, so kann auch das Bewusstsein sich in Richtung Geist, die Person sich in Richtung Persönlichkeit erst im Durchgang durch kritische Lebenserfahrungen entfalten. Wir müssen die Sinnbotschaft von Lebenskrisen begreifen, nur dann können wir an ihnen reifen.* Das ist die Kernaussage der Krisenpädagogik und ihrer wissenschaftstheoretischen Fundierung durch die Polaritätsphilosophie. Krisenpädagogik analysiert Lernprozesse in Krisensituationen, um das menschliche Bewusstsein für den Sinn von Lebensereignissen und für die Sinnrichtung der Bewusstseinsentwicklung zu sensibilisieren. Bewusstsein und Sinn sind also die beiden tragenden Eckpfeiler der Krisenpädagogik. Sie selbst bilden eine Polarität.

3.2 Holistische Hermeneutik als Methode

Methodisch bedient sich die Krisenpädagogik zwar aller quantitativen und qualitativen Forschungsmethoden der Sozialwissenschaften; ihrer polaritätsphilosophischen Basis entspricht jedoch vorzüglich die Methode der „holistischen Hermeneutik" (vgl. ADL-AMINI 1997). Hermeneutik ist Deutungskunst und Lehre vom Verstehen. Sie ist offen, d. h. jede Interpretation eines Kunstwerks ist möglich, so weit sie im hermeneutischen Zirkel stimmig begründet wird. Der hermeneutische Zirkel besagt, dass alle Einzelteile aus dem Gesamtzusammenhang gedeutet und verstanden werden müssen, aber zugleich auch umgekehrt, so dass das Ganze sich im Lichte seiner integrativen Deutungskraft erst konstituiert (vgl. DILTHEY GS, V, S. 330; GADAMER 1965, S. 210). Teil und Ganzes schaukeln sich im hermeneutischen Deutungsprozess gegenseitig hoch. Was sich dabei eigentlich entwickelt, ist aber unser Bewusstsein. So gibt es im hermeneutischen Vorgang kein Ende. Sobald sich ein Teil auch nur winzig anders deuten lässt, löst die neue Deutungsvariante eine Welle von alternativen Interpretationsmöglichkeiten im Ganzen aus. Bei dieser so genannten Texthermeneutik gibt es also kein Richtig oder Falsch, sondern eine in sich stimmige und daher intersubjektiv nachvollziehbare Deutung. Spezifisch für die Hermeneutik ist nun, dass sie sich in der Regel auf Kunstwerke aller Art bezieht, auf die „Objektivationen des Geistes", wie es WILHELM DILTHEY, der Begründer der neueren Hermeneutik, nannte (vgl. DILTHEY GS, V und VII; ADL-AMINI u. a. 1981). Und das sind meist schriftlich fixierte Dokumente aller Art, nach DILTHEY also der von menschlichem Geist hinterlassene „Ausdruck", den es nachzuvollziehen, eben zu verstehen, gilt. Selbstverständlich ließe sich auch die Kultur- und Lebensgeschichte der Menschheit als Text auffassen. DILTHEYS Hauptanliegen lag darin, eine „Kritik der historischen Vernunft" auszuarbeiten.
Holistische Hermeneutik unterscheidet sich davon zunächst dadurch, dass sie generell nicht so offen ist. Hier herrscht eine geschlossene Struktur vor, die durch die Polarität vorgegeben ist. Nicht jede Interpretation ist holistisch, sondern vornehmlich eine solche, die in die Wechselentsprechung und Ergänzung von polar zu deutenden Ereignissen eingespannt ist. Entscheidend ist auch eine gewisse Heilkraft, die von der Interpretation selbst ausgeht. Das Adjektiv „whole" bedeutet im Englischen „ganz", aber auch „heil". Offenbar ist *heil*, was *ganz* oder der Ergänzung nicht bedürftig ist. Und holistische

Deutung sucht nach Sinnmustern, in denen sich Stück und Gegenstück zusammenfügen und sich „heilsam ergänzen", d. h., *ein Ganzes* und *ganz Eines* bilden.

Holistisch gesehen, haben Lebensereignisse immer eine polare Struktur, deren Aufdeckung Sinn freisetzt, so dass sich Gefahr in Chance, Herausforderung in Bewährung, Leiden in Leisten verwandelt. Spezifisch für die holistische Hermeneutik ist nicht das Kunstwerk, sondern der lebendige Mensch, ob er nun seine Leidensgeschichte in literarischer Form verfasst oder mündlich erzählt.

Für die klassische Texthermeneutik beginnt die Deutung erst nach der Verschriftlichung, für die holistische auch schon davor. „Leben erfasst hier Leben" (DILTHEY GS, VII, S. 136), hatte DILTHEY pointiert gesagt, und das soll auch das lebendige Motto der Krisenpädagogik sein. Sie will zurück zu DILTHEY und vorwärts ins Leben. Der Krisenpädagoge erhebt die schriftlichen (oder auch mündlichen) Äußerungen eines Menschen über Krisen zum Lerngegenstand für viele. Das Ziel: Nicht ein Leidender wird therapiert und geheilt, sondern an einer publizierten oder mündlich erzählten Leidensgeschichte suchen die am Lernprozess Beteiligten nach holistischen Sinndeutungsmöglichkeiten. Krisenpädagogik beschränkt sich also nicht nur auf schriftlich fixierte Texte und deren Deutung. Für sie zählt jedes mitgeteilte Leid in jeder geteilten Form. Wer leidet, findet viele Formen des Ausdrucks, nicht nur schriftliche. So ist die holistische Hermeneutik noch näher am Leben als die Diltheysche Texthermeneutik.

In der Krisenpädagogik werden typische krisenhafte Ereignisse wie Verlust, Trennung, Misserfolg oder Enttäuschung holistisch gedeutet, damit Menschen sensibel und hellhörig werden für die Ganzheitlichkeit und Sinnhaftigkeit des Auf und Ab im Leben. Krisenpädagogik bemüht sich darum, die 10.000 Lebenssituationen, von denen FRANKL spricht, durch methodisches und exemplarisches Vorgehen auf wenige typische, aber unter die Haut gehende Fälle zu reduzieren.

Vor dem Hintergrund der Polaritätsphilosophie bietet die holistische Hermeneutik Deutungsmöglichkeiten an, die darauf abzielen, das schicksalhafte Geschehen als nur eine Hälfte eines polaren Gesamtgeschehens zu betrachten. Die Deutungskunst liegt darin, ein kritisches Lebensereignis als nur die halbe Geschichte zu deuten, die uns auffordert, sie sinnsuchend zu Ende zu erzählen. Dabei werden Deutungsmuster erarbeitet und Sinnerfüllungsproben durchgespielt, so dass das Bedrückende und Bedrängende auch und lediglich als Teil eines größeren Zusammenhangs erscheint. Aktualität und Potentialität werden bewusst zu einem Sinnmuster verwoben, das die Wirklichkeitswahrnehmung der am Lernprozess beteiligten Personen erweitert. Dahinter steht die Annahme, dass die Wirklichkeit fast immer nur *eine* Möglichkeit darstellt. FRANKL schreibt: „Niemals geht der Mensch in seiner Faktizität auf. Mensch-sein – so können wir sagen – heißt nicht faktisch, sondern fakultativ sein!" (FRANKL 1983, S. 81).

Holistische Hermeneutik ist die Methode der Erziehung zum Sinn. Sie würde ihr ideales Ziel erreichen, wenn eine Person, die in eine Lebenskrise geraten und tief erschüttert ist, dennoch die Kraft aufbringt zu sagen: Ich mache etwas aus dem, was das Schicksal mit mir gemacht hat.

So hängen Methode und Ziel der Krisenpädagogik eng zusammen. Die Methode ist hier strukturell geschlossen, weil sie alles Geschehen polar interpretiert. Aber sie ist phantasievoll und offen, weil es zu jeder denkbaren Hälfte eine Vielzahl von möglichen zweiten Hälften gibt. Die Sensibilisierung liegt gerade darin, solche Hälften zu suchen und zu finden. Welche der gefundenen Lösungen wirklich die richtige ist, lässt sich aber nur von Fall zu Fall sagen. Maßgeblich für die Richtigkeit ist ausschließlich die betroffene Person. Sie allein entscheidet, welchen Sinn sie in ihrer Krise sieht. Der Krisenpädagoge sensibilisiert für Sinnmöglichkeiten und lässt durch Sinnwahrnehmungstraining erleben, dass es Sinn gibt, auch und gerade dort, wo eine betroffene Person völlig verzweifelt ist und beim besten Willen keinen findet.

4. Berufsbild

Obwohl die Krisenpädagogik eine recht junge Disziplin ist, hat sie bereits auf einigen Gebieten Anwendung gefunden, und zwar a) in sozialen b) in ökonomischen und c) in beraterischen Gebieten.

4.1 Sozialpädagogik und Erwachsenenbildung

Das Thema „Krise" wird zunehmend in der Sozialpädagogik und Erwachsenenbildung zum Gegenstand theoretischer Reflexion und praktischer Arbeit. ERIKA SCHUCHARDT hat mit ihren bekannten Publikationen insbesondere bei MS- und krebskranken Menschen hervorragende Arbeit geleistet (vgl. SCHUCHARDT 1980; 1984; 1987). WERNER BURGHEIM hat die in schicksalhaften Lebenskrisen vorhandenen Wachstumschancen in der Sozialpädagogik und Erwachsenenbildung zu nutzen versucht (vgl. BURGHEIM 1994). HUGO MENNEMANN hat die Sterbebegleitung als einen pädagogischen zu begleitenden Lernweg zum Leben aufgefasst (vgl. MENNEMANN 1998).

4.2 Wirtschaft und Unternehmen

„Wir haben Arbeitskräfte gerufen, und es kamen Menschen." In den Chefetagen der großen und mittleren Unternehmen wird nicht mehr übersehen, dass

Menschen nicht funktionierende Maschinen sind. Kommunikation und Motivation gewinnen an Bedeutung. Zunehmend wird erkannt, dass materiell erwirkte Motivierung kurzlebig ist. Ohne in der Tätigkeit einen Sinn zu sehen, kann kein Mensch dauerhaft motiviert arbeiten und sich mit den Zielen des Unternehmens identifizieren (vgl. AUGUSTINE 1996; BÖCKMANN 1989; TUSHMAN/O'REILLY 1998). Hier hat die Krisenpädagogik ein sehr offenes und zukunftsträchtiges Betätigungsfeld. Daher hat sich die Fachhochschule Vaduz in Liechtenstein entschlossen, auf der Grundlage von Krisenpädagogik und Existenzanalyse einen Nachdiplomstudiengang unter der Bezeichnung „Change Management" einzurichten.

4.3 Beratung und Therapie

Ein sehr schönes, kurzes Anwendungsbeispiel für die Therapie möchte ich aus der Logotherapie zitieren. Ein Arzt, dessen Frau schon zwei Jahre verstorben ist, kann seine Depressionen nicht überwinden. Er sucht Viktor Frankl auf und bittet ihn um Rat. Was ist zu tun? Die Verstorbene ist ja nicht wieder lebendig zu machen. Wie kann dieser gestandene und reife Mann mit einem unwiederbringlichen Verlust fertig werden? Im Gespräch wird zunächst festgestellt, dass der Leidende und seine verstorbene Frau sich sehr geliebt und eine ausgesprochen harmonische Ehe geführt haben. An diesem Punkt knüpft Frankl an:
„Sagen Sie, lieber Herr Kollege, was wäre gewesen, wenn Ihre Frau nicht zuerst gestorben wäre, sondern Sie selbst?" – „Das wäre furchtbar für sie gewesen", sagt der Arzt spontan und fügt geradezu entsetzt hinzu: „Wie die Arme gelitten hätte!" Darauf FRANKL: „Sie werden zugeben, dieses Leid ist Ihrer Frau erspart geblieben. Und Sie sind es, der es ihr erspart hat. Allerdings um den Preis, dass Sie nun ihr nachtrauern müssen" (FRANKL 1987).
Man sieht hier, wie die Heilung eines depressiven Zustandes durch eine holistische Deutung erzielt wird. Der Mann, der sich auf die eine Sicht der Wirklichkeit fixiert hatte, sieht die andere, die ergänzende Hälfte. Ähnlich kann in der Beratung vorgegangen werden, wie die folgende Geschichte zeigt:
„Als ich ungefähr fünf Jahre alt war, ging ich mit meiner Familie und einigen Freunden zum Pilzesammeln in den Wald. Wie immer hatte ich auch diesmal eines meiner zahlreichen Kuscheltiere dabei, ein anderes Spielzeug kam für mich damals nicht in Frage. Die Welt der Kuscheltiere war auch meine Welt, und dafür, dass diese Welt wirklich existierte und mit Leben erfüllt blieb, sorgte mein Bruder Michael.
Zum Pilzesammeln durfte Tapsi, ein kleiner Bär, mitkommen. Mein Bruder Michael hatte mir schon viele Geschichten über Tapsi erzählt. Er ist der bes-

te Kenner der Kuscheltierpsyche. Er sprach die Sprache meiner Kuscheltiere fließend, und das tut er heute noch. Tapsi zum Beispiel war ein ausgesprochen lieber, aber auch eigenwilliger Bär. Er gehörte nicht zu den schüchternen, die Kontaktprobleme hatten. So hatte jedes Tierchen seine Eigentümlichkeit. Das erfüllte sie mit Leben, und dafür dankten sie Micha, indem sie ihm täglich neue Geschichten anvertrauten.

Zum Pilzesammeln hatte ich meinen Kapuzenpulli angezogen, natürlich weil sich Tapsi in der vorderen Tasche besonders wohlfühlte. Und keine Frage, dass auch er mit uns Pilze sammeln wollte. Nach einiger Zeit waren die Körbe schon voll, und wir fanden uns alle wieder zusammen, um unsere Ausbeute zu feiern. Aber zu meinem (und nicht nur meinem) Entsetzen war Tapsi nicht mehr da, er war einfach nicht mehr in der Tasche.

Ich war untröstlich und weinte bitterlich. Alles geriet sichtlich in Aufruhr; man ahnte die Katastrophe. Die ganze Familie durchsuchte den Wald, doch von Tapsi keine Spur. Die Lage war ernst, und sie wurde zunehmend hoffnungsloser, je lauter wir nach Tapsi riefen. Da sagte Michael mit einer ernsten Stimme: ‚Tapsi hat beschlossen, von nun an im Wald zu bleiben und auch da zu wohnen.‘ Verdutzt schauten wir alle Micha an, der nach einer kurzen Pause mit der Miene eines Botschafters fortfuhr: ‚Tapsi hat beim Pilzesammeln Freunde gefunden, andere Teddys nämlich, mit denen er sich auf Anhieb bestens verstanden hat. Deshalb wäre er sehr traurig, wenn wir ihn jetzt finden und von seinen Freunden trennen würden.‘ Dann schaute er mich an und sagte sinngemäß, wenn Tapsi gewollt hätte, dass wir ihn fänden, hätte er sich längst schon finden lassen. Wir sollten das einsehen, wir sollten die Suche nach ihm unverzüglich abbrechen und so schnell wie möglich von hier verschwinden. Mit unserer hartnäckigen Suche würden wir Tapsi nur verärgern. Da waren wir alle wie verwandelt: Trauer und Ratlosigkeit verschwanden. Es stand fest oder lag vielmehr in der Luft: Wir mussten um Tapsi willen den Wald schleunigst verlassen.

Mitten in ihrem Satz hörte meine Mutter auf, mich noch weiter zu trösten. Sie schaute mich schweigend und ruhig an. Ich werde diesen Anblick nie vergessen, der auf mich wie eine Reinigung oder Erlösung wirkte. Ich hörte auf zu weinen, oder vielmehr mein Weinen stockte. Und wenn ich mich recht entsinne, wollte auch ich nicht länger beharrlich bleiben. Ich begann nämlich den Grund für Tapsis Verschwinden nicht nur zu verstehen, sondern mich für Tapsis neues Glück zu freuen. Micha, dem das nicht entgehen konnte, rief: ‚Was steht ihr da noch rum? Los, wir müssen hier weg, wir müssen nach Hause!‘ Dieses Kommando setzte uns alle in Trab. Und wir verließen den Wald.

In der Nacht träumte ich von Tapsi. Er hatte nicht nur Freunde, sondern sogar eine Familie gefunden, war Vater geworden. Ich sah, wie er in einer gemütlichen Waldhütte seinen Kindern lustige Geschichten erzählte.“

Dieses Erlebnis ist 20 Jahre in Erinnerung geblieben, insofern steht seine pädagogische Bedeutsamkeit für mich außer Frage. Michael erzählt eine Geschichte zu Ende, nicht wie sie faktisch ist, sondern wie sie sein könnte, um pädagogisch zu wirken. Was seine Krisenpädagogik an Spuren hinterlässt, ist wertvoller als so manches trockene Schulwissen. Was würden nicht Lehrer drum geben, dass der Effekt ihres Unterrichts nur 20 Tage in Erinnerung bleibt! Vermittelt wird dem Kind die Einstellung, dass Verlust und Trauer eine polare Seite haben, nämlich Sinn. Verlust ist Schicksal, aber es steht dem Menschen frei, ihm einen Sinn abzuringen und daran zu wachsen. Das Kind, das verzweifelt nach seinem Tapsi gesucht hat und wohl noch verzweifelter die Suche fortgesetzt hätte, verlässt jetzt freiwillig und gern den Wald. Es lässt los, gibt den Tapsi frei, verzichtet auf sein Habenwollen zugunsten von Tapsis Glück. Diese Erfahrung des Bewusstseins ist die Praxis der selbstlosen Liebe. Mit jedem neuen Sinn, den sich unser Bewusstsein erschließt, werden wir gleichsam neu geboren. Wir verändern uns und werden ein anderer Mensch. Diese Bewusstseinsentwicklung erlaubt es uns, nicht nur neue Dinge zu *sehen* und zu *entdecken*, sondern auch die alten Dinge *völlig neu* zu sehen und in ihnen einen *neuen Sinn* zu entdecken.

4.4 Krisenpädagogische Gesprächsführung

Die Krisenpädagogik hat ein Konzept zur Gesprächsführung entwickelt (vgl. ADL-AMINI 1999). Es wird ständig erprobt und in Krisengesprächen evaluiert. Im Kern geht es darum, die Krise der betroffenen Person als die Hälfte einer Geschichte zu nehmen, deren Rätsel sich durch Ergänzung löst. Ein persönliches Beispiel soll dies zum Schluss exemplarisch verdeutlichen.

Im August 1996 kam mein Vater aus Teheran nach Kiel, um mich zu besuchen. Für einen 83 Jahre alten Mann ist eine solche Reise beschwerlich. Im Hamburger Flughafen sagte er gleich: „Bijan, das ist das letzte Mal. Ein weiteres Mal schaffe ich es nicht." In seinen Worten lag weder Melancholie noch Sentimentalität, sondern Realitätssinn. Während der einstündigen Fahrt von Hamburg nach Kiel redete er mehrmals über seinen Tod. Man muss nicht Kübler-Ross sein, um herauszuhören, ob es jemandem Ernst ist damit, wenn er von seinem nicht allzu weit entfernten Tode spricht.

Am dritten Tag seines Aufenthaltes in Kiel erkrankte er an einer Gürtelrose und litt so sehr, dass er unbedingt zurückfliegen wollte. Für mich war das wie ein Signal, dass er in doppeltem Sinne heimgehen wollte. Doch der Arzt erklärte ihn für transportunfähig. Das machte ihn depressiv. Von Tag zu Tag ging es ihm schlechter. Er hatte keinen Appetit, nahm sichtlich ab und gab sich schließlich nach zehn leidvollen Tagen gänzlich auf. Sein einziges Thema war nur noch der Tod, auf den er wie auf eine Erlösung wartete.

Angst hatte er nicht davor, nur das Sterben in der Fremde machte ihm zu schaffen.

Meinen Vater liebe ich sehr. Wir haben eine innige Beziehung zueinander. Für mich war er Vater *und* Mutter. Wenn ich als Kind krank war, setzte er sich solange an mein Krankenbett, bis ich gesund wurde. Anschließend war er nicht selten selbst vor Erschöpfung krank. An all das musste ich zurückdenken, als ich nun, vierzig Jahre später hilflos zusehen musste, wie er dahinschwindet. Da setzte ich mich an sein Bett, nahm seine Hand und sagte: „Baba, wie oft war ich in meiner Kindheit krank? Wie oft hast du an meinem Krankenbett gesessen, hast mir die Hand gehalten, mich getröstet und gepflegt? Weißt du noch, wie du zu sagen pflegtest: ‚Wenn Bijan wieder gesund ist, dann bin ich selbst krank‘“?

Er konnte sich noch gut daran erinnern und lächelte kraftlos. Dann sagte ich: „Meinst du nicht, dass ich dir etwas schulde? Du darfst nicht gehen, bevor nicht auch ich *wenigstens einmal* dich gesund gepflegt habe! Bringst du die Kraft noch auf, um mir das zu ermöglichen?" Er starrte die Decke an und schwieg. Dann aber leuchteten seine Augen auf und er schien zu begreifen, welches Opfer ich ihm abverlangte und wozu sein Leiden gut war. Sein Bewusstsein erlebte eine Wandlung. Nicht er war länger derjenige, der Hilfe oder Fürsorge benötigte, sondern ich. Das ihm bekannte Muster wiederholte sich nach fünfzig Jahren; auch jetzt litt er wieder um meinetwillen. Wer ein Wozu zu leiden hat, erträgt jedes Wie.

Am nächsten Tag bekam mein Patient Appetit, zwei Tage später sank das Fieber, und am dritten Tag erklärte ihn derselbe Arzt für transportfähig. Das ist die Kraft, die im Sinn steckt. Mit jedem neuen Lebenssinn, den wir finden, werden wir gleichsam neu geboren. Was meinem Vater den verlorenen Lebenswillen zurückgab, war ein Sinn, den er nun zu erfüllen hatte. Seine Krankheit hatte sich in eine Aufgabe verwandelt. Diese Aufgabe war aber nur im Erleiden zu bewältigen.

5. Literatur

Adl-Amini, B./Oelkers, J./Neumann, D. (Hg.): Pädagogik, Bildung und Wissenschaft. Zur Grundlegung der geisteswissenschaftlichen Pädagogik. Bern 1981

Adl-Amini, B.: Ebenen didaktischer Theoriebildung. In: D. Lenzen (Hg.): Enzyklopädie Erziehungswissenschaft. Band 3: Ziele und Inhalte der Erziehung und des Unterrichts, hrsg. von H.-D. Haller/H. Meyer. Stuttgart 1986, S. 27–48

Adl-Amini, B.: Innere Harmonie. Körper, Seele und Geist im Gleichgewicht. Reinbek 1990

Adl-Amini, B.: Nachtstunden des Lebens. Krisen verstehen – Krisen bestehen. Freiburg 1992

Adl-Amini, B.: Krisen begreifen, an ihnen reifen. In: Logotherapie & Existenzanalyse 3 (1995), H. 1, S. 44–57

Adl-Amini, B.: Krisenpädagogik – Eine neue Subdisziplin. In: Zeitschrift des Hamburger Instituts für Existenzanalyse und Logotherapie 1 (1996), Nr. 4, S. 3–14

Adl-Amini, B.: Wilhelm Dilthey. Der offene Grundzug seiner Hermeneutik und das pädagogische Programm einer Holistischen Hermeneutik. In: W. Brinkmann u. a. (Hg.): Geschichte, Freiheit, Vernunft. Grundzüge einer Geisteswissenschaftlichen Pädagogik. Festschrift für W. Böhm. Würzburg 1997, S. 64–79

Adl-Amini, B.: Krisenpädagogik – Gedanken über eine neue Subdisziplin in der Erziehungswissenschaft. In: U. Fritsch/H.-K. Maraun (Hg.): Über ein anderes Bild von Lehre. Weinheim 1998, S. 28–46

Adl-Amini, B.: Verstehen und ganzheitliches Verstehen. Kiel (unveröffentlichtes Manuskript) 1999

Augustine, N. R.: Was tun im Fall der Krise? In: Harvard Business Manager (1996), H. 3, S. 26–36

Bloch, E.: Das Prinzip Hoffnung. Frankfurt/M. 1973

Böckmann, W.: Sinn und Selbst. Weinheim 1989

Bollnow, O. F.: Krise und neuer Anfang. Beiträge zur pädagogischen Anthropologie. Heidelberg 1966

Burgheim, W.: Lebenskrisen, Schicksalsschläge, Wachstumschancen. Darmstadt 1994. (nicht im Buchhandel!)

Cohn, R.: Von der Psychoanalyse zur themenzentrierten Interaktion. Von der Behandlung einzelner zu einer Pädagogik für alle. Stuttgart 1975, 4. Aufl., 1980

Dilthey, W.: Einleitung in die Geisteswissenschaften. In: Gesammelte Schriften Band I, hg. von B. Groethuysen. Leipzig und Berlin 1922, 5. Aufl., Stuttgart und Göttingen 1980

Dilthey, W.: Die geistige Welt. Einleitung in die Philosophie des Lebens. In: Gesammelte Schriften Band V, hg. von G. Misch, 2., unveränderte Aufl., Stuttgart und Göttingen 1957

Dilthey, W.: Der Aufbau der geschichtlichen Welt in den Geisteswissenschaften. In: Gesammelte Schriften Band VII, hg. von B. Groethuysen. Leipzig und Berlin 1927, 6. Aufl., Stuttgart und Göttingen 1973

Filipp, S.-H.: (Hrsg.): Kritische Lebensereignisse. München 1981

Frankl, V. E.: Grundriss der Existenzanalyse und Logotherapie. In: Handbuch der Neurosenlehre und Psychotherapie 3 (1959), S. 663–736

Frankl, V. E.: Der Mensch vor der Frage nach dem Sinn. Eine Auswahl aus dem Gesamtwerk. München 1979, 2. Aufl., 1980

Frankl, V. E.: ...trotzdem Ja zum Leben sagen. Ein Psychologe erlebt das Konzentrationslager. München 1982

Frankl, V. E.: Ärztliche Seelsorge. Grundlagen der Logotherapie und Existenzanalyse. Frankfurt/M. 1983

Frankl, V. E.: Kollektiv und Person. Toncassette, Produktion Mäser Studios in Zusammenarbeit mit dem ORF-Landesstudio Vorarlberg 1987

Gadamer, H.-G.: Wahrheit und Methode. Grundzüge einer philosophischen Hermeneutik. 2., erw. Aufl., Tübingen 1965

Hegel, G. W. F.: Werke in 20 Bänden. Frankfurt/M. 1986
Band 3: Phänomenologie des Geistes
Band 5: Wissenschaft der Logik I

Band 8: Enzyklopädie der philosophischen Wissenschaften I

Hesse, H.: Stufen. In: H. Hesse: Jedem Anfang wohnt ein Zauber inne. Frankfurt/M. 1986

Husserl, E.: Ideen zu einer reinen Phänomenologie und phänomenologischen Philosophie. Erstes Buch: Allgemeine Einführung in die reine Phänomenologie. Husserliana Band III, 1, hg. von W. Biemel. Den Haag 1950

Luhmann, N.: Die Autopoiesis des Bewusstseins. In: A. Hahn/V. Kapp (Hg.): Selbstthematisierung und Selbstzeugnis.: Bekenntnis und Gedächtnis. Frankfurt/M. 1987, S. 25–94

Lukas, E.: Die magische Frage „Wozu". Mit einem Vorwort von Bijan Adl-Amini. Freiburg 1991

Mann, Th.: Joseph und seine Brüder. Frankfurt/M. 1974

Maturana, H./Varela, F.: Der Baum der Erkenntnis. Die biologischen Wurzeln des menschlichen Erkennens. Bern 1987

Mennemann, H.: Sterben lernen heißt leben lernen. Sterbebegleitung aus sozialpädagogischer Perspektive. Münster 1998

Meueler, E.: Wie aus Schwäche Stärke wird. Vom Umgang mit Lebenskrisen. Reinbek 1987

Moody, R. A.: Leben nach dem Tod. Reinbek 1977

Piaget, J.: Die Äquilibration der kognitiven Strukturen. Stuttgart 1976

Platon: Sämtliche Werke in drei Bänden, hg. von E. Löwenthal. 8. Aufl., Heidelberg 1982

Rosch-Inglehart, M.: Kritische Lebensereignisse – Eine sozialpsychologische Analyse. Stuttgart 1988

Schuchardt, E.: Soziale Integration Behinderter. Band 1: Biographische Erfahrung und wissenschaftliche Theorie. Band 2: Weiterbildung als Krisenverarbeitung. Braunschweig 1980

Schuchardt, E.: Warum gerade ich...? Behinderung und Glaube. Gelnhausen 1981, 2., erw. Aufl., 1984

Schuchardt, E. (Hg.): Jede Krise ist ein neuer Anfang. Aus Lebensgeschichten lernen. Düsseldorf 1984, 3. Aufl., 1987

Tushman, M. L./O'Reilly, Ch. A.: Unternehmen müssen auch den sprunghaften Wandel meistern. In: Harvard Business Manager (1998), H. 1, S. 30–44

Ulich, D.: Krise und Entwicklung. Zur Psychologie der seelischen Gesundheit. Weinheim und München 1987

Watzlawick, P. u. a.: Lösungen. Zur Theorie und Praxis menschlichen Wandels. Bern 1974

Zwingmann, Ch.: Zur Psychologie der Lebenskrisen. Frankfurt/M. 1962

JÖRG PETERSEN

Medienpädagogik – Bildungsinformatik.
Eine Ortsbestimmung

Die avisierte Ortsbestimmung soll in vier Teilen realisiert werden. Der erste Teil wird sich mit einigen Aspekten zur Geschichte der Medienpädagogik bzw. Bildungsinformatik beschäftigen. Im zweiten Teil wird unter definitorischen Gesichtspunkten eine Klärung wichtiger Begriffe bzw. Untergebiete der Medienpädagogik vorgenommen. Im dritten Teil geht es um die Gegenwart multimedialen und computergestützten Lernens. Im vierten Teil schließlich wird versucht, ungelöste Fragen der Medienpädagogik und Bildungsinformatik zu skizzieren. Dass es bei dieser Ortsbestimmung um Medienpädagogik *und* Bildungsinformatik geht, liegt an dem bis dato ungeklärten Status der Bildungsinformatik, deren didaktische Komponente weit über den ursprünglichen Einfluss der Medienpädagogik hinaus auf alle Felder pädagogischen Forschens und Handelns sich auszubreiten beginnt.

I.

Ganz sicher gehörte die Pädagogik bisher nicht zu den wissenschaftlichen Disziplinen, die ohne nachdrückliche Reflexionen auf ihre Folgen neue Techniken und Technologien in ihr Forschungs- und Handlungsrepertoire eingliederte. Eher war das Gegenteil der Fall. Wohl beeinflusst durch ihre vorwiegend philosophisch-geisteswissenschaftliche Tradition stand sie fast allen medialen Innovationen zunächst äußerst kritisch gegenüber. Exemplarisch lässt sich das am Beispiel der filmpädagogischen Diskussion – von den Argumenten der Kinoreformer zu Beginn des vergangenen Jahrhunderts bis zu den bewahrpädagogischen Ansätzen nach 1945 – belegen. Was den Beginn der Kinoreformbewegung betrifft, so muss dabei allerdings bedacht werden, dass es durch die technisch-ökonomische Entwicklung im letzten Drittel des 19. und zu Beginn des 20. Jahrhunderts im Medienbereich zu bedeutenden Umwälzungen kam, die mit den heutigen Umwälzungen im Bereich der Informations- und Kommunikationstechnologien zumindest vergleichbar waren. Die Verbreitungsgeschwindigkeit von Bild, Sprache und Schrift erhöhte sich durch die Erfindungen der Fotografie, des Telegraphen, des Rundfunks und der Druckpresse dramatisch (2. informationstechnologische Revolution); ein Entwicklungssprung, der in der Geschichte wohl nur durch die Erfindung der beweglichen Metallettern durch JOHANNES GUTENBERG (eigentlich Gensfleisch zur Laden; um 1450) ein vergleichbares Beispiel findet (1. informationstechnologische Revolution) und mit der heutigen Entwicklung vernetzter und computergestützter Informationssysteme durchaus vergleichbar ist (3. informationstechnologische Revolution).

Dem zweiten und dritten Entwicklungssprung weit vorausgehend, lässt sich im 17. Jahrhundert eine Konzentration auf die maschinell orientierte Algorithmisierung von Rechenproblemen beobachten, die für den Bereich der Medienpädagogik, den man heute als Bildungsinformatik bezeichnet, ganz bedeutsam wurde. BLAISE PASCAL (1623–1662) entwickelte beispielsweise als 18jähriger Sohn eines französischen Steuerberechners ein Rechenrad, das aus acht beweglichen Scheiben bestand, mit denen sich Additionen und Subtraktionen von maximal achtstelligen Zahlen bearbeiten ließen. 1694 entwickelte der deutsche Mathematiker und Philosoph GOTTFRIED WILHELM VON LEIBNIZ (1646–1716) eine Rechenmaschine, die auch multiplizieren konnte. Dazu benötigte er eine neue sprachliche Darstellung der aus dem Arabischen übernommenen Zahlen und entwickelte das binäre Zahlensystem, auf dem alle heute arbeitenden Computer aufsetzen. In summa lässt sich feststellen, dass die Arbeiten von PASCAL und LEIBNIZ das Zeitalter der mechanischen Rechenmaschinen definieren. Die eigentliche Zeit des Computers, so wie wir ihn heute verstehen, ist eng verbunden mit dem Namen des englischen Mathematikprofessors CHARLES BABBAGE. Dieser ging von einer „natürlichen Harmonie" zwischen Mathematik und Maschinen aus, als er erkannte, dass die meisten mathematischen Operationen aus einer einfachen Repetition relativ einfacher Rechenoperationen bestehen. Sein erster Erfolg lag in der Entwicklung einer Rechenmaschine, die in der Lage sein sollte, einfache Differentialgleichungen zu lösen. BABBAGES Rechenmaschine war in ihren grundlegenden Elementen sehr den heutigen „universellen Maschinen" (Turing) ähnlich. Dass viele Frauen an dieser Entwicklung mitgewirkt haben (u. a. auch die enge Mitarbeiterin von BABBAGE, nämlich ADA BYRON KING, Countess of Lovelace), wird in vielen „histories of computing" nur am Rande erwähnt[1].

1889, wir befinden uns im Zeitalter des Aufkommens der Massenmedien, entwickelte der Amerikaner HERMAN HOLLERITH (1860–1929) im Kontext der Aufgaben einer Volkszählung die maschinelle Verarbeitung von Daten weiter, indem er Lochkarten als Speichermedium verwendete. HOLLERITH vermarktete seine Kartenleser, gründete die „Tabulating Machine Company", aus der dann 1924 die allbekannte Firma „International Business Machines", nämlich die IBM hervorging. Computer waren zu dieser Zeit natürlich keine Massenmedien. Die entscheidenden Massenmedien jener Tage waren Film, Schnell-

---

[1] Eine rühmliche Ausnahme findet sich unter http://www.cs.yale.edu./homes/tap/past-women-cs.html.

presse und der sich schnell entwickelnde Rund-Funk. Ein Teil der pädagogischen Öffentlichkeit, die wir heute Reformpädagogen nennen, stand der technischen Entwicklung und den sozialen wie wirtschaftlichen Umwälzungen äußerst kritisch gegenüber. Drohender Vermassung, Technisierung und Industrialisierung des Menschen wurden idealistische Konzepte der Einheit des Menschen mit der Natur entgegengesetzt, die sich aus der überkommenen Kulturkritik des ausgehenden 19. Jahrhunderts ableiteten.

Gänzlich unbemerkt von den medienpädagogischen Erörterungen jener Zeit, die unter den Gesichtspunkten der Medienwirkungsforschung fast ausschließlich am „Konzept der starken Wirkungen" orientiert waren, entwickelte sich die Geschichte der Datenverarbeitung in Form teil-elektronischer Computer rasant weiter.

Mitte des 20. Jahrhunderts entwickelten verschiedene Forscher unabhängig voneinander teil-elektronisch arbeitende Computer auf der Basis der Boolschen Algebra, nach der viele mathematische Operationen durch die Zustände „wahr" oder „falsch" dargestellt werden können. In der Sprache der ersten elektronischen Computer (um 1940) konnte diese Erkenntnis abgebildet werden auf das binäre Zahlensystem und auf die elektrischen Zustände „an" und „aus". Während des zweiten Weltkrieges wurde die Entwicklung voll-elektronischer Computer natürlich von allen kriegsführenden Seiten massiv unterstützt, um darüber einen strategischen Vorteil zu gewinnen. So entwickelte 1941 KONRAD ZUSE den Computer Z3, um die Konstruktion von Flugzeugen und Raketen zu forcieren. Eine andere Computerentwicklung, ebenfalls für militärische Zwecke entwickelt, nämlich zur Entschlüsselung deutscher Nachrichten, war der „Electronic Numerical Integrator and Computer", kurz ENIAC genannt. Die ersten – für unterrichtliche Lehr- und Lernprozesse tauglichen – Rechenmaschinen wurden in den sechziger Jahren des 20. Jahrhunderts entwickelt. Das technische Stichwort dieser Entwicklung lautet „Transistoren", die nicht nur räumlichen Umfang und Energieverbrauch von Computern reduzierten, sondern Rechenoperationen zugleich schneller und zuverlässiger durchführen konnten. Das ist auch die Zeit, in der sich nach der massenhaften Verbreitung von Telefon und Tonbandgeräten die medienpädagogischen Überlegungen über den Film hinaus zunehmend auf den Einfluss eines neuen Leitmediums fokussierten, nämlich des Fernsehens.

Die Pädagogik hat dann, konfrontiert mit der sich beschleunigenden technologischen Innovationsrate und dem zunehmenden Einfluss auditiver und visueller Medien auf den Erziehungs- und Ausbildungsprozess, in den sechziger Jahren eine Subdisziplin segregiert, die sich dezidiert mit den theoretischen Grundlagen und praktischen Folgen medial beeinflusster Erziehungs- und Lernprozesse im Kindes- und Jugendalter beschäftigt, nämlich die *Medienpädagogik*. Diese Form der Medienpädagogik, die in den 50er und 60er

Jahren entstand, ist später als „Bewahrpädagogik" klassifiziert worden. Die Datierung der Entstehung der Medienpädagogik als pädagogischer Subdisziplin, wie beispielsweise die Sozialpädagogik und die Schulpädagogik, bedeutet natürlich nicht, dass die Beschäftigung mit Medien im Kontext pädagogischer Reflexionen eine Erfindung des 20. Jahrhunderts ist. Unter der Perspektive der Veranschaulichung spielten Medien seit Anbeginn didaktischer Reflexion in der Pädagogik eine ganz wesentliche Rolle (vgl. MEMMERT 1968). Im engeren Sinne ging es um die medienpädagogisch in allen Lernzusammenhängen wichtige Bestimmung des Verhältnisses von Begriff und Anschauung. Spätestens im 17. Jahrhundert, in dem die Arbeiten von PASCAL und LEIBNIZ das Zeitalter der mechanischen Rechenmaschinen definieren und in dem sich die Didaktik als ein eigenständiger pädagogischer Bedeutungszusammenhang zu begreifen lernt, ist der Ruf gegen den Verbalismus in Erziehung und Unterricht – *„res non verba"* – nicht mehr zu überhören. Sein Nachhall ist bis heute nicht verklungen, obwohl er im Verlauf der Tradierung zwischen den Generationen – um im Bild zu bleiben – unterschiedlich laut vernommen wurde. In diesem 17. Jahrhundert, das heute als das Jahrhundert des pädagogischen Realismus bezeichnet wird, sind es vor allem RATKE und COMENIUS, die in ihren didaktischen Entwürfen den Ruf nach den Dingen in der Anschauung auf den Begriff brachten: Allerdings im Medium der Sprache und des Bildes. Im 18. Jahrhundert haben dann vor allem die Philanthropen, allen voran BASEDOW, das Bild als Medium der Anschauung genutzt. Wenig später versucht PESTALOZZI die Anschauung von dem bloß Anschaulichen zu trennen. Erst die „Anschauungskunst", deren Entwicklung Aufgabe der Elementarbildung sein sollte, ergibt die Zusammenhänge, die Ganzheiten, die sein Zeitgenosse GOETHE für die Anschauung reklamierte[2]. Medienpädagogische bzw. mediendidaktische Überlegungen dieser Art bildeten jedoch bis in die sechziger Jahre dieses Jahrhunderts keinen eigenständigen pädagogischen Bedeutungszusammenhang, sondern standen unter dem unmittelbaren Verwendungsinteresse der Visualisierung mehr oder minder abstrakter Lerninhalte (vgl. PETERSEN 1991; 1994).

Was den Bereich der Bildungsinformatik betrifft, so treffen sich in den Jahren zwischen 1950 und 1970 eine *informationstheoretische* und eine *pädagogische* Betrachtung von medial beeinflussten und organisierten Lehr-, Lern-

---

[2] Vgl. GOETHES Kritik in „Dichtung und Wahrheit": „Allein mir missfiel, dass die Zeichnungen seines ‚Elementarwerks' noch mehr als die Gegenstände selbst zerstreuten, da in der wirklichen Welt doch immer nur das Mögliche beisammen steht und sie deshalb (…) immer noch in allen ihren Teilen etwas Geregeltes hat." In: J. W. GOETHE: Dichtung und Wahrheit. Frankfurt a. M. (o. J.). 14. Buch. S. 556. Zur Kritik GOETHES an BASEDOW vgl. auch CASELMANN 1963, S. 43–70; bes. S. 46.

und Erziehungsprozessen. Allerdings war es auf Seiten der Pädagogik nicht die sich etablierende Subdisziplin „Medienpädagogik", die hier argumentativ eine Rolle spielte, sondern die Allgemeine Didaktik unter Verwendung auch lernpsychologischer Theoriekonzepte. Die folgende Entwicklung lässt sich in *drei Phasen* einteilen, wobei sich die Phaseneinteilung nicht nur an der zur Verfügung stehenden Informationstechnik, sondern zugleich an dem Kriterium der Brauchbarkeit zur Abbildung von Lehr- und Lernprozessen orientiert. Das Stichwort, unter dem das Lernen im Umfeld neuer Medien in der *ersten Phase* diskutiert wurde, lautete „programmierte Instruktion" oder – für den Schulunterricht gedacht – „programmierter Unterricht". Als lernpsychologische Grundlagen der programmierten Instruktion wurden in den sechziger und beginnenden siebziger Jahren, allerdings bei erheblichen Begriffsungenauigkeiten, einerseits die behavioristischen Lerntheorien (insbes. das operante Konditionieren) reklamiert, andererseits, und das betrifft besonders die Rückmeldesysteme und die davon abhängige Modellierung des kognitiv-operativen Inventars des Lernenden, differentialpsychologische Ansätze, die die jeweils folgenden Variationen im Lernalgorithmus zu begründen suchten. Das didaktische Rahmenkonzept lieferten kybernetisch orientierte Modelle und die lehrzielorientierte Didaktik. Lehr-Lern-Prozesse sollten danach so geplant werden, dass sich das avisierte Endverhalten als eine Kette aufeinander folgender, auf das Endverhalten zielender Einzelverhaltensweisen als Lernprogramm beschreiben ließe, deren Realisierung im Lernprozess empirisch kontrollierbar und über deren erfolgreiche Verwirklichung eindeutig zu entscheiden war. Ende 1968 existierten bereits 1.100 Lehrprogrammlektionen für die allgemein bildende Schule.

Kontrollierbarkeit der Lernschritte und Transparenz des Lernprozesses erforderten bei der programmierten Instruktion ein hohes Maß der Operationalisierung der einzelnen Lernziele, deren Realisierung sich durch ein beobachtbares bzw. befragbares „Verhalten" der Lerner zeigen musste. Diese Bedingungen führten gegen Ende der sechziger Jahre zu heftiger Kritik an dieser Form der Ausbildung und an den hinter ihr stehenden didaktischen und lernpsychologischen Grundlagen. Für das computergestützte, multimediale Lernen kam zusätzlich die Schwierigkeit hinzu, dass die zur Verfügung stehenden Rechner weder von der Rechengeschwindigkeit noch von der Speicherkapazität in der Lage waren, die Anforderungen komplexer, verzweigter Lernprogramme umzusetzen. Computerunterstützte Lernprogramme degenerierten in weiten Bereichen zu reinen „Seitenumblättermaschinen", die in erster Linie Texte darboten und auf wenig Akzeptanz bei den Adressaten trafen. *Diese erste Phase* ist zugleich die Phase der zweiten Großrechnergeneration. In ihr wurden computergestützte Lehr-/Lern-Programme in erster Linie an Universitäten und Großforschungseinrichtungen entwickelt und für Lehrzwecke im Kontext der Informatik- und Mathematikausbildung genutzt. Erst Mitte der 60er Jahre kamen speziell für die programmierte Unterweisung entwickelte Programmiersprachen mit multimedialer Peripherie (Tonband, Diaserien, Microfiches) zur Anwendung. Ein Beispiel hierfür ist die Rechenanlage IBM 1500 mit der Programmiersprache Courswriter und 32 Terminalanschlüssen. Weitere Beispiele multimedialen, computergestützten Lehrens und Lernens sind in den so genannten „Lernautomaten" zu sehen. Bekannt geworden sind u. a. der „ROBBIMAT 0", ein Parallelschulungsautomat, der akustische und visuelle Informationen an bis zu 24 Adressaten(plätze) vermittelte und als Rückmeldesystem eine ausschließlich dichotome Abfrage in einem fest begrenzten Zeitabschnitt beinhaltete. Das Programmangebot für diesen „Lernautomaten" war klein und beschränkte sich ausschließlich auf die Vermittlung von Lektionen aus dem Bereich der allgemeinen Kybernetik.

Zu bedenken ist bei beiden beschriebenen Lehrautomaten, dass die visuellen Informationen auf die Wiedergabe von Dia-Bildern beschränkt und somit die Computer-Video-Kopplung, als elementare Grundlage multimedialen, computergestützten Lernens, noch als reichlich defizitär anzusehen war. Bei einigen Lernautomaten (als Parallelschulungsgeräte) war es auch möglich, sich mit dem Lehrer über Mikrofon und Kopfhörer zu verständigen, Zusatzinformationen einzuholen und Fragen zu klären. Man kann dies durchaus als eine frühzeitig erkannte Möglichkeit betrachten, „intelligente tutorielle Systeme" durch ein wirklich intelligentes Wesen, nämlich den Lehrer, zu realisieren. Erwähnt werden sollten hier noch kurz die Entwicklungsarbeiten am „Forschungs- und Entwicklungszentrum für objektivierte Lehr- und Lernverfahren" (FEoLL) in Paderborn, in deren Kontext von 1971 bis 1975 eine vergleichende Evaluationsstudie des computergesteuerten Parallelunterrichts mit programmiertem (Einzel-) Unterricht in Buchform durchgeführt wurde. Die Ergebnisse weisen keine Vorteile des computergestützten Lernens gegenüber dem programmierten Lernen in Buchform auf. Interessant ist besonders, dass sich auch keine bleibenden motivationalen Wirkungen beim Lernen mit computergestützten, multimedialen Lernsystemen bei den Lernenden nachweisen ließen.

Die zweite Phase lässt sich durch die rasante Entwicklung der Mikroelektronik charakterisieren. Ende der siebziger Jahre hatte sich die Lage, was die technisch-mediale Seite anbelangt, entscheidend geändert. Durch die Einführung des Personal Computers (PC) (erste Modelle ab 1977) und der Markteinführung des IBM-PC mit dem Standardbetriebssystem MS-DOS (ab 1982) wurden die Rechner, vergleicht man diese einmal mit den Großrechenanlagen der ersten Phase, mobil und vielseitig einsetzbar. Nun standen zur Realisierung computergestützter Lehr-Lern-Prozesse preiswerte Personalcomputer zur Verfügung, die an Rechengeschwindigkeit und Speicherkapazität weitgehend den Anforderungen genügten und in zunehmendem Maße *multi-media-fähig* waren. Die im Gegensatz zu den Großrechnern einfache Bedienung der PC machte diese einer breiten Schicht von Benutzern auch kognitiv zugänglich. Computergestützte Lehr-/Lernsysteme, anfänglich noch mit umständlichen und aufwendigen Programmiersprachen erstellt, später dann mit den ersten, speziell für diesen Einsatz entwickelten Autorensprachen und Autorensystemen, wurden für viele Bereiche entwickelt, wobei jedoch immer noch der Einsatz in naturwissenschaftlichen, mathematischen und technischen Lernzusammenhängen dominierte. Zu dieser Zeit vollzog sich auch die endgültige Ablösung von den lerntheoretischen Ansätzen des Behaviorismus. An ihre Stelle traten zunehmend kognitionspsychologische Theorien, die versuchten, Lernen in seinen declarativen und proceduralen Elementen strukturell abzubilden und für eine Nachbildung in Lern-Programm-Strukturen zu nutzen. Die Erkenntnis, dass sich bei noch so komplexer Programmgestaltung ganzheitliches Lernen nicht ausschließlich durch das „Lernen am und mit dem Computer" realisieren ließ, führte gegen Ende der zweiten Phase zur Konstruktion kontextvernetzender und computergestützter Lehr-/Lernsysteme. Computer-Managed-Instruction (CMI) versuchte dabei, unterschiedliche Methoden der Informationsgewinnung, der Informationsverarbeitung, des Festigens und Übens in einem Programm zu kombinieren und zu „managen".

Die dritte Phase lässt sich von 1982 bis heute datieren. Diese Phase, angeregt durch die Anfangserfolge im Bereich computergestützten Lernens, lässt sich als Verbindung der Forschungen zur Künstlichen Intelligenz (KI-Forschung) mit einer beabsichtigten Weiterentwicklung der Hardwarekonfigurationen in Richtung der „fünften Generation" charakterisieren (Parallelität der Rechenarchitekturen). Die neue Computer- und Softwaregeneration sollte Wissen selbständig nach logischen Gesichtspunkten verarbeiten können und zu einem intelligenten Dialog mit dem Benutzer fähig sein. Die Forschungen zur Künstlichen Intelligenz sollten aus Sicht der Konstrukteure und Nutzer von computergestützten Lehr-/Lernsystemen mittelbar zur Entwicklung „intelligenter tutorieller Systeme" führen. Allerdings lässt sich im Hinblick auf die Realisierung dieser Bestrebungen zur Zeit eine gewisse Stagnation erkennen, wobei sich auch die Frage stellt, ob der hohe Aufwand derartiger Ansätze zur Schnelllebigkeit in den einzelnen Lernbereichen noch in einem vertretbaren Verhältnis steht.

Nach nur begrenzten Erfolgen der KI-Forschung konzentriert sich die Entwicklung zur Zeit *einerseits* auf die Optimierung der Erfolge aus der zweiten Phase. Hierbei sind insbesondere Entwicklungen im Bereich der Verbesserung der Rechenleistung, der Komprimierungsfähigkeit, der partiellen Adaptivität von Softwareangeboten und der größeren Benutzerfreundlichkeit von Programmoberflächen und Autorensystemen erkennbar. *Andererseits* mehren sich die Versuche, multimediales Lehren und Lernen von ihren physikalisch-räumlichen und zeitlichen Kontexten zu lösen. „Multimediales Lehren und Lernen in vernetzten Umgebungen" ist der Schlüsselbegriff. Virtuelle Klassenzimmer, Seminare, Vorlesungen, Hochschulen, Versicherungen, Firmen, Reisebüros usf. sind nur die Folgebegriffe einer Entwicklung, die sich nicht nur auf Schule, Hochschule oder Bildungsprozesse im allgemeinsten Sinn bezieht, sondern alle Bereiche unserer Gesellschaft zu verändern beginnt. Das ist auch die Zeit, in der sich aus dem Bereich der Medienpädagogik, die immer noch wie gebannt auf die Wirkungen des sich zeitlich verbreiternden und technisch weiterentwickelnden Fernsehens im Rahmen spezifischer Wirkungshypothesen schaut, eine Forschungsrichtung segregiert, die hier mit dem sprachlichen Zeichen „Bildungsinformatik" belegt wird und die man unter leichter Nuancierung der Fragestellung auch unter den Begriffen „Medieninformatik" oder „Computerpädagogik" findet.

II.

Im Sinne einer Differenzierung zwischen „ungewollten" oder doch zumindest nicht kontrollierbaren Einflüssen auditiver, visueller und audio-visueller Medien (Printmedien, Radio, Film, Fernsehen, Video) auf die Lebenssphäre der heranwachsenden Generation und der „gewollten" oder auch didaktisierenden Vereinnahmung (Schulfunk, Schulfernsehen, programmierte Instruktion) kam es in den frühen siebziger Jahren des 20. Jahrhunderts zu einer Aufgabendifferenzierung der Medienpädagogik in die Bereiche „Medienkunde", „Medienerziehung", „Medienphilosophie", „Mediendidaktik" und „Medienforschung", wobei, wie häufig bei Disziplindifferenzierungen, in der scientific community der Streit um Abgrenzungen bzw. Zusammenhänge zur Tagesordnung gehört.

Für den hier eng begrenzten Raum lohnt es sich dennoch, die medienpädagogischen Subdisziplinen „Medienerziehung" und „Mediendidaktik" weiter zu differenzieren (vgl. die Abb. auf S. 210).

Die *behütend-pflegende Medienerziehung* ging von einem schutzbedürftigen und unmündigen Mediennutzer bzw. Rezipienten aus (vgl. KEILHACKER 1955). Ihr folgte Ende der 60er Jahre das Konzept der *system- und kulturorientierten Medienerziehung*, das den mündigen und kritischen Rezipienten in den Mittelpunkt stellte, der in der Lage ist, den Verführungstechniken der heißen Medien „Film" und „Fernsehen" zu widerstehen und die neuen Medien im Sinne ästhetischer Bildung zu nutzen (vgl. KERSTIENS 1968). Aus der gesellschaftskritischen Analyse der frühen 70er Jahre erwuchs die *kritisch-emanzipatorische Medienerziehung*, die durch handlungs- und produktorien-

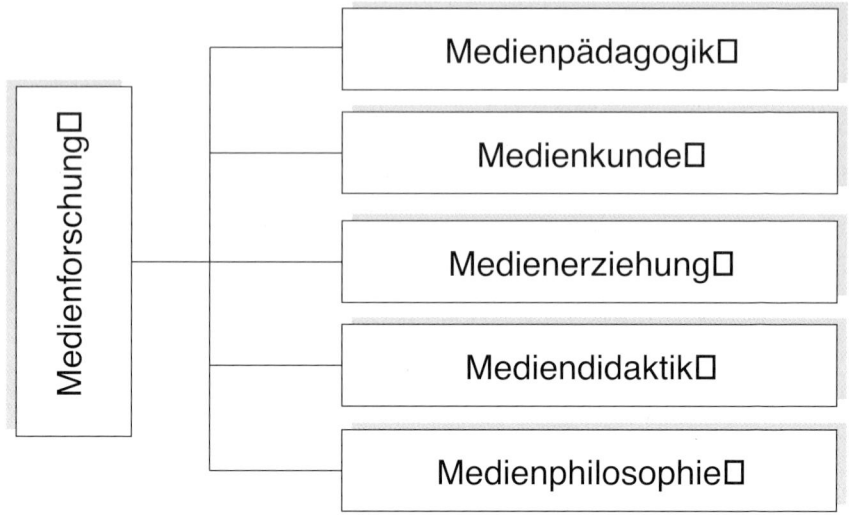

Abb. 1: Eine erste Differenzierung der Medienpädagogik

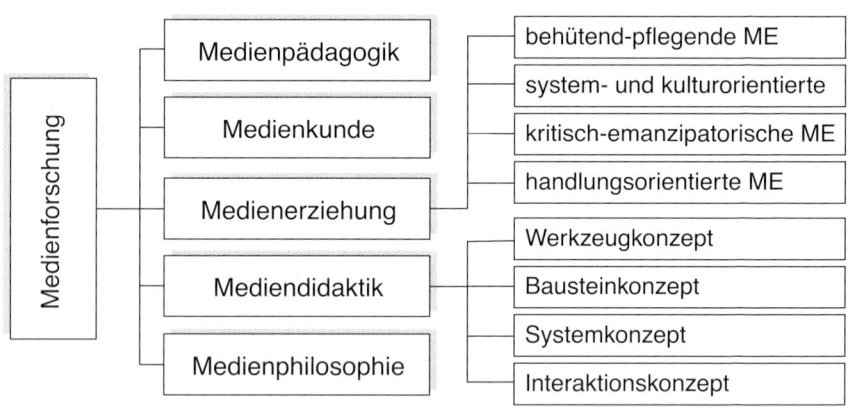

Abb. 2: Eine zweite Differenzierung der Medienpädagogik

tierten Umgang mit Medien eine Immunisierung des Rezipienten gegen die unter „kapitalistischen Verwertungsinteressen" sich monopolisierenden Medienproduktionen anstrebte (vgl. BAACKE 1974). Mitte der siebziger Jahre entwickelte sich das Konzept einer *interaktions- und handlungsorientierten Medienerziehung,* bei dem die technischen Medien als Mittel der Interaktion in einem sozialen bzw. gesellschaftlichen Zusammenhang begriffen werden (vgl. FRÖHLICH 1982, TULODZIECKI 1991[2]).

210

Auch im Bereich der Mediendidaktik lassen sich seit den 60er Jahren in zeitlicher Folge unterschiedliche Theoriekonzeptionen erkennen, gleichwohl sich Lehrerinnen und Lehrer natürlich schon immer Gedanken darüber gemacht haben, in welcher Form die zu lernenden Inhalte an Kinder und Jugendliche herangetragen werden sollen und welche Hilfsmittel für das Lehren und Lernen geeignet erscheinen. Aber erst PAUL HEIMANN hat 1962 die *Medien*wahl unter dem Eindruck der zunehmenden Bedeutung elektronischer Massenmedien neben der *Intention*, der *Thematik* und der *Methode* als eigenes Strukturmoment des Unterrichts ausgewiesen. Diese didaktische Verortung unterrichtsrelevanter Medien war eingebettet in die Entwicklung eines eigenständigen didaktischen Modells, nämlich der „Lerntheoretischen Didaktik" bzw. des so genannten „Berliner Modells". Im Laufe der folgenden 30 Jahre wurden vor allem vier Konzepte der Medienverwendung thematisiert: 1. das Werkzeugkonzept, 2. das Bausteinkonzept, 3. das Systemkonzept und 4. schließlich das Interaktionskonzept (vgl. die Abb. auf S. 210). Unter der Perspektive des *Werkzeugkonzepts* werden Medien, die vor allem der Veranschaulichung abstrakter Wissensinhalte dienen, vom Nutzer (Lehrerin bzw. Lehrer – selten: Schülerinnen bzw. Schüler) je nach Bedarf, eben als „Werkzeug" der veranschaulichenden Unterrichtsgestaltung genutzt. Das setzt voraus, dass diese Medien ohne hohen Planungs- und Realisierungsaufwand jederzeit zur Verfügung stehen, was bei den so genannten „kalten Medien" wie Abbildungen, Mustern und Gestaltungsmitteln der Fall ist. Bereits didaktisch gestaltete Medien wie Schulfunk und Schulfernsehen, Unterrichtsfilme und Dia-Reihen lassen sich aber nicht in beliebigen Unterrichtssequenzen nach augenblicklichen Bedingungslagen vereinnahmen. Ihr Einsatz muss geplant und in den Kontext einer Unterrichtsreihe didaktisch sinnvoll „eingebaut" werden. Das aus dieser Notwendigkeit folgende *Bausteinkonzept* war vor allem in den 60er Jahren in der Bundesrepublik Deutschland von Bedeutung und führte zur vermehrten Produktion von Unterrichtsfilmen und anderen medialen Bausteinen durch das Institut für Film und Bild in Wissenschaft und Unterricht. Angeregt durch die bildungspolitischen Erschütterungen in den USA in der Folge des Sputnik-Schocks (1957) kam es Anfang der 60er Jahre im Rahmen des Bausteinkonzepts zur Entwicklung des Schulfunks und später des Schulfernsehens durch die ARD.

Die mediendidaktische Orientierung am Bausteinkonzept wurde Ende der sechziger Jahre durch die Rezeption angloamerikanischer Ansätze zur Programmierten Unterweisung sowie im Kontext der sich abzeichnenden Curriculumdiskussion aufgegeben. Besonders die Phase der Konstruktion, Implementation und Evaluation „geschlossener Curricula", die vorgaben, alle für den Lehr-/Lern-Prozess relevanten Variablen in einem didaktisch begründeten Zusammenhang bereitstellen zu können (ca. 1968–1973), war die Hochzeit des so genannten *Systemkonzepts*. Die externe Bestimmung des Unterrichts und das der Curriculumkonstruktion inhärente Denken auf einen „durchschnittlichen" Schüler bzw. eine „durchschnittliche" Schülerin, die im Verbund mit a priori „gedachten" Lehrern oder Lehrerinnen nun vorstrukturierte Medien zum Lernen und Lehren nutzen, waren (neben erheblichen Qualitätsmängeln der Medienverbundsysteme bzw. programmierten Lerneinheiten) die wichtigsten Gründe dafür, dass sich Medienverbund*systeme* im schulischen Rahmen nicht wirklich durchsetzen konnten. Für die praktische Schularbeit sind das Werkzeugkonzept und das Bausteinkonzept weiterhin relevant geblieben. Seit Beginn der 80er Jahre hat sich im Kontext computergestützter Lernsysteme ein weiteres Konzept entwickelt, nämlich das *Interaktionskonzept*. Im Mittelpunkt dieses Konzepts steht der Begriff der „Lernumgebung", in die der Lernende in (relativ) freier Interaktion mit dem Lehrsystem (z. B. einem Simulationsprogramm, einem Planspiel oder einem Sprachprogramm) lernt. Grundlegend für dieses Konzept ist die Forderung, dass Lernen nicht einfach als Prozess der Vermittlung von Kenntnissen, Fähigkeiten und Fertigkeiten von einer Lehrperson oder einem Lehrsystem an Lernende zu betrachten ist, sondern sich vielmehr als aktive Auseinandersetzung von Lernenden mit ihrer Lernumgebung gestaltet. Elemente einer solchen Lernumgebung können unter anderem technische Medien sein. So lassen sich beispielsweise bestimmte Informationen, die Lernende zur Lösung eines Problems benötigen, durch Zugriff auf bestimmte Sequenzen eines interaktiven Bildplattensystems oder durch die Nutzung eines computergestützten Informationssystems oder netzgestützter Datenbanken erarbeiten (vgl. u. a. PETERSEN 1994; MANDL/GRUBER/RENKL 1995)

Um das System der Medienpädagogik als Subdisziplin der Allgemeinen Pädagogik noch weiter zu vervollständigen, soll noch in aller gebotenen Kürze auf die Medienforschung eingegangen werden. Unter Medienforschung versteht man die empirisch orientierte, qualitativ und quantitativ verfahrende Überprüfung von medienpädagogischen Hypothesen zur Wirkung einzelner Medien oder Medienkombinationen, wobei der Wirkungsbegriff in der Entwicklung unterschiedlicher Konzeptionen der Forschung sich zunehmend als interdependentes Gefüge zwischen „Medienangebot" und „Medienrezeption" erwies (vgl. BERGHAUS 1999). Da die Inhalte, Methoden und Ergebnisse der Medienforschung abhängig vom zugrundeliegenden Medienbegriff sind, soll hier ein Medienbegriff verwendet werden, der sowohl die publizistisch-kommunikationswissenschaftliche (die gesellschaftlich organisierten und institutionalisierten Massenmedien) als auch die didaktische Version (Medien als Träger und Vermittler didaktischer Funktionen in Lehr-Lern-Prozessen) berücksichtigt. Medien definieren sich danach als „Mittler von Sinnzusammenhängen zwischen informationsverarbeitenden Systemen. Dabei unterscheidet man zwischen dem Träger der Information, dem Inhalt der Information und der Organisation der Information."

Während sich die Medienforschung in der Vergangenheit vorwiegend quantitativer Methoden und Verfahren der empirischen Sozialforschung bedient hat, bezieht sie heute zunehmend auch qualitative Verfahren mit ein. Das zeitliche Kontinuum der Medien(wirkungs)forschung erstreckt sich über ein Jahrhundert und lässt sich durch die Extreme der „Konzepte starker Wirkungen" und des „radikalen Konstruktivismus" inhaltlich eingrenzen (zur näheren Differenzierung der Medien(wirkungs)forschung vgl. SANDER & VOLLBRECHT

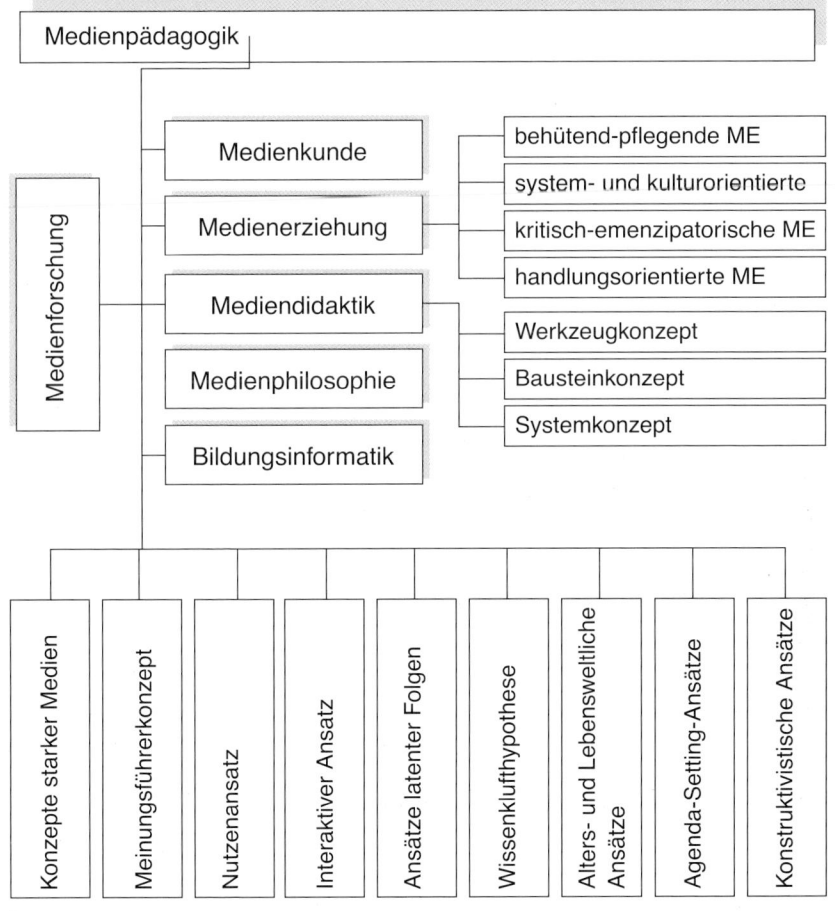

Abb. 3: Eine dritte Differenzierung der Medienpädagogik

213

1994). Bedenklich zu beobachten ist, dass die sprachlichen Zeichen „Medienphilosophie" und „Bildungsinformatik" bzw. „Medieninformatik" bei den meisten Autoren gar nicht auftauchen. Das mag für den Bereich der Bildungsinformatik vielleicht noch verständlich sein, weil es sich hier um eine relativ junge Ausdifferenzierung innerhalb der Medienpädagogik handelt. Aber für den Bereich der Medienphilosophie sind es doch gerade Arbeiten aus diesem Gebiet, die sich als „Reflexion über die medialen Seins- und Sollensbedingungen menschlichen Miteinanders, menschlicher Welterkenntnis und Weltbewältigung" definieren, die medienerzieherische und mediendidaktische Forschungsarbeiten inspirieren und erfolgte Forschungsarbeiten in größere Zusammenhänge stellen. Deutlich zeigt das auch die Entwicklung der Medienpädagogik in den achtziger Jahren. So kam es, geradezu provoziert durch die medien-philosophischen Reflexionen MCLUHANS (1978), die populistisch-medienkritischen Veröffentlichungen POSTMANS (1983; 1985) und die scharfsinnigen Analysen von MEYROWITZ (1987) zur Formulierung gegensätzlicher Positionen im Kontext der sich entwickelnden Informationstechnologie, die sich als Extrempole eines Kontinuums von „vorbehaltloser Zustimmung" und „rückhaltloser Ablehnung" kennzeichnen lassen. Exemplarisch für den ersten Fall lassen sich die Argumentationen von HAEFNER (1982; 1984) zu einer sich abzeichnenden zweiten Bildungskrise lesen (die erste wurde 1964 von GEORG PICHT am Kriterium des Abiturienten-Outputs reklamiert), die durch die nicht mehr aufhaltbare ‚Substitution des menschlichen Gehirns durch die technologische Informationsverarbeitung' entstehe und zu der es nur zwei mögliche Verhaltensweisen gäbe: „Die erste bedeute eine verantwortliche Balance und geplante Arbeitsteilung zwischen Mensch und Maschine, die wachsende Freiheit, Selbstbestimmung und kreative Muße bei anhaltender Prosperität mit sich bringen könne. Die Alternative sei es, den technologischen Wandel auf dem gegenwärtigen Niveau einzufrieren und jede weitere Entwicklung einem staatlichen Dirigismus zu unterstellen" (HORN 1989, S. 111). Exemplarisch für den zweiten Fall kann die Veröffentlichung HARTMUT VON HENTIGS über „Das allmähliche Verschwinden der Wirklichkeit" (1984) stehen, in der dezidiert nach der Chance für die Pädagogik gefragt wird, einen Menschen zu erziehen, der im Netzwerk sich verschiebender und partiell verschwindender Wirklichkeitsbezüge seine soziale und personale Identität entwickeln soll.

Je für sich genommen lassen sich für beide Argumentationsrichtungen pädagogisch gewichtige Gründe anführen: Wir müssen uns im Erziehungs- und Sozialisationsprozess der technologischen Entwicklung symbiotisch anpassen, um nicht unter die „informationstechnologischen Räder" zu geraten – so HAEFNER; wir müssen Gegengewichte zur Informationstechnologie in der pädagogischen Arbeit setzen, um den Weg in eine „selbstverschuldete Unmündigkeit" zu verhindern – so v. HENTIG. In der Summe führen beide Kritiken über sich hinaus zu der Forderung nach einer medienpädagogischen Konzeption, die die Entwicklung von Medienkompetenz des Individuums als Prozess der Aneignung bzw. Ausbildung von Ordnungs- und Selektionswissen in einer von informationeller Deregulierung betroffenen Umwelt beschreiben, theoretisch begründen und handelnd begleiten kann. So leicht diese Forderung auch formulierbar und einsehbar ist, so gewichtig sind die Probleme und Fakten, die sich einem disziplinspezifischen Lösungsansatz entgegenstellen. Die wohl wichtigsten informationstechnischen Entwicklungen der letzten Jahre, die überkommene medienerzieherische Konzeptionen der Pädagogik obsolet zu machen drohen, liegen in der Verknüpfung von informationsverbreitenden und informationsverarbeitenden Systemen zu Multimedia-Systemen und in der internationalen Vernetzung dieser Systeme z. B. durch das Internet.

III.

Bildungsinformatik, so könnte man sagen, ist der Teilbereich der Medienpädagogik, der sich unter lernpsychologischen und didaktischen Gesichtspunkten mit der Funktion und den Auswirkungen computergestützter Lehr-/Lernsysteme und Lernumgebungen befasst. Was den Bereich der computergestützten Lernumgebungen betrifft, so haben sich für die Aus- und Weiterbildung in den letzten Jahren durch das Computer-Based-Training (CBT) die computerunterstützte Ausbildung (CUA) oder das Interaktive Video (IV) erhebliche curriculare und strukturelle Veränderungen ergeben, die die zu erwartenden Änderungen durch die globale Vernetzung dieser Systeme erahnen lassen. Während noch der Umgang mit Einzelplatzsystemen – vom Trainingssystem bis zur Spielkonsole, vom Simulationsprogramm bis zum Adventure-Spiel – in seinen mediendidaktischen, medienerzieherischen und auch medienphilosophischen Problemstellungen im Prinzip mit den bekannten Werkzeugen und Denkfiguren der Medienpädagogik (u. a. didaktische Analysen, empirische Wirkungsforschungen, erziehungsphilosophische Folgeabschätzungen) bearbeitbar bleibt, stellen die Entwicklungen, nämlich multimediales Lehren und Lernen von ihren physikalisch-räumlichen und zeitlichen Kontexten zu lösen, nicht nur die Medienpädagogik, sondern die Wissenschaften vom Menschen in ihrer Gesamtheit vor völlig neue Aufgaben und Fragestellungen. Der zur Zeit verwendete Schlüsselbegriff in Wissenschaft und Öffentlichkeit lautet etwas ungenau „Multimedia" bzw. „multimediales Lernen". Betrachtet man die Begriffskombination „multimediales Lernen" genauer, so suggeriert sie, es gäbe so etwas wie ein multimediales Lernen, das sich aufgrund der differentia spezifica „multimedial" von anderen Lernformen unterscheiden würde, wie beispielsweise „kognitives" Lernen, „motorisches" Lernen oder „emotionales" Lernen. Das ist natürlich Unsinn. Gemeint ist mit dieser mittlerweile inflationär verwendeten Begriffskombination nicht mehr, aber auch nicht weniger als der Versuch der multimedialen Repräsentation von Weltausschnitten im Kontext spezifischer Lernumgebungen. Stipulativ kann folgender Definitionsversuch gelten: *Unter multimedialen Lernsystemen lassen sich computergestützte Informationssysteme verstehen, die mehrere zeitunabhängige und zeitabhängige elementare Symbolformen (Text, Graphik, Audio, Video, Animation) prinzipiell parallel bei der Eingabe und Ausgabe von Informationen nutzen.* Zeitabhängige Symbolformen sind dabei u. a. Videos, Audioeinspielungen und Animationen. Zeitunabhängige Symbolformen sind Texte und Graphiken. Nimmt man für den Moment diese Definition ernst, so wird schnell deutlich, wie irreführend der Teilbegriff „multi" im Begriff „Multimedia" ist – zumindest unter didaktischen Gesichtspunkten. Aus dem Lateinischen wissen wir, dass „multi" ein Bestimmungswort von Zusammensetzungen mit der Bedeutung „viel, vielfach" ist. Wenn wir ein Multivitaminpräparat zu uns nehmen, so gehen wir davon aus, dass wir viele unterschiedliche Vitamine erhalten. Wenn wir ein multifunktionales Werkzeug kaufen, so gehen wir davon aus, dass dieses Werkzeug viele Funktionen auch anderer Werkzeuge erfüllt. Können wir nun auch davon ausgehen, dass eine multimediale Repräsentation von Welt im Sinne von „Multimedia" im Sinne von BRUNER (1974) enaktive, ikonische und symbolische Repräsentationsformen in einem didaktisch begründeten Verhältnis berücksichtigt und (auch) auf der Seite des Rezipienten bzw. Lerners vielseitige Sinneseindrücke weckt und Sinneskanäle nutzt? Das ist ganz sicher nicht der Fall. Multimediale Lernsysteme sind Lernsysteme für den „Augenmenschen" und „Ohrenmenschen". Riechen, Schmecken, Berühren – „Begreifen" im wahrsten Sinne des Wortes, diese medialen Zugänge zur Welt werden beim augenblicklichen Stand multimedialer Lehr- und Lernsysteme kaum berücksichtigt, es sei denn im Bereich spezifischer Lernweginteraktivitäten, die im Sinne von Computer Managed Instruction (CMI) Teile des Lernvorgangs nach außen, also außerhalb der digitalisierten Welt computergestützter Lernumgebungen, verlagern.

Hinzu kommt eine erkenntnistheoretische Problematik, über deren Folgen wir erst ganz allmählich – mit nicht unbeträchtlichem Erschrecken – nachzudenken beginnen: Was uns in Form multimedialer Lernangebote präsentiert wird, ist häufig nicht einmal mehr Abbild von Wirklichkeit, sondern verfälscht, konstruiert und konterkariert Wirklichkeit – in weiten Bereichen unbemerkt vom Adressaten. Was sich zuerst als erkenntnistheoretisches Problem darstellt, erweist sich bei näherem Hinsehen auch als ein eminent moralisches Problem. Medienmacher werden im Kontext virtueller Konstruktionen zu Weltenmachern, zu Weltenformern – mit gottähnlichen Kräften (vgl. u. a. den Spielfilm „Die Truman Show"). Welche Raum- und Zeitschemata sich dabei kultivieren, bedarf einer gesonderten Untersuchung. Und wenn alles möglich, wenn alles visualisierbar ist, auch das Unmögliche, was ist dann noch als wahr erfahrbar? Sehen und Wissen haben etymologisch nicht ganz zufällig einen gemeinsamen Ursprung. Wie auch immer: Die Erfahrung lehrt, dass trotz aller erkenntnistheoretischen Fragen und moralischen Bedenken sich technologische Entwicklungen nicht ungeschehen machen lassen. Für eine bilanzierende Stellungnahme scheint es ohnehin zu früh zu sein.

Eng verknüpft mit dem Begriff „Multimedia", der im Sinne multimedialen Lernens medial auf das Sehen und Hören eingeschränktes Lernen meint, sind die sprachlichen Zeichen „Interaktiv" und „Adaptiv". Krönend sind dann Begriffskombinationen wie „multimediales, interaktives und partiell adaptives Lernsystem", wobei unter *interaktiven* Lernsystemen computergestützte Informationssysteme verstanden werden, die ein selbstgesteuertes Lernen als Dialogprozess zwischen Lernendem und dem Lehrsystem ermöglichen. Unter *adaptiven* Lernsystemen lassen sich computergestützte Informationssysteme verstehen, die die kognitiven, affektiven und motorischen Lernvoraussetzungen der Lerner diagnostizieren und diesbezüglich Entscheidungen über Lernwege, Präsentations- und Arbeitsformen, Rückmeldeformen etc. anbieten bzw. fällen.

Prinzipiell vorteilhaft an multimedialen Lernangeboten sind die sich eröffnenden didaktischen Möglichkeiten, *Begriff und Anschauung* durch das gleiche Medium zu vermitteln und im Lernprozess miteinander zu verknüpfen. (vgl. PETERSEN 1991; 1994). Das computergestützte Lernen in Netzen und mit Hilfe von Netzen bietet zudem in seiner Kombination mit Hypertext- und Hypermediasystemen didaktisch noch keineswegs ausgeschöpfte Möglichkeiten. Die neue Textualität, die es Lernern ermöglicht, einen Inhaltsbereich nicht in einer vorab festgelegten linearen Form, sondern auf unterschiedlichen – eigenen – Pfaden mehrdimensional zu erschließen, schafft, was die Selbststeuerung des Lernens betrifft, ganz neue und bis heute noch nicht in ihrer didaktischen Qualität ausgelotete Möglichkeiten. Die Verbindung von Hypertext und Hypermedia multipliziert in vielfacher Weise die sich schon bei offline-orientierten, computergestützten multimedialen Lernsystemen andeutenden Chancen, Begriff und Anschauung unter lernpsychologischen Gesichtspunkten zu einer optimalen didaktischen Form zu verbinden.

Es ist zur Zeit jedoch noch eine weitgehend ungeklärte Frage, ob durch die höhere „Interaktivität", „Adaptivität" und „Multimedialität" der Lernsysteme und die dadurch verbesserten „Anschauungsmöglichkeiten" im Rahmen des multimedialen „Computergestützten Lernens", sei es nun online oder offline, vernetzt oder nicht vernetzt, auch kognitive Lernziele höherer Qualität (Anwendungs- und Beurteilungsprozesse) erreicht, emotionale Lernprozesse (Einstellungs- und Verhaltensänderungen) angeregt und Freude am Lernen auf Dauer geweckt werden können. Trotz dieser evaluativen Defizite haben die beschriebenen technischen Entwicklungen in den letzten Jahren in Kombination mit den nun auch möglich gewordenen Vernetzungsmöglichkeiten über Intra- und Internet zu einem wahren Boom unterschiedlicher Hardware-, Software- und Einsatzkonzeptionen in der Schulpraxis, der beruflichen und betrieblichen Aus- und Weiterbildung und in der Erwachsenenbildung geführt.

Betrachtet man vor diesem Hintergrund die in der beruflichen Aus- und Weiterbildung, in den Hochschulen und in den Schulen existierenden multimedialen, computergestützten Lernprogramme, so lässt sich im groben Überblick und zusammenfassend sagen:

1. Lernen wird als Dialogprozess zwischen Lernendem und Lehrsystem möglich.
2. Lernen geschieht in der Begegnung mit simulierter (sozialer) Wirklichkeit.
3. Ganzheitliche (soziale) Situationen (Inhalte) können analytisch zergliedert und als Lernalgorithmus verfügbar gemacht werden, ohne den Verlust von Zusammenhängen zu riskieren.
4. Lerngegenstände können anschaulich vermittelt werden, ohne die notwendige Begriffsarbeit zu vernachlässigen.
5. Lösungsalternativen oder Handlungsalternativen können experimentell, d. h. von unmittelbarer Verantwortung entlastet, erprobt werden.
6. Lernen (in sozialen Kontexten) kann ohne soziale Kontrolle (Rechtfertigungsdruck etc.) geschehen.
7. Lernen kann im individuell entwickelten Lerntempo des Lernenden realisiert werden.
8. Lernen kann – insbesondere durch die Einbindung von Videosequenzen – an Gegenwartsbezüge unmittelbar anknüpfen.
9. Lernprozesse können eine unmittelbare Rückmeldung über Erfolg oder Misserfolg erfahren.
10. Lernprozesse können beliebig oft wiederholt werden.

Diese Bestimmungen sind natürlich nur *Möglichkeiten*, die einzeln nicht ohne den Kontext von Bildungsmaßnahmen zu bewerten sind, sondern erst im Zusammenhang des konkreten Lernens vor Ort didaktischen Sinn erhalten. Einzeln betrachtet können alle hier angeführten *Möglichkeiten* des computergestützten, interaktiven und multimedialen Lernens auch negative Folgen zeigen. So führt eine ausschließliche Konzentration des Lehr-/Lern-Prozesses auf die Methode „Computerlernen" zur sozialen Isolation des Lernenden, die

Anschauungskraft des Mediums kann nur zur Anschaulichkeit in Form von Multimedia-Shows degenerieren, die fehlende soziale Kontrolle im Lernprozess und die nur simulierten Folgen experimentellen Handelns zur Beliebigkeit des Tuns usw. Mit anderen Worten: Bewertungen einzelner Komponenten des computergestützten multimedialen Lernens sind erst im Zusammenhang komplex angelegter Evaluationsstudien möglich.

IV.

Ich versuche nun, einige – aus meiner Sicht drängende – Forschungsaufgaben zu skizzieren, die es möglichst bald zu lösen gilt, damit das Lernen mit Multimedia schul- und hochschuldidaktisch auf ein solides erkenntnistheoretisches Fundament aufsetzen kann.

Das erste und wohl wichtigste Problem liegt in der rasanten Entwicklung der technischen Möglichkeiten der Informationsaufbereitung und Informationsverbreitung. Nicht alles ist pädagogisch wünschbar, was möglich ist – und es ist zur Zeit kaum möglich, mit genauer Analyse und bedächtigem Abwägen dieser Entwicklung auch nur annähernd zu folgen. *Das zweite* Problem liegt in den erheblichen evaluativen Defiziten computergestützten, multimedialen Lernens, von denen ich hier nur einige wichtige nennen werde:

- *So wissen wir zur Zeit nur wenig* über die überdauernde Motivation von Lernern, sich mit Hilfe computergestützter, multimedialer Lehrsysteme Wissen und Fertigkeiten anzueignen.
- *So wissen wir zur Zeit nur wenig* über die inzidentiellen Lernwirkungen computergestützten, multimedialen Lernens.
- *So wissen wir einerseits zur Zeit nur wenig* über das Verhältnis des Wissens, das durch das relativ geschlossene Universum multimedialer und interaktiver offline-orientierter Computerprogramme vermittelbar ist, zum notwendigen Wissens- und Interpretationserwerb in universitären bzw. schulischen Lehrveranstaltungen; *andererseits wissen wir wenig* über die didaktischen und lernpsychologischen Auswirkungen von Lernprozessen in didaktisch weitgehend unstrukturierten online-orientierten Informationssystemen.
- *So wissen wir zur Zeit nur wenig* über curricular sinnvolle Interaktivitätsformen. Diese Untersuchungen sind um so wichtiger, als einige Untersuchungen den Verdacht aufkommen lassen, dass mit zunehmender Interaktivität bestimmten Lernertypen das Lernen eher erschwert wird.
- *So wissen wir zur Zeit nur wenig* über das Verhältnis von Begriff und Anschauung in multimedialen Lernumgebungen. Diese Untersuchungen sind um so wichtiger, da sich die Anzeichen mehren, dass die nun möglich ge-

wordene Visualisierung auch komplexer dynamischer Wissensstrukturen zur bloßen Anschaulichkeit degeneriert.

- *So wissen wir zur Zeit noch relativ wenig* über die Lernwirksamkeit multimedialer, computergestützter Lernsysteme. Die zahlreichen Evaluationsstudien und die weniger zahlreich durchgeführten Metaanalysen zum computergestützten Lernen sind nicht einheitlich. KARL FREY hat Ende der achtziger Jahre eine Metaanalyse vorgestellt, die darauf hindeutete, dass die Effektmaße computergestützten Lernens in umgekehrt proportionalem Verhältnis zum Bildungsniveau stehen. KULIK & KULIK haben 1991 mehrere Metaanalysen zum Vergleich traditioneller Lernformen mit computer- und videounterstützten Lernprogrammen vorgelegt. Das zentrale Ergebnis lautet, dass computerunterstütztes Lernen traditionellen Lernformen überlegen ist. Die Effektstärken schwanken aber zwischen -1.20 und +2.17, so dass man von einer Homogenität der Effektstärken in den einzelnen eingegangenen Untersuchungen nicht ausgehen darf. Die Wissenslücke wird um so größer, je näher wir dem Lernen in vernetzten Umgebungen kommen.

„Erziehung durch Faszination" lautet der Titel eines von GEORG B. LEONARD im Jahre 1971 veröffentlichten pädagogischen Werkes, in dem er auch die Rolle der Schule im Jahre 2000 analysiert und zu dem Schluss kommt, dass die Schule dann gar nicht mehr existieren werde. An ihre Stelle träte die individuelle Recherche in komplexen, international vernetzten Datenbanken und die Orientierungsleistung und Hilfe durch intelligente tutorielle Systeme. Wir haben die Jahrtausendwende überschritten, und an der Schule, so wie wir sie kennen, hat sich noch nicht sehr viel verändert. Das intelligenteste tutorielle System, das wir kennen, ist immer noch der Lehrer, und wir transportieren immer noch – um mit NEGROPONTE (1995) zu sprechen – überall dort Atome, wo die Übertragung von Bits ökonomisch und vielleicht auch effektiver wäre. Was sich aber zunehmend ändert, sind die Schülerinnen und Schüler, an denen der Umgang mit den modernen Informationstechnologien und der Einfluss der ephemeren Informationsflut offensichtlich nicht spurlos vorübergeht. Vom erzieherischen Verhältnis bis zur physikalischen Organisation von Lehr- und Lernprozessen wird sich, soviel ist sicher, in den nächsten Jahren unter dem Einfluss der Informationstechnologie viel ändern. Manches wird sich langsam verändern (so wie wir heute einen ganz allmählichen Einzug von Computern und Netzwerken in den Schulen beobachten), manches kann auch schlagartig anders werden, wie es beispielsweise die sich beschleunigende Konkurrenz zwischen schulischem und kommerziellem Curriculum zeigt. Nicht nur die Pädagogik steht unter einem enormen Reflexionsdruck und unter dem Zwang zur Neudefinition vieler als selbstverständlich erachteter pädagogischer Bezüge (vgl. u. a. GUGGENBERGER 1997). Die Wissenschaften vom Menschen werden sich in ihrer Gesamtheit diesen Neubestimmungen nicht entziehen können. Die durch die moderne Informationstechnologie möglich gewordene Digitalisierung und Vernetzung lassen sich nicht einfach als neue Medien, als „Neuankömmlinge" – wie einst der Diaprojektor oder der Overheadprojektor – didaktisch integrieren und kommunikativ verwerten, sondern sie verändern die Pädagogik und Didaktik selbst, und sie beeinflussen nicht nur unsere kommunikativen und sozialen Strategien, sondern auch uns und unsere physikalische Umgebung.

Literatur

Baacke, D. (Hg.): Kritische Medientheorien. München 1974

Baacke, D.: Medientheorie, Medienpraxis, Medienpädagogik. Über einige Zusammenhänge. In: Zeitschrift für Pädagogik 24 (1978) 4, S. 629–639

Bauer, W.: Multimedia in der Schule? In: Issing/Klimsa 1995, S. 377–399

Bäumler, C. E.: Lernen mit dem Computer. Weinheim, Basel 1991

Beck, K.: Medien und die soziale Konstruktion von Zeit. Über die Vermittlung von gesellschaftlicher Zeitordnung und sozialem Zeitbewußtsein. Opladen 1994

Berghaus, M.: Wie Massenmedien wirken. Ein Modell zur Systematisierung. In: Rundfunk und Fernsehen 47 (1999) 2, S. 181–199

Bruner, J. S.: Entwurf einer Unterrichtstheorie. Düsseldorf 1974

Caselmann, Chr.: Der Begriff der Anschauung in pädagogischer Sicht. In: R. Heiß u. a.: Bild und Begriff. München 1963, S. 43–70

Döring, N.: Internet: Bildungsreise auf der Infobahn. In: Issing/Klimsa 1995, S. 305–336

Fröhlich, A.: Handlungsorientierte Medienerziehung in der Schule. Tübingen 1982

Glasersfeld, E. V.: Wissen, Sprache und Wirklichkeit. Arbeiten zum Radikalen Konstruktivismus. Braunschweig 1987

Gräsel, C./Bruhn, J./Mandl, H./Fischer, F.: Lernen mit Computernetzen aus konstruktivistischer Perspektive. In: Unterrichtswissenschaft 25 (1997) 1, S. 4–18

Guggenberger, B.: Das digitale Nirwana. Hamburg 1997

Haefner, K.: Die neue Bildungskrise. Basel, Boston, Stuttgart 1982.

Haefner, K.: Denkzeuge. Basel 1987

Haefner, K.: Evolution of Information Processing Systems. Berlin 1992

Haefner, K.: Homo sapiens informaticus erziehen! In: Computer und Unterricht 31 (1998)

Haefner, K.: Schule für eine computerisierte Gesellschaft. DLZ 1/97

Haefner, K.: Sechs Hauptsätze der Informationstechnik. DLZ 4/96

Hagemann, W./Tulodziecki, G.: Einführung in die Mediendidaktik. Köln 1980 (3. Aufl.)

Heimann, P.: Didaktik als Theorie und Lehre. DDS 1962

Hentig, H. von: Das allmähliche Verschwinden der Wirklichkeit. München, Wien 1984

Hiegemann, S./Swoboda, H. (Hg.): Handbuch der Medienpädagogik. Opladen 1994

Horn, H.: Neue Medien. Jugendlicher Medienkonsum und seine möglichen Folgen. Eine kommentierte Auswahlbibliographie. Bielefeld 1989

Issing, L. J./Klimsa, P. (Hg.): Information und Lernen mit Multimedia. Weinheim 1995

Issing, L. J. (Hg.): Medienpädagogik im Informationszeitalter. Weinheim 1987

Keilhacker, M.: Jugend und Spielfilm. Stuttgart 1953

Keilhacker, M.: Kind und Film. Stuttgart 1955

Kerstiens, L.: Gedanken zur Filmpädagogik. In: Jugend Film Fernsehen (1960) 2, S. 21–28

Kerstiens, L.: Medienkunde in der Schule. Bad Heilbrunn 1968

Koring, B.: Lernen und Wissenschaft im Internet. Anleitungen und Reflexionen zu neuen Lern-, Forschungs- und Beratungsstrukturen. Bad Heilbrunn 1997

Leonard, G. B.: Erziehung durch Faszination. Lehren und Lernen für die Welt von morgen. München 1971

Leutner, D.: Adaptivität und Adaptierbarkeit multimedialer Lehr- und Informationssysteme. In: Issing/Klimsa 1995, S. 139–149

McLuhan, M.: Wohin steuert die Welt? Massenmedien und Gesellschaftsstruktur. Wien 1978

Mandl, H./Gruber, H./Renkl, A.: Situiertes Lernen in multimedialen Lernumgebungen. In: Issing/Klimsa 1995, S. 167–178

Memmert, W.: Die Geschichte des Wortes „Anschauung" in pädagogischer Hinsicht von Platon bis Pestalozzi. Erlangen-Nürnberg (Diss.) 1968

Meyrowitz, J.: Die Fernsehgesellschaft. Wirklichkeit und Identität im Medienzeitalter. Weinheim, Basel 1987

Moser, H.: Einführung in die Medienpädagogik. Opladen 1995

Negroponte, M.: Total digital. Die Welt zwischen Null und Eins oder die Zukunft der Kommunikation…. München 1995 (3. Aufl.)

Noack, M.: Schule im Internet: Die Datenbahn im Unterricht. In: Die Deutsche Schule 88 (1996) 4, S. 494–508

Petersen, J.: Anschauung – eine medienpädagogische Grundkategorie. In: Grundlagen der Weiterbildung 2 (1991) 2, S. 69–74

Petersen, J.: Computer-Based-Training und Interaktives Video. Chancen und Risiken eines neuen Lernmediums. In: Petersen/Reinert 1994, S. 184–206

Petersen, J./Reinert, G.-B. (Hg.): Lehren und Lernen im Umfeld neuer Technologien. Frankfurt a. M., Berlin, Bern, New York, Paris, Wien 1994

Postman, N.: Das Verschwinden der Kindheit. Frankfurt a. M. 1983

Postman, N.: Wir amüsieren uns zu Tode. Frankfurt a. M. 1985

Priesemann, G.: Über die vierte Gewalt. Moralische Betrachtungen zum Aufwachsen in einem Medien-Zeitalter. In: Petersen/Reinert 1994, S. 51–75

Sander, U./Vollbrecht, R.: Wirkungen der Medien im Spiegel der Forschung. Ein Überblick über Theorien, Konzepte und Entwicklungen der Medienforschung. In: Hiegemann/Swoboda 1994, S. 361–412

Schenk, M.: Medienwirkungsforschung. Tübingen 1987

Seidel, Chr. (Hg.): Computer Based Training. Erfahrungen mit interaktivem Computerlernen. Göttingen, Stuttgart 1993

Tulodziecki, G.: Medienerziehung in Schule und Unterricht. Bad Heilbrunn 1991 (2. Aufl.)

Weizenbaum, J.: Die Macht der Computer und die Ohnmacht der Vernunft. Frankfurt a. M. 1977

Weizenbaum, J.: Kurs auf den Eisberg. Die Verantwortung des einzelnen und die Diktatur der Technik. München 1987 (3. Aufl.)

Winterhoff-Spurk, P.: Fernsehen und Weltwissen. Der Einfluss von Medien auf Zeit-, Raum- und Personenschemata. Opladen 1989

HANS-UWE RUMP

Museumspädagogik – Eine Spezialdisziplin von Museologie und Erziehungswissenschaft

Pädagogik und Museum

Museen sind primär Erlebnisorte: Ihre Besucher begegnen dort gegenständlichen Zeugnissen der Vergangenheit. Durch geeignete didaktische und pädagogische Methoden und Maßnahmen wird aus dem Erlebnisort Museum sehr schnell auch ein Lern- und Bildungsort, der sowohl emotional als auch intellektuell bereichern kann. Gefordert ist dabei die gesamte Institution Museum, in besonderer Weise die Museumspädagogik. Die Bildungsfunktion eines Museums definiert und konkretisiert sich durch seine und an seiner jeweiligen speziellen Aufgabenstellung. Gemeinsam ist allen Museen, dass sie mit ihren Exponaten eine unmittelbare Verbindung zwischen Vergangenheit, Gegenwart und Zukunft herstellen. Museen zeigen uns, woher wir kommen, wie Kulturen entstanden sind und wie sie sich weiterentwickelt haben. Sie bilden gewissermaßen Datenbanken von Kenntnissen und Erkenntnissen, die wiederum die Basis für künftige Entwicklungen darstellen.

In diesem Zusammenhang lässt sich daran erinnern, dass das Museion des hellenistischen Königs Ptolemaios I. in Alexandria, dem unsere Museen letzten Endes ihren Namen verdanken, keine Sammlung – schon gar keine Schausammlung war. Im antiken Griechenland war ein Museion zunächst einmal nichts anderes als ein Ort, an dem die Musen göttlich verehrt wurden – meist an einem Altar im Freien, seltener auch in einem Tempel. Besonders beliebt war es, Forschungs- und Lehrinstitute, auch Schulen den Museen zuzueignen. Das Museion wurde so zu einem Ort der Wissenschaft, der Bildung und der Erziehung.

Auch das moderne Museum darf – ja muss – in pädagogischem Zusammenhang gesehen werden. Seit dem Zeitalter der Aufklärung zählt zu seinen Aufgaben nicht nur das Sammeln, Ordnen und Bewahren, sondern ganz wesentlich auch Wissen und Erkenntnis zu vermitteln. Der Weg der Museen von den Reliquiensammlungen des Mittelalters über die fürstlichen Raritätenkabinette und Wunderkammern des 16. Jahrhunderts bis hin zu den wirklich öffentlich zu nennenden Kunst- und Geschichtsmuseen des 19. und 20. Jahrhunderts wird so zum Gang durch mehrere Epochen europäischer Bildungsgeschichte. Es waren die Romantiker, die im 19. Jahrhundert aus ihrem historischen Denken und ihrer geschichtlichen Weltbetrachtung heraus zusammen mit ihren Initiativen zur Erforschung der Vergangenheit des eigenen Volkes auch den Anstoß zur Gründung neuer Museen mit der ausschließlichen Aufgabe, Inhalte der Geschichte zu vermitteln, gaben. Als Beispiele seien hier nur genannt das Römisch-Germanische Zentralmuseum in Mainz und das Germanische Nationalmuseum in Nürnberg. Es gilt dies aber ebenso für eine ganze Reihe deutscher Heimat-, Kreis-, Stadt- und Regionalmuseen kleineren Zuschnitts, die ihre Existenz oft „Historischen Vereinen" oder „Altertumsvereinen" verdanken.

Bedingt durch den Zuwachs an Objekten nach der Aufhebung von Klöstern und Stiften in den Jahren der Säkularisation sowie als Ergebnis zahlreicher fruchtbarer Grabungen und Forschungsreisen lag zu Beginn des 19. Jahrhunderts das Hauptgewicht institutionalisierter Museumsarbeit noch auf dem Sammeln und Bewahren. Darüber hinaus zeichnete sie eine überaus fruchtbare Forschungstätigkeit aus, die ihren Niederschlag nicht nur in einem umfangreichen Schrifttum fand, sondern sogar ganz neue Forschungsgebiete auftat, die erst später von den Universitäten übernommen wurden. Dies gilt für die Volkskunde ebenso wie für Stadt-, Regional- und Landesgeschichte. Diese „Verwissenschaftlichung" der Museen führte schließlich auch zu ihrer Differenzierung, es entstanden verschiedene Museumstypen wie Kunstmuseen, Kunstgewerbemuseen, historische Museen, kulturgeschichtliche Museen usw.

So, wie sich der Wandel der Gesellschaft immer auch in dem widergespiegelt hat, was die Museen gesammelt, wie sie es wissenschaftlich bearbeitet und ausgestellt haben, prägt dieser Wandel in besonderem Maße auch die Museumspädagogik, gegenwärtig vielleicht mehr denn je: Die starke Individualisierung, der Einfluss der Massenmedien, der Einsatz und die Vervollkommnung neuer Medien, eine Präsenz vielfältiger Kulturen und nicht zuletzt der deutlich spürbare Rückzug der öffentlichen Hand aus der Kulturförderung verlangen ein ständiges Überdenken gängiger Vermittlungsformen und die Entwicklung neuer Vermittlungsangebote[1]. Denn: die in den Museen ausgestellten Objekte sprechen eben nicht voraussetzungslos bzw. allein durch ihre Aura ‚für sich', wie es jahrzehntelang vor allem in Kreisen der Kunsthistoriker gerne geglaubt wurde und auch heute zum Teil noch vertreten wird.

Aus erkenntnistheoretischen Überlegungen wie auch aus praktischer Erfahrung nahm in den letzten 20 Jahren die Einsicht zu, dass das Erlebnis der Aura eines Objekts eng verknüpft ist „mit dem Wissen um den Bedeutungsgehalt des Gegenstandes in einem bestimmten, zumeist kulturhistorischen Zusammenhang. Fehlt dieses Wissen", so der Konsulent für Museumsinformatik und Neue Medien Harald Krämer, „kann die Präsenz der Aura selbst durch eine

---

[1] Diese Zusammenhänge werden ausführlich dargestellt in verschiedenen Beiträgen der Publikation RUMP/VIEREGG 1998.

Inszenierung nur schlecht erfahren werden. Das Erleben der Aura eines Gegenstandes setzt voraus, dass der Betrachter diesen Gegenstand als für sich bedeutungsvoll erkennt"[2]. Das heißt: Exponate erschließen sich erst wirklich aus ihrem kultur-, kunst-, natur- oder technikgeschichtlichen bzw. ästhetischen Hintergrund und Kontext. Zusammenhänge, Abhängigkeiten und Entwicklungen aufzudecken und einsichtig zu machen, um dadurch erst das ausgestellte Objekt ‚zum Sprechen zu bringen' und dem Besucher zu erschließen, stellt die primäre Vermittlungsaufgabe der Museen dar. Wahrgenommen wird diese hauptsächlich auf dem weiten Feld der Museumspädagogik.

Wie aber lässt sich Museumspädagogik definieren? Diese Frage mag vielleicht irritieren, denn „Museumspädagogik" ist heute längst zu einem Thema geworden, dem sich kaum jemand, der auf irgendeine Weise in die Museumsarbeit eingebunden ist, entziehen kann. Die Diskussion der letzten Jahre, bei der es nicht nur um die Ausbildung im Bereich der Vermittlungsarbeit im Museum, sondern auch um eine generelle Positionsbestimmung ging und geht, macht aber eine zwiespältige Situation deutlich: Einerseits scheint die Museumspädagogik inzwischen etabliert und bereits dabei zu sein, sich als integratives Element einer Kulturpädagogik in ein größeres Ganzes einzuordnen, andererseits scheinen sich die Museumspädagogen oft ihrer Sache selbst noch nicht ganz sicher zu sein. Letzteres zeigt sich beispielsweise darin, dass nicht wenige die Bezeichnung „Museumspädagoge/-pädagogin" ablehnen und sich lieber „Begleiter", „Vermittler", „Mediator", „Moderator", „Kommunikator" u. ä. nennen. Noch ist auch die Frage nicht völlig beantwortet, ob Museumspädagogik ein immanentes Strukturelement der Institution Museum oder eine Form von Kunst- und Kulturpädagogik ist, die zufällig im Museum stattfindet[3]. Die Definition des Deutschen Kulturrats von 1994, die besagt, die Museumspädagogik sei „ein Arbeitsfeld kultureller Bildung, welche Kommunikations- und Vermittlungsprozesse im Museum beinhaltet" und „auf das Bedürfnis nach qualifizierter Freizeitgestaltung durch kulturelle Bildung" reagiere, kann hier auch nicht wesentlich zur Klärung beitragen[4].

Der Begriff „Pädagogik" entbehrt in der Museumspraxis weitgehend noch immer einer eindeutigen Begriffsbestimmung[5]. Er wird sehr oft für jede noch

---

[2] Harald Krämer: Notärzte für die sinnliche Wahrnehmung – Museumsvermittler und Neue Medien. In: RUMP/VIEREGG 1998. S. 26–34, hier S. 31 f.

[3] Zur Diskussionslage zum Thema „Was ist Museumspädagogik?" ausführlich: Standbein – Spielbein. Museumspädagogik aktuell, Heft 43, Dezember 1995.

[4] Deutscher Kulturrat: Konzeption kulturelle Bildung, 1994; hier zitiert nach: WOLFGANG ZACHARIAS: Museumspädagogik als Teil der Kulturpädagogik. In: RUMP/VIEREGG 1998, S. 39.

[5] Vgl. WOLFGANG BREZINKA: Grundbegriffe der Erziehungswissenschaft. München/Basel 1974, S. 34–48.

so kleine Informations-Dienstleistung verwendet, die sich als Hilfe für den Besucher versteht. Selbst Werbemaßnahmen und Öffentlichkeitsarbeit jeder Art werden nicht selten bereits als pädagogische Maßnahmen ausgegeben. Daneben nimmt auch der Begriff „Museumsdidaktik" einen breiten Raum ein. Ohne an dieser Stelle ausführlich auf die Diskussion beider Begriffe eingehen zu können, sei doch angemerkt, dass es zu einer gewissen Gewohnheit geworden ist, von „Museumsdidaktik" immer dann zu sprechen, wenn es um Entscheidungen im Präsentationsbereich des Museums geht, von „Museumspädagogik" aber, wenn die personale Betreuung des Museumsbesuchers, insbesondere die von Kindern und Jugendlichen angesprochen wird[6].

Beide – Museumspädagogik und Museumsdidaktik – werden in der andauernden Begriffsdiskussion als Instrumente begriffen, um aus bestimmten Wissensgebieten entnommene Inhalte im Museum mit Hilfe seiner Exponate adressatenbezogen zu vermitteln. Dies erscheint m.E. jedoch beiden Begriffen und Bereichen nicht hinlänglich gerecht zu werden. Der Vermittlungsarbeit im Museum angemessener und dienlicher scheint die folgende Unterscheidung zu sein: „Museumsdidaktik" und „Museumspädagogik" sind keine Synonyma[7]. Während die Museumsdidaktik der Vermittlung von Wissensinhalten dient, aber auch für die Auswahl dieser Inhalte Verantwortung trägt, beabsichtigt die Museumspädagogik explizit eine mit solchem Wissen, aber auch mit anderen Inhalten und Tätigkeiten, die an museale Objekte anknüpfen, verbundene persönlichkeitsfordernde – man kann auch sagen „erzieherische" – Wirkung. Das bedeutet, Museumspädagogik ist mehr als die reine Vermittlung von Informationen und Wissen. Sie ist auch mehr als Didaktik und Methodik: Methodisch-didaktisch geschickte Werbung für eine Sonderausstellung ist ebenso wenig schon Museumspädagogik wie etwa eine besonders informative, gut lesbare Objektbeschriftung.

Museen sind ihrem Wesen nach pädagogisch ausgerichtete Institutionen, auch wenn sie sich selbst nicht so sehen oder sehen wollen. An der Rolle des Museums als Bildungsstätte mit ganz spezifischen Qualitäten kann grundsätzlich kein Zweifel bestehen. Museen dienen der geschichtlichen Überlieferung, indem sie Vergangenheit in der Form authentischen Materials bewahren und rekonstruieren. Sie dienen damit nicht nur wissenschaftlichen, sondern auch pädagogischen Zwecken – vor allem dann, wenn Museum be-

---

[6] Vgl. JÜRGEN ROHMEDER: Methoden und Medien der Museumsarbeit. Pädagogische Betreuung der Einzelbesucher im Museum. Köln 1977; DIETHARD HERLES: Das Museum und die Dinge. Wissenschaft. Präsentation. Pädagogik. Frankfurt a. M./New York, S. 34.

[7] Vgl. HERWIG BLANKERTZ: Theorien und Modelle der Didaktik. München 1973, S. 15 ff..

griffen wird als Raum für Erfahrungen, Reflexion, innere Einkehr und Kommunikation, als Forum der Begegnung mit historischen Sachzeugen, wo nicht nur Antworten gegeben, sondern auch Fragen entstehen und gestellt werden. Pädagogisches Handeln entsteht erst durch das Schaffen oder Verändern von Bewusstsein, Sichtweisen und Einstellungen. Museen wirken demnach durch die von ihnen in Sonderausstellungen oder in der Dauerausstellung zu bestimmten Themen gezeigten Exponate in dem Sinne und in dem Ausmaß pädagogisch, in dem sie mit Hilfe der ausgestellten Objekte, aber auch durch Zusatztexte usw. nicht einfach wahllos x-beliebige Informationen bereitstellen, sondern solche, die geeignet sind, zu bestimmten Themen Kompetenzen, Einstellungen und Bewusstsein zu bilden, bestehende Sichtweisen zu überprüfen und gegebenenfalls durch Kenntniszuwachs und Reflexion zu verändern.

Ein solcher Erziehungs- und Pädagogikbegriff schließt nach WESCHENFELDER/ZACHARIAS „Lern- und Aneignungsverläufe" ein. Diese können sowohl durch mittelbares wie unmittelbares pädagogisches Handeln im Museum, also sowohl personal als auch nichtpersonal, ausgelöst werden. Neben den absichtsvoll herbeigeführten Erziehungsverläufen von Individuen und Gruppen sind deshalb auch solche zu bedenken, die „funktional" aufgrund bestimmter gegebener Einflüsse der Umgebung entstehen. Auch für diese besteht pädagogische Verantwortung. Gerade im Museums- und Ausstellungswesen ist durch eine ästhetische Präsentation die Gefahr nicht-intentionaler Anmutungsqualitäten vielfach gegeben[8]. In diesem Sinne sieht WOLFGANG BREZINKA Erziehung als einen nie abgeschlossenen Prozess an. Pädagogische Handlungen sind für ihn immer dann gegeben, wenn Handlungen mit der Intention verbunden sind, Lernvorgänge zu unterstützen oder in Gang zu bringen, die zu wünschenswerten Dispositionen und Verhaltensweisen führen. Auf die Museen und die Museumspädagogik übertragen heißt dies nichts anderes, als dass gerade sie als öffentliche Institutionen ein geeignetes Angebot für lebenslanges Lernen solcher Art bieten[9].

Zusammenfassend lässt sich sagen: Bei der Museumspädagogik handelt es sich um eine planmäßige besucherorientierte Vermittlungsarbeit in Museen und Ausstellungen, die mit einem erzieherischen, einem pädagogischen Anspruch auftritt und damit weit über die reine Information hinausgeht. Zu unterscheiden wäre demnach zwischen einem Besucherdienst im Museum, der vorwiegend das Informationsbedürfnis der Besucher stillen kann, und der Museumspädagogik, die konkrete Erziehungsziele „auf das Museum hin, im

---

[8] KLAUS WESCHENFELDER/WOLFGANG ZACHARIAS: Handbuch Museumspädagogik. Orientierungen und Methoden für die Praxis. Düsseldorf 1981, S. 14.
[9] DIETHARD HERLES: Das Museum und die Dinge, a. a. O., S. 34.

Museum, durch das Museum und vom Museum ausgehend" verfolgt[10]. Zu bedenken ist auch, dass Museumspädagogik keineswegs nur als Umgang mit Kindern und Jugendlichen zu verstehen ist, sondern auch auf Erwachsene und ganz allgemein auf unterschiedlichst zusammengesetzte Besuchergruppen abzielt.

Aus all dem ergibt sich, dass neben Sammeln, Bewahren und Erhalten, Ordnen und Forschen die Dimension des Präsentierens, Vermittelns und damit letzten Endes des Bildens im Museum eine gewisse Sonderstellung einnimmt, stellt sie im Grunde doch nichts anderes als die zwingende Konsequenz des Sammelns, Bewahrens und Erforschens dar. Die einzelnen Aufgabenfelder der Museumsarbeit stehen in einem wechselseitigen, nicht selten auch gespannten Verhältnis zueinander. Während der Sammler und Forscher mehr auf das Bewahren der Objekte aus ist – aus sein muss –, müssen diese trotz allem auch präsentiert werden, nicht zuletzt aus „volksbildnerischen" Gründen, um es mit einem Begriff des späten 19. und frühen 20. Jahrhunderts auszudrücken. Durch seine Vermittlungs- und Bildungsarbeit tritt ein Museum am deutlichsten in Beziehung zur Öffentlichkeit. So lässt sich seine gesellschaftliche Funktion ganz wesentlich an seiner Forschungs- und Bildungsarbeit ablesen. Es erscheint deshalb keineswegs verwunderlich, dass die Encyclopaedia Britannica der Bildungs- und Erziehungsfunktion den zentralen Stellenwert in der Arbeit der Museen zuspricht und lapidar feststellt: „Education may be considered the formost purpose of the museum"[11]. Trotzdem: Die seit Mitte der 70er Jahre verstärkte Diskussion um den „Lernort" Museum ist – von wenigen Ausnahmen abgesehen – zwar nicht ohne Einfluss, aber doch nicht von durchgreifender Wirkung auf Selbstverständnis und Praxis der Museen geblieben. Bildungsaufgaben werden dort nach wie vor eher additiv wahrgenommen, ausgelagert oder eigenen Ausstellungen übertragen. Museumspädagogik ist heute generell eine nicht mehr zu übersehende Realität und kaum mehr zu leugnende, anerkannte Notwendigkeit geworden, es existieren interessante Ansätze und vielfältige Erfahrungen. Defizite aber sind leider noch immer festzustellen bei ihrem Ausbau, bei ihrer Integration in die Museen und deren Konzeption, bei der Aus- und Fortbildung der Museumspädagogen, bei der Entwicklung einer Museumsdidaktik, bei der Kooperation mit anderen Institutionen sowie bei der Besucherforschung[12].

---

[10] KLAUS WESCHENFELDER/WOLFGANG ZACHARIAS: Handbuch Museumspädagogik, a. a. O., S. 13.

[11] Encyclopaedia Britannica. Ausgabe 1963, Bd. 12, S. 123.

[12] Siehe dazu auch: Standbein – Spielbein. Museumspädagogik aktuell, Hefte 43, 44, 45, Dezember 1995, April 1996, August 1996.

Von der Reformpädagogik zur Kulturpädagogik

Zu Beginn unseres Jahrhunderts, in besonderem Maße nach dem Ersten Weltkrieg, verstärkten die kulturgeschichtlichen Museen ihre Öffentlichkeitsarbeit ganz beträchtlich. Ihren Bildungsauftrag erfüllten sie dabei noch vorwiegend auf dem weiten Feld der Erwachsenenbildung, betrachteten in zunehmendem Maße jedoch auch Jugendliche, insbesondere Schüler, als ihre Adressaten – eine Entwicklung, die sich bereits im 19. Jahrhundert abzeichnete, als etwa der preußische Staatskanzler VON HARDENBERG 1820 bei der Gründungsversammlung des „Museums Vaterländischer Altertümer", dem Vorläufer des heutigen Rheinischen Landesmuseums in Bonn, als Aufgabe des neuen Museums in der Sprache seiner Zeit nannte, „(…) dass es zum Unterricht der Jugend, zu historischen Forschungen und zur Erhaltung unschätzbarer Monumente dienen, den Sinn für die Bedeutung des vaterländischen Bodens und die Geschichte der Vorzeit erregen und ernähren wird". Ähnliches gilt für die Gründung des Bayerischen Nationalmuseums in München 1855, die König Maximilian II. ebenfalls mit dem Hinweis auf die „Erziehungs- und Förderungsaufgaben" gegenüber Künstlern und Handwerkern, gerade aber auch gegenüber der Jugend rechtfertigte. Anregungen und Impulse für die pädagogische Arbeit mit Kindern und Jugendlichen in Museen kamen aus den USA, namentlich von dem bereits 1895 gegründeten Kindermuseum in Brooklyn, aber auch aus Skandinavien, den Niederlanden und Großbritannien. Aufgegriffen wurden sie in Deutschland vor allem von Vertretern der Kunsterziehungsbewegung und der Reformpädagogik mit ALFRED LICHTWARK, GEORG KERSCHENSTEINER und später noch ADOLF REICHWEIN an der Spitze[13].

ALFRED LICHTWARK (1852–1914), der maßgebliche Führer der so genannten ‚Kunsterziehungsbewegung', gilt gewissermaßen als ‚Vater der Museumspädagogik' in Deutschland. Er wollte ein Museum, das nicht wartet, sondern

---

[13] Aus Platzgründen kann hier nur stellvertretend auf sie eingegangen werden. Zu nennen wären noch KARL KOETSCHAU, der 1905 in Dresden die Zeitschrift „Museumskunde" erneuerte und darin deutliche museumspädagogische Akzente setzte, der Münchener Gymnasiallehrer PHILIPP HOFMANN, der 1912 einen „Pädagogisch-systematischen Wegweiser durch die Münchner Museen" ausarbeitete, KARL HERMANN JACOB FRIESEN, der als Direktor des Landesmuseums in Hannover 1921 damit begann, seine Museumsarbeit verstärkt pädagogisch auszurichten, und schließlich HEINRICH KLENK, Lehrer an einem hessischen Realgymnasium, der 1928 seine museumspädagogischen Überlegungen in der Abhandlung „Museum und Schule" niederlegte. Näheres zu ihnen in: HILDEGARD VIEREGG: Positionen museumspädagogischer Arbeit. In: Museumspädagogik für die Schule. Grundlagen, Inhalte und Methoden. München 1998, S. 32–37.

„das tätig in die künstlerische Beziehung unserer Bevölkerung eingreift", wie er 1886 in seiner Antrittsrede als Direktor der Hamburger Kunsthalle ausführte[14]. Er sah das Museum sowohl als Lernort, der von der Schule genutzt werden soll, wie auch als Ort, an dem sich die Menschen in ihrer Freizeit bilden und erfreuen können. In seinem Erziehungsprogramm, vor allem in seinen „Übungen im Betrachten von Kunstwerken", kam jedem Objekt der Kunst- und Kulturgeschichte die Bedeutung eines „pädagogischen Instruments" zu, das aktiv erschlossen, intensiv betrachtet und bildnerisch vertieft zum geistigen Eigentum des Betrachters werden sollte. Dabei wollte er Kindern und Jugendlichen den Reiz des Suchens und Findens und die eigenständige Erschließung eines Sachverhalts ermöglichen. Auf ‚Museumsreisen', deren Ausgangspunkt die Hamburger Kunsthalle mit ihrem reichhaltigen pädagogischen Angebot war, ging er daran, das künstlerische und historische Bewusstsein von Jugendlichen zu schulen. Seine Anleitungen zur Vermittlung fasste er am 12. März 1887 in seinem Vortrag „Die Kunst in der Schule" im wissenschaftlichen Bildungsverein Hamburg grundlegend zusammen, wobei er auch einer engen Zusammenarbeit von Schule und Museum das Wort redete[15].

Der Reformpädagoge GEORG KERSCHENSTEINER, 1895–1919 Stadtschulrat und anschließend Professor an der Ludwig-Maximilians-Universität in München, der neben OSKAR VON MILLER maßgeblichen Anteil an der didaktisch ausgerichteten Konzeption des Deutschen Museums hatte, sah in der Organisation eines Museums geradezu eine „Lehrplankonstruktion", die es dem Lehrer ermöglichen soll, sich mit seinen Schülern auch ohne Führung durch einen Museumspädagogen zurechtzufinden[16]. Durch seine Reorganisation der Fortbildungsschulen für Handwerkslehrlinge zu den von ihm so bezeichneten „Arbeitsschulen" wollte er auch die Auseinandersetzung der Schüler mit kulturhistorischen Objekten befördern und bezog deshalb die Museen an bevorzugter Stelle mit in sein erzieherisches Konzept ein.

---

[14] Vgl. JULIUS GEBHARD: ALFRED LICHTWARK und die Kunsterziehungsbewegung. Hamburg 1947, S. 24.

[15] ALFRED LICHTWARK: Übungen im Betrachten von Kunstwerken. Hamburg 1896; derselbe: Die Kunst in der Schule. In: Drei Programme. 2. Aufl. Berlin 1902. Auswahl I, S. 42. Vgl. JULIUS GEBHARD: ALFRED LICHTWARK und die Kunsterziehungsbewegung, a. a. O. und HILDEGARD VIEREGG: Positionen museumspädagogischer Arbeit. In: HANS-UWE RUMP/HILDEGARD VIEREGG u. a.: Museumspädagogik für die Schule, a. a. O., S. 30–46.

[16] KERSCHENSTEINER dachte dabei keineswegs daran, dem Museum einfach einen schulischen Lehrplan „überzustülpen", sondern hoffte im Gegenteil darauf, dass seine Museumskonzeption Vorbild für die Lehrpläne neuer, vor allem praktisch und technisch ausgerichteter (Reform-)Schulen werde.

Während der nationalsozialistischen Diktatur in Deutschland wurden, wo dies möglich war, die Museen und damit auch die Museumspädagogik der nationalistischen, rassistischen und antisemitischen Ideologie des Regimes gleichgeschaltet. Davon besonders betroffen waren verständlicherweise kunst- und kulturhistorische Museen. Und doch kam es nicht zum völligen Stillstand in der Entwicklung wegweisender museumspädagogischer Ansätze. Zum einen kam es in den USA in den 30er Jahren, unterstützt von deutschen Emigranten, zur Gründung einer Vielzahl von Kindermuseen, deren Grundlage die reformpädagogischen Überlegungen einer ELLEN KEY und MARIA MONTESSORI bildeten und die trotz allem nicht völlig ohne Wirkung auf die Situation in Deutschland blieben. Zum anderen setzte in Berlin der Reformpädagoge ADOLF REICHWEIN (1888–1944) als Leiter der Abteilung „Schule und Museum" am Staatlichen Museum für Deutsche Volkskunde trotz aller Widrigkeiten Zeichen. Sein Engagement für ein Bildungsideal, das dem der Nationalsozialisten konträr entgegenstand, und seine Zugehörigkeit zum Kreisauer Kreis bezahlte er mit seinem Leben. 1944 wurde der Pädagoge zusammen mit anderen Angehörigen des Kreisauer Kreises in Berlin-Plötzensee von den Machthabern hingerichtet.

Für Reichwein war das Museum „eine Lehr- und Erziehungsanstalt, in der Geschichte im weitesten und zugleich auch im verbindlichsten Sinne lebendig wird"[17]. Grundlage der von ihm geforderten und selbst auch praktizierten umfassenden, engen pädagogischen Zusammenarbeit von Schule und Museum waren mehrere Einzelelemente: „die Schausammlung, der die Idee eines unterrichtlichen Vorhabens zugrundeliegt; der Gelegenheitsbesuch des Lehrers mit seiner Klasse (...) ; die Arbeitsgemeinschaft von Lehrer und Klasse im Rahmen und in den Räumen des Museums; die wissenschaftliche Lehrerarbeitsgemeinschaft (...) ; die wissenschaftliche Vortragsreihe, als Mittel allgemeiner Unterrichtung der Lehrerschaft über das Arbeitsgebiet des Museums, in Verbindung mit praktischer Anschauung; die Lehrerpraktika, die zum Teil unterrichtsmethodischen Zwecken dienen, d. h. der Erschließung des Museums für die einzelnen Fächer des Unterrichts der verschiedenen Schulgattungen, zum Teil, wie für Zeichen- und Werklehrer etwa, der unmittelbaren praktischen Vorbereitung des Unterrichts"[18]. Dieses Idealkonzept beeinflusste die Museumspädagogik noch in den 70er Jahren.

Die Tendenz der Museen, sich auch in Westdeutschland breiteren Bevölkerungskreisen zu öffnen, erhielt ihre entscheidenden Impulse jedoch nach dem

---

[17] ADOLF REICHWEIN: Schule und Museum. In: Deutsches Schulverwaltungs-Archiv, Bd. 38. Berlin 1941, S. 3–12; abgedruckt in: Museumspädagogische Schriften. Museum für Deutsche Volkskunde Berlin. Berlin 1978, S. 41–49, hier S. 42.

[18] ADOLF REICHWEIN, ebenda S. 41.

Zweiten Weltkrieg aus den USA, vor allem aber auch durch die Arbeit des 1946 in Paris zur Durchführung entsprechender UNESCO-Programme gegründeten Internationalen Museumsrates (ICOM) und seiner drei Jahre später gebildeten Sektion für Erziehung und kulturelle Aktion (CECA). Obwohl solche Aktivitäten zu einer ganzen Reihe diesbezüglicher Empfehlungen von entsprechenden Institutionen wie z. B. der Ständigen Konferenz der Kultusminister, des Deutschen Städtetages, der Deutschen Forschungsgemeinschaft u. a. m.[19] führte, stand zunächst immer noch das Sammeln, Bewahren und Forschen im Zentrum museologischer Bemühungen, von wenigen Ausnahmen abgesehen. „Der Bildungsauftrag spielte demgegenüber sowohl im Selbstverständnis der Museen als auch in ihrer Praxis kaum eine Rolle"[20]. Dies sollte sich erst in den 70er Jahren ändern, als in der Folge der 68er-Bewegung eine intensive Diskussion auch über die gesellschaftliche Funktion der Museen einsetzte und in diesem Zusammenhang ihr Bildungsauftrag immer mehr in den Mittelpunkt rückte.

Die 60er und 70er Jahre waren gekennzeichnet durch eine internationale Aufwärtsentwicklung der Museumspädagogik, verbunden mit der Gründung einer ganzen Reihe von museumspädagogischen Institutionen auch in der Bundesrepublik und Westberlin: Eingerichtet wurden z. B. 1961 das Außenamt der Museen in Berlin, 1965 das Außenreferat der Museen in Köln, 1969 das Kunstpädagogische Zentrum in Nürnberg, 1970 der Museumspädagogische Dienst in Hamburg und 1973 das Museums-Pädagogische Zentrum in München; für die Museen der Stadt Mainz wurde ein Modellversuch durchgeführt, der jedoch kein weiterführendes Ergebnis brachte. Verschiedene größere Museen beschäftigten für ihre Häuser jeweils eigene Museumspädagogen. Im Zusammenhang mit einer solchen Aktivierung des Bildungsauftrages der Museen wurde auch der Kontakt zwischen Schule und Museum intensiviert, was nicht wenig zu der zu dieser Zeit unter den Museologen und Pädagogen ausgetragenen Kontroverse „Lernort contra Musentempel" beigetragen hat[21].

---

[19] Z. B. Beschluss des Deutschen Städtetages zur „Öffentlichkeitsarbeit der Museen" von 1962, die „Grundsätze der Kultusministerkonferenz (KMK) zur Förderung der Öffentlichkeitsarbeit in den Staatlichen Museen" von 1963, die „Empfehlungen zum Bildungsauftrag der Museen" der KMK von 1969, die Schriften der Deutschen Forschungsgemeinschaft „Soforthilfe für Museen" von 1971, „Denkschrift zur Lage der Museen" von 1974 u. a. m.; vgl. auch Deutscher Bildungsrat: „Empfehlungen der Bildungskommission. Strukturplan für das Bildungswesen". Stuttgart 1970.

[20] EKKEHARD NUISSL/ULRICH PAATSCH/CHRISTA SCHULZE: Bildung im Museum. Zum Bildungsauftrag von Museen und Kunstvereinen. Heidelberg 1987, S. 15 f.

[21] Vgl. ELLEN SPICKERNAGEL/BRIGITTE WALBE (Hg.): Das Museum. Lernort contra Musentempel. Gießen 1976.

Was man sich in dieser Zeit von den Museen und der Museumspädagogik erwartete, fasste ROBERTO ROJAS in einem 1973 erschienenen Werk mit dem bezeichnenden Untertitel „Vom Musentempel zum Aktionsraum" folgendermaßen zusammen:

1. „Die pädagogische Dimension des Museums,
2. den Einfluss des Museums auf die gesellschaftliche Umgebung,
3. die Bemühungen um einen formalen Bruch mit dem traditionellen Museum,
4. die Stärkung der Beziehung zwischen Publikum und Museum"[22].

Bemerkenswertestes Ergebnis der Bemühungen der 70er Jahre auf diesem pädagogischen Feld war die Ausweitung der Museumspädagogik auch auf andere Fachbereiche als Kunst und Geschichte sowie die Entwicklung eines fächerübergreifenden Ansatzes. Außerdem wurde Museumspädagogik von jetzt an „als Teil der Pädagogik bzw. Didaktik im Zusammenhang mit verschiedenen Fachwissenschaften diskutiert"[23]. Diese Diskussion führte zu einem breiten Spektrum museumspädagogischer Anwendungsformen. Sie reichten in Geschichtsmuseen beispielsweise von den klassischen Modellen von WOLFGANG HUG[24] „im Feld zwischen Schule, Museum und Öffentlichkeit"[25] bis hin zum der Frankfurter Schule verpflichteten emanzipatorischen Ansatz von ANNETTE KUHN und GERHARD SCHNEIDER[26]. Eine Bestandsaufnahme des in den 70er Jahren Erreichten bietet JÜRGEN ROHMEDER in „Methoden und Medien der Museumsarbeit", erschienen 1977[27].
Für die 80er Jahre stellen EKKEHARD NUISSL, ULRICH PAATSCH und CHRISTA SCHULZE[28] eine gewisse Konsolidierung der Museumspädagogik fest: „In der Tat zeigen sich vielfältige Veränderungen gegenüber der Diskussion in den 70er Jahren. Vieles von dem, was damals angesprochen wurde, wurde in An-

---

[22] ROBERTO ROJAS/JOSÉ LUIS CRESPAN/MANUEL TRALLERO/HUGUES DE VARINE-BOHAN: Museen der Welt. Vom Musentempel zum Aktionsraum, Barcelona 1973; deutsch Hamburg 1977, S. 73.

[23] HILDEGARD VIEREGG: Positionen museumspädagogischer Arbeit. In: HANS-UWE RUMP/HILDEGARD VIEREGG u. a.: Museumspädagogik in der Schule, a. a. O., S. 41.

[24] WOLFGANG HUG (Hg.): Das historische Museum im Geschichtsunterricht. Eine didaktische Anleitung mit Unterrichtsbeispielen. Freiburg/Würzburg 1978.

[25] Derselbe: Museum, Schule und Öffentlichkeit. In: Derselbe (Hg.): Das historische Museum im Geschichtsunterricht, a. a. O., S. 7–23.

[26] ANNETTE KUHN/GERHARD SCHNEIDER: Geschichte lernen im Museum. Düsseldorf 1978.

[27] JÜRGEN ROHMEDER: Methoden und Medien der Museumsarbeit, a. a. O. Vgl. derselbe: Organisationsformen der Museumspädagogik in der Bundesrepublik Deutschland. Köln 1980.

[28] EKKEHARD NUISSL/ULRICH PAATSCH/CHRISTA SCHULZE: Bildung im Museum, a. a. O., Zitat S. 16. f.

griff genommen – wurde ansatzweise realisiert oder ist gescheitert. Museen und Ausstellungen sind längst nicht mehr den ‚Bildungsprivilegierten‘ vorbehalten, sondern zu Kulturereignissen geworden, die breite Bevölkerungsschichten ansprechen." Der einstmals heftig diskutierte Gegensatz von „Lernort" und „Musentempel" verlor angesichts eines neu einsetzenden Interesses an Geschichte und damit verbunden an historischen Ausstellungen an Bedeutung. Hinzu kam, dass sich die enge Bindung von Museumspädagogik und Schule bzw. Schulpädagogik allmählich lockerte und sich die Überzeugung Bahn brach, dass Museumspädagogik nicht nur für Kinder und Jugendliche bestimmt sei, sondern ebenso die erwachsenen Museumsbesucher ihrer bedürfen.

Eher pessimistisch beurteilte jedoch WALTER GRASSKAMP 1981 Akzeptanz und Wirksamkeit der Museumspädagogik, wenn er meint, dass diese von den Museen und ihren Direktoren nach wie vor nur als Instrument zur Erlangung höherer Besucherzahlen betrachtet und benutzt werde. Seiner Meinung nach entspricht diese „Ideologie der Vermittlung" der allgemeinen „kulturpolitischen Stimmung der Zeit", für die „überwiegend finanzpolitische Gründe und Motive ausschlaggebend" seien[29].

Eine solche „Popularisierung der Kultur"[30], wie sie GRASSKAMP beschrieben hat, wird auch heute kurz vor der Jahrtausendwende von nicht wenigen im Museumsbereich Tätigen bereits als Museumspädagogik betrachtet. Die Diskussion der 90er Jahre konzentriert sich auf die Definition des Museums als ‚Erlebnisraum‘. Als solcher gewinnt es zunehmend Bedeutung für die Freizeitgestaltung der Menschen und damit nicht zuletzt auch für den Tourismus. Das muss nicht zwangsläufig Verflachung bedeuten, es stellt die Museumspädagogik vielmehr vor neue Herausforderungen, wie sie sich aus einer stärkeren Zuwendung zu Erwachsenen, Senioren, Behinderten usw. und einer Öffnung zur Kulturpädagogik hin ergeben. Sie gilt es anzunehmen und zu meistern, ohne dabei gleich ins Gegenteil zu verfallen und ihre Verbindung mit Kindern, Jugendlichen, Schülern und Lehrern zu vernachlässigen. Tatsache ist, dass sich die Museumspädagogik, wie es ANDREAS GRÜNEWALD STEIGER formuliert hat, „am Anfang vielleicht wenig beachtet, mehr geduldet als ernst genommen, in vielen Teilen der Museumslandschaft aus der Bastelecke befreit hat und sich – teilweise unbeachtet von der Institution – zu einer hochkomplexen und kompetenten Praxis mit flexiblen Verbindungen zu unterschiedlichen Theoriegebäuden entwickelte"[31].

---

[29] WALTER GRASSKAMP: Museumsgründer und Museumsstürmer. München 1981, S. 86.
[30] Ebenda.
[31] ANDREAS GRÜNEWALD STEIGER: Bedingungen und Notwendigkeit eines eigenen Studiengangs „Museums-Pädagogik". In: HANS-UWE RUMP/HILDEGARD

Aufgabenstellung und Handlungsfeld einer zeitgemäßen Museumspädagogik

Mit PESTALOZZI davon ausgehend, dass Anschauung das absolute Fundament aller Erkenntnis sei, ergeben sich für die Museumspädagogik im wesentlichen folgende Ziele und Aufgaben:

- Gegenstände zum Sprechen zu bringen,
- deren historische und ästhetische Botschaft zu übersetzen
- und in ansprechender, jeweils altersgemäßer Form zu vermitteln;
- die Besucher, vor allem junge Menschen (aber keineswegs nur diese) mit Wert, Würde und Schönheit von Gegenständen vertraut zu machen,
- sie vor und mit den Objekten von der Wahrnehmung zum Erkennen, von der Anschauung zum Begriff zu führen
- und dabei ihre eigene Phantasie und Kreativität anzuregen
- sowie die Besucher auf diese Weise zur Möglichkeit und Bereitschaft zu Dialog und Kommunikation, zum (geistigen) Experiment und damit gegebenenfalls zur Revision eigener Vorgaben und vielleicht auch Vorurteile zu führen.

Dabei muss sich das Museum mit seiner Gegenständlichkeit der Dinge ebenso rückhaltlos einbringen wie eine diesem gleichberechtigte und nicht untergeordnete Pädagogik, die sich im Sinne der Besucherorientierung an der Lebenswelt und den Interessen ihrer Adressaten auszurichten hat. HAIMO LIEBICH sieht deshalb in der Museumspädagogik zurecht „Praxis und Verfahren zur Wiederherstellung von Gegenstand und verlorenem Bezugsrahmen, von isoliertem Ding und möglichen Sinn, von Zeichen und vielfältigen Bedeutungen[32].
Es geht im Museum konkret um Wirklichkeitserfahrung, indem Museumsinhalte Paradigmen zu Lebenssituationen darstellen, es geht aber auch um ästhetisch-gegenständliches, historisches, soziales und politisches sowie technisch-naturwissenschaftliches Lernen[33]. Strittig ist dabei im Kreis der Museumspädagogen die Frage, ob die Museen eigenständige Anlässe zum Lernen schaffen oder ob sie sich auf Lern- und Bildungsvorhaben von außen, also von Schulen, Einrichtungen der Erwachsenenbildung usw., einlassen dürfen,

---

VIEREGG u. a.: Berufsfeld Museumspädagogik im Wandel, a. a. O., S. 57–59, hier S. 57.

[32] HAIMO LIEBICH: Funktionen der Museumspädagogik – heute? In: JULIA BREITHAUPT/PETER JOERIßEN (Hg.): Kommunikation im Museum. Köln 1988, S. 27.

[33] Ausführlich dazu: KLAUS WESCHENFELDER/WOLFGANG ZACHARIAS: Handbuch Museumspädagogik, a. a. O., S. 139–188.

auch wenn sie dabei eventuell Gefahr laufen, selbst ‚verschult' zu werden. Mit dieser Fragestellung begibt man sich wieder auf das Terrain der kontroversen Diskussion „Lernort contra Musentempel", wie sie bereits als charakteristisch für die Museumspädagogik der 70er Jahren angesprochen wurde. Gebraucht wird wohl beides: das Museum sowohl als „Musentempel" wie auch als „Lern- bzw. Bildungsort", vor allem aber auch als „Erlebnisort". Es muss im Museum beides stattfinden können: Ergriffenheit, Betroffenheit ebenso wie sachlicher Wissens- und Informationszuwachs zur Bildung und Veränderung von Werthaltungen, Einstellungen usw.

Für das Museum gilt, dass es als Institution zwangsläufig auf Fragmenten historischer Realität beruht, denen das Historische nicht unmittelbar durch direkten Zugang abzugewinnen ist. GOTTFRIED FLIEDL hat in diesem Zusammenhang einmal davon gesprochen, dass Museumsobjekte eine „Ikonographie des Abwesenden" bilden. Erst durch den Bezug auf ihr ehemaliges Umfeld erhalten die Exponate ihre geschichtliche Dimension[34]. Im Interesse des Museums und seines Bildungsauftrages und hier implizit seines pädagogischen Auftrages ist es deshalb heute – und wird es künftig nicht minder sein – die wichtigste Aufgabe des Museumspädagogen, eine Vorstellung von den ursprünglichen Zusammenhängen zu vermitteln, denen die Dinge entnommen sind. Nur dann können die präsentierten Objekte als Belege einer geschichtlichen Wirklichkeit verstanden werden.

Über Museumsexponate gewonnene Kenntnisse und Erkenntnisse tragen dazu bei, auch aktuelles Zeitgeschehen unter dem Gesichtspunkt möglicher zukünftiger Effekte und Bewertungen zu beobachten und zu hinterfragen. Die Bereitschaft und Fähigkeit, die in der Gegenwart mitgetragenen Verhältnisse und Entscheidungen als zukunftsgerichtet zu begreifen, ist heute im Sinne demokratischer Mitverantwortung ein wichtiges Anliegen der Pädagogik. Wesentlicher, substantieller Auftrag der Pädagogik ist es aber auch, persönlichkeitsbildend zu wirken und dabei die Fähigkeit zu fördern, aktuelle oder zukünftig zu erwartende Lebenssituationen angemessen zu begreifen und zu bewältigen. Die Beschäftigung mit historischen Zeugnissen in den Museen und mit Materialien, die die Fachwissenschaften zur Verfügung stellen, können dazu wesentlich beitragen. Dies ist um so wichtiger in einer Zeit, in der traditionelle Erziehungsinstanzen zunehmend unter Druck geraten[35].

Die konkreten Handlungsfelder und Arbeitsschwerpunkte der Museumspädagogen sind abhängig von „der Größe, der Anzahl der Mitarbeiter, der Orga-

---

[34] Vgl. GOTTFRIED FLIEDL: Museum als soziales Gedächtnis? Kritische Beiträge zur Museumswissenschaft und Museumspädagogik. Klagenfurt 1988.

[35] Vgl. DIETHARD HERLES: Das Museum und die Dinge, a. a. O., S. 233.

nisationsstruktur ihres Museums", weshalb auch „Konzepte für museumspädagogische Arbeit für jedes Museum neu zu erstellen sind", wie DOROTHEE
DENNERT richtig anmerkt. Trotzdem hat sie versucht, die Tätigkeiten eines
Museumspädagogen zusammenzustellen. Sie kommt dabei zu folgender statt-
lichen Auflistung:

- „zielgruppenorientierte persönliche Vermittlung,
- persönliche Beratung, Beantwortung von Fragen,
- persönliche Führungen,
- Organisation von Gruppenbesuchen,
- Entwicklung zielgruppenspezifischer Programme,
- Organisation von Veranstaltungen für Besucher und Mitarbeiter,
- Ausarbeitung museumspädagogischer Materialien,
- Beteiligung an ausstellungsdidaktischen Fragestellungen,
- Formulierung von Vermittlungszielen als Ergänzung der Präsentationszie-
  le,
- Umsetzung der Vermittlungsziele,
- didaktische Beratung bei Ausstellungen,
- Erarbeitung von Informationsebenen,
- Beratung bei der Objektauswahl,
- Entwicklung einer Textstruktur,
- redaktionelle Mitarbeit an Ausstellungstexten und AV-Medien,
- Vertretung von Besucherforderungen gegenüber dem Ausstellungsteam"[36].

Auch wenn dieser Zusammenstellung ein durchaus weiter Begriff von Museumspädagogik zugrunde liegen mag, illustriert sie doch von der Praxis her,
was oben eher grundsätzlich und theoretisch dargelegt wurde.

Vermittlungsziel und Vermittlungsmethoden im Museum

Gerade die Fülle neuer Eindrücke und fremdartiger, erlebnisbetonter Inhalte,
die auf den Museumsbesucher einstürmen, von denen er aber scheinbar kaum
Notiz nimmt, können im Grunde nur durch besondere, museumspädagogische Methoden, die den Erwerb von Bildungswissen mit emotionaler Berüh-
rung, Kreativität usw. verbinden, zu einem abgerundeten Gesamtbild eines
ganz bestimmten Themas zusammengeführt werden.

---

[36] DOROTHEE DENNERT: Museumspädagoginnen und Museumspädagogen eine Herausforderung für die Museen? In: HANS-UWE RUMP/HILDEGARD VIEREGG u. a.: Berufsfeld Museumspädagogik im Wandel, a. a. O., S. 13–16, hier S. 14 ff.

Das Museum, die Museumspädagogik müssen dem Besucher Möglichkeiten bieten, hinter die Phänomene, die Erscheinungen, also auch „hinter" die Objekte zu blicken. Es kommt darauf an, sich mit den Erscheinungen auseinander zu setzen und auf induktive Art und Weise dabei das Allgemeine herauszuarbeiten. Das bedeutet: Die Exponate fordern dazu heraus, hinterfragt zu werden, ihren historischen bzw. kulturgeschichtlichen Standort und Kontext zu suchen. Die Erlebniskomponente muss dabei nicht zwangsläufig zu kurz kommen, zielt doch die Präsentation der Objekte im Museum in der Regel immer auf spontanes, lustbetontes Schauen, auf die Emotionalität des Menschen, auf seinen Gesichtssinn ab.

Bei der Wahrnehmung vom Exponat ausgehender Reize aber besteht die Gefahr, bei den (äußeren) Merkmalen stehen zu bleiben. Ihr zu entgehen bedarf es der Information, sei es durch einen Museumsführer, Informationsblätter, Tafeltexte, Museumspädagogen, Lehrer usw. Es bedarf ganz einfach eines bestimmten Wissens. Interessant ist, festzustellen, dass die Verweildauer der Museumsbesucher vor einem Objekt mit zunehmender Schulbildung ebenfalls zunimmt. Menschen mit entsprechendem Vorwissen sind eher in der Lage, zusätzliche Informationsbestandteile zu entschlüsseln. Besucher ohne adäquates Vorwissen ordnen das Gesehene und/oder Gelesene in relativ beliebige Zusammenhänge ein. Es entsteht so kein wirklicher Wissenszuwachs, auch kein Bedürfnis nach zusätzlichem Wissen.

Neben den Erlebnis- und Dokumentarwert des Objekts tritt im Museum der inhaltliche Informationswert. Objekte erschließen sich, je nachdem, wie sie abgefragt werden. Herkunft, Alter, Funktion und Erhaltungszustand der Exponate spiegeln vergangene wirtschaftliche, soziale, politische sowie kulturelle Zustände und Entwicklungen wider. Durch die originale Begegnung mit authentischen Exponaten werden die Besucher geradezu gezwungen, Vergangenheit in ihrem ganzen Breitenspektrum nicht einfach nur „anzustaunen" und, was ihnen zufällig davon gefällt, zu „konsumieren", sondern sich vielmehr mit ihr auseinander zu setzen, von ihr betroffen gemacht zu werden.

Der Museumspädagoge muss sich auf die ganz spezifischen Erfahrungsweisen seiner Zielgruppen einlassen. Dies hat zu geschehen durch:

- intensive Wechselbezüge zwischen der musealen und der realen Welt,
- möglichst große Lebensnähe und engen Alltagsbezug der museumspädagogischen Programme,
- vielfältige und aktivierende, wechselnde Methoden,
- ein anregendes Aufnahme- bzw. Lernmilieu und erlebnisbetonte, ästhetische Präsentation der Exponate,
- größtmögliche Offenheit und weitgehenden Abbau von Schwellenängsten in den Museen.

Dafür stehen eine ganze Reihe von Methoden zur Verfügung. Grundsätzlich ist dabei zwischen den personalen und den nichtpersonalen zu unterscheiden, einen eigenständigen Bereich bildet auch der Einsatz der so genannten ‚neuen Medien' bzw. von Multimedia-Technologie. Von den personalen Vermittlungsformen nimmt die ‚Führung' als „Prototyp aktiver Vermittlungsarbeit im Museum"[37] nach wie vor wohl den breitesten Raum ein – besonders wenn es um die museumspädagogische Betreuung von Erwachsenen geht –, obwohl sich kreativere und die Besucher aktivierendere Methoden längst bewährt haben. Zu solchen gehören thematisch und/oder pädagogisch ausgerichtete Gruppengespräche vor ausgewählten Objekten, behutsam angeleitetes und trotzdem selbständiges Suchen und Erforschen in Museen und Ausstellungen, praktisch-bildnerische Arbeit, die zu bestimmten Exponaten hinführen oder diese erschließen kann, Spielsituationen, die dasselbe vermögen, Demonstrationen, die schwierige (beispielsweise technische) Abläufe oder Zusammenhänge einsichtig machen können, künstlerische Aktionen u. v. m.

Nichtpersonale Vermittlungsmethoden bedienen sich hauptsächlich schriftlicher Materialien wie Objektbeschriftungen, Kataloge, Saaltexte, Führungs-, Objekt- und Arbeitsblätter, Schülerarbeitshefte, Lehrerhandreichungen, spielerisch aufgebauter Museumsrallyes für Kinder, aber ebenso – bei temporären Ausstellungen öfter als in Dauerausstellungen – graphischer Hilfsmittel wie z. B. Schautafeln.

Zunehmend finden auch AV-Medien und Multimedia-Technologie Eingang in die Museen und in die Museumspädagogik. Der Einsatz von Audio-Guides, Tonbildschauen und Beschallungen verschiedenster Art sowie von Computertechnik nimmt geradezu rasant zu, wiederum vorzugsweise in Ausstellungen, aber durchaus auch als ständige Einrichtungen in Museen und Galerien. Wenn HANS-ALBERT TREFF vom Museum Mensch und Natur in München etwa pointiert formuliert „Museumspädagogen seien gut, neue Medien besser und neue Medien plus Museumspädagogen am besten"[38], so kommt hier durchaus ein allgemeiner Trend in der gegenwärtigen Museumslandschaft zum Ausdruck, wobei auch die Ansicht, auf den Museumspädagogen ganz verzichten zu können, keineswegs so selten ist. Doch es gilt zu verhindern, dass sich die (Computer-)Technik im Museum verselbständigt, zum Selbstzweck wird. Weder darf der Museumsbesucher zum bloßen Computer-

---

[37] KLAUS WESCHENFELDER/WOLFGANG ZACHARIAS: Handbuch Museumspädagogik, a. a. O., S. 37.
[38] HANS-ALBERT TREFF: Neue Medien – ein Ersatz für Museumspädagogen? In: HANS-UWE RUMP/HILDEGARD VIEREGG u. a.: Berufsfeld Museumspädagogik im Wandel, a. a. O., S. 21–25, hier S. 22.

benutzer (user) noch der Museumspädagoge „zum Medienanimateur verkommen", wie HARALD KRÄMER warnt. „Die Hinführung des Besuchers zum
originalen Kunstwerk" bzw. zum Musumsexponat ganz allgemein „muss
oberste Priorität haben. Die Achtung vor dem Original sollte unbedingt erhalten und durch den diesem Zweck dienenden Einsatz aller Medien unterstützt werden"[39].
Grundsätzlich gilt es bei der Auswahl der Methoden zu beachten, dass sich
diese mit den jeweiligen Voraussetzungen in den Museen in Einklang bringen
lassen und den Objekten angemessen sein müssen. Zwischen dem Exponat,
dem Besucher und den eingesetzten Medien muss durch den Museumspädagogen eine stimmige Verbindung hergestellt werden[40].

Zukunftsperspektiven

Das Berufsbild des Museumspädagogen bzw. der Museumspädagogin ist
vielschichtig und teilweise immer noch ungeklärt. Das Ringen um seine Definition dauert eigentlich seit den 70er Jahren an und wird wohl auch noch
längere Zeit fortgesetzt werden müssen, wie eine im Frühjahr 1998 aus Anlass des 25-jährigen Bestehens des Museums-Pädagogischen Zentrums München (MPZ) – des wohl größten Instituts seiner Art in Deutschland und Europa – durchgeführte internationale Tagung zum Thema „Berufsfeld Museumspädagogik im Wandel. Annäherungen, Herausforderungen, Visionen" hat
deutlich werden lassen[41].
Einen eigenen Studiengang ‚Museumspädagogik' gibt es praktisch nicht,
bestenfalls lassen sich Ansätze zu einem solchen erkennen: in Deutschland
als Teil eines Studiums der (allgemeinen) Museologie, das vereinzelt angeboten wird, in der Schweiz immerhin schon in Form eines Postgraduierten-Stu-
diums. Es ist in der Tat auch schwierig, einen solchen Studiengang zu konzipieren, denn der in diesem Berufsfeld Tätige soll sowohl Pädagoge als auch
Fachwissenschaftler sein, letzteres sogar auf möglichst vielen Gebieten
(Kunst, Geschichte, Archäologie usw.), und möglichst auch noch Manager.

---

[39] HARALD KRÄMER: Notärzte für die sinnliche Wahrnehmung – Museumsvermittler
und Neue Medien. In: HANS-UWE RUMP/HILDEGARD VIEREGG u. a.: Berufsfeld Museumspädagogik im Wandel, a. a. O., S. 28 f. und S. 36.
[40] Vgl. EKKEHARD NUISSL/ULRICH PAATSCH/CHRISTA SCHULZE: Bildung im Museum,
a. a. O., S. 104.
[41] Diese Tagung fand vom 24.–28. April 1998 in München statt. Die dort gehaltenen
Referate finden sich in dem Tagungsband gleichen Titels, aus dem hier schon mehrfach zitiert wurde.

Angesichts eines solchen kaum erfüllbaren Anspruchsniveaus wird ein eigener Studiengang von manchen sogar grundsätzlich abgelehnt und statt dessen eine Ausbildung durch die und in der Praxis gefordert.

Heute werden die Museumspädagogen in der Regel entweder von Fachwissenschaftlern (Museumskuratoren, Konservatoren) oder von Pädagogen (immer noch meist Lehrer, kaum Kulturpädagogen) gestellt. Als besonders effektiv hat sich in dieser Situation, die sich vermutlich so schnell nicht ändern dürfte, ein Verfahren erwiesen, wie es vom Museums-Pädagogischen Zentrum München praktiziert wird: Dort werden als Museumspädagogen Lehrkräfte aller Schularten eingesetzt, die jedoch zusätzlich noch ein abgeschlossenes Studium einer für das Museum einschlägigen Fachwissenschaft absolviert haben, Kunstpädgogen etwa das der Kunstgeschichte, Geschichtslehrer das der Archäologie usw. Freilich ist es nicht ganz einfach, Mitarbeiter mit solchen Doppelqualifikationen zu finden.

Mit Blick auf ihre zukünftige Entwicklung im größeren Umfeld einer breit gefächerten Kulturpädagogik, die in einem immer enger zusammenwachsenden Europa interkulturell ausgerichtet sein muss, wird die Museumspädagogik auch weiterhin an der Profilierung ihres Berufsbildes arbeiten müssen, denn ihr Arbeitsfeld wird weiter wachsen – ebenso wie die ihr von Besuchern wie Museen gestellten Aufgaben, die ja schon längst über Erklärung und Information hinaus weit in pädagogische Kompetenzen ausgreifen.

Literatur

Aus der Fülle museumspädagogischer Literatur werden hier nur noch einige wenige neuere Titel als Ergänzung der bereits in den Anmerkungen erwähnten Publikationen genannt.

Anderson, David: A Common Wealth. Museums and Learning in the United Kingdom. A Report to the Department of National Heritage. London 1997

Freymann, Thelma von (Hg.): Am Beispiel erklärt. Aufgaben und Wege der Museumspädagogik. Hildesheim 1986

Krämer, Harald/John, Hartmut (Hg.): Zum Bedeutungswandel der Kunstmuseen. Positionen und Visionen zu Inszenierung, Dokumentation, Vermittlung. Nürnberg 1998

Kavanagh, Gaynor (Hg.): The Museums Profession. Internal and External Relations. London 1992

Korff, Gottfried (Hg.): Das historische Museum. Labor, Schaubühne, Identitätsfabrik. Frankfurt a. M./New York 1990

Rump, Hans-Uwe: Unterricht im Museum. Zur Arbeit des Museums-Pädagogischen Zentrums München. In: Schulverwaltung. Zeitschrift für Schulleitung, Schulaufsicht und Schulkultur. Ausgabe Bayern. 22.Jg./Nr. 1/1999, S. 5–12

Rump, Hans-Uwe: Museumspädagogik zum Nutzen von Schule und Museum. In: derselbe/Vieregg, Hildegard u. a.: Museumspädagogik für die Schule. Grundlagen, Inhalte und Methoden. München 1998, S. 12–29

Rump, Hans-Uwe/Vieregg, Hildegard u. a.: Berufsfeld Museumspädagogik im Wandel. Annäherungen – Wandlungen – Visionen. München 1998

Schmeer-Sturm, Marie-Louise/Thinesse-Demel, Jutta/Ulbricht, Kurt/Vieregg, Hildegard (Hg.): Museumspädagogik. Grundlagen und Praxisberichte. Baltmannsweiler 1990

Schmeer-Sturm, Marie-Louise/Thinesse-Demel, Jutta/Ulbricht, Kurt/Vieregg, Hildegard (Hg.): Museumspädagogik in neuer Sicht – Erwachsenenbildung im Museum. Baltmannsweiler 1994

Thinesse-Demel, Jutta (Hg.): Erwachsenenbildung und Museum. Frankfurt a. M. 1999

Zacharias, Wolfgang: Einführung in die Kulturpädagogik. Stuttgart 1998

Baldur Kozdon

Schulpädagogik

1. Begriffsklärung

Die Schulpädagogik ist die auf das Handlungs- und Forschungsfeld *Schule* bezogene Pädagogik. Sie versteht sich als eine erziehungswissenschaftliche Teildisziplin, die insofern auf die Allgemeine Pädagogik angewiesen bleibt. Einen Großteil ihrer Fragestellungen und ihres Begriffsapparates bezieht die Schulpädagogik aus dem Repertoire der Allgemeinen Pädagogik (Beispiele: Pädagogische Situation, Pädagogischer Bezug, Pädagogischer Takt, Bildung, Erziehung, Erziehungsmittel, Erziehungsziele, -beratung, -stile, Autorität, Koedukation usf.). Sie hat indes ihren zentralen Forschungsgegenstand in der Institution Schule und den ihr zugewiesenen Aufgaben, unter denen der *Unterricht* herausragt. Durch die klare institutionelle Bindung hebt sich die Schulpädagogik von der Allgemeinen Pädagogik ab und erlangt relative Eigenständigkeit.

In einem eher vorwissenschaftlichen und pragmatischem Verständnis lässt sich Schulpädagogik begreifen als das Insgesamt aller Bemühungen, die mit dem Bildungs- und Erziehungsauftrag schulischer Einrichtungen zusammenhängen. Diese Bestimmung nimmt eine starke Begriffsausweitung in Kauf, was nicht unbedingt von Vorteil ist. So weit nämlich der Begriff einerseits ein breites Handlungsspektrum in toto zu umklammern vorgibt, verliert er sich andererseits leicht im Konturlosen. Er hat damit etwas Vages und Behelfsmäßiges an sich. Konträr zu solcher Ausweitung kursieren auch verengende und vereinseitigende Vorstellungen von Schulpädagogik, welche diese zu einer Art „Meister"- oder auch „Kunstlehre" bzw. zu einer „Technologie" (schul-) pädagogischen Handelns (ohne ausreichendes theoretisches Fundament) verkürzen. In solchem Verständnis taucht der Begriff Schulpädagogik bereits im 19. Jahrhundert vereinzelt auf.

Um Missverständnisse im Diskurs nicht inflationieren zu lassen, erscheint es für die Schulpädagogik angebracht, sich von den Tiefen und Untiefen eines vorwissenschaftlichen Verständnisses zu lösen. Sowohl überdehnte Formulierungen als auch praxeologische Engführungen helfen nicht weiter. Die ohnehin noch junge – und auf Konsolidierung bedachte – Disziplin Schulpädagogik wird sich, wenn überhaupt, langfristig (über ihre eigenen Fragestellungen hinaus) nur Geltung verschaffen können, so weit sie in puncto Wissenschaftlichkeit – und damit auch Universitätswürdigkeit – über viele ihr noch anhängenden Zweifel erhaben ist. (Allerdings ist der Terminus „Wissenschaft" selbst aufklärungsbedürftig; zudem kann man hinsichtlich jeder Disziplin Maximalforderungen stellen oder sich auf einen Katalog von Mindestanforderungen einigen.)

2. Historischer Rekurs

Die Frage liegt nahe, weshalb sich die Schulpädagogik – gemessen an der Durchsetzung der allgemeinen Schulpflicht – erst mit erheblichem Zeitverzug als wissenschaftliche Disziplin etablieren konnte. Sie befand sich in der ersten Hälfte des 19. Jahrhunderts in der Tat noch in bescheidenen Anfängen, wogegen eine „Allgemeine Didaktik" (verstanden als „Theorie des Unterrichts") schon weit gediehen war. Etliches spricht dafür, dass – zumindest in der Gründerphase – der seinerzeit hohe Standard didaktischer Erörterungen sachdienliche Bemühungen, die über die Allgemeine Didaktik hinausweisen, eher gebremst als beflügelt hat. Gleichwohl ließ sich die weitere Entwicklung nicht aufhalten; sie war in verschiedener Hinsicht vorgezeichnet: Der Bedarf an einem separaten Fach Schulpädagogik resultierte zum einen aus der Einsicht, dass die Allgemeine Didaktik nicht sämtliche Felder abzudecken vermag, die eine umfassende „Schultheorie" in sich einschließt. Zum anderen verlangte die Verwissenschaftlichung der Lehrerausbildung eine Bezugsdisziplin, die einerseits einen hinreichend „generalisierenden" Charakter aufwies, andererseits „kompakt" genug erschien, um als primäre *Berufswissenschaft* aller Lehrerinnen und Lehrer tauglich zu sein (unabhängig davon, welche Fächer sie unterrichten bzw. für welchen Schultyp sie ausgebildet werden). Die hierfür maßgeblichen Entwicklungen sind erst im Laufe der sechziger und siebziger Jahre zu einem einigermaßen befriedigenden Abschluss gelangt.

3. Gegenstandsfelder der Schulpädagogik

Die Arbeitsgebiete der Schulpädagogik sind zahlreich und vielgestaltig. Sie erfahren in der Fachliteratur recht unterschiedliche, z. T. stark voneinander abweichende, Klassifizierungen. Die folgende Übersicht ordnet gängige schulpädagogische Fragestellungen fünf großen Klassen zu:

A) Theorie der Schule

- Schule als (von der Gesellschaft gewollte und unterhaltene) Institution;
- Zivilisatorische, politische, geistige … Rahmenbedingungen von Schule;

- Geschichte der Schule (Schulbedarf, Entstehung von Schulen, flächendeckende Versorgung mit Regelschulen etc.);
- Funktionen der Schule (relativ zeitstabile und eher transitorische);
- Schulaufbau (Primar- und Sekundarschulen, Durchlässigkeiten etc.);
- Schulrecht und Schulverwaltung;
- Schulleben und Schulkultur;
- Schulkonzeptionen im nationalen und internationalen Vergleich;
- Schule in Koexistenz mit anderen Bildungseinrichtungen;
- Schulkritik und Perspektiven für Schulreformen;

B) Theorie schulischen Lehrens und Lernens

- Unterrichtsaxiome;
- Voraussetzungen und Prinzipien für erfolgsorientiertes Unterrichten;
- Unterrichtsinhalte/Lehrplanfragen (Auswahl, Anordnung, Zuordnung);
- Lehr- und Lernmethoden, „Lernen des Lernens", Medieneinsatz;
- Lehrgänge; überfachlicher und fächerübergreifender Unterricht;
- Planung von Unterrichtseinheiten;
- Unterrichtskonzeptionen (im Vergleich);
- Unterrichtsdokumentation, -analytik und -evaluation;
- Unterrichtsforschung;

C) Der Mensch im Zentrum von Schule und Schulpädagogik

- Die Bildungsfrage (unter Einschluss von Fragen nach Bildsamkeit, Gegenwarts- und erwarteter Zukunftsbedeutung bildungsrelevanter Vorkehrungen);
- Grundlegende Bildung (als notwendige Bildungs- sowie Verständigungs- und Interaktionsbasis innerhalb einer Großkultur und darüber hinaus);
- Die Unterschiedlichkeit der Individuen (hinsichtlich von Konstitution, Primärsozialisation, Begabungsrichtungen, ausbaufähigen Neigungen, Belastbarkeit u. a. m.);
- Allgemein anzustrebende Kompetenzen (zumal unter dem Vorzeichen der Mündigwerdung Heranwachsender in einem pluralistisch-demokratischen Staat);
- Das erzieherische Verhältnis in der Schule;
- Bedeutung, Voraussetzungen, Felder und Reichweite schulischer (und insoweit professioneller) Erziehung;
- Fragen der Lehrer- und Lehrerinnenausbildung;

D) Bedeutende Schulpädagogen und -pädagoginnen

- Biographien; ggf. nachholende Quellenforschung ...;
- Das (schulpädagogisch relevante) Lebenswerk herausragender Schulpädagogen und Schulpädagoginnen;
- Ausstrahlungen einschlägiger Schul- und/oder Unterrichtsreformen auf andere Konzeptionen von Rang;
- Die problemgeschichtliche Dimension gegenwärtiger Schulpädagogik ...;

E) Die Schulpädagogik als wissenschaftliche Disziplin

- Lokalisierung und Präzisierung ihrer Fragestellungen;
- Ihr Verhältnis zur Allgemeinen Pädagogik;
- Ihr Verhältnis zu anderen Bezugsdisziplinen (Human- und Sozialwissenschaften);
- Das Theorie-Praxis-Problem;
- Das Verhältnis von Allgemeiner Didaktik – Fachwissenschaft – Fachdidaktik;
- Schulpädagogik als Berufswissenschaft der Lehrerinnen und Lehrer;
- Schulpädagogik im internationalen Vergleich;
- Systematisierung und Erstellung bzw. Überarbeitung von Kompendien.

4. Methodenfragen

Die Gegenstandsfelder determinieren in erheblichem Ausmaß die ihnen gemäßen Herangehensweisen. Ein Methodenmonismus wäre strikt zurückzuweisen, da er von vornherein bestimmte Felder aus der wissenschaftlichen Erörterung ausschlösse. Zur Anwendung kommen sowohl erfahrungswissenschaftliche als auch hermeneutische und kritische Verfahren. Über Gewichtungen entscheidet jeweils der Charakter des Gegenstandsfeldes und die spezifische Fragestellung. Methoden-Kombinationen sind die Regel. Zum Beispiel legt das Feld „Schulkritik" zunächst eine erfahrungswissenschaftlich geleitete Sichtung des Ist-Zustandes nahe. Es wird den Fragen nachzugehen sein: Welche Befunde liegen überhaupt vor? Wer übt Kritik an ihnen? Welcher Art ist diese Kritik? Auf welche Teilbereiche bezieht sie sich? Welche Kriterien werden den kritischen Argumenten zugrunde gelegt? – Dabei erweist es sich, wie auch in jeder anderen Disziplin, dass stets ein über die Empirie hinausweisendes Vorwissen von Anfang an mit in Anschlag zu bringen ist.
Die Schulpädagogik versteht sich somit als empirische, als hermeneutische und als kritische Disziplin. Ihr Bemühen ist nicht stetig und starr auf eine „Verwertbarkeit" ihrer Erkenntnisse fixiert, wenngleich in Fragestellungen

wie „Was zeichnet eine gute Schule aus?" oder „Was ist gelungener Unterricht?" ihr normatives Interesse augenfällig wird. Mit letzterem knüpft sie würdig an die Tradition der Allgemeinen Didaktik (vor allem Herbartscher Provenienz) an, die seinerzeit den Ehrgeiz hatte, sich zu einer ausgewachsenen „Prinzipienlehre" hin zu entwickeln. Dass dieses Bemühen, ungeachtet beachtlicher Erträge, hinter hoch gesteckten Erwartungen zurückgeblieben ist, sollte hinlänglich bekannt sein. Wenn schon eine Überschätzung der Allgemeinen Didaktik – als Teilgebiet der Schulpädagogik – auf diese selbst zurückschlagen müsste, so würde solches für die gesamte Schulpädagogik in noch stärkerem Maße zutreffen.

5. Die Einordnung der Schulpädagogik in eine umfassende Schultheorie

Keinesfalls in Frage steht die enge Verflechtung der Schulpädagogik mit der Allgemeinen Pädagogik, was jedoch nicht bedeutet, dass der Radius schulpädagogischer Fragestellungen enger gezogen ist als der der Allgemeinen Pädagogik. Die Bestimmung der Schulpädagogik als einer erziehungswissenschaftlichen Teildisziplin, so zutreffend sie sein mag, impliziert noch nicht eine Klärung des Verhältnisses beider Disziplinen zueinander. In Bezug auf dieses Problem ist das Spektrum der Standpunkte ziemlich kontrovers. Allerdings ist die relative Eigenständigkeit der Schulpädagogik durch deren eigenen Gegenstand (Schule) sowie daraus ableitbare Fragestellungen gesichert. Dass sich der Schulpädagogik nutzbringende Möglichkeiten der Kooperation mit anderen Feldern der Differentiellen Pädagogik bieten, liegt auf der Hand. Zu nennen wären hier die mehr oder minder engen Beziehungen der Schulpädagogik zur Sozialpädagogik, Gesundheitspädagogik, Behindertenpädagogik, Sexualpädagogik, Umweltpädagogik, Friedenspädagogik, Medienpädagogik, Elementarpädagogik und Wirtschaftspädagogik. Ohnedies finden etliche dieser sog. „Bindestrich-Pädagogiken" ihr wichtigstes Anwendungsfeld in der Schule.
Eine auf intellektuelle Redlichkeit bedachte und nicht zu Selbstüberschätzung tendierende Schulpädagogik wird keinesfalls verschleiern, dass eine Vielzahl von (vor allem) gesellschaftlichen Determinanten zu berücksichtigen ist, so weit es darum geht, schulpädagogische Probleme dort dingfest zu machen, wo sie vorzufinden sind. Der/die akademische Schulpädagoge/-pädagogin muss über einen weiten Horizont verfügen, der die Gewähr bietet, der Versuchung bequemer Schmalspurigkeit standzuhalten. Ein elegantes „Überfliegen" von Problem- und Handlungsfeldern, in welchen Schulprobleme eine Rolle spielen, stünde quer zum Erfordernis, die Konsolidierung der

Schulpädagogik energisch voranzutreiben. Der Grundsatz der „qualitativen Vollständigkeit" hat für die Schulpädagogik ebenso hohe Verbindlichkeit wie für jede andere wissenschaftliche Disziplin. Die an den/die akademische(n) Schulpädagogen/-pädagogin gerichtete Aufforderung, die Fülle der Bezugspunkte und Verflechtungen im Blick zu behalten, kann höchst frustrierend sein. Ihr muss trotzdem Genüge geleistet werden.

Vor solchem Hintergrund erscheint der Hinweis auf ein eigentümliches Spannungsverhältnis angebracht: Zum einen ist zu respektieren, dass schulpädagogische Fragestellungen vielerorts und sehr zerstreut angesiedelt sind. Zum anderen steht außer Frage, dass die Schulpädagogik „schwammig" und unglaubwürdig wird, wo sie vorgibt, gleichsam in einsamer Klausur, d. h. unter Vernachlässigung vielfältigster Verflechtungen etwa mit gesellschaftlichen, politischen und rechtlichen Gegebenheiten, Forschung betreiben und ggf. normative Aussagen elaborieren zu können. Es ist ihr verwehrt, sich zu einem „Superfach" aufzuplustern, welches andere Integrale, die nicht ihr Eigenes sind, gleichsam „verschluckt" und für ihre Zwecke vereinnahmt.

Von den *Bezugsdisziplinen* der Schulpädagogik sind – neben bereits genannten Feldern der Differentiellen Pädagogik – von erheblicher Bedeutung die Humanmedizin, die Humanbiologie, die Geschichtswissenschaft, die Zivilisationsforschung, die Philosophie (insbesondere Erkenntnislehre und Ethik), die Entwicklungs- und Lernpsychologie, die Rechtskunde, die Sozialisations- und Kommunikationsforschung. Unter dem Dach der Schulpädagogik geben sich viele Segmente bzw. Wissensbestände der genannten Disziplinen ein Stelldichein. Insofern erlangt die Schulpädagogik den Status einer Sammel- oder Koordinationsstelle. Indes sind die entlehnten Wissensbestände keinesfalls ihre Verfügungsmasse. Sie gehören nach wie vor dorthin, wo sie als Forschungsgegenstände ihren Ursprung haben. In der „Enteignung" (oder zumindest unbedachten Reklamierung) von Gedankengut anderer Disziplinen liegt eine Verführung aller Wissenschaften mit „generalisierender" Tendenz, vor der sich auch die Schulpädagogik sehr in acht nehmen muss.

Den für sie ruinösen Extremen von Schmalspurigkeit einerseits und Weitschweifigkeit andererseits entgeht die Schulpädagogik in erster Linie durch präzise Bestimmung der jeweils anstehenden Erörterungen und Untersuchungen. Dass im Zuge der einen oder anderen Bemühung auch an manches „heiße Eisen" („Politikum") gerührt wird, setzt oftmals solcher „Präzisionsarbeit" enge Grenzen. Demokratische Gesinnung verlangt, gepflegte Streitkultur gegebenenfalls über pure wissenschaftliche Ambition zu stellen, welche zwar unaufgebbar, jedoch (weil bei Problemen des Mitmenschlichen, Politischen, Gesellschaftlichen – nebst den impliziten vielfältigen Verflechtungen – wissenschaftliche Zugänge allein nicht greifen können) alles andere als unfehlbar ist.

6. Schwerpunkt: Schülerpersönlichkeit

Darüber hinaus steht es der Schulpädagogik frei, thematische Schwerpunkte zu definieren, deren Plausibilität nicht ernsthaft angezweifelt werden kann. Insbesondere erscheint es geboten, dem Gegenstandsfeld C „Der Mensch im Zentrum von Schule und Schulpädagogik" (s. o.) einen herausgehobenen Status zuzuweisen. Inmitten eines vielfacettigen Tableaus, das als solches nicht marginalisiert werden darf, ist die *Schülerpersönlichkeit* die verlässlichste Orientierung. (Hierdurch wird übrigens die starke Affinität der Schulpädagogik mit anderen Humanwissenschaften untermauert.)

In solcher Schwerpunktsetzung erweist sich die korrektive Funktion der Schulpädagogik gegenüber Oktroyaten, die die Schule unversehens in verfängliches Fahrwasser manövrieren können. Zu nennen wären hier z. B. Überfrachtungen durch energisch angemahnte Anpassung an Leistungs- und Geschwindigkeitsstandards, wie sie in wachstumsintensiven Wirtschaftsbranchen unabdingbar sein mögen. Schulleistung ist eine Leistung sui generis. Leistungsmotivation lässt sich nicht durchgängig auf Fremdbestimmung, unter Hintansetzung jedweden „Eigensinnes", aufrechterhalten. Kontemplative Elemente im Schulleben müssen sich gegenüber dem aktionalen „mainstream" behaupten können. Ein Hinterherhinken der Schulen etwa hinter neuesten fachwissenschaftlichen Erkenntnissen muss einerseits gestattet, andererseits begrenzt werden.

Eine sowohl den Lehrgegenständen (Sachlichkeitsgebot) als auch den Schülerinnen und Schülern adäquate Wissensvermittlung stellt an Lehrpersonen hohe Anforderungen in Bezug auf Differenzierung, Individualisierung, Einschätzung der „pädagogischen Situation" u. a. m. Sie werden um Anleihen aus der Allgemeinen Pädagogik sowie ggf. der Humanistischen Psychologie nicht herumkommen.

7. Schulpädagogische „Dauerbrenner" und neue Fragestellungen

Im Folgenden werden – beispielhaft – Fragestellungen benannt, über deren Wichtigkeit, so weit erkennbar, zwischen maßgeblichen Vertretern und Vertreterinnen der akademischen Schulpädagogik Konsens besteht. Da sich jedoch jenen Fragen fortlaufend neue Probleme an die Fersen heften, erscheint es geboten, ihnen künftig noch erheblich mehr Aufmerksamkeit zu widmen:

• Schulfunktionen im Wandel; Bestimmung von obligatorischen und eher begleitend-additiven Funktionen;

- Schule als Bildungs- und Erziehungsstätte – in Koexistenz mit Familie, Kindergarten, Peer-Groups, Religionsgemeinschaften, Berufskollegien, Vereinen, neuen Medien, „geheimen Miterziehern" etc.;
- Merkmale und Spezifika professioneller schulischer Erziehung (im Unterschied zu nichtprofessioneller, z. B. familiärer Erziehung);
- Schule im Spannungsfeld von „offenem Raum" und „Schonraum";
- Der Beitrag der Schule zur moralischen, sozialen und politischen Mündigwerdung Heranwachsender sowie zur Stabilisierung demokratischer Verhältnisse;
- Das Umgehen mit (im Zunehmen begriffenen) externen und internen Störungen des Schullebens;
- Die nicht hintergehbare Künstlichkeit der Regelschule; die eingeschränkte Geltung des Prinzips „Lebensnähe" für schulische Veranstaltungen;
- Das (sich zunehmend komplizierende) Verhältnis von Schulpädagogik und Fachdidaktiken; ggf. Eindämmen von Tendenzen radikaler Verselbständigung;
- Die Vernetzung schulpädagogischer Fragestellungen mit anderen Segmenten der Differentiellen Pädagogik;
- Wissenschaftstheoretische Grundsatzerörterungen (vor dem Hintergrund einer relativen Theorieschwäche der „überfachlichen" Disziplin Schulpädagogik);
- Die Abwehr von Überforderungsversuchen (zu Lasten der Schüler- und Lehrerschaft) seitens der Fachwissenschaften, der Politik, der Wirtschaft, der Medien etc.;
- Lehrplanrevisionen im Zeichen ungebremster Wissensakkumulierung (Kombination von Inhaltsbestimmungen mit erwünschten Kompetenzen, Schlüsselqualifikationen usf.);
- Der Beitrag der Schulpädagogik bei der Optimierung von Lehrer(in)ausbildungsgängen;
- Abbau von Schieflagen innerhalb der Lehrerausbildung (praxisferne Theorie – theorieferne Praxis …?);
- Schulpädagogische Kernprobleme im internationalen Vergleich …;

Besonders intensive Bemühungen müssen gegenwärtig – nach Einschätzung namhafter Vertreterinnen und Vertreter der Schulpädagogik – in folgende Problemfelder investiert werden:

- Schule und Geschlechterdifferenz; der Beitrag der Schulpädagogik zur Beförderung einer (nicht nur scheinhaften) Geschlechterdemokratie …;
- Durchsetzung oder Zurückweisung einer weit reichenden „Sozialpädagogisierung" der Regelschulen (nebst Auswirkungen auf die Lehrerausbildung etc.)?

- Die Schulpädagogik – involviert in die (und affiziert von der) sog. „postmoderne(n) Unübersichtlichkeit"?
- Schule und schulische Bildung im Zeichen von Pluralisierung, Individualisierung und Beschleunigung;
- Klärung der Lehrer(in)professionalität (vor dem Hintergrund sich verändernder – teils berechtigter, teils unbilliger – Erwartungen an die Schule); Herausarbeiten eines transparenten, konsenstauglichen Lehrer(in)leitbildes ... .

8. Aktueller Handlungsbedarf und Forschungsschwerpunkt

Derlei Auflistungen zeigen in aller Deutlichkeit, dass die Auftragsbücher der Schulpädagogik prallvoll gefüllt sind. Unter solchem Vorzeichen wird es ihr, solange man an Schule und Schulbildung festhält, nicht beschieden sein, in ruhigeres Fahrwasser einzuschwenken. Die dem Fach Schulpädagogik zuweilen nachgesagte „Trockenheit" steht in auffälligem Kontrast zu dem Umstand, dass sie in die Turbulenzen einer von Modernitätsschüben geprägten Epoche in erheblichem Maße involviert ist.

Exemplarisch sei auf einen Schwerpunkt schulpädagogischen Forschens verwiesen, der sich erst in jüngster Zeit in den Vordergrund geschoben hat und die Regelschulen vor bislang kaum gekannte Herausforderungen stellt. Gemeint sind deutliche Indizien eines Abrückens der Schule von ihrer Zentralaufgabe: dem Verhelfen Heranwachsender zu einer grundlegenden Menschenbildung.

In der Tat nehmen die Anzeichen solchen Abdriftens handfeste Formen an: Dieser Trend hat mit Pluralisierungs-, Individualisierungs- und (vor allem) Beschleunigungsschüben zu tun, die es nahe legen, auf Konsense hinzuarbeiten, die den Komplex „Grundlegende Bildung" einigermaßen zusammenhalten können. Eine Basis für gegenseitige Verständigung und gemeinsame Zukunftsgestaltung muss ja, trotz unterschiedlichster individueller Ausgangslagen, zugrunde gelegt bleiben, um starke partikuläre Tendenzen – die ungeachtet aller „Globalisierung" kommunikationshemmend wirken – eingrenzen zu können. Menschenbildung ist zwar auf Vielfältigkeit (der Ansichten, Orientierungen, Wertpräferenzen, Lebensentwürfe) hin zu beziehen; innerhalb der Pluralität aber müssen „Schneisen" oder „Geländer" erkennbar bleiben. Zwar zielt Bildung in die Weite; dennoch dürfen ihre Anfangsgründe nicht einem unverbindlichen „Hierhin oder Dorthin" überlassen werden. Eine pluralistische Gesellschaft kann nicht der Weisheit letzter Schluss sein, wenn sich ihr Selbstverständnis etwa in „postmoderner Beliebigkeit" erschöpft und sie demzufolge – insbesondere unmündigen – Menschen jegliche Haltfindung in geistig-moralischer Hinsicht verwehrt.

Das unabweisliche Bekenntnis von Schule und Schulpädagogik zum geistigen Pluralismus schließt somit erodierende Entwicklungen (im Sinne von einreißenden Beliebigkeiten) nicht per intentionem ein. De facto aber ist eine Erodierung bereits im Gange, zumal regelrechte Aufgabenlawinen auf die Schulen – und damit auch auf die Schulpädagogik – zurollen. Die Schule sieht sich zunehmend zu einer Abschwächung ihres Bildungsauftrags gedrängt. Sie muss sich eines Ansinnens erwehren, das vornehmlich darauf abzielt, sie zur Auffang- und Sozialstation umzufunktionieren. Der drohende Verlust eines halbwegs klaren Aufgabenprofils resultiert aus einer Vielzahl neuer Zumutungen, die auf sie, oftmals mit erheblicher Wucht, aufprallen: Aufklärung über AIDS, Ausländerfeindlichkeit, Inzest, Frauendiskriminierung, Homosexualität, Kindesmissbrauch, Organspende, Okkultismus, Rassismus, Sekten; Berufswahlunterricht, Betreuungsangebote, Bewegungserziehung, Brandschutzerziehung, Brauchtum- und Mundartpflege, Dritte Welt, Ernährungskunde, Erste-Hilfe-Kurse, Erziehung zu unternehmerischem Denken, Esperanto (als Wahlfach), Ethik, Fernseherziehung, Freizeiterziehung, Fremdsprachenunterricht (bereits in Grundschulen), Friedenserziehung und Gewaltprävention, Gebetserziehung, Geschmackserziehung, Globales Denken, Himmelskunde, Integration, Interkulturelle Erziehung, Internet-Kompetenz, Jugendwettbewerbe, Jungenpädagogik, Kontakte zu Randgruppen, Kultur- und Weltanschauungskunde, Multimedia, nachholende Sozialerziehung, Neues Europa, NS-Vergangenheit (möglichst als eigenes Schulfach), Öffnung der Schulen, Ökopädagogik, Reiseerziehung, Schachspiel, Schlaferziehung, Schulpartnerschaften, Sicherheitserziehung, Spendenaktionen, Sucht-, Mobbing- und Stressprävention, Stadtteilarbeit; Theaterarbeit, Verbrechensvorbeugung, verschiedene Gedenktage, Verbrauchererziehung, Werteerziehung, Zahngesundheitserziehung, Zukunftskunde … .

Der Katalog der (großenteils unkoordiniert) an die Schulen gerichteten Erwartungen wird von Jahr zu Jahr opulenter, obwohl die Bedingungen für schulisches Unterweisen und Erziehen weithin zu wünschen übrig lassen. Eine wachsende Zahl schulpflichtiger Heranwachsender begegnet Lehrerinnen und Lehrern als *gestörte* Persönlichkeiten. Deren Schwierigkeiten werden sich durch ein massives Mehr an Anforderungen kaum verringern.

Die Vielzahl neuer Herausforderungen macht es zunehmend schwer, zwischen grundständigen, relativ zeitstabilen Aufgaben und eher transitorischen Erwartungen eine klare Trennlinie zu ziehen. Überdies bilden sich zahlreiche „Grauzonen" heraus, die in Bezug auf die Wertigkeit der Lehr-/Lerngegenstände nivellierend wirken. Widersprüchlichen Erwartungen wird hierdurch zwar die Spitze genommen – jedoch mit dem nahe liegenden Effekt, dass Schüler und Schülerinnen alles schulmäßig Anzueignende für gleich wichtig (bzw. gleich unwichtig) erachten. Unterschiede zwischen Belangvollem und eher Trivialem heben sich unversehens auf. Der Schulpädagogik erwächst daraus die Aufgabe, den Nachweis zu liefern, dass eine bildungsabträgliche Gängelung der Regelschulen vornehmlich aus einem Schwall unkoordiniert einfließender Forderungen resultiert (die in geltenden Lehrplänen zuweilen gar keine Erwähnung finden). Auf sich allein gestellt vermag sie freilich nicht probate Lösungen anzubieten, denn hierzu ist interdisziplinäres Bemühen vonnöten.

Ferner kommt die Schulpädagogik nicht umhin, Veränderungen hinsichtlich des Funktionsspektrums der Schulen genau zu registrieren und, so weit nötig, Korrekturen anzumahnen. Derzeit verdienen folgende Funktionen besondere Aufmerksamkeit:

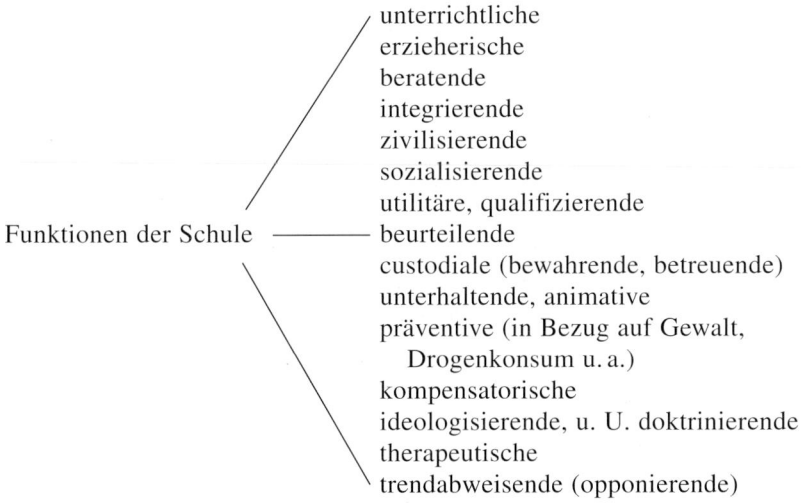

Funktionen der Schule
- unterrichtliche
- erzieherische
- beratende
- integrierende
- zivilisierende
- sozialisierende
- utilitäre, qualifizierende
- beurteilende
- custodiale (bewahrende, betreuende)
- unterhaltende, animative
- präventive (in Bezug auf Gewalt, Drogenkonsum u. a.)
- kompensatorische
- ideologisierende, u. U. doktrinierende
- therapeutische
- trendabweisende (opponierende)

Es handelt sich vorwiegend um grundständige Funktionen (unterrichten, erziehen, beraten, beurteilen), um mitlaufende (triviale) Funktionen (zivilisieren, sozialisieren, integrieren), um eher verfängliche Funktionen (z. B. doktrinieren, therapieren) sowie um trendabweisende Funktionen.

Es entspricht der Grundidee und Zwecksetzung der Regelschule, im *Unterrichten* ihre nächstliegende Aufgabe zu erkennen; hinzu kommen das (schulbezogene) *Erziehen, Beraten* und *Beurteilen*. Weitere Funktionen, sofern ihre Berechtigung außer Frage steht, werden zwar ebenfalls akzeptiert und – so weit möglich – ausgeübt, jedoch i.d.R. mit abnehmender Verbindlichkeit. Das besonnene (von Zeit zu Zeit neu zu überdenkende) Setzen von Prioritäten hat mit der schlichten Tatsache zu tun, dass es keine Schule, keine Lehrperson, kein Lehrerkollegium zuwege bringt, sich sämtlichen – zunehmend geballt an sie adressierten – Ansprüchen mit gleich bleibendem Elan zu widmen. Selbst beim Erweis der Berechtigung verschiedenster Anliegen werden (begründete) Zurückweisungen unvermeidlich sein. Lediglich als eine mit einer „Fast-Food"-Kultur kurzgeschlossenen Einrichtung wäre der Schule die Verzettelung ihrer begrenzten Kapazitäten nicht anzulasten. Die Bezeichnung „Bildungsstätte" wäre dann allerdings ein irreführendes und antiquiertes Etikett.

Darüber hinaus hat die Schulpädagogik zu prüfen, wie es mit der Einlösung des Erziehungsauftrags einer Schule bestellt ist, die unmissverständlich zu weit reichenden Anpassungen an sich beschleunigt ablösende Prozesse gedrängt wird. Es ist grundsätzlich zu fragen, ob sich Erziehung mit Beschleunigungsschüben (besonders auf wissenschaftlichem, ökonomischem und technischem Gebiet) synchronisieren lässt. Die Anzeichen verdichten sich, dass rasche Anpassungen – an mehreren Fronten zugleich – von Kinderseelen nicht schadlos verkraftet werden können. Hinzu kommt, dass einreißende Hektik etwas für Bildungsprozesse Unerlässliches ignoriert: nämlich Zeit, um Neugierde zu befriedigen. Nachträgliche Appelle zur Wiedergewinnung von Muße und Stille werden eine einmal verfahrene Situation kaum retten können. Zudem bleibt durch eilige Anpassung an Aktualschübe die gebotene Qualitätsprüfung auf der Strecke, da für das Üben und Einprägen wichtigen Lerngutes zu wenig Zeit veranschlagt wird.

Folgende Hypothese dürfte derzeit ein zentraler Kristallisationspunkt schulpädagogischer Erörterung sein: Die allgemein bildende Schule, gleich ob in staatlicher Regie oder in freier Trägerschaft, versteht sich nach wie vor als wichtigster Ort in Sachen *grundlegender Bildung*. Bezüglich dieser Aufgabe erreicht sie auch ihr Leistungsoptimum – insofern, als sie zwar nicht die einzige Lehr-/Lernstätte zu sein beansprucht, als es jedoch Leistungsbereiche gibt, für welche sie konkurrenzlos die günstigsten Voraussetzungen bietet. Die Schule bedarf einer ständigen Selbstprüfung und -versicherung, wo ihre besonderen Stärken liegen und wie sie einzusetzen sind.

Dessen ungeachtet wird man einen tief greifenden Gestaltwandel der Regelschulen nicht ein für allemal ausschließen können. Es ist aber – um eine letzte Aufgabe der Schulpädagogik (wobei diese zwar federführend, aber nicht autonom agieren kann) zu benennen – dafür Sorge zu tragen, solchen möglichen Wandel in hinreichend geordnete Bahnen zu lenken und ihn nicht gänzlich dem freien Spiel der Kräfte zu überlassen. Ein Gestaltwandel der Schulen ins Konfuse, ins Ungeklärte, ins Bodenlose hinein zöge zugleich den Ruin aller Schulpädagogik nach sich.

Literatur

Apel, H. J.: Schulpädagogik. Eine Grundlegung, Köln/Wien 1990

Aschersleben, K.: Welche Bildung brauchen Schüler? Vom Umgang mit dem Unterrichtsstoff, Bad Heilbrunn 1993

Aurin, K. (Hg.): Gute Schulen – worauf beruht ihre Wirksamkeit? Bad Heilbrunn 1990

Ballauff, Th.: Funktionen der Schule, Köln/Wien 1984[2]

Beckmann, H.-K.: Schule unter pädagogischem Anspruch, Donauwörth 1983

Bildungskommission NRW (Hg.): Zukunft der Bildung – Schule der Zukunft, Neuwied/Berlin 1995

Blankertz, H.: Theorien und Modelle der Didaktik, München 1975[9]

Comenius, J. A.: Große Didaktik (1637), hg. von A. Flitner, Stuttgart 1993[8]

Deutscher Bildungsrat (Hg.): Empfehlungen der Bildungskommission: Strukturplan für das Bildungswesen, Stuttgart 1972[4]

Dolch, J.: Lehrplan des Abendlandes, Ratingen 1974[4]

Einsiedler, W.: Schulpädagogischer Grundkurs, Donauwörth 1974

Evers, H. U.: Die Befugnis des Staates zur Festlegung von Erziehungszielen in der pluralistischen Gesellschaft, Berlin 1979

Fend, H.: Theorie der Schule, München 1980

Fingerle, K.: Funktionen und Probleme der Schule, München 1973

Fölling-Albers, M. u. a.: Schulkinder heute, Weinheim/Basel 1995[2]

Fürstenau, P. u. a.: Zur Theorie der Schule, Weinheim/Basel 1969

Geissler, E. E.: Die Schule. Theorien, Modelle, Kritik, Stuttgart 1984

Giesecke, H.: Wozu ist die Schule da? Die neue Rolle von Eltern und Lehrern, Stuttgart 1996

Glöckel, H.: Vom Unterricht, Bad Heilbrunn 1990

Glöckel, H. u. a. (Hg.): Bedeutende Schulpädagogen, Bad Heilbrunn 1993

Heimann, P./Otto, G./Schulz, W.: Unterricht. Analyse und Planung, Hannover u. a. 1975[7]

Hensel, H.: Die neuen Kinder und die Erosion der alten Schule, Lichtenau/München 1995[7]

Hentig, H. v.: Die Schule neu denken, München/Wien 1993

Hentig, H. v.: Bildung. Ein Essay, München 1996

Herbart, J. F.: Allgemeine Pädagogik aus dem Zweck der Erziehung abgeleitet (1806), hg. von H. Holstein, Bochum o. J.

Hermes, E.: Basiswissen Schulpädagogik, Stuttgart 1980

Jank, W./Meyer, H.: Didaktische Modelle, Frankfurt a. M. 1991

Klafki, W.: Neue Studien zur Bildungstheorie und Didaktik, Weinheim/Basel 1985

Kozdon, B.: Grundbegriffe der Schulpädagogik, Bad Heilbrunn 1978

Kozdon, B.: Schule in der Entscheidung. Über den Un-Ernst der überbuchten Schule, München 1993

Kramp, W.: Studien zur Theorie der Schule, München 1973

Langeveld, M. J.: Die Schule als Weg des Kindes, Braunschweig 1963[2]

Meyer, H.: Schulpädagogik, Bd. I und II, Frankfurt a. M. 1997

Muth, J.: Schulpädagogik. Einführung in ihre aktuellen Fragestellungen, Essen 1978

Negt, O.: Kindheit und Schule in einer Welt der Umbrüche, Göttingen 1997

Nicklis, W. S.: Handwörterbuch der Schulpädagogik, Bad Heilbrunn 1976[2]

Oblinger, H.: Die Schule in der Gesellschaft, Donauwörth 1981

Pöppel, K. G.: Erziehen in der Schule, Hildesheim/Zürich/New York 1983

Potthoff, W.: Schulpädagogik, Freiburg i. Br. 1975

Roth, H.: Pädagogische Psychologie des Lehrens und Lernens, Hannover 1967[10]

Schleiermacher, F.: Pädagogische Schriften, hg. von Th. Schulze und E. Weniger, Düsseldorf/München 1957

Schorch, G. (Hg.): Grundlegende Bildung. Erziehung und Unterricht in der Grundschule, Bad Heilbrunn 1988

Seibert, N./Serve, H. J.: Schulpädagogik. Eine Einführung in die Themenbereiche, München 1990

Seibert, N. (Hg.): Anspruch Schulkultur. Interdisziplinäre Darstellung eines neuzeitlichen schulpädagogischen Begriffs, Bad Heilbrunn 1997

Steindorf, G.: Einführung in die Schulpädagogik, Bad Heilbrunn 1976[3]

Tillmann, K.-J.: Schultheorien, Hamburg 1987

Twellmann, W. (Hg.): Handbuch Schule und Unterricht, Bd. 1 u. 2, Düsseldorf 1981

Wellenhofer, W.: Unterricht heute. Aufgaben – Möglichkeiten – Probleme, Ainring 1997

Weniger, E.: Didaktik als Theorie der Bildungslehre, Teil I, Weinheim 1971[9]

Wilhelm, Th.: Theorie der Schule, Stuttgart 1969[2]

Zöpfl, H./Tschamler, H./Seitz, R. (Hg.): Schulpädagogik. Grundlagen – Probleme – Tendenzen, München 1972

Uwe Sielert

Sexualpädagogik

1. Begriffsklärungen

Sexualpädagogik ist eine Aspektdisziplin der Pädagogik, welche sowohl die sexuelle Sozialisation als auch die zielgerichtete erzieherische Einflussnahme auf die Sexualität von Menschen erforscht und wissenschaftlich reflektiert. Da sich Pädagogik in neuerem Verständnis auf alle Lebensbereiche bezieht, kann auch die Lebenswelt von Erwachsenen und alten Menschen zum Gegenstandsbereich der Sexualpädagogik gerechnet werden. Angemessener sind die Begriffe *Sexualandragogik* und *Sexualgerontagogik*, die sich angesichts der geringen Beachtung sexueller Entwicklung in diesen Lebensphasen und einer zu geringen Theorieentwicklung jedoch noch nicht durchgesetzt haben.

Sexualerziehung als Praxis meint die kontinuierliche, intendierte Einflussnahme auf die Entwicklung sexueller Motivationen, Ausdrucks- und Verhaltensformen sowie von Einstellungs- und Sinnaspekten der Sexualität von Kindern, Jugendlichen und Erwachsenen. Mit *Sexualaufklärung* wird in der Regel die Information über Fakten und Zusammenhänge zu allen Themen menschlicher Sexualität bezeichnet, meist als einmaliges Geschehen, mehr oder weniger zielgruppenorientiert. Sexualaufklärung ist damit ein Teil der Sexualerziehung. Auch *Sexualberatung* kann in Sexualerziehung integriert werden, wenn sie – meist punktuell, ausgelöst durch Konflikte und Krisen – Lern- und Entwicklungsprozesse im Gespräch mit Einzelnen oder Gruppen unterstützt. Im Mittelpunkt der Sexualerziehung stehen intentional gelenkte Lernprozesse, während *sexuelle Sozialisation* oder „*Sexualisation*" auch unabhängig von Sexualerziehung stattfindet, so z. B. durch unbedachte alltägliche Selbstverständlichkeiten, mediale Einflüsse und positiv oder negativ empfundene Irritationen der sexuellen Identität im Laufe der persönlichen Entwicklung.

2. Geschichte der Sexualerziehung

In unserem Kulturkreis wurde Sexualerziehung seit Jahrhunderten durch die kirchenamtlich interpretierte christliche Sicht von Sexualität bestimmt. Je nach Grundposition und Toleranzbereitschaft des Betrachtenden wird die daraus resultierende, seit dem 17. Jahrhundert in Europa dominierende Sexualerziehung als „normativ", „christlich-konservativ" oder „repressiv" bezeich-net. Wie KOCH noch 1971 in seiner Analyse von sexualpädagogischen Auf-klärungsschriften zeigte, sind die meisten Bücher und Traktate bis in die 60er Jahre des 20. Jahrhunderts hinein katholischer, evangelischer, aber auch über-konfessionell-christlicher Herkunft und somit identisch mit sexualmorali-schen Praxistheorien als „didaktisierte sexualmoralische Werte".

Neben dieser starken Beeinflussung durch Moraltheologie und kirchenamtli-che Lehre wurden die sexualpädagogische Praxis und ihre Praxistheorien durch definitionsmächtige Leitwissenschaften, insbesondere die Medizin und Psychiatrie, instrumentalisiert. Die Anti-Onaniekampagne – um ein inhalt-liches Beispiel zu nennen – war im 18. Jahrhundert zunächst ein rein medizi-nisches, präventiv gemeintes Programm, das von der Pädagogik der Philan-thropen aufgegriffen und in Erziehung umgesetzt wurde. Die praktischen Folgen hatten wiederum Konsequenzen für die Medizin, speziell für die Psy-chiatrie. In der Folgezeit wurden nämlich Ärzte mit vielen Krankheitsbildern konfrontiert, die offensichtlich einen stark sexuellen Hintergrund hatten, also nicht anders als mit Identitätskonflikten erklärt werden konnten, die durch Sexualunterdrückung bedingt waren. Es folgte eine Ausdifferenzierung der psychiatrischen Diagnostik: Man klebte auf alles Besondere, Abweichende ein Etikett und suchte nach Ursachen. Inzwischen hatte SIGMUND FREUD auf die Tatsache aufmerksam gemacht, dass Sexualität schon in der Kindheit existiert und eine persönlichkeitsrelevante Funktion hat, so dass wiederum Sexualerziehung, diesmal zur Verhinderung von Persönlichkeitsstörungen, gefragt war.

Als praktische Konsequenz entstanden zu Beginn des 20. Jahrhunderts folge-richtig pädagogische Initiativen von Sexualwissenschaftlern, wie z. B. MAX HODANN und WILHELM REICH, aber auch von Erziehern und Erzieherinnen, so z. B. im sozialdemokratisch motivierten „Bund der entschiedenen Schulrefor-mer" und in der proletarischen Jugendbewegung (WOLF 1993). Aus Macht-mangel blieben die Reformbemühungen jedoch weitgehend theoretisch und fanden – in radikalisierter Form – erst im Zusammenhang der sozio-ökono-mischen und politischen Veränderungen der 60er Jahre größere Verbreitung und gesellschaftliche Beachtung. Die „68er-Bewegung" erklärte die radikale Befreiung von sexuellen Zwängen zur zentralen Bedingung für eine Demo-kratisierung der Gesellschaft und machte diese Forderung durch vielerlei öf-fentlichkeitswirksame Demonstrationen bekannt. Sexualität war plötzlich im gesellschaftlichen Diskurs, wieder im Schlepptau einer Leitwissenschaft, diesmal der Soziologie.

Vordergründig fortschrittlich, letztlich aber „um Schlimmeres zu verhindern" (MÜLLER 1992, S. 18), erließen die Schulverwaltungen unterschiedlicher par-teipolitischer Couleur Richtlinien zur Sexualerziehung in den Schulen mit verblüffend hohem Maß an sexualfreundlichem Konsens. Der damals verbreitete Glaube an die politische Hebelwirkung der Sexualität wurde von der Protestbewegung der Schüler und Studenten erhofft, vom politisch-administrativen System befürchtet und in schulamtlichen Richtlinien befriedet. So konnte den Lehrerinnen und Lehrern z. B. vorgeschrieben werden, welche von den z. T. sexualrevolutionären didaktischen Materialien (z. B. AMENDT 1970) in der Schule nicht verwandt werden durften.

Die 70er und die erste Hälfte der 80er Jahre gelten als die Jahre der reaktionären Ereignisse und sexualpädagogischen Ernüchterung. Zwar hatten noch 1968 die ständige Konferenz der Kultusminister „Empfehlungen zur Sexualerziehung in den Schulen" beschlossen und die meisten Bundesländer bis 1984 Richtlinien zur Sexualerziehung verordnet, doch es blieb ein „Siegeszug der Sexualpädagogik am grünen Tisch" (MÜLLER 1992, S. 19). Durch die 1977 ergangene Entscheidung des Bundesverfassungsgerichts, schulische Sexualerziehung habe „sittlich" zu wirken, „ohne Wertung" aufzutreten und sich „auf Wissensvermittlung beschränkt" darzustellen, und das anschließende massive juristische „Zurück" in den Bundesländern (MÜLLER 1992, S. 27) wurden viele Lehrkräfte und außerschulische PädagogInnen verunsichert. Hinzu kam die Entscheidung des Bundesfamilienministers 1983, eine sexualfreundliche und weit verbreitete Arbeitshilfe („Betrifft Sexualität") einzuziehen. Sexualerziehung fand in der Praxis faktisch nicht mehr statt. Staat und Rechtsprechung überantworteten die „eigentliche" Sexualerziehung wieder der Familie, die Eltern delegierten sie an die Schule, die Schule an die außerschulische Jugendarbeit, die Jugendarbeit wieder an die Familie.

Erst die Diskurse um AIDS, den sexuellen Missbrauch, die mediale Vermarktung von Sexualität und die feministische Infragestellung des Patriarchats bescherten der Sexualerziehung in den späten 80er Jahren wieder ein öffentliches „Come-back": Sexualpolitisch als „Gefahrenabwehrpädagogik" gewollt, fachwissenschaftlich aber weitgehend im sexualfreundlich-emanzipatorischen Sinne genutzt. Mit dem Jahr 1992 schreibt erstmalig in der Geschichte der Bundesrepublik ein Bundesgesetz Sexualpädagogik fest: Das „Gesetz über Aufklärung, Verhütung, Familienplanung und Beratung", das so genannte „Schwangeren- und Familienhilfegesetz". Die Bundeszentrale für gesundheitliche Aufklärung erhielt den Auftrag, unter Beteiligung der obersten Landesbehörden und in Zusammenarbeit mit Vertretern der freien Wohlfahrtsträger Konzepte zur Sexualaufklärung zu erstellen und Modellprojekte zu fördern. Einzelne Bundesländer überarbeiteten ihre Richtlinien für die Schulen (Hamburg 1996, NRW 1997), es entstanden sexualpädagogische Fortbildungseinrichtungen (so z. B. das Institut für Sexualpädagogik Dortmund) und eine Vielzahl von didaktischen Materialien für den schulischen und außerschulischen Bereich (z. B. SIELERT 1993, IPTS 1994).

3. Geschichte der Sexualpädagogik

Bis zur Zeit nach dem Zweiten Weltkrieg gab es keine sexualpädagogische Fachtheorie. Die Pädagogen BASEDOW, OEST, CAMPE, ROUSSEAU kann man allenfalls als Wegbereiter einer sexualpädagogischen Theorie bezeichnen (WAWARZONNEK 1984). Ende des 19. Jahrhunderts erlebte die Sexualerziehung zwar parallel zur Sexualwissenschaft einen deutlichen Aufschwung, jedoch ohne explizite pädagogische Theoriebildung. Erst nach dem Zweiten Weltkrieg entwickelte sich Sexualpädagogik als ein wissenschaftliches Fach bzw. als Teildisziplin der Erziehungswissenschaft:

- Empirische Pionierarbeit leistete in der alten BRD HEINZ HUNGER, der erstmals die sexualpädagogische Fachliteratur seiner Zeit auf dem Hintergrund einer eigenen Fragebogenerhebung über das Sexualwissen der Jugend kritisch analysierte (HUNGER 1954).
- In der ehemaligen DDR entstanden eine ganze Reihe von Dissertationen, so von BACH 1969, BORRMANN 1965, SCHILLE 1964, die sich vor allem auf die schulische Sexualerziehung bezogen.
- Systematisch geisteswissenschaftlich-kulturphilosophisch arbeiteten SCARBATH mit seinem Versuch einer „kategorialen Entfaltung sexualpädagogischer Grundfragen in ihrem Zusammenhang" (SCARBATH 1969, S. 13) und MASKUS (1979) als erster Vorsitzender der von ihm gegründeten „Deutschen Gesellschaft für Geschlechtserziehung".
- Kritisch-emanzipatorisch entfaltete HELMUT KENTLER erstmals durch die damals für Pro Familia formulierten Thesen zur Sexualerziehung, später vor allem durch sein Buch „Sexualerziehung" (KENTLER 1970) eine eigene Position.
- Mit dem Selbstanspruch der „progressiven Mitte" auf erfahrungswissenschaftlich-empirischer Basis trat NORBERT KLUGE mit vielen Schriften zur Sexualpädagogik in den pädagogischen Diskurs ein (KLUGE 1976, 1978).

Der ideologisch-sexualpolitische Streit der späten 60er und frühen 70er Jahre fand auf theoretischer Ebene seinen Niederschlag in heftigen Auseinandersetzungen zwischen der emanzipatorischen Sexualpädagogik KENTLERS und christlich-konservativen Positionen (MEWES 1977), aber auch den sich liberal verstehenden Richtungen der Deutschen Gesellschaft für Geschlechtserziehung (MASKUS 1979). KLUGE nahm eine mittlere, sich ideologiefrei verstehende Position zwischen den politischen Extremen ein (KLUGE 1984, S. 19 ff.). Damit wurden drei Hauptrichtungen der Sexualpädagogik wieder aufgegriffen, die sich in der Weimarer Republik bereits als erzieherische Praxis und mit einigen Theoriefragmenten etabliert hatten (BARKOW 1980): die repressive, vermittelnd-liberale und die emanzipatorische Sexualerziehung.

Durch den zunehmenden sexualpädagogischen Diskurs und Realitätssinn sowie die sexualwissenschaftliche Forschung angesichts der Problemthemen der späten 80er Jahre (Geschlechterverhältnis, AIDS, sexueller Missbrauch, Pornographie) entstand eine ganze Bandbreite von theoretischen Positionen zur Sexualpädagogik. Sie reichen von weiterhin christlich-konservativen Konzepten (VON MARTIAL 1991) religionspädagogisch motivierten ganzheitlich-personalen Positionen der Liebeserziehung (BARTHOLOMÄUS 1993) über sich weiterhin wissenschaftlich-neutral verstehende „Mittelpositionen" (KLUGE 1984, MÜLLER 1992), feministisch-geschlechtsspezifische Entwürfen (MILHOFFER 1995) bis zu Ansätzen, die in der Tradition der emanzipatorischen Sexualerziehung stehen (KOCH/LUTZMANN 1989, GLÜCK 1990, SIELERT 1993).

Die meisten Konzepte sind heute sexualfreundlich, bejahen verschiedene Formen der Empfängnisregelung, betonen die Kultivierung der Identitäts-, Beziehungs-, Lust- und Fruchtbarkeitsfunktion von Sexualität, die Gleichwertigkeit verschiedener sexueller Orientierungen und die Flexibilisierung der Geschlechtsrollen (BZgA 1999). Zunehmend wird auch die „dunkle Seite der Sexualität" (Pornographie, Prostitution, Gewalt) in die sexualpädagogische Theoriebildung mit einbezogen (HERRATH/SIELERT 1990). Andererseits formiert sich gerade angesichts dieser „dunklen Seite der Sexualität" durch den Diskurs über den sexuellen Missbrauch, die behauptete „Pornographisierung der Gesellschaft", Pädophilie und Gewalt im Geschlechterverhältnis ein gesellschaftlicher Trend, Sexualität wieder überwiegend als Gefahr zu betrachten und Sexualpädagogik als „Gefahrenabwehrpädagogik" zu betreiben (beschrieben und kritisiert durch SCHMAUCH 1996, WANZECK-SIELERT 1997).

4. Gegenstandsbereich der Sexualpädagogik, Bezug zur Sexualwissenschaft

Im Rahmen ihrer Bezugsdisziplin Erziehungswissenschaft beschäftigt sich Sexualpädagogik damit,

- ihren Gegenstandsbereich, d. h. den Menschen als ein auf Erziehung angewiesenes Sexualwesen zu definieren,
- vorhandene sexualerzieherisch relevante Konzepte auf ihre anthropologischen, gesellschaftlichen und teleologischen Grundannahmen zu prüfen und neue zu entwickeln,
- die sexualerzieherische Wirklichkeit empirisch-methodisch und kritisch-analytisch zu beschreiben,

- Handlungstheorien und -modalitäten zu reflektieren und
- im Zusammenhang mit den jeweils zuständigen pädagogischen „Schwesterdisziplinen" (Vorschul-, Sonder-, Sozial-, Schul-, Medienpädagogik und Erwachsenenbildung) ihre speziellen Realisierungsprobleme zu bearbeiten.

Einen weiteren Bezugsrahmen der Sexualpädagogik stellen die jeweils kompatiblen *sexualwissenschaftlichen Theorien* dar. Alle bereits genannten, historisch relevanten sexualpädagogischen Richtungen haben ihre sexualpädagogischen Modelle – mehr oder weniger erfolgreich – sexualwissenschaftlich zu legitimieren versucht.

HEINZ HUNGER, der älteste sexualpädagogisch interessierte Wissenschaftler der Nachkriegszeit, konnte und wollte zwar nie seine religionswissenschaftliche Herkunft verleugnen, orientierte sich aber zumindest in seiner Lehre noch sehr breit an allen damals zugänglichen sexualwissenschaftlichen Erkenntnissen verschiedener Einzeldisziplinen (von der Bevölkerungswissenschaft über die medizinische Sexualforschung von MASTERS und JOHNSON bis zu den feministischen Arbeiten zur weiblichen Sexualität von BETTY FRIDAN). NORBERT KLUGE und in der Nachfolge auch manche andere Mitglieder der Deutschen Gesellschaft für Geschlechtserziehung orientierten und orientieren sich vorwiegend an einer sich wertfrei verstehenden empirischen und einer biologisch-medizinischen Sexualforschung. HORST SCARBATH, GÜNTHER BITTNER und andere hielten mehr von der entwicklungspsychologisch-psychoanalytischen Sexualforschung von SIGMUND FREUD, RENE SPITZ und TOBIAS BROCHER. Die kritisch emanzipative Richtung (HELMUT KENTLER, FRIEDRICH KOCH) hielt sich an eine gesellschaftspolitisch-neopsychoanalytische Sexualwissenschaft in der Weiterführung von FREUD durch WILHELM REICH und HERBERT MARCUSE. Die ersten Sexualpädagogen der DDR standen offenbar in regem Austausch mit den damaligen sexualwissenschaftlich arbeitenden Vertretern verschiedener Einzelwissenschaften. So gab es einen engen Kontakt zwischen der Forschungsgemeinschaft Sexualpädagogik und den Medizinisch-Wissenschaftlichen Gesellschaften des Ministeriums für Gesundheitswesen, sowie mit Juristen, Staats- und Kulturwissenschaftlern (BACH in HOHMANN 1991, S. 232).

Sexualpädagogik und Sexualwissenschaft können also durchaus aufeinander bezogen werden: Interdisziplinär kompatibel sind jeweils Richtungen der Sexualpädagogik und Sexualwissenschaft, die eine gleiche disziplinäre Struktur aufweisen, d. h., die wissenschaftstheoretisch – also in ihren anthropologischen Grundannahmen und methodologischen Voraussetzungen – zusammenpassen. So findet z. B. die emanzipatorische Sexualpädagogik ihre Bezugsdisziplin in einer kritisch-reflexiven Erziehungswissenschaft (KRÜGER/HELS-

PER 1995, S. 319 ff.) mit nachbarschaftlichen Bezügen zur kritischen Sexualwissenschaft (SCHMIDT 1986). Die emanzipatorische Sexualpädagogik steht ebenso wie die kritisch-reflexive Erziehungswissenschaft und die kritische Sexualforschung in der Tradition der Aufklärung mit ihrem emanzipatorischen Erkenntnis- und Handlungsinteresse an wachsender Mündigkeit des Subjekts und der dazu notwendigen Befreiung aus inneren – biographischen – und äußeren – gesellschaftlichen – Zwängen. Selbstverständlich sind diese Zwänge nicht nur (und heute immer weniger) in sexualfeindlichen Konventionen zu finden, sondern auch in postmodernen Instrumentalisierungen der Sexualität, die je nach Diskurstrend wechseln können: Verdinglichung, Pornographisierung, Vermarktung des Sexuellen, Gewalt, Missbrauch und AIDS. Auch die kritische Sexualwissenschaft stellt sich auf die Seite des Subjekts und versucht, es vor vielfältigen gesellschaftlichen Instrumentalisierungen zu bewahren. Die Sexualwissenschaft geht sogar so weit, dass sie auch der emanzipatorischen Sexualpädagogik Instrumentalisierungsinteressen vorwirft, weil sie – so DANNECKER – für wirklich oder doch für verwirklichbar halte, was nicht einzulösen sei: Lust, Genuss und Glück. Eine solche Sexualerziehung verhelfe allenfalls zu einem glücklicheren Bewusstsein, zu einem glücklichen und erfüllten Leben jedoch nicht (vgl. DANNECKER 1992, S. 118). Wie die kritisch-reflexive Erziehungswissenschaft hat sich jedoch auch die emanzipatorische Sexualpädagogik längst gelöst von den Vorstellungen, das sexuelle Glück der Menschen herstellen zu können. Der Satz des postmodernen Denkers MONTAIGNE: „Habe Mut, dich deines eigenen Zweifels zu bedienen" (vgl. BECK 1993, S. 253) wurde nicht nur zum Maßstab der kritisch-reflexiven Erziehungswissenschaft (KRÜGER/HELSPER 1995, S. 325), sondern auch einer weiterentwickelten emanzipatorischen Sexualpädagogik.

Trotz der Zweifel auf Seiten der kritischen Sexualforschung und emanzipatorischen Sexualpädagogik, bessere Sexualverhältnisse durch Aufklärung herbeiführen zu können, versuchen beide, das Gegebene im Licht des Möglichen zu interpretieren und Orientierungen für dessen Veränderung zu geben. Beide Disziplinen sind gekennzeichnet durch methodische Vielfalt ihrer Erkenntniswege (dazu SIGUSCH 1990, S. 10 und 21). Emanzipatorische Sexualpädagogik hat manche Ergebnisse der kritischen Sexualwissenschaft bei ihrer eigenen Theoriebildung beachtet, so z. B. die empirischen Jugendstudien, die Definitionsversuche von Sexualität, die Debatte zum Thema Trieb oder sexuelle Motivation, die Aussagen zur persönlichkeitsstabilisierenden Funktion von Sexualität sowie Erkenntnisse zur Funktion der Sexualität in der heutigen Gesellschaft. Umgekehrt gibt es jedoch noch kaum Transfer, was sicher nicht nur am antipädagogischen Impetus kritischer Sexualwissenschaftler liegt, sondern auch an der wissenschaftlich noch unterentwickelten Sexualpädagogik.

5. Themen der Sexualpädagogik

Menschliche Sexualität ist mehr als Genitalität, beschränkt sich also nicht auf Körperfunktionen und das Fortpflanzungsgeschehen, sondern umfasst als wesentliches „Querschnittsthema" der Persönlichkeit sowohl Fruchtbarkeits- als auch Lust-, Identitäts- und Beziehungsaspekte. Sexualerziehung und Sexualpädagogik beschränken sich entsprechend auch nicht auf Fortpflanzungs- und Körperfunktionen, sondern enthalten folgende Unterthemen, die je nach gesellschaftlicher Entwicklung in unterschiedlichem Maße bedeutsam werden.

Die Bedeutung des traditionellen Kernbereichs sexualerzieherischer Tätigkeit, der *„Körper- und Sexualaufklärung"*, ist sowohl unstrittig wie auch immer wieder neu zu prüfen. Während diese Thematik im klassischen Verständnis von Sexualaufklärung dominiert, ist sie in den letzten zehn Jahren – abgesehen vom Thema der HIV-Übertragung – zugunsten der Behandlung von Beziehungsthemen in den Hintergrund geraten. Heute wird dieser Bereich wieder stärker ins Blickfeld gerückt, weil repräsentative Untersuchungen festgestellt haben, dass Eltern z. B. kaum über die körperliche und sexuelle Entwicklung Jugendlicher mit ihren Kindern reden und in den Freundschaftsgruppen nicht selten Falschinformationen und Halbwahrheiten weitergegeben werden (BzgA 1998).

Postmoderner Pluralismus erhöht individuelle Orientierungsaufgaben, oft auch Orientierungsdruck, so dass Sexualpädagogik verstärkt vor die Aufgabe gestellt ist, *Ethik, Moral und Wertorientierung* als Bereich der sexuellen Identität zu thematisieren. Moralische Qualifizierung bedeutet immer auch *Persönlichkeitslernen*, nicht als Programm der Werteübermittlung, sondern als Erhöhung des Bewusstseins über das eigene Selbst mit dem Ziel der Selbstbestimmung und Selbstverantwortung. Das angemessene *Sprechen über Sexuelles* gehört zu den Grundvoraussetzungen sowohl der Prävention unerwünschter Persönlichkeitsbeeinträchtigungen als auch aller anderen Bemühungen zur Verwirklichung sexualpädagogischer Ziele. Insbesondere angesichts der „öffentlichen Geschwätzigkeit" über Sexualität und der Notwendigkeit, den Intimitätsschutz zu betonen, bedarf das Sprechen über Sexuelles der verstärkten pädagogischen Reflexion.

Als wesentlicher Motor der Veränderung von Sexual- und Beziehungsverhältnissen wird vielerseits *das Geschlechterverhältnis* bezeichnet. Weil das Geschlecht im Zentrum sexueller Identität verortet ist, geht es um die Wahrnehmung und Veränderung von Geschlechtersozialisation und die sich daraus ergebenden Konsequenzen für die Sexualität. Mit dem Thema *„sexuelle Orientierungen"* ist nicht nur Hetero-, Homo- und Bisexualität gemeint. Die Pluralität der Lebenswelten und die Varianz der Lebensformen macht insgesamt deutlich, dass menschliches (auch sexuelles) Leben ein Kontinuum mit vielen möglichen intraindividuellen Varianten ist und es nicht nur darum gehen kann, additiv Homosexualität zur heterosexuellen Norm hinzuzufügen. Zur Zeit geht es in der Sexualerziehung vorzugsweise noch um die Bereitstellung von Hilfen und Begleitung für Jugendliche und Erwachsene im homosexuellen Coming-out und die allgemeine Förderung von Akzeptanz verschiedenen Lebensweisen gegenüber.

Sexualität im Spannungsfeld der Kulturen wurde zu einem wichtigeren Thema angesichts einer zunehmend multikulturellen Zusammensetzung der Jugendlichen in Räumen organisierter Erziehung und im informellen Freizeitbereich. Aus verschiedenen Gründen, auch wegen der öffentlichen Thematisierung, ist „*Sexualität und Behinderung*" in den letzten Jahren im sexualpädagogischen Themenkanon bedeutender geworden, ohne bereits die entsprechende Beachtung zu finden. Gleiches gilt für *Sexualität im Alter*, ein Thema, bei dem die Pädagogik bzw. Sexualgerontagogik grundsätzlich der Konsumindustrie und dem Gesundheitssektor hinterherhinkt.

Zu der bisherigen Aufgabe moderner Sexualerziehung, der Idealisierung oder Dämonisierung von Sexualität entgegenzutreten, gesellte sich die historisch aktuelle Aufgabe, der ideologischen Aufladung des öffentlichen Diskurses um „*Sexualität und Gewalt*" mit wissenschaftlicher Aufklärung entgegenzuwirken. Sexualpädagogik verdankt dieser Thematisierung des „anderen Gesichts" von Sexualität zwar ihre aktuelle Aufmerksamkeit, muss sich aber zunehmend gegen die Tendenz wehren, sie als „Gefahrenabwehrpädagogik" umzuarbeiten. Gegen die tendenzielle Überschattung des Sexuellen mit Gewaltaspekten im populären pädagogischen Empfinden setzt eine sexualfreundliche Sexualpädagogik die *Sensibilisierung der Sinne und Sinnlichkeit* als Thema für die theoretische und praktische Arbeit. Das Thema umfasst die Reflexion und Kultivierung von Körperlichkeit, der sinnlichen Ausstrahlung, der Wechselwirkung von Selbst- und Fremdwahrnehmung, der Balance von Selbstwertgefühl, Ich-Ideal und äußerer Erscheinung sowie die aktive Gestaltung der Selbstpräsentation.

6. Handlungsfelder und Handlungsmodalitäten der Sexualpädagogik

Themen, Konflikte und Krisen sexueller Sozialisation haben mit fortschreitender Individualisierung auf dem Hintergrund einer liberalisierten Sexualmoral für alle Lebensalter an Bedeutung und Brisanz gewonnen.
Sexualpädagogik leistet heute ihren Teil zur Herstellung einer sozialen Infrastruktur, die dem modernen Individuum den Erwerb der Dispositionen und

Handlungskompetenzen ermöglicht, die es zur Entwicklung seiner sexuellen Identität notwendig braucht. Deutlich wird das

- durch die Veralltäglichung und Popularisierung sexualwissenschaftlicher und sexualpädagogischer Sprache und Beratungsmuster in den Medien,
- durch das Eindringen sexualpädagogischer Arbeit in die Bildungsinstitutionen, den Gesundheitssektor und die Einrichtungen der Sozialen Arbeit,
- durch ein fast unübersichtlich gewordenes Netz an Beratungsinstitutionen, Selbsthilfegruppen und Initiativen,
- durch die Tatsache, dass sich jetzt auch der Staat auf Bundesebene um eine sexualpädagogische „Grundversorgung" bemüht: Das neue Schwangeren- und Familienhilfegesetz von 1992 schreibt Sexualaufklärung und Sexualberatung als Pflichtaufgaben des Bundes und der Länder fest und führt seitdem zu einer Expansion der schulischen und außerschulischen „Sexualisationshilfen".

Sexualerziehung wird zunehmend verstanden und praktiziert als Querschnittaufgabe aller institutionalisierten Erziehungsbereiche, die sich mit ihren jeweiligen Akzenten und Chancen miteinander vernetzen.

- Die Familie hat die Möglichkeit, die emotionale Grundlage des „unbedingten Angenommenseins" zu legen, ohne die sexuelle Identität nur mit Schwierigkeiten entwickelt werden kann. Als „Interpretationsgemeinschaft" ermöglicht sie erste Orientierungen im Umgang mit inneren und äußeren Einflüssen auf das sexuelle Erleben der Kinder (HERRATH/SIELERT 1991).
- Insbesondere Familienbildungsstätten und Kindergärten ermöglichen sowohl den Kontakt zu den Eltern als auch eine eigenständige Arbeit mit den Kindern zu den spezifischen Themen kindlicher Sexualität (BERGER 1992).
- Einrichtungen der Erziehungshilfe erreichen vor allem Jugendliche mit sexuellen Identitätskonflikten, die einer besonderen sexualpädagogischen Förderung, oft auch Resozialisation bedürfen (SIELERT/MARBURGER 1990).
- Die Schule bleibt – trotz aller Spielräume für ganzheitliche, personale Beziehung – eine primär auf kognitives Lernen bezogene Aufklärungsinstanz und kann auf diese Weise vor allem informative und reflexive Aspekte abdecken (GLÜCK 1990).
- Außerschulische Jugendarbeit ereicht zwar nicht alle Jugendlichen, hat aber auf Grund der Strukturmerkmale der Freiwilligkeit, Flexibilität, Pluralität und Methodenvielfalt viele Chancen zu einer ganzheitlichen, auch die emotionalen Bereiche mit einbeziehenden multisinnlichen, auch geschlechtsspezifischen Sexualerziehung (SIELERT/KEIL 1993).

Über die Implementation sexualerzieherischer Maßnahmen in die Regeleinrichtungen der organisierten Erziehung hinaus haben sich Sexualerziehung und pädagogische Sexualberatung zu einem eigenständigen Handlungsfeld entwickelt. Die Ausdifferenzierung der Anlässe führte zur Professionalisierung spezieller Fachkräfte und zur Einrichtung entsprechender Funktionsstellen. Im Einzelnen arbeiten SexualpädagogInnen und -beraterInnen bei verschiedenen öffentlichen und freien Trägern

- in der Schwangeren- und Schwangerschaftskonfliktberatung, auch zur Prävention des Schwangerschaftskonflikts in Sexual- und Schwangerschaftsberatungsstellen,
- in der Beratung zu sexualitätsrelevanten Themen in Einrichtungen der Jugend-, Familien- und Lebensberatung,
- in Projekten zur Medienerstellung, Aufklärungsprogrammen für Peers, zur interkulturellen Sexualpädagogik und in Anti-Diskriminierungsprogrammen zu gleichgeschlechtlichen Lebensweisen,
- zur Sexualaufklärung und Gesundheitsförderung bei Gesundheitsämtern und Landeszentralen für Gesundheitserziehung,
- in der Mädchen- und Jungen-, Frauen und Männerarbeit,
- in Aus- und Fortbildungseinrichtungen zur Schulung von MultiplikatorInnen.

Methodisch bedient sich die Sexualerziehung zunächst aller Handlungsmodalitäten, die in der Erziehung allgemein von Bedeutung sind. Gemeint sind – je nach Zielgruppe, institutionellem Kontext, Intention und Thema – das bewusst initiierte Modellernen, der sexualpädagogische Unterricht, die sexualpädagogische Gruppenarbeit sowie methodenübergreifende Projekte und Medienproduktionen.

Angesichts der Besonderheit des Sexuellen und der von einzelnen Zielgruppen besonders bevorzugten Informationsquellen wurden in den letzten Jahren spezifische methodische Konzeptionen und Medien entwickelt. Die Bedrohung durch AIDS führte in den 80er Jahren zur Erprobung zahlreicher komplexer Handlungsmodalitäten wie z. B. der personalkommunikativen Präventionskampagne der Bundeszentrale für gesundheitliche Aufklärung. Da Jugendliche zu heiklen Themen der Sexualität erwiesenermaßen andere Jugendliche als Bezugsquelle für Informationen und als GesprächspartnerInnen wählen, wurden Modellprojekte zur *Peer-Education* entwickelt und erprobt. Die Inanspruchnahme von Beratungstelefonangeboten des Kinder- und Jugendschutzes oder anderer Träger führte zur Entwicklung spezifisch sexualpädagogischer Beratungskonzepte und deren Weitergabe in entsprechenden Fortbildungen für Telefonberater. Die Tatsache, dass Jugendliche die meisten Informationen zu aktuellen sexuellen Themen den Jugendzeitschriften entnehmen, veranlasste einige Träger der Gesundheitsförderung, Konzepte der Zusammenarbeit von SexualpädagogInnen und den Redaktionen der Zeitschriften zu erproben. Um ganzheitliches wertorientiertes Lernen zu ermöglichen und entsprechende Diskurse in der pädagogischen Arbeit anzuregen, entwickelten verschiedene Bundes- und Landesstellen audiovisuelle Medien. Für die elektronischen Medien wurde Software mit sexualpädagogisch intendierten Programmen erarbeitet, um speziell Jungen zu erreichen. Sexualpädagogik wurde auf diese Weise zu einem modernen Anregungsbereich für neue pädagogische Konzepte und Medien, die auch in anderen Sektoren von Bedeutung werden können.

In vielen Praxisfeldern der Sozialen Arbeit überschneidet sich die erzieherische Arbeit mit der Sexualberatung, so weit sie als *sexualpädagogische Beratung* verstanden wird. Diese besondere Form der Beratung bewegt sich zwischen Sexualpädagogik und Sexualberatung/Sexualtherapie und kann – je nach Zielsetzung, BeraterIn und Setting – einmal mehr der Pädagogik und ein anderes Mal mehr der psychotherapeutischen Beratung zugeordnet werden. Die einseitige Konzentration auf gestörtes Erleben und Sexualverhalten verhinderte bisher die Entwicklung einer pädagogischen Richtung der Sexualberatung, in der das Bedürfnis nach Rat und Beratung auch diesseits der Störung in den alltäglichen erzieherischen Lebenssituationen im Mittelpunkt steht. Es geht um die Begleitung und Unterstützung von Lern- und Entwicklungsprozessen durch das Gespräch mit Einzelnen oder auch Gruppen, nicht aber um die Behandlung von Störungen und Konflikten, denen Krankheitswert zugemessen wird. Sexualberatung in diesem Sinne findet meist im Kontext sexualpädagogischer Arbeit statt.

7. Entwicklungsperspektiven in Theorie und Praxis

Eine sich individualisierende Gesellschaft, in der kaum noch Traditionen, eingefahrene Rollenmuster und vorgegebene biographische Karrieren Orientierung geben, die gleichzeitig das sich selbst bestimmende und verantwortende Subjekt zum Sozialisationsziel erklärt, erwartet von ihren Mitgliedern ein persönliches Selbstmanagemet, das nur auf der Basis komplexer Informationsverarbeitung, hoher Entscheidungsbereitschaft und vielfältiger sozialer und personaler Kompetenzen gelingen kann. Insbesondere in Zeiten raschen gesellschaftlichen Wandels – und wir befinden uns momentan in einem krisenhaften Übergang von einer modernen zur postmodernen Gesellschaft – wird der Pädagogik die Funktion einer gesamtgesellschaftlichen Beratungswissenschaft für den Umgang mit den entstehenden Sozialisationskonflikten zugedacht, und Erziehung dient der Vermittlung basaler Lebenskompetenzen, die weit über den Grundbestand traditioneller Sozialisationshilfen hinausgehen. Für viele pädagogische Sektoren gilt das unangefochten. Angesichts der Sexualisation besteht immer noch die naive Vorstellung, dass eine gründliche Körperaufklärung, der „gesunde Menschenverstand" und die „richtige Moral" ausreichten, um Kinder, Jugendliche und Erwachsene in ihrer sexuellen Entwicklung zu begleiten. Die Themen „rund um Sexualität" sind jedoch meist komplizierter, als sie auf den ersten Blick erscheinen. Das hängt zusammen mit

- der Gleichzeitigkeit ihrer persönlichen Tabuisierung und öffentlichen Vermarktung,
- den vielschichtigen Verbindungen mit anderen gesellschaftlichen und persönlichen Bereichen,
- ihrer Bandbreite von erwünschten und sozial verträglichen bis zu gewaltsamen Akzenten,
- ihrer großen persönlich-emotionalen Verankerung bei allen Beteiligten.

Das hängt auch zusammen mit der Gefahr, durch Sexualerziehung die Intimsphäre der Menschen zu verletzen, und mit deren berechtigter Angst vor Manipulation und Kontrolle des Privatlebens durch offizielle Institutionen. Die Folge einer solchen traditionellen Geringschätzung der pädagogisch reflektierten und verantworteten Sozialisationshilfen ist die Verschärfung vorhandener Sozialisationskonflikte im Bereich der zwischenmenschlichen Liebes- und Lebensverhältnisse und die Zunahme der marktvermittelten konsumptiven und medialen Einflüsse, die eher an gewinnbringenden Trends als an Stärkung des individuellen Eigensinns oder einer zukunftsträchtigen Gestaltung intimer Lebensweisen orientiert sind. In der Tat führten einige in den gesellschaftlichen Diskurs geratene Problemthemen wie Schwangerschaft Minderjähriger, AIDS, sexueller Missbrauch, Pornographie, Gewalt gegen Frauen und Kinder und die Zunahme von sich auflösenden Intimgemeinschaften mit Kindern zur öffentlichen Anerkennung sexualpädagogischer Arbeit – wenn auch zunächst nur in ihrer präventiven Funktionen als „Gefahrenabwehrpädagogik". Verschiedene Studien haben deutlich gemacht, dass unterschiedliche Probleme und Konflikte präventiv durch Sexualerziehung gemildert werden können, so dass z. T. auf gesetzlicher Basis Anstrengungen unternommen wurden, diesen Erziehungssektor zu fördern.

Die Bundeszentrale für gesundheitliche Aufklärung (BZgA) ist das ausführende Bundesorgan bezüglich der sexualpädagogischen Ansprüche aus dem Schwangeren- und Familienhilfegesetz (SFHG). Sie ist beauftragt, Konzepte und Medien für Sexualaufklärung zu entwickeln. Dabei ist sie verpflichtet, mit den Trägerverbänden zusammenzuarbeiten. Über das SFHG hinaus ist im

Kinder- und Jugendhilfegesetz (KJHG) umfassender und detaillierter ein Erziehungsauftrag formuliert, der auch den Rahmen für Sexualpädagogik und -beratung bildet. Im zweiten Kapitel (§ 11) (Leistungen der Jugendhilfe) werden die Aufgaben für die relevanten Bereiche aufgeführt: Mädchen- und Jungenarbeit, Jugendberatung und außerschulische Jugendbildung.

Die sexualpädagogische Prävention sexueller Gewalt kann sich auf § 14 des KJHG stützen: „Jungen Menschen und Erziehungsberechtigten sollen Angebote des erzieherischen Kinder- und Jugendschutzes gemacht werden. Die Maßnahmen sollen junge Menschen befähigen, sich vor gefährdenden Einflüssen zu schützen und sie zu Kritikfähigkeit, Entscheidungsfähigkeit und Eigenverantwortlichkeit sowie zur Verantwortung gegenüber ihren Mitmenschen führen, Eltern und andere Erziehungsberechtigte besser befähigen, Kinder und Jugendliche vor gefährdenden Einflüssen zu bewahren". Da der Präventionsgedanke in diesen Gesetzen verankert ist und die Grundlagen einer die Sexualisation betreffenden Vorbeugung von Fehlentwicklungen inzwischen – zumindest im Ansatz – professionell entwickelt sind, kann davon ausgegangen werden, dass es in Zukunft einen wachsenden Bedarf an entsprechend ausgebildeten Fachkräften geben wird.

Verschiedene bereichsspezifische Präventionsanlässe wie z. B. die AIDS-Prävention und die Arbeit gegen den sexuellen Missbrauch mögen mit dem abflauenden gesellschaftlichen Diskurs auskühlen, so dass ein Teil der ohnehin meist nur zeitlich befristeten Projektstellen in die allgemeine pädagogische Präventionsarbeit bzw. die Sexualerziehung und Sexualberatung übernommen wird. Schwangerschaftskonflikte werden auch in Zukunft ein Thema bleiben und wegen ihrer ethischen und politischen Brisanz immer den Ruf nach Prävention wach halten. Voraussichtlich wird um die neuen Sexualtechnologien herum ein größerer Bedarf an fachkundiger Beratung vor allem für Erwachsene entstehen. Gemeint sind damit nicht in erster Linie so genannte Potenzpillen, sondern vor allem die neuen Möglichkeiten der Prävention genetisch vorgezeichneter Behinderungen, der künstlichen Befruchtung und Genommanipulationen.

Die begonnene Integration der Sexualpädagogik in die sozialpädagogischen Institutionen wird nicht in gleicher Weise abgeblockt werden können, wie das in den 70er Jahren mit der Sexualpädagogik in der Schule passiert ist. Sexualpädagogik ist damals eher als Zugeständnis an eine um mehr Freiheit kämpfende Jugend und als Prävention des befürchteten Sittenverfalls eingeführt worden. Beide Anlässe hielten nicht lange genug vor, um ein lustvolles Thema in eine eher am „Ernst des Lebens" orientierte Institution zu implementieren. Heute ist Sexualerziehung bewusster in das sozialpädagogische Programm der Orientierungshilfen zur psychosexuellen Identitätsentwicklung aufgenommen, weniger spektakulär, aber dafür breitenwirksamer.

Sexualpädagogik als Aspektdisziplin der Erziehungswissenschaft befindet sich zur Zeit noch in der Konsolidierungsphase. Die zaghaften Versuche, vorhandene Zusammenschlüsse von Sexualpädagoginnen und Sexualpädagogen als Kristallisationspunkte für den Theorie-Praxis-Transfer zu reformieren (Deutsche Gesellschaft für Geschlechtserziehung, Pro Familia) finden bisher kaum eine Entsprechung im universitären Zusammenhang der Erziehungswissenschaft. So existieren bis zum heutigen Zeitpunkt nur eine Professur (Hamburg) und eine Assistentenstelle (Bremen) für Sexualpädagogik an bundesdeutschen Hochschulen. Erst 1998 wurde eine Gesellschaft für Sexualpädagogik mit Sitz in Köln ins Leben gerufen, die von Hochschullehrern getragen wird, die zwar nicht immer hauptamtlich, jedoch schwerpunkthaft mit Sexualpädagogik befasst sind und den Dialog mit den inzwischen zahlreicher gewordenen Praxiseinrichtungen und Fachinstitutionen suchen.

Neben der *Forschung und Theoriebildung* zu Grundsatzfragen, didaktischen und institutionellen Realisierungsformen von Sexualpädagogik, Sexualandragogik und -gerontagogik müssen auf dem Hintergrund neuerer Erkenntnisse kritischer Sexualforschung die folgenden exemplarisch benannten aktuellen Diskurse einer – noch ausstehenden – wissenschaftlichen Bearbeitung zugeführt werden:

- Sexualität und Gesellschaft: Was leistet Sexualerziehung angesichts des empirisch dokumentierten Widerspruchs zwischen Erlebnishunger und Lustlosigkeit vieler Menschen?
- Sexualität und Anthropologie: Ist die Kultivierung der aggressiven Elemente des Sexuellen durch Sexualerziehung nötig und möglich?
- Sexualität und Lebensweisen: Was kommt nach der Familie bzw. wie kann Sexualpädagogik plurale Formen des Intimlebens und des Zusammenlebens mit Kindern begleiten?
- Sexualität, Intimität und Pädagogik: „Was macht die Lust, wenn die Pädagogik kommt?"
- Sexualität, Geschlechtsrollen und Moraldiskurs: Wie wandeln sich Erotik und das Geschlechterverhältnis bei fortschreitender gewaltpräventiver Verhandlungsmoral?
- Sexualität und Gesundheit: Wie kann Sexualpädagogik die Balance zwischen Freiheit und Sicherheit fördern?
- Pädagogischer Eros: Welche „erotischen Gravitationen" sind im pädagogischen Bezug hilfreich und welche zerstören ihn?

Die *Ausbildung* in Sexualpädagogik und pädagogischer Sexualberatung erfolgt selten integriert in die sozialpädagogische oder pädagogische Erstausbildung. In der erzieherischen und sozialen Praxis sind jedoch vielfältig veröffentlichte sexualpädagogisch relevante Probleme vorhanden. Es besteht

Handlungsbedarf bei allen Verantwortlichen, die im Alltag mit Kindern, Jugendlichen und Erwachsenen zu tun haben. Soziale und erzieherische Praxis kann nicht warten, bis die für eine solide Aus- und Fortbildung notwendigen Wissensbestände und systematisierten Erfahrungen vorhanden sind. Entsprechend gab es immer schon Autodidakten, die ihre Erfahrungen in die Aus- und Fortbildung der nächsten Generation von Multiplikatorinnen und Multiplikatoren eingebracht haben. Hinzugekommen sind jene Institutionen und Einzelpersonen, die durch Forschungsaufträge im Zusammenhang mit den aktuellen Problemthemen Informationen und Einsichten bekommen haben, die sie zunächst in die Ausbildung an Universitäten und Fachhochschulen, zunehmend auch in die Fortbildung einfließen lassen.

An wenigen Fachhochschulen und Universitäten sind neuerdings kleinere Bausteine, sehr selten ein sexualpädagogischer Schwerpunkt (wie z. B. im erziehungswissenschaftlichen Diplom an der Universität Kiel) studierbar. Meist handelt es sich um berufsbegleitende Weiterbildungen an darauf spezialisierten Instituten wie z. B. die Ausbildung zum Sexualpädagogen und zur Sexualpädagogin am bundesweit arbeitenden Institut für Sexualpädagogik mit seinem Sitz in Dortmund oder bei Pro Familia.

Literatur

Amendt, G.: Sex-Front. Frankfurt/M. 1970
Bach, K. R.: Zur Entwicklung der Sexualpädagogik in der DDR. In: Homann, J. S.: Sexuologie in der DDR. Berlin 1991
Barkow, R.: Die Sexualpädagogik von 1918–1945. Diss. Münster 1980
Bartholomäus, W.: Lust aus Liebe. Die Vielfalt sexuellen Erlebens. München 1993
Berger, M.: Sexualerziehung im Kindergarten. Frankfurt/M. 1992
Borrmann, R.: Die sexuelle Belehrung der Kinder und Jugendlichen unter besonderer Berücksichtigung der Teilnahme des Lehrers. Berlin 1961
BZgA (Bundeszentrale für gesundheitliche Aufklärung) (Hg.): Sexualpädagogische Aus- und Fortbildung in der Bundesrepublik Deutschland. Köln 1997
BZgA (Hg.): Sexualität und Kontrazeption aus der Sicht der Jugendlichen und ihrer Eltern. Forschung und Praxis der Sexualaufklärung und Familienplanung. Band 8. Eine repräsentative Studie von I. Schmidt-Tannwald und N. Kluge. Köln 1998
BzgA (Hg.): Sexualpädagogische Konzepte. Forschung und Praxis der Sexualaufklärung und Familienplanung. Band 9. Eine Expertise von G. Glück unter Mitarbeit von S. Bey, A. Hilgers und I. Weiß. Köln 1999
Glück, G./Scholten, A./Strötges,G.: Heiße Eisen in der Sexualerziehung. Wo sie stecken und wie man sie anfasst. Weinheim 1990
Herrath, F./Sielert, U. (Hg.): Jugendsexualität zwischen Lust und Gewalt. Wuppertal o. J.
Herrath, F./Sielert, U.: Lisa und Jan. Ein Aufklärungsbuch für Kinder und ihre Eltern
Hodann, M.: Bub und Mädel. Rudolstadt 1926

IPTS (Landesinstitut Schleswig-Holstein für Praxis und Theorie der Schule) (Hg.): Sexualpädagogik – AIDS-Prävention mit Methoden des lebendigen Lernens. Kiel 1994

Kentler, H.: Sexualerziehung. Reinbek 1970

Kluge, N. (Hg.): Sexualerziehung als Unterrichtsprinzip. Darmstadt 1976

Kluge, N.: Einführung in die Sexualpädagogik. Darmstadt 1978

Kluge, N. (Hg.): Handbuch der Sexualpädagogik. Band 1 und 2. Düsseldorf 1984

Hunger, H.: Das Sexualwissen der Jugend. München 1954

Koch, F./Lutzmann, K. H.: Stichwörter zur Sexualerziehung. Weinheim 1989

Krüger, H. H./Helsper, W.: Einführung in die Grundbegriffe der Erziehungswissenschaft. Opladen 1995

von Martial, I.: Geschlechtserziehung in der Schule. In: Pädagogik und freie Schule, Heft 43, 1991

Maskus, R.: 20 Beiträge zur Sexual- bzw. Geschlechtererziehung. St. Augustin 1979

Meves, C.: Kindgerechte Sexualerziehung. Bilanz und Neuanfang. Vellmar/Kassel 1992

Milhoffer, P. (Hg.): Sexualerziehung von Anfang an! Frankfurt/M. 1995

Müller, W.: Skeptische Sexualpädagogik. Möglichkeiten und Grenzen schulischer Sexualerziehung. Weinheim 1992

Reich, W.: Die sexuelle Revolution. Frankfurt/M. 1969

Schille, H. J.: Die Vermittlung und Aneignung von Normen der Sexualmoral im Unterricht der 9. Klasse der allgemein bildenden polytechnischen Oberschule und ihre einstellungsbildende Wirkung. Jena 1969

Scarbath, H.: Geschlechtserziehung. Motive, Aufgaben und Wege. Heidelberg 1969

Schmauch, U.: Körperberührung unter Generalverdacht? Zur Skandalisierung und Tabuisierung von sexuellem Kindesmißbrauch. In: Zeitschrift für Sozialisationsforschung und Erziehungssoziologie 1996, S. 284–297

Schmidt, G.: Das Große Der Die Das. Über das Sexuelle. Herbstein 1986

Sielert, U./Marburger, H.: Sexualpädagogik in der Jugendhilfe. Neuwied 1990/Weinheim 1991

Sielert, U.: Sexualpädagogik. Konzeption und Materialien für die Aus- und Fortbildung von Multiplikatoren. Weinheim 1993

Sielert, U./Keil, S.: Sexualpädagogische Materialien für die Jugendarbeit in Freizeit und Schule. Weinheim 1993

Wanzeck-Sielert, Chr.: Der Mißbrauchsdiskurs und seine Auswirkungen auf Sexualität und Sexualerziehung. In: BZgA-Forum Sexualaufklärung, Heft 1/2, 1997, S. 22–26

Wawarzonnek, M.: Implizite Sexualpädagogik in der Sexualwissenschaft 1886–1933. Eine Rekonstruktion disziplinärer Einflussfaktoren und Legitimationsstrategien. Köln 1984

Wolf, W.: Max Hodann (1894–1946) Sozialist und Sexualreformer. Hamburg 1993

MICHAEL-SEBASTIAN HONIG

Sozialpädagogik

In Erinnerung an Klaus Mollenhauer (1928–1998)

1. Begriff

Studierende erwarten von der Sozialpädagogik, zumal wenn der Name in der Verbindung „Sozialpädagogik/Sozialarbeit" auftritt, meist eine „Wissenschaft für die Praxis". Diese Erwartung wird oft enttäuscht; die Klagen über eine Kluft zwischen „Theorie" und „Praxis" sind notorisch. Sie zeigen eine Unsicherheit über den Wissenschaftsstatus der Disziplin Sozialpädagogik an. Bereits 1966 hat KLAUS MOLLENHAUER einen Beitrag zur Frage „Was heißt ‚Sozialpädagogik'" mit einer verärgerten Bemerkung über die lästige und verwirrende Vieldeutigkeit dieses Ausdrucks (einen Überblick gibt MERTEN 1998) eingeleitet und den Wunsch geäußert, das Wort möge verschwinden, damit man über die Sache reden könne (MOLLENHAUER 1998a, 307).

Was heute vieldeutig, ja: fragwürdig geworden ist, war in den 20er Jahren dieses Jahrhunderts paradigmatisch geklärt worden (NIEMEYER 1998). In Abgrenzung von „Individualpädagogik" zielte die Rede von Sozialpädagogik bei NATORP (1920) auf „die sozialen Bedingungen der Bildung und die Bildungsbedingungen des sozialen Lebens" (NATORP zit. NIEMEYER 1997, 41). Sozialpädagogik hat danach ihr Thema in den ökonomisch und politisch determinierten Vergesellschaftungsprozessen, die sie im Horizont der Utopie einer gerechten, einer gleichsam gemeinschaftlichen Gesellschaft betrachtet. Gegen diese sozialphilosophische Sozialpädagogik „jenseits von Fürsorge und Wohlfahrt" (NIEMEYER 1998, 96) zielt die Rede von Sozialpädagogik bei NOHL (1927) in Abgrenzung von „Normalpädagogik" auf eine Klientel und einen Objektbereich erzieherischen Handelns und bestimmt ihre Aufgabe als „individuelle Lösung einer vorhandenen Not" (NOHL zit. NIEMEYER 1989, 1420). Sozialpädagogik war danach eine hermeneutisch-pragmatische Wissenschaft (THIERSCH/RAUSCHENBACH 1987, 995 ff.), die professionelles Handeln pädagogisch zu begründen beanspruchte und ihren scheinbar selbstverständlichen Objektbereich in der seit 1922 im Reichsjugendwohlfahrtsgesetz kodifizierten Jugendwohlfahrtspflege fand (MOLLENHAUER 1994).

Die Frage, was Sozialpädagogik „ist", scheint indes um so schwerer zu beantworten, je erfolgreicher die sozialpädagogische Profession ist. Als sozialstaatlich verfasster Sektor personenbezogener sozialer Dienstleistungen ist die außerschulische Pädagogik in den 70er und 80er Jahren dieses Jahrhunderts in (West-)Deutschland zu einem Element sozialer Infrastruktur geworden, das es schon rein quantitativ mit dem herkömmlichen schulischen Bildungssystem aufnehmen kann (RAUSCHENBACH 1992, 1999). Was aber haben die Betreuung von Kindern in Krippe und Kindergarten mit der Heimerziehung zu tun? Was haben Streetwork, Jugendberufshilfe und Schuldnerberatung, Arbeit mit misshandelten Mädchen und Frauen, die Moderation von Selbsthilfegruppen, sozialpädagogische Familienhilfe und Altenpflege – um nur einige wenige Beispiele für das Nebeneinander von traditionsreichen und neu entstandenen, oft rasch sich verändernden Arbeitsfeldern zu nennen – miteinander gemeinsam? Sozialpädagogik erscheint als traditioneller Terminus für einen Teilbereich Sozialer Arbeit (KLATETZKI/VON WEDEL-PARLOW 1998), die ihrerseits kaum mehr als ein Etikett heterogener Einrichtungen und Praktiken ist. Ihre Vielfalt ist so groß, dass „ihre Zusammenfassung in einem vereinheitlichenden Begriff gewaltsam" (MOLLENHAUER 1998a, 313) erscheint. Will man mit NOHL Sozialpädagogik als eine Reflexion erzieherischer Erfahrung verstehen, sind disziplinärer Terminus und Handlungsfelder kaum noch miteinander in Deckung zu bringen, mehr noch: Eine diffuse Allzuständigkeit der Sozialpädagogik wirft die Frage auf, ob eine Theorie ihres Gegenstandsbereichs überhaupt möglich ist (vgl. BOMMES/SCHERR 1996, WINKLER 1999a).

Wenn aber nicht mehr klar ist, wovon überhaupt die Rede ist, gerät das Programm einer „praktischen Wissenschaft", einer „reflexion engagée", unvermeidlich in eine Krise; das würde die Unzufriedenheit vieler Studierender erklären. Daraufhin stellen die einen das autoritative Verständnis der Sozialpädagogik als Hermeneutik pädagogischen Handelns in Frage und suchen sie als gesellschaftliches Funktionssystem zu analysieren (MERTEN 1997, WEBER/HILLEBRANDT 1999). Dagegen fordern andere das „(Sozial-)Pädagogische" der „(Sozialen) Arbeit" und der „Hilfe" ein (vgl. FATKE/HORNSTEIN 1987, MOLLENHAUER 1988).

Der folgende Gedankengang nimmt die Beobachtung der Diskrepanz von „Wort" und „Sache" (MOLLENHAUER) zum heuristischen Prinzip, um die Frage zu untersuchen, ob es so etwas wie einen „(sozial)pädagogischen Grundgedankengang" gibt, der die historische und gesellschaftliche Dynamik des Handlungsfeldes umfassen kann. Mit dieser Frage schließt dieser Beitrag an die aktuelle Debatte um die „kognitive Identität" (HORNSTEIN) der Sozialpädagogik an. Die Stimmigkeit der folgenden Überlegungen hängt indes von einigen gravierenden thematischen Einschränkungen ab. Zu ihnen zählen die Ausblendung internationaler Aspekte und Entwicklungen, zu denen in diesem Zusammenhang auch die frühere DDR zählt, die Ausblendung des Nationalsozialismus zugunsten einer Betonung der NOHL/BÄUMERSCHEN Kanonisierung, ein Verzicht auf die differenzierte Darstellung der neueren theoretischen Ansätze und Kontroversen zugunsten einer Fokussierung auf die Problematik des Verhältnisses von Disziplin und Profession und nicht zuletzt eine Betonung von Überlegungen und Argumenten, die Klaus Mollenhauer zur Selbstverständigung der Disziplin beigetragen hat. Nicht zuletzt ist anzumerken, dass der Beitrag vor dem Hintergrund von Erfahrungen mit Fragen und Anliegen Studierender geschrieben wurde.

2. Geschichte

Die Diskrepanz zwischen der eigenlogischen Dynamik ihrer Aufgaben und dem Begriff, den sich die Sozialpädagogik als wissenschaftliche Disziplin davon macht, hat ihre historischen Wurzeln in der Auflösung der ständisch-feudalen Ordnung. „Die Fürsorge Alteuropas wollte die Not lindern, die Fürsorge des Absolutismus und der Aufklärung die Außenseiter-Populationen disziplinieren. Im 19. Jahrhundert trat mit dem kapitalistischen Lohnarbeiter ein neues Problem der Fürsorgepädagogik auf. Das neue Elend war die Freiheit" (PEUKERT 1986, 67). Daher lässt sich die historische Entwicklung sozialpädagogischer Handlungsfelder gewiss auf die hochmittelalterliche Armenfürsorge zurückführen (SCHERPNER 1962), entscheidend aber ist jener neuzeitliche Bruch, der Arme und Waisen, Alte und Kranke zu „Randständigen", zum Problem für eine produktive Selbstständigkeit normierende (Markt-)Gesellschaft macht. In diesem Sinne hat die Sozialpädagogik ihre Ursprünge in der industriellen Gesellschaft (MOLLENHAUER 1959). In der Sozialpädagogik sammeln sich daher zunächst „Anstrengungen, die darauf zielen, Prinzipien pädagogischen Erkennens und Handelns nutzbar zu machen" (NIEMEYER 1989, 1416), um als Erziehungsfürsorge Antworten auf die soziale Frage zu finden – und dies in Konkurrenz und Kontext mit anderen sozialreformerischen Zugängen (beispielsweise in der Armenfürsorge; vgl. SACHSSE 1986, WENDT 1995).

Dies lässt sich exemplarisch an der Entstehung öffentlicher Kleinkindererziehung in Deutschland demonstrieren (vgl. ERNING/NEUMANN/REYER 1987; REYER/KLEINE 1997). Bewahranstalten und Kleinkinderschulen reagieren nach 1830 auf das Strukturproblem der „doppelt freien" (MARX) Lohnarbeiterfamilie, Existenzsicherung und Kindererziehung miteinander zu vereinbaren. Das Sozialpädagogische an ihnen steckt in einem Doppelmotiv: Die Einrichtungen sollten zum einen die Mütter von den Aufgaben der Pflege und Betreuung entlasten, damit sie einer Erwerbsarbeit nachgehen können, die einer Verarmung vorbeugt; zum anderen sollten sie die körperliche Gesundheit der Kinder sichern und ihre sozialmoralische Entwicklung fördern. Sozialpädagogische Einrichtungen – dies lässt sich in anderer Weise, aber ebenso gut an dem mehrere Jahrzehnte früher als die ersten „Warteschulen" entstandenen Waisenhaus PESTALOZZIS in Stans oder auch an den durch WICHERN inspirierten „Rettungshäusern" (Vorläufern der Heimerziehung) zeigen – entstanden gleichsam an der Nahtstelle von materieller Armut und sozialer Verwahrlosung und sind durch eine armenerzieherische Intention gekennzeichnet. Das unterscheidet sie von FRÖBELS Kindergarten, der mit der öffentlichen Früherziehung eine Bildungskonzeption verband und (trotz seiner Forderung nach einem „Kindergarten für alle") primär die bürgerlichen Mütter ansprach. Erst im ausgehenden 19. Jahrhundert, als sozialreformerisch inspirierter Volkskindergarten, wurde die Zweigleisigkeit von Armenerziehung und Frühpädagogik in der öffentlichen Kleinkindererziehung überwunden.

Die Geschichte der öffentlichen Kleinkindererziehung lässt aber auch erkennen, dass die kapitalistische Industrialisierung nicht nur eine Umwälzung der Produktionsweise, sondern auch der sozialen Lebensformen, der Generationenverhältnisse und Biographien, der beruflichen und regionalen Zugehörigkeiten, kurz: eine soziokulturelle Umwälzung war. Die Jugendbewegung der Jahrhundertwende, aber bereits die bürgerliche Frauenbewegung einige Jahrzehnte zuvor zeigen diese Umwälzung an und treiben sie voran. Der Ausdruck „Jugendlicher" taucht überhaupt erst am Ende des 19. Jahrhunderts auf und ist von Beginn an assoziiert mit „Zuchtlosigkeit" und „Verwahrlosung" jugendlicher Angehöriger der Arbeiterklasse (PEUKERT 1986, ROTH 1983). Es ist die Durchsetzung der soziokulturellen Moderne (PEUKERT) als Geschlechter- und Generationenfrage, die der Sozialpädagogik ihre spezifische Bedeutung als Jugendwohlfahrtspflege gibt. Die klassische Sozialpädagogik hat ihr Spezifikum – und dies theoretisch formuliert zu haben, darin liegt u. a. die Bedeutung von NOHL – in der kulturpädagogischen Fassung des Jugendproblems; damit gewinnt sie zugleich eine theoretisch-disziplinäre Autonomie.

Die Gründung des Deutschen Reiches und die Bismarcksche Sozialgesetzgebung führten zu einer Neu-Definition der Rolle des Staates in der Sozialreform (SACHSSE 1986, 9), dem dritten maßgeblichen Faktor in der Geschichte der Sozialpädagogik. Die durchschnittlichen Risiken der Arbeiterexistenz: Erwerbslosigkeit, Krankheit, Invalidität und Altersarmut, wurden zur Aufgabe staatlicher Sozialpolitik. In den 80er Jahren des 19. Jahrhunderts entsteht so der für die deutsche Entwicklung kennzeichnende Zusammenhang von kapitalistischer Industrialisierung, neo-feudalem Obrigkeitsstaat und „konservativer Revolution". Von der Verstaatlichung der Arbeiterfrage profitierte auch die Klientel der Armenfürsorge: In den 90er Jahren, in der politischen Phase des „Neuen Kurses", kam es zu umfassenden Verbesserungen der kommunalen Sozialleistungen. Unter dem Stichwort der sozialen Fürsorge lassen sich kommunale Leistungen der Daseinsvorsorge zusammenfassen, die auf die Wahrnehmung von lebenslagen- und lebensphasenspezifischen Risiken reagieren (SACHSSE/TENNSTEDT 1988). In der sozialen Fürsorge der Kommunen bildeten sich die Anfänge eines neuen Berufsfeldes aus, das die bürgerliche Frauenbewegung des ausgehenden 19. Jahrhunderts zum Ort ihrer Kulturmission, der „geistigen Mütterlichkeit" machte. Die Ausbildung zur Kindergärtnerin ebnete den Weg, in eigenen Ausbildungsstätten Mütterlichkeit als Beruf zu erlernen (SACHSSE 1986, 114). Zu den neuen kommunalen Hilfen zählten neben der kommunalen Gesundheits- und Wohnungsvorsorge auch die Jugendfürsorge. Mit ihr ist eine sozialisationsbezogene Problemsicht (BÖHNISCH 1998) verbunden, ein Verständnis von Hilfsbedürftigkeit, das die Lebensumstände und die Person der Klienten, nicht zuletzt ihre Biographie, zum Bezugspunkt einer Pädagogisierung und Verwissenschaftlichung der Hilfe macht (MÜNCHMEIER 1997, 275). Es verwischt die Unterschiede zwischen individuellen Problemen und solchen, die die Lebensverhältnisse betreffen; dadurch wird eine Allzuständigkeit von Sozialpädagogik nahe gelegt (KLATETZKI/VON WEDEL-PARLOW 1998, 567).

Im demokratischen und sozialen Rechtsstaat Bundesrepublik Deutschland hat sich ein System personenbezogener sozialer Dienste entwickelt, das nicht mehr allein mit Fürsorge und Erziehung, sondern auch mit Betreuung, Pflege und Beratung zu tun hat, in dem die Kontrolle abweichenden Verhaltens mit Unterstützung und Förderung und mit der Wahrnehmung der Rechte von Kindern und Jugendlichen verbunden werden soll. Der Frankfurter Kommentar zum Kinder- und Jugendhilfegesetz bestimmt denn auch die Kinder- und Jugendhilfe nicht mehr lediglich als reaktive Intervention, sondern auch als offensive Interessenvertretung junger Menschen und als ressortbezogene Leistung (MÜNDER u. a. 1993, 81). Erneut taugt die öffentliche Kleinkindererziehung zum Exempel, hier für Kontinuität und Wandel im Vergleich zur Weimarer Zeit. Im „Krippenstreit" um die Jahrhundertwende und noch Mitte der 70er Jahre im Streit um die „Tagesmütter" waren pädagogische Aufgaben und Qualität Gegenstand z. T. erbitterter öffentlicher Debatten, heute dagegen gehören öffentliche Kleinkindereinrichtungen zur sozialen Infrastruktur der bundesdeutschen Gesellschaft. Der konstitutive Zusammenhang (das kleinfamiliale Strukturproblem, s. o.) von Arbeit und Erziehung ist nicht mehr allein negativ, als materielle Armut und soziale Verwahrlosung, sondern primär positiv, als Frage nach der Bildungsqualität der öffentlichen Tagesbetreuung von Kindern relevant. Diese erstaunliche Veränderung ist kaum erklärbar ohne einen soziokulturellen Prozess zur politisch-rechtlichen Gleichstellung von Frauen und Männern einerseits, ohne die ökonomische Erosion männlich dominierter Normalarbeitsverhältnisse andererseits; beides drückt sich in einer größeren Varianz von Lebensverläufen und Lebensentwürfen aus.

3. Gegenstandsbereich

3.1 Hauptgebiete

GERTRUD BÄUMER, Ende des 19. Jahrhunderts eine der Zentralfiguren der bürgerlichen Frauenbewegung in Deutschland und in der Weimarer Zeit als Ministerialrätin im Reichsinnenministerium an der Erarbeitung des Reichsjugendwohlfahrtsgesetzes (RJWG) und des Jugendgerichtsgesetzes (JGG) beteiligt, fasst in einer programmatischen Formel zusammen, was man die klassische Konzeption von Sozialpädagogik nennen kann: Sozialpädagogik sei „alles was Erziehung, aber nicht Schule, und nicht Familie ist" (BÄUMER 1929, 3). Die „Erziehungsfürsorge" gilt dem Kind; BÄUMER konzipiert sie subsidiär zur Familienerziehung. Die Erziehungsfürsorge übernimmt die Aufgabe einer staatlichen Erfolgskontrolle der pädagogischen Leistungen der Familie, sie greift in die negativen Folgen der Industrialisierung für Kinder und Jugendliche ein, schließlich leistet sie wissenschaftlich fundierte Hilfen für gefährdete Jugendliche selbst. BÄUMER folgt mit ihrer berühmten Formel nicht nur dem Nohlschen Konzept von Sozialpädagogik, sondern kennzeichnet zugleich den Ansatz des Reichsjugendwohlfahrtsgesetzes (RJWG) von 1922. Ein Jahr später (1923) folgte das Jugendgerichtsgesetz, mit dem der Erziehungsgedanke ins Strafrecht eingeführt wurde und ein eigenständiges Jugendstrafrecht/Jugendstrafvollzug entstand. Sozialpädagogik wird als Theorie der Jugendwohlfahrtspflege verstanden, ihren Gegenstandsbereich bestimmt das RJWG. Über ihre sozialpolitische und sozialadministrative Instrumentierung erhält „Sozialpädagogik" in der Trias von Jugendschutz, Jugendfürsorge und Jugendpflege – von der Arbeiter- wie von der Armenfrage gleichermaßen emanzipiert – ihre Aufgabe in individueller Not und Persönlichkeitsentwicklung.

Das Gesetz steht unter dem Leitsatz (§ 1 RJWG) „Jedes deutsche Kind hat ein Recht auf Erziehung zu leiblicher, seelischer und gesellschaftlicher Tüchtigkeit" (zit. PEUKERT 1986, 22). Es nennt sieben Hauptgebiete der Jugendwohlfahrtspflege: Das Jugendamt, die Familienfürsorge, den Kinderhort und die Tagesheime, die Jugendpflege, die Heimerziehung, die Erziehungsberatungsstellen und – dies die Grenzen des RJWG bereits überschreitend – die Kriminalpädagogik und überträgt die Gewährleistung des Rechts auf Erziehung der Institution „Jugendamt", das die Gebiete der Wohlfahrtspflege koordinieren soll. Im Kern ein Organisationsgesetz, hat das RJWG fast 70 Jahre der sozialen und politischen Umbrüche – über die rassistische Volkswohlfahrt des nationalsozialistischen Deutschland bis hin zu den Ansätzen einer Neu-Organisation sozialer Dienste und zu einem sozialstaatlichen Dienstleistungsangebot in den 80er Jahren – geschmeidig begleitet.

Erst 1990/91, mit Inkrafttreten des Kinder- und Jugendhilfegesetzes der Bundesrepublik Deutschland, ist das (Reichs-) Jugendwohlfahrtsgesetz abgelöst worden – nach mehr als zwanzig Jahre währenden Debatten und Gesetzesentwürfen. Das neue Gesetz ratifiziert denn auch zunächst lediglich die faktische historisch-gesellschaftliche Entwicklung der Jugendhilfe. Der § 1 KJHG ist immer noch „Recht auf Erziehung" überschrieben, aber der Zungenschlag unterscheidet sich grundsätzlich vom alten § 1 RJWG: „Jeder junge Mensch hat ein Recht auf Förderung seiner Entwicklung und auf Erziehung zu einer eigenverantwortlichen und gemeinschaftsfähigen Persönlichkeit." Die konzeptionellen Veränderungen lassen sich deutlich erkennen, wenn man die Angebote des neuen Rechts in den Kategorien des alten JWG darstellt (MÜNDER u. a. 1993; vgl. Bundesminister für Jugend, Familie, Frauen und Gesundheit 1990): Das Kinder- und Jugendhilfegesetz verspricht jedem Kind von 3 bis 6 Jahren einen Kindergartenplatz; die außerschulische Jugendbildung ist längst nicht mehr nur Jugendverbandsarbeit, kommunale Freizeitpädagogik und politische Bildung, sondern hat ihr Spektrum um die vielfältigen, aktuellen gesellschaftlichen Entwicklungen folgenden Formen der Jugendsozialarbeit erweitert; die Heimerziehung ist lediglich eine der vielfältigen Hilfen zur Erziehung; Beratungseinrichtungen, -leistungen und -angebote sowie unterschiedliche Hilfen für Familien und nicht zuletzt eigene Teilhabe- und Anhörungsrechte von Kindern haben das vertraute Repertoire der Jugendwohlfahrtspflege grundlegend verändert. Der Bereich der „Kriminalpädagogik" ist mittlerweile ebenfalls enorm differenziert und mit vielfältigen Instrumenten ausgestattet, die sich zum Teil mit neuen Instrumenten und Möglichkeiten des Jugendstrafrechts überschneiden. Völlig neue Gebiete treten hinzu, z. B. die Gesundheitsbildung, und vor allem die Jugendberufshilfen und die psychosozialen Hilfen für Arbeitslose.

Diese Konzeption fügt die Kinder- und Jugendhilfe in ein übergreifendes Verständnis von „Sozialer Arbeit" ein. Die Einbettung des Jugendhilferechts in das Sozialgesetzbuch (SGB VIII) drückt die entscheidende Veränderung aus: Die Kinder- und Jugendhilfe soll ein Leistungsangebot sein. Das in Unterstützung und Kontrolle subsidiär zum Primat der Familie konzipierte (R)JWG wird abgelöst durch einen Katalog sozialstaatlicher Leistungen, der sich an alle Bürger richtet. Damit sind auch die Kinder und Jugendlichen gemeint. Die Maxime „Wohl des Kindes" adressiert sie nicht mehr ausschließlich als Menschen, die eine Familie haben, hatten oder haben müssten, sondern – zumindest perspektivisch – als Akteure, als Bürger in einer Zivilgesellschaft.

3.2 Aktuelle Probleme und Bearbeitungsmuster

Die Kinder- und Jugendhilfe von 1990 gewinnt ihr Selbstverständnis nicht mehr in Abgrenzung von und in Beziehung zur „Normalpädagogik", institutionell gesprochen: nicht mehr in Abgrenzung von Familie und Schule, wie es von NOHL/BÄUMER einst kanonisiert wurde – sie ist vielmehr selber zu einer Art „Normalpädagogik" geworden. Sozialpädagogische Angebote haben seit den 70er Jahren in weiten Bereichen einen Lebenslagen stützenden und präventiven Charakter gewonnen (LÜDERS/WINKLER 1992, 364), die eine „kurative" (Lenzen), lebenslaufbegleitende Funktion haben. Sie haben sich von einer Nothilfe zur Infrastruktur gewandelt, die sich nicht mehr nur an Problemkinder, sondern an Kinder und Jugendliche als Bevölkerungsgruppe und an Kindheit und Jugend als Lebensphasen und Lebenslagen richtet. Die Kinder- und Jugendhilfe ist ein öffentliches „Instrument zur Unterstützung und Versorgung, zur Begleitung und Hilfe von Menschen in problembehafteten Lebenslagen und Lebensphasen, aber auch in ganz gewöhnlichen Angelegenheiten des alltäglichen Lebens" (RAUSCHENBACH 1992, 410) geworden. Neben der Sozialhilfe, der Altenhilfe, der Behinderten- und Gesundheitshilfe bildet die Kinder- und Jugendhilfe ein Feld öffentlich finanzierter, subsidiär organisierter personenbezogener Dienstleistungen (KLATETZKI/VON WEDEL-PARLOW 1998). Die Autoren des Achten Jugendberichts (Bundesminister für Jugend, Familie, Frauen und Gesundheit 1990) haben ihre Strukturmaximen bestimmt: Prävention, Regionalisierung, Alltagsorientierung, Partizipation und Integration. Die Kinder- und Jugendhilfe folgt damit einem bereits seit rund 25 Jahren sich abzeichnenden sozialpolitischen Trend von Schutz und Fürsorge zu lebensphasen- und lebenslagenspezifischer Unterstützung und Förderung. An die Stelle der Vorstellung von Adressaten als Opfern und Anspruchsberechtigten tritt eine Vorstellung akteursbezogener Sozialintegration in einer individualisierten Gesellschaft.

Entsprechend sind die sozialen Berufe expandiert. Die Relation zwischen LehrerInnen einerseits, Sozial- und Erziehungsberufen (so die Bezeichnung der amtlichen Statistik) andererseits, hat sich von 10 zu 3 in den 50er und 60er Jahren auf gegenwärtig bis zu 10 zu 8 verschoben (RAUSCHENBACH 1992, 390 f.). Die Jugendhilfe bildet darin mit über 300.000 erwerbstätigen Personen das größte Segment (a. a. O., 393). Die sozialen Berufe haben im Zuge ihrer Expansion zugleich eine Akademisierung und Professionalisierung durchgemacht. Nimmt man den Bereich der vorschulischen Erziehung aus (für den nicht an Universitäten und Fachhochschulen ausgebildet wird), dann hat der Anteil diplomierter Erziehungswissenschaftler unter den Erwerbstätigen der sozialen Arbeit in den etwa 25 Jahren, in denen es den Diplomstudiengang gibt, rund 20 % erreicht (a. a. O., 396). Dieser Befund dokumentiert eine Umstrukturierung des öffentlichen Erziehungs- und Sozialwesens, die sich besonders stark seit den 70er Jahren vollzogen hat (1970 kann als Zäsur betrachtet werden) und seither – nach den letzten vorliegenden Zahlen von 1997 und von Schwankungen abgesehen – anhält. Indes handelt es sich keineswegs um ein einheitliches Berufsfeld, im Gegenteil: „Zersplitterung und Eigendynamiken bzw. Eigengesetzlichkeiten unterschiedlicher Aufgaben, Altersgruppen und Arbeitsfelder" (a. a. O., 398) haben eher noch zugenommen.

Die „Normalisierung" (LÜDERS/WINKLER) bedingt eine ganze Reihe von Aufgaben und Leistungen, die sich allenfalls in einem metaphorischen Sinne jenem Verständnis von „Erziehung" zuordnen lassen, das GERTRUD BÄUMER in ihrem erwähnten Aufsatz als Erkennungszeichen von Sozialpädagogik bestimmt hatte – ungeachtet der Tatsache, dass das Wort im zitierten § 1 KJHG auftaucht. Das gilt besonders für die Beratungsangebote, erst recht aber für die zahlreichen Dienstleistungsangebote der Jugendhilfe für Erwachsene, die eigenen Hilfen für Volljährige und die Funktion der Jugendhilfe als soziale Infrastruktur (z. B. Kindergärten). Statt dessen gehören Planung und Diagnostik, Sozialmanagement und Evaluation, und wie eine übergreifende begriffliche Klammer: Dienstleistungsorientierung (FLÖßER/OTTO 1996, Bundesminister für Familie, Senioren, Frauen und Jugend 1994) zu den Stichworten, die programmatisch aktuelle Aufgaben und Probleme der Sozialen Arbeit bezeichnen. Alte Grenzen wie die zwischen Jugend- und Sozialhilfe oder Familien-, Arbeitsmarkt- und Sozialpolitik weichen neuen Konfigurationen; sie kommen beispielsweise als Kinderpolitik zum Ausdruck bzw. als Forderung nach kinderbezogenen Reformen des Sozialstaats (OLK/MIERENDORFF 1998); das neue Kindschaftsrecht von 1998 fügt sich hier konzeptionell gut ein. Damit wird „Jugendhilfe", obgleich ein gesetzlich fixierter Leistungskatalog, konzeptionell zu einem ebenso unscharfen Ausdruck wie „Sozialpädagogik". Gegen Ende der 90er Jahre wird der sozialstaatliche Konsens, in den sich professionelle Qualitätsansprüche und Bedarfsdefinitionen in den Jahrzehnten der sozialstaatlichen Modernisierung einbetten konnten, unter dem Leitmotiv eines „new public management" durch betriebswirtschaftliche Effizienzkalküle neu definiert, wenn nicht aufgekündigt. Der Zusammenhang von Arbeit, Armut und Zuschnitt von Lebensphasen und Lern- und Entwicklungschancen wird wieder virulent. „Die ... Tendenzen zunehmender Dynamisierung und Ausdifferenzierung der Lebensverhältnisse, die ... Erosion ... sozial-moralischer Milieus und Institutionen, zuletzt auch der Verlust von sozialstaatlich gesicherten Lebensformen machen es ... erforderlich, Angebote und Leistungen der Jugendhilfe zu normalisieren" (WINKLER 1999b, 354). Parallel jedoch ist eine Zuspitzung „klassischer" sozialer Notlagen und – gleichsam quer dazu – pädagogisch relevanter Problemlagen zu beobachten: „Formen der elterlichen Überforderung (spielen) eine zunehmend wichtige Rolle. Im Kern geht es perspektivisch darum, gegenüber tiefreichenden Verunsicherungen bei Kindern Stabilität aufzubauen, Bindungen und Bindungsfähigkeit herzustellen, dann elementare Handlungsdispositionen zu begründen, Orientierungsmöglichkeiten zu schaffen und einer Aneignung zur Verfügung zu stellen" (a. a. O., 353). Diese Anzeichen für eine Polarisierung der Sozialen Arbeit zwischen „Normalisierung" und „Nothilfe", zwischen „Dienstleistung" und „Erziehung" verleihen dem notorischen Befund der Heterogenität, ja: Diffusität aktuelle Brisanz.

4. Theorien und Methoden

Warum bedarf es überhaupt einer Theorie der Sozialpädagogik? Welche Aufgabe, welches Ziel hat sie? Allgemeinste Aufgabe einer Theorie der Sozialpädagogik, so MOLLENHAUER, ist die Klärung der Frage, ob es einen Zusammenhang der Kinder- und Jugendhilfe gibt, der nicht lediglich „vom Prinzip verwaltungsmäßiger Zweckmäßigkeit diktiert" (MOLLENHAUER 1998a, 313), sondern – wie er an anderer Stelle formuliert (MOLLENHAUER 1988) – von einem „pädagogischen Grundgedankengang" bestimmt ist. Ihr allgemeinstes Ziel ist es, so lässt sich mit MICHAEL WINKLER diese Frage beantworten, „einen Modus der Reflexion und der Selbstreflexion zur Verfügung stellen" (WINKLER 1988, 19; 1995). Dieses Verständnis von Aufgabe und Ziel einer Theorie der Sozialpädagogik ist nicht selbstverständlich, und es ist keineswegs auch das einzig mögliche (vgl. ENGELKE 1998). Ist es aber mehr als eine sprachlich renovierte Neu-Auflage des Nohlschen Programms? WALTER HORNSTEIN charakterisiert den Gegenstandsbereich der Sozialpädagogik im 39. Beiheft der Zeitschrift für Pädagogik, das „Brennpunkte sozialpädagogischer Forschung, Theoriebildung und Praxis" betitelt ist (HORNSTEIN 1999), mit folgenden Worten: „Sozialpädagogik hat es in besonderer Weise mit gesellschaftlichen Wandlungsprozessen zu tun, ist in sie verflochten und verstrickt, und dies ist zusammen mit dem Interesse an der Frage, was dieser Wandel für Lebenschancen und Lebensführung der Individuen bedeutet, konstituierend für Struktur und Aufgabenverständnis der Sozialpädagogik – … ihr eigentliches Thema" (a. a. O., 7). Hier ist die klassische Bestimmung der Sozialpädagogik als Theorie der Jugendhilfe, als Selbstvergewisserung einer erzieherischen Praxis offenbar aufgegeben, von Erziehung und Bildung ist nicht die Rede.

4.1 Grundlagen und Konkurrenz der Theoriekonzepte

Mollenhauer hatte in seinem eingangs zitierten Text von 1966 das Problem einer Theorie der Sozialpädagogik als eine doppelte Frage formuliert: Gibt es einen strukturlogischen Zusammenhang von Praktiken, Institutionen und Diskursen personenbezogener Dienstleistungen, und wenn ja: lässt er sich als pädagogischer Zusammenhang beschreiben? Die Debatte darüber wird gegenwärtig nach zwei Seiten hin geführt:

- Auf der einen Seite geht es um das Verhältnis der Sozialpädagogik zur Allgemeinen Pädagogik. REINHARD FATKE und WALTER HORNSTEIN leiteten 1987 mit ihren einführenden Bemerkungen in ein Themenheft der „Zeitschrift für Pädagogik" eine bis heute nicht abgeschlossene Auseinandersetzung mit dem zentralen Vorwurf ein, der Sozialpädagogik seien im Prozess ihrer Versozialwissenschaftlichung Fragestellung und Gegenstand als pädagogischer Teildisziplin abhanden gekommen; und sicherlich nicht zufällig zitieren FATKE/HORNSTEIN an dieser Stelle WILHELM FLITNERS Begriff des pädagogischen Grundgedankengangs (FATKE/HORNSTEIN 1987, 590). Seither ist die Frage nach der „disziplinären Identität" (ebda.) in den Debatten der Sozialpädagogik virulent. Die Kontroverse ist aber bereits in dem erwähnten Text MOLLENHAUERS angelegt: Einerseits stellt er sich den Gegenstand einer Theorie der Sozialpädagogik als pädagogische Struktur vor (und beschreibt diese später in den „Theorien zum Erziehungsprozess" von 1972 als sinnkonstituierende, sinntradierende und sinnerschließende Dimensionen pädagogischer Felder); andererseits sei die „Struktur des Geschehens" (MOLLENHAUER 1998a, 314) nicht mehr mithilfe des alltagssprachlichen Verständnisses von „Erziehung" und „Jugendhilfe" zu charakterisieren und habe infolgedessen „in einer pädagogischen Theorie keinen legitimen Ort mehr" (ebda.; vgl. NIEMEYER 1998, 191 ff.); HANS THIERSCH hat an dieser Stelle später einen lebensweltlich reflektierten Begriff des Alltagshandelns als Schlüsselbegriff einer sozialwissenschaftlich informierten Hermeneutik der Erziehungswirklichkeit eingeführt (THIERSCH 1978).

- Auf der anderen Seite geht es um den Anspruch, Soziale Arbeit als Sozialwissenschaft zu begründen und von der Pädagogik abzukoppeln (nicht zu verwechseln mit einem Ansatz, Sozialpädagogik bzw. Erziehungswissenschaft als Sozialwissenschaft zu betreiben). Hier wird die Frage nach dem Gegenstand der Sozialpädagogik gleichsam von der gegenüberliegenden Seite, vom Professionswissen her gestellt. Ansätze zu einer Sozialarbeitswissenschaft drängen auf die Relativierung der Pädagogik als Bezugswissenschaft. Schon in den 20er Jahren gab es Ansätze zu einer Fürsorgewissenschaft (KLUMKER, SCHERPNER; vgl. THOLE/GALUSKE/GÄNGLER 1998), die an „Hilfe" statt an Erziehung und Bildung als Leitkonzepten orientiert war (vgl. NIEMEYER 1994). Als „Wissenschaft personenbezogener Dienstleistungen" (EFFINGER) hat das Programm einer Sozialarbeitswissenschaft den historischen Strukturwandel der Sozialpädagogik zu einem sozialstaatlichen Leistungsangebot und dessen Verselbständigung gegenüber dem Bildungssystem auf seiner Seite. Es handelt sich dabei, wie GÄNGLER und RAUSCHENBACH (1996) festhalten, um einen professions- (also nicht um einen wissenschafts-) theoretischen „Disput um eine adäquate Gegenstandsbestimmung Sozialer Arbeit": Worin besteht die zentrale Gemeinsamkeit der beruflichen Praxis, die es wissenschaftlich zu bearbeiten gilt (a. a. O., 159)? Ob diese Frage eine eigenständige Sozialarbeitswissenschaft rechtfertigt oder nicht eher ein Forschungsdefizit der Sozialpädagogik markiert, darf nach dem bisherigen Stand der Debatte (MERTEN/SOMMERFELD/KODITEK 1996) skeptisch gefragt werden.

Im Hintergrund dieser Kontroverse steht u. a. eine Problematik, die traditionell „Theorie-Praxis-Problem" genannt wird. Studierende missverstehen es oft als Übertragungs- oder Anwendungsproblem; dabei wird übersehen, dass sich diese Problematik sowohl auf einer gegenstands- als auch auf einer erkenntnistheoretischen Ebene stellt. Gegenstandstheoretisch wird mit „Praxis" meist auf das individuelle berufliche Handeln in der Sozialen Arbeit Bezug genommen; „Praxis" hat aber schon bei SIEGFRIED BERNFELD die Bedeutung gesellschaftlicher – nicht: beruflicher – Praxis, einer sozialen Tatsache: Erziehung als ein Element der Sozialstruktur. Analog wird das Theorie-Praxis-Problem erkenntnistheoretisch meist auf die Teilnehmerperspektive bezogen und meint dann berufsethische Probleme; dabei wird die Fragehaltung übersehen, die der Bezug einer theoretischen Einstellung auf „Praxis" hervorbringt, in der „Praxis" zum Gegenstand von Erkenntnisprozessen, zum Gegenstand von Untersuchungen wird. Diesen Unterschied hat MOLLENHAUER (1996, 872) pointiert: Die Probleme praktischen Handelns werfen Fragen auf, wie das Handeln beschaffen sein soll: berufsethische Fragen; als Erkenntnisproblem wirft die Praxis der Sozialen Arbeit hingegen Fragen danach auf, „was der Fall ist" (ebda.). Derart erläutert wird deutlich, worin das Missverständnis besteht: Berufsethische Fragen können nicht dadurch beantwortet werden, „was der Fall ist", und Forschungsfragen zur Realität pädagogischer Felder (einschließlich ihrer ethischen Dimension) lassen sich nicht berufsethisch beantworten. MOLLENHAUERS Hinweis auf die Kluft zwischen „Wort" und „Sache", der in diesem Beitrag als Leitmotiv fungiert, bezieht sich mithin auf ein Erkenntnis-, nicht auf ein handlungspraktisches Problem. Bezugspunkt der wissenschaftlichen Reflexion auf die Erziehungstatsache ist nicht die erzieherische Erfahrung des Praktikers, sondern die Forschungspraxis.

Die Unterscheidung der Theorie-Praxis-Problematik als erkenntnisbezogene und als berufsmoralische Problematik darf aber nicht zu dem Fehlschluss verleiten, als ließen sich die handlungspraktischen Probleme nach dem Modell der Subsumtion von Einzelfällen unter generelle Regeln lösen (dazu grundsätzlich FUHR 1998). Das professionelle sozialpädagogische Handeln impliziert vielmehr immer schon theoretische, das heißt: erkenntnisbezogene Anteile, genauer: Es findet keine sozialpädagogischen Sachverhalte vor, sondern konstituiert sie erst durch seinen reflexiven Zugang, indem es sie kognitiv als sozialpädagogisch relevante Sachverhalte strukturiert. Diese doppelte Wertigkeit handlungspraktischer Vollzüge ist funktional, wie MICHAEL WINKLER unterstreicht, denn die Handlungsvollzüge sind von einer doppelten „Ungewißheitssituation" gekennzeichnet, „einerseits mit stets unterschiedlichen Individuen, andererseits aber in kaum typisierbaren Zusammenhängen arbeiten zu müssen" (WINKLER 1988, 81), die nicht routinisiert werden können. Gegenstand einer Theorie der Sozialpädagogik, so WINKLER, ist daher zwar nicht die Praxis beruflichen Handelns, aber deren Diskursivität, sie ist also „eine Reflexion der Reflexion" (WINKLER 1988, 73). Die Theorie der Sozialpädagogik finde ihren Gegenstand, ihren Ausgangspunkt „in der reflexiven Identifizierung der sozialen und pädagogischen Probleme, die in der industriellen Revolution entstanden waren" (a. a. O., 22). Die disziplinäre, theoretische Gegenstandsbestimmung folgt – wie schon MOLLENHAUER betont hatte – eigenen Regeln, insofern ist die Differenz von „Theorie" und „Diskurs" irreversibel; WINKLER vertritt also gleichsam eine Position der „doppelten Konstitution" von Sozialpädagogik. Es ist gerade diese Doppelheit, die Praktikern eine reflektierte Praxis, und Forschern eine erfahrungshaltige Theorie ermöglichen soll.

Eine Theorie der Sozialpädagogik muss m. E. eine Theorie ihrer Notwendigkeit sein, und sie muss erklären, warum Sozialpädagogik ihre bestimmte Form (beispielsweise als „Soziale Arbeit") hat. Nur dann kann sie ihren Gegenstandsbezug, ihren „Gesichtspunkt, mit dessen Hilfe sie ihr Gegenstandsfeld konstruiert" (MOLLENHAUER 1998a, 320), begründen. In diesem Sinne sprach Mollenhauer von einer „Gesellschaftstheorie in pädagogischer Absicht" als Desiderat einer Begründung von Sozialpädagogik (a. a. O., 318; KRÜGER/THOLE 1998). Dieser Forderung folgen die vor allem in den 70er Jahren dominierenden marxistisch inspirierten Ansätze einer Theorie Sozialer Arbeit als Gewährleistung der Reproduktion der Arbeitsfähigkeit und Arbeitswilligkeit (u. a. HOLLSTEIN/MEINHOLD 1973) ebenso wie die heute bestimmenden systemtheoretischen Ansätze, die Soziale Hilfe als Funktionssystem der Gesellschaft zu beschreiben suchen (u. a. BAECKER 1994). Von Beginn an standen diese Soziologien Sozialer Arbeit indes in der Kritik subjekttheoretisch argumentierender Theorien von Hilfsbedürftigkeit (u. a.

BRUMLIK/KECKEISEN 1976) und lebensweltorientierter Theorien sozialpädagogischen Handelns (THIERSCH 1978).

4.2 Hauptforschungsbereiche

Die beträchtliche Expansion der sozialen Berufe und ihre Professionalisierung seit den 70er Jahren, besonders in der Kinder- und Jugendhilfe, wurden nicht von einer entsprechenden Ausweitung empirischer und theoretischer sozialpädagogischer Forschung begleitet. Nicht, dass es etwa keine Jugendhilfeforschung gegeben hätte (Überblick bei HORNSTEIN 1999). Die sozialstaatlichen Reformen seit den 70er Jahren haben geradezu einen Forschungsboom und auch eine entsprechende Infrastruktur hervorgebracht. So sind die Reform der Vorschulerziehung, die Debatte um die Reform der Jugendhilfe und der beruflichen Bildung, die Entwicklung neuer Hilfeformen von der Sozialpädagogischen Familienhilfe bis zum Streetwork oder die Evaluation familienpolitischer Instrumente wie des Erziehungsurlaubs – um nur wenige Felder exemplarisch aufzuzählen – wissenschaftlich mit-konzipiert, modellhaft erprobt und in ihren Konsequenzen begleitet worden. Es sind eine ganze Reihe von Forschungseinrichtungen entstanden, unter denen das Deutsche Jugendinstitut (DJI) in München – es nahm bereits 1963 seine Arbeit auf – bis heute das größte und wichtigste ist. Bereits 1976 legte das DJI eine Bestandsaufnahme und Analyse der „Forschung zu Problemen der Jugendhilfe" vor (BAUER/BERG/KUHLEN 1976). Unter dem Namen „Handlungsforschung" entstand eine eigene Methodologie der Untersuchungstätigkeit im pädagogischen Feld (HEINZE et al. 1975). Sie basierte auf der zentralen Einsicht, dass der Gegenstandsbereich sozialpädagogischer Forschung von den Akteuren im Feld mit-konstituiert, nicht lediglich bearbeitet wird.

Trotzdem ist die Sozialpädagogik immer noch weniger eine forschungsorientierte Disziplin als eine „Ausbildungs- und Praxiswissenschaft" (LÜDERS 1989). Sie sucht der Verstrickung sozialpädagogischer Praxis in den raschen sozialen Wandel Rechnung zu tragen und verfügt über eine beträchtliche Problemsensibilität; aber es gibt zu wenige Untersuchungen darüber, „was der Fall ist", wie das sozialpädagogische Feld sich konstituiert. „Von einer eigenen sozialpädagogischen Forschungskultur (…) kann allenfalls in Ansätzen gesprochen werden" (RAUSCHENBACH/THOLE 1998b, 9). So sind auch in der Debatte über eine Theorie der Sozialpädagogik forschungsbasierte Konstrukte selten; zu den Ausnahmen zählen WALTER HORNSTEIN (1995) und STEPHAN WOLFF (1983). Erst etwa seit Beginn der 90er Jahre kommt – lässt man die Debatte um die Begleitforschung einmal außer Acht – eine Diskussion über die Aufgaben sozialpädagogischer Forschung in Gang (RAUSCHENBACH/THOLE 1998a). So haben etwa der Achte und der Neunte Jugendbericht

(Bundesminister für Jugend, Familie, Frauen und Gesundheit 1990; Bundesminister für Familie, Senioren, Frauen und Jugend 1994) wichtige Impulse für eine Dauerbeobachtung der Jugendhilfe gesetzt. Seither ist einiges geschehen, um dem Mangel an schierem Faktenwissen abzuhelfen; zu erwähnen sind etwa die Debatte über die Jugendberichterstattung (RICHTER/COELEN 1997), die Analysen zur Jugendhilfestatistik (RAUSCHENBACH/SCHILLING 1997) und der Längsschnitt „Jugendhilfe und Sozialer Wandel" des Deutschen Jugendinstituts (SECKINGER/WEIGEL/VAN SANTEN/MARKERT 1998). Gegenwärtig werden auch Fragen der Evaluation und der Qualitätssicherung intensiv untersucht.

Legt man die oben entwickelten Überlegungen zu einer Theorie der Sozialpädagogik zugrunde, muss es um mehr gehen als um Forschung über die Kinder- und Jugendhilfe, nämlich um eine Methodologie sozialpädagogischer Forschung. Daher lautet die wissenschaftstheoretische Schlüsselfrage: Gibt es eine spezifisch sozialpädagogische Forschung (HOMFELDT/SCHULZE-KRÜDENER/HONIG 1999, LÜDERS 1998, MOLLENHAUER 1998b)? Zuweilen wird die Position vertreten, qualitative Verfahren – von narrativer Datenerhebung bis zur Strategie der Biografieforschung – hätten eine besondere Affinität zur Sozialpädagogik. Gegenwärtig wird ein Konzept rekonstruktiver Sozialpädagogik propagiert (JACOB/VON WENSIERSKI 1997), das in der Operation des Verstehens strukturelle Analogien zwischen Forschungs- und Praxisprozessen betont (zur Kritik: LÜDERS 1999). In der Debatte um die Re-Pädagogisierung der Sozialpädagogik spielte seinerzeit die Wahl des Objektbereichs für die Spezifität sozialpädagogischer Forschung eine große Rolle; FATKE/HORNSTEIN (1987) plädierten für Adressatenforschung und für die Analyse institutioneller Praktiken. Dies fügt sich einem Verständnis sozialpädagogischer Forschung als angewandter Sozialwissenschaft, die ihre Spezifität aus der Wahl ihrer Adressaten, Arbeitsfelder und sozialen Probleme bezieht (vgl. auch HORNSTEIN 1999). Oder besteht die Spezifität sozialpädagogischer Forschung darin, dass sich Forscherinnen und Forscher die gegenstandskonstituierende Perspektive der sozialpädagogischen Praktiker zu eigen machen? LÜDERS resümiert die Debatte, indem er feststellt: „Nirgends ist eine für konkrete Forschungsprojekte umsetzbare disziplinäre Konzeption in Sicht, mit deren Hilfe das Verhältnis von Fragestellung, Gegenstand und Methode als spezifisch sozialpädagogisches bestimmt und bearbeitbar gemacht werden könnte" (LÜDERS 1998, 127). Realistischer sei es, sozialpädagogisch relevante Forschung handwerklich ordentlich zu betreiben. Ähnlich argumentiert MOLLENHAUER; er plädiert dafür, das Verhältnis von Theorie und Forschung von Forschungsproblemen her zu erschließen (MOLLENHAUER 1996; 1998b; vgl. LÜDERS 1998, 126). Statt nach der Spezifität sozialpädagogischer Forschung zu fragen, rückt er die Frage in den Vordergrund, woran es mangelt, um sozialpädagogisch relevante Probleme klären zu können.

Was aber heißt „sozialpädagogisch relevant"? Zum einen sind Lebenslagen von Kindern, Jugendlichen, Familien nicht per se sozialpädagogisch relevant, sondern werden es erst im spannungsvollen Verhältnis zu den Leistungen, institutionellen Strukturen und professionellen Kompetenzen der Jugendhilfe (LÜDERS 1998, 121). Zum anderen hat sozialpädagogische Forschung sich zu lange an die Rhetorik der Verbesserung von Lebensverhältnissen durch sozialstaatliche Leistungen gebunden; zu wenig weiß sie dagegen über die Prozesslogik professionellen Handelns, insbesondere über ihre Reflexivität, das heißt: über ihre Einbettung in öffentliche/professionelle Diskurse. Daher gibt es derzeit eine Konjunktur ethnographischer Verfahren in der einschlägigen Forschung. Zum dritten nennt MOLLENHAUER (1998b, 34 ff.) fünf in einer „Gesellschaftsanalyse in pädagogischer Absicht" fundierte spezifische Forschungsthemen gegenwartsbezogener sozialpädagogischer Forschung:

- die kulturtheoretische Beschreibung von Generationsprofilen und Gliederungen des Lebenslaufs;
- die Affinität von Subjektivität und Abweichung: Normalitätsbalancen;
- die Besinnung auf die Aufklärung der Verluste im Modernisierungsprozess, insbesondere die Notwendigkeit einer sozialpädagogischen Armutsforschung;
- das Problem der Interkulturalität, der Herausforderung universalistischer Assimilationserwartungen von Institutionen wie der Schule für die Herausbildung von Zugehörigkeiten;
- schließlich das Problem des „Erfolges" von Praktiken und Einrichtungen der Kinder und Jugendhilfe: Evaluations- bzw. „Treatment"-Forschung.

5. Resümee und Ausblick

Die Kluft von Wort und Sache bildete den „roten Faden", an dem die vorangegangenen Überlegungen ein Problembewusstsein für die Sache der Sozialpädagogik zu entwickeln suchten.

Seit der NOHL/BÄUMERSCHEN Kanonisierung von Sozialpädagogik haben – dem Wandel der Vergesellschaftung von Lebensphasen folgend – die materiellen und personenbezogenen Dienstleistungen, die nicht „Jugendwohlfahrtspflege" sind, derart an Bedeutung gewonnen, dass das „Erziehungsparadigma" immer diffuser wurde. Der allgemeinere Begriff „Soziale Arbeit" vermag das Dilemma jedoch kaum zu verdecken: Solange die Sozialpädagogik als Theorie der Handlungsfelder Sozialer Arbeit verstanden wird, ist „Pädagogik" nur mehr ein Bestimmungsmerkmal personengebundener Dienstleistungen unter anderen; wenn das Feld aber pädagogisch selegiert wird, verliert Sozialpädagogik den Wandel des Funktionssystems sozialer Hilfen aus den Augen. Wenn sich die Sozialpädagogik jedoch als Berufswissenschaft missversteht, verliert sie nicht nur ihr kritisches Potential, mehr noch: Es wird ihr nie gelingen, ein systematisches Verständnis ihres Gegenstandsbereichs zu entwickeln.

Das Problem besteht also nicht allein in der Vervielfältigung von Handlungsfeldern, sondern darin, dass die konstituierende Spannung zwischen Pflege, Betreuung, Erziehung, Beratung, Bildung und Hilfe, die Differenz von sozialpädagogischem Handeln und dem Funktionssystem Sozialer Hilfe, die Spaltung zwischen privaten und öffentlichen Sozialisationsfeldern begrifflich-systematisch bislang kaum bewältigt sind. Diese Aufgabe wird dadurch nicht leichter, dass die für die deutsche Sozialpädagogik charakteristische Rolle des Staates einerseits inhaltliche und institutionelle Wechselbeziehungen zwischen Arbeiter- und Armenfrage, zwischen Sozialisations- und Sozialpolitik stiftet, Sozialpädagogik andererseits aber darauf angewiesen bleibt, ihre Normalitätsmaßstäbe und ihr Selbstverständnis beständig nach Maßgabe jener sozialen Bewegungen und soziokulturellen Umwälzungen zu reflektieren, deren Bewältigung sie regulieren soll.

Vor diesem Hintergrund ist die geisteswissenschaftliche Figur des Theorie-Praxis-Bezugs nach wie vor virulent (NIEMEYER 1999), oft in „praxistheoretischen" und „parteilichen" Maskierungen. Einiges spricht für die These, dass die Sozialpädagogik im Zuge ihrer Normalisierung in den 80er Jahren zu einem alltagsweltlichen Diskurs geworden ist (KADE et al. 1991, WINKLER 1999a). So weit dies zutrifft, wird die alte Kluft von Begriff und Sache auf die Spitze getrieben: Sozialpädagogik verliert „soziale Probleme" als abgrenzbaren Gegenstandsbereich ebenso wie sich ihr disziplinspezifischer Zugang zur sozialen Wirklichkeit verwischt. Dagegen begegnet sie noch in den Selbstbeschreibungen der Adressaten sozialer Arbeit ihren eigenen Beschreibungsmustern und Erklärungsansätzen, in den Problemlagen, die sie bearbeitet, den Folgen ihrer Arbeitsmethoden. Lebensphasen und Lebenslagen – auch und gerade die von Kindern und Jugendlichen – sind sozialstaatlich „eingebettet": institutionalisiert, gestützt, reguliert. Die Konsequenzen für die Professionalisierung sind einschneidend, denn zum einen verliert die sozialpädagogische Reflexion ihre exklusive Bindung an die so genannten sozialen Berufe, und zum anderen wird es schwer zu vermitteln, dass es Experten zur Bewältigung von Problemen des alltäglichen Lebens geben muss. Umgekehrt jedoch wird sozialpädagogische Reflexions- und Handlungskompetenz zu einer Grundqualifikation beruflichen Handelns in scheinbar ganz „unpädagogischen" Bereichen – bei der Organisation betrieblicher Abläufe etwa, in der Personalführung und -entwicklung oder in den Medien der Kulturindustrie. Eine Fixierung des „Praxisbezugs" auf traditionelle Berufsbilder in der behördlichen und/oder verbandlichen Jugendhilfe wird daher zum Hindernis. Das Kriterium der „Praxisrelevanz" in Ausbildung und Studium muss einen ganz anderen Inhalt gewinnen – es muss konzeptioneller, theoretischer, und die Rückbesinnung auf „das Pädagogische" substanzieller werden.

So scheint mehr für eine Sozialpädagogik „jenseits von Fürsorge und Wohlfahrt" (s. o.) zu sprechen als für eine „Theorie der Praxis" – allerdings nicht im Sinne einer Renaissance von Sozialutopien. Daher lassen sich meine Überlegungen in einer womöglich provozierenden These pointieren: Die Sozialpädagogik ist eine Disziplin auf der Suche nach ihrem Gegenstand. Diese Aussage ist keineswegs per se kritisch gemeint: Diese Suche ist vielmehr ihre Aufgabe, und zwar eine erkenntnisbezogene, keine berufspraktische Aufgabe. Empirischer Forschung kommt bei dieser Suche eine Schlüsselrolle zu. Sie verspricht, die Kluft zwischen Wort und Sache dadurch zu schließen, dass sie darüber aufklärt – wie KLAUS MOLLENHAUER in provozierend positivistischer Manier formulierte –, „was der Fall ist". Dass der wohlfahrtsstaatliche Konsens zur Disposition steht, dem sich die Erfolgsgeschichte der Sozialen Arbeit in den letzten dreißig Jahre verdankt, kann dabei nur hilfreich sein.

Literatur

Baecker, Dirk: Soziale Hilfe als Funktionssystem der Gesellschaft. In: Zeitschrift für Soziologie 23, 1994, 2, S. 93–110

Bäumer, Gertrud: Die historischen und sozialer Voraussetzungen der Sozialpädagogik und die Entwicklung ihrer Theorie. In: Nohl, Herman/Pallat, Ludwig (Hg.): Handbuch der Pädagogik. Fünfter Band: Sozialpädagogik. Langensalza 1929, S. 3–26

Bauer, Hans G./Berg, Regina/Kuhlen, Vera: Forschung zu Problemen der Jugendhilfe. Bestandsaufnahme und Analyse. München 1976

Böhnisch, Lothar: Sozialpädagogische Sozialforschung. Grundzüge einer sozialpädagogischen Jugendkunde. In: Rauschenbach/Thole 1998, S. 97–111

Bommes, Michael/Scherr, Albert: Exklusionsvermeidung, Inklusionsvermittlung und/oder Exklusionsverwaltung. In: Neue Praxis 26, 1996, 2, S. 107–123

Brumlik, Micha/Keckeisen, Wolfgang: Etwas fehlt. Zur Kritik und Bestimmung von Hilfsbedürftigkeit für die Sozialpädagogik. In: Kriminologisches Journal 4, 1976, 3, S. 241–262

Der Bundesminister für Familie, Senioren, Frauen und Jugend: Neunter Jugendbericht. Brosch., Bonn 1994

Der Bundesminister für Jugend, Familie, Frauen und Gesundheit: Achter Jugendbericht. Brosch., Bonn 1990

Engelke, Ernst: Theorien der sozialen Arbeit. Freiburg 1998

Erning, Günter/Neumann, Karl/Reyer, Jürgen (Hg.): Geschichte des Kindergartens. Zwei Bde. Freiburg 1987

Fatke, Reinhard/Hornstein, Walter: Sozialpädagogik – Entwicklungen, Tendenzen und Probleme. In: Zeitschrift für Pädagogik 33, 1987, 5, S. 589–593

Fatke, Reinhard/Hornstein, Walter/Lüders, Christian/Winkler, Michael (Hg.): Erziehung und sozialer Wandel. Brennpunkte sozialpädagogischer Forschung, Theoriebildung und Praxis. In: Zeitschrift für Pädagogik, 39. Beiheft 1999

Flößer, Gaby/Otto, Hans-Uwe: Professionelle Perspektiven der Sozialen Arbeit. Zwischen Lebenswelt- und Dienstleistungsorientierung. In: Grunwald, Klaus/Ortmann, Friedrich/Rauschenbach, Thomas/Treptow, Rainer (Hg.): Alltag, Nicht-Alltägliches und die Lebenswelt. Beiträge zur lebensweltorientierten Sozialpädagogik. Weinheim und München 1996, S. 179–188

Fuhr, Thomas: Ethik des Erziehens. Weinheim 1998

Gängler, Hans/Rauschenbach, Thomas: „Sozialarbeitswissenschaft" ist die Antwort. Was aber war die Frage? In: Grunwald, Klaus/Ortmann, Friedrich/Rauschenbach, Thomas/Treptow, Rainer (Hg.): Alltag, Nicht-Alltägliches und die Lebenswelt. Beiträge zur lebensweltorientierten Sozialpädagogik. Weinheim und München 1996, S. 157–178

Heinze, Thomas/Müller, Ernst/Stickelmann, Bernd/Zinnecker Jürgen: Handlungsforschung im pädagogischen Feld. München 1975

Hollstein, Walter/Meinhold, Marianne (Hg.): Sozialarbeit unter kapitalistischen Produktionsbedingungen. Frankfurt am Main 1973

Homfeldt, Hans Günther/Merten, Roland/Schulze-Krüdener, Jörgen (Hg.): Soziale Arbeit im Dialog ihrer Generationen. Theoriebildung, Ausbildung/Professionalisierung, Methodenentwicklung in der zweiten Hälfte des 20. Jahrhunderts. Hohengehren 1999

Homfeldt, Hans Günther/Schulze-Krüdener, Jörgen/Honig, Michael-Sebastian (Hg.): Qualitativ-empirische Forschung in der Sozialen Arbeit. Trier 1999

Hornstein, Walter: Zur disziplinären Identität der Sozialpädagogik. In: Sünker, Heinz (Hg.): Theorie, Politik und Praxis Sozialer Arbeit. Einführungen in Diskurse und Handlungsfelder der Sozialarbeit/Sozialpädagogik. Bielefeld 1995, S. 12–33

Hornstein, Walter: Erziehung und sozialer Wandel – Brennpunkte sozialpädagogischer Forschung, Theoriebildung und Praxis. In: Zeitschrift für Pädagogik, 39. Beiheft 1999, S. 7–14

Jakob, Gisela/von Wensierski, Hans-Jürgen (Hg.): Rekonstruktive Sozialpädagogik. Konzepte und Methoden sozialpädagogischen Verstehens in Forschung und Praxis. Weinheim und München 1997

Kade, Jochen/Lüders, Christian/Hornstein, Walter: Die Gegenwart des Pädagogischen. Fallstudien zur Allgemeinheit der Bildungsgesellschaft. In: Oelkers, Jürgen/Tenorth, Heinz-Elmar (Hg.): Pädagogisches Wissen. Zeitschrift für Pädagogik, 39. Beiheft). Weinheim und Basel 1991, S. 39–65

Klatetzki, Thomas/von Wedel-Parlow, Ursula: Soziale Arbeit. In: Schäfers, Bernhard/Zapf, Wolfgang (Hg.): Handwörterbuch zur Gesellschaft Deutschlands. Opladen 1998, S. 562–574

Krüger, Heinz-Hermann/Thole, Werner: „Gesellschaftsanalyse in sozialpädagogischer Absicht". In: Neue Praxis 28, 1998, 5, S. 456–465

Lüders, Christian: Der wissenschaftlich ausgebildete Praktiker. Weinheim 1989

Lüders, Christian: Sozialpädagogische Forschung – was ist das? Eine Annäherung aus der Perspektive qualitativer Sozialforschung. In: Rauschenbach/Thole 1998, S. 113–132

Lüders, Christian: Das Programm der rekonstruktiven Sozialpädagogik. In: Zeitschrift für Pädagogik, 39. Beiheft 1999, S. 203–219

Lüders, Christian/Winkler, Michael: Sozialpädagogik – auf dem Weg zu ihrer Normalität. In: Zeitschrift für Pädagogik 38, 1992, 3, S. 359–370

Merten, Roland: Autonomie der Sozialen Arbeit. Zur Funktionsbestimmung als Disziplin und Profession. Weinheim und München 1997

Merten, Roland (Hg.): Sozialarbeit – Sozialpädagogik – Soziale Arbeit. Begriffsbestimmungen in einem unübersichtlichen Feld. Freiburg 1998

Merten, Roland/Sommerfeld, Peter/Koditek, Thomas (Hg.): Sozialarbeitswissenschaft – Kontroversen und Perspektiven. Neuwied u. a. 1996

Mollenhauer, Klaus: Die Ursprünge der Sozialpädagogik in der industriellen Gesellschaft. Eine Untersuchung zur Struktur sozialpädagogischen Denkens und Handelns. Weinheim und Berlin 1959

Mollenhauer, Klaus: Theorien zum Erziehungsprozess. München 1972

Mollenhauer, Klaus: Erziehungswissenschaft und Sozialpädagogik/Sozialarbeit oder „Das Pädagogische" in der Sozialarbeit/Sozialpädagogik. In: Sozialwissenschaftliche Literatur Rundschau 11, 1988, 17, S. 53–58

Mollenhauer, Klaus: Sozialpädagogische Einrichtungen. In: Lenzen, Dieter (Hg.): Erziehungswissenschaft. Reinbek 1994, S. 447–476

Mollenhauer, Klaus: Kinder- und Jugendhilfe. Theorie der Sozialpädagogik – ein thematisch-kritischer Grundriss. In: Zeitschrift für Pädagogik 42, 1996, 6, S. 870–885

Mollenhauer, Klaus: Was heißt „Sozialpädagogik". Mit einem aktuellen Nachtrag. In: Thole/Galuske/Gängler 1998, S. 307–322 (1998a)

Mollenhauer, Klaus: „Sozialpädagogische" Forschung. Eine thematisch-theoretische Skizze. In: Rauschenbach/Thole 1998, S. 29–46 (1998b)

Münchmeier, Richard: Zugänge zur Geschichte der Sozialarbeit. München 1981

Münchmeier, Richard: Geschichte der Sozialen Arbeit. In: Harney, Klaus/Krüger, Heinz-Hermann (Hg.): Einführung in die Geschichte der Erziehungswissenschaft und der Erziehungswirklichkeit. Opladen 1997, S. 271–309

Münder, Johannes u. a.: Frankfurter Lehr- und Praxiskommentar zum KJHG. Münster 1993

Natorp, Paul: Sozialpädagogik. 4. Aufl. Stuttgart 1920

Niemeyer, Christian: Sozialpädagogik – Sozialarbeit. In: Lenzen, Dieter (Hg.): Grundbegriffe der Erziehungswissenschaft. Zweiter Band. Reinbek 1989, S. 1416–1432

Niemeyer, Christian: Hilfe. In: Lenzen, Dieter (Hg.): Erziehungswissenschaft. Ein Grundkurs. Reinbek 1994, S. 159–184

Niemeyer, Christian: Sozialpädagogik und der Zwang zur disziplinären Verortung. In: Niemeyer/Schröer/Böhnisch 1997, S. 33–42

Niemeyer, Christian: Klassiker der Sozialpädagogik. Einführung in die Theoriegeschichte einer Wissenschaft. Weinheim und München 1998

Niemeyer, Christian: Theorie und Praxis der Sozialpädagogik. Münster 1999

Niemeyer, Christian/Schröer, Wolfgang/Böhnisch, Lothar (Hg.): Grundlinien Historischer Sozialpädagogik. Traditionsbezüge, Reflexionen und übergangene Sozialdiskurse. Weinheim und München 1997

Nohl, Herman: Jugendwohlfahrt. Leipzig 1927

Nohl, Herman/Pallat, Ludwig (Hg.): Sozialpädagogik. Handbuch der Pädagogik. Fünfter Band. Langensalza 1929

Olk, Thomas/Mierendorff, Johanna: Existenzsicherung für Kinder – Zur sozialpolitischen Regulierung von Kindheit im bundesdeutschen Sozialstaat. In: Zeitschrift für
Soziologie der Erziehung und Sozialisation 18, 1998, 1, S. 38–52

Peukert, Detlev J. K.: Grenzen der Sozialdisziplinierung. Aufstieg und Krise der deutschen Jugendfürsorge 1878–1932. Köln 1986

Rauschenbach, Thomas: Sind nur Lehrer Pädagogen? Disziplinäre Selbstvergewisse-
rungen im Horizont des Wandels von Sozial- und Erziehungsberufen. In: Zeitschrift
für Pädagogik 38, 1992, 3, S. 385–417

Rauschenbach, Thomas: Sozialpädagogischer Bedarf – auf dem Weg ins Ungewisse?
Soziale Berufe, qualitatives Wachstum und fachliche Effektivität. In: Treptow, Rai-
ner/Hörster, Reinhard (Hg.): Sozialpädagogische Integration. Weinheim und München 1999, S. 103–122

Rauschenbach, Thomas/Gängler, Hans (Hg.): Soziale Arbeit und Erziehung in der Risikogesellschaft. Neuwied u. a. 1992

Rauschenbach, Thomas/Schilling, Matthias (Hg.): Die Kinder- und Jugendhilfe und
ihre Statistik. Zwei Bde. Neuwied u. a. 1997

Rauschenbach, Thomas/Thole, Werner (Hg.): Sozialpädagogische Forschung. Gegenstand und Funktionen, Bereiche und Methoden. Weinheim und München 1998 (a)

Rauschenbach, Thomas/Thole, Werner: Sozialpädagogik – Ein Fach ohne Forschungskultur? In: Rauschenbach/Thole 1998, S. 9–28 (1998 b)

Reyer, Jürgen/Kleine, Heidrun: Die Kinderkrippe in Deutschland. Sozialgeschichte
einer umstrittenen Einrichtung. Freiburg 1997

Richter, Helmut/Coelen, Thomas (Hg.): Jugendberichterstattung. Weinheim und München 1997

Roth, Lutz: Die Erfindung des Jugendlichen. München 1983

Sachße, Christoph: Mütterlichkeit als Beruf. Frankfurt am Main 1986

Sachße, Christoph/Tennstedt, Florian: Geschichte der Armenfürsorge in Deutschland.
Drei Bde. Stuttgart u. a. 1980 ff.

Scherpner, Hans: Theorie der Fürsorge. Göttingen 1962

Seckinger, Mike/Weigel, Nicole/van Santen, Eric/Markert, Andreas: Situation und
Perspektiven der Jugendhilfe. München 1998

Sünker, Heinz: Bildung, Alltag und Subjektivität. Elemente zu einer Theorie der Sozialpädagogik. Weinheim 1989

Sünker, Heinz (Hg.): Theorie, Politik und Praxis Sozialer Arbeit. Einführungen in
Diskurse und Handlungsfelder der Sozialarbeit/Sozialpädagogik. Bielefeld 1995

Thiersch, Hans: Alltagshandeln und Sozialpädagogik. In: Neue Praxis, 1995, 3,
S. 215–234

Thiersch, Hans: Die Erfahrung der Wirklichkeit. Perspektiven einer alltagsorientierten
Sozialpädagogik. Weinheim und München 1986

Thiersch, Hans/Rauschenbach, Thomas: Sozialpädagogik/Sozialarbeit: Theorie und
Entwicklung. In: Eyferth, Hanns/Otto, Hans-Uwe/Thiersch, Hans (Hg.): Handbuch
zur Sozialarbeit/Sozialpädagogik. Neuwied und Darmstadt 1987, S. 984–1016

Thole, Werner/Galuske, Michael/Gängler, Hans (Hg.): KlassikerInnen der Sozialen
Arbeit. Sozialpädagogische Texte aus zwei Jahrhunderten – ein Lesebuch. Neuwied
u. a. 1998

Treptow, Rainer/Hörster, Reinhard (Hg.): Sozialpädagogische Integration. Entwicklungsperspektiven und Konfliktlinien. Weinheim und München 1999

Weber, Georg/Hillebrandt, Frank: Soziale Hilfe – ein Teilsystem der Gesellschaft? Opladen 1999

Wendt, Wolf Rainer: Geschichte der Sozialen Arbeit. 4., überarb. und erw. Aufl. Stuttgart 1995

Winkler, Michael: Eine Theorie der Sozialpädagogik. Stuttgart 1988

Winkler, Michael: Bemerkungen zur Theorie der Sozialpädagogik. In: Sünker 1995, S. 102–121

Winkler, Michael: Integration ohne Grenzen? Zur gesellschaftlichen Verallgemeinerung sozialpädagogischer Denkweisen. In: Treptow/Hörster 1999, S. 83–102 (1999a)

Winkler, Michael: Jugendhilfe im Zehnten Kinder- und Jugendbericht – ein Kommentar. Neue Sammlung 39, 1999, 3, S. 343–361 (1999b)

Wolff, Stephan: Die Produktion von Fürsorglichkeit. Bielefeld 1983

HERBERT HAAG

Sportpädagogik

Einführung

Analog zu der heute großen Bedeutung des Sports als Teilsystem unserer Gesellschaft hat auch die Sportpädagogik als Theoriefeld bzw. Teildisziplin
einerseits der Sportwissenschaft, andererseits der Erziehungswissenschaft
zunehmend an Bedeutung gewonnen. Konsequenterweise wird in diesem
Beitrag versucht, die Einbeziehung der Sportpädagogik als differentielle Pädagogik in den Mittelpunkt der Ausführungen zu stellen, d. h., ihre Aufnahme in das „Konzept" differentieller pädagogisch-erzieherischer Paradigmen
zu erläutern, wie sie in diesem Band von Freizeit bis Umwelt (in alphabetischer Reihenfolge) zur Darstellung kommen.
In zwei vor allem einleitenden Teilen werden terminologische Bezüge geklärt
(1. Teil) und historische Entwicklungen (2. Teil) kurz aufgezeigt. Ein dritter
Teil befasst sich mit grundlegenden sportpädagogischen Theorien als Bezugsrahmen. Ein vierter Teil stellt die Gegenstandsbereiche und damit Handlungsfelder für Forschung und Lehre in der Sportpädagogik dar. Ein fünfter
Teil greift einen zentralen Gegenstandsbereich der Sportpädagogik heraus,
d. h. die Sportdidaktik bzw. Unterrichtstheorie des Sports als einen v. a. für
die berufliche Praxis hochrelevanten Aspekt der Sportpädagogik. Ein sechs-
ter Teil thematisiert die sportpädagogische Forschungsperspektive. Abschließend werden Berufsfelder angesprochen (7. Teil), die in engem Bezug zur
Sportpädagogik stehen, und es wird ein Ausblick mit Entwicklungsperspektiven gegeben (8. Teil).
Zwei kürzere einleitende und zwei abschließende Teile sowie vier als Haupt-
teile zu kennzeichnende Abschnitte stellen somit das Gliederungsgerüst dieses Beitrags dar. Das Literaturverzeichnis und ein knapper Anhang sollen die
Möglichkeit bieten, dass eine weitergehende Orientierung erfolgen sowie ein
vertieftes Verständnis der Sportpädagogik als angewandter Erziehungswissenschaft bzw. als Teildisziplin der Sportwissenschaft erreicht werden kann.

1. Terminologische Grundlagen

Ähnlich wie bei dem Wort Pädagogik, das einerseits für Erziehungskunst und
andererseits für Wissenschaft von Bildung und Erziehung steht, hat auch der
Begriff der Sportpädagogik eine praktische und eine wissenschaftliche Be-

deutung. Die praktische, z. B. der Sportpädagoge als Sportlehrer, wird in Teil 7 „Sportpädagogik und Berufsbilder" kurz erläutert. Grundsätzlich geht es in diesem Beitrag jedoch um die wissenschaftliche Dimensionierung des Begriffs Sportpädagogik.

Das Wort Sport stammt aus dem Englischen und wurde 1828 durch den Reiseschriftsteller H.L.H. FÜRST ZU PÜCKLER-MUSKAU in die deutsche Sprache eingeführt; das englische Wort „disport" bedeutet als Wurzel für das Wort „Sport" Zerstreuung, Zeitvertreib, Vergnügen, Spiel und kann wiederum aus dem Französischen „deporter" bzw. dem Lateinischen „deportare" abgeleitet werden.

Man sagt, der Sport habe als Teilsystem unserer Gesellschaft viele „Gesichter". So ist es auch für das Verständnis der Sportpädagogik hilfreich, wenn zumindest aus der Sicht des Verfassers dieses Beitrags knapp angedeutet wird, was unter Sport zu verstehen ist:

„Sport ist eine besondere Ausprägungsform menschlichen Bewegungsverhaltens. Zielsetzung, die am Sport beteiligten Personenkreise, Zeit und Ort zeigen eine große Vielfalt, womit die zentrale gesellschaftliche Bedeutung dieser Erscheinung gekennzeichnet ist. Sport ist ein Ausdruck kultureller Leistung des Menschen. Er unterliegt daher den für kulturelle Leistungen typischen Tendenzen der Ideologisierung, Professionalisierung, Organisierung, Pädagogisierung und Verwissenschaftlichung. Sport ist ein Kulturgut internationaler Prägung, wobei entsprechend der sozio-kulturellen Verschiedenheit spezifische geographische Ausprägungsformen die Vielfalt dieser Erscheinung zusätzlich erhöhen. Konkretisierung erfährt Sport in zahlreichen Sportarten, denen je nach dem Handlungsfeld unterschiedliche Bedeutung zukommt" (HAAG 1986, 30–31).

Es gilt ferner festzuhalten, dass Sport auf jeden Fall im größeren Kontext der Konstrukte Bewegung und Spiel zu sehen ist: Bewegung als grundlegende Verhaltensdimension des Menschen und Spiel als Sportspiel eine Grundform des Sporttreibens (HAAG 1986). So versteht auch PROHL (1999, 14) die Sportpädagogik als „Wissenschaft der Bildung und Erziehung im Rahmen der Bewegungskultur".

Da Sportpädagogik von der griechischen Wurzel des Wortes Pädagogik her eigentlich ein sehr eingeschränkter Begriff ist, hat dies zur Bildung der Begriffe Sportandragogik und Sportgerontagogik geführt. Dennoch steht Sportpädagogik nach wie vor für die ganze Bandbreite erzieherischer Bemühungen durch Bewegung, Spiel und Sport, wie es auch in dem folgenden Definitionsversuch zum Ausdruck kommt:

„Sportpädagogik ist einerseits spezielle und angewandte Pädagogik (Intrabeziehungen) und andererseits Theoriefeld der Sportwissenschaft (Interbeziehungen). Sie befasst sich mit funktionalen (ungeplanten) und intentionalen (geplanten) Möglichkeiten und Grenzen der Bildung und Erziehung zu und durch Bewegung, Spiel und Sport. Sportpädagogik befasst sich mit Lehren und Lernen im Hinblick auf alle Altersgruppen, auf alle Menschen, ohne geschlechtliche, rassische, religiöse oder sozioökonomische Diskriminierung. Dabei werden Lehr- und Lernorte innerhalb und außerhalb staatlicher Bildungsinstitutionen berücksichtigt. Sowohl leistungsschwache Menschen (z. B. Sportförderunterricht) als auch für den Hochleistungssport talentierte und motivierte Menschen (z. B. Trainingsgruppen) sind Bezugsgruppen für die Sportpädagogik. Lehrplantheorie des Sports auf der einen Seite und Unterrichtstheorie des Sports auf der anderen Seite stellen handlungsleitende Informationen zur Verfügung, um die bewegungs-, spiel- und sportorientierte Erziehungspraxis theoriegeleitet optimal zu gestalten" (HAAG 1991, 139).

Die beiden terminologischen „Setzungen" der Begriffe Sport und Sportpädagogik sollen nicht heißen, dass es in diesem Begriffsbereich nicht auch alternative Begriffsverständnisse gibt, die in der grundlegenden sportpädagogischen Literatur im Einzelnen nachzulesen sind (vgl. Literaturverzeichnis und Anhang).

2. Zur historischen Entwicklung des Wissenschaftsgebiets Sportpädagogik

Die Geschichte des zentralen Gegenstandsbereichs der Sportpädagogik, d. h. der Leibes- (Körper-) und Bewegungserziehung lässt sich weit zurückverfolgen: Griechische Gymnastik, Adelserziehung im Mittelalter, „naturgemäße" Erziehung bei Rousseau und den Philanthropen im 18. und 19. Jahrhundert, Schulturnen und reformpädagogische Leibeserziehung, Leibesübungen im Nationalsozialismus, Körpererziehung in der DDR, Leibeserziehung und Sporterziehung in der BRD, Zusammenführung von sportbezogenen Erziehungskonzeptionen nach der Vereinigung der beiden deutschen Staaten (vgl. PROHL 1999, Teil A, 25–91).

Die historische Entwicklung des Wissenschaftsgebietes Sportpädagogik beschränkt sich auf die 2. Hälfte des 20. Jahrhunderts (vgl. die drei Textsammlungen von DENK & HECKER 1981, 1985, 1996). Festzumachen ist dies zunächst an der Theorie der Leibeserziehung, die seit den 50er Jahren mit wissenschaftlichen Maßstäben konzipiert worden ist. Dabei geht es darum, wie das erzieherische Potential von Bewegung, Spiel und Sport entwickelt und verwirklicht werden kann. Hauptgesichtspunkt war die Erziehung des Menschen, der erziehungsbedürftig und erziehungsfähig ist, und zwar über den Leib bzw. zu und durch Bewegung als Aktualisierung des Leibes (vgl. GRUPE 1968; BERNETT 1971; GRÖSSING 1997; HECKER 1979; SCHMITZ 1978, 1979). Grundlage waren dabei v. a. bildungs- und lerntheoretische Ansätze aus der Allgemeinen Erziehungswissenschaft.

Im Zusammenhang mit der Aufnahme der Sportpädagogik in den Kanon der differentiellen Pädagogiken in diesem Band ist es wichtig festzuhalten, dass zahlreiche Anregungen von Vertretern der Allgemeinen Pädagogik bzw. Erziehungswissenschaft befruchtend für die Entwicklung der Theorie der Leibeserziehung und später der Sportpädagogik gewesen sind (vgl. HAMMELSBECK; A. FLITNER; MESTER; MENZE; NOHL; RÖHRS).

In der ehemaligen DDR war die Entwicklung sportpädagogischer wissenschaftlicher Forschung eng gebunden an Lehren und Lernen im Rahmen von Trainingsprozessen, d. h. es galt eine stark eingeschränkte und verzweckte Perspektive (vgl. SCHWIDTMANN 1972; REICHENBACH 1983). Eine gleichsam realistische Wende erfolgte dann in den 70er Jahren in der BRD von der Theorie der Leibeserziehung zur Sportpädagogik. Verknüpft ist diese Entwicklung z. B. mit den Namen BEYER & RÖTHIG (1976), BRETTSCHNEIDER (1981), BRODTMANN (1979), GRÖSSING (1979), GRUPE (1982, 1984), GUTSCHE (1975), HAAG (1978, 1981), KURZ (3. Aufl. 1990, 1979), MEINBERG (1981, 1984). In den 80er und 90er Jahren findet eine sehr intensive Befassung mit dem Selbstverständnis der Sportpädagogik als wissenschaftlicher Teildisziplin der Sportwissenschaft statt (vgl. HAAG 1989, 53–54). Gefördert wurde diese Entwicklung durch den „Ausschuss Deutscher Leibeserzieher" (ADL). Dieser ADL, bis 1991 eine Organisation, die SportwissenschaftlerInnen und SportlehrerInnen gemeinsam vertrat, hat schließlich wesentliche Beiträge zur Entwicklung der Sportpädagogik geliefert, in dem der ADL von etwa 1960–1990 große nationale Tagungen bezogen auf Themen des Bereichs der Leibeserziehung (z. B. Wetteifer, Spiel, Gestaltung, Leistung, Motivation, Sozialisation, Theorie der Sportarten, Sportunterricht planen, durchführen, auswerten) organisiert und entsprechende Kongressberichte herausgegeben hat (HAAG, KOLB & STRAUSS 1999, 16–17). Großen Anteil an der Wissenschaftsentwicklung der Sportpädagogik hat auch die Arbeit der Sektion „Sportpädagogik" der Deutschen Vereinigung für Sportwissenschaft (dvs) (seit 1987) (vgl. BREHM & KURZ 1987; THIELE & SCHIERZ 1998) und die der Kommission „Sportpädagogik" der Deutschen Gesellschaft für Erziehungswissenschaft (DGfE) (heute im Verbund mit Freizeitpädagogik).

Schließlich hat es sich seit den 70er Jahren auch international immer stärker durchgesetzt, nicht „physical Education" als zentrales Ziel, sondern die akademische Teildisziplin „Sport Pedagogy" als Bezugsrahmen zu sehen (vgl. HAAG 1978; PIÉRON & CHEFFERS 1988; PIÉRON & GRAHAM 1986). Zwei Schwerpunktnummern international anerkannter Zeitschriften waren in diesem Entwicklungsprozess wichtige Stationen (vgl. HAAG 1989, 1994). So zeigt die Wende zum Jahr 2000, dass ein halbes Jahrhundert (ca. 1950–2000) im Hinblick auf die wissenschaftliche Fundierung der Sportpädagogik als ein durchaus positiver Entwicklungszeitraum angesehen werden kann.

3. Grundlegende und sportpädagogische Theorien als Bezugsrahmen

Zentrale Schwerpunkte der Theorieentwicklung, Theoriediskussion und Theorieakzeptanz sollen anhand ausgewählter grundlegender sowie sportpädagogischer Theorien im Folgenden dargestellt werden. Die Komplexität dieser Fragestellungen verbietet eine ausführliche Darstellung auf knappem Raum. Deshalb sollen Beispiele genügen:

3.1 Das Intra-Inter-Paradigma nach Heckhausen

Dieses Paradigma kann auf jede der Teildisziplinen der Sportwissenschaft, ja generell für alle Wissenschaften zugrunde gelegt werden, die – wie die Sportwissenschaft – ein zentrales gesellschaftliches Phänomen zur Grundlage haben (z. B. Arbeits-, Ernährungs-, Gesundheits-, Informations-, Pflege- oder Umweltwissenschaften). Für die Sportpädagogik lassen sich diese Bezüge wie folgt darstellen:

„Die Intrabeziehung weist auf den Gegenstand der Pädagogik hin. Dieser kann durch verschiedene Gliederungsdimensionen der Erziehungswissenschaft verdeutlicht werden, in denen der Standort und Stellenwert der Sportpädagogik kenntlich wird:

a) Forschungsmethodologie: z. B. historisch-vergleichend, hermeneutisch-theoretisch, empirisch-analytisch
b) Altersbezug: z. B. Pädagogik, Andragogik, Gerontagogik
c) Lebensbereich: z. B. Sozial-, Arbeits-, Berufs-, Wirtschafts-, Familienpädagogik
d) Kulturbereich: z. B. Religions-, Literatur-, Musik-, Kunst-, Sprach-, Sportpädagogik, Pädagogik der Naturwissenschaften
e) Nachbardisziplinen: z. B. Pädagogische Psychologie, – Soziologie, – Philosophie, – Anthropologie.

Sportpädagogik hat somit als Kulturbereich einen zentralen Stellenwert (als eine differentielle Pädagogik) und kann als solcher gleichzeitig Bedeutung in den anderen Gliederungsdimensionen der Erziehungswissenschaft besitzen.
Da der Gegenstandsbereich der Sportpädagogik sehr komplex und vielfältig ist, ergeben sich notwendigerweise Interbeziehungen zu den anderen Theoriefeldern der Sportwissenschaft. Auf der Grundlage des 7-Theoriefeld-Modells der Sportwissenschaft (Sportmedizin/Sportbiomechanik/Sportpsychologie/Sportpädagogik/Sportsoziologie/Sportgeschichte/Sportphilosophie) ... bedeutet dies z. B. die Berücksichtigung folgender Aspekte aus anderen Theoriefeldern, wenn es um das Thema Lehren und Lernen im Handlungsfeld Sport geht: Leistungsbestimmende medizinische Parameter für die körperliche Belastung im Sportunterricht (Sportmedizin), biomechanische Gesetze als Grundlage optimaler Lernstrukturen im Sportunterricht (Sportbiomechanik); entwicklungs-, persönlichkeits- und motivationsbedingte Faktoren für Lehren und Lernen im Sport (Sportpsychologie), sozio-kulturelle Bedingungen für Sportunterricht (Sportsoziologie), historische Interpretation der Entstehung sportspe-

zifischer Regelwerke (Sportgeschichte), Darlegung ethischer Bezüge von Lernzielen (Sportphilosophie)" (HAAG 1989, 49–50).

Die Berücksichtigung dieser Doppelausrichtung des Intra-Inter-Paradigmas stellt somit hohe Ansprüche an das Selbstverständnis der Sportpädagogik, sich als angewandte Teildisziplin (differentielle Pädagogik) der Erziehungswissenschaft auf der einen Seite und als Theoriefeld der Sportwissenschaft auf der anderen Seite zu verstehen.

3.2 Zum Theoriekontinuum der Sportpädagogik

Das Kontinuumparadigma mit jeweils zwei Eckpunkten und zahlreichen möglichen Varianten auf der Verbindungslinie der Eckpunkte kann für die Darstellung sportpädagogisch relevanter Theorien dienen.

a. Die Sportpädagogik ist eingebunden in den sozial- und verhaltenswissenschaftlichen Kontext Sportpsychologie – Sportpädagogik – Sportsoziologie. Damit verknüpft ist die doppelte Zielsetzung sportpädagogischen Handelns, d. h. Personalisation – Sozialisation bzw. anthropologische und soziokulturelle Bedingtheit.

b. Die v. a. auf die Gegenwart gerichtete Arbeit der Sportpädagogik in Lehre und Forschung steht im Spannungsfeld von historischer und vergleichender sportpädagogischer Theoriebildung.

c. Bezogen auf Sportdidaktik bzw. Unterrichtstheorie des Sports als Kernstück der Sportpädagogik lassen sich nach PROHL (1999) die Pole „pragmatisch-qualifikatorisch" (z. B. Sportarten) sowie „kritisch-emanzipatorisch" (z. B. Körpererfahrung) unterscheiden.

d. Aus forschungsmethodologischer Sicht sind die Pole „Normative Sportpädagogik" (MEINBERG 1998) und „Empirische Sportpädagogik" (ERDMANN 1998) unterscheidbar.

e. Bezogen auf den Gegenstandsbereich der Sportpädagogik bewegen sich die theoretischen Positionen auf dem Kontinuum von Sportpädagogik als „integrativer Kern der Sportwissenschaft" (KURZ 1992) bis hin zu „Disziplinorientierung der Sportpädagogik" (SCHERLER 1992).

So wird aus diesen möglichen Kontinuumvarianten sportpädagogischer Theoriekonzepte deutlich, wie vielfältig und komplex der sehr umfangreiche Gegenstandsbereich der Sportpädagogik jeweils in einen theoretischen Bezugsrahmen eingebunden werden kann. Abb. 1 (S. 302) fasst mögliche kontinuumorientierte Ansätze zusammen.

4. Zum Gegenstandsbereich der Sportpädagogik

Die Frage nach dem Gegenstandsbereich ist ein zentraler Aspekt wissenschaftsphilosophischer Überlegungen bzw. der Diskussion des Selbstverständnisses der Sportpädagogik. Abb. 2 stellt eine Möglichkeit zur Charakterisierung des Gegenstandsbereichs der Sportpädagogik dar (HAAG 1989, 52).

4.1 Historische Perspektive der Sportpädagogik

Der Implikationszusammenhang: „Vergangenheit kennen – Gegenwart verstehen – Zukunft gestalten" gilt auch für die Sportpädagogik. Ähnlich wie die Historische Pädagogik im Allgemeinen ist die Historische Sportpädagogik im Besonderen ein wichtiger Gegenstandsaspekt. Dieser kann sich zum einen auf sportpädagogisches Handeln (Lehren-Lernen), zum anderen auf die Wissenschaftsentwicklung der Sportpädagogik beziehen.

4.2 Vergleichende Perspektive der Sportpädagogik

In einer Zeit der Internationalisierung und Globalisierung kommt diesem Aspekt zunehmend große Bedeutung zu. Vier Teilbereiche sind dabei zu unterscheiden:

Kontinuum sportpädagogischer Theoriebildung		
Sportpsychologie (Personalisation)	⟷	Sportsoziologie (Sozialisation)
Historische Sportpädagogik	⟷	Vergleichende Sportpädagogik
Pragmatisch-qualifikatorische Sicht	⟷	Kritisch-emanzipatorische Sicht
Normative Sportpädagogik	⟷	Empirische Sportpädagogik
Sportpädagogik als integrativer Kern der Sportwissenschaft	⟷	Disziplinorientierung der Sportpädagogik

Abb. 1: Theoriespektrum der Sportpädagogik

a. Historische Perspektive der Sportpädagogik	c. Selbstverständnis der Sportpädagogik	b. Vergleichende Perspektive der Sportpädagogik
	d. Anthropologische Grundlagen	
	e. Lehrplantheorie des Sports	
	f. Unterrichtstheorie des Sports	

Abb. 2: Kategoriensystem zur Darstellung des Gegenstandsbereichs der Sportpädagogik (HAAG 1989, 52–60)

- Auslandssportpädagogik: sportpädagogische Länderkunde;
- Internationale Sportpädagogik: Beitrag zur Erziehung für internationale Zusammenarbeit;
- Entwicklungssportpädagogik: pädagogisch orientierte Entwicklungshilfe im Sport;
- Vergleichende Sportpädagogik: Vergleich von mindestens zwei sozio-kulturell unterschiedlichen Einheiten.

4.3 Selbstverständnis der Sportpädagogik

Diese grundsätzliche Gegenstandsperspektive bildet gleichsam den theoretischen Bezugsrahmen der Sportpädagogik und kann in vier Fragestellungen konkretisiert werden:

- Was ist Sinn, Zweck und Funktion der Sportpädagogik? (Ziel)
- Wie stellt sich der Gegenstandsbereich der Sportpädagogik dar? (Gegenstand)
- Wie werden wissenschaftliche Erkenntnisse in der Sportpädagogik gewonnen? (Forschungsmethodologie)
- Wie werden sportpädagogische Erkenntnisse in die Praxis übertragen? (Wissenstransfer)

4.4 Anthropologische Grundlagen

Die Frage nach dem Wesen des Menschen, speziell nach dem sich bewegenden, spielenden und Sport treibenden Menschen, ist die Basis sportpädagogischen Handelns. Es liegen dazu vielfältige Modellvorstellungen vor. Vier Beispiele seien genannt:

- Anthropologische Kategorie der Ganzheit, Entwicklung und Soziabilität sowie die Strukturprinzipien Bewegung, Spiel und Wetteifer (SCHMITZ 1978, 1979).
- Der Mensch als historisches, kulturell-gesellschaftliches sowie handelndes Wesen bestimmt durch Leib, Bewegung, Spiel und Leistung (GRUPE 1982, 1984).
- Anthropologisch orientierte Sportpädagogik (neben kommunikativer, szientifischer und systemtheoretischer Ausrichtung) gekennzeichnet durch Kategorien wie Körper, Bewegung, Kindheit, Entwicklung (MEINBERG 1981).
- Möglichkeit der Emanzipation durch Bewegung oder Bewegung als zu vermittelnde Kulturtechnik neben Lesen, Schreiben, Rechnen, um Menschen optimale Verhaltens- und Handlungsmöglichkeiten in Alltags-, Arbeits- und Freizeitsituationen zu ermöglichen (HAAG 1986).

Speziell die anthropologischen Grundlagen sind eine wichtige Voraussetzung für die beiden zentralen Gegenstandsbereiche der Sportpädagogik, d. h. Lehrplan- und Unterrichtstheorie des Sports.

4.5 Lehrplan- (Curriculum-) Theorie des Sports

Die in den 70er Jahren v. a. aus Nordamerika in der deutschen Erziehungswissenschaft rezipierte Curriculumtheorie (vgl. HAMEYER, FREY & HAFT, 1983) hat sich auch im Rahmen der Sportpädagogik in dem Zeitraum ca. 1970–1980 etabliert. PROHL (1999, 85) stellt folgende Merkmale heraus: Gesellschaftlich ermittelte Qualifikation; permanente Anpassung der Inhalte an gesellschaftliche Erfordernisse; Lerntechnologien; quantitativ prüfbare Verhaltensweisen; präzise Lernzielkontrollen. Für die Lehrplanentwicklung hat HAAG (1985, 177–180) ein Ablaufmodell mit fünf Ebenen entwickelt: Input-Evaluation, Konstruktion, Implementation, Output-Evaluation, Revision von Lehr- (und Trainings-)plänen. Der Trend der globalen Steuerung von Lehr- und Lernprozessen durch Lehrpläne ist dem Konzept der Lehrplanarbeit als Werkstattarbeit gewichen, und zwar mit stark dezentraler Tendenz und konstruktivistischen Gestaltungsmöglichkeiten vor Ort.

4.6 Unterrichtstheorie des Sports (Sportdidaktik)

In Nr. 1/1971 sowie 3–4/1975 der Zeitschrift Sportwissenschaft sowie in dem von HECKER & KÜPPER (1984) herausgegebenen Trendbericht Sportdidaktik lässt sich die Entwicklung dieses zentralen Gegenstandsbereichs der Sportpädagogik im Einzelnen verfolgen. Vier allgemeinpädagogische Theorien haben die sportpädagogische Diskussion stark befruchtet und zur Ausarbeitung von Unterrichtstheorien des Sports (Sportdidaktiken) geführt (vgl. Abb. 3 (S. 305) und HAAG 1989, 56–59).
Aufgrund der zentralen Bedeutung von Sportdidaktik bzw. Unterrichtstheorie des Sports wird diese in einem folgenden 5. Hauptteil nochmals gesondert thematisiert.

5. Unterrichtstheorie des Sports (Sportdidaktik)

Ausgehend von einer Lehrplan-Unterrichts-Integration (HAAG 1985, 167–189) kann der enge Zusammenhang von Lehrplan- und Unterrichtstheorie des Sports erläutert werden (vgl. Abb. 4, S. 305).
Aus dieser Lehrplan-Unterrichts-Integration wird ersichtlich, dass letztlich die Unterrichtstheorie des Sports als zentrale handlungsleitende Theorie für die Praxis von SportlehrerInnen und TrainerInnen gelten kann. Es liegen ei-

Allgemeinpädagogische Theorien	⟷	Unterrichtstheorien des Sports
Bildungstheorie (KLAFKI)	(Ziel/Inhalt)	Sportdidaktik als Bildungslehre: SCHMITZ (1973–1975): GRUPE (1986)
Kybernetische Theorie (V. CUBE)	(Methode/Medien)	Sensomotorik: UNGERER (1977)
Lerntheorie (HEIMANN, OTTO & SCHULZ)	(6 Faktoren-Modell)	Theorie des Sportunterrichts: GRÖSSING (1997); HAAG (1985)
Curriculumtheorie (HAMEYER, FREY & HAFT)	(Evaluation)	Auswertungsorientierte Unterrichtstheorie des Sports: HAAG (1988)

Abb. 3: Allgemeinpädagogische Theorien – Unterrichtstheorien des Sports

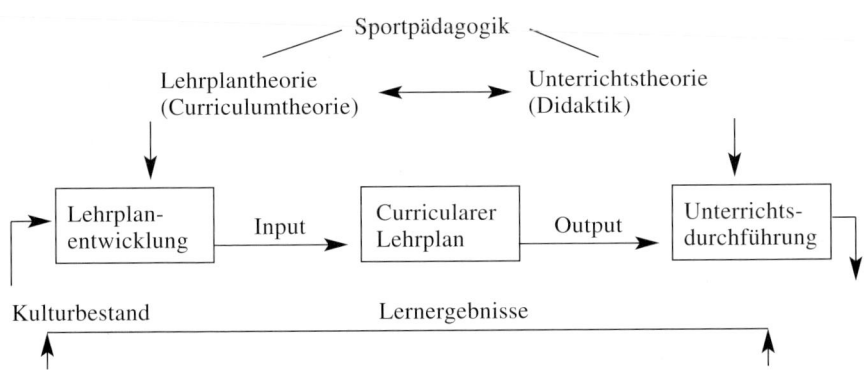

Abb. 4: Lehrplan-Unterrichts-Integration (Haag 1985, 172)

ne ganze Reihe solcher Unterrichtstheorien des Sports vor (Sportdidaktiken). Sie lassen sich vom Ansatz her in zwei Richtungen gliedern (HAAG 1989, 57):

a. stärker deduktiv-erziehungswissenschaftlich-theoretisch orientiert (so GRÖSSING 1997);
b. stärker induktiv-sportbezogen-praktisch orientiert (z B. die zahlreichen Werke von K. KOCH, Z. B. KOCH & SÖLL (1968–1981).

Als Beispiel soll die auswertungsorientierte Unterrichtstheorie des Sports von HAAG (1985) in diesem Kontext erläutert werden. Sie hat Anteile sowohl aus der Orientierung a) als auch aus der Orientierung b).

Die Orientierung a) besteht in der Zugrundelegung der sechs Faktoren des lerntheoretischen Didaktikansatzes mit zwei Bedingungsfeldern (anthropologische und soziokulturelle Bedingungen) sowie vier Entscheidungsfeldern (Ziele, Inhalte, Methoden, Medien). Die Orientierung b) ist stark handlungs- und praxisorientiert, indem davon ausgegangen wird, dass Personen, die Lehr- und Lernprozesse gestalten, über vier Handlungskompetenzen verfügen müssen (HAAG 1991, 272–278):

a) Analyse der Voraussetzungen von Sportunterricht/Training (anthropologische Voraussetzungen und soziokulturelle Bedingungen);
b) Planung von Sportunterricht/Training (Makro- und Mikroplanung);
c) Realisierung von Sportunterricht/Training (Menschenbild, Pädagogische Prinzipien, sportdidaktische Prinzipien, Methoden, methodische Maßnahmen);
d) Auswertung von Sportunterricht/Training (Leistungsfeststellung, Leistungsbeurteilung, Leistungsmitteilung durch formelle und informelle Verfahren).

Der enge Zusammenhang von Faktorenstruktur (Lerntheorie) und Prozessstruktur (Handlungstheorie) kann im folgenden Schaubild als auswertungsorientierte Unterrichtstheorie des Sports (APRA-Modell) verdeutlicht werden (HAAG, 1991, 273):

Prozessstruktur (dynamisch)		Faktorenstruktur (statisch)	
Lehr- und Lernprozesse im Sport	**A.** Analyse der Bedingungen	1. Anthropologische Voraussetzungen	2. Soziokulturelle Bedingungen
	P. Planung	3. Intentionen (5. Methodik	4. Thematik 6. Medien)
	R. Realisierung	5. Methodik (3. Intentionen	6. Medien 4. Thematik)
	A. Auswertung	3. Intentionen 5. Methodik	4. Thematik 6. Medien

Abb. 5: Auswertungsorientierte Unterrichtstheorie des Sports (APRA-Modell)

Diese auswertungsorientierte Unterrichtstheorie versucht, verschiedene singuläre theoretische Ansätze aus der pädagogischen Theorie im Allgemeinen und aus der Sportdidaktik im Besonderen zu verbinden. Dadurch wird eine Unterrichtstheorie des Sports vorgelegt, die starke Handlungsorientierung besitzt und im Sinne des Wissenstransfers in die Praxis von großer Bedeutung ist. In diesem Zusammenhang ist eine Zusammenstellung von Texten interessant, die auf der Suche nach fachdidaktischen Antworten die Frage stellt: „Wie pädagogisch soll der Schulsport sein?" (BALZ & NEUMANN, 1997).

6. Sportpädagogische Forschungsperspektive

In zwei Tagungsberichten 1987 zur Gründung der Sektion „Sportpädagogik" der dvs (BREHM & KURZ 1987) und 10 Jahre später (THIELE & SCHIERZ 1998) sind „Forschungskonzepte in der Sportpädagogik" bzw. eine „Standortbestimmung der Sportpädagogik" vorgelegt worden. Am Beispiel des „Kieler Modells der Forschungsmethodologie" (KMFM) (HAAG 1991, 292–306) kann die sportpädagogische Forschungsperspektive verdeutlicht werden. Die sechs Stufen des KMFM sind:

a) Wissenschaftsphilosophische Grundlagen (erkenntnistheoretische und wissenschaftstheoretische Überlegungen) (vgl. HAAG 1996, 292–295, 299–300).

b) Forschungsmethoden (Deskription – Korrelation – Experiment) (vgl. STRAUSS & HAAG 1994, Teil B, 137–194).

c) Untersuchungspläne (Konkretisierung der drei Forschungsmethoden in vielfältigen Varianten zur Gestaltung des Prozesses der wissenschaftlichen Erkenntnisgewinnung) (vgl. STRAUSS & HAAG 1994, Teil B, 137–194).

d) Techniken der Datenerhebung (drei formale Orientierungen: Beobachtung, Befragung, Inhaltsanalyse; sieben Theoriefeldorientierungen: Sportmedizin, Sportbiomechanik, Sportpsychologie, Sportpädagogik, Sportsoziologie, Sportgeschichte, Sportphilosophie; drei Themenfeldorientierungen: Bewegung, Training, Spiel) (vgl. STRAUSS & HAAG 1994, Teil C, 197–384; HAAG 1994, 285–298).

e) Techniken der Datenanalyse (hermeneutische und statistische Verfahren) (vgl. STRAUSS, HAAG & KOLB 1999).

f) Wissenstransfer („praxisgeleitete Theorie und theoriegeleitete Praxis"; Praxis als motorische Praxis, als Berufspraxis und als Gesamtheit der Realität Sport) (vgl. HAAG 1996, 295–299).

Das KMFM ist insbesondere durch folgende Merkmale gekennzeichnet: sechs Stufen im Sinne eines forschungslogischen Ablaufs; Handlungsorientierung; auf jeder Stufe Kontinuummodelle, d. h. Offenheit für Innovation; ganzheitliche Modellvorstellung für jede Art von Forschung; gesellschaftlich verantwortete Forschungsstrategie v. a. mit den Stufen eins und sechs. Auf Grund dieser Merkmale eignet sich das KMFM besonders für sportpädagogische Forschungsarbeit, da sich die Sportpädagogik mit ihren Forschungsfragen auf dem erkenntnistheoretischen Kontinuum von hermeneutisch über phänomenologisch bis empirisch bewegt.
Zudem liegt ein dreidimensionales, nicht hierarchisch, sondern gleichberechtigtes Modell des Selbstverständnisses der Sportwissenschaft vor, das insbe-

sondere für die Sportpädagogik eine sinnvolle Forschungsperspektive eröffnet. Das Modell hat folgende drei Bestandteile:

a) Originäre sportwissenschaftliche (sportpädagogische) Forschung: Dieser Bereich umfasst wie bisher grundständige, gleichsam primäre Forschung im Hinblick auf Fragestellungen und Themen, zu denen bisher keine oder kaum bzw. widersprüchliche Aussagen der Sportwissenschaft vorliegen. Wichtig ist dabei, dass v. a. auch die Praxis solche offenen und brennenden Fragen bzw. Themen einbringt und dass sie bei der Planung von originärer sportwissenschaftlicher Forschung von vornherein beteiligt ist. Sportwissenschaftliche Forschung muss in dieser Form sorgfältig geplant werden, so dass sie gesellschaftspolitisch verantwortbar betrieben wird. Hierunter fällt die so genannte grundlagen- und anwendungsorientierte Forschung.

b) Evaluation sportwissenschaftlicher (pädagogischer) Forschungsergebnisse: Dieser in der deutschen Sportwissenschaft noch nicht genügend verwirklichte Bereich bedeutet Folgendes: Ergebnisse der originären sportwissenschaftlichen Forschung werden bei ihrer ersten praktischen Anwendung evaluiert, d. h. ihre Anwendung wird forschend begleitet. Es hat wenig Sinn, immer nur Forschungsergebnisse am laufenden Band zu produzieren, ohne da, wo es sinnvoll erscheint, sie diesem wichtigen Verfahren der Evaluierung zuzuführen. Man spricht in diesem Zusammenhang auch von Wissenschaftsfolgenforschung bzw. von dem wichtigen Schritt des wissenschaftlich begleiteten Wissenstransfers. Wenn die Ergebnisse dieser Evaluationsforschung vorliegen und diese eine Anwendung der Forschungsergebnisse nahe legen, sollten die so in ihrer Praxisrelevanz bestätigten Forschungsergebnisse z. B. im Sinne von c) „Sportwissenschaftliche Beratung" in die breite Anwendung gehen. Es gibt sicher auch Einzelfälle, wo man von a) unmittelbar nach c) gehen kann. Im Grundsatz sollte jedoch der Ansatz der Evaluationsforschung stärker gefördert und aus einer falschen Hierarchisierung befreit werden. Engagement in b) muss genauso viel wert sein im Rahmen der „scientific community" Sportwissenschaft wie Engagement in a).

c) Sportwissenschaftliche Beratung: Sportwissenschaftliche Ergebnisse, die gleichsam ihre „Feuertaufe" in Schritt b) bestanden haben, sollten eine breite Anwendung erfahren. Diese Beratungsleistungen können in verschiedenen Formen angeboten werden. Beispiele sind:

I. Sportwissenschaftlich fundierte Lehre in Aus-, Fort- und Weiterbildung von Sportlehrern, Trainern und anderen sportspezifischen Berufsfeldern;

II. Wissenschaftliche Trainingsbegleitung mit pädagogischer Verantwortung v. a. im Bereich der Leistungsdiagnostik, insbesondere aus medizinischer und bewegungswissenschaftlicher Sicht;

III. Sportwissenschaftliche Beratung von Organisationen der Sportselbstverwaltung (Sportverbände, Sportvereine);

IV. Sportwissenschaftliche Beratung der öffentlichen Sportverwaltung bzw. der Sportpolitik;

V. Sportwissenschaftlich fundierte Beratung in Gremien für Publikationsorgane der Sportwissenschaft (Zeitschriften, Buchreihen etc.);

VI. Sportwissenschaftliche Beratung im Bereich der Fachinformation Sport.

Zusammenfassend können die sportpädagogischen Forschungsperspektiven folgendermaßen gekennzeichnet werden: Das KMFM bietet eine adäquate Grundlage im Sinne der Forschungslogik. Wenn zudem eine gleichberechtigte Förderung und Anerkennung der „originären Forschung", der „Evaluationsforschung" und der „Sportwissenschaftlichen Beratung" – bezogen auf das Theoriefeld Sportpädagogik – sichergestellt wird, kann in Zukunft von einer qualitativ hochstehenden, forschungsmethodologisch korrekten und gesellschaftlich verantwortbaren sportpädagogischen Forschung ausgegangen werden (vgl. auch HAAG 1989, 61–62).

7. Berufsbilder und Sportpädagogik

Wenn man die Liste der in diesem Band enthaltenen verschiedenen differentiellen Pädagogiken zugrunde legt, so wird bei fast allen ein möglicher Bezug zu Berufsfeldern sichtbar. Auch der Sport, als Teilsystem der Gesellschaft, bietet ein breites Spektrum sportbezogener Berufsfelder, die in (Abb. 6 (S. 310) zusammengefasst sind (vgl. HAAG 1991, Teil A, 16–68).

Das Strukturschema macht deutlich, dass die Handlungskompetenz Lehren (unterrichten/trainieren) in Form von zwei Säulen in vielen Berufsfeldern die zentrale Qualifikation darstellt.

Anhand des in Teil 5 im Einzelnen dargelegten APRA-Modells kann Handlungsorientierung im Hinblick auf Berufsfelder im Sport verwirklicht werden (Analyse – Planung – Realisierung – Analyse). Auch in dem vom Deutschen Sportbund (1979) herausgegebenen Projektbericht „Sportlehrerausbildung. Analyse und Reform" wird der Erwerb von Handlungskompetenz ins Zentrum von Studium und Berufsausbildung gestellt. Sportliche, wissenschaftliche und politische Handlungskompetenz bilden die Basis. Aus der Schnittmenge dieser drei als Kreise zu verstehenden Handlungskompetenzen ergibt

Sportbezogene Berufsfelder		
Berufsfeld Sport – Lehren (schulisch)	Handeln im Sport (außer Lehren)	Berufsfeld Sport – Lehren (außerschulisch)
– Eingangsstufe – Primarstufe – Sekundarstufe I – Sekundarstufe II (Schultypen)	– Verwaltung – Wirtschaft – Massenmedien – Freizeitbereich – Gesundheitswesen	– Hochschule – Training (Spitzensport) – Sport – Lehren (allg. Institutionen/Organisationen) – Sport – Lehren (sportbezogene Institutionen/Organisationen)

Abb. 6: Strukturschema: Sportbezogene Berufsfelder

sich dann die zentrale unterrichtliche Handlungskompetenz, d. h., Lehr- und Lernprozesse (Trainingsprozesse) sachkompetent zu leiten. Damit ist erneut eindeutig der Bezug der Sportpädagogik zu zentralen Berufsfeldern hergestellt.

8. Entwicklungsperspektiven der Sportpädagogik

Die Entwicklungsperspektiven sollen an den sechs Gegenstandsbereichen dargestellt werden, die im vierten Teil als Antwort auf die Frage nach dem Gegenstandsbereich der Sportpädagogik behandelt worden sind (vgl. HAAG 1989, 62–63):

a) Historische Perspektive der Sportpädagogik: Diese Perspektive bedeutet v. a. zeithistorische Aufarbeitung von Brennpunktaspekten der Sportpädagogik, wie z. B. Sportandragogik, Sportgerontagogik, Frauensport, Sport mit Behinderten, Sportpädagogik und Training im Spitzensport, vorschulische Bewegungserziehung, Sport und Prävention/Therapie/Rehabilitation.

b) Vergleichende Perspektive der Sportpädagogik: Die Tendenzen der Globalisierung und Internationalisierung fordern v. a. das gleichsam von Natur aus internationale Phänomen Bewegung, Spiel und Sport heraus. Weltweite Mobilität im Hinblick auf Schulzeit und auf Berufe im Rahmen des Sport-Lehrens erfordern eine verstärkte Beachtung dieser Perspektive.

c) Selbstverständnis der Sportpädagogik: Mit Zunahme der Komplexität von Wissenschaft, dem raschen Anwachsen des Wissens, offenbar immer kürzer werdenden „Halbwertzeiten" des Wissens, allgemein beklagter Orientierungslosigkeit und der Forderung nach verstärkter formaler Grundlagenbildung auch im sportwissenschaftlichen Studium steigt der Stellenwert der Selbstverständnisdimension der Sportpädagogik in Lehre und Forschung.

d) Anthropologische Grundlagen: Bei allem heute erreichten wissenschaftlichen, technologischen und ökonomischen Fortschritt bleibt die Basisaufgabe, dass der Mensch sich seiner selbst vergewissert. Die Grundsatzfrage: Was ist der Mensch im Kontext von Bewegung, Spiel und Sport und den darin angelegten Möglichkeiten sowie Grenzen sportpädagogischen Handelns muss immer wieder beantwortet werden, um die humane Basis unseres Lebens zu erhalten. Die Sportpädagogik als differentielle Pädagogik bedarf ganz besonders dieses theoretischen Bezugsrahmens der Anthropologie.

e) Lehrplan- (Curriculum-) Theorie des Sports: Die Lehrplanarbeit bezogen auf Sportarten ist neben bereits sehr guten vorhandenen Beispielen (z. B. Skisport, Geräteturnen, Segeln) um weitere Sportarten zu erweitern. Der Erstellung von Trainingsplänen für die beiden Pole des Leistungskontinuums im Sport, d. h. für Spitzensport und Sporttherapie, ist besondere Aufmerksamkeit zu schenken.

f) Unterrichtstheorie des Sports (Sportdidaktik): Für diesen zentralen Gegenstandsbereich der Sportpädagogik liegen vielfältige Perspektiven auf der Hand. Es sind dabei v. a. folgende Punkte zu nennen: Stärkere Einbeziehung empirischer Unterrichtsforschung im Sport; Evaluationsforschung für Wissenstransfer in die Praxis; Bearbeitung außerschulischer und lebenslanger Aspekte von Sportunterricht; Einbeziehung von Entwicklungen wie Psychomotorik, Körpererfahrung, Alltagsmotorik, Arbeitsmotorik, fernöstliche Bewegungskonzepte; Integration von Ergebnissen der Motorikforschung.

Dies sind Beispiele von Entwicklungsperspektiven der Sportpädagogik, die – dargestellt an den sechs Gegenstandsbereichen der Sportpädagogik – den Blick in die Zukunft lenken können.

Abschließende Bemerkungen

Es ist versucht worden, Sportpädagogik als differentielle pädagogische Teildisziplin in acht Teilen in einem in sich logischen Duktus darzustellen. Zwei Gedanken bzw. Hinweise seien abschließend gegeben:

a) „Praxisgeleitete Theorie und theoriegeleitete Praxis" muss mehr denn je das Motto sportpädagogischer Arbeit in Lehre und Forschung sein. Die folgende Sequenz für das Thema Sportunterricht kann dies exemplarisch verdeutlichen: Problem/Thema des Sportunterrichts → Sportpädagogik (Sportunterrichtswissenschaften) → sportbezogene Unterrichtstheorien → Unterrichtslehre des Sports → Praxis des Sportunterrichts.

b) Die Dynamik des Theoriefelds Sportpädagogik ist erfreulich groß und vielfältig. Um bei der Flut an wissenschaftichen Veröffentlichungen überhaupt noch folgen zu können, ist die für die Sportpädagogik im internationalen Bereich zentrale Zeitschrift „International Journal of Physical Education" 1996 in eine Review-Zeitschrift umgestaltet worden. Für einen zweijährigen Turnus (vier Ausgaben pro Jahr) sind acht Themen der Sportpädagogik festgelegt worden:

(1) Instructional Theory of Sport
(2) Historical Foundations of Sport Pedagogy
(3) Curriculum Theory of Sport
(4) Philosophical Foundations of Sport Pedagogy
(5) Physical Education Teacher and Coach Education
(6) Psychological-Sociological Foundation of Sport Pedagogy
(7) Comparative Sport Pedagogy
(8) Nature and Function of Sport Pedagogy

Jedem Thema wird somit alle zwei Jahre eine Ausgabe der Zeitschrift gewidmet (ein Review-Beitrag aus dem deutschsprachigen, einer aus dem englischsprachigen Raum sowie relevante Forschungsbeiträge). So wird versucht, zum Nutzen einer möglichst optimalen sportpädagogischen Praxis die Ergebnisse der Sportpädagogik als sportwissenschaftlicher Teildisziplin (Inter) und als angewandter (differentieller) Pädagogik (Intra) möglichst optimal zu nutzen (vgl. HAAG 1995, 11–19).

Literatur

Balz, E./Neumann, P. (Hrsg.) (1997): Wie pädagogisch soll der Schulsport sein? Auf der Suche nach fachdidaktischen Antworten. Schorndorf

Bernett, H. (1971): Zum gegenwärtigen Entwicklungsstand der Fachdidaktik der Leibeserziehung. In: Sportwissenschaft, 1 (1), 65–74

Beyer, E./Röthig, P. (Red.) (1976): Beiträge Gegenstandsbestimmung der Sportpädagogik. 1. Internationales Symposium für Sportpädagogik des ADL 20.09.–03.10.1975 in Karlsruhe. Schorndorf

Brehm, W./Kurz, D. (Red.) (1987): Forschungskonzepte in der Sportwissenschaft. Clausthal-Zellerfeld

Brettschneider, W. (1981): Sportunterricht 5–10. München

Brodtmann, D. (1979): Sportunterricht und Schulsport. Didaktische Grundrisse. Bad Heilbrunn Obb

Denk, H./Hecker, G. (1981, 1985, 1996): Texte zur Sportpädagogik. 3 Teile. Schorndorf

DSB (Hrsg.) (1979): Sportlehrerausbildung. Analyse und Reform. Frankfurt

Erdmann, R. (Hrsg.) (1992): Alte Fragen neu gestellt. Anmerkungen zu einer zeitgemäßen Sportdidaktik. Schorndorf

Erdmann, R. (1998): Empirische Sportpädagogik: Bilanz und Perspektive. In: J. Thiele & M. Schierz (Hrsg.): Standortbestimmung der Sportpädagogik. Ahrensburg, 59–76

Größing, St. (Hrsg.) (1979): Spektrum Sportdidaktik. Bad Homburg

Größing, St. (1997): Einführung in die Sportdidaktik. Wiesbaden

Grupe, O. (1968): Studien zur pädagogischen Theorie der Leibeserziehung. Schorndorf

Grupe, O. (1982): Bewegung, Spiel und Leistung im Sport. Grundthemen der Sportanthropologie. Schorndorf

Grupe. O. (1984): Grundlagen der Sportpädagogik. Schorndorf

Grupe, O./Krüger, M. (1992): Einführung in die Sportpädagogik. Schorndorf

Gutsche, K.-J. (1975): Zur gegenwärtigen Problematik der Sportpädagogik. Versuch einer Standortbestimmung. Ahrensburg

Haag, H. (Ed.) (1978): Sport Pedagogy. Content and Methodology. Baltimore

Haag, H. (Red.) (1981): Sporterziehung und Evaluation. Schorndorf

Haag, H. (1985): Lehrplan und Unterrichtstheorie des Sports. In: H. Denk & G. Hecker (Hrsg.): Texte zur Sportpädagogik. Teil II. Schorndorf, 167–189

Haag, H. (1986): Bewegungskultur und Freizeit. Vom Grundbedürfnis nach Sport und Spiel. Osnabrück

Haag, H. (1988): Auswertung von Lehr- und Lernprozessen im Sport. In: C. Czwalina (Hrsg.): Methodisches Handeln im Sportunterricht. Analysen und Reflexionen zur Methodik in der Sportdidaktik. Schorndorf, 62–67

Haag, H. (1989): Sportpädagogik. In: H. Haag, B. Strauß & S. Heinze (Red.): Theorie- und Themenfelder der Sportwissenschaft. Schorndorf, 48–69

Haag, H. (Ed.): Schwerpunktnummer: Sports and Physical Education. International Review of Education, 35, 1989, 1

Haag, H. (1991): Forschungsmethodologie der Sportwissenschaft. In: H. Haag: Einführung in das Studium der Sportwissenschaft. Schorndorf, 292–306

Haag, H. (1991): Einführung in das Studium der Sportwissenschaft. Schorndorf

Haag, H. (Ed.): Schwerpunktnummer: Sport Pedagogy. Sport Science Review, 3, 1994, 1

Haag, H. (1994): Datenerhebung in der Sportpädagogik. In: B. Strauß & H. Haag (Hrsg.): Forschungsmethoden – Untersuchungspläne – Techniken der Datenerhebung in der Sportwissenschaft. Schorndorf, 285–298

Haag, H. (1995): Zum Standort der Sportpädagogik im Rahmen einer Systematik der Sportwissenschaft. In: H.-J. Schaller & D. Pache (Hrsg.): Sport als Bildungschance und Lernform. Schorndorf, 11–19

Haag, H. (1996): Philosophie der Sportwissenschaft. Wissenschafts- und erkenntnistheoretische Ansätze. In: H. Haag (Hrsg.): Sportphilosophie. Ein Handbuch. Schorndorf, 289–308

Haag, H./Kolb, M./Strauß, B. (Hrsg.) (1999): Zum Selbstverständnis der Sportpädagogik. Vergangenheit. Gegenwart. Zukunft. Köln

Hameyer, U./Frey, K./Haft, H. (Hrsg.) (1983): Handbuch der Curriculumforschung. Erste Ausgabe. Übersichten zur Forschung 1970–1981. Weinheim

Hecker, G./Trebels, A. (1970): Sportdidaktik. Ratingen

Hecker, G. (1979). Kompendium Didaktik Sport. München

Hecker, G./Küpper, D. (1984): Trendbericht Sportdidaktik. Sonderheft der Zeitschrift „Sportunterricht". Schorndorf, 36–47

Hecker, G. (1996): Sportpädagogik. Eine Einführung in sportpädagogisches Denken. Frankfurt

Koch, K./Söll, W. (1968–1981): Die Gestaltung des Unterrichts in der Leibeserziehung. 7 Bde. Schorndorf

Kottmann, L./Schaller, H.-J./Stibbe, G. (Hrsg.) (1999): Sportpädagogik zwischen Kontinuität und Innovation. Schorndorf

Kurz, D. (1990): Elemente des Schulsports. Grundlagen einer pragmatischen Fachdidaktik. Schorndorf

Kurz, D.: Sportpädagogik als Teildisziplin oder integrativer Kern der Sportwissenschaft. In: Sportwissenschaft 22 (1992), 145–154

Meinberg, E. (1981): Sportpädagogik. Konzepte und Perspektiven. Stuttgart

Meinberg, E. (1984): Hauptprobleme der Sportpädagogik. Eine Einführung. Darmstadt

Meinberg, E. (1998): Normative Sportpädagogik: Perspektivisches. In: J. Thiele & M. Schierz (Hrsg.): Standortbestimmung der Sportpädagogik. Ahrensburg, 45–58

Piéron, M./Cheffers, J. (1988): Research in Sport Pedagogy: Empirical Analytical Perspective. Schorndorf

Piéron, M./Graham, G. (Eds.) (1986): Sport Pedagogy. The 1984 Olympic Scientific Congress Proceedings. Volume 6. Champaign, Ill

Prohl, R. (Hrsg.) (1995): Facetten der Sportpädagogik. Beiträge zur pädagogischen Diskussion des Sports. Schorndorf

Prohl, R. (1999): Grundriss der Sportpädagogik. Wiebelsheim

Reichenbach, M. (Hrsg.) (1983): Sportpädagogik – Körpererziehung – Persönlichkeit. Potsdam

Schaller J./Pache, D. (Hrsg.) (1995): Sport als Bildungschance und Lebensform. Schorndorf

Scherler, K.-H.: Sportpädagogik – eine Disziplin der Sportwissenschaft. In: Sportwissenschaft 22 (1992), 155–166

Schmitz, J. N. (1973, 1970, 1978, 1975): Studien zur Didaktik der Leibeserziehung, 4 Bde. Schorndorf

Schmitz, J. N. (1978, 1979): Allgemeine Grundlagen der Sportpädagogik. Grundbegriffe – Problemfeld – Zielproblematik. Schorndorf

Schwidtmann, H. (1972): Sportpädagogik. In: J. Schafrik (Red.): Ergebnisse der sportwissenschaftlichen Forschung und Entwicklung in der Deutschen Demokratischen Republik. Beiheft 3 der Zeitschrift „Theorie und Praxis der Körperkultur", 25–31

Strauß, B./Haag, H. (Hrsg.) (1994): Forschungsmethoden – Untersuchungspläne – Techniken der Datenerhebung in der Sportwissenschaft. Forschungsmethodologische Grundlagen. Schorndorf

Strauß, B./Haag, H./Kolb, M. (Hrsg.) (1999): Datenanalyse in der Sportwissenschaft. Hermeneutische und Statistische Verfahren. Schorndorf

Thiele, J./Schierz, M. (Hrsg.) (1998): Standortbestimmung der Sportpädagogik. Ahrensburg

Ungerer, H. (1991): Zur Theorie des sensomotorischen Lernens. Schorndorf

Anhang

1. Einführung in die Sportpädagogik

Größing, St. (1993): Bewegungskultur und Bewegungserziehung. Grundlagen einer sinnorientierten Bewegungspädagogik. Schorndorf

Größing, St. (1997): Einführung in die Sportdidaktik. Wiebelsheim

Grupe, O./Krüger, M. (1997): Einführung in die Sportpädagogik. Schorndorf

Hecker, G. (1996): Sportpädagogik. Frankfurt

Meinberg, E. (1984): Hauptprobleme der Sportpädagogik. Eine Einführung. Darmstadt

Meusel, H. (1976): Einführung in die Sportpädagogik. München

Prohl, R. (1999): Grundriss der Sportpädagogik. Wiebelsheim

2. „Reader" zur Sportpädagogik

Balz, E./Neumann, P. (Hrsg.) (1997): Wie pädagogisch soll der Schulsport sein? Auf der Suche nach fachdidaktischen Antworten. Schorndorf

Denk, H./Hecker, G. (1981, 1985, 1996): Texte zur Sportpädagogik. 3 Teile, Schorndorf

3. Festschriften mit Bezug zur Sportpädagogik

Peper, D./Christmann, E. (Hrsg.) (1987): Zur Standortbestimmung der Sportpädagogik. Schorndorf (Festschrift Prof. Dr. J. N. Schmitz)

Kottmann, L./Schaller, H.-J./Stibbe, G. (Hrsg.) (1999): Sportpädagogik zwischen Kontinuität und Innovation. Schorndorf (Festschrift Prof. D. Küpper)

Schaller, H.-J./Pache, D. (Hrsg.) (1995): Sport als Bildungschance und Lebensform. Schorndorf (Festschrift Prof. Dr. H. Denk)

Prohl, R. (Hrsg.) (1993): Facetten der Sportpädagogik. Beiträge zur pädagogischen Diskussion des Sports. Schorndorf (Festschrift Prof. Dr. P. Röthig)

Erdmann, R. (Hrsg.) (1992): Alte Fragen neu gestellt. Anmerkungen zu einer zeitgemäßen Sportpädagogik (Festschrift Prof. Dr. G. Hecker)

4. Handbücher

Bielefelder Sportpädagogen (Hrsg.) (1998): Methoden im Sportunterricht. Ein Lehrbuch in 14 Lektionen. Schorndorf

Czwalina, C. (Hrsg.) (1988): Methodisches Handeln im Sportunterricht. Analysen und Reflexionen zur Methodik in der Sportdidaktik. Schorndorf

Günzel, L. W. (Hrsg.) (1985): Taschenbuch des Sportunterrichts. Baltmannsweiler

Haag, H./Hummel, A. (Hrsg.) (2000): Sportpädagogik. Ein Handbuch. Schorndorf

Söll, W. (1998): Sportunterricht – Sport unterrichten. Ein Handbuch für Sportlehrer. Schorndorf

5. Zeitschriften

Sportunterricht (Verlag K. Hofmann, Schorndorf)
Sportpädagogik (Friedrich Verlag, Seelze/Velber)
Journal of Teaching Physical Education (JTPE) (Human Kinetics, Champaign, Ill.,
USA)
International Journal of Physical Education (Verlag K. Hofmann, Schorndorf)

6. Organisationen

Sektion „Sportpädagogik" der Deutschen Vereinigung für Sportwissenschaft (dvs)
Kommission „Freizeitpädagogik/Sportpädagogik" der Deutschen Gesellschaft für Er-
ziehungswissenschaft (DGfE)
International Committee of Sport Pedagogy (ICSP) im Rahmen des International
Council of Sport Science and Physical Education (ICSSPE) (Mitglieder: AIESEP,
FIEP, IASPEGW, IFAPA, ISCPES)
International Council of Health, Physical Education, Recreation, Sport and Dance
(ICHPER-SD)

BOJE MAASSEN

Umweltpädagogik und Naturerleben

Vorweg eine Einschätzung: „Umweltpädagogik als Fachrichtung ist nicht auf dem Wege zu einer Subdisziplin, sondern zu einer pädagogischen Randexistenz." Das darf nicht sein, weil ihre Aufgaben bisher nicht gelöst wurden. Deswegen wird in diesem Aufsatz neben der Systematisierung und Beschreibung des bisherigen Entwicklungsprozesses ein erneutes Bedenken der Grundlagen der Umweltpädagogik angestrebt, um somit eine Diskussion der Zukunftsperspektiven zu fördern. Eine zentrale Erkenntnis besteht darin, trotz der historischen, institutionellen und inhaltlichen Gemeinsamkeiten Umweltpädagogik und Naturerleben trennscharf zu differenzieren und zu behandeln. Durch eine solche Trennung hätten Umweltpädagogik und Naturerleben eine klare Vorstellung von ihren Aufgaben und Arbeitsfeldern und würden so komplementär überzeugender wirken – auch aufeinander.

1. Umweltpädagogik

1.1 Das Problem des Gegenstandes

Die Umwelt des Menschen umfasst die von ihm gebauten, kulturellen, sozialen und natürlichen Systeme. In der Umweltpädagogik sind alle diese Systeme nur Gegenstand, wenn sie beschädigt oder gefährdet sind, d. h. nicht angemessen funktionieren. Werden entsprechende Umwelten von Tieren behandelt, stellt man sie zumindest in einen indirekten Bezug zum Menschen, wobei auch hier das Merkmal der Dysfunktion gilt. Gegenstand der Umweltpädagogik ist also nicht – wie es der Begriff suggeriert – potentiell die gesamte Umwelt des Menschen, nicht die Fabrik x, nicht der tropische Urwald y im Amazonasgebiet, sondern die Fabrik, die schädliche Emissionen verbreitet, oder der durch Raubbau zerstörte tropische Urwald. Die Umweltpädagogik beschränkt sich dabei nicht nur auf die phänomenale Darstellung dieser Dysfunktionen, sondern will auch Ursachen, Alternativen und Wege zu deren Beseitigung aufzeigen. Damit wird deutlich, dass zwar nicht alles, aber doch große Teile der menschlichen Umwelt und des Handelns zum Gegenstand der Umweltpädagogik werden können, aber ebenso auch wieder die Möglichkeit ihres Verschwindens gegeben ist, wenn die Dysfunktionen beseitigt bzw. nicht mehr gravierend sind. Allein die Darstellung der bisherigen Umweltthemen (von den mit Sicherheit neu hinzukommenden ganz zu schweigen) einschließlich ihrer Ursachenanalysen und Lösungsvorschläge würde Büchereien füllen. Hinzu kommt, dass die Behandlung der Dysfunktion die Behandlung der Funktion voraussetzt: Der Tropenwald muss zuallererst in seinem Aufbau und seinen Funktionen verstanden werden, um von dieser Basis aus den Schädigungen einschließlich ihrer Ursachen und Lösungen zum eigentlichen Gegenstand eines wie auch immer gearteten Unterrichts zu machen. Es versteht sich von selbst, dass eine Behandlung aller Themen nicht zu leisten und motivational nicht durchzuhalten ist. Aber selbst eine Kanonisierung – wie sie in den 80er Jahren versucht wurde – ist unbefriedigend, nicht nur, weil offensichtlich jedes Thema sehr schnell im öffentlichen Diskurs obsolet werden kann, sondern weil der damit häufig einhergehende hohe Abstraktionsgrad („Wasser") keine pädagogische Handlungsorientierung mehr bietet. Deswegen muss der Schwerpunkt der Umweltpädagogik in der Vermittlung von Methodenkompetenz liegen, die es ermöglicht, aktuelle Umweltprobleme relativ schnell und effektiv zu begreifen und darauf zu reagieren: also an Informationen zu gelangen, diese kritisch zu sammeln, zu bündeln und auf jeweilige Funktionen hin zu strukturieren und Lösungsstrategien zu entwickeln.

1.2 Die gesellschaftliche Rezeption

Allein die Tatsache, dass viele Umweltthemen aus der öffentlichen Diskussion verschwunden sind, obwohl sie nicht gelöst wurden, belegt, dass Krisen nicht nur eine objektive Dimension haben, sondern gesellschaftlich definiert werden. So kann es auch vorkommen, dass Krisen nur eine schwache Entsprechung in der Wirklichkeit haben. Umgekehrt ,schlummern' sicherlich Zerstörungen bzw. Probleme, die (noch) nicht „ausgebrochen" sind bzw. öffentlich (noch) nicht thematisiert wurden[1]. LUHMANN spricht in diesem Zusammenhang von der Selbstalarmierung der Gesellschaft und schreibt in Bezug auf die ökologische Thematik:

„Erst seit gut zwanzig Jahren gibt es eine rasch zunehmende öffentliche Diskussion über ökologische Bedingungen gesellschaftlichen Lebens und über Zusammenhänge zwischen dem Gesellschaftssystem und seiner Umwelt. Auf sehr verschiedene Weise

---

[1] Natur- und Umweltschäden sind natürlich nicht nur Phänomene der Gegenwart. Zumindest seitdem der Mensch sesshaft wurde, haben immer wieder mehr oder weniger große zerstörende Eingriffe in natürliche Prozesse stattgefunden (vgl. MÜLLER, J.: Umweltveränderungen durch den Menschen. In: KREEB, K. H.: Ökologie und menschliche Umwelt, Stuttgart 1979). So ist z. B. die Lüneburger Heide mit ihrem im Kern befindlichen Naturschutzpark das Ergebnis ökologischen Raubbaus, weil fruchtbarer Mutterboden (als Plaggen) abgestochen und zur Düngung verwendet wurde.

fühlt die heutige Gesellschaft sich durch Effekte rückbetroffen, die sie in ihrer Umwelt selbst ausgelöst hat"[2].

Die von LUHMANN bezeichnete Selbstalarmierung fand am intensivsten in den fortgeschrittenen Industriegesellschaften statt und wurde dort insbesondere von Mitgliedern der Mittelschicht wahrgenommen und thematisiert. Seit den 90er Jahren ebben die gesellschaftliche Kommunikation über ökologische Themen und das individuelle und kollektive Engagement ständig ab. Inhaltliche Schwerpunkte des öffentlichen Diskurses waren die Atomenergie, begrenzte Ressourcen und Wirtschaftswachstumsproblematik, die Gefährdungen der Grundelemente Wasser, Erde und Luft mit den entsprechenden Auswirkungen auf die lebendige Natur (Klimawandel, Artenrückgang, Baum- und Fischsterben) und den Menschen, die Schadstoffbelastungen von Flüssen und Meeren, Verlust an Lebensqualität durch die „Unwirtlichkeit der Städte" und Zurückdrängung natürlicher Landschaften, Luftverschmutzung und Waldsterben und nachhaltiges Wirtschaften.

Die früheren Gesamtszenarios mit einer durchgehend pessimistischen Grundierung finden heute nur noch wenig Aufmerksamkeit. Unbestritten ist allerdings, dass der Anteil natürlicher Ökosysteme und die biologische Artenvielfalt weiterhin in beträchtlichen Ausmaßen abnehmen. Kontrovers wird jetzt die Abschätzung der negativen Auswirkungen auf den Menschen diskutiert. Das muss so sein, weil die Wissenschaft (noch) nicht in der Lage ist, das Gesamt in seiner Dynamik abzubilden und zu bewerten. Aber wie auch immer mit dem Wissen und Nichtwissen umgegangen wird: Umweltschutz wird eine Aufgabe bleiben, denn inzwischen sind die in Kauf genommenen bzw. unbeabsichtigten realen und potentiellen Nebenfolgen der Transformation von natürlichen Ausgangsstoffen zu Produkten zu groß und zu riskant geworden.

1.3 Die pädagogische Rezeption der ökologischen Krise

Da Umweltpädagogik sich nicht primär pädagogischen Bemühungen verdankt, sondern durch den öffentlichen Diskurs, durch die politische ökologische Bewegung selbst und schließlich durch staatlich-administrative Maßnahmen[3] gefordert, gefördert und durchgesetzt wurde, ist es kaum verwunderlich, dass das Verblassen des gesellschaftlichen Umwelt-Diskurses entsprechende Auswirkungen auf deren pädagogische Theorie und Praxis hat. Aber in diesem Zusammenhang muss zweierlei festgehalten werden: Zum ei-

---

[2] LUHMANN, N.: Ökologische Kommunikation. Opladen 1986, S. 11.
[3] Eine gute Darstellung dieses Prozesses findet sich bei THIEL, F.: Ökologie als Thema. Überlegungen zur Pädagogisierung einer gesellschaftlichen Krisenerfahrung. Weinheim 1996, S. 67–105.

nen war der institutionelle Realisierungsgrad der Umweltpädagogik auch in Zeiten größter gesellschaftlicher Hochschätzung von Umwelt- und Naturthemen relativ klein. In der Sekundarstufe hatten 1985 ca. 2% der Unterrichtsstunden Umweltschutzthemen zum Gegenstand, in der Lehrerfortbildung gaben Studierende an, 3% ihrer Umweltinformationen auf der Hochschule vermittelt bekommen zu haben. Inzwischen hat der sowieso schon kleine Anteil sich weiter verringert[4]. Die weitestgehende Utopie, die Ökologisierung der Pädagogik, ist heute nicht einmal mehr Gegenstand von Träumen[5]. Hinzu kommt, dass pädagogische Institutionen ein beträchtliches Beharrungsvermögen demgegenüber entwickeln, was in sie eingedrungen ist und von ihnen übernommen wurde. Mit anderen Worten: Die reale Verschlechterung ökologischer Verhältnisse und die Zurückdrängung ökologischen Problembewusstseins in der Öffentlichkeit ist im pädagogischen Raum als weniger dramatisch einzustufen. Auch gibt es erfreuliche Entwicklungen, deren ökologische Bedeutung erst auf dem zweiten Blick erkennbar ist. Als Beispiele seien die Waldkindergärten oder die Ernährungslehre genannt.

1.4 Exkurs: Zur Legitimation der Umweltpädagogik

Die Unterrichtsfächer, von den naturwissenschaftlichen abgesehen, haben unterschiedliche Sorge, dass ihnen der Gegenstand durch öffentlichen (Nicht-) Diskurs abhanden kommt: Englisch prosperiert, Deutsch ist sicherlich (noch) unangefochten, Latein und Griechisch haben fast verloren, Religion erodiert, der (Breiten-) Sport muss kämpfen, Informatik hat Zukunft. Da Umweltpädagogik, wie bereits oben gesagt, sich nicht primär pädagogischen Bemühungen verdankt, sondern das Resultat der „Pädagogisierung einer gesellschaftlichen Krisenerfahrung" (F. THIEL) ist, stellt sich natürlich für engagierte UmweltschützerInnen die Frage, ob die „Unterstützung" von dieser Seite denn so sinnvoll war.

Rückblickend lässt sich meiner Ansicht nach aus diesem Gesamtprozess verallgemeinernd schließen: Das Erziehungssystem ist immer schlecht beraten, den öffentlichen Diskurs *zentral* für die Legitimation von pädagogischen Inhalten und Methoden in Anspruch zu nehmen. Denn einerlei, ob die Aufgabe gelöst wurde oder nicht (wie im Fall der ökologischen Krise), beim Abflauen des öffentlichen Interesses wird ein entsprechender pädagogischer Nieder-

---

[4] Umfassend in EULEFELD, G. et al.: Entwicklung der Praxis schulischer Umwelterziehung in Deutschland. Kiel 1993.

[5] Und ich meine, es war kein guter Traum, denn das wäre zum einen eine maßlose Überforderung und Überspannung der (politischen) Ökologie, zum anderen eine Bedrohung der relativen Autonomie der Schule und der Pädagogik gewesen.

gang auf praktischer und theoretischer Ebene mit kurzer Zeitverschiebung stattfinden. Das Erziehungssystem kann und darf sich nicht allein als Institution zur Lösung gesellschaftlich definierter Krisen verstehen und dafür instrumentalisieren lassen. Pädagogik muss ihre Inhalte im Kern „aus sich heraus" entwerfen und begründen. Das gilt auch für die Umweltthematik und könnte heißen: das Recht auf eine differenzierte, anspruchsvolle sinnliche Umwelt und Natur, auf eigene Bewegung und gesunde Ernährung. Damit sind sinnvolle Momente benannt, die für gelingende Lernprozesse wichtig sind. Hier gilt es, neu zu denken, seien es entsprechende pädagogisch fundierte Gesamtkonzepte (wie die von MERTENS[6] und das mehrbändige Werk von HUSCHKE-RHEIN[7]) oder fachspezifisch konstituierende ökologische Elemente (im Kunst- oder Erdkundeunterricht) oder einfache Konzepte, Methoden und Übungen (wie in der Form von Stilleübungen oder Stadterkundungen). Damit werden auch Möglichkeiten geschaffen, das kognitive Modell „Aufklärung – Rationales Handeln" zu ändern und zu ergänzen.

1.5 Konzepte

Die pädagogische Rezeption der Umweltgefährdung war nicht einheitlich. Die drei Hauptströmungen sind die „Umwelterziehung", das „ökologische Lernen" und die „Ökopädagogik". Die inhaltliche Differenz dieser Ansätze besteht im Kern in der Distanz bzw. Nähe zu realen gesellschaftlichen Prozessen. Als sinnvoller Oberbegriff, weil nicht vorschnell ausgrenzend, bietet sich „Umweltpädagogik" an.

Die *Umwelterziehung* legt den Akzent auf Vermittlung von Wissen, Befähigung zum Problemlösen-Denken und Anbahnung von Einstellungen zum verantwortlichen Handeln[8]. Dieses Konzept ist stark an schulischen und unterrichtlichen Strukturen orientiert und hat für diese Institutionen hohe Durchsetzungsmöglichkeiten. Ziel sind Schaffung und Veränderungen von gewünschten Dispositionen und entsprechende Handlungen. Die Thematisierungen waren (wie bereits gesagt und gut ablesbar aus der zeitlichen Distanz) von der je aktuellen Diskussion abhängig. Eingenommen wurde dabei durchgehend eine objektive, naturwissenschaftlich orientierte Perspektive. Aus der Analyse dieser Situation ließ sich wie in der Curriculumtheorie wissenschaftlich-objektiv und ohne Beteiligung der Betroffenen ein Zielkatalog erzieherischer Maßnahmen erstellen. Eine besondere Problematik stellt die Frage nach

---

[6] MERTENS, G.: Umwelterziehung. Eine Grundlegung ihrer Ziele. Paderborn 1998.

[7] HUSCHKE-RHEIN, R.: Systemisch-Ökologische Pädagogik. Köln 1993.

[8] Vgl. BOLSCHO, D., EULEFELD, G., SEYBOLD, H.: Bildung und Ausbildung im Umweltschutz. Bonn 1994. S. 95.

der Vermittlung dar: entweder innerhalb eines gesonderten Faches „Umwelterziehung" oder als Integration der Umweltproblematik in die jeweiligen Fächer.
Das *ökologische Lernen* ist an Lernprozessen orientiert, wie sie insbesondere in den sozialen Bewegungen (AKW-Bewegung, Frauenbewegung usw.)
entwickelt und praktiziert werden (oder genauer wohl: wurden). Politische
Auseinandersetzungen gleichzeitig als Lernfelder zu nehmen, ist pädagogisch ohne Zweifel sinnvoll und auch effektiv. Die umstandslose Umsetzung
in den Normalunterricht an Schulen und Hochschulen ist unter gegenwärtigen Bedingungen strukturell unmöglich und auch nicht gewollt. Allerdings
sind in Form von Projekten und Zukunftswerkstätten sehr wohl Teilrealisatio-
nen möglich.
Die *Ökopädagogik* hat im methodisch-organisatorischen Bereich mit dem
ökologischen Lernen viele Übeschneidungen, vertritt aber im inhaltlichen
Bereich radikalere und umfassendere Positionen, die letztlich Mensch, Gesellschaft und Natur im Gesamtzusammenhang sehen.
Das *ökologische Lernen* und insbesondere die *Ökopädagogik*[9] erweitern die
Umweltthematik um eine gesellschaftliche, ja kulturell-zivilisatorische Fun-
damentalanalyse einschließlich einer Kritik des Wissenschaftsbegriffs und
ihrer Praxis, so dass die Wissenschaft grundsätzlich als analytisches und
handlungsweisendes Instrument ihre zentrale Stellung verliert. Dieses Vaku-
um nehmen nun Gruppierungen und Subjekte ein, die ihre sinnlich-körperli-
che Verfasstheit wahrnehmen und sich auch vom Bewusstsein her wohl in der
Lage sehen, sich selbst zu bestimmen. Hier entwickelte sich eine (oft rückwärts gewandte) Utopie, die sich – obwohl partiell auch sozialistische Elemente aufnehmend – in einer bestimmten Radikalität von sozialistischen
Grundüberzeugungen unterschied und nicht zuletzt deswegen auch von letz-
teren immer sehr misstrauisch begleitet wurde. Der umfassende und ganzheitliche Ansatz des ökologischen Lernens bzw. der Ökopädagogik war auch
in seiner Blütezeit während der zweiten Hälfte der 70er und zu Beginn der
80er Jahren gesellschaftlich nicht mehrheitsfähig und ist gegenwärtig weder
gesellschaftlich noch institutionell-pädagogisch vermittelbar.

1.6 Berufsfelder und Tätigkeiten

Dem beträchtlichen Umfang und der damit verbundenen Unschärfe des Begriffs der Umweltpädagogik entsprechen die vielfältigen institutionellen, or-

---

[9] Grundsätzlich übernehme ich hier die von HARTMUT BÖLTS (Umwelterziehung.
    Grundlagen, Kritik und Modelle für die Praxis. Darmstadt 1995.) entwickelte Ter-
    minologie, sehe aber zwischen ökologischem Lernen und Ökopädagogik keinen
    derartig großen Unterschied, um ein Dreierschema zu rechtfertigen.

ganisatorischen und didaktisch-methodischen Realisierungsmöglichkeiten in der Praxis. In Schulen und Hochschulen ist in den meisten Fächern – sachlogisch gesehen – Umweltpädagogik konstitutiver Bestandteil, ja, es gilt als Unterrichtsprinzip. Im Projektunterricht oder in handlungsorientierten Unterrichtsformen herrschen ideale Bedingungen für Umweltthemen, wohl der Hauptgrund für deren Realisierung. In der Regel gibt es an Schulen auch eine entsprechende Funktionsstelle. Umweltpädagogische Kompetenzen werden auch in Kindergärten, insbesondere Waldkindergärten, in der beruflichen Ausbildung, in der offenen Erwachsenenbildung, in Verbänden und Vereinen oder an Natur- und Umweltzentren verlangt. Eine entscheidende Aufgabe und auch Chance besteht sicherlich darin, neue Praxisfelder zu erschließen. Der Praxis und Theorie gleichermaßen verbunden: Mitarbeit an und Entwicklung von Lehrbüchern, Unterrichtsmaterialien, Studienordnungen bis hin zu Lehrplanarbeit, Ausstattungen von unbebauten Bereichen, Gebäuden und Fachräumen in Schulen, Schullandheimen, Kindergärten usw., Organisation von Konferenzen und Fachtagungen. Auf wissenschaftlicher Ebene wären Realisierungsmöglichkeiten: Arbeiten zu den Grundlagen, Strukturen und Funktionen, Analysen zur interdisziplinären Zusammenarbeit, zur Ideologiekritik und Evaluation.

1.7 Ideologiekritik und empirische Kritik

Die genuin ökologisch orientierte Theorie konzentriert sich gegenwärtig nicht auf die Umweltkrise, sondern auf die Kritik der Umweltpädagogik selbst. Sie ist selbstreflexiv geworden. Es überwiegen dabei ideologiekritische und empirische Ansätze.

Der *ideologiekritische* Haupteinwand besteht darin, dass die Umweltkrise ein strukturelles Phänomen sei und nicht durch individuelles Verhalten gelöst werden könne. Da Pädagogisierung strukturell immer eine Individualisierung ist, bringe die Umweltpädagogik für die Umwelt nichts, ja sei kontraproduktiv, weil falsches Bewusstsein über das eigene Handeln entstünde. Die eigentlich verantwortlichen und lösungsfähigen politischen und wirtschaftlichen Institutionen aber bräuchten ihre Aufgaben nicht anzunehmen. Der berühmte müllsortierende Bürger sei der nützliche Idiot, der einerseits die tatsächlichen umweltzerstörenden Prozesse nicht beeinflusse und sie andererseits noch zusätzlich verschleiere.

Pädagogische Institutionen und insbesondere Schule, die ihre „Produkte" gewissermaßen schlechthin individualisieren, geraten in dieser Perspektive natürlich ins Zentrum der Kritik. Die Gegenkritik lautet: Die Kritik ist dann richtig, wenn der individuelle Ansatz verabsolutiert wird, ist aber falsch, weil sie den strukturellen Ansatz verabsolutiert. Es gilt, beide Ansätze zu realisieren, wozu also auch gehört, dass die Pädagogik Wege zum gemeinsamen Handeln aufzeigt. Ich plädiere also für eine Doppelstrategie. Die einseitige Kritik am individuellen Handeln halte ich im Kern für undemokratisches Denken. Undemokratisch, weil gesellschaftliche Strukturen sich (hoffentlich) nicht absolut selbst bestimmen dürfen und wohl auch nicht können, sondern immer auch eine Funktion ihrer Mitglieder und Teilnehmer sind (und sei es nur im distanz- und kritiklosen Mitmachen). Der um Aufklärung und Kritik bemühte Bürger und Konsument hat Einflussmöglichkeiten – wofür es auch genug empirische Belege gibt.

Die Kritik an umwelterzieherischen (wegen der hohen Komplexität nicht an ökopädagogischen) Konzepten aus *empirischer* Perspektive legt den Akzent auf die Effektivität dieser Bemühungen und Aktivitäten. Es geht um die Beziehung von Umweltbewusstsein und ökologischem Handeln. In der Literatur wird hier zwischen kognitiven, sozio-emotionalen und sozialpsychologischen Ansätzen unterschieden. In allen drei Bereichen geben die Befunde wenig Anlass zu Optimismus. Es seien eben gar keine oder nur geringe Effekte messbar. Dagegen ist zu sagen, dass dieser Einwand wegen der Langzeiteffekte wohl nahezu gegen alle pädagogischen Fächer und „Aspirationen" (JÜRGEN OELKERS) erhoben werden kann. Dagegen wiederum spricht, dass seit Einführung der institutionellen Umwelterziehung auf nahezu allen umweltrelevanten Feldern trotz aller pädagogischen (und anderer) Bemühungen eine drastische Verschlechterung stattgefunden hat[10].

2. Das Naturerleben

Zu Beginn dieser Arbeit habe ich dafür plädiert, Naturerleben und Umweltpädagogik zu trennen. Damit wird nicht nur ein theoretisches Interesse bedient, sondern auch die Praxis des Naturerlebens leichter durchführbar, da die Sinnhaftigkeit ihrer (von außen gesehen eventuell als obskur anmutenden) Übungen transparent wird.

---

[10] Eine ausgezeichnete Zusammenfassung der empirischen Forschung findet sich bei LEHMANN, J.: Befunde empirischer Forschung zu Umweltbildung und Umweltbewusstsein. Kiel 1998. Weiter zu empfehlen: DE HAAN, G., KUCKARTZ, U.: Umweltbewusstsein. Denken und Handeln in Umweltkrisen. Opladen 1996. Empirische Untersuchungen mit dem Schwerpunkt „Beziehungen zur Natur" in: SCHEMEL, H.-J. (Hg.): Naturerfahrungsräume. Bonn – Bad Godesberg 1998. Mehr aus psychologischer Perspektive: GEBHARD, U.: Kind und Natur. Die Bedeutung der Natur für die psychische Entwicklung. Opladen 1994.

2.1 Abgrenzung des Naturerlebens von der Umweltpädagogik

Im Naturerleben steht Natur im Mittelpunkt, in der Umweltpädagogik nur in Teilbereichen. Dieser Sachverhalt ist aber nicht der ausschlaggebende Grund dafür, zwischen Umweltbildung und Naturerleben zu unterscheiden. Die Differenz liegt im Kern im funktionalen und methodischen Bereich. Jede Weltbegegnung und Erkenntnis hat immer einen subjektiven und einen objektiven Pol. Je nach Situation und Handlungszielen liegt der Akzent mehr auf dem einen oder dem anderen Pol. Im Naturerleben wird der Akzent auf den subjektiven, in der Umweltpädagogik auf den objektiven Pol gelegt, was übrigens bereits begrifflich in ‚Erleben' und ‚Pädagogik' gespiegelt wird.

Die Aufgabe der Umweltbildung besteht darin, von Menschen verursachte Dysfunktionen in der natürlichen und bebauten Umwelt mit präzisen, insbesondere *naturwissenschaftlichen* Begriffen und Methoden zu bestimmen, zu erklären und Strategien und Vorschläge zu ihrer Beseitigung zu entwickeln. Naturerleben geht es um *subjektive Zugänge* zur Natur, wobei in der Regel naturwissenschaftliche Methoden, im Sinne von Wege nicht beschreiten, eingesetzt werden. Diese Differenz ist *komplementär* und wird von daher auch als beider Einheit begriffen, was wiederum ihre gemeinsame Behandlung rechtfertigt. Aus erkenntnistheoretischer und psychologisch-pädagogischer Perspektive formuliert: Umweltbildung dient kognitiven, Naturerleben (mehr) affektiv-wertenden Zielen.

2.2 Naturbegriff und Aneignung

Phänomenologisch betrachtet ist die Natur ein Teil der menschlichen Umwelt, aus evolutionärer Sicht ist die menschliche Umwelt aus der Natur hervorgegangen, ist von Menschen bearbeitete, modifizierte Natur. Wie alle Begriffe ist auch der Naturbegriff im Naturerleben theoriegeladen. Auch Natur ist nicht naturwüchsig. Die Methode (hier verstanden im weitesten Sinne) konstruiert unabdingbar bis zu einem bestimmten Grade den Erkenntnisgegenstand und umgekehrt. Die Försterin, der Biologe, die Physikerin, der darstellende Künstler, der Wanderer, die Neurophysiologin, das Kind, der Philosoph, die Theologin haben eine je spezifische Wahrnehmung, Gefühl, Bild, Begriff und Theorie von Natur. Im Kern liegen hier unterschiedliche Mischungsverhältnisse von kognitiv-allgemeinen und sinnlich-individuellen Anteilen in der Erkenntnis vor. In der Praxis des Naturerlebens überwiegen die aus kognitiver Perspektive anspruchsloseren Tätigkeiten: begreifen, fühlen, schmecken, hören, riechen, ungewohnte Sehperspektiven einnehmen, lassen, beobachten, genießen, sich bewegen, unangestrengt sich öffnen, mit Naturmaterialien konstruieren, Assoziationen zulassen, kurz: der noch ungeregelte subjektive Pol des Wahrnehmungs- und Erkenntnisprozesses von Welt bzw. Natur. Die Anstrengung des Begriffs kann, muss aber nicht Teil des Naturerlebens sein.

Im Naturerleben ist die Natur nicht präzisiert. Präzisierung meint hier „die genau beschreibbare, exakt messbare und berechenbare, experimentell überprüfbare, technisch durch Prognostizierbarkeit anwendbare und wissenschaftlich adäquat aussagbare ‚Tatsache an sich‘"[11]. Der Naturbegriff im Naturerleben ist nicht – wie man vermuten könnte – identisch mit dem der Biologie bzw. Ökologie, auch nicht mit dem der Umweltpädagogik, schließt diese aber grundsätzlich nicht aus. Sinnvoll und möglich ist zuallererst nur eine negative Bestimmung. Der Naturbegriff des Naturerlebens ist zumeist *nicht der der Naturwissenschaften*. Aus dieser Perspektive ist Naturerleben ein „naturwissenschaftlich unmöglicher Begriff" (G. TROMMER). Naturerleben lässt andere Wege der Naturbegegnung zu, öffnet sich grundsätzlich für alle möglichen Weisen, sich der Natur zu nähern, auch solchen, die das Gefühl größter Nähe und Verbundenheit erzeugen. Im Naturerleben können also Rationalitätsstandards zugelassen werden, die anders verfasst sind als die der Naturwissenschaften. Diese Alternativen sind hier nicht nur legal, sondern erwünscht. Zugänge, wie sie in der Metaphysik, im Irrationalismus (im Sinne von HAMANN bis BATAILLE als rationale Kritik aufklärerischer Positionen), wie sie in Mythologien, Religionen und in der Poesie zu finden sind, können hier erfahren und begangen werden. Es geht um das „Andere", um die Restitutio, d. h. Rückgabe, Wiedergewinnung von Vergessenem, Verdrängtem, Verlorenem und Gefährdetem. Es geht um die Rettung der Phänomene um ihrer selbst willen und nicht um deren Relativierung durch Systematisierung, Funktionalisierung und Historisierung. Es geht um die Abwehr der Algorithmisierung des Lebens, der Eliminierung von Zufällen und Unsicherheiten. Das Verhältnis zwischen Mensch und Natur ist hier ein freies, allerdings mit der Einschränkung, dass der Natur ein Eigenwert zugestanden wird, der es verbietet, sie auf Kosten ihrer Substanz zu instrumentalisieren und damit zu gefährden. Die Natur ist die letzte, wenn auch bereits sturmreif geschossene Bastion des Unverfügbaren.

Die Auffassung, dass es keinen anderen Zugang zur Natur als den durch die Naturwissenschaften gebahnten gäbe und dieser hinreichend sei, ist erkenntnistheoretisch und auch von der Alltagserfahrung her nicht haltbar. Vieles spricht dafür, dass auch die Naturwissenschaft keine abbildende, sondern eine konstruktive Wissenschaft ist. Damit werden Raum und Legitimation geschaffen für Subjektivität, Körper, sinnliche Erfahrung, Poesie, Metaphysik

---

[11] JANKE, W.: Kritik der präzisierten Welt. Freiburg 1999. S. 81.

und Ethik, die mit Sicherheit auch nicht „das Ding an sich" direkt erschließen und damit Natur im tieferen Sinne erkennen, aber vielleicht sie berühren, erspüren, atmosphärisch sich ihr nähern, sie um-schreiben. Solange Menschen geboren werden, wir einen Körper haben, die Sonne scheint, solange es Wasser, Erde und Luft gibt, solange können wir nicht nicht über Natur sprechen oder sie nicht nicht fühlen – und wir ahnen oder sind uns sicher, dass sie jenseits unserer menschlichen Konstruktionen existiert. Wenn aber Subjektivität Freiheit ist (HEGEL), dann wäre es geradezu falsch, ja kontraproduktiv, zu bestimmen, was die Natur im Naturerleben sei.

2.3 Naturerleben in der (mechanisierten) Gesellschaft

Die Naturwissenschaft will (in ihrer vulgären Auslegung und Rezeption) die allein objektive Erkenntnis sein und klammert die sinnlichen Naturqualitäten wie die damit verbundene Subjektivität aus, d. h. unser Leben selbst. Diese Position und folgendes Zitat gehen auf den französischen Philosophen MICHEL HENRY zurück:

„Die Sphäre der Subjektivität, der Empfindungen, Meinungen, persönlichen Gedanken usw., was man die Welt des Geistes oder der menschlichen Spiritualität nennen könnte, beruht auf jener Natur, deren wahrhaftes Sein von der Wissenschaft klargestellt wird und sich schließlich durch sie erklären lässt. Die ‚Geisteswissenschaften' oder – wie man heute sagt – ‚Humanwissenschaften' haben folglich keinerlei Selbständigkeit. … Ihre Forschungen erscheinen als etwas Vorläufiges, dazu verurteilt, früher oder später einem anderen Wissen Platz zu machen. Letzteres lässt die psychische Realität beiseite, das heißt die Ebene der menschlichen Erfahrung, und richtet sich auf die verborgenen Grundmauern aus, nämlich auf das Universum der Moleküle und Atome"[12].

Ich führe diesen Gedanken mit folgender These fort: Die naturwissenschaftliche, präzisierte Natur- und Weltauffassung ist nicht nur innerhalb der Wissenschaften die tendenziell einzig legitime und anerkannte, sondern beherrscht auch – und das ist schwerwiegender – zunehmend Alltagsbewusstsein und Alltagswelt[13] in Form von Zweckrationalität, instrumenteller Vernunft und Berechenbarkeit. Eine Folge davon ist, dass Alltagswelt sich tendenziell auf Beruf, Einkaufszentren, Fernsehheime, Urlaub und Autobahnen reduziert, die diese Zentren verbinden. Es entsteht ein hermetisch abge-

---

[12] HENRY, M.: Die Barbarei. Eine phänomenologische Kulturkritik. Freiburg 1994. S. 85.

[13] Ich benutze hier nicht den Begriff „Lebenswelt", weil die Mechanisierung des Lebens im Sinne von SIGFRIED GIEDION diesen Begriff zunehmend falsch werden lässt. Lebenswelt muss inhaltlich ausgewiesen werden. Ein Sein im Cyberspace muss mit anderen Kategorien gefasst werden als ein lebendiges Sein.

schlossenes Weltsystem, d. h. die Elemente bedingen und legitimieren sich gegenseitig. Der lebendige Mensch in einer zunehmend mechanisierten Welt wird zwangsläufig ein gespaltener: Zum einen wird er eine Funktion dieser Kunstwelten[14], zum anderen werden die unausgelebten, unbefriedigten körperlichen und sinnlichen Bedürfnisse bereitwillig von entsprechenden Einrichtungen (wie Freizeitindustrie) scheinbar, d. h. dem Scheine nach, befriedigt[15].

2.4 Von der Naturbegegnung zum Naturerleben

Naturerleben kann überall und zu jeder Zeit stattfinden: der Dompfaff auf der Veranda, in der Sonne sitzen während der Frühstückspause, der Sonntagsspaziergang, die Bergwanderung im Urlaub oder die Kanufahrt auf dem Fluss. „Kann", muss aber nicht stattfinden: In derselben Situation hat der eine ein Erlebnis, der andere eben nicht, ja, derselbe Mensch kann in gleichen Situationen unterschiedlich oder eben gar nicht erleben. Wegen dieser starken subjektiven Komponente ist Erleben im Allgemeinen und Naturerleben im Besonderen nur schwach pädagogisierbar. Andererseits gibt es immer gesellschaftliche Kräfte, die sehr wohl ein Interesse daran haben und es auch verstehen, Menschen für ihre Ziele zu emotionalisieren. Das reicht von repräsentativen Bauten über politische Paraden bis hin zu Erlebnis-Einkaufszentren. Natur war natürlich immer Teil der Belehrung und des Unterrichts. Bei ROUSSEAU, PESTALOZZI und SALZMANN war die Natur Gegenstand der genauen Beobachtung (in kognitiver Absicht) und des Staunens über deren Weisheit (in normativer Absicht). In der Gegenwart ist das Naturerleben im Wesentlichen selbstreferentiell geworden, was Formulierungen wie „in der Wahrnehmung bleiben" belegen. Diesen Zweig des Naturerlebens deckt das ab, was man sinnvollerweise mit „aisthesis" bezeichnen kann. Was ist gemeint? Unsere Wahrnehmungen können wir in zweckgebundene und zweckfreie unterschei-

---

[14] Dieses sei kurz in einem Beispiel am Autofahren gezeigt: Der Fahrer ist während des Fahrens primär eine körperliche und geistige Funktion des Autos in der konkreten Verkehrssituation. Er ist nahezu bewegungslos, weil an seinen Platz gefesselt, sein Bewusstsein ist auf das Verhalten seines eigenen und das der in dieser Situation agierenden anderen Autos, auf die Straßen, Verkehrsschilder usw. gerichtet. Tendenziell ist der Mensch in dieser Situation Auto. Einwände, wie das gehaltvolle Gespräch mit Professor B. oder der durch die Beifahrerin E. ausgelöste ästhetische Genuss, betreffen Ausnahmefälle, nicht den empirischen Alltag des Autofahrens.

[15] Noch einmal: Ich teile die erkenntnistheoretische Position, dass Wirklichkeit und damit auch Natur eine gesellschaftliche Konstruktion sei – aber nicht im Sinne einer absoluten Konstruktion, sondern einer Über-Formung. Die Dinge sind gegenständig, sind nicht absolut verfügbar.

den. Erstere sind konstituierend in Wissenschaft, Beruf und im Alltag, letztere sind Wahrnehmungen als Ästhetik in der Kunst und im Naturerleben eben als aisthesis. In der Kunst wird der zweckfreie Blick (nach außen) auf das Kunstwerk, im Naturerleben wird die zweckfreie Wahrnehmung nach innen gerichtet. Beim Betasten des Baumstammes kommt es primär eben nicht darauf an, Erkenntnisse über den Baum zu sammeln, sondern achtsam für die Empfindungen zu werden, die der Baum in mir auslöst.

2.5 Naturerleben in der Kritik

Naturerleben wird kritisiert. Auf abstrakter und oft plakativer Ebene lauten die Vorwürfe: Irrationalismus, Mystizismus, Naturalismus, Anti-Modernismus und Rückwärtsgewandtheit bis hin zu Faschismus. Auf eher phänomenaler Ebene wird ihm u. a. Blindheit, Sprachlosigkeit und totale Abschottung von politischer und gesellschaftlicher Realität vorgeworfen[16]. Dazu ist lapidar zu sagen, dass die letztgenannten Ausblendungen gewollt sind, um andere Sinne als den dominierenden Sehsinn und nichtsprachliche mentale Prozesse zu stärken. Diese Vorwürfe sind nur dann berechtigt, wenn die Träger des Naturerlebens keine Mehrfachstrategien praktizieren, um die gesellschaftlich-wissenschaftliche Dimension der Natur zu thematisieren und ggf. zu politisieren.

Von all diesen Vorwürfen erachte ich am schwerwiegendsten den ohne Zweifel in der Praxis und Theorie (z. B. durch Bezüge auf die Soziobiologie) des Naturerlebens häufig vertretenen impliziten und expliziten Naturalismus. Das ist der Fall, wenn von tierischem Verhalten und von Empfundenem, Gefühltem, sinnlich Erfahrenem, d. h. aus der „eigenen Natur", umstandslos Schlüsse auf Menschen und Gesellschaft gezogen werden. Pointiert: Wenn aus dem Sein der Amsel auf das Sollen des Menschen geschlossen wird, wenn die prinzipielle gesellschaftliche Vermitteltheit allen Fühlens, Denkens und Handelns übersprungen wird und damit Freiräume für Ideologien geschaffen werden.

Da der Naturbegriff missbraucht wurde[17] und immer wieder missbraucht werden kann, gilt es hier, stets wachsam zu bleiben. Alles Fühlen und Denken, das aus der Natur „entsprungen" ist, ist kritisch auf mögliche inhumane Mo-

---

[16] Vgl. DAUM nach BÖLTS, H.: a. a. O. 1995, S. 19.

[17] Dass auch hier immer Faschismus potentiell vorhanden ist, kann man überzeugend an Hitler selbst aufzeigen. So, wenn er in (plumper, vereinfachender) sozialdarwinistischer Manier und im Geiste NIETZSCHES immer wieder von der von ihm absolut verehrten unbarmherzigen und grausamen Natur spricht, die letztlich den Holocaust legitimiert. Vgl. AMERY, C.: Hitler als Vorläufer. Auschwitz – der Beginn des 21. Jahrhunderts? München 1998.

mente hin zu reflektieren. Ich denke aber, dass Missbrauch nicht zwangsweise aus dem Naturerleben hervorgeht und damit kein hinreichendes Argument ist, subjektorientierte Ansätze grundsätzlich zu verwerfen. Aber man kann wohl nicht ernsthaft infragestellen oder gar ideologiekritische Vorwürfe erheben, wenn Menschen in und von der Natur Schönheit, Wärme, Zufriedenheit, ja Glück empfinden bzw. empfangen – ja, auch von ihr lernen.

Der wohl weitverbreitetste und gravierendste Vorwurf ist der, dass das Naturerleben einem neuerlichen Anti-Modernismus frönen würde. Natürlich haben das Naturerleben und auch die Umweltbildung (genauer: die sie vertretenden Menschen und Gruppierungen) eine wertende, nämlich kritische Beziehung zur Gegenwart und damit zur Moderne. Aber zwischen vorbehaltloser Bejahung und Anti-Haltung gibt es ein Tertium, die kritische Position. Worin besteht ein entscheidendes Moment der Kritik von Seiten des Naturerlebens? Bevor der Mensch aus dem Naturzustand heraustrat, war alles, auch der „Mensch", Natur. Es bestand ein „inkludierendes" Verhältnis. Die Fähigkeit der Selbstreflexivität wurde erst in der griechischen Kultur entwickelt. Hier beginnt sich ein „opponierendes" Verhältnis zwischen dem geistigen Potential des Menschen einerseits und seinem Körper und der Natur andererseits abzuzeichnen.

Für das Naturerleben ergibt sich insbesondere folgende konstituierende Erkenntnis: Der Mensch gehört zwei verschiedenen logischen Typen an, dem inkludierenden und dem opponierenden bzw. exkludierenden. Damit wird aber der Satz vom Widerspruch verletzt und das „Doppelwesen" des Menschen, nämlich zugleich Natur und Kultur (bzw. Geist) zu sein, aufgezeigt. Es hat immer wieder Versuche gegeben, diesen Widerspruch zu überwinden: Entweder ihn auf einer höheren Ebene aufzuheben oder das Doppelwesen des Menschen gewaltsam nach der einen oder anderen Seite hin aufzulösen: als Arbeitssklave oder meditierender Mönch. Vieles spricht dafür, dass die Moderne versucht, den natürlichen Anteil des Menschen und die Natur in Geist umzuwandeln. Wie muss man sich das vorstellen?

Konstruktivistisch orientierte Theorien gewinnen immer mehr die Oberhand im wissenschaftlichen Diskurs und im Alltagsdenken. In ihren radikalen Varianten haben die Welt und die Dinge keine Subjektivität, Individualität, Eigengesetzlichkeit und damit auch keine Rechte mehr sui generis. Der logische Fluchtpunkt dieses Denkens ist die Theorie der virtuellen Räume bzw. der Gleichsetzung von Aktualität und Potentialität. Es gibt keine virtuelle Realität, weil es keine Wirklichkeit gibt. Realität ist eine Möglichkeit: Aktualität und Potentialität gehören der gleichen ontologischen Klasse an. Wir befreien uns von der Realität und damit auch von der Natur. Die realen Möglichkeiten werden durch die logischen Möglichkeiten erweitert und wertgleich gesetzt. Das bringt, auf den Punkt gebracht, folgendes Zitat:

„Endlich gewinnen die Kräfte des Geistes die Oberhand über die rohe Macht der Dinge. Unsere Welt (des Cyberspace, BM) ist überall und nirgends; und sie ist nicht dort, wo Körper leben. Es gibt im Cyberspace keine Materie" (PERRY BARLOW in seiner Unabhängigkeitserklärung des Cyberspace)[18].

Auf der Handlungsebene bedeutet das, dass die innere Natur des Menschen und die äußere Natur in einen als qualitätslos zu betrachtenden Rohstoff transformiert werden. Selbst in Ökologiekreisen spricht man bereits von „Terraforming" (DOUGLAS MULHALL). Vereinfacht und skurril gesagt: Das Bewusstsein gewinnt über die materielle Welt die Oberhand, nicht, weil es die Wirklichkeit verkennt, weil es z. B. einen Esel nicht von einem Hund unterscheiden kann, sondern weil der Mensch, wenn und wann immer er es will, in Zukunft über gentechnische Eingriffe aus Eseln Hunde machen kann. Vordergründig sieht er zwar einen (aktuellen) Esel, aber gleichzeitig auch einen (potentiellen) Hund. Was hier sicherlich noch als aufwendig erscheint, ist in anderen Feldern wie beim Fernsehen nur noch eine Frage des richtigen Tastendrucks, um in Bruchteilen von Sekunden (virtuell) von Belgrad nach New York oder in das Erdinnere zu gelangen.

Genau betrachtet beruht also die gegenwärtige, im Kleide der Normalität und Notwendigkeit erscheinende, allumfassende Zerstörung der Natur auf der Voraussetzung ihrer generellen Depotenzierung durch Virtualisierung – also auf einem geistigen Akt. Erst das Bewusstsein, dass es nicht die eine, die originale, die natürliche, die „wirkliche" Wirklichkeit gäbe, ist entscheidend für die totale Überführung der primären Welt in eine artifizielle. Die dazu notwendigen technischen Mittel sind daran gemessen nur ein Randproblem.

Das Naturerleben erkennt Eigenschaften und Rechte der Natur wie Einmaligkeit, Unversehrtheit, außermenschliche Selbstzwecke, Unverfügbarkeit, eigene Zeit, Nichtmachbarkeit an[19]. In diesem Sinne ist Naturerleben antimodernistisch, man könnte eine solche Haltung auch als wertkonservativ bezeichnen. Das Naturerleben beharrt auf dem oben beschriebenen Doppelcharakter des Menschen, sieht darin keinen Nachteil, sondern die Aufgabe, beide Bereiche zu stärken. Der Geist, den CARL AMERY als das „überorganische Potential" des Menschen bezeichnet, ist allein auch aus handlungsethischen Gründen für das Naturerleben unverzichtbar.

---

[18] Münker, S.: Was heißt eigentlich: „Virtuelle Realität"? Ein philosophischer Kommentar zum neuesten Versuch der Verdoppelung der Welt. In: MÜNKER, S., ROESLER, A. (Hg.): Mythos Internet. Frankfurt am Main 1997. S. 111.

[19] Die schwierige Frage der qualitativen und quantitativen Bestimmung der notwendigen Eingriffe des Kulturwesens Mensch in die Natur ist damit nicht berührt. Entscheidend ist, dass die Bedürfnisse des Menschen nicht absolut gesetzt werden.

Auf Grund des menschlichen Vermögens zur Selbstrepräsentation[20] kann sich der Mensch verallgemeinernd über die konkrete Situation erheben, ohne sich von ihr zu lösen. Diese relative Autonomie ist Bedingung ethischer Reflexion und (ökologischen) Handelns. Denn so, wie es keinen (ökologischen) Sinn macht, die Natur ohne Einschränkung den Zielen und Zwecken menschlichen Wollens zu unterwerfen, macht es auch keinen (ökologischen) Sinn, den Menschen und sein Denken sowie alle seine Handlungen und Produkte umstandslos als Natur oder als Teil der (materiellen) Evolution zu begreifen. Täte man letzteres, hätte man kein Kriterium, Handlungen und Handlungsergebnisse zu kritisieren, seien es der ausufernde Individualverkehr, der Artenrückgang, das „Ölwrack" vor Amrum, selbst das berstende Atomkraftwerk oder gar Auschwitz. In diesem Ansatz würden auch die Begriffe „Humanität" oder „Dysfunktion" nicht greifen, denn diese setzen eine Differenz voraus, deren einer Teil außerhalb der natürlichen Welt sein muss.

2.6 Wie wirkt Natur auf uns und warum ist sie unverzichtbar?

Im Folgenden werden unsystematisch einige Befunde und Argumente vorgestellt, die die Unverzichtbarkeit von Erfahrungen in und mit der Natur begründen sollen:

- Der Mensch ist auf Grund seiner Herkunft schlicht auf Natur angewiesen, er kann seinen Naturanteil nicht ohne Verluste hinter sich lassen. Das belegen eindeutig medizinische und psychologische Befunde.
- Die große Popularität des passiven und aktiven Sports zeigt Bedürfnisse an. Der Tourismus und auch die Werbung setzen immer noch auf Natur.
- Krankenhäuser und Kurhäuser suchen Naturnähe. Überhaupt gehen Schwäche und Krankheit mit Sehnsucht nach Natur einher („natura sanat").
- Die eigene Natur, d. h. der eigene Körper und der der anderen, werden als angenehm und schön erlebt: die Haut, die Bewegung, die Wahrnehmung von Gerüchen, der Geschmack von frisch gepflückten Johannisbeeren usw.
- Von der Natur kann man lernen.

---

[20] Die Möglichkeit des Menschen zur Selbstrepräsentation beruht nach GIERER auf seinen besonderen Fähigkeiten wie „detaillierte Erinnerung bis in die Kindheit, große Lernfähigkeit, vorausschauendes Denken, Sprachvermögen, Kommunikation in einem komplexen sozialen Umfeld, Abstraktion über mehrere Stufen mit Hilfe symbolischen Denkens". GIERER, A.: Im Spiegel der Natur erkennen wir uns selbst. Wissenschaft und Menschenbild. Reinbek 1998. S. 124.

- Wir können unseren Körper als Ergebnis der Evolution aus physiologischen und psychologischen Gründen nicht einfach negieren, denn er wirkt, hat Ansprüche. Der vernachlässigte Körper revoltiert – auch gegen seine Psyche.
- Ebenso wirkt die Evolution in der Psyche, was die Verhaltenspsychologie und Soziobiologie thematisieren. Die schwer zu verstehende Faszination, die vom Fernsehen ausgeht, wird verständlicher, wenn man die Fernsehsituation mit folgender Situation unserer Vorfahren vergleicht: Diese hockten geschützt und sicher in den Baumwipfeln an Waldrändern und konnten so genüsslich die Abläufe in der vor ihnen liegenden Savanne goutieren. Wir sitzen ebenfalls geschützt und sicher in unseren Fernsehsesseln und sind heroische Zeugen von Morden, Raubüberfällen und Verschwörungen (ein „fernsehbewusster" Jugendlicher hat bis zu seinem 18. Lebensjahr statistisch 18.000 Morde gesehen).
- Die menschliche Natur will, zumindest wenn sie noch halbwegs intakt ist, auf außermenschliche Natur treffen, seien es die Hauskatze und der Hund, die Topfpflanzen im Zimmer oder der Reitsport.
- Die Pädagogik hat seit ihren Anfängen immer wieder auf die Unverzichtbarkeit natürlicher und damit sinnlicher Erfahrungen hingewiesen. Rousseaus „Emile" wird in der ersten Phase ausschließlich nach einer sinnlichen Theorie (nämlich der sensualistischen von Condillac) erzogen. In neuerer Zeit gibt es gesicherte Befunde, dass zwischen der relativen Bewegungslosigkeit der Kinder in Bezug auf Klettern, Rückwärtsgehen usw. und mathematischen Defiziten (wie mangelnden Raumvorstellungen und der Unfähigkeit, reversible Operationen durchzuführen), eine hohe Korrelation besteht. Ästhetische und aisthetische Themen werden im pädagogischen Bereich zunehmend wichtiger.
- Man kehre das bekannte Goethe-Wort „Wär' nicht das Auge sonnenhaft, die Sonne könnt es nie erblicken" um und erweitere es in dem Sinne: wenn es keine Sonne, kein Licht, aber auch keine Gerüche, Vogelstimmen, lebendige Menschen gäbe, dann würden ebenfalls Auge, Nase und Ohr verkümmern. Ob das das Ende der Menschheit oder eine andere Qualität von Menschsein heißt, muss, wenn wir riskieren, diesen Weg weiterzugehen, die Zukunft entscheiden.

2.7 Natur im Leben der Kinder von heute

Vor kurzer Zeit ging folgende Nachricht durch die Medien: „Für jedes dritte Kind Deutschlands sind Kühe lila". Diese, vielleicht auf den ersten Blick etwas provozierende und grell anmutende Aussage bekommt Plausibilität, wenn wir den Anteil von Natur in unserem Alltag und in dem unserer Kinder versuchen zu bestimmen. Das Alltagsleben ist naturferner, abstrakter, technisch bestimmter geworden. Es versteht sich wohl nach den obigen Ausführungen zum Naturbegriff von selbst, dass es sehr schwer ist, das Gesamt des Verhältnisses von Kindern und Jugendlichen zur Natur zu erforschen: Der Jogger in einem neben der Stadtautobahn liegenden Park, der fernsehende Vater auf einem naturnahen Campingplatz, der Mopedfahrer auf einem stillgelegten Truppenübungsplatz, sind diese Menschen in der Natur oder nicht? Der folgende „bunte Strauß" kann nur als Annäherung an diese Problematik verstanden werden:

- Jugendliche verbringen im Schnitt rund zehn Stunden pro Woche in der Natur. Nennenswerte Geschlechter- oder Altersdifferenzierungen gibt es hier nicht (dagegen 21 Stunden vor dem Fernsehapparat und sieben Stunden mit Computerspielen). Die Welt wird tendenziell zweidimensional.
- Natur wird nicht so sehr als Natur, sondern als aufsichtsfreier und erziehungsfreier Raum geschätzt. 44 % der acht- bis zwölfjährigen Kinder spielen mit Freunden lieber „draußen" als in der Wohnung (1985).
- In Kinderzeichnungen tauchen Naturelemente viel häufiger als in der kindlichen Realität selbst auf.
- Nur ein Drittel der SchülerInnen konnten auf Anhieb fünf oder mehr Wildkräuter, nur jeweils ein Siebtel mindestens fünf Zugvogel- oder Schmetterlingsarten benennen, während jedem Fünften zu diesen Themen nichts einfiel.
- SchülerInnen kennen sich in Umweltproblemen besser aus als in der Natur.
- Das Wissen um die Natur verringerte sich zwischen 1983 und 1987 um 10 %.
- Jüngere Menschen schätzen die Natur als Lebens-, Freizeit- und Urlaubselement weniger als ältere Menschen: 54 % zu 38 % (der frühere Traumberuf „Förster" wird nur noch von 10 % gewählt)[21].

2.8 Praxis des Naturerlebens

Aus dem bisher Gesagten dürfte deutlich geworden sein, dass das Naturerleben nicht im herkömmlichen Sinne pädagogisierbar ist. Es bedarf anderer, weniger fest-stellender Methoden als der im traditionellen Unterricht angewandten. Es ist aber möglich, durch entsprechende räumliche, inhaltliche, so-

---

[21] Diese „harten" Informationen habe ich dem Band von SCHEMEL, H. J.: a. a. O. entnommen, insbesondere dem Beitrag von R. BRÄMER: Natur als Begriff – Versuch einer empirischen Vorklärung.

ziale und zeitliche Arrangements hohe Wahrscheinlichkeiten für derartige Erlebnisse zu schaffen. Innerhalb des schulischen Rahmens wären subjekt- bzw. schülerorientierte Konzepte in Form von handlungs- bzw. projektorientiertem und offenem Unterricht mit den Merkmalen inhaltlicher, methodischer und personaler Ganzheitlichkeit, der Theorie-Praxis-Verknüpfung und des Aufsuchens von außerschulischen Lernorten bei starker Selbststeuerung der Schüler der angemessene Weg. Diese Offenheit heißt auch, sich auf (kalkulierbare) Risiken und Gefahren einzulassen und externe Widrigkeiten und Anstrengungen als integralen Teil des Naturerlebens zu akzeptieren, wenn schon nicht zu *genießen*.

Horst Dräger

Weiterbildung

I. Terminologie

Das Gegenstandsfeld dieses pädagogischen Teilbereichs, der im weitesten Sinne die Bildung des Erwachsenen umfasst, hat in der Geschichte eine wechselvolle Bezeichnungsabfolge erfahren. Dieser terminologische Sachverhalt darf als ein Charakteristikum dieses Feldes genommen werden. Nationalerziehung, Volksbildung, Gesellschaftspädagogik, Andragogik, Erwachsenenbildung, Weiterbildung und lebenslanges Lernen sind Bezeichnungen für dieses Gegenstandsfeld, die seit der Aufklärung Verwendung fanden. Die Vielfältigkeit der Bezeichnung entspricht der Vielfältigkeit der funktionalen Schwerpunktsetzung, die die Bildungsarbeit der Erwachsenen erfahren hat. Weiterbildung entfaltet sich als ein polyvalentes Instrument im gesellschaftlichen Wandlungsprozess, und die angeführten Bezeichnungen leiten sich her aus interessenorientierten Verwendungen dieses Instruments. Abstrahiert man von den konkreten Interessenorientierungen, lassen sich vier Aufgabenfelder dieses pädagogischen Bereiches in seiner Entwicklung markieren:

1. die schnelle gesellschaftliche Verbreitung des innovativen Wissens (soziodynamische Distribution von Innovation);
2. Kompensation von Bildungsdefiziten des Einzelnen und Anpassungsfortbildung im gesellschaftlichen Wandel;
3. politisch-ethische Bildung in einheitsstiftender Funktion (Staat-Volk-Nation-Gesellschaft);
4. differentielle Weiterbildung entfalteter individueller Bildung im sozio-kulturellen Fortgang.

Seit 1970 hat sich mit dem Erscheinen des „Strukturplans für das Bildungswesen" des Deutschen Bildungsrates die Bezeichnung Weiterbildung bildungspolitisch durchgesetzt. Sie war als Oberbegriff von Umschulung, beruflicher Fortbildung und (kultureller und politischer) Erwachsenenbildung eingeführt, ist aber zur generellen Bezeichnung aller Bildungsarbeit mit Erwachsenen geworden.

II. Geschichte

Die Historiografie hat die Weiterbildung als Antwort auf die Krisen und Umbrüche der Gesellschaft verstanden und aufgearbeitet. Daher gilt ihr die Epoche der Aufklärung, die den Bruch von der feudalistischen zur Industriegesellschaft, vom ancien regime zur bürgerlichen Gesellschaft darstellt, als der Beginn der Weiterbildung. Die Aufklärung war von dem Gedanken getragen, dass die Menschen ihr Verhältnis zur Natur und zur Gesellschaft durch Vernunft zu bestimmen und zu gestalten hatten. Daher galt es als Aufgabe, die Köpfe aufzuklären und dadurch die Praxis rational zu entwickeln.

Es entstand die Bewegung der Bauernaufklärung, die in Acker-Akademien und gutsherrschaftlichen und dörflichen Bauernschulen sich institutionalisierte und die Reform der rationellen Landwirtschaft hervorbrachte. Die Zurüstung der Handwerker für die Nutzung neuer Werkzeuge, Arbeitsverfahren und Maschinen geschah in den städtischen „gemeinnützigen Gesellschaften". Sie sammelten die technischen Errungenschaften, die an unterschiedlichen Orten vom europäischen Handwerkertum hervorgebracht worden sind, und leisteten durch ihre Bildungsarbeit deren lokal angemessene Umsetzung. Das städtische Bürgertum selbst, das der eigentliche Träger der Aufklärung war, schuf in den Lesegesellschaften, Salons, Vortragsrunden, Diskussionszirkeln und wissenschaftlichen, naturkundlichen Vereinigungen die Institute seiner kulturellen Selbstaufklärung.

Das 19. Jahrhundert setzte diese Bildungsbewegung fort. Mit der Entfaltung der Industrie und der kapitalistischen Wirtschaft, mit der Einführung der Gewerbefreiheit und der Einbindung des Untertans als eines mitverantwortlichen Staatsbürgers in einen ständisch organisierten Volksstaat wurde die Notwendigkeit dieser Bildungsbewegung gesteigert. Neben der ökonomisch utilitären und geistig sozio-kulturellen, erhielt sie nunmehr zusätzlich eine explizit politische Dimension. Weiterbildung sollte im Umbauprozess der Gesellschaft deren Zusammenhang gewährleisten. Die Bezeichnungen Nationalerziehung, Staatspädagogik und Gesellschaftspädagogik zeigen den Einheit und Zusammenhang stiftenden Auftrag der Bildung an. Der Begriff Volksbildung bzw. Volksaufklärung dagegen diente als Bezeichnung für die ökonomisch utilitäre und kulturell sittliche Formung des niederen Volkes in einem ständisch geordneten Gemeinwesen. Eingebunden in diese Volksbildung war auch die Gewerbebildung der Handwerker. Die Weiterbildungsbemühungen des Bürgertums selber, das weithin Träger der unterschiedlich ausgerichteten Bildungsbemühungen war, hat selbst keine explizite Bezeichnung erfahren. Die Bürger als der gebildete Stand sprachen im Vormärz von ihrer Selbstbildung, ihrer Autodidaxie oder, in Abhebung von schulischer Bildung, von Erwachsenenbildung, und in dem Bemühen, die differenzierte Vielfalt der Bildung des Menschen zu ordnen, schlug KAPP für die Bildungsarbeit mit Erwachsenen im Unterschied zu derjenigen mit Kindern die Bezeichnung Andragogik vor. Dieser mehr systematisch orientierte Ausdruck hat sich als Bezeichnung für die praktische Weiterbildungsbewegung nicht behaupten können.

Die Fortentwicklung der Industriegesellschaft stärkte und entfaltete einerseits das Bürgertum, im Besonderen das liberale Wirtschaftsbürgertum, das nunmehr in Konkurrenz und Kritik zur Krone und zum staatstragenden Adel geriet, und brachte andererseits mit der dynamischen Entfaltung des Fabrikwesens die Heraufkunft des Arbeiterstandes und der Arbeiterklasse hervor, die aus ihren unmittelbaren sozialen Existenzbedingungen heraus in Kritik zum Bürgertum sich entfaltete. Der Widerstreit von Adel, Bürgern und Arbeitern, der auf der weltanschaulichen Ebene die Kontroverse von Konservatismus, Liberalismus und Sozialismus darstellt, bedeutete für das 19. Jahrhundert die radikale Herausforderung für die gesellschaftliche Ordnung. Als so genannte soziale Frage wurde sie zu einem zentralen Bereich der Weiterbildung. Weiterbildung wurde in der sozialen Frage zu einem zentralen weltanschaulich geleiteten Instrument von Ordnungspolitik.

Der Pluralismus der modernen Weiterbildung leitet sich her aus dieser weltanschaulich politischen Konstellation. In seiner Überformung durch die konfessionelle, atheistisch-szientifische Kontroverse wurde dieser Bildungspluralismus gesteigert. Im Wandlungsprozess von der feudalen zur Industriegesellschaft ist die Weiterbildung in einer dreifachen Weise als Instrument entfaltet und genutzt worden: Zur geistig sittlichen Kultivierung, zur beruflich ökonomischen Qualifizierung und zur politisch weltanschaulichen Indoktrinierung. Diese ganz unterschiedliche Funktionalisierung und Instrumentalisierung der Weiterbildung, die stets auf konkrete gesellschaftliche, ökonomische und politisch weltanschauliche Herausforderungen ausgerichtet war, hat es dann nicht möglich werden lassen, dass die Weiterbildung sich als eine einheitliche Bewegung verstand und zu einer Systematisierung finden konnte.

Das Schulsystem hatte gegen Ende des 19. Jahrhunderts seinen Systemfindungsprozess weithin abgeschlossen. Versuche, die plurale, mannigfach differenzierte Weiterbildung zu bündeln und zu ordnen, wie sie von der Gesellschaft für Verbreitung von Volksbildung seit 1870 unternommen wurden, von der Zentralstelle für Arbeiterwohlfahrt bzw. Volkswohlfahrt seit Mitte der 90er Jahre des 19. Jahrhunderts erneut in Angriff genommen wurden, haben stets nur zur Steigerung des Pluralismus durch eine neue Facette geführt. Die Weiterbildung diente einerseits der gesellschaftlichen Modernisierung und steigerte das Bildungsniveau des Volkes, und andererseits vertiefte sie die politisch weltanschaulichen Gegensätze. Die pluralistische Erwachsenenbildung des 19. Jahrhunderts und die der wilhelminischen Ära wurde nach dem 1. Weltkrieg und der Revolution von 1918 fortgesetzt.

Das Verhältnis von Weiterbildung und Wirtschaft sowie die Weiterbildungs-aktivitäten der politischen Parteien, der Kirchen, weltanschaulicher Gruppen und sozialer Mächte ist aber für die Ära der Weimarer Republik von der Historiografie nicht umfänglich aufgearbeitet. Sie hat sich vor allem um den Perspektivenwechsel der kulturell zentrierten Weiterbildungstheorie bemüht, der infolge der Regierungsbeteiligung und Regierungsverantwortung durch die Partei der Arbeiterbewegung ordnungspolitisch geboten schien, da es nun nicht mehr darum ging, die Arbeiter in die gesellschaftliche und kulturelle Entwicklung, die traditionell und bürgerlich gesehen wurde, zu integrieren, sondern als gleichberechtigte Partner anzuerkennen und sie als solche für ihre Aufgaben zu bilden und zu qualifizieren.

Es entfaltete sich eine neo-konservativ und neo-ständisch ausgerichtete Weiterbildungstheorie, die sich selbst als „Neue Richtung" bezeichnete; sie bemühte sich um eine eigenständige Arbeiterstandesbildung und glaubte, aus der Anerkennung eines alle entwickelten Stände übergreifenden Kulturideals heraus eine neue Gesellschafts- und Volksordnung entstehen zu lassen, in der der Pluralismus, also die vielfältige Besonderheit, das grundlegende Prinzip darstellte. Indem sie davon ausging, jeden Einzelnen in ein bildendes Intensitätsverhältnis zu seiner ständischen Kultur zu führen, führte sie das Prinzip der individuellen und intensiven Bildungsarbeit ein, und insofern sie für die Erarbeitung des ständeübergreifenden Kulturideals durch die Gebildeten der einzelnen Stände das Instrument der Arbeitsgemeinschaft entwarf und für diese in Übernahme der dänischen „folkehøjskole" das Institut der Volkshochschule entwickelte, hat sie die grundlegenden Prinzipien der modernen Weiterbildungstheorie, wie sie noch von der gegenwärtigen Theorie anerkannt werden, formuliert. Infolge des individuellen Intensitätsverhältnisses zur Kultur verstand sie ihre Arbeit als Erwachsenenbildung, infolge ihrer Ausrichtung auf die ständische Volksordnung verstand sie ihre Bildungsarbeit als Volksbildung und prägte die Formel „Volkbildung durch Volksbildung", und insofern sie ihre Bildungsarbeit in der Volkshochschule institutionalisierte, verstand sie sich als Volkshochschulbewegung. Die theoretische Dominanz der „Neuen Richtung" in der Weimarer Republik entsprach nicht ihrem Gestaltungseinfluss auf die Bildungspraxis selbst. Diese war weithin getragen von kulturpädagogischer Vermittlungsarbeit und qualifizierender Lehrtätigkeit.

Gestalt, Entwicklung und Schicksal der Weiterbildung im 3. Reich stellen immer noch ein Forschungsdesiderat dar, und dieses deshalb, weil die Nationalsozialisten entgegen der ideologiekritischen Annahme kein eigenes Weiterbildungskonzept entfaltet haben, sondern in Übernahme, was ihnen brauchbar erschien, gleichschalteten, was ihnen kritisch erschien, ausschalteten und das bestehen ließen, was kulturkonservativ und apolitisch zugleich war. Infolge des polyzentrischen Machtgefüges dieses diktatorischen Regimes gelten für die unterschiedlichen Parteiformationen und Gaue durchaus nicht die gleichen Entscheidungskriterien. In der deutschen Arbeitsfront haben sie einerseits die berufsqualifizierende Weiterbildung einer betrieblichen Arbeitspädagogik fortgeführt und haben andererseits Grundstrukturen einer andragogisch ausgerichteten Freizeitpädagogik fortentfaltet und eine populärwissenschaftliche Technik- und Wissenschaftsaufklärung in positivistischer Wissenschaftsausrichtung gefördert. Eine weltanschaulich ausgerichtete Weiterbildung, wie sie im 19. Jahrhundert, in der wilhelminischen Ära und in der Weimarer Republik in kursförmigen Bildungsveranstaltungen betrieben wurde, entsprach in keiner Hinsicht den nationalsozialistischen Vorstellungen. Gesinnung und Haltung erwuchsen nicht aus Bildung und Belehrung, sondern aus dem mitvollziehenden Erlebnis der Aktionen des Nationalsozialismus als Bewegung. Die kulturkonservative Bildungsarbeit mit ihrer implizit apolitischen Ausrichtung, in der sich ein Intensitätsverhältnis zur traditionellen Kultur und hier im Besonderen zur Klassik, zur Romantik und zur deutschen Kulturgeschichte insgesamt bewahrte, und die darin zu einem Bildungsraum für die innere Emigration geworden ist, hatte im Sinne nationalsozialistischer Herrschaftsstrategien, da sie quietisierend wirkte, dennoch für das Regime eine hohe politische Bedeutung.

Die Erwachsenenbildung nach 1945 ist in dreifacher Weise zu charakterisieren:

1. Ihre normative pragmatische Ausrichtung leistete sie in Reaktion auf den Nationalsozialismus durch Rückgriff auf Weimarer Traditionen, durch Orientierung an der humanistischen, neuhumanistischen Geisteshaltung, die sie als Einheit von Antike und Christentum begriff und über die sie sich in die kulturelle Tradition der westlichen Kulturen integrieren wollte, und schließlich durch die Übernahme der demokratisch politischen Wertorientierung der westlichen Demokratien, die vor allen Dingen durch die rückkehrenden Emigranten eingebracht wurde. In diese einerseits politische und andererseits kulturkonservative Orientierung band sich auch die konfessionelle Weiterbildung ein.

2. Die praktische Bildungsarbeit in den neu eingerichteten verbands-, vereins- oder kommunalverfassten Akademien, Volkshochschulen und Heimvolkshochschulen war jedoch weniger an den bildungstheoretischen Normen als an pragmatischer Verwendung und Nutzung orientiert. Die realistische Bildung, wie sie sich seit Mitte des 19. Jahrhunderts im mittleren Schulwesen entfaltet und in der wissensverbreitenden Weiterbildung etabliert hatte, bestimmte weithin die Programme der Weiterbildungseinrichtungen. Realistische Bildung im Dienste der alltagsutilitären und beruflichen Weiterbildung war die Leitlinie der praktischen Bildungsarbeit. Nach 1960, in der so ge-

nannten „Realistischen Wende", wurden diese Leitlinien dann auch zum Prinzip der Bildungstheorie und der Bildungspolitik.

3. Neben der demokratietheoretischen Legitimation erfuhr die Weiterbildung ihre wirtschaftspolitische und bildungsökonomische Beachtung und erreichte im Zusammenhang beider Momente ihre öffentliche Anerkennung. Es war dann nur konsequent, dass die Bildungspolitik die Integration der Weiterbildung als eines vierten Sektors in ein Gesamtbildungswesen betrieb und diese Form der Bildungsarbeit als eine öffentliche Aufgabe anerkannte. Die öffentliche Anerkennung und rechtliche Kodifizierung führte zu einer öffentlichen Teilfinanzierung bei Bewahrung der pluralistischen Struktur und ermöglichte dadurch eine Expansion der Weiterbildung als des quartären Sektors des Gesamtbildungswesens.

Die reale Entwicklung der Weiterbildung in den 70er Jahren hat dann nicht zu einem einheitlichen zusammenhängenden System der Weiterbildung in enger Verbindung mit dem Schulsystem geführt und hat nicht die Integration von kultureller, politischer und beruflicher Bildung gebracht, sondern vielmehr eine aufgeteilte Entwicklung in eine politische und kulturelle Weiterbildung, betrieben von den in den Weiterbildungsgesetzen der Länder anerkannten Einrichtungen, und der beruflichen Weiterbildung, die einerseits von den Betrieben intern in ihren Aus- und Weiterbildungszentren und andererseits außerbetrieblich in den Bildungsmaßnahmen nach dem Arbeitsplatzförderungsgesetz durchgeführt wurden.

Mit der Krise der Industriegesellschaft als Arbeitsgesellschaft und mit der einhergehenden Krise des Wohlfahrtsstaates wurde der dynamische Ausbau der Weiterbildung, die in den 70er Jahren eine Verdoppelung der Weiterbildungsdichte gegenüber den 60er Jahren erreicht hatte, gestoppt, und durch Umstrukturierung im Bereich der beruflichen und betrieblichen Weiterbildung, die ihre Grenzziehung gegenüber der kulturellen und politischen Weiterbildung durchlässig werden ließ, erfuhr der quartäre Sektor des Gesamtbildungswesens eine seine bisherige Struktur radikal verändernde Wandlung. Dieser Strukturwandel, der Anfang der 80er Jahre einsetzte und gegenwärtig noch nicht abgeschlossen ist, bestimmt in Gestalt und Gehalt die aktuelle Weiterbildungsarbeit.

III. Handlungsfeld/Aktuelle Aufgaben/Probleme

Das Handlungsfeld der Weiterbildung in den 80er und 90er Jahren zu beschreiben ist schwierig, weil es sich einerseits von den Vorgaben des Ordnungsmusters, das bildungspolitisch im Strukturplan (1970) entworfen war und das für über ein Jahrzehnt bildungspolitisch und bildungstheoretisch als maßgeblich gegolten hatten, ablöst, und man andererseits keine neue bildungstheoretische und bildungspolitische Ordnungstheorie gefunden hat und man folglich einer angemessenen Theoriesprache entbehrt, mit der die Wandlungswirklichkeit erfasst wird. Die Begriffsnot wird darin deutlich, dass die Theoretiker die ordnungspolitische Veränderung des Handlungsfeldes, die von den großen Weiterbildungsverbänden und den etablierten Bildungseinrichtungen der pluralistischen Weiterbildung als Krise empfunden und die von neuen kommerziellen und gemeinnützigen Trägern von Bildungsinstitutionen als Strukturreform ansehen wird, in der die historisch entfalteten Prinzipien der dynamischen sozialen Distribution innovativen Wissens und die flexible, angepasste Handhabung der entfalteten Instrumente an veränderte gesellschaftliche Problemsituationen bewahrt werden, nur als „Entgrenzung" aufgefasst wird.

In einer solchen systematisch diffusen Situation kann es nur die Aufgabe der Darstellung sein, das Handlungsfeld der Weiterbildung in der Realität seiner entwickelten Dreigliedrigkeit abzubilden und die Problematik seines internen Bezuges zu verdeutlichen.

Die Bildungsarbeit der öffentlich rechtlich anerkannten Weiterbildung ist orientiert an der allgemeinen Zugangsöffentlichkeit für jedermann, an der Freiwilligkeit der Teilnahme an den Bildungsveranstaltungen und an der gesellschaftlichen Relevanz ihrer didaktischen Inhaltsbereiche. Zur gleichen Zeit stellt sich in Ausrichtung auf eine um Gleichheit bemühte Gesellschaftspolitik diese Bildungsarbeit in die Kompensation von Bildungsdefiziten oder Qualifikationsforderungen bestimmter Zielgruppen. Daher stellen Bedarfsdiagnose und Zielgruppenarbeit sowie Passungsherstellung zum kulturellen und politischen Selbstverständnis der Gesellschaft den zentralen didaktischen Handlungsbereich dar.

Abgehoben davon, auf einer zweiten Ebene, liegt dann das institutionale Management der Durchführung der konkreten Bildungsmaßnahmen und Bildungsveranstaltungen, in denen nun das mikrodidaktische Passungsverhältnis von Veranstaltungsinhalt und Teilnehmer wesentlich ist. Die Teilnehmerorientierung in ihrem doppelten Verständnis, einmal als Orientierung des Veranstalters an den differenzierten Interessen und Bildungsbesonderheiten des Teilnehmers und zum anderen als Orientierung des Teilnehmers auf die Inhalte und Ziele der Veranstaltung, sind das leitende methodische Handlungsprinzip.

Es ist nun ein Strukturprinzip dieses Handlungsfeldes, dass die konkrete pädagogisch-praktische Durchführung selbst nicht durch das hauptamtlich pädagogische Personal, sondern weithin durch nebenberuflich pädagogische Mitarbeiter geleistet wird. Selektion und Qualifizierung dieser nebenberuflichen Mitarbeiter und die Evaluation der konkreten Bildungsarbeit stellen die dritte Ebene dieses Handlungsfeldes dar. Diese entwickelte doppelpolige

Handlungsordnung, die die Anpassung des Handlungsfeldes an die aktuellen Erfordernisse der Zeit notwendig gemacht hatte, geriet in die Krise, als infolge der gesellschaftlichen Entwicklungsdynamik das didaktische Instrument der Bedarfsprognose sich als ungeeignet erwies. Und indem man nun in der Programmgestaltung sich an der erfolgreich durchgeführten Bildungsarbeit orientiert hatte, erzeugte man ein Stammpublikum, einen Bildungsklientilismus der Bildungseinrichtungen und koppelte sich damit von neuen gesellschaftlichen und kulturellen Bewegungen ab. Das Volumen der Bildungsarbeit konnte auf diese Weise zwar konstant gehalten werden, aber der Bezug zur gesellschaftlichen Relevanz und den innovativen kulturellen Innovationen lockerte sich. Diese Entwicklung führte zu einer bildungspolitischen und bildungstheoretischen Kritik an der Arbeit der öffentlich rechtlich anerkannten Weiterbildung.

Der Handlungsbereich des zweiten Feldes, die berufliche Weiterbildung, war in den 70er Jahren von der kulturellen und politischen Bildung der öffentlich rechtlich anerkannten Einrichtungen abgekoppelt. Mit der technologischen Umgestaltung des Beschäftigungssystems entfaltete sich im Ausbau der berufs-, wirtschafts- und arbeitstechnologischen Einrichtungen innerhalb und außerhalb der Betriebe ein eigener Weiterbildungsbereich. Die Betriebe im Besonderen entwickelten eigene innerbetriebliche Aus- und Weiterbildungseinrichtungen, in denen sie eine bedarfsorientierte Personalentwicklung gestalteten. Die technologische Entwicklungsqualität der Industrie führte einerseits zur Reduktion der Belegschaft und andererseits zu veränderten Anforderungen an die Qualität der Arbeit. Die Massenarbeitslosigkeit wurde verstanden als eine Entwertung erworbener Qualifikationen und wurde daher durch staatliche Wirtschaftspolitik unter Verwendung des Instrumentes des Arbeitsplatzförderungsgesetzes mit außerbetrieblichen Umqualifizierungsmaßnahmen beantwortet. Die neuen Qualifikationsanforderungen überschritten die Standards der traditionellen Berufsbildung in ihrer konkreten Arbeitsorientierung. Nicht die Ausbildung für anwendungsorientierte Qualifikationen, für konkrete zukünftige Verwendungssituationen, sondern die Befähigung, arbeitsnotwendige Kompetenz in innovativen Arbeitssituationen zu erkennen und lernend zu bewältigen, wurde als Aufgabe einer veränderten Aus- und Weiterbildung gesehen. In der Theorie der Schlüsselqualifikationen entwarf man das allgemeine, abstrakte Programm einer neuen Beruflichkeit. Da die Fachkompetenz in ihrer veränderten Struktur in diesem Konzept durch Methoden- und Sozialkompetenz erweitert wurde, erforderte die berufliche Weiterbildung eine veränderte Pädagogik. Obwohl auf Allgemeinheit und Abstraktheit hin orientiert, musste sie die traditionelle lehrende Vermittlung überschreiten und die handelnde Erwerbung der Schlüsselqualifikationen zu ihrem Zentrum machen. Eine schlüsselqualifikatorisch ausgerichtete Aus-

und Weiterbildung entdeckte die Funktion der Persönlichkeit für den Bildungsbegriff und schuf damit die Voraussetzung, dass betriebliche Personalentwicklung nunmehr auch als Persönlichkeitsentwicklung betrieben wurde. Durch das Theorem der Persönlichkeitsentwicklung sieht die berufliche Weiterbildung die traditionelle Trennung von Bildung und Ausbildung bzw. Qualifikation als aufgehoben an. Sie hält eine Kooperation und Koordination mit der kulturellen und politischen Weiterbildung für möglich und nimmt sie im Sinne der Bündelung der Kräfte als geboten an. Die in Kritik und Krise geratene kulturelle und politische Weiterbildung entfaltet zum Zwecke ihrer institutionellen Bestandssicherung Zusammenarbeitsformen mit der außerbetrieblichen Weiterbildung. Als dann Betriebe Teilbereiche ihrer betrieblichen Weiterbildung auslagerten oder sich für überbetriebliche Kooperationen öffneten, hat sich diese Tendenz verstärkt bis hin zu regionalen Weiterbildungsverbünden, in denen unter Verwendung der in der Berufs- und Wirtschaftspädagogik entfalteten Theorie der Schlüsselqualifikationen die integrierende Idee einer ganzheitlichen Bildung entfaltet wurde. Die Bildungstheorie wird zu überprüfen haben, inwieweit in diesem Konzept der ganzheitlichen Bildung eine Funktionalisierung der Persönlichkeitsbildung enthalten ist und Bildung und Kultur um ihre kritischen Dimensionen beraubt werden.

Strukturell unterschieden von diesen Entwicklungen ist der dritte Handlungsbereich, der komplementär und oppositionell wie aber auch in Kritik und Konkurrenz zu der kulturellen politischen und beruflichen Weiterbildung sich entfaltet hat. Er ist heterogen und außerordentlich fragil, und er scheint das historische Strukturmuster der Volksbildung und Erwachsenenbildung vor deren bildungspolitischer Einhegung erneut zu entfalten. Diejenigen didaktischen Bereiche, die in dem ersten und zweiten Handlungsbereich nicht erfüllt oder nicht in Passung mit den Bildungsinteressen gebracht wurden, finden hier ihre Anerkennung. Entstanden ist dieser dritte Handlungsbereich, der ohne eigene Bezeichnung ist, aus vielfältigen Motiven und Bedingungen. Zum einen hat er seine Quelle in den so genannten „neuen sozialen Bewegungen" mit ihrem alternativen Kulturverständnis. Institutionalisiert hat sich diese Alternativkultur in gemeinnützigen Vereinen, die auf kleingruppenförmige Bildungsinteressen sich ausrichten, sowie in privaten teilkommerzialisierten Vereinigungen, in denen vor allen Dingen sich das Interesse an einer esoterischen Spiritualität formierte. Eine andere Quelle der neuen Weiterbildung bilden die traditionellen kulturellen Einrichtungen wie Museen, Theater und Bibliotheken, die in den Bereich der organisierten bildenden Kulturarbeit hinein expandieren. Diese Einrichtungen, die um die Jahrhundertwende zum Teil fest eingebunden waren in die Konzepte der damaligen Volks- und Erwachsenenbildung und die in der Folgezeit diesen Bezug verloren oder aufgegeben hatten, treten nun mit eigenen Konzepten und Veranstaltungen in der

Weiterbildung auf. Einen dritten Bereich stellen die kommunalen kulturellen Zentren dar, die oft nur die Infrastruktur für selbstorganisierte kleingruppenförmige Bildungsarbeit abgeben. Ein vierter Bereich erwuchs aus kommerziellen Einrichtungen, die weithin temporäre und transitive Erwachsenenbildung leisten angebunden an technologische und berufliche Innovationen. Eine Beziehung zwischen den in diesem Handlungsbereich agierenden Einrichtungen geschieht nur okkasionell. Sie arbeiten in institutioneller Selbstgenügsamkeit, handeln in ihrer Weiterbildung zumeist wie ein geschlossenes soziales System. Für den Betrachter zeigt dieser Bereich Unübersichtlichkeit und Zusammenhanglosigkeit, aber er hat für bildungswillige Erwachsene eine hohe Bedeutung, da sie hier in didaktischer Selbstwahl ihre Bildungsinteressen kumulativ entfalten und erfüllen können. Der deskriptiven Bildungsstatistik ist dieser Bereich wegen seiner differentiellen Verfasstheit noch kein Gegenstandsbereich geworden, ebenso wenig wie für die bildungspolitisch orientierte Bildungstheorie. Erste Anzeichen aber dafür, dass dieser Bildungsbereich in den Blickpunkt der pädagogischen Betrachtung kommt, finden sich in dem Konzept informeller Bildungsarbeit, die in Anlehnung an Projekte der Dritte-Welt-Pädagogik bei uns ausgearbeitet und praktiziert wird. Es ist zu erwarten, dass es aus diesen Projekten heraus zu einer Zusammenhangsbeschreibung und zu einer diesen Bereich erfassenden Weiterbildungstheorie kommen wird.

IV. Das Berufsbild

Die Weiterbildung als Volks- und Erwachsenenbildung, die ihren historischen Weg vom Bildungsverein über die Akademie und die Volkshochschulen zu den Weiterbildungszentren genommen hat, hat die Gliederungsordnung der in ihr sich vollziehenden Tätigkeiten von den ersten Anfängen bis in unsere Tage strukturell bewahrt. Der Vereinsvorstand, der für die Organisation und die Außenvertretung sorgte und der die Infrastruktur für die Bildungsarbeit bereitstellte, war unterschieden von den Dozenten, den freiwilligen Lehrenden, die Vereinsmitglieder sein konnten, es aber nicht sein mussten. Diese Differenzierung in administrative und planende Arbeit einerseits und in die Lehrtätigkeit andererseits hat sich historisch bewährt. Als sich am Ende des 19. Jahrhunderts mit dem Wanderlehrer, dem Wanderredner, der gegen Honorar in den Vereinen tätig wurde, die erste Form der Beruflichkeit in der Weiterbildung entfaltete, wurde die grundlegende Struktur der Differenz nicht angetastet.

Die Expansion der Volks- und Weiterbildung, die dann in der 1. Hälfte des 20. Jahrhunderts zu der Errichtung von Volkshäusern und Volksbildungsheimen, Vorformen der späteren Volkshochschulen und Akademien, führte, brachte die Verberuflichung der administrativen und planenden Tätigkeit mit sich. Die Lehrtätigkeit verblieb für die Einrichtungen in der bewährten Verfasstheit nebenberuflicher Honorartätigkeit. Die Leitung eines Hauses, nicht aber die pädagogische Lehrtätigkeit wurde verberuflicht. Man erwartete von dem Leiter stets pädagogische Eignung und eine breit gefächerte Bildung mit Sensibilität für die Probleme der Volks- und Erwachsenenbildung, aber Lehrkompetenz war keine Eignungsvoraussetzung. In den 20er Jahren entstand im Umfeld der „Deutschen Schule für Erwachsenenbildung und Volksforschung" das Postulat nach einer wissenschaftlichen Fundierung der Tätigkeit in der Erwachsenenbildung. Es ging darum, dass der Gebildete, der willens war, in der Erwachsenenbildung tätig zu werden, fähig wurde, entfaltete Bildung zu transformieren auf die Lebenswelt zukünftiger Teilnehmer. Die Entfaltung dieser Fähigkeit sollte durch eine Volksforschung, die sich auf die volkstümlichen Lebenskreise ausrichtete, unterstützt werden. Auch in diesem Konzept war weniger die praktische Lehre als die Leitung, Führung und Planung (didaktische Kompetenz) gemeint. Die Beruflichkeit in der Weiterbildung ohne ein dezidiertes Berufsbild galt dann bis in die 60er Jahre hinein.

In die bildungspolitische Forderung nach einer Expansion der Weiterbildung wurde dann in jener Zeit auch die Professionalisierung für diesen Bildungsbereich, der ja nun als der quartäre Sektor des Gesamtbildungswesens galt, mit eingebracht. Gefordert wurde die wissenschaftliche Professionalisierung des Erwachsenenbildners. Es gab zwei Diskussionsstränge: Einerseits forderte man einen Diplomstudiengang mit dem Schwerpunkt Erwachsenenbildung bzw. Weiterbildung, ohne die Lehrbefähigung für ein Fachgebiet, da man die Hauptberuflichkeit des Erwachsenenbildners auf die Leitungs- und Planungstätigkeit hin ausrichtete. Und andererseits glaubte man, dass die Struktur des traditionellen Magisterstudienganges mit dem Schwerpunkt Erwachsenenbildung und einem wissenschaftlichen Lehrfach die angemessene Qualifikation bereitstelle, weil sie leitende, pädagogisch planende wie lehrende Qualifikationen umfasste.

Beide Ausbildungsformen hatten nur bedingten Erfolg und standen in Konkurrenz mit der Ausbildung des mit doppelter Fakultas zugerüsteten Gymnasiallehrers. Diese Ausbildungsform wurde nun keineswegs präferiert, weil man die Hauptberuflichkeit der Lehrtätigkeit anstrebte, sondern weil man im Zuge der sich ausdifferenzierenden Bildungseinrichtungen eine nach Fächern geordnete Gliederung der pädagogischen Planung entwickelte, und die dafür erforderliche Kompetenz in der Einheit von Fachwissenschaft und Fachdidaktik sah. Formelhaft formuliert: Die Hauptberuflichkeit in der Weiterbildung bezieht sich auf alle relevanten Tätigkeiten innerhalb von Bildungseinrichtungen unter Ausschluss der konkreten Unterrichts- und Lehrtätigkeit.

Selbst der zentrale Bereich der pädagogischen Qualifizierung der nebenamtlichen Mitarbeiter, der eine Lehre zweiter Ordnung darstellt und der sich vor allen Dingen auf die methodische Kompetenz ausrichtet, verlagerte sich von den Bildungseinrichtungen zu der wissenschaftlichen Weiterbildung und zu den Ergänzungsstudiengängen von Universitäten und pädagogischen Hochschulen sowie verbandlichen Einrichtungen und kommerziellen Institutionen. Zu dieser von den Einrichtungen abgekoppelten pädagogischen Qualifizierung der nebenberuflich tätigen Mitarbeiter hatte es kommen können, weil diese Form der Mitarbeitertätigkeit für viele, insofern sie an unterschiedlichen Einrichtungen tätig waren, zu einer neuen Form von Hauptberuflichkeit wurde und sie durch selbstinitiierte Qualifizierung die Chancen ihrer besonderen Berufstätigkeit steigern wollten.

Es hat sich neben die Professionalisierung der hauptamtlichen pädagogischen Tätigkeit, deren Qualifikationsprofil sich auf den nicht-lehrenden Bereich bezog, eine Professionalität der lehrenden pädagogischen Nebenberuflichkeit gestellt. Die aus der Geschichte sich herleitende Trennung in den administrativen und planenden Bereich einerseits und den lehrenden, unterrichtenden Bereich andererseits hat zu einer Professionalisierung mit einem weit gespannten Tätigkeitsfeld geführt, das in seiner Inhaltlichkeit durch keine akademische Disziplin abgebildet wird, und sie hat zugleich eine Professionalität in einem klaren, didaktisch und methodisch exakt umrissenen Tätigkeitsfeld, dem eine disziplinäre Ausbildung entspricht, hervorgebracht, dem aber keine hauptamtliche Beruflichkeit korrespondiert.

V. Hauptforschungsbereiche und Theoriekonzepte

Die Weiterbildung als Teilbereich der wissenschaftlichen Pädagogik hat sich in Deutschland erst in der Nachkriegszeit entfaltet. Sie ist entstanden aus der Reflexionskultur eines pädagogischen Praxisfeldes. Sie begann als Mittel einer reflexiven Praxis und verstand Theorie als Instrument einer steten Praxisverbesserung. Schleiermachers Diktum folgend, dass die Praxis ihre eigene Dignität habe und die Theorie diese zu einer bewussteren mache, verstand sich Weiterbildung geisteswissenschaftlich. In dem Moment, als man die handlungsorientierte Praxisreflexion überschritt und nach den Rahmenbedingungen der Praxis forschte, um durch ihre Gestaltung die Praxis mittelbar zu verbessern, war es notwendig, dass die geisteswissenschaftlich ausgerichtete Weiterbildungsforschung sich auf Sozialwissenschaften hin orientierte, und indem die komplexe Bedingung des Rahmens der Praxis der Weiterbildung sozialwissenschaftlich deutlich wurde, war die Weiterbildungsforschung auf den Bezug zu allen Wissenschaften, die Aufklärung über die Rahmenbedingungen bereitzustellen vermochten, pragmatisch verwiesen, und Interdisziplinarität wurde das Prinzip der Weiterbildungsforschung.

Die praktische Weiterbildung, die sich nach ihrem Selbstverständnis als öffentliche Aufgabe in gesellschaftlicher Verantwortung begreift und die mit ihrer Existenz implizit eine reale Kritik der traditionellen Pädagogik darstellt, insofern diese die Schule als Einrichtung begriff, die eine abgeschlossene, auf Reife hin zielende Bildung hervorzubringen hatte, stand damit unter Legitimationszwang. Die Hinwendung der Weiterbildungsforschung zu den Sozialwissenschaften ermöglichte es, die Legitimation der Weiterbildung aus den Sozialwissenschaften und der ihnen korrespondierenden Sozialphilosophie zu erarbeiten. Die Sozialphilosophie avancierte daher zur allgemeinen Bildungstheorie der Weiterbildung, und dieser Sachverhalt erfuhr seine funktionale Stützung aus der Tatsache, dass aufgrund der pluralistischen Verfasstheit der Weiterbildung jeder Träger infolge seines differenten Propriums eine eigene Didaktik entwickelte und keinen Impuls zu einer konvergenten Bildungstheorie verspürte, wohl aber an einer allgemeinen Legitimationstheorie der Weiterbildung interessiert war. Die Problematik einer speziellen Theorie der Bildung erwuchs der Weiterbildung dann aufgrund ihrer Bereichsgliederung in die kulturelle, politische und berufliche Weiterbildung, die oft auf unterschiedliche Institutionen verteilt ist, die organisatorisch wohl eine additive Bildung, nicht aber personal-integrative Bildung hervorzubringen vermögen, und insofern man das Individuum als den Adressaten aller Bildungsformen zum Gegenstand der Forschung erhob, entstand die Frage nach dem Zusammenhang, nach der Einheit der Bildungen für das Subjekt. Das Konzept der Theorie der ganzheitlichen Bildung ist der Versuch der Thematisierung dieser Bildungsproblematik. Das Verhältnis von Individuum und Gesellschaft, vermittelt über Bildung, ist der Aufgabenbereich einer dialektischen Bildungstheorie im philosophischen Modus. Diese Bildungstheorie aber hat sich infolge des der Weiterbildung eigenen Pragmatismus bisher nicht entfaltet.

Eine besondere Ausrichtung erhält die Weiterbildungsforschung durch das für die praktische Weiterbildung konstitutive Prinzip der Freiwilligkeit. Eine Pflicht zur Bildung, wie sie für die Pädagogik als Schulpädagogik wesentlich ist, kennt die Weiterbildung nicht. Daher wird der Teilnehmer zu einem für die Praxis bedeutsamen Forschungsgegenstand, geht es doch darum, seine entfaltete komplexe Persönlichkeit als seine konkrete Lern- und Bildungsbedingung zu begreifen und zu verstehen. Aus dem umfassenden Verstehen der bedingten und bedingenden Persönlichkeit heraus kann der Bildungsakt methodisch angemessen arrangiert werden. Indem der Bildungswillige sich im Bildungsakt verstanden fühlt, wird seine Freiwilligkeit auf Dauer gestellt. Die interpretativen Forschungsansätze, die in der teilnehmerorientierten Weiterbildungsforschung ihre Anwendung gefunden haben, versuchen durch Lebenslauf- und Lebensweltanalyse, durch Lernbiographie und Deutungsmusteridentifikation diesem Verstehen, das im letzten ein Verstehen des Praktikers sein muss, methodisch vorzuarbeiten. Die Vielfalt dieser Ansätze steht zum Teil in einem Widerspruchsverhältnis. Ein Desiderat ist es, dass diese unterschiedlichen Ansätze bisher noch keine synthetische Form in pragmatischer Hinsicht gefunden haben. Allen Ansätzen aber gemeinsam ist es, dass sie in ihrer Zuwendung zum Teilnehmer diesen als einen aktiven, gestaltenden Faktor in Erscheinung bringen und damit deutlich machen, dass das pädagogische Verhältnis, der pädagogische Bezug als Interaktion verstanden werden muss. Die Gestaltung der äußeren Ordnung des Bildungsaktes muss stets für die innere Ordnung des Teilnehmers im Fortgang des Bildungsprozesses als bedingendes Moment offen sein. Die Weiterbildungsforschung ist in Bezug auf den Teilnehmer unabdingbar auf die hermeneutischen Verfahren verwiesen und steht damit in einem notwendigen Referenzverhältnis zur hermeneutischen Philosophie, zur verstehenden Sozialwissenschaft und schließlich zur verstehenden Psychologie. Die Hermeneutik ist in Theorie und Praxis eine Grundform der Weiterbildung.

Die besondere strukturelle Verfasstheit der Weiterbildung, die einerseits durch die gespaltene Berufstätigkeit in den Einrichtungen und die andererseits durch die didaktisch-thematische Dreigliedrigkeit sowie durch den Trägerpluralismus bestimmt ist, hat für die Durchführung in der Praxis und für die Fortentfaltung des Gesamtbereichs der Weiterbildung eine differenzierte organisatorische Problemlage geschaffen, die ohne Zuhilfenahme wissenschaftlicher Instrumente nicht mehr zu bewältigen ist. Die gespaltene Beruflichkeit, die die Professionsforschung für den Bereich der Weiterbildung zwischen den hauptamtlich pädagogischen Mitarbeitern und den nebenberuflich pädagogischen Mitarbeitern deutlich gemacht hat und die, systematisch betrachtet, die Trennung zwischen Administration und Bildungsplanung auf der einen sowie Lehre und Unterricht auf der anderen Seite ist, hat der Weiterbildungsforschung die Aufgabe erstellt, die Bedingungsmerkmale der Binnenordnung zu erarbeiten, damit das institutionale Passungsverhältnis zwischen Trägerintention, Teilnehmerinteressen und der Kompetenz des dozierenden Personals in Bezug auf ein gesellschaftlich verantwortetes Bildungsziel hergestellt werden kann.

Da jede Einrichtung eingebunden ist in den gesellschaftlich kulturellen Entwicklungsprozess, hat sie sich als lernende Organisation zu begreifen; und um dieses leisten zu können, bedarf sie der Institutionen- und Organisationsforschung, damit – aus diesen Ansätzen heraus – ein Bildungsmanagement sich entfalten kann. Die Organisation der Binnenordnung jeder Einrichtung ist durch die pluralistische Verfasstheit der Weiterbildung, die in den Weiterbildungsgesetzen kodifiziert ist, unabdingbar auf die Ordnung der Außenbeziehungen verwiesen. Jede Einrichtung muss durch Öffentlichkeitsarbeit die Gewinnung von Teilnehmern betreiben und tritt damit zu anderen Verbänden und Einrichtungen in Konkurrenz, zu denen sie sich infolge der Weiterbildungsgesetze andererseits in ein koordinatives Ergänzungsverhältnis zu stellen hat. Im Dienste institutionaler Außenbeziehungen hat die Weiterbildungsforschung das Interaktionssystem der pluralistischen Weiterbildung in der Beziehung zum politischen und gesellschaftlichen System zu erforschen und damit zugleich diejenigen Maximen bereitzustellen, die für die Fortentfaltung des Weiterbildungsbereiches insgesamt zu beachten sind.

Das Relationsgefüge von Politik, Gesellschaft und Weiterbildung mit dem Fokus der Weiterbildung selbst ist von der politikwissenschaftlichen und sozialwissenschaftlichen Ordnungsforschung bisher unzureichend behandelt worden. Auf die Leistungen vornehmlich dieser beiden Wissenschaften als Referenzwissenschaften aber ist die Weiterbildungsforschung unabdingbar angewiesen. Der aus der Struktur der Weiterbildung heraus sich entfaltende interdisziplinäre Forschungsansatz der Weiterbildungsforschung, der sie auf wechselnde Referenzwissenschaften verweist, erzwingt, um die Ordnung zwischen den Wissenschaften bewahren zu können, dass die Forschung im Bereich der Weiterbildung sich notwendigerweise den Leitlinien der Wissenschaftstheorie unterstellt – und dies in einer Strenge, wie es für Einzeldisziplinen, die der Interdisziplinarität nicht verpflichtet sind, nicht notwendig ist.

VI. Ausblick

Die Weiterbildung ist ein Bildungsbereich von großer gesellschaftlicher Relevanz, sein weit gefächerter Ausbau geschieht in dynamischer Beschleunigung, da seine entfalteten Prinzipien der flexiblen Distribution innovativen Wissens, der Kompensatorik individueller Bildungsdefizite in Bezug auf die Fortentfaltung kultureller Errungenschaften und der Selbstbestimmung der lebensbegleitenden differentiellen Weiterbildung jedes Einzelnen in Entwicklungskorrespondenz mit der Evolution der modernen Gesellschaft selbst entstanden sind, sie also als Antwort auf die Moderne selbst verstanden werden können. Die Vielfalt der Formen der Weiterbildung, die gegenwärtige Unübersichtlichkeit dieses Bildungsbereiches, stellt der Weiterbildungsforschung die Aufgabe, durch die Theorie des gesamten Feldes der Beschreibung der komplexen Realität vorzuarbeiten. Eine systematische Theorie des Bereiches der Weiterbildung wird das Verhältnis von Kinder-, Jugend- und Erwachsenenbildung sowie Altenbildung, also das Verhältnis von Pädagogik und Andragogik, unter dem grundlegenden Gedanken des lebenslangen Lernens, also des Sachverhaltes, dass die gesamte Lebenszeit, nicht nur die

Kindheit und die Jugend, Bildungszeit ist, thematisieren müssen. Und dieses aus der Tatsachenerkenntnis heraus, dass der Weiterbildung für die moderne Gesellschaft Notwendigkeitscharakter zukommt. Diese unabdingbare Thematisierung erzwingt eine grundsätzliche Auseinandersetzung der systematischen Weiterbildungstheorie mit der Allgemeinen Pädagogik, die in Fortführung ihrer historischen Errungenschaften angesichts der entwickelten Realität der Weiterbildung nun zu einer Allgemeinen Pädagogik der Schulpädagogik und der Jugendpädagogik, also zu einer partikularen „Allgemeinen Pädagogik" geworden ist. Die Verlockung, einer partikularen Allgemeinheit zu verfallen, der andere differenzierte Pädagogikbereiche in Kritik an der gegenwärtig entfalteten Allgemeinen Pädagogik nachgeben, kann einer systematischen Weiterbildungstheorie von der ihr gestellten Aufgabe her, eine neue, das traditionelle Bildungssystem überschreitende Bildungsrealität prinzipiell, d. h. allgemein in Bezug auf das Ganze zu verstehen, nicht geschehen, da Weiterbildung in der gesellschaftlichen Realität für jeden Einzelnen und daher für alle gilt, und sie somit selbst eine neue Allgemeinheit darstellt. Diese Allgemeinheit muss theoretisch eingeholt, bildungstheoretisch eingearbeitet und bildungssystemisch organisiert werden. Der entfaltete Bereich der praktischen Weiterbildung stellt die Wissenschaft unabdingbar in die Arbeit der Theorie, damit die Praxis dieser Bildung als begriffene sich im sich reformierenden Bildungssystem weiterentwickeln kann.

Neben die Forderung nach der Arbeit der Theorie, die die entfaltete Praxis in ihrer Mannigfaltigkeit und dem Charakter der neuen Allgemeinheit, der das Allgemeine der traditionellen Pädagogik sprengt, zu begreifen hat, tritt die Forderung der Erforschung der Internationalität der Weiterbildung. In den Prozess der wirtschaftlichen, kulturellen, politischen Vernetzung ist die Weiterbildung als ein unmittelbar notwendiges Instrument eingebunden. Um diese Internationalität erfassen zu können, muss die Weiterbildungsforschung neue Formen der Komparatistik entfalten, die die bisher vorgelegten synoptischen Länderstudien überschreiten. Der Komparatistik ist es nunmehr aufgegeben, die nationale ausdifferenzierte Mannigfaltigkeit der Weiterbildung, die sich in Unübersichtlichkeit präsentiert, zu erfassen und zu beschreiben, damit in der begriffenen Vielfalt lokale Praxis in der Entwicklung internationaler Vernetzung sich angemessen entfalten kann. Die Internationalität der Weiterbildung und eine theoriegeleitete Komparatistik stellen für die bisher entfaltete und national betriebene Historiografie die Forderung eines Perspektivenwechsels dar: Wenn die Historiografie der Weiterbildung in einem aufklärenden Bezug zur Komparatistik in der Ausrichtung auf die entfaltete Internationalität stehen will, muss sie selbst komparatistisch betrieben werden. Der Entwicklungsgrad des Bildungsbereichs Weiterbildung erfordert zu seiner Fortentwicklung seine wissenschaftliche Aufklärung, die einen anderen Typus von Wissenschaft verlangt als den, den die traditionelle Pädagogik bereitstellt.

VII. Literatur

Dewe, B./Frank, G./Huge, W.: Theorien der Erwachsenenbildung. Ein Handbuch. München 1988

Keim, H./Olbrich, J./Siebert, H.: Strukturprobleme der Weiterbildung. Kooperation, Koordination, Integration. Düsseldorf 1973

Knoll, J. H./Künzel, K. (Hg.): Von der Nationalerziehung zur Weiterbildung. 150 Jahre Erwachsenenbildung im Spiegel ausgewählter Forschungsfragen. Köln u. a. 1980

Knoll, J. H.: Internationale Weiterbildung und Erwachsenenbildung. Konzepte, Institutionen, Methoden. Darmstadt 1996

Schmitz, E./Tietgens, H.: Erwachsenenbildung. In: Enzyklopädie Erziehungswissenschaft. Hg. von Dieter Lenzen. Bd. 11. Stuttgart 1984

Struck, G.: Bildung zwischen Qualifizierung und Aufklärung. Bad Heilbrunn 1988

Thunemeyer, B. L.: Strukturbildungsprozesse in der Erwachsenenbildung. Frankfurt a. M. 1998

Tietgens, H.: Die Erwachsenenbildung. München 1981

Tippelt, R. (Hg.): Handbuch Erwachsenenbildung/Weiterbildung. Opladen 1994

Wolgast, G.: Zeittafel zur Geschichte der Erwachsenenbildung. Neuwied, Kriftel, Berlin 1996

Grundlagen der Weiterbildung. Praxishilfen. Loseblattsammlung. Neuwied 1980 ff.

Grundlagen der Weiterbildung. Recht. Loseblattsammlung. Neuwied 1980 ff.

Hans-Carl Jongebloed

Wirtschaftspädagogik – oder: Die Kunst, nicht nur „Fachdidaktik" zu sein

Folgte man den Überlegungen Wolfgang Ritzels, so scheint es allemal angebracht, Zweifel daran zu hegen, ob differentielle Pädagogiken überhaupt möglich sind. In seiner Antrittsvorlesung ausgerechnet auf dem Mannheimer Lehrstuhl für Wirtschaftspädagogik heißt es dazu: Im Grunde „gibt es nur eine einzige Pädagogik: diejenige, die durch die skizzierte Trias Grundlegung – Didaktik – Methodik konstituiert wird. Daher überrascht ein Sprachgebrauch, nach welchem die sich gliedernde Einheit *der* Pädagogik in Verlust geraten und eine prinzipiell unbegrenzte Vielfalt von ‚Pädagogiken' – unter dem Namen *Besondere Erziehungswissenschaften* – an ihre Stelle getreten ist"[1]. Zum Ausdruck kommt in dieser, zunächst nur vorsichtig gegen die terminologische Usance gerichteten Formulierung die deutliche Sorge, die Pädagogik könne als integrale Einheit zerfallen und schließlich ihre Identität als wissenschaftliche Disziplin verlieren, wenn es mit der eben schon 1961 sichtbar werdenden Tendenz sich ständig neu abgrenzender Teilpädagogiken so weitergehe – ganz zu schweigen von den verheerenden Folgen für das, was Pädagogik als Praxis auszumachen und zu bewirken vermag.

Heute, fast 40 Jahre später, wissen wir, dass Ritzels Sorge um die Einheit der Pädagogik insgesamt, nicht zuletzt auch wegen der vielfältig verschiedenen Kriterien, die ihrer Zerteilung bis heute zum Maßstab wurden und so nur wenig Stringenz verliehen, wohl nicht ganz unberechtigt war, unabhängig davon, ob die prinzipielle Skepsis gegenüber der Möglichkeit, differentielle Pädagogiken überhaupt abgrenzen zu können, tatsächlich theoretisch zureichend begründet werden kann oder nicht. In seiner ansonsten eher ganz grundsätzlich angelegten Argumentation wendet sich Ritzel allerdings nur, geradezu als pars pro toto, genau gegen jenes Fach, das er selbst in Forschung und Lehre zu vertreten sich anschickte: die Wirtschaftspädagogik. Und dies, obwohl die Wirtschaftspädagogik zu diesem Zeitpunkt nicht nur längst anerkannt und etabliert, sondern in ihrer Berechtigung auch bestens begründet und aus den über die Zeit hinweg geführten Diskussionen gut gesichert und in ihrem Selbstverständnis gestärkt hervorgegangen war[2].

---

[1] Ritzel 1961, S. 14.
[2] Vgl. z. B. Abraham 1966; weiterhin Pleiss 1973, aber auch Jongebloed/Scholz 1997, S. 76 ff.; ferner den Sammelband von Röhrs 1967 sowie Zabeck 1992.

Gerade dieses bereits gefestigte Selbstverständnis der Wirtschaftspädagogik jedoch, ergänzt um die bis heute anhaltende Gleichrangigkeitskontroverse zwischen allgemeiner Bildung und beruflicher Bildung, die mit Wirtschaftspädagogik eben immer verbunden ist, mag RITZEL Motivation dazu gewesen sein, die von ihm in Aussicht gestellten Gefahren für die Einheit der Pädagogik genau anhand dieser Wirtschaftspädagogik herauszustellen, sozusagen als warnendes Beispiel für die zu erwartende Entwicklung der Pädagogik insgesamt, und wohl auch als Inauguration dessen, was er selbst mit diesem Fach zu verbinden und daraus zu machen gedenke.

So, als wäre die Wirtschaftspädagogik in besonderer Weise Betreiber der ausgemachten Zergliederungstendenz und insoweit verantwortlich für deren Folgen innerhalb der Pädagogik als ganzer, formuliert er deshalb an gleicher Stelle: „Der Rang einer ‚Besonderen Erziehungswissenschaft' wird mit besonderer Energie und Beharrlichkeit für die Wirtschaftspädagogik beansprucht, allerdings in einer Form, die zugleich die Eigenständigkeitsbestrebungen weiterer Sonderpädagogiken begünstigt. Die Beweisführung bezieht sich aber nicht auf den Begriff der Pädagogik, sondern auf die Vielheit der Situationen und Aufgaben, auf die der Heranwachsende vorbereitet werden muss. So wird auf die besonderen Erfordernisse der wirtschaftsberuflichen Ausbildung hingewiesen, um die Eigenständigkeit der Wirtschaftspädagogik zu begründen; oder es wird erklärt, das ‚volle Menschentum', zu welchem der Mensch erzogen werden müsse, bestehe ‚aus Teilgebieten', denen ‚besondere Erziehungswissenschaften' zugeordnet werden"[3].

Doch, so RITZEL weiter, „allein die Person (realisiert) ‚volles Menschentum', indem sie sich nämlich beispielsweise ... in der wirtschaftlichen Entscheidung und Planung ... selbst verwirklicht. An der Kultur der Teilgebiete jenes vollen Menschentums besteht daher kein unmittelbares pädagogisches Interesse"[4]; denn „die Erziehung (berücksichtigt) die besondere Lebenslage, in welcher der Zögling ... seine Freiheit bewähren und von seinen Kräften ... Gebrauch machen muss, erst in zweiter Hinsicht. Die Gebilde, deren Bearbeitung ... aufgegeben wird, werden nämlich *darüber hinaus* so ausgewählt, dass die Beschäftigung mit ihnen die Kenntnisse und Fertigkeiten vermittelt, die später benötigt werden. Der *pädagogische* Charakter und Wert der Maßnahme aber wird ausschließlich durch das gesichert, was didaktisch ins Gewicht fällt, und woran die Methodik sich orientiert; die Rücksicht auf die spätere Brauchbarkeit muss also zur genuin pädagogischen Absicht hinzutreten, sie hat diese mithin zur Voraussetzung. Für sich genommen begründet das Motiv der späteren Brauchbarkeit den pädagogischen Charakter und Wert ei-

---

[3] RITZEL, ebenda, S. 14 f.
[4] RITZEL, ebenda, S. 15.

ner Maßnahme ebenso wenig oder noch weniger als die Absicht, des Kindes
… Fähigkeiten und Vermögen zu steigern und differenzieren, sofern diese
Absicht sich vom Erziehungszweck emanzipiert, die Fähigkeiten und Kräfte
also nicht als bloßes Instrumentarium der Humanität betrachtet"[5].
Wo also „die Auswahl … nicht in erster Linie aus didaktischer Rücksicht getroffen wird, d. h. nach Maßgabe des erzieherischen und Bildungswertes, da
handelt es sich nicht um pädagogische Maßnahmen und Veranstaltungen. –
Was also den Pluralismus der ‚Besonderen Erziehungswissenschaften' (zum
mindesten den Anspruch der Wirtschaftspädagogik auf den Rang einer solchen) rechtfertigen soll, das rechtfertigt in der Tat nur die Auswahl bestimmter Unterrichtsstoffe aus einer Vielzahl solcher, deren pädagogischer Wert anderweitig gesichert ist. Es kann, da es kein genuin pädagogisches Motiv vor-
stellt, auch keine Differenzierung der Pädagogik begründen"[6], wohl aber – so
ließe sich seine Argumentationslinie schlüssig fortführen – eine Differenzierung der Didaktik nach jeweils speziell vorliegenden Bedingungen und gegebenen Interessen.
Betrachtet man nun die Überlegungen RITZELS streng unter dem von ihm
selbst verfolgten Anspruch, Begründung gegen die Ausdifferenzierung der
Pädagogik in differentielle, besondere, spezielle oder Teilpädagogiken zu
bieten – wie immer man den Sprachgebrauch auch zu wählen beliebt –, so
zeigt sich seine Argumentation schließlich doch nur als das altbekannte Veto
jedwedem Verwertungsakzent, jeglicher Brauchbarkeit, allem Nutzen und aller Nützlichkeit gegenüber, wie es die allgemeine, durch und durch neuhuma-
nistisch geprägte Pädagogik seit jeher vorgebracht hat und noch immer vor-
zubringen weiß, gleichwohl genau deswegen mehr und mehr auf verlorenem
Posten.
Streng genommen ist dem Ritzelschen Begründungszusammenhang in gewisser Weise sogar Unredlichkeit vorzuwerfen; denn dadurch, dass er die bereits
etablierte und erfolgreiche Wirtschaftspädagogik – genau deswegen in der
Lage, ihm selbst ganz persönlich zum Nutzen zu sein – aus insoweit ganz
subjektiven Gründen zum exemplarischen Fall für die Entstehung von Sonderpädagogiken überhaupt macht, gelingt es ihm, die aus wissenschaftssyste-
matischen wie aus pragmatischen Gründen sehr wohl nachzuvollziehende
Sorge um die Einheit der Pädagogik insgesamt abermals und fast ausschließlich zur erneuten Grenzziehung zwischen allgemeiner und beruflicher Bildung zu nutzen, wenn nicht gar zu missbrauchen. Ob er die als Abgrenzungs-
kriterium für eine Sonderpädagogik grundsätzlich bezweifelte „Vielheit der
Situationen und Aufgaben, auf die der Heranwachsende vorbereitet werden

---

[5] RITZEL, ebenda, S. 16 f.
[6] RITZEL, ebenda, S. 17.

muss", ... „die besonderen Erfordernisse"[7] auch für eine Musik-, Kunst- oder Museumspädagogik in gleicher Weise als relevant abgelehnt hätte? Ob beispielsweise stundenlanges tägliches Klavierspielen oder Perspektivzeichnen nur dann von ihm für zulässig gehalten worden wäre, wenn sich darin die Person in ihrem vollen Menschentum selbst verwirklichte? Wer weiß?

Während RITZEL aber sehr wohl zu wissen vorgibt, dass insbesondere abgrenzbare Situationen und Felder der beruflichen Bewährung in der Verwendung des pädagogisch Vermittelten und Gelernten, strenger noch: Teilgebiete ganz allgemein, nicht dazu ausreichen, Sonderpädagogiken zu konzipieren, bleiben seine Aussagen darüber, mit welchen Gebilden und wie denn nun das allein in der Person zu entwerfende „volle Menschentum" zu entwickeln sei, von leider nur geringer Explizität, und zwar dergestalt, dass der „pädagogische Charakter und Wert der Maßnahme ... ausschließlich durch das gesichert" werde, „was didaktisch ins Gewicht fällt, und woran sich die Methode orientiert" ..., ausgewählt „nach Maßgabe des erzieherischen und Bildungswertes", stets darauf aus, nur „bloßes Instrumentarium der Humanität"[8] zu sein.

Auf der Folie derartiger Argumentationsstruktur durfte eine notwendig auf Utilität verpflichtete Wirtschaft nicht zum Fundament pädagogischen Handelns werden, und eine an dieser Wirtschaft gleichermaßen notwendig orientierte Wirtschaftspädagogik sollte keine Eigenständigkeit beanspruchende differentielle Pädagogik sein.

Und auch, wenn Eduard Spranger mit seiner kulturanthropologisch argumentierenden „Pädagogik der Lebensfelder" nicht zuletzt auch für wirtschaftliche Sachverhalte zu belegen vermochte, dass diesen ein Bildungsgehalt nicht abgesprochen werden könne, ebenso wenig wie den gewerblich-technischen Sachverhalten[9], so erschien es allenfalls vertretbar, für diesen und deshalb auch für alle anderen möglichen abgrenzbaren Bereiche höchstens ein begrenztes fachdidaktisches Interesse innerhalb der Allgemeinen Pädagogik und ihrer Grundlegung zu reklamieren. Das also, was Wirtschaftspädagogik genannt werden könne, sei gerade mal als eine spezielle Fachdidaktik zu erkennen und anzuerkennen, keinesfalls jedoch als eine eigenständige pädagogische Disziplin, ebenso wenig wie Sozialpädagogik, Behindertenpädagogik, Medienpädagogik, Schulpädagogik, Sportpädagogik oder gar – als jüngst zu hörendes Beispiel – die Zirkuspädagogik, um hier nur einiges aus dem bunten Strauß zu erwähnen, was heute möglich ist, ohne dass ein Ende abzusehen wäre.

---

[7] RITZEL, ebenda, S. 14.
[8] RITZEL, ebenda, S. 15/16.
[9] Vgl. SPRANGER 1973, S. 141 ff., sowie die ebenda abgedruckten: Umrisse der philosophischen Pädagogik, S. 7 ff.; vor allem aber SPRANGER 1921.

Zur angesichts dieser Liste allemal beachtenswerten Begründung, die gleichwohl – wie zu sehen – ohne Erfolg blieb, heißt es bei RITZEL: „Pädagogik ist die Wissenschaft von der Erziehung: es gibt aber schlechthin nur *eine* Erziehung, d. h. die Anleitung des kaufmännischen Lehrlings im Lehrbetrieb, die Gewöhnung des vorschulpflichtigen Kindes an Ordnung und Sauberkeit und der Französisch-Unterricht in der Mittelstufe des Gymnasiums stimmen als *pädagogische* Maßnahmen in allen wesentlichen Momenten überein: folglich kann die Pädagogik nicht mit dem Hinweis darauf, dass die Erziehung sich auf unterschiedliche Altersklassen und Tätigkeitsbereiche erstreckt, in eine Vielheit von Pädagogiken aufgeteilt werden. Sofern also das", was heute als irgendeine Besondere Pädagogik einen Namen hat, und eben auch das, „was als Wirtschaftspädagogik bezeichnet wird, überhaupt als Pädagogik gelten dürfen, wird der Unterschied beider in Zufälligkeiten bestehen; wer aber für wesentlich erachtet, worin sie sich unterscheiden, erblickt keine Pädagogik mehr in ihnen. Der Pluralismus der ‚Besonderen Erziehungswissenschaften‘ folgt nicht aus einer Differenzierung, sondern aus der Preisgabe des Begriffs der Pädagogik; einer Preisgabe, die sich etwa ausdrückt in der Formulierung, die Wirtschaftspädagogik sei im Ökonomischen ‚verankert‘, das Pädagogische aber sei in der Wirtschaftspädagogik ‚verankert‘ worden. Was nach der Grundlegung der Pädagogik prinzipielle Bedeutung hat, wird hier als zu verankerndes Moment gegenüber seinem Ankergrund auf den zweiten Platz gerückt"[10].

Die Ökonomen in den Wirtschafts- und Sozialwissenschaftlichen Fakultäten argumentierten im Übrigen und interessanterweise auf gleicher Basis, mit allerdings umgekehrter Stoßrichtung. Auch sie dokumentierten, wenn überhaupt, allenfalls ein Interesse an einer lernfreundlichen didaktischen Aufbereitung ihrer Inhalte für eine wirtschaftsberuflich verwertungsgemäße Ausbildung und plädierten, wenn dies nicht anders zu organisieren sei, gerade noch für die akademische Verankerung einer Didaktik der Wirtschaftswissenschaften in Fakultäten, in denen Fachdidaktiken mit eigenen Lehrstühlen vertreten sein konnten. Diese seien allerdings von gelernten Ökonomen zu besetzen, damit das im Ökonomischen verankerte Denken nicht allzu sehr im Pädagogischen verlustig ginge – eine Variante, die in den heutigen Erziehungswissenschaftlichen Fakultäten gängige Praxis geworden ist. Eine Wirtschafts*pädagogik* jedoch, möglicherweise sogar noch ausgewiesen als spezielle Betriebswirtschaftslehre, in der eigenen Fakultät, nein, das erschien ihnen allemal eher bedenklich, auch wenn sie dies dann, nach wie vor reserviert, in einigen Fällen, zusammen mit den Soziologen, den Sozialspycholo-

---

[10] RITZEL, ebenda, S. 17.

gen und den Politologen in die Gruppe der so genannten Nichtwirte eingebunden, doch zuließen[11].

Doch auch die Vertreter der Wirtschaftspädagogik selbst waren sich nicht einig darüber, ob sie sich in ihrem Selbstverständnis eher der Pädagogik bzw.
der nunmehr vehement aufkommenden Erziehungswissenschaft zugehörig
fühlten oder nicht doch eher den Wirtschafts- und Sozialwissenschaften. Und
so ist es zu verstehen, wenn Ritzel amüsiert feststellt: Selbst „die führenden
Vertreter der Wirtschaftspädagogik sind uneins bezüglich der Ortsbestimmung ihres Faches auf dem globus intellectualis. So weit sie die Theorie der
Erziehung des ‚wirtschaftsabhängigen Menschen‘ gar nicht der Pädagogik
zuweisen, sondern etwa den Wirtschafts- und Sozialwissenschaften, soll ihnen in gegenwärtigem Zusammenhang nicht widersprochen werden. So weit
sie dieselbe aber auf die Pädagogik gründen, setzen sie sich dem Vorwurf aus,
diesen Grund durch eben das zu erschüttern, was sie über ihm errichten"[12].

Wie schwer die Wirtschaftspädagogik sich tatsächlich tat mit ihrem wissenschaftstheoretischen Selbstverständnis und in Folge dessen mit ihrer wissen-
schafts- und disziplinsystematischen Einordnung u. a. in die Fakultätsstruktu-
ren der Universitäten, wird deutlich bei FRIEDRICH SCHLIEPER, der 1941 in
Köln das erste, auf Betreiben der Wirtschafts- und Sozialwissenschaftlichen
Fakultät eingerichtete Extraordinariat für Wirtschaftspädagogik übernahm,
das dann 1951 in ein ordentliches Ordinariat überführt wurde, als erster Lehrstuhl für Wirtschaftspädagogik an einer Universität[13], dem deswegen viel
Einfluss, Führungs- und Prägekraft für die Entwicklung des Faches im ganzen Land zukam, bis in die heutige Zeit.

Noch 1954 heißt es bei ihm: „Der Umstand, dass die Wirtschaftspädagogik in
Köln nicht als Teil der Pädagogik mit wirtschafts- und sozialwissenschaftlicher Blickrichtung, sondern als *eine Wirtschafts- und Sozialwissenschaft*
(mit) *erziehungswissenschaftlicher Schau* gesehen wird", ermöglicht, dass
die „Blickrichtung der Forschung … nicht primär auf irgend eine Schule,
sondern auf *das praktische wirtschaftliche Leben* (geht), auf die Schulen nur
insoweit, als es ihrer Bedeutung für das Wirtschafts- und Sozialleben des Volkes entspricht"[14]. In einem ebenfalls 1954 für die Kölner Studenten herausgegebenen Merkblatt formuliert er dann noch klarer „Die Lehre von der Wirt-
schaftserziehung (Wirtschaftspädagogik) ist eine wirtschaftswissenschaftli-
che Disziplin mit pädagogischer Blickrichtung"[15].

---

[11] Vgl. SCHANNEWITZKY 1991, vor allem S. 33 ff., S. 59 ff., S. 64 ff.
[12] RITZEL, ebenda, S. 18.
[13] SCHANNEWITZKY 1991, S 67 ff.
[14] SCHLIEPER 1954, S. 7 ff., hier S. 13.
[15] Zitiert bei: SCHANNEWITZKY 1991, S. 89.

In einem 1962 für das Handbuch der Betriebswirtschaft verfassten Stichwort hingegen, heißt es dann schon, dass „die Wirtschaftspädagogik einerseits als wirtschafts- und sozialwissenschaftliche Disziplin mit pädagogischer, andererseits als erziehungswissenschaftliche Disziplin mit wirtschafts- und sozialwissenschaftlicher Blickrichtung auszulegen" sei[16]; und wenn schließlich SCHLIEPERS Biograph in Würdigung seiner wissenschaftlichen Konzeption feststellt, dass dieser seit 1964 die „Wirtschaftspädagogik als besondere Erziehungswissenschaft" angesehen habe[17], dann zeigt das, wie schwierig die Problematik der richtigen wissenschaftstheoretischen und -systematischen Positionierung nicht zuletzt auch im Verlaufe der Entwicklung und den damit einhergehenden Veränderungen tatsächlich gewesen war. Vor dem Hintergrund der Bedeutung SCHLIEPERS für die Wirtschaftspädagogik als ein an der Universität betriebenes akademisches Fach und dessen Entwicklung bleibt verwundert anzumerken, dass dieser entweder im Laufe der wissenschaftstheoretischen Auseinandersetzung mit seinem Fach seine Meinung, wenn auch schwer erkennbar, tatsächlich geändert hat, oder aber – warum auch immer – sich mit dem Strom der Zeit jener mehrheitlichen Auffassung anpasste, die die Wirtschaftspädagogik längst als erziehungswissenschaftliche Teildisziplin etabliert sah, wie dies bei JÜRGEN ZABECK nachzuvollziehen ist[18].

ALFONS DÖRSCHEL schließlich, der mit der Veröffentlichung seiner „Einführung in die Wirtschaftspädagogik" im Jahre 1960 gewissermaßen die Konsolidierungsphase des Faches erfolgreich zu einem Abschluss führte[19], stellt fest: „Man kann die Wirtschaftspädagogik in der Gegenwart als Delegierte der Erziehungswissenschaft im Bereich der Wirtschafts- und Sozialwissenschaften auffassen, nachweislich selbst bei denen ihrer Vertreter, die sie offiziell als Wirtschafts- und Sozialwissenschaft deklarieren"[20]. Und selbst wenn – wie ZABECK formuliert – es „heute keinen ernsthaften Zweifel geben könne"[21] daran, dass die Wirtschaftspädagogik eine erziehungswissenschaftliche Teildisziplin sei, was vor dem Hintergrund Ritzelscher Argumentation keineswegs als ausgemacht gelten kann und auch durch immerwährende Beteuerung ihrer Vertreter keineswegs an Beweiskraft gewinnt, auch wenn man sich bis heute ganz gut als solche einrichten konnte, so bleibt das allemal ambivalente Verhältnis zwischen Wirtschaft und Pädagogik[22] und damit auch

---

[16] SCHLIEPER 1962, Sp. 6435 ff.
[17] Vgl. SCHANNEWITZKY 1991, S. 173 bzw. 126.
[18] Vgl. ZABECK 1992, vor allem S. 1 ff., speziell Fußn. 2.
[19] DÖRSCHEL 1975.
[20] DÖRSCHEL 1960, S. 80.
[21] ZABECK 1992, S. 1; vgl. aber auch zur heute allgemein herrschenden Auffassung: DFG 1990, S. 15 ff.
[22] Vgl. JONGEBLOED 1998, S. 9 ff.

zwischen allgemeiner und einer, noch dazu ökonomisch bestimmten, beruflichen Bildung allenthalben einflussreich virulent.

In Kiel z. B. ist der mit der Wirtschaftspädagogik im Allgemeinen verbundene Diplom-Handelslehrer-Studiengang zwar parallel zum Studiengang der Diplom-Kaufleute und dem der Diplom-Volkswirte in der Wirtschafts- und Sozialwissenschaftlichen Fakultät angesiedelt, der Lehrstuhl für Berufs- und Wirtschaftspädagogik gehört aber zur Philosophischen Fakultät[23], während die Didaktik der Wirtschaftswissenschaften der Erziehungswissenschaftlichen Fakultät zugeordnet ist, jedenfalls solange sie noch besteht. Und während die Wirtschafts- und Sozialwissenschaftliche Fakultät sich bislang stets geweigert hat[24], die Wirtschaftspädagogik wenigstens zu assoziieren[25], wird in den zuständigen Gremien der Philosophischen Fakultät die wirtschaftspädagogische Akzentuierung des Lehrstuhls nur eher am Rande wahrgenommen, zugunsten des Magisterstudiengangs Pädagogik und des Diplomstudiengangs Erziehungswissenschaft sowie diverser Lehramtsstudiengänge des allgemein bildenden Schulwesens etc.

Wirtschaft und Pädagogik, das scheint als Geschwisterpaar eben keine Aussicht auf Verträglichkeit zu bieten. Eher noch erweist sich die Parabel von Kain und Abel als relevantes Erklärungsmuster für das tatsächlich vorzufindende Verhältnis zwischen den beiden, oder sollte es gar das Bild von Moses und Aaron sein, im Widerstreit des gebotenen Guten mit dem Tanz um das selbst gemachte goldene Kalb? Die Schwierigkeit – und dies ist bis heute eigentlich so geblieben – besteht eben darin, dass die meisten Menschen, unabhängig von ihrem jeweiligen Bildungsgrad, auf den ersten und eben auch noch auf den zweiten Blick mit den Erfahrungsräumen „Wirtschaft" und „Pädagogik" dem Grunde nach eine gewisse Unvereinbarkeit, wenn nicht sogar einen Widerspruch verbinden und empfinden.

Widersprüche aber, deren logische Konfiguration sich auch im alltäglichen Leben für jedermann ganz leicht offenbart, auch wenn sie nicht immer explizit und intellektuell durchdrungen werden, drängen eben nicht in den reflexiv aufklärenden Diskurs, sondern in die zügige Auflösung. Und diese wird in

---

[23] Vgl. SCHOLZ 1997, S. 57 ff.

[24] Triftige Gründe für die Ablehnung der Wirtschaftspädagogik lassen sich jedenfalls nicht ausmachen und wurden bisher auch nicht gegeben, obwohl eigentlich alles dafür spricht, dass das Kernfach eines Studienganges auch in der Fakultät vertreten ist, in der er angesiedelt ist.

[25] Eine solche Assoziierung ist für viele andere so genannte Brückenfächer, z. B. die Soziologie, geradezu selbstverständlich, zumal sich auf diese Weise die vielen erkennbaren Probleme für das Studium der Diplom-Handelslehrer und Diplomkaufleute mit Wirtschaftspädagogik als Wahlfach aber auch das Promotionsstudium und -verfahren erleichtern ließen.

der tagtäglichen Lebensbewältigungspraxis und -routine, je nach Situation, mal so und mal so gehandhabt, pragmatisch eben, je nach Einfluss der einen oder anderen Seite auf die Persönlichkeitsbiographie des Betroffenen, je nach Not- oder Machtlage, je nach Bedeutung der Folgen, die so oder so zu gewärtigen sind, und nicht zuletzt je nach Lage der gerade gängigen allgemeinen Meinungsstruktur und ihrer so genannten Opinionleader.

In den Erkenntniszirkeln der jeweiligen Experten hingegen, über die Begriffe „Utilität" und „Humanität"[26] als prinzipieller Gegensatz auf den unversöhnlichen Punkt gebracht, entledigt man sich der Auseinandersetzung mit dem Widerspruch – in diesem Falle gleichwohl anthropologisch nicht zu hintergehen und deshalb lebensbestimmend – entweder dadurch, dass ein Aufeinandertreffen der den Widerspruch begründenden Positionen zu vermeiden ist und eben auch vermieden wird – Wirtschaft und Wirtschaftswissenschaften hie, Erziehung und Erziehungswissenschaften dort –, häufig genug unterstützt durch die Pflege gegenseitig am Paradigma des anderen herauszuarbeitender und vorzutragender Kritik – am besten jedoch, man redet eben gar nicht miteinander, allenfalls übereinander.

Oder aber man versucht, wenn sich eine Begegnung – aus welchen Gründen auch immer – nicht vermeiden lässt, den wahrgenommenen Widerspruch dadurch zu entschärfen, dass man ihn durch quasi funktionale Unterordnung des Einen unter das Andere aufzulösen vorgibt, und zwar durch Reduzierung des Interesses beider Seiten auf bloße, nicht weiter zu bewertende Inhaltlichkeit: also – pädagogisch betrachtet – auf die Didaktik des Faches und – ökonomisch betrachtet – auf das Fach der Didaktik, kurz auf Fachdidaktik eben[27]:

- „Wirtschaft" als abgrenzbares Teilgebiet der Kultur einer Gesellschaft wird – um mit SPRANGER zu sprechen[28] – als Fach in und mit seinen Bildungsgehalten in den Dienst der Humanität gestellt als expliziter Anspruch von Pädagogik; oder
- „Didaktik" als abgrenzbares Teilgebiet der Lerntheorien in der Erziehungswissenschaft wird – um mit ROTH zu sprechen[29] – als Technologie in und mit ihren Kompetenzen in den Dienst der Utilität gestellt als expliziter Anspruch von Ökonomie.

Eine wahrlich raffiniert anmutende Lösung; denn sie erlaubt beiden Seiten, in ihren jeweiligen Positionen zu verharren und doch gemeinsame Sache zu machen. Mehr noch, ohne darauf verzichten zu müssen, ihre nach wie vor vor-

---

[26] Vgl. SCHOLZ 1998.
[27] Vgl. dazu im Überblick TWARDY 1983.
[28] Vgl. die Literatur in Fußn. 9.
[29] ROTH 1964.

handenen, ja nunmehr fast noch stabiler auftretenden Gegensätze um so strategischer und kompromissloser gegeneinander zu führen, oder doch wenigstens führen zu können, entbietet sich zugleich Verantwortungsentlastung für das eigene Tun; denn wenn die Ergebnisse dieses eigenen Tuns für Individuum und Gesellschaft, vor allem aber die damit verbundenen Folgen, nicht so ausfallen, wie dies im Sinne der gerade einflussreichen Meinungsführer erwartet wird, und sich Kritik meldet, dann ist es immer der Andere, dem man die Verantwortung dafür zuschieben kann. Nur die Betroffenen selbst bleiben auf diese Weise mit ihren Widersprüchen allein und ohne zumindest ermöglichte Orientierung, so wie sie derart allzeit allein gelassen wurden.

Wo aber bleibt sie, „die Person", die in diesem eher der Kumpanei verdächtigen Ränkespiel des opportunistischen Interessenausgleichs zweier ansonsten unversöhnlich daherkommenden Weltsichten „allein … ,volles Menschentum' (realisiert), indem sie sich … in der wirtschaftlichen Entscheidung und Planung … selbst verwirklicht"[30]? Und was wird aus dem Entwurf des „vollen Menschentums" eines jeden Individuums, wenn das Unvermögen zum Diskurs zweier je für sich einflussreicher und doch so gegensätzlicher, gleichwohl aufeinander angewiesener Standpunkte allenfalls Ambivalenz und Ratlosigkeit zurücklässt, genau bei denen, für die man seinen eigenen Standpunkt so lauthals zur Orientierung immer und immer wieder beschwor, ja andiente, dennoch der Normativität des Faktischen ebenso offen preisgegeben wie den süßen Versprechungen der Verführer?

Was also ist zu halten von dem Vorschlage RITZELS, die Einheit der Pädagogik dadurch zu retten, ihrer Differenzierung in Sonderpädagogiken die Zerteilung in vielfältigst verschiedene Fachdidaktiken entgegenzustellen – also Fachdidaktiken als Lösung anzudienen, die ihre Abgrenzungskriterien mal in Situationen, mal in Teilgebieten, dann wieder in Zielgruppen oder Techniken, aber eben auch in Verwendungsweisen und Gebrauchswerten haben können? Und ist nicht doch auch zu fragen, ob die von ihm für denkbar gehaltene „prinzipiell unbegrenzte Vielfalt"[31] von Zerteilungsmöglichkeiten alle auch von gleicher Art in der Relation sind, notwendig verbunden mit der von ihm beschworenen Trias: „Grundlegung – Didaktik – Methodik", die letztlich jene von ihm so charakterisierte „eine einzige Pädagogik"[32] ausmacht? Schließlich wendet er sich in seinen Überlegungen – wenn auch listig als Beispiel verschleiert – nur gegen die Wirtschaftspädagogik, von der er zumindest implizit zu glauben scheint, dass sie in seinem Sinne gefährlicher sei als alle anderen möglichen Sonderpädagogiken sonst. Gegen sie vorzugehen, so ist

---

[30] RITZEL, a. a. O., S. 15.
[31] RITZEL, ebenda, S. 14.
[32] RITZEL, ebenda, S. 14.

anzunehmen, hält er deshalb für besonders geeignet, den Feldzug gegen die berufliche Bildung und also für die Einheit der Pädagogik einzuleiten, unbeschadet der Vermutung, auf diese Weise auch seinem ganz persönlichen Ärger Luft machen zu können, zukünftig selbst Wirtschaftspädagogik statt einer ordentlichen Allgemeinen Pädagogik lehren zu müssen[33].

Wie wichtig die Zunft der Wirtschaftspädagogen den Ritzelschen Angriff auf ihr Fach nahm – dies sei vorab noch berichtet –, ist an der weitgehenden Ignorierung seiner Überlegungen abzulesen[34]. Nur JÜRGEN ZABECK nimmt als Nachfolger Ritzels auf dem Lehrstuhl in Mannheim gezielt zu dessen Überlegungen Stellung. Unter Rückgriff auf die Semiotik[35] konstruiert ZABECK für die Wirtschaftspädagogik eine geradezu raffiniert angelegte, wenngleich doch recht schwierig nachzuvollziehende Gegenposition, die es notwendig macht, die Pädagogik in einer Metapädagogik anstelle der Allgemeinen Pädagogik und in objektsprachliche Pädagogiken anstelle der Besonderen Pädagogiken auf zwei Ebenen zu konzipieren, um so RITZEL auf eben dieser Metaebene zustimmen, ihm auf der Objektebene aber widersprechen zu können: „Unser Aufriss der semiotischen Struktur der Erziehungswissenschaft", so ZABECK, „bietet die Grundlage für einige grundsätzliche Bemerkungen zum Problem der Differenzierung. Schon jetzt können wir die Auffassung widerlegen, die Erziehungswissenschaft lasse eine Gliederung in Besondere Pädagogiken überhaupt nicht zu … . Denn: Wohl lässt sich der Begriff der Pädagogik nur in einer in sich einheitlichen Metapädagogik fassen, er wird jedoch nicht dadurch preisgegeben, dass man ihn in den Besonderen Pädagogiken in einer den jeweiligen konkreten Situationen angemessenen Weise praktiziert"[36].

„Eine Differenzierung der Erziehungswissenschaft in unselbständige Teildisziplinen ist (deshalb) nur auf der Stufe der objektsprachlichen Pädagogik möglich. Sie muss … von überschaubaren und anthropologisch bedeutsamen Wirklichkeitsbereichen ausgehen, damit eine fruchtbare Arbeitsteilung zustandekommt. Hier hat die Berufs- und Wirtschaftspädagogik als eine unselbständige erziehungswissenschaftliche Teildisziplin, die vornehmlich die Fragen der Berufsausbildung bearbeitet, ihren Standort. Sie hat keine eigene Methode, keine eigene Terminologie, keinen eigenen Theoriebegriff. Sie beteiligt sich jedoch an dem Bemühen, die methodologischen Probleme der

---

[33] Schon kurze Zeit später, 1963, wechselte RITZEL auf den Bonner Lehrstuhl für Philosophie und Pädagogik; vgl. PLEISS 1973, S. 292.
[34] Nur HERWIG BLANKERTZ (1961) und INGRID LISOP (1962) versuchten das Schweigen der Wirtschaftspädagogik zu brechen.
[35] Vgl. als Überblick SEIFFERT/RADNITZKY 1989, S 296 ff.
[36] Vgl. ZABECK, ebenda, S. 29 f.

Disziplin zu klären, und zwar dadurch, dass sie mit Vertretern der anderen Besonderen Pädagogiken und jenen der allgemeinen Wissenschaftstheorie in ein Gespräch eintritt, in dem auch auf die Forschungsergebnisse und die objektsprachlichen Reflexionen in allen Besonderen Pädagogiken Bezug genommen wird"[37].

Gleichwohl, so ZABECK weiter[38], kommt den „metapädagogischen Aussagen keine Allgemeingültigkeit zu, und zwar deshalb nicht, weil zwischen objektsprachlicher und metasprachlicher Pädagogik ein Rückkopplungsverhältnis besteht", welches die einmal gefundene Verhältnisstruktur beider zueinander stets verändert und immer wieder fraglich werden lässt. Es dürfte deshalb „ohne weiteres einleuchtend sein, dass wir jenen entschieden widersprechen, die die Metapädagogik als den eigentlichen Kern der Erziehungswissenschaft ansehen. Das Sinnzentrum der Erziehungswissenschaft liegt vielmehr in den Besonderen Pädagogiken. In ihnen findet jenes Philosophieren in praktischen Situationen statt, das von allen, die sich als Erziehungswissenschaftler ausgeben, wirklich ernst genommen werden muss"[39].

So raffiniert und anspruchsvoll ZABECKS Verteidigung auch gediehen war, so wurde sie zwar mehr oder weniger bewundernd zur Kenntnis genommen, um dennoch schließlich nicht mehr Beachtung zu finden als die Position, gegen die sie angetreten war. Letztendlich schien die auf der Grundlage einer ohnehin unter den betroffenen Experten nicht sehr bekannten Semiotik, und somit also auf fremdem wissenschaftstheoretischen Terrain geführte Auseinandersetzung zu nicht viel mehr beizutragen, als zu einer gewissen terminologischen Verschiebung der Begriffe, mit der nun das alte Verhältnis von „Pädagogik zu Didaktik" durch ein neues der „Metapädagogik zu Besonderer Pädagogik" ersetzt worden war. Und das um den Preis des Verzichts auf eine eigene Methode, eine eigene Terminologie, ja eines eigenen Theoriebegriffs, unter gleichzeitiger Aufgabe der eigenen Selbstständigkeit, die insbesondere die berufliche Bildung nunmehr strikt zurückwarf auf den stetig zu führenden Diskurs mit der allgemeinen Bildung, nur um Bestehen zu garantieren.

Nein, aus Sicht der beruflichen Bildung waren die Erfahrungen mit der alten Terminologie durchaus gut, während diejenigen mit der allgemeinen Bildung zumindest ambivalent einzuschätzen blieben. Und hatten nicht die mit aller methodologischen Finesse geführte Auseinandersetzung mit dem „Berufsbegriff", sowie die gleichermaßen systemtheoretische, didaktische und organisationswissenschaftliche Problematik der „dualen Struktur des beruflichen

---

[37] Vgl. ZABECK, ebenda, S. 86 f.
[38] Ebenda.
[39] Vgl. ZABECK, ebenda, S. 29 f.

Bildungssystems"[40] – von den Ausnahmen ganz zu schweigen – zu einem ganz eigenen und eben durchaus stringenten Theoriegebäude geführt, das für außenstehende Betrachter, zumeist aber auch für die Vertreter der allgemeinen Bildung, in seinem Verständnis weitgehend verschlossen blieb? Nein, die Frage nach dem Selbstverständnis der Wirtschaftspädagogik als wirtschafts- und sozialwissenschaftliche oder aber erziehungswissenschaftliche Teildisziplin brannte angesichts des Erreichten nicht auf den Nägeln, und die an den einzelnen Standorten häufig ganz unterschiedlichen Zuordnungen der Wirtschaftspädagogik zu Fakultäten taten dem Beziehungsgeflecht, das sich für die Erledigung des Tagesgeschäftes allenthalben als notwendig erwies, eher gut.

Heute nun sehen wir, dass die Berufs- und Wirtschaftspädagogik selbst sich auch immer weiter in Teildisziplinen zergliedert – beispielsweise in eine Arbeits-, Betriebs-, Industrie- und Handwerkspädagogik –, und die von RITZEL ohne Zweifel weit vorausschauend schon 1961 als gefährdet inaugurierte Einheit der Pädagogik scheint heute mehr denn je verloren zu gehen. Die Frage nach der Notwendigkeit von immer weiter sich zergliedernden differentiellen Pädagogiken, die Frage gar nach der damit verbundenen Gefahr oder Chance, ist also wahrlich modern geblieben und stellt sich gegenwärtig um so dringlicher.

Wie aber sieht es nun aus mit dem Lösungsvorschlag RITZELS, dem Zerfall der Pädagogik durch Zerteilung in Sonderpädagogiken die Differenzierung in vielfältigst verschiedene Fachdidaktiken entgegenzustellen? Und gilt diese Lösung unter dem Anspruch seines Konzeptes auch für alle aus der von ihm so bestimmten „prinzipiell unbegrenzte(n) Vielfalt von ‚Pädagogiken‘"[41]? Oder ist nicht doch nur die Wirtschaftspädagogik gemeint, der die Eignung, eine Pädagogik zu sein, beispielhaft zu widerlegen sei, um so das trojanische Pferd der Bildung, die eben auch an Nutzen und Nützlichkeit orientierte Beruflichkeit, endgültig aus den heiligen Hallen „bloßer Humanität" zu vertreiben?

Zentraler Ansatzpunkt, RITZELS Lösung auf ihre Tragfähigkeit hin zu untersuchen, ist jene Trias von „Grundlegung", „Didaktik" und „Methodik", durch die eben diese „eine einzige Pädagogik" konstituiert ist. Um diese aber vor ihrer Zergliederung in Teilpädagogiken zu schützen, käme es darauf an, dass man dem häufig genug durch empirische Sachverhalte oder aber analytische Vernunft gut begründeten oder begründbaren Begehren auf Ausschnittbildung – und sei es auch nur aus Gründen, die ansonsten überbordende Problemmenge arbeitsteilig zu bewältigen – nicht auf der, den eigentlichen pä-

---

[40] Vgl. GREINERT 1995.
[41] RITZEL, ebenda, S. 14.

dagogischen Anspruch bestimmenden „Ebene der Grundlegung" nachzu-
kommen bereit ist, sondern eben nur auf der dienstbar nachgelagerten „Ebene der Didaktik", unter Wahrung der Intentionen auf der „Ebene der Methodik"[42].

Alles kommt nun auf die zwischen „Grundlegung" und „Didaktik" herrschende Relationalität an, wobei an dieser Stelle unhinterfragt festgestellt wird,
dass in der Grundlegung einer Pädagogik die für sie geltenden normativen
Entscheidungen u. a. beispielsweise als Ziele getroffen werden, ohne auch
dies hier als solches weiter zu problematisieren. Dabei kommt es zunächst
nicht darauf an, um welche normativen Positionen es sich handelt, sondern
nur darauf, dass es normative Positionen sind. Für welches Wertegefüge z. B.
RITZEL steht, ist aus dem bisher Gesagten hinreichend deutlich geworden.
Aber auch die Festlegung, sich jeden Inhalt so aneignen zu wollen oder zu
sollen, wie er daherkommt und wahrgenommen wird, würde als Bestimmung
für die „Grundlegung einer Pädagogik" als Normbasis ausreichen, unbeschadet dessen, ob man sich mit einer solchen Richtung weitgehender Richtungs-
losigkeit einverstanden erklären könnte oder nicht[43].

Die Didaktik hat nun Inhalte zu liefern, wobei die Frage, wie dies dem Grunde nach überhaupt möglich sein kann, hier aus guten Gründen auch nicht weiter problematisiert wird. Die Erfahrung, dass solche Inhalte immer schon irgendwie dagewesen sind, hat gleichwohl schon jeder gemacht. Eines ist aber
auf jeden Fall sicher, derartige Inhalte sind immer, um überhaupt als solche
bestimmt zu sein, von anderen Inhalten abgegrenzt, bilden also einen Ausschnitt, dessen Umfang darüber hinaus eben auch davon abhängt, welche In-
formationsaufnahme- und -verarbeitungskapazität überhaupt zur Verfügung
steht. Jede Pädagogik also, ob sie nun als „spezielle" oder aber die „eine einzige" daherkommt, ist angewiesen darauf, sich auf abgegrenzte, mehr oder
weniger umfangreiche Teilgebiete einzulassen, um überhaupt pädagogisch
sein zu können; und dies wird nicht anders, wenn sie darauf verzichtet, dieses Teilgebiet als Bestimmungsgröße zu benennen oder nicht. Die diesbezügliche Kritik RITZELS bleibt hier also unter systematischem Anspruch eher
stumpf und wohl von Opportunitätsüberlegungen akzentuiert, das Feld der
Allgemeinen Pädagogik nicht über Gebühr durch Ausgrenzung kleiner werden zu lassen. Andererseits besteht unter systematischem Anspruch ebenso
wenig die Notwendigkeit, jedes abgrenzbare Teilgebiet auch durch einen eigenen Prädikator von Pädagogik extra zu bezeichnen.

---

[42] Diese ihrerseits ist für die hier in Rede stehende Problematik von nur nachrangiger
Relevanz und deshalb in der weiteren Argumentation unbeachtlich, es sei denn, sie
wird selbst zur Basis der Abgrenzung einer Sonderpädagogik
[43] Stichwort „Schulen ans Netz".

Von pädagogisch entscheidender Bedeutung hingegen ist die Frage, welche aus der schier unübersehbar großen Menge möglicher Inhalte ausgewählt werden sollen, wobei hier die schon aus lerntheoretischen und lernpsychologischen Gründen prinzipiell notwendige Reduktion, zumal unter einer gleichermaßen prinzipiell begrenzten Zeit, als Argumentationselemente außer Acht bleiben. Vielmehr geht es nun darum, „Grundlegung der Pädagogik" und „Didaktik" aufeinander zu beziehen. Das heißt, es können nur diejenigen Inhalte dem Grunde nach in den Dienst der Pädagogik gestellt werden, die die Umsetzung der normativen Entscheidungen bewirken helfen und befördern, schlechtestenfalls diesen gegenüber Neutralität anzeigen, während alle anderen Inhalte nun nicht nur einfach zu vermeiden sind, sondern im Grunde gar in ihrer Existenz zu bekämpfen.

Dies hört sich verfahrensmäßig einfach an und erscheint schlüssig, wäre da nicht die prinzipielle Schwierigkeit, dass Inhalte als strukturell gleich erscheinende empirische Sachverhalte in Gestalt z. B. von Gegenständen, Themen, Einstellungen, Bewegungen, Formen oder Prozessen, Theorien, Technologien, Institutionen oder Systemen gleichwohl sehr verschieden sein können in ihrer Eigenschaft, neutral zu sein gegenüber normativen Positionen, oder aber selbst in gewissem Rahmen normative Kraft zu entfalten, oder aber eine solche gar nicht entwickeln zu können[44].

Weit wichtiger jedoch erweisen sich die verschiedenen Relationsstrukturen mit ihren sehr vielfältigen Wechselwirkungen, derer man sich gewärtigen muss, um ihrer möglichen Wirkung auf die Spur zu kommen: So gibt es eben eine Menge von Inhalten, die sich mit ihrer normativen Eigenheit problemlos in die normative Struktur der Grundlegung einer Pädagogik einordnen und verbinden lassen. Demgegenüber steht genau jene Menge von Inhalten, die sich der Einordnung in die Grundlegung einer Pädagogik aufgrund ihrer normativen Eigenheit genau widersetzt. Davon abzugrenzen ist die Menge jener Inhalte, die der gegebenen Grundlegung gegenüber neutral sind, sich dieser aber nicht verweigern, jedoch auch auf Distanz bleiben können. Es gibt Inhalte, die sich ihrer ursprünglichen Normativität entledigen, um in der Gegenposition eingeordnet werden zu können, ebenso wie solche, die sich neutral geben, um die eigentliche Normativität zu verschleiern. Es gibt Spione und Saboteure unter ihnen, aber auch solche, die gar nicht wissen, ob sie über normative Kraft verfügen oder nicht; und für alle Varianten gelten noch Tradition und Historizität als einflussreich, sowie die stetige Abhängigkeit von

---

[44] Wie dies sein kann und warum das so ist, kann an dieser Stelle ebenfalls nicht weiter verfolgt werden, weil das einerseits in jeder Hinsicht den zur Verfügung stehenden Rahmen sprengen würde und andererseits für die hier zu verfolgende Argumentation auch nicht von vorderster Relevanz ist.

der gerade vonstatten gehenden Entwicklung in der Zeit, von der gerade noch, jetzt noch nicht, oder nicht mehr möglichen Verwertungskraft sowie von den Vernetzungsstrukturen, in die sie ansonsten noch eingebunden sind usw. usf.

Verwirrende Vielfalt und kein Ende; denn mit zunehmender Strenge des analytischen Blicks scheint die Aussicht auf Erkenntnis und darauf, die gestellte Frage auch beantworten zu können, rasant zu zerfallen – eine Parallele vielleicht zur Phalanx differentieller Pädagogiken? Und doch eröffnet sie eine Chance, mit RITZEL nun doch noch zurande zu kommen, wenn auch mit etwas gröberem Keil.

Teilt man mit ihm das Fundament normativer Entscheidungen als „Grundlegung *der* Pädagogik": „volles Menschentum", „Personorientierung", „Selbstverwirklichung", „sittliche Persönlichkeit", vor allem aber „Humanität", hier nun pars pro toto zum erkenntnisleitenden Kriterium für Pädagogik erhoben, dann sind all diejenigen Inhalte, die sich mit ihrer normativen Eigenheit problemlos in die normative Struktur dieser „Grundlegung einer Pädagogik der Humanität" einordnen und verbinden lassen, prinzipielle Kandidaten auf der „Ebene der Didaktik", erweitert um alle diejenigen Inhalte, die sich der gegebenen Grundlegung gegenüber als neutral erweisen, sich dieser aber nicht verweigern und eventuell auch auf Distanz bleiben können, ergänzt jedoch auch noch um all jene Kandidaten, die sich in ihrer affirmativen Struktur nur schwer der so gegebenen Grundlegung entdecken. Der Rest hätte außen vor zu bleiben.

All diese Inhalte fallen – um noch einmal in RITZELS Worten zu sprechen – für Maßnahmen von „*pädagogische(m)* Charakter und Wert ... didaktisch ins Gewicht ...", woran die Methodik sich orientiert"[45], u. a. z. B. durch entwicklungs- und lernpsychologisch gelenkte Ausschnittbildung nach „unterschiedliche(n) Altersklassen" oder aber durch Abgrenzung von „Teilgebieten"[46], die sich den sachlogischen Erwägungen der Lösung eines größeren Problemzusammenhanges oder eines Projektes unterwerfen. Die sich so letztlich in jedem einzelnen Inhalt repräsentierende „Trias Grundlegung – Didaktik – Methodik"[47] als Garant „des erzieherischen und Bildungswertes"[48] bietet also Gewähr dafür, dass sich jene, von RITZEL so engagiert beschworene „eine einzige Pädagogik", für die diese Trias ja konstitutiv ist, in jeder irgendwie didaktisch bestimmten Teilmenge von zugelassenen Inhalten vollzieht, wobei Abgrenzung an sich – wie weiter oben schon belegt werden konnte – notwen-

---

[45] RITZEL, a. a. O., S. 16.
[46] Ebenda, S. 17.
[47] Ebenda, S. 14.
[48] Ebenda, S. 17.

dige Bedingung der Möglichkeit bleibt, Pädagogik überhaupt vollziehen zu können.

Daraus lässt sich nun ableiten, dass RITZELS Vorschlag, die Einheit der Pädagogik dadurch zu erhalten, dass sie je nach unterschiedlichen Kriterien in vielfältigste Einzeldidaktiken gegliedert wird, genau dann strukturell möglich und systematisch schlüssig ist, wenn die davon betroffenen Inhalte je für sich den Sicherungsbedingungen jener Trias entsprechen. Und in der Tat zeigt ein Blick zum klassischen Fächerkanon der Allgemeinen Bildung, dass dort auch so verfahren wird; denn, wohl gibt es eine Didaktik des Lateinunterrichts oder eine Fachdidaktik für Mathematik, nicht aber eine Latein- oder Mathematikpädagogik, noch eine Pädagogik für irgendein anderes Fach klassischer, allgemeiner, gymnasialer Bildung. Aber selbst wenn sich – was nicht zu erwarten ist – ein derartiger Sprachgebrauch durchsetzen würde, dürfte das die Sorge RITZELS um den Zerfall der Pädagogik im Grunde nicht betreffen; denn der Vollzug jener „einen einzigen Pädagogik" wäre dadurch keinesfalls gefährdet.

Aus diesem Grunde ist auch nur wenig gegen die Tendenz einzuwenden, das erst im Laufe der Zeit sich entdeckende große pädagogische Potenzial eines Faches nunmehr als abgegrenzte, spezielle Pädagogik zu bezeichnen: z. B. Kunstpädagogik, Musikpädagogik oder Sportpädagogik, eventuell gar Museumspädagogik. Auch hier gilt, dass die mit solchen inhaltlichen Teilgebieten verbundene „Pädagogik der Humanität" die sie konstituierende Trias nicht verletzt, ja, befördert. Sonderpädagogiken dieser Art also stellen im Hinblick auf die Möglichkeit, der Einheit der Pädagogik entgegenzustehen, keine Gefahr dar und wären von RITZEL wohl auch nicht angegriffen worden. Gleichwohl ließen sie sich ohne Verlust als Fachdidaktiken organisieren.

Dennoch sei an dieser Stelle – und insoweit deutlich über RITZEL hinausgehend – anzumerken, dass eine allzu weitgehende Differenzierung in Teilpädagogiken durchaus zur Gefahr für die Einheit werden kann. Doch diese Gefahr lauert nicht auf der Seite des Pädagogischen, sondern auf der Seite des Inhaltlichen. Genau in dem Maße nämlich, wie die Zerteilung von Fachgebieten an sich zum Verlust der Zusammenhänge führt, unterliegen auch alle differentiellen Pädagogiken, die dieser fachlichen Zerteilung folgen, der gleichen Gefahr, möglicherweise sogar in noch schärferem Maße, weil der Verlust von Zusammenhängen immer auch den Verlust des Verstehens in sich birgt. Dies würde jedoch für eine Zerteilung nach Maßgabe von Fachdidaktiken in gleichem Maße gelten.

Was aber ist nun mit all jenen Inhalten, deren normative Eigenheit sich einer „Pädagogik der Humanität" ausdrücklich widersetzen, entweder, weil sie diese gezielt bekämpfen – kontradiktorische Position – oder aber, weil sie diese nicht ausdrücklich verfolgen – konträre Position – oder aber, weil sie einem ganz anderen Prinzip folgen – kontingente Position? All diese Inhalte sind, obwohl sie nicht mit einer „Pädagogik der Humanität" übereinstimmen, gleichwohl didaktikfähig, lassen sich also lernen und lehren, so wie sie daherkommen und wahrgenommen werden.

- Sofern sie dem Anspruch der Kontradiktorik folgen, erweisen sie sich geradezu als Antipädagogik, lassen also die Möglichkeit, sie unter dem Begriff der Pädagogik überhaupt zu diskutieren, im Grunde nicht zu, was auch jede Möglichkeit, sie unter didaktischen Gesichtspunkten noch fruchtbar machen zu können, ausschließt, es sei denn, sie tarnen sich wie Spione und Saboteure, um die Arbeit des Maulwurfs zu verrichten.
- Sofern sie sich als konträr entdecken lassen, besteht die Möglichkeit, sie aus der Normativität der Ablehnung zu lösen, mit dem Versuch, die so weitgehend neutral sich zeigenden Inhalte fachdidaktisch aufzubereiten und auf den vielfach anderweitig vernetzten Einfluss der Humanität zu hoffen.

Doch schon bei diesen Inhalten birgt der RITZELsche Vorschlag, sie gerade durch Reduzierung auf eine Fachdidaktik der Pädagogik dienstbar zu machen, große Gefahren; denn der ausdrückliche Verzicht darauf, sie auf der Ebene der Grundlegung einer Pädagogik in den normativen Diskurs zu zwingen und nur nach gelungener Überzeugung zum Bestandteil pädagogischen Geschehens zu machen, schließt die Möglichkeit nie aus, dass die ursprüngliche normative Position doch einflussreich geblieben ist und genau dann wieder, wenn nicht gerade dann, zum Tragen kommt, wenn über die inhaltliche Struktur mit höchster Kompetenz verfügt wird. Exakt in diesem Falle wäre zu überlegen, sie genau dadurch streng in die Kontrolle zu nehmen, dass man sie nicht als Fachdidaktik entwirft und an der langen Leine gewähren lässt, sondern in einer speziellen Pädagogik genau auf jene Humanität verpflichtet, die RITZEL durch die Bildung einer Sonderpädagogik gefährdet sieht. Als Beispiele für eine derartige Struktur bieten sich z. B. die Berufspädagogik an, einschließlich ihrer vielfältigen Varianten, oder auch die Medienpädagogik, sofern diese sich nicht als reine Instrumentenkunde und Methodenlehre versteht.

Im Gegensatz zur Argumentationsstruktur RITZELS wird nun bereits in Konturen sichtbar, dass die Möglichkeit, ja Notwendigkeit, abgrenzbare Inhaltsgebiete als differentielle Pädagogiken zu kennzeichnen, genau dann gegeben ist, wenn die ursprüngliche „Pädagogik der Humanität" genau in ihrer „Grundlegung" betroffen ist und deshalb die Kontrolle zu verlieren droht. RITZELS Vorschlag, sie gerade zum Schutz dieser „Grundlegung" und von dieser nachgerade unabhängig nur auf der „Ebene der Didaktik" eben als bloße Fachdidaktiken zu konzipieren, schafft doch gerade die Voraussetzungen zum Verlust des ursprünglichen pädagogischen Anspruchs, was er eigentlich zu verhindern vorgibt.

- Die Wirtschaftspädagogik bezieht sich nun auf jenes Inhaltsgebiet, das in seiner wissenschaftlichen wie pragmatischen Struktur einem eigenen, deutlich ausgewiesenen, anderen normativen System folgt, nämlich dem der „Utilität", im so genannten „konomischen Prinzip" zweck-mittel-rational geschulter Denkweise auf den Handlungs- *und* den Erkenntnispunkt gebracht.

Damit aber ergibt sich die Situation, dass sich die Grundlegung einer auf dieses Inhaltsfeld gebrachten Pädagogik der Schwierigkeit gegenübersieht, zwei voneinander verschiedene normative Prinzipien zugleich verfolgen zu müssen. Und das betrifft unweigerlich die „Grundlegung der Pädagogik". Die Problematik besteht nun darin, die Art von Verschiedenheit der beiden normativen Prinzipien, also ihre Relationalität zueinander, zu analysieren, und zwar mit Wirkung für die Grundlegung der Pädagogik. Auch wenn, wie weiter oben schon ausgeführt wurde, das Verhältnis dieser beiden Prinzipien zueinander sogleich als widersprüchlich, ja, kontradiktorisch, zumindest aber als konträr wahrgenommen wird, so kann bei genauerem Hinsehen doch zunächst nur ihre Kontingenz schlüssig festgestellt werden. Beide Prinzipien spielen für die anthropologische Existenz des Menschen je für sich eine unhintergehbare Rolle, ohne direkt und nahtlos miteinander vereinbar zu sein.

Die Tatsache, dass sie jeweils zueinander als konträr auftreten können, begünstigt die Möglichkeit, sich gegenseitig einander untertan zu machen, ohne je, entsprechend ihrer Kontingenz, ineinander überführt werden zu können. Das bedeutet: Setzt sich die Utilität durch, so geht jeder Anspruch von Pädagogik verloren, setzt sich die Humanität durch, so verliert sich die Utilität, ganz unabhängig davon, wie gelungen die jeweilige didaktische Aufbereitung für die eine oder andere Seite ausgefallen ist. Beide Extremfälle sind existenzbedrohend, richten also das Ganze stets zugrunde.

Eine solche Problematik nur über die Konzeption einer Fachdidaktik auflösen zu wollen, ohne den normativen Diskurs auf der Ebene der Grundlegung ernsthaft und kontrovers zu führen, gibt deshalb den normativen Anspruch der einen oder der anderen Seite frei, zu Lasten derer, die davon betroffen sind und die nunmehr, nur auf sich zurückgeworfen, mal situativ, mal nach Lage der Meinungsführer, mal danach entscheiden, welche der beiden Prinzipien sich den höchsten Vernetzungsgrad mit anderen Inhalten schaffen konnte.

Eines ist jedenfalls sicher: Versucht man die ökonomischen Inhalte von ihrem normativen Prinzip abzulösen, um sie für eine Fachdidaktik zu neutralisieren, die sich dem selbst nicht veränderten pädagogischen Anspruch nicht explizit entgegenstellt, dann besorgt man gleichwohl mit hoher Wahrscheinlichkeit das Geschäft des jeweils anderen, und das noch effektiv und effizient. Der Vorschlag RITZELS, vor allem wirtschaftliche Inhalte nur als eine neutrale Fachdidaktik aufzubereiten, um so den normativen Anspruch einer „Pädagogik der Humanität" zu retten, erweist sich also gerade als sein Gegenteil.

Will man wirtschaftliche Inhalte überhaupt einem didaktischen Anspruch unterwerfen, dann geht das nur unter dem Anspruch einer besonderen Pädagogik, die nunmehr in ihrer Grundlegung das „Prinzip der Humanität" mit dem „Prinzip der Utilität" zusammendenken muss, ohne sie zu einem einzigen Prinzip verbinden zu können. Diese Aufgabe jedoch kann nur von einer eigenen Pädagogik geleistet werden, die sich in ihrer differentia specifica von der „einen einzigen Pädagogik" RITZELscher Prägung genau unterscheidet: Wirtschaftspädagogik eben!

Die Struktur des Verhältnisses, das zwei so verschiedene, ja, gegenseitig unverträgliche, jedoch gleichermaßen bedeutsame Prinzipien aufeinander zu beziehen vermag, folgt dem „Prinzip der Komplementarität", mit dessen Hilfe die moderne Physik das allenthalben von den Menschen geschätzte Wunder „Licht" zu erklären vermochte[49]. Auch Licht ist das Ergebnis aus zwei voneinander völlig verschiedenen, gegenseitig unverträglichen und nicht ineinander überführbaren Phänomenen: Materie und Welle. Auch für die Physik wurde es dabei notwendig, ihre bis dahin gültige eine einzige Theoriestruktur aufzugeben, um diesem Phänomen „Licht" auf die Spur zu kommen[50].

Die Tatsache also, dass eine bildende Auseinandersetzung mit dem abgegrenzten Inhaltsfeld „Wirtschaft" nur dann aus der Sicht einer „Pädagogik der Humanität" überhaupt vertreten werden kann, wenn sie sich nach Maßgabe des Komplementaritätsprinzips in ihrer „Grundlegung" auf die Aufnahme und Einflussmöglichkeit des Prinzips „Utilität" einzulassen bereit ist, begründet nun schlüssig die Notwendigkeit einer eigenständigen Wirtschaftspädagogik, die im ausdrücklichen Bekenntnis zu einer komplementär fruchtbar gemachten Utilität, insoweit von einer Pädagogik bloßer Humanität verschieden ist. Diese – wie RITZEL es vorgeschlagen hat – genau dadurch zu retten, das Inhaltsfeld „Wirtschaft" als bloße Fachdidaktik zu konzipieren, führt genau zum Gegenteil dessen, was RITZEL erreichen zu wollen vorgibt.

---

[49] Wie dieses Prinzip der Komplementarität in wirtschaftspädagogischer Sicht zu verstehen ist, findet sich bei JONGEBLOED 1998, S. 259 ff., vor allem jedoch S. 275 ff., speziell S. 279, sowie bei JONGEBLOED 1997, S. 6 ff., bes. S. 12 ff. Vgl. ferner STOLZENBERG 1976.

[50] Vgl. JONGEBLOED 1998, S. 273 ff., speziell die Fußn. 25–34.

Betrachtet man nun die bis hierhin gelangte Argumentation in einer Zusammenschau, dann zeigt sich, dass der Anspruch, die Einheit der Pädagogik dadurch zu retten, dass der Zerteilung in differentielle Pädagogiken mit der Konzeption gegliederter Fachdidaktiken zu begegnen sei, für jene Pädagogiken, die sich der Argumentationsführer beispielhaft vornahm: die „Berufs- und Wirtschaftspädagogik", nicht zeigen lässt, wohl aber für all jene Inhaltsfelder, die gemeinhin mit dem Stichwort „Allgemeinbildung" umschrieben werden – eine ganz neue Variante ihres altbekannten Gegeneinander. Dennoch ist vor einer allzu differenzierten Zerteilung dieses großen Feldes der Pädagogik insgesamt mit RITZEL zu warnen.

Doch während die Begründung für die Berechtigung und Notwendigkeit von Berufs- und Wirtschaftspädagogik nach Maßgabe der von RITZEL beschworenen Trias „Grundlegung", „Didaktik", „Methodik" genau auf dem Felde der Grundlegung, also um den Begriff der Pädagogik geführt werden müsste, ereignet sich die Gefahr der Zergliederung im Bereich der Allgemeinen Pädagogik genau auf dem Felde von Inhaltlichkeit und Didaktik. Die Zerschlagung des Ganzen zur Unterwerfung der Teile – heute schon über den Begriff der „Modularisierung" auf den Tiefpunkt des entropischen Gleichgewichts vorausgedacht – folgt jedoch selbst schon insgeheim dem ungebremsten Effizienzdiktat der Utilität, dessen Humanitätskomplement sich allzu lange im stillen Garten seiner pädagogischen Provinz den stürmischen Winden des täglichen Lebens zu entziehen versuchte.

Die Preise sind den Werten davongeeilt, und den Werten fehlen die Preise; es wird Zeit, dass Pädagogik sich besinnt!

Literatur

Abraham, K.: Wirtschaftspädagogik, 2. Aufl., Heidelberg 1966

Blankertz, H.: Ist Wirtschaftspädagogik als Pädagogik möglich?, in: Die Deutsche Berufs- und Fachschule, 57. Jg., 1961, S. 819–822

DFG, Senatskommission für Berufsbildungsforschung (Hg.): Berufsbildungsforschung an den Hochschulen der Bundesrepublik Deutschland (Denkschrift), Weinheim 1990

Dörschel, A.: Arbeit und Beruf in wirtschaftspädagogischer Betrachtung, Freiburg i. Br. 1960

Dörschel, A.: Einführung in die Wirtschaftspädagogik, 4. Aufl., München 1975 (1. Aufl. 1960)

Greinert, W.-D. : Das „deutsche System" der Berufsausbildung. Geschichte, Organisation, Perspektiven, 2. Aufl., Baden-Baden 1995

Jongebloed, H.-C.: Wirtschaftspädagogik: Gedanken zu einem Verhältnis, in: Jongebloed, H.-C. (Hg.): Wirtschaftspädagogik als Wissenschaft und Praxis – oder: Auf dem Wege zur Komplementarität als Prinzip, Kiel 1998, S. 9–55

Jongebloed, H.-C.: Wirtschaftspädagogik: Komplementarität als Verhältnis: Lernen in dualer Struktur. Gedanken zu einem Verhältnis, in: Jongebloed, H.-C. (Hg.): Wirtschaftspädagogik als Wissenschaft und Praxis – oder: Auf dem Wege zur Komplementarität als Prinzip, Kiel 1998, S. 259–286

Jongebloed, H.-C.: Duales System im Diskurs, in: Akzente, Berufsbildung in Schleswig-Holstein, hg. vom vLw, LV S-H, Heft 2, 1997, S. 6–16

Jongebloed, H.-C./Scholz, G.: Akademische Handelslehrerausbildung: Von ihren Anfängen zur Einrichtung des Studienganges in Kiel, in: Nietschke, W. (Hg.): Festschrift zum 50jährigen Bestehen des vLw Schleswig-Holstein, o.O., 1997, S. 76–92

Lisop, I.: Zur Frage, ob Wirtschaftspädagogik als Pädagogik möglich ist, in: Die Deutsche Berufs- und Fachschule, 58. Jg., 1962, S. 164–172

Pleiß, U.: Wirtschaftslehrerbildung und Wirtschaftspädagogik, Göttingen 1973

Ritzel, W.: Die Pädagogik und ihre Disziplinen, Veröffentlichungen der Wirtschaftshochschule Mannheim, Reihe 2, Reden, Heft 6, Stuttgart 1961

Röhrs, H. (Hg.): Die Wirtschaftspädagogik – eine erziehungswissenschaftliche Disziplin?, Frankfurt a. M. 1967

Roth, H.: Die realistische Wende in der pädagogischen Forschung, in: Röhrs, H. (Hg.): Erziehungswissenschaft und Erziehungswirklichkeit, Frankfurt a.M. 1964, S. 179–191

Schannewitzky, G.: Werden und Wachsen einer Wissenschaft: Der Kölner Beitrag zur Entwicklung der Wirtschafts-, Sozial- und Berufspädagogik, Frankfurt a.M., Bern, New York, Paris 1991

Schlieper, F.: Die Aufgaben des Instituts für Berufserziehung im Handwerk, in: Berufserziehung im Handwerk, 1. Folge, Coesfeld 1954, S. 7–16

Schlieper, F.: „Wirtschaftspädagogik", in: Seischab, H./Schwantag, K. (Hg.): Handwörterbuch der Betriebswirtschaft, Band IV, 3. Aufl., Stuttgart 1962, Sp. 6435 ff.

Scholz, G.: Die Ausbildung von Diplomhandelslehrern an der CAU Kiel, in: Nietschke, W. (Hrsg.): Festschrift zum 50jährigen Bestehen des vLw Schleswig-Holstein, o. O., 1997, S. 57–66

Scholz, G.: Bildung zwischen Utilität und Humanität, in: Jongebloed, H.-C. (Hrsg.): Wirtschaftspädagogik als Wissenschaft und Praxis – oder: Auf dem Wege zur Komplementarität als Prinzip, Kiel 1998, S. 57–141

Seiffert, H./Radnitzky, G. (Hg.): Handlexikon zur Wissenschaftstheorie, München 1989, S. 296 ff.

Spranger, E.: Lebensformen. Geisteswissenschaftliche Psychologie und Ethik der Persönlichkeit, 2. Aufl., Halle (Saale) 1921

Spranger, E.: „Das Leben bildet" Eine geistesphilosophische Analyse, in: Gesammelte Schriften II, Philosophische Pädagogik, Heidelberg 1973, S. 141–189

Spranger, E.: Umrisse der philosophischen Pädagogik, in: Gesammelte Schriften II, Philosophische Pädagogik, Heidelberg 1973, S. 7–61

Stolzenberg, K.: Die Entwicklung des Bohrschen Komplementaritätsgedankens in den Jahren 1924 bis 1929, Dissertation, Stuttgart 1976

Twardy, M. (Hg.): Kompendium Fachdidaktik Wirtschaftswissenschaften, Düsseldorf 1983

Zabeck, J.: Die Berufs- und Wirtschaftspädagogik als erziehungswissenschaftliche Teildisziplin, Baltmannsweiler 1992

Pädagogische Modelle und Realitäten mit der Reihe Bildung und Erziehung!

Wilhelm Brinkmann/
Jörg Petersen (Hrsg.)

Theorien und Modelle der Allgemeinen Pädagogik

Eine Orientierungshilfe für
Studierende der Pädagogik und in der
pädagogischen Praxis Tätige

384 S., kart.   Best.-Nr. **3129**

Der gegenwärtige Stand der
Allgemeinen Pädagogik und ihre
unterschiedlichen Ansätze werden für
Studierende, Pädagogen und interes-
sierte Laien vorgestellt.
Dies ist der ideale Band für eine
intensive und ökonomische
Prüfungsvorbereitung für alle
Studierenden der Pädagogik und der
Lehrämter.

Bruno Hamann

Familie und Familienerziehung in Deutschland

140 S., kart.   Best.-Nr. **3397**

Der Autor analysiert neuere Tendenzen
der Familienentwicklung und zeigt die
Merkmale des familialen Gestaltwandels
auf. Unter pädagogischer Perspektive
werden Entwicklungs- und Entfaltungs-
möglichkeiten des Kindes in der Familie
diskutiert. Abschließend erörtert der
Autor ein in der Literatur bislang
vernachlässigtes Thema: Die Großeltern
als Erzieher.
Der Band richtet sich an Studierende
der Pädagogik, Lehrer, Sozialpädago-
gen/Sozialarbeiter, Familientherapeu-
ten, Politiker, Eltern und andere Erzieher.

Auer Verlag GmbH
Donauwörth · Leipzig · Dortmund

Fundierte pädagogische Theorie mit der Reihe Bildung und Erziehung!

Bruno Hamann

Theorie pädagogischen Handelns

Strukturen und Formen
erzieherischer Einflussnahme

208 S., kart.   Best.-Nr. **2471**

Im Zentrum dieses Bandes stehen Diskussion und Aufbereitung einer pädagogischen Handlungstheorie. Ein wichtiges Buch für alle Phasen der Aus- und Weiterbildung von Lehrkräften aller Schularten.

Hans Jürgen Apel

Theorie der Schule

Historische und systematische Grundlinien

288 S., kart.   Best.-Nr. **2604**

Der Band befasst sich mit der Diskussion und Aufbereitung einer Theorie der Schule. Er spricht über Aufbau und Struktur der Schule, ihre pädagogischen Aufgaben sowie über die Schule als Institution. Ein grundlegendes und hilfreiches Buch für die Aus- und Fortbildung von Lehrkräften.

Besuchen Sie uns im Internet unter www.auer-verlag.de

AV Auer Verlag GmbH
Donauwörth · Leipzig · Dortmund